FILOSOFIA DO RENASCIMENTO

JAMES HANKINS (ORG.)

FILOSOFIA DO RENASCIMENTO

EDITORA
IDEIAS &
LETRAS

DIREÇÃO EDITORIAL
Edvaldo M. Araújo

CONSELHO EDITORIAL
Fábio E. R. Silva
Jonas Luiz de Pádua
Márcio Fabri dos Anjos
Marco Lucas Tomaz

TRADUÇÃO
André Oídes

PREPARAÇÃO E REVISÃO
Maria Ferreira da Conceição
Thalita de Paula

DIAGRAMAÇÃO
Airton Felix Silva Souza

CAPA
Vinicio Frezza

Coleção Companions & Companions

Todos os direitos em língua portuguesa, para o Brasil,
reservados à Editora Ideias & Letras, 2021.

1ª impressão

EDITORA
IDEIAS &
LETRAS

Avenida São Gabriel, 495
Conjunto 42 - 4º andar
Jardim Paulista – São Paulo/SP
Cep: 01435-001
Televendas: 0800 777 6004
vendas@ideiaseletras.com.br
www.ideiaseletras.com.br

Dados Internacionais de Catalogação na Publicação (CIP)
(Câmara Brasileira do Livro, SP, Brasil)

F488
    Filosofia do Renascimento / organizado por James Hankins;
traduzido por André Oídes. — São Paulo: Ideias & Letras, 2021.
680p.: il.; 16 cm x 23cm. - (Companions & Companions)

Tradução de: *The Cambridge Companion to Renaissance Philosophy*
Inclui bibliografia, índice e apêndice
ISBN 978-65-87295-05-3

1. Filosofia 2. Filosofia do Renascimento I. Hankins, James. II. Oídes, André. III. Título.

2020-2818
                                                                   CDD100
                                                                   CDU 1

Elaborado por Vagner Rodolfo da Silva - CRB-8/9410
Índices para catálogo sistemático:
1. Filosofia 100
2. Filosofia 1

Sumário

Lista de figuras – 7

Notas sobre colaboradores – 9

Agradecimentos – 15

Cronologia – 17

1. Introdução – 25
   JAMES HANKINS

PARTE I Continuidade e Revitalização – 37

2. O filósofo e a cultura do Renascimento – 39
   ROBERT BLACK

3. O humanismo, o escolasticismo e a filosofia do Renascimento – 61
   JAMES HANKINS

4. Continuidade e mudança na tradição Aristotélica – 87
   LUCA BIANCHI

5. A revitalização da filosofia platônica – 115
   CHRISTOPHER S. CELENZA

6. A revitalização das filosofias helenísticas – 149
   JILL KRAYE

7. Filosofia árabe e averroísmo – 171
   DAVID NIKOLAUS HASSE

8. Como fazer magia, e por quê: prescrições filosóficas – 201
   BRIAN P. COPENHAVER

PARTE II Rumo à Filosofia Moderna – 245

9. Nicolau de Cusa e a filosofia moderna – 247
   DERMOT MORAN

10. Lorenzo Valla e a ascensão da dialética humanista – 273
    LODI NAUTA

11. A imortalidade da alma – 297
    PAUL RICHARD BLUM

12. A filosofia e a crise da religião – 327
    PETER HARRISON

13. A filosofia escolástica hispânica – 349
    JOHN P. DOYLE

14. Novas visões do cosmos – 375
    MIGUEL A. GRANADA

15. Organizações do conhecimento – 397
    ANN M. BLAIR

16. Ética humanista e ética escolástica – 421
    DAVID A. LINES

17. O problema do príncipe – 441
    ERIC NELSON

18. A significância da filosofia do Renascimento – 467
    JAMES HANKINS

Apêndice: Breves biografias de filósofos do Renascimento – 479

Bibliografia – 499

Índice Remissivo – 597

Figuras

8.1 Mirobálanos – 203

8.2 Prazeres e planetas – 213

8.3 Avaliação da magia – 220

8.4 Geodo – 225

8.5 Haste crinoide – 225

8.6 Leão demônio – 228

8.7 Esferas concêntricas – 229

8.8 Desenho para um talismã de escorpião – 235

8.9 Níveis planetários de cura – 238

9.1 Fonte: *Opera Nicolai Cusae Cardinalis [Obras do cardeal Nicolau de Cusa]*, Paris, 1514, vol. 1, fol. XLVI verso – 272

Notas sobre colaboradores

LUCA BIANCHI é professor de História da Filosofia Medieval na Universidade do Piedmont Leste (Vercelli). Suas publicações mais recentes incluem *Censure et liberté intellectuelle à l'Université de Paris, XIIIe-XIVe siècles* [*Censura e liberdade intelectual na Universidade de Paris, séculos XIII e XIV*] (Paris: Les Belles Lettres, 1999), e *Studi sull'aristotelismo del Rinascimento* [*Estudos sobre o aristotelismo do Renascimento*] (Pádua: Il Poligrafo, 2003).

ROBERT BLACK é professor de História do Renascimento na Universidade de Leeds. É autor de *Humanism and Education in Medieval and Renaissance Italy: Tradition and Innovation in Latin Schools from the Twelfth to the Fifteenth Century* [*Humanismo e educação na Itália medieval e renascentista: Tradição e inovação nas escolas latinas dos séculos XII ao XV*] (Cambridge University Press, 2001). O primeiro volume de sua obra em dois volumes *Education and Society in Florentine Tuscany: Pupils, Teachers and Schools, c. 1250 to 1500* [*Educação e sociedade na Toscana florentina: Pupilos, professores e escolas, c. 1250 a 1500*] foi publicado pela editora Brill em 2007.

ANN M. BLAIR é professora de História na Universidade Harvard. Ela é autora de *The Theater of Nature: Jean Bodin and Renaissance Science* [*O teatro da natureza: Jean Bodin e a ciência do Renascimento*] (Princeton University Press, 1997) e de artigos sobre ciência, educação e cultura impressa no início do período moderno. Ela também concluiu um livro sobre métodos de gestão da informação no início do período moderno, intitulado *Too Much to Know: Managing Scholarly Information Before the Modern Age* [*Demais para saber: Gestão da informação erudita antes da era moderna*] (Yale University Press, 2010).

PAUL RICHARD BLUM é professor "T. J. Higgins" de Filosofia na Faculdade Loyola [*Loyola College*] em Maryland, Baltimore (EUA). Suas publicações incluem *Philosophieren in der Renaissance* [*Filosofar no Renascimento*] (Stuttgart: Kohlhammer, 2004) e uma edição do livro de Giovanni Pico, *De ente et uno. Latein-Deutsch* [*Do ente e do um. Latim-Alemão*] (Hamburg: Meiner, 2006).

CHRISTOPHER S. CELENZA é professor de Estudos Italianos no Departamento de Língua Alemã e Línguas Românicas da Universidade Johns Hopkins. Seu livro mais recente, *The Lost Italian Renaissance* [*O Renascimento italiano perdido*] (Baltimore: The Johns Hopkins University Press, 2004), ganhou o Prêmio Gordan da Sociedade Renascentista da América. Atualmente, trabalha com humanismo e linguagem, de Petrarca a Poliziano.

BRIAN P. COPENHAVER é professor de Filosofia e História e Diretor do Centro de Estudos Medievais e Renascentistas na Universidade da Califórnia, Los Angeles. Seu livro mais recente é uma edição e tradução de Polidoro Vergílio, *On Discovery* [*Da descoberta*], para a Biblioteca Renascentista I Tatti (2002). No momento, está escrevendo um livro sobre Giovanni Pico.

JOHN P. DOYLE é professor de Filosofia na Universidade St. Louis. Seus projetos mais recentes incluem *Francisco Suárez, S. J., On Real Relation (Disputatio Metaphysica XLVII): A Translation from the Latin with an Introduction and Notes* [*Francisco Suárez, S. J., Da relação real (Disputatio Metaphysica XLVII): Uma tradução do latim com introdução e notas*] (Milwaukee: Marquette University Press, 2006), e "Hervaeus Natalis, O. P. (d. 1323), On Intentionality: Its Direction, Context, and Some Aftermath" [*"Hervaeus Natalis, O. P. (falecido 1323), Da intencionalidade: Sua direção, contexto e alguns desdobramentos"*], em *The Modern Schoolman* [*O escolástico moderno*] (2006).

MIGUEL A. GRANADA é professor de História da Filosofia do Renascimento na Universidade de Barcelona. Publicou *Sfere solide e cielo fluido. Momenti del dibattito cosmologico nella seconda metà del Cinquecento* [*Esferas sólidas e céu fluido: Momentos do debate cosmológico na segunda metade do século XVI*] (Milão: Guerini, 2002), *Giordano Bruno: Universo infinito, unión con Dios, perfección del hombre* [*Giordano Bruno: Universo infinito, união com Deus, perfeição do homem*] (Barcelona: Herder, 2002), *La reivindicación de la filosofía en Giordano Bruno* [*A reivindicação da filosofia em Giordano Bruno*] (Barcelona: Herder, 2005) e numerosos artigos sobre Giordano Bruno e a revolução cosmológica entre o Renascimento e o período moderno inicial.

JAMES HANKINS é professor de História na Universidade Harvard e Editor Geral da Biblioteca Renascentista I Tatti. Suas publicações incluem *Humanism and Platonism in the Italian Renaissance* [*Humanismo e platonismo no Renascimento italiano*], 2 vols. (Edizioni di Storia e Letteratura, 2003-4), e *Marsilio Ficino: Platonic Theology* [*Marsílio Ficino: Teologia platônica*], 6 vols. (Cambridge, MA: Harvard University Press, 2001-6), com Michael J. B. Allen.

PETER HARRISON é professor "Andreas Idreos" de Ciência e Religião na Universidade de Oxford. Seus livros incluem *The Bible, Protestantism and the Rise of Natural Science* [*A Bíblia, o protestantismo e a ascensão da ciência natural*] (Cambridge University Press, 1998) e *The Fall of Man and the Foundations of Science* [*A queda do homem e os fundamentos da ciência*] (Cambridge University Press, 2007).

DAG NIKOLAUS HASSE é professor de História da Filosofia e das Ciências na Tradição Grega, Árabe e Latina na Universidade de Würzburg, Alemanha. Autor de *Avicenna's* De anima *in the Latin West* [*O De Anima de Avicena no Ocidente latino*] (Londres: The Warburg Institute, 2000) e de *Success and Suppression: Arabic Sciences and Philosophy in the Renaissance* [*Sucesso e supressão: Ciências e filosofia árabes no Renascimento*] (Harvard University Press, 2016).

JILL KRAYE é professora de História da Filosofia do Renascimento no Instituto Warburg, onde ela é também bibliotecária e uma das editoras do *Journal of the Warburg and Courtauld Institutes* [*Jornal dos Institutos Warburg e Courtauld*]. Uma coleção de seus artigos foi publicada sob o título *Classical Traditions in Renaissance Philosophy* [*Tradições clássicas na filosofia do Renascimento*] (Aldershot: Ashgate, 2002).

DAVID A. LINES é professor assistente de Italiano na University de Warwick. Foi anteriormente Companheiro da Villa I Tatti, e é autor de *Aristotle's Ethics in the Italian Renaissance (ca. 1300-1650): The Universities and the Problem of Moral Education* [*A ética de Aristóteles no Renascimento italiano (ca. 1300-1650): As universidades e o problema da educação moral*] (Leiden: E. J. Brill, 2002) e coeditor, com Sabrina Ebbersmeyer, de *Rethinking Virtue, Reforming Society: New Directions in Renaissance Ethics, c. 1350-c. 1650* [*Repensando a virtude, reformando a sociedade: Novas direções na ética do Renascimento, c. 1350-c. 1650*] (Turnhout: Brepols, 2013).

DERMOT MORAN é professor de Filosofia na Faculdade Universitária [*University College*] em Dublin e membro da Academia Real Irlandesa. Possui diversas publicações sobre filosofia medieval, especialmente sobre o neoplatonismo cristão. Seus livros incluem *The Philosophy of John Scottus Eriugena* [*A filosofia de João Escoto Erígena*] (Cambridge University Press, 1989; relançado em 2004) e, editado com Stephen Gersh, *Eriugena, Berkeley and the Idealist Tradition* [*Erígena, Berkeley e a tradição idealista*] (University of Notre Dame Press, 2006).

LODI NAUTA é professor de Filosofia Medieval e Renascentista na Universidade de Groningen. Suas publicações incluem uma edição do *Comentário sobre Boécio* de Guilherme de Conches [William of Conches, *Commentary on Boethius*] no *Corpus Christianorum* (Turnhout: Brepols, 1999) e a monografia *In Defense of Common Sense: Lorenzo Valla's Humanist Critique of Scholastic Philosophy* [*Em defesa do senso comum: A crítica humanista de Lorenzo Valla à filosofia escolástica*] (Harvard University Press, 2009).

ERIC NELSON é professor assistente de governo na Universidade Harvard e companheiro júnior da Sociedade de Companheiros de Harvard. Autor de *The Greek Tradition in Republican Thought* [*A tradição grega no pensamento republicano*] (Cambridge University Press, 2004) e editor das traduções de Hobbes da *Ilíada* e *Odisseia* para a *Clarendon Edition of the Works of Thomas Hobbes* [Edição Clarendon das Obras de Thomas Hobbes].

Agradecimentos

Eu gostaria de agradecer a Hilary Gaskin da Editora da Universidade de Cambridge, que propôs pela primeira vez esse projeto e apoiou-o energicamente ao longo do processo editorial; a Constantin Fasolt, Jill Kraye, David Lines e Edward P. Mahoney, que deram conselhos sobre temas e colaboradores; e a Patrick Baker, que ajudou a editar as notas de rodapé e a bibliografia. A Editora da Universidade de Cambridge concedeu gentilmente permissão para reimprimir em formato atualizado as breves biografias apresentadas no Apêndice, que foram selecionadas e adaptadas a partir das bibliografias publicadas na *História de Cambridge da Filosofia do Renascimento [Cambridge History of Renaissance Philosophy]* (1988). Eu também gostaria de agradecer a Virginia Brown por partilhar sua experiência editorial, bem como por todos aqueles ἀφανής [*aphanés*, "invisíveis"] que a linguagem da prosa acadêmica é inadequada para expressar.

Cronologia

1304	Nascimento de Francesco Petrarca (m. 1374)
1327	Condenação de João de Jandum e Marsílio de Pádua por heresia
1348-9	Peste Negra
1367/70	Petrarca escreve *De sua própria ignorância e da de muitos outros*
1370	Nascimento de Leonardo Bruni (m. 1444)
1378	Início do Grande Cisma na Igreja Católica do Ocidente
1396	Biagio Pelacani de Parma condenado por autoridades eclesiásticas em Pávia por ensinar doutrinas materialistas
1397-9	Manuel Chrysoloras ensina grego em Florença
1401	Nascimento de Nicolau de Cusa (m. 1464)
1403	Nascimento de Bessarion (m. 1472)
1406	Nascimento de Lorenzo Valla (m. 1457)
1414-18	Concílio de Constança marca o fim do Grande Cisma
1417	Poggio Bracciolini redescobre o texto de Lucrécio (1417); Leonardo Bruni inicia o projeto humanista de retraduzir Aristóteles com sua nova versão da *Ética a Nicômaco*
1420	Nascimento de Nicoletto Vernia (m. 1499)
1431-49	Concílio de Basileia
1433	Nascimento de Marsílio Ficino (m. 1499); Ambrogio Traversari publica sua tradução de Diógenes Laércio
1437-9	Concílio de Ferrara-Florença produz uma união temporária entre a Igreja Ortodoxa do Oriente e a Igreja Católica do Ocidente

1439	Primeira versão de *Reformulação da dialética e da filosofia* de Lorenzo Valla
1439-40	Nicolau de Cusa compõe *Da douta ignorância*
1440	Valla ataca a autenticidade da Doação de Constantino
c. 1440	Data aproximada da invenção da imprensa
1449	Nascimento de Lorenzo de Medici (m. 1492)
1453	A queda de Constantinopla para Mehmed II põe fim ao Império Romano do Oriente ou Império Bizantino
1454	Nascimento de Ermolao Barbaro (m. 1493)
1462	Nascimento de Pietro Pomponazzi (m. 1525)
1463	Nascimento de Giovanni Pico della Mirandola (m. 1494)
1465	Sweynheim e Pannartz publicam o primeiro livro impresso na Itália, *O orador* de Cícero
c. 1466	Nascimento de Desiderius Erasmus de Rotterdam (m. 1536)
1469	Nascimento de Nicolau Maquiavel (m. 1527); publicação de *Contra o caluniador de Platão*, de Bessarion
c. 1470	Nascimento de Agostino Nifo (m. 1538)
1473	Primeira edição de Lucrécio
1473-80	As novas versões de Temístio por Ermolao Barbaro deflagram uma redescoberta dos comentadores gregos de Aristóteles
1478	Nascimento de Thomas More (m. 1535)
1482	Primeira edição da *Teologia platônica* de Ficino
1483	Nascimento de Martinho Lutero (m. 1546)
1484	A tradução latina completa de Platão por Ficino é publicada
1486	Giovanni Pico della Mirandola publica suas *900 Teses* e o *Discurso sobre a dignidade do homem*; Flavius Mithridates traduz textos cabalísticos para Pico
1489	Ficino publica seu manual de magia, o *De vita*, e é investigado pela Inquisição; Pietro Barozzi, o bispo

	de Pádua, proíbe o debate público na Universidade de Pádua acerca da doutrina averroísta da unidade do intelecto
1492	Descoberta da América por Cristóvão Colombo; morte de Lorenzo de Médici; expulsão dos judeus da Espanha; nascimento de Juan Luís de Vives (m. 1540); impressão da tradução latina de Plotino por Ficino
1494	Luís XII da França invade a Itália; os Médici são expulsos de Florença; morte de Pico della Mirandola e Angelo Poliziano; fundação da Imprensa Aldina por Aldus Manutius
1495-8	Primeira edição reunida de Aristóteles em grego impressa por Aldus Manutius
1499-1526	Obras de Simplício publicadas em Veneza
1503-51	A maior parte de Filopono é publicada em grego
1509	Nascimento de João Calvino (m. 1564) e Bernardino Telesio (m. 1588)
1513	O Quinto Concílio de Latrão define a imortalidade da alma como um dogma da Igreja Católica. Retorno dos Médici a Florença; Maquiavel escreve *O príncipe*
1513-36	Obras de Alexandre de Afrodísias publicadas em Veneza
c. 1514-1519	Maquiavel escreve os *Discursos*
1515	Nascimento de Petrus Ramus (m. 1572)
1516	Publicação da *Utopia* de More, da edição de Erasmo do Novo Testamento em grego, e do tratado de Pomponazzi *Sobre a imortalidade da alma*; este último tratado é queimado em Veneza
1517	Irrompe a Reforma, após a publicação das *95 Teses* de Lutero; o ensino de Lucrécio é banido em Florença
1518	Pomponazzi é condenado pelo Quinto Concílio de Latrão e retrata seus erros
1519-22	A expedição de Fernão de Magalhães circunavega o mundo; conquista espanhola do México

1526	Francisco de Vitoria, O. P., é eleito para a cátedra de teologia em Salamanca
1528	Publicado *O cortesão* de Baldassare Castiglione
1529	Nascimento de Francesco Patrizi (m. 1597); Dieta de Speyer, na qual o termo "protestante" é usado pela primeira vez em referência àqueles que protestaram contra o banimento dos ensinamentos de Lutero
1531	Primeira publicação dos *Discursos sobre Lívio* de Maquiavel
1532	Primeira publicação do *Princípe* de Maquiavel
1533	Nascimento de Jacopo Zabarella (m. 1589) e Michel de Montaigne (m. 1592)
1534	Primeira edição em grego de Temístio (traduções latinas em 1481 e 1499)
1535	Fundação da Nova Espanha na América do Norte, América Central e Caribe
1536	João Calvino se estabelece em Genebra e publica a primeira edição de sua *Instituição da religião cristã*; nascimento de Luís de Molina (m. 1600)
1540	A Ordem Jesuíta, fundada por Inácio de Loyola, é aprovada pelo papa Paulo III
1543	Publicação do *Das revoluções das esferas celestes* de Copérnico; do *De fabrica humanis corporis* [*Da fábrica do corpo humano*] de Vesalius; e do ataque de Petrus Ramus contra a lógica aristotélica, o *Aristotelicae animadversiones* [*Animadversões aristotélicas*]
1545-1563	Concílio de Trento
1547	Nascimento de Justus Lipsius (m. 1606)
1548	Nascimento de Giordano Bruno (m. 1600) e Francisco Suárez, S. J. (m. 1617)
1553	Michael Servetus é executado em Genebra por heresia

1554	Sebastian Castellio publica *Se os hereges devem ser perseguidos*, apoiando a liberdade de pensamento e atacando a teocracia
1559	O tratado de Cateau-Cambrésis põe fim à primeira fase das guerras religiosas entre católicos e protestantes; primeira edição das *Meditações* de Marco Aurélio; primeira publicação de um Índice de Livros Proibidos pela Inquisição Romana
1561	Nascimento de Francis Bacon (m. 1626)
1562	Primeira edição do *Hipotiposes pirrônicas* de Sexto Empírico
1562-98	Guerras religiosas francesas
1564	Nascimento de Galileu Galilei (m. 1642)
1565	Primeira edição de *De rerum natura iuxta propria principia* [*Da natureza das coisas de acordo com seus princípios próprios*] de Telesio
1568	Nascimento de Tommaso Campanella (m. 1639)
1571	Fundação da Santa Congregação do Índice dos Livros Proibidos, pelo papa Pio V
1572	Petrus Ramus é morto no massacre do Dia de São Bartolomeu
1573	Henrique II Estienne publica a primeira coleção de fragmentos pré-socráticos
1576	Francesco de Vieri, o Jovem, torna-se o primeiro professor universitário de filosofia platônica em Florença; Francisco Sánchez publica *Quod nihil scitur* [*Por que nada pode ser conhecido*], uma obra padrão de filosofia cética
1580	Primeira edição dos *Ensaios* de Montaigne
1583	Nascimento de Hugo Grotius (m. 1628)
1584	O *Da constância* de Justus Lipsius é publicado, originando uma revitalização do estoicismo
1588	A Armada Espanhola ataca a Inglaterra; nasce Thomas Hobbes

1591	Francesco Patrizi publica *Nova de universis filosofia* [*Nova filosofia do universo*], uma tentativa de criar um platonismo cristão sistemático para substituir o aristotelismo
1592	Nascimento de Pierre Gassendi (m. 1655)
1594	Tommaso Campanella é preso pela Inquisição sob suspeita de heresia; ele é preso uma segunda vez em 1599 e julgado por heresia e rebelião, permanecendo na prisão por 27 anos
1596	Nascimento de René Descartes (m. 1650); o *De rerum natura* [*Da natureza das coisas*] de Telesio e o *Nova de universis philosophia* [*Nova filosofia do universo*] são postos no Índice
1598	Édito de Nantes, concedendo plenos direitos civis e liberdade religiosa aos protestantes na França (posteriormente anulado)
1599	O *Ratio studiorum* [*Plano de estudos*] é adotado pela Ordem Jesuíta, tornando-se o currículo escolar mais influente do mundo do início do período moderno
1600	Giordano Bruno é queimado na fogueira por heresia
1601	Publicado o *De la sagesse* [*Da sabedoria*] de Pierre Charron
1604	Justus Lipsius publica *Manuductio ad Stoicam philosophiam* [*Guia à filosofia estoica*] e *Physiologia Stoicorum* [*Fisiologia dos estoicos*], as primeiras exposições abrangentes do estoicismo como sistema filosófico
1605	Francis Bacon publica *O avanço do conhecimento*
1610	Galileu publica *O mensageiro das estrelas*, anunciando suas descobertas com um telescópio
1620	*Novum organum* de Francis Bacon
1623	Publicação de *A cidade do sol* de Tommaso Campanella
1632	O *Diálogo sobre os dois principais sistemas de mundo* de Galileu, atacando a física e a astronomia aristotélicas, é publicado e condenado pela Igreja

1637 *Discurso sobre o método* de Descartes

1655 O *Syntagma philosophiae Epicuri* [*Constituição da filosofia de Epicuro*] de Gassendi, revitalizando a filosofia de Epicuro, é publicado postumamente

1 Introdução

JAMES HANKINS

Os leitores que chegam à *Investigação sobre o entendimento humano* (1748), de David Hume, equipados apenas com as taxonomias dadas pelas histórias modernas da filosofia – "empirismo britânico" *versus* "racionalismo continental", científico *versus* escolástico, antigos *versus* modernos – provavelmente serão surpreendidos pelo modo como Hume anatomiza a filosofia de sua época em seu primeiro capítulo, "Das diferentes espécies de filosofia". Ele distingue primeiro uma filosofia moral que "considera o homem principalmente como nascido para a ação", que toma a virtude como o mais valioso dos objetos e "pinta-a com as cores mais amigáveis, tomando de empréstimo todo o auxílio da poesia e da eloquência", tratando o assunto "de uma maneira fácil e acessível". Os filósofos morais desse tipo "nos fazem *sentir* a diferença entre vício e virtude; excitam e regulam nossos sentimentos; e assim podem inclinar nossos corações para o amor à probidade e à verdadeira honra, que eles pensam ter alcançado plenamente ao fim de seus esforços". Mas há uma segunda espécie de filósofos que "consideram o homem antes um ser dotado de razão em vez de um ser ativo, e dirigem seus esforços mais para a formação de seu entendimento, do que para o cultivo de suas maneiras". Esse tipo de filósofo não se dirige aos homens em geral, mas "almeja a aprovação dos eruditos e dos sábios", busca "verdades escondidas" em vez de uma melhoria do comportamento da humanidade. Hume alega que a primeira espécie de filosofia, sendo "fácil e acessível", será sempre preferida em detrimento daquela que é "exata e abstrusa", como é mostrado pela relativa popularidade da primeira: "a fama de Cícero floresce no presente, mas a de Aristóteles está completamente arruinada. La Bruyère atravessa os mares e ainda mantém sua reputação, mas a glória de Malebranche está confinada à sua própria nação e à sua própria época. E Addison talvez será lido com prazer quando Locke tiver sido inteiramente esquecido".

Hume faz, depois, uma segunda distinção, dividindo a filosofia "exata e abstrusa" (agora chamada de "metafísica") em duas subespécies, uma "metafísica falsa e adulterada" e uma "verdadeira metafísica". A primeira "não é propriamente uma ciência, mas surge dos esforços infrutíferos da vaidade humana, que pretenderia penetrar em assuntos inteiramente absolutamente inacessíveis ao entendimento, ou da criação de superstições populares, que sendo incapazes de se defender em bases justas, levantam esses espinheiros envolventes para encobrir e proteger suas fraquezas". Contudo, Hume pensa ser possível desenvolver uma "verdadeira metafísica" caracterizada por um "raciocínio justo e exato", que agirá como um remédio contra "aquela filosofia abstrusa e aquele jargão metafísico, que, misturados à superstição popular, apresentam-na de maneira impenetrável a pensadores descuidados e dão-lhe ares de ciência e sabedoria". Essa nova filosofia, espera Hume, compartilhará algumas das características da filosofia moral popular, por ser escrita com clareza e digna da atenção do público. E, ao final da *Investigação* (Seção XII), nos é dito que a nova filosofia de Hume é de fato o ceticismo acadêmico, uma filosofia antiga "que pode ser vantajosa para a humanidade" por neutralizar o dogmatismo natural da humanidade sem cair nos extremos do ceticismo pirrônico. Ela é um "ceticismo atenuado" que prega "a modéstia e a reserva" na obtenção de conclusões apropriadas à razão humana.

A anatomia da filosofia feita por Hume, apesar de estranha para os estudantes contemporâneos do pensamento do início do período moderno, será imediatamente reconhecível para aqueles familiarizados com a filosofia do Renascimento. No Renascimento também podemos discernir três espécies principais de filósofo, geralmente semelhantes aos tipos de Hume. Havia o filósofo moral humanista, dirigindo-se a uma audiência geral de maneira acessível, almejando efetuar um aumento da virtude pública e privada. Depois, havia os professores de filosofia nas universidades, que tratavam de assuntos abstrusos em uma linguagem técnica, dirigindo-se a filósofos profissionais e oferecendo soluções para problemas lógicos, físicos e metafísicos do interesse de sua comunidade. Essas eram figuras frequentemente ridicularizadas pelos críticos, em uma linguagem semelhante à de Hume. Finalmente, havia os "novos" filósofos, que alegavam estar reformando a filosofia, purgando-a do dogmatismo, da impiedade ou da superstição, usualmente pela revitalização de alguma escola filosófica da Antiguidade que fora negligenciada.

A semelhança entre a paisagem da filosofia do Renascimento e a taxonomia de Hume sugere uma certa continuidade entre o pensamento do século XIV ao XVI, frequentemente rotulado como medieval tardio, ou renascentista, ou pré-moderno, ou transicional, e o pensamento dos séculos XVII e XVIII, geralmente considerado moderno ou moderno inicial. Continuidades adicionais poderiam ser enumeradas. Estas poderiam incluir a contínua exploração e revitalização de escolas filosóficas antigas naqueles quinhentos anos; a centralidade de Aristóteles nos currículos filosóficos, sempre acompanhada por críticas de seu papel educacional e de tentativas de reformar e modernizar a tradição aristotélica a partir de seu interior; a rivalidade entre otimismo metafísico e voluntarismo, estendendo-se ao passado até Avicena e Ockham, mas renovada no século XVII por Gassendi e Leibniz; o contínuo debate sobre a autonomia da filosofia e a relação apropriada dela com a teologia e a crença religiosa. A natureza, o número e a importância das continuidades são tais que é compreensível que alguns estudiosos, em anos recentes, tenham questionado a adequação de uma periodização que situa o início da filosofia moderna em Bacon e Descartes. Foi observado que muitos dos temas presentes nos escritos de filosofia do século XVII são provenientes de fontes tradicionais.[1] Por certo, há muito de novo na filosofia do século XVII. A vitória da cosmologia copernicana, o sucesso da filosofia mecânica e a rejeição da autoridade antiga por alguns filósofos influentes são divisores de águas importantes na história do pensamento. Mas também não faltam revoluções no mundo mental dos europeus nos séculos XV e XVI. A esses séculos pertencem, afinal, a invenção da imprensa, a descoberta de um novo hemisfério pelos europeus, as revoluções religiosas das Reformas protestante e católica, e a ascensão

---
1 Sorell, 1993; Parkinson, 1993; Menn, 1998b; Kraye e Stone, 2000; French e Wetstein, 2002.

do absolutismo e de um Estado centralizador. Seria difícil argumentar que essa última série de eventos teve menos impacto na reflexão filosófica que a primeira. A visão de que a filosofia moderna começa no século XVII tem claramente muito mais a ver com os "parceiros de conversa" preferidos pelos filósofos modernos, sobre os quais se dirá mais na conclusão deste volume. Aqui, será apenas observado que, do ponto de vista da história intelectual, qualquer projeto de compreender a genealogia e a natureza da modernidade não pode deixar de conceder um lugar central à filosofia do Renascimento.

Essa não é uma ideia nova, e, de fato, traçar as origens da filosofia moderna de volta ao Renascimento foi o projeto de Ernst Cassirer em *Individuum und Kosmos in der Philosophie der Renaissance* [*Indivíduo e cosmos na filosofia do Renascimento*] (1927), provavelmente o estudo mais influente sobre a filosofia do Renascimento no século XX.[2] Cassirer, um neokantiano, remeteu a filosofia moderna – para ele idêntica à filosofia de Kant – de volta a Nicolau de Cusa (1401-1464), com base no argumento de que Cusano fora o primeiro a delinear o problema do conhecimento e a compreender o papel próprio da matemática na análise da natureza. Cassirer discutiu várias outras figuras, tais como Francesco Petrarca, Marsílio Ficino, Pietro Pomponazzi e Galileu, e tentou fazer algumas generalizações sobre tendências nas ideias renascentistas sobre a liberdade e a necessidade e o problema do sujeito e do objeto. Entretanto, Cassirer estava trabalhando com relativamente poucos dados pontuais e com um certo número de categorias anacrônicas, e há pouca coisa em sua análise que satisfaria aos especialistas de hoje. Os estudos recentes se concentraram antes nas três grandes tradições de escrita filosófica anteriormente mencionadas: o humanismo, o escolasticismo e as "novas filosofias".

O humanismo, originalmente um movimento em cidades-Estado do norte da Itália para reviver a literatura romana, foi reformulado por Francesco Petrarca como uma forma distinta de cultura, desafiando a hegemonia do escolasticismo, que ele considerava dogmático, excessivamente técnico, inútil, ímpio, e (pior de tudo) francês. Petrarca propôs, em vez disso,

---

2 Traduzido para o inglês em Cassirer, 1972.

que o estudo da literatura romana antiga conduziria à renovação moral da sociedade italiana e ao retorno da grandeza romana. Os humanistas se dirigiriam a todas as pessoas educadas, e difundiriam a virtude, a eloquência e o amor pela pátria. Os estudos humanistas abarcariam todos os filósofos antigos, não apenas Aristóteles. À medida que o humanismo se tornou uma tradição educacional estabelecida no século XV, a visão de Petrarca foi gradualmente realizada. Os humanistas procuraram, editaram e traduziram as obras de filósofos antigos negligenciados e desconhecidos, incluindo platônicos, epicuristas e estoicos, e até mesmo encorajaram o estudo de religiões não cristãs, como o judaísmo, o islã e o hinduísmo, bem como as "teologias antigas" do hermetismo, do orfismo e do zoroastrismo.[3] Eles propuseram reformas humanistas de outras tradições educacionais, de modo que é possível falar de uma medicina humanista, uma lógica humanista, um direito humanista, e teologias humanistas; até mesmo a filosofia aristotélica das escolas foi afetada. As marcas da reforma humanista foram sempre o estudo acurado de textos nas línguas originais, a preferência por autores e comentadores antigos em detrimento dos medievais, e o evitamento de uma linguagem técnica, em prol da persuasão moral e da acessibilidade.

O sucesso dos humanistas não assinalou de maneira nenhuma a decadência no mundo da filosofia escolástica. Na Itália, especialmente nas universidades de Pádua e Bolonha, pode-se até mesmo dizer que o escolasticismo desfrutava de uma segunda era dourada. A Itália desenvolvera sua própria tradição de filosofia universitária, às vezes enganosamente citada como a "Escola de Pádua" ou como "averroísmo", que floresceu entre a época de Paulo de Veneza e Pietro Pomponazzi e por um longo período depois deles. Além de desenvolver um conjunto de posições distintivas e sutis em lógica, metafísica, filosofia natural e psicologia, os escolásticos italianos responderam ao desafio do humanismo através de uma busca por textos e traduções mais corretos, e da revitalização do estudo dos comentadores gregos de Aristóteles. Mas eles usualmente não compartilhavam do vasto preconceito dos humanistas contra os "medievais" ou da hostilidade deles

---

3 Sobre a recuperação da literatura filosófica antiga no Renascimento, ver Hankins e Palmer, 2007.

contra a linguagem técnica. Os escolásticos italianos, de fato, continuaram ou revitalizaram o estudo de seus predecessores medievais, de modo que é possível encontrar enérgicas tradições renascentistas de albertismo, tomismo, escotismo e nominalismo. A outra grande tradição escolástica do Renascimento, aquela que irradiou dos mundos ibérico e hispânico nos séculos XVI e XVII, também continuou a encontrar inspiração em tradições escolásticas medievais, particularmente o tomismo. E ela também desenvolveu suas próprias posições metafísicas e éticas distintivas, particularmente em resposta às conquistas espanholas no Novo Mundo, que levantaram questões sobre a moralidade do império, da conquista e da escravidão. Em última instância, os filósofos escolásticos hispânicos ajudaram a fundar as novas formas de direito internacional que emergiram no século XVII com o crescimento dos impérios ultramarinos europeus.

Ainda que, por quaisquer padrões objetivos, a filosofia escolástica ainda fosse criativa e responsiva a novas influências culturais durante o Renascimento, muitos filósofos da época achavam as categorias, os hábitos intelectuais e os interesses do aristotelismo escolástico excessivamente restritivos; de fato, alguns o denunciaram como árido, moralmente vazio ou pernicioso para a verdadeira piedade. Assim, o Renascimento presenciou várias "novas" filosofias – "novas" no sentido de "não aristotélicas" – que foram além do moralismo eclético dos humanistas e desafiaram os escolásticos em seu próprio território. Essas filosofias constituíam alternativas plenas às filosofias aristotélicas, e usualmente buscavam inspiração em outros sistemas filosóficos antigos, principalmente o platonismo. A primeira das novas filosofias (embora "nova teologia" talvez seja uma expressão mais correta) foi elaborada por Nicolau de Cusa, que, embora fosse um continuador das tradições do platonismo de Dionísio e Proclo, descendentes dos estudantes renanos de Alberto, o Grande, merece o título de primeiro "novo filósofo" do Renascimento, por motivos discutidos por Dermot Moran no capítulo 9.[4] Outros novos filósofos incluem Ficino (que revitalizou o neoplatonismo), Giovanni Pico della Mirandola (que baseou sua nova teologia universal na cabala e outras filosofias esotéricas), Francesco Giorgi, Agostino Steuco,

---
4 De Libera, 1984.

Giambattista della Porta, Francesco Patrizi, Giordano Bruno, Tommaso Campanella, e Pierre Gassendi. Todos esses homens se basearam em filosofias antigas negligenciadas para propor alternativas abrangentes ao aristotelismo. Nesse grupo de filósofos – seria exagero chamá-lo de uma tradição – encontra-se um esforço de propor novas filosofias da linguagem, novas lógicas naturais, novas teorias físicas, novas cosmologias, psicologias e políticas, bem como novos vocabulários filosóficos. Nesse grupo encontram--se também os mais incautos desafiadores da ortodoxia cristã. Das dez figuras que acabam de ser mencionadas, a Inquisição investigou quatro, torturou e aprisionou uma, e queimou uma quinta na fogueira; as obras de todos, exceto de Cusano e Steuco, estiveram no *Índice dos Livros Proibidos* em um ou outro momento. Finalmente, é esse grupo de pensadores que revela mais claramente, acima de tudo por seu interesse pela magia, o desejo de poder sobre a natureza que é característico do Renascimento como um todo, e uma precondição para o surgimento da ciência aplicada e da tecnologia no início do período moderno.[5]

A fragmentação e o pluralismo do empreendimento filosófico no Renascimento levantou de forma aguda uma questão que diz respeito aos filósofos de todas as épocas: o que é exatamente a filosofia, e o que ela deveria ser? Será que ela deveria ser aquilo que ela frequentemente foi na Antiguidade, um grupo de discípulos semelhante a um culto, seguindo os ensinamentos de um mestre e buscando uma visão esotérica e transformativa da realidade, distinta daquela da sociedade ao redor, concedendo-lhes uma tranquilidade divina, ou um senso de valor moral? Ou será que ela deveria ser meramente uma forma de cultura, parte da educação do orador estadista, equipando-o com tópicos e argumentos, como preferia Cícero? Ou será que deveria ser o que ela se tornara na Idade Média, uma faculdade em uma universidade, preparatória para o estudo da teologia, da medicina e do direito? Alguns mestres de filosofia rejeitaram esse papel humilde já na Idade Média, e foram acusados pelos teólogos de querer transformar a filosofia em uma rival em vez de serva da teologia. Por volta do século XIV, alguns escolásticos evidentemente acreditavam que a filosofia deveria declarar sua

---

5 O estudo clássico é Yates, 1964; ver também o capítulo 8 deste volume.

independência em relação aos estudos "superiores", e até mesmo em relação à religião, e tornar-se um ramo autônomo de conhecimento, oferecendo um tipo de felicidade distinto da beatitude religiosa.[6] Tais alegações naturalmente atraíram críticas, acima de tudo dos humanistas. Os humanistas queriam que os filósofos desistissem de suas pretensões a uma sabedoria teórica além do alcance da razão humana e se limitassem à modesta tarefa da formação moral. Mas eles, por sua vez, foram ferozmente contestados pelos novos filósofos, os platônicos e *Naturphilosophen* [filósofos da natureza], que acreditavam que a filosofia deveria ensinar uma sabedoria esotérica ou constituir uma fonte de segredos sobre o mundo natural, uma via de poder sobre a natureza, e mesmo uma maneira de escaparmos dos limites de nossa humanidade e nos tornarmos deuses. Outros, influenciados pelos pensadores árabes medievais, viram a filosofia como uma ciência mestra, abrangendo e fornecendo os princípios de todas as ciências; alguns, como Campanella ou Bacon, viram-na como um guia para a reforma da política; outros, como os céticos Montaigne, Pierre Charron, ou Francisco Sanches, viram-na como uma forma de terapia psíquica. Marsílio Ficino e Giambattista della Porta identificaram os objetivos do filósofo como sendo aqueles do mágico.

Dada essa diversidade de perspectivas, não é de admirar que muitos assuntos considerados como pertencentes à filosofia no Renascimento não seriam mais considerados filosóficos hoje: a maior parte da filosofia natural (que incluía botânica, biologia, medicina, fisiologia, ótica, física e cosmologia), magia, demonologia, música, astrologia, misticismo, teosofia e teologia. Também faziam parte do escopo dos filósofos do Renascimento a filologia clássica, história, literatura, política, poesia, retórica, a arte da administração doméstica e a hermenêutica bíblica, bem como as ciências da angelologia, numerologia e cabala. De fato, uma vez que no Renascimento a filosofia ainda podia significar o aprendizado em geral (como Robert Black observa no capítulo 2), a lista de assuntos a serem potencialmente incluídos na filosofia podia se estender indefinidamente.

É claro que algum meio-termo é necessário entre os requisitos da academia moderna e o historicismo estrito, e, por isso, para os propósitos da

---

6 Bianchi, 2003.

presente coleção, a filosofia será entendida aproximadamente como é entendida hoje, como abrangendo, em outras palavras, filosofia da linguagem, lógica, metafísica, psicologia, religião, política e ética. Mesmo nesse campo mais estreito, o presente volume não visa fornecer uma "cobertura" de todos os temas e figuras principais, o que dificilmente seria possível em um volume deste tamanho, e dificilmente seria necessário, dada a existência de *The Cambridge History of Renaissance Philosophy* [*História de Cambridge da Filosofia do Renascimento*], da *Routledge History of Philosophy* [*História da Filosofia*, da Editora Routledge], e do excelente livro didático *Renaissance Philosophy* [*Filosofia do Renascimento*] de Charles Schmitt e Brian Copenhaver, para não falar das obras em outros idiomas. O objetivo aqui é, antes, fornecer um guia para os temas mais distintivos e para as contribuições mais importantes da filosofia do Renascimento, especialmente aquelas que foram discutidas na literatura acadêmica recente, e traçar um esboço dos desenvolvimentos culturais mais importantes que afetaram o que os filósofos escreveram e o modo como eles o escreveram. Este guia visa servir principalmente a filósofos e historiadores intelectuais, bem como estudantes do Renascimento interessados nos modos como a arte, a literatura, a música, a religião e a política do período refletem e são refletidas em sua vida filosófica.

O plano deste volume enfatiza o dinamismo e o pluralismo da filosofia do Renascimento, sua busca por novas perspectivas filosóficas, bem como sua transformação e radicalização de tradições escolásticas herdadas da Idade Média. O volume se divide, de maneira geral, em duas partes. A primeira parte se concentra nas várias revitalizações da filosofia antiga, bem como nas transformações do aristotelismo e das tradições filosóficas árabes herdadas da Idade Média. Luca Bianchi descreve a predominância continuada de Aristóteles nos currículos universitários, a resposta dos filósofos escolásticos às novas prioridades culturais provenientes do humanismo, e o processo contínuo de adaptação, hibridização e formação escolar dentro da tradição aristotélica mais ampla. Christopher Celenza conta a história da revitalização platônica como um processo de mediação e interpretação cultural, e mostra como o platonismo criou um novo tipo de cultura filosófica com vínculos íntimos com a devoção religiosa e com a medicina e a literatura das cortes.

Jill Kraye discute as revitalizações humanistas do estoicismo, epicurismo e ceticismo; o novo interesse pela prática helenista da terapia psíquica; e as dificuldades hermenêuticas enfrentadas por estudiosos e pensadores que tentavam naturalizar a filosofia helenista em uma cultura cristã. Embora a filosofia árabe tenha sido estudada na cristandade latina desde o século XII, Dag Nikolaus Hasse mostra que o apogeu do interesse ocidental pela filosofia árabe foi alcançado apenas no século XVI, e fornece alguns estudos de caso sobre a influência dela na psicologia, na filosofia natural e na teoria da inspiração religiosa renascentista. Finalmente, Brian Copenhaver discute a questão de se a revitalização da magia antiga por Ficino pode ser vista como um agente de modernização, e mostra como a magia pôde fornecer uma nova maneira de ler os diálogos platônicos e uma nova maneira de compreender a religião como um efeito de processos mágicos e astrológicos mais amplos.

A segunda parte do livro olha para adiante rumo à filosofia moderna e concentra-se nas contribuições originais do período em filosofia da linguagem, metafísica, cosmologia, psicologia, ética e política. A questão da modernidade é explicitamente levantada por Dermot Moran, que adota uma posição moderada sobre a questão bastante discutida da modernidade de Nicolau de Cusa. Lodi Nauta trata da reforma humanista do *trivium* (gramática, lógica e retórica), perguntando se é possível identificar uma contribuição especificamente *filosófica* do humanismo nessas áreas; concentrando-se no caso limite de Lorenzo Valla, ele mostra como a ênfase de Valla sobre a base linguística de toda atividade intelectual conduz a "uma nova hermenêutica, uma nova abordagem de textos, argumentos e significado". Paul Richard Blum fornece uma explicação sobre a principal questão filosófica do Alto Renascimento, a saber, o problema da imortalidade humana; ele explica os aspectos metafísicos, epistemológicos e teológicos da questão e discute as continuidades entre abordagens do Renascimento e do século XVII para o problema. John P. Doyle mostra como a tradição muito negligenciada do escolasticismo hispânico engajou-se com questões morais contemporâneas levantadas pela conquista espanhola do Novo Mundo e foi uma parte integral do debate filosófico europeu nos séculos XVI e XVII. O desafio crescente à visão de mundo aristotélica é o assunto do capítulo de Miguel Granada, que discute as cosmologias alternativas propostas pelos quatro principais filósofos naturais da Itália renascentista tardia: Bernardino Telesio, Francesco Patrizi, Giordano Bruno, e Tommaso Campanella. David Lines descreve a rivalidade e a fertilização cruzada entre as tradições humanista e escolástica no ensino da ética, e fornece um resumo das principais questões do pensamento moral do Renascimento. Finalmente, Eric Nelson mostra como um aspecto pouco teorizado do conceito medieval de governo conduziu a uma elaboração da teoria republicana e a uma nova abordagem do problema da ordem política, enquanto a recuperação da tradição republicana romana complicou as ideias gregas de liberdade e justiça herdadas da *Política* de Aristóteles.

Além dos capítulos que lidam diretamente com a obra de filósofos do Renascimento, há quatro capítulos dedicados ao contexto histórico e às condições de investigação encontradas pela filosofia do Renascimento. Robert Black descreve o modo como a filosofia era estudada em diferentes níveis dos currículos e em diferentes contextos educacionais, incluindo escolas humanistas, universidades, academias e cortes. James Hankins fornece uma explicação sobre o humanismo e o escolasticismo como formas rivais de educação, cada uma com suas próprias práticas e propósitos intelectuais, e discute os objetivos e limitações da filosofia moral humanista, utilizando Petrarca como um estudo de caso. Peter Harrison explica o impacto da Reforma do século XVI na filosofia e no modo como ela era ensinada, e mostra como o Protestantismo forneceu um modelo para as reformas da filosofia no século XVII, ao promover o voluntarismo, o corpuscularismo, o experimentalismo e a desmistificação da natureza; ele argumenta que a Reforma promoveu uma nova concepção da filosofia como um corpo de doutrinas, em vez de como uma via de autotransformação. Finalmente, Ann Blair descreve como as classificações das disciplinas e a ordenação do conhecimento e dos objetos mudaram em resposta à revolução da informação no Renascimento – a invenção da imprensa –, ao mesmo tempo em que enfatiza a ampla continuidade de esquemas disciplinares e técnicas de acesso à informação entre o período medieval e o fim do século XVII.

PARTE I
Continuidade e Revitalização

2 O filósofo e a cultura do Renascimento

ROBERT BLACK

A filosofia como disciplina acadêmica nas escolas e universidades

Durante o Renascimento, o termo "filosofia" ainda podia denotar o saber em geral: assim, Gregor Reisch deu a seu enciclopédico livro didático o nome de *Margarita philosophica* [*Pérola filosófica*] (publicado pela primeira vez em 1503, mas amplamente reimpresso no norte da Europa assim como na Itália ao longo do século XVI). Essa era uma obra que servia como um compêndio introdutório de aprendizado desde a leitura mais elementar até a teologia, a qual era normalmente considerada como o pináculo do conhecimento. Ao mesmo tempo, contudo, Reisch se concentrou nos assuntos que haviam vindo, no decurso da Idade Média, a constituir a filosofia como uma disciplina acadêmica: lógica, filosofia natural (sinônimo de ciências naturais), moral e metafísica.

Até o século XII, quando surgiram na Europa instituições especializadas de educação superior – hoje conhecidas como universidades, mas usualmente chamadas de *studia* [estudos] ou *studia generalia* [estudos gerais] no fim da Idade Média e no Renascimento –, a filosofia como disciplina acadêmica regularmente fazia parte de um currículo unificado. Tal currículo começava com a leitura elementar e a gramática, e terminava com a teologia, sendo inteiramente ensinado em uma mesma instituição ou escola. Tais escolas usualmente tinham alguma afiliação eclesiástica, com frequência a um mosteiro ou catedral. As melhores dessas escolas (como a de Chartres) abrangiam um conjunto notavelmente católico de conhecimentos. Por exemplo, Guilherme de Conches, um grande professor que ensinou nas escolas francesas durante a primeira metade do século XII, deixou uma série de comentários refletindo sua atividade de ensino: desde a gramática (sobre Prisciano, em duas redações diferentes) até a filosofia moral, física, cosmologia, metafísica e teologia (sobre a *Consolação da filosofia* de Boécio, sobre Macróbio e sobre o *Timeu* de Platão).

A ascensão das universidades teve um impacto revolucionário nas instituições e no currículo de aprendizagem, não apenas na Itália. No novo sistema educacional especializado que emergiu ali na virada do século XIII, estudos superiores tais como o direito, a medicina, a filosofia e a teologia se tornaram prerrogativa das universidades e *studia*, fossem elas seculares ou conventuais. Suas contrapartes eram instituições de educação básica que estavam em um processo de desenvolvimento semelhante, tanto instituições primárias quanto secundárias: escolas elementares de leitura e escrita, escolas de gramática para o latim, e escolas de ábaco para estudos mercantis. Havia professores especialistas correspondentes: *doctores puerorum* [doutores de crianças] para a leitura e a escrita, *maestri di abaco* [mestres de ábaco] para a aritmética comercial, e *magistri grammaticae* [mestres de gramática] para o latim. Os horizontes dos professores elementares dificilmente se expandiam para além do conhecimento mais rudimentar do latim; a cultura dos mestres de ábaco era firmemente enraizada no vernáculo, que era o idioma de seus livros didáticos e de seu currículo; o latim era a província dos mestres de gramática, cujos interesses e preparação eram limitados ao idioma, literatura e filologia básica do latim.[1]

No século XIII, a filosofia praticamente não era ensinada em nível pré-universitário, na Itália. Um contraste esclarecedor emerge nos comentários sobre uma obra filosófica fundamental, a *Consolação* de Boécio, lida nas escolas tanto na França medieval quanto na Itália nos séculos XIV e XV. No início da Idade Média, Boécio, assim como outros autores, havia feito parte de um currículo amplo e universal abrangendo um vasto leque de assuntos; comentadores carolíngios tais como Remígio de Auxerre haviam usado o texto como ponto de partida para discutir um conjunto diverso de disciplinas em considerável profundidade: gramática, retórica, filologia, geografia, mitologia, criticismo bíblico, todos os ramos da filosofia, ciência e

---

1 De Ridder-Symeons, 1992-6; Black, 2001; Grendler, 2002.

teologia. No século XII, a abrangência da discussão permanecia, mas havia um interesse ainda maior pelo texto como estímulo para a discussão filosófica e científica. Isso fica claro, por exemplo, a partir do comentário de Guilherme de Conches. Quando a *Consolação* se tornou um texto fundamental nas escolas italianas de gramática, o foco da leitura mudou radicalmente. Mesmo o comentário sobre Boécio feito por um professor italiano famoso como Pietro da Muglio – amigo respeitado de Petrarca e Boccaccio, professor de Salutati e mestre de gramática e retórica em Pádua e Bolonha até sua morte em 1383 – tinha um escopo inteiramente filológico ou gramatical: em vez das abrangentes digressões e elaborações filosóficas, científicas e teológicas de Guilherme, os interesses de Pietro são mitológicos, históricos, geográficos e ocasionalmente alegóricos. Há poucas citações de textos filosóficos e pouca discussão de doutrinas filosóficas; por outro lado, anedotas sobre figuras como Platão, Arquimedes, Agostinho ou Pedro Lombardo são abundantes. O tratamento de problemas filosóficos fundamentais, como a criação do universo, a inter-relação dos elementos, a alma humana e a alma do mundo, e a eternidade de Deus e da matéria, havia formado o cerne do comentário de Guilherme; Pietro da Muglio, no entanto, demonstrava uma indiferença quase completa a tais questões, permanecendo alheio às contradições entre o pensamento neoplatônico de Boécio e a doutrina ortodoxa cristã que haviam preocupado comentadores medievais como Guilherme. Um gramático italiano tal como Giovanni Travesio (n. Cremona *c.* 1348) fora eventualmente eximido de ensinar a gramática básica a meninos, esperando-se que ensinasse os *Analíticos anteriores* e os *Analíticos posteriores* de Aristóteles. Porém, quando voltou-se para a *Consolação* de Boécio em 1411 ele também permaneceu mais confortável ao lidar com o material gramatical, literário e filológico: suas autoridades para tratar de questões filosóficas e teológicas controversas eram os poetas latinos Ovídio e Virgílio. Esse retrato boeciano é confirmado pelo estudo de glosas sobre autores literários pré-universitários em livros escolares manuscritos de Florença. A simples filologia (por exemplo, paráfrases, gramática, figuras, ordens de palavras, geografia, história, mitologia, análise retórica elementar) permanecia como cardápio habitual dos pupilos. A moral superficial e a filosofia rudimentar aparecem ocasionalmente, mas tais comentários invariavelmente se perdem em um oceano de minúcias filológicas.²

A filosofia e o ensino de gramática

A situação da filosofia nas escolas renascentistas a norte e a sul dos Alpes foi influenciada por mudanças na teoria da linguagem e em métodos de ensino. No início da Idade Média, a sintaxe latina havia sido ensinada por meio daquilo que professores de línguas estrangeiras hoje chamam de "imersão total". Falava-se exclusivamente em latim na sala de aula; os textos a serem lidos eram todos em latim. Eventualmente os pupilos começavam espontaneamente a ser capazes de escrever em latim. Mas a instrução gramatical a nível escolar, na Europa, foi revolucionada por desenvolvimentos em teoria linguística e lógica que ocorreram em escolas francesas durante o século XII. Uma abordagem filosófica/científica da linguagem foi responsável pelo surgimento de uma teoria abrangente da ordem das palavras no latim. Logicamente, o motor vem primeiro, depois o movimento, e, finalmente, o destino do movimento. Mas gramaticalmente isso torna-se, então, uma fórmula para a ordem das palavras e, de fato, um padrão conveniente para a estrutura básica das sentenças. Aí está implícita a noção de uma ordem natural ou lógica nas sentenças, de modo que o sujeito pode ser definido como a parte da sentença que antecede o verbo, enquanto o predicado torna-se o restante da sentença. Para os professores italianos essa era uma maneira fácil de fazer os pupilos entenderem os conceitos abstratos de sujeito e predicado: a ordem das palavras permitia ao pupilo identificar o sujeito como aquilo que vinha antes do verbo. Os professores usavam a terminologia medieval do norte da Europa para indicar as relações gramaticais entre partes da sentença: assim, um verbo pode reger um caso antes dele e outro depois dele. Isso torna-se, então, uma conveniente ferramenta de ensino: tudo que o pupilo tem de saber, por exemplo, é que o acusativo vem antes de certos verbos impessoais, que são então sucedidos pelo genitivo. Um conceito de filosofia linguística se tornou, nas mãos dos mestres de

---

2 Black e Pomaro, 2000; Black, 2001, 275-300, esp. 304-7.

gramática italianos, um modo de ensinar latim quase, por assim dizer, por meio do preenchimento de lacunas.[3]

Na Itália, essas mudanças em teoria da linguagem tiveram consequências extremamente práticas: elas ofereceram um método fácil e rápido para o ensino da sintaxe latina. Os resultados no norte da Europa foram menos mundanos. Professores franceses, tais como Petrus Helias, haviam sido pioneiros das novas teorias da linguagem; essas teorias foram popularizadas por pedagogos franceses, tais como Alexandre de Villedieu e Everardo de Béthune, em suas famosas gramáticas em verso; as inovações foram intimamente identificadas com o principal centro de educação superior no norte da Europa: a Universidade de Paris. Tudo isso significava que a comunidade educacional no norte da Europa compreendia esses desenvolvimentos em teoria da linguagem de maneira mais estrita que na Itália, onde eles foram considerados principalmente como um instrumento de ensino conveniente e utilitário. Os professores do norte – por exemplo, Martim de Dácia ou Michel de Marbais – desenvolveram teorias grandiosas para transformar a gramática em uma filosofia demonstrativa, culminando em vários tratados sobre modos de significado (*modi significandi*): essa abordagem lógica e científica à gramática – geralmente conhecida como gramática modística ou especulativa – tornou-se o auge da moda no norte da Europa do século XIII ao XV.

Não é surpreendente descobrir que a teoria especulativa e modística penetrou também na matéria introdutória da gramática nas escolas do norte. As grandes gramáticas em verso de Alexandre de Villedieu e Everardo de Béthune, ambas escritas na virada do século XIII, circularam amplamente tanto ao norte quanto ao sul dos Alpes, mas seu uso revela a diferença entre as abordagens italiana e transalpina. Na Itália, essas obras serviam principalmente como repositórios de versos mnemônicos, usados para ajudar os pupilos a memorizar regras de gramática e exemplos-chave. Ao norte dos Alpes, por outro lado, os textos eram memorizados como um todo e sujeitos a comentários impregnados de terminologia e conteúdo lógico e filosófico. Assim, por volta de 1300, Júpiter (o pseudônimo de um professor de gramática de Dijonais chamado Jean [de Clacy?]) introduziu um novo

---
3 Percival, 2004.

estilo de comentário sobre o *Graecismus* de Everardo, influenciado pela última moda em teoria gramatical modística então em voga na faculdade de artes da Universidade de Paris; a esse respeito, ele foi particularmente devedor de Radulfo Brito e Michel de Marbais, dois importantes praticantes contemporâneos da gramática especulativa.[4]

No período renascentista, a filosofia penetrou dessa maneira na educação escolar no norte da Europa em uma medida inconcebível na Itália, onde as escolas tendiam a ser instituições mais utilitárias, dificilmente tocadas pela filosofia em qualquer forma. Ao nível da educação superior, por outro lado, a situação da filosofia oferecia menos contraste dos dois lados dos Alpes. A expansão do aprendizado – frequentemente conhecida como o "Renascimento do século XII" – havia resultado em estudos mais amplos e mais profundos em todos os níveis da hierarquia do conhecimento, não apenas nos estágios superiores. A filosofia – assim como o direito, a medicina e a teologia – não podia mais receber um tratamento adequado em escolas unificadas em mosteiros ou catedrais; o resultado foi o surgimento gradual de instituições especializadas de educação superior na Europa ocidental. As disciplinas filosóficas se tornaram o cerne das faculdades emergentes de artes nas universidades nascentes, do século XIV ao século XVI.

O ensino de lógica, filosofia natural, metafísica e ética

A lógica normalmente constituía o primeiro passo no caminho rumo à competência em filosofia (bem como em outras disciplinas relacionadas, como a medicina). O livro didático chave era o *Summulae logicales* [*Resumos de lógica*] de Pedro de Espanha (m. 1277), o manual de lógica mais amplamente publicado durante a Idade Média e o Renascimento, sobrevivente em mais de 300 manuscritos e 150 edições impressas; durante o século XV, outro livro didático amplamente utilizado foi a linguística ou terminista *Lógica* de Paulo de Veneza (m. 1429).[5] A abordagem deles foi sujeita a virulentos ataques por humanistas italianos por minar a latinidade, a eloquência e a boa moral, assim como por tirar o lugar de antigos livros didáticos genuínos.

4 Grondeux, 2000.
5 Pedro de Espanha, 1972; Paulo de Veneza, 1472.

Lorenzo Valla (m. 1457) ofereceu uma alternativa com sua *Dialectica*, conclamando uma reforma da lógica de acordo com os princípios da retórica.⁶ Essa obra (assim como outros tratados retóricos humanistas sobre lógica) não teve nenhum impacto nas universidades italianas, mas a lógica humanista foi mais potente no norte da Europa: o *De inventione dialectica* [*Da invenção dialética*] (1479) do humanista holandês Rudolph Agrícola tornou-se um livro didático amplamente utilizado a norte dos Alpes, frequentemente combinado com o compêndio tradicional de lógica aristotélica de Jorge de Trebizonda (*c.* 1440). Um autor particularmente influente foi Pedro Ramus (m. 1572), que rejeitou a distinção aristotélica e medieval entre a retórica, com sua ênfase na probabilidade baseada em evidências, e a lógica, com seu foco em provas de certeza; sua *Dialectique* (uma obra não inteiramente revolucionária, pois retinha certos traços aristotélicos cruciais, como o silogismo) tomou de assalto as universidades protestantes no final do século XVI, embora Ramus tenha tido pouco impacto nas universidades católicas, onde ele nunca suplantou Aristóteles. Na Itália, a influência humanista foi significativa de outra maneira: durante o século XVI houve uma tendência crescente a substituir os manuais dialéticos escolásticos com novas traduções dos manuais lógicos originais de Aristóteles para o latim humanista.⁷

A filosofia natural significava a ciência nas universidades do Renascimento, abrangendo as matérias modernas da química, biologia, geologia, astronomia, física e psicologia, sendo que as duas últimas cresceram em importância, em detrimento das outras no decurso dos séculos XV e XVI. A disciplina da filosofia natural era baseada nos livros didáticos canônicos de Aristóteles, principalmente sua *Física* e seu *De anima* [*Da alma*], embora seus *De caelo et mundo* [*Do céu e do mundo*] e *De generatione et corruptione* [*Da geração e da corrupção*] tenham ocupado uma posição secundária tardiamente no período. Também eram importantes as reformulações medievais de Aristóteles, particularmente as versões latinas dos comentários em árabe feitos por Averróis (m. 1198).⁸ O principal desenvolvimento curricular na Itália foi a adição do ensino de Aristóteles

---

6 Ver adiante, capítulo 10.
7 Schmitt *et al.* 1988, caps. 6 e 7.
8 Ver adiante, capítulo 7.

com base nos textos gregos, especialmente em Pádua no final do século XV; a partir de então, comentadores de Aristóteles da Antiguidade tardia, tais como Alexandre de Afrodísias (*c.* 200 d. C.), Temístio (século IV d. C.), Simplício e João Filopono (ambos do século VI d. C.) exerceram alguma influência (um processo possivelmente iniciado com Ermolao Barbaro nos anos 1480). Enfim emergiram um ou vários aristotelismos ecléticos, combinando traduções e comentários medievais, novas traduções e comentários baseados no original grego, e alguns comentadores da Antiguidade tardia; a ênfase tendia a ser sobre a exegese, usando uma ampla variedade de fontes a fim de descobrir o verdadeiro Aristóteles.[9] Houve possivelmente uma abordagem menos deferente e mais crítica em relação a Aristóteles, começando em Paris e espalhando-se para outras partes da Europa transalpina (como Portugal); pode não ter sido um acidente que, enquanto as universidades italianas permaneceram vinculadas à tradição, os parisienses, por volta da segunda metade do século XVII, haviam remodelado o currículo tradicional da filosofia natural de acordo com os avanços realizados pela Nova Ciência.

A metafísica permaneceu como uma disciplina universitária mais conservadora na Europa durante o Renascimento. A metafísica aristotélica tendera a ser ensinada de acordo com a abordagem mais intelectualista dos tomistas, ou então de acordo com a visão mais voluntarista dos escotistas e ockhamistas. Mas a partir do final do século XVI, uma ampla influência foi exercida em toda a Europa pelas *Disputationes metaphysicae* [*Disputas metafísicas*] (1597) do jesuíta espanhol Francisco de Suárez (m. 1617), que tinha o objetivo de reescrever a metafísica aristotélica como uma série de debates sistematicamente organizados. Essa foi uma obra que não apenas inspirou outros manuais de metafísica, notavelmente na Alemanha protestante, mas também estabeleceu o método de ensino da metafísica por séculos, não apenas em universidades católicas, mas também nas protestantes.[10] A contribuição de Suárez foi tanto uma inovação quanto uma consolidação, dado que a maioria dos comentários sobre Aristóteles, a partir do século XIV, tinham a forma de

---

9 Schmitt, 1983a, e adiante, capítulo 4.
10 Ver adiante, capítulo 13.

questões disputadas, às vezes seguindo a ordem dos textos de Aristóteles, às vezes a ordem do próprio autor.

Nas universidades, durante o Renascimento, o texto central para o estudo da filosofia moral era a *Ética a Nicômaco*, de Aristóteles. A Itália, durante os séculos XIV e XV, testemunhou um declínio da influência tomista e uma ascensão do impacto humanista sobre a *Ética*, particularmente no que diz respeito ao texto base traduzido que era escolhido para ser comentado. Florença emergiu como o principal centro de estudos da *Ética* no século XV: ali as figuras-chave foram o escolástico humanista Niccolò Tignosi, o escolástico Agostino Favaroni, o escolástico humanista Guglielmo Becchi, o humanista Donato Acciaiuoli e o emigrado bizantino João Argyropoulos. No século XVI, o predomínio florentino em comentários sobre a *Ética* foi perdido, enquanto o *Collegio Romano* jesuíta ascendeu como um centro importante para o estudo da filosofia moral aristotélica. No período de 1500 a 1650, Florença levou à fruição sua herança filológica, legada por Angelo Poliziano (m. 1494), nos ensinamentos sobre a *Ética* ministrados por Piero Vettori (m. 1585). Pádua permaneceu como um centro mais tradicional, onde o foco era o método didático. Bolonha era um ambiente ainda mais conservador, onde a *Ética* era ligada ao currículo de lógica e filosofia natural, e onde a hostilidade para com as traduções humanistas e a rejeição do original grego como texto base eram evidentes. Roma dividia-se entre seus dois centros na universidade e no Colégio jesuíta, e entre a tentativa de ligar a filosofia e a filologia, na primeira, e uma destacada tendência, no segundo, a assimilar a filosofia moral e a teologia. É possível que a filosofia moral tenha sido ensinada nas universidades do norte da Europa mais cedo que na Itália, onde os comentadores, seguindo a deixa do próprio Aristóteles, concordavam todos que a filosofia moral exigia a maturidade, e assim situavam esse estudo perto do final do currículo universitário de filosofia. Uma exceção notável foi Marc-Antoine Muret (m. 1585), um proeminente humanista francês que ensinou em Roma em meados do século XVI, e que dizia que os adolescentes por volta dos quinze anos estavam prontos para estudar a moral. É possível especular que Muret olhava para o currículo de filosofia a partir da perspectiva das universidades do norte, onde a filosofia era estudada muito mais cedo que na Itália, frequentemente (como já foi notado) sendo introduzida no próprio curso de gramática. Outro possível contraste, durante o século XVI, acerca da filosofia moral conforme ensinada pelos nortistas e pelos italianos ocorre entre o ensino florentino da filosofia moral por Vettori, com um foco quase exclusivamente filológico, e o de Muret, que preservava um equilíbrio entre a filosofia e a teologia. Muret foi assim capaz de dar seguimento às tradições do humanismo de Cícero e Petrarca, que era baseado na união da sabedoria e da eloquência. Vettori, por outro lado, parece representar a crescente especialização do humanismo nas universidades italianas do século XVI. Vettori abordava a *Ética* como um filólogo profissional, e os outros comentadores italianos proeminentes no século XVI tinham uma abordagem especialista similar, quando não a partir da perspectiva da filologia, então daquela da teologia ou do método didático. A ampla perspectiva ciceroniana do humanismo de Petrarca parece ter continuado a ser vital no norte da Europa, com base na evidência de Muret, mas o exemplo de Vettori e outros sugere que na Itália, durante o século XVI, o humanismo ao nível da universidade estava se dissolvendo em diversas disciplinas acadêmicas profissionalizadas e separadas.[11]

A filosofia nas escolas humanistas, nas academias e nas cortes dos príncipes

Sugere-se, às vezes, que a filosofia era ensinada em escolas humanistas italianas. As famosas instituições presididas por indivíduos como Vittorino da Feltre (m. 1446) em Mântua ou Guarino Veronese (m. 1460) em Ferrara aceitavam pupilos já na casa dos vinte anos (como, por exemplo, o futuro humanista Giorgio Valagusa, que entrou para a escola de Guarino aos dezenove). Portanto, não é surpreendente descobrirmos que o currículo de uma escola como a de Vittorino abrangia tanto a lógica quanto a filosofia natural, matérias que os estudantes universitários italianos estudavam regularmente no final da adolescência e início da casa dos vinte anos de idade. Contudo, essas matérias teriam sido ensinadas com base em manuais

---
11 Lines, 2002a e adiante, capítulo 16.

e métodos tradicionais: não há nenhuma evidência de que a lógica-retórica humanista tenha penetrado na educação italiana no século XV, e menos ainda no século XVI, enquanto a filosofia natural permaneceu firmemente ligada aos manuais aristotélicos básicos durante o Renascimento. Também é improvável que a Ética fosse seriamente ensinada nas escolas humanistas (a despeito dos anúncios de seus proprietários, que alegavam transformar meninos em indivíduos morais plenamente formados, prontos para liderar o Estado e a sociedade). Não há nenhuma evidência de que os pedagogos humanistas ensinassem a ética aristotélica, uma omissão compreensível, dado o consenso universal, na Itália, de que a idade madura era um pré-requisito para o estudo da ética. Além disso, os textos manuscritos latinos que lidavam ostensivamente com temas de filosofia moral (como, por exemplo, os tratados éticos menores de Cícero, como *De amicitia* [*Da amizade*] ou *De senectute* [*Da velhice*]) recebiam consistentemente glosas filológicas, em vez de filosóficas e morais, ao nível das escolas. As elevadas pretensões morais dos pedagogos humanistas precisam ser vistas como afirmações ideológicas – justificando não apenas as aspirações deles de se situarem no topo da hierarquia do aprendizado, mas também as ambições de seus pupilos de guiar o povo como líderes cívicos ou conselheiros principescos, ou como príncipes de fato – em vez de como refletindo as realidades daquilo que era um currículo educacional altamente conservador e tradicional ao nível do ensino elementar, secundário e mesmo superior.[12]

A filosofia era ligada a associações conhecidas como academias, inspiradas pela Academia estabelecida por Platão em um parque e terreno de esportes a noroeste de Atenas, consagrado ao herói Academo, como um local onde Platão podia ensinar a seus pupilos. O local tornou-se uma escola ou colégio organizado como uma corporação, sobrevivendo, talvez não de modo contínuo, até sua dissolução final por Justiniano em 529 d. C. Em meados do século XV, a ideia foi revivida simultaneamente em Florença, Nápoles e Roma. Em Roma, uma Academia reuniu-se em torno do emigrado grego cardeal Bessarion (m. 1472) em meados do século XV, incluindo informalmente alguns dos mais distintos estudiosos de

---
12 Grafton e Jardine, 1986; Black, 2001.

grego e latim residentes ou de passagem pela cidade. Às vezes esse círculo fazia reuniões diárias, que podiam até mesmo seguir um programa pré-ordenado. As alianças filosóficas dos participantes eram ecléticas, indo desde o platonismo e o aristotelismo até o escotismo e o tomismo. Seus interesses transcendiam a filosofia em sentido restrito, estendendo-se aos estudos bíblicos e à teologia, à astronomia e à matemática. A filologia era uma preocupação crucial desse grupo, particularmente a edição de textos e a correção de manuscritos. A subsequente Academia Romana, reunida sob a liderança do humanista Pomponio Leto (m. 1498), tinha interesses voltados principalmente à filologia, literatura e arqueologia latinas. A Academia Napolitana, liderada por Giovanni Gioviano Pontano (m. 1503), também tinha interesses literários principalmente romanos, embora alguns dos escritos do próprio Pontano (especialmente seus diálogos) fossem preocupados com a filosofia moral de maneira eclética e ciceroniana. A Academia Veneziana, fundada por Aldus Manutius por volta de 1500, em contraste, tinha um caráter helenista: falava-se grego em suas reuniões e suas regras também eram escritas neste idioma; seu objetivo era promover o estudo da literatura grega e a impressão dos clássicos gregos. As Academias Romana, Napolitana e Veneziana do século XV e início do século XVI tinham no máximo uma preocupação periférica com a filosofia. Contudo, uma associação com interesses explicitamente dedicados à filosofia natural foi a *Academia Secretorum Naturae* [Academia dos Segredos da Natureza], fundada em Nápoles em 1560 sob a presidência de Giambattista della Porta (m. 1615), que escreveu, ele mesmo, um livro de ampla circulação sobre magia natural. Academias científicas posteriores incluíam a romana *Accademia dei Lincei* [Academia dos Linces] (fundada em 1603) e a florentina *Accademia del Cimento* [Academia do Experimento] (estabelecida em 1651). As academias se espalharam para a França na segunda metade do século XVI, desenvolvendo um movimento poético conhecido como A Plêiade. A *Académie de poésie et de musique* [Academia de poesia e música] de Jean-Antoine de Baïf foi estabelecida com estatutos legais e cartas-patente reais concedidas por Carlos IX em 1570. Ela continuou a existir durante o reinado de Henrique III, produzindo um desdobramento conhecido como

Academia do Palácio. Essas academias preocupavam-se com a música no sentido do conjunto do conhecimento como um todo, e, portanto, não é surpreendente descobrir que elas tinham interesses em filosofia natural e moral, assim como interesses musicais e poéticos. No início do século XVII, várias outras academias ou proto-academias foram concebidas ou estabelecidas na Inglaterra, Alemanha e Rússia.[13]

Uma consideração especial deve ser dada à "Acadêmia Platônica" florentina, frequentemente considerada como uma instituição particularmente dedicada ao estudo da filosofia, especialmente da variedade platônica. Houve um texto que figurou de modo proeminente nas discussões sobre a Academia Platônica florentina.

O mais vívido é o testemunho de um diálogo escrito pelo obscuro humanista Benedetto Colucci e dedicado a Giuliano de Medici. De fato, esse texto constitui a única descrição vívida que possuímos das atividades de um grupo identificado como A Academia de Ficino (não sua "Academia Platônica", é desnecessário dizer). Colucci, um velho amigo de escola de Ficino, posteriormente professor de gramática em Colle e Florença, era bem familiarizado com Ficino e estava em uma boa posição para conhecer os hábitos de seu círculo; o próprio Ficino recomendou as *Declamationes* à atenção de Giuliano. As *Declamationes* retratam as atividades da academia de Ficino durante os três dias em torno do natal de 1474. A cena da ação é, significativamente, mencionada duas vezes como o "ginásio" de Ficino. Durante os três dias, cinco jovens nobres florentinos (*"quinque praestantes ex nobilitate huius inclitae civitatis iuvenes"*), que estavam todos aparentemente acompanhando as aulas de Lantino na cidade, apresentam declamações (*declamationes*) de treino nas quais encorajam os príncipes da Itália a se armarem contra os turcos. Ficino, que é citado uma vez como *"tamquam Academiae princeps"* ["como se fosse o príncipe da Academia"] e depois simplesmente como *"Academiae princeps"*, é claramente o mentor dos cinco jovens (que ele chama de *"academici"* ["acadêmicos"]): fora Ficino que,

---

13 Lowry, 1979; Yates, 1947; Bentley, 1987; Kidwell, 1991.

quinze dias antes, havia dado a cada um deles a tarefa de fazer uma declamação; é ele quem elogia os jovens após a realização, e quem estabelece a ordem da apresentação. Assim como nos ginásios gregos e nas escolas de retórica romanas, também estão presentes vários homens mais velhos e espectadores distintos que assistem e fazem comentários informais sobre as apresentações. Estes incluem os poetas Naldo Naldi, Alessandro Braccesi e Poliziano, bem como o secretário de Lorenzo de Medici, Niccolò Michellozzi.[14]

Hankins diz em seguida que não é "inteiramente claro o sentido que devemos atribuir à palavra 'academia', mas vários textos paralelos sugerem que o equivalente mais próximo de *academia* no uso de Ficino é *gymnasium*, como de fato já é sugerido pelo uso alternado de *academia* e *gymnasium* feito por Colucci para descrever a cena das *Declamationes*".[15] Ele conclui declarando, com relação às *Declamationes* de Colucci, que "o retrato mais detalhado que temos do ginásio de Ficino mostra-o envolvido na prática da retórica acerca de um assunto que nada tinha a ver com o platonismo".[16]

A interpretação de Hankins de que as *Declamationes* retratam a escola de retórica de Ficino não encontrou uma aceitação universal:

> Há mais nesses discursos do que aquilo que Hankins indica. Primeiro, os estudantes reunidos fazendo as declamações são identificados como estudantes de Cristoforo Landino ("*clarissimus vates vesterque sanctissimus praeceptor*" ["poeta ilustríssimo e santíssimo preceptor"]); portanto, aquela não é realmente a academia de Ficino, mas uma reunião extraordinária na escola de Ficino, seja em Careggi ou em Florença, de outros membros do estúdio florentino. Em segundo lugar, Ficino está presidindo esse grupo não como mestre de sua escola de retórica, mas como filósofo. No início, Colucci descreve Ficino, *philosophus gravissimus* [filósofo de grande peso], como se segue: "*in tali viro magna autoritas sit, apud eos praecipue qui vere philosophiam sectantur*" ["um homem de grande autoridade, especialmente

---

14 Hankins, 1991, 445; ver também Hankins, 1990b, Hankins, 1994, e Hankins 2002a, todos reimpressos em Hankins 2003-4, II: 187-218, 219-72, 273-316, e 351-95.
15 *Ibid.*, 446.
16 *Ibid.*, 458.

entre aqueles que verdadeiramente seguem a filosofia"]. E, após o primeiro discurso, todos são descritos como imobilizados de tristeza (sendo as recentes conquistas turcas uma ocasião para o lamento); Ficino, contudo, *"graviore nos teneri dolore sensit, quam eos qui philosophiam profitentur deceat"* ["sente com suavidade a dor pesada, como aqueles que declararam beneficiar-se da filosofia"]. De fato, Ficino não é aqui nenhum mestre de retórica, mas um líder espiritual na filosofia platônica.[17]

O ponto em questão, portanto, é se essas *Declamationes*[18] retratam a escola ("ginásio") de Ficino ou sua academia filosófica: isto é, a reunião de um grupo dedicado ao estudo da filosofia.

O exame ulterior sugere que ambas as interpretações são reveladoras, e que, de fato, o texto retrata os encontros simultâneos de dois grupos distintos: a escola de retórica de Ficino e sua academia filosófica. Ficino aparece durante o encontro como o organizador dessas declamações. Em contraste, a Academia aqui é revelada, não como os pupilos, mas como o grupo constituído por Ficino e outros membros, *socii* (Naldi, Braccesi, Michelozzi, Poliziano), um tipo de associação sobre a qual ele preside como *princeps*. A Academia também inclui Colucci, que se dirige a Ficino como *princeps* (presidente) e aos outros acadêmicos como companheiros membros (*socii*). Fica claro que a Academia não equivale aos pupilos de Ficino quando ele deixa de se dirigir aos pupilos (p. 46-47) e passa a se dirigir aos Acadêmicos.[19] Ficino ainda está se dirigindo aos Acadêmicos quando se refere a *"Landinus clarissimus vates vesterque sanctissimus praeceptor"*: portanto, Landino (que nem mesmo está presente) é ou era, nesse contexto, o professor dos Acadêmicos (supostamente no Estúdio), não dos jovens oradores.[20] A Academia aqui (no uso de Colucci) não é uma escola, mas

---

17 Field, 2002, 365; a resposta de Hankins encontra-se em Hankins, 2002a.
18 Colucci, 1939. A data da ação das *Declamationes* é 25, 26 e 27 de dezembro de 1473, não 1474; a data da redação delas por Colucci é entre fevereiro e setembro de 1474. Cf. *ibid.*, x–xiii.
19 *Ibid.*, 47: "*Vos autem Achademici animadvertistis, quanta arte haec iuventus usa sit* [...]".
20 Filologicamente, não há dúvida de que aqui Ficino está se dirigindo aos Acadêmicos, não aos jovens: estes são mencionados depois apenas na terceira pessoa ("Seus *optimi adolescentes*"; o restante dos presentes são citados na primeira pessoa do plural quando Ficino é incluído ("*imitemur et aemulemur*", "*prosequamur*"), e na segunda pessoa quando Ficino está

o grupo de Ficino que se reuniu em sua escola (*gymnasium*) para ouvir as apresentações de oratória dos pupilos de retórica de Ficino. Os jovens não são citados como acompanhando as aulas de Landino na cidade, e ele não chama os jovens de "*academici*". A linguagem em relação à Academia é a de uma associação: *princeps*, *socii*.[21]

A cena das *Declamationes* é o dia do natal de 1473, quando Naldo Naldi e Alessandro Braccesi, juntamente com Niccolò Michelozzi e Angelo Poliziano (sendo os dois últimos descritos como companheiros [*contubernales*] do recipiente da dedicatória da obra, Giuliano de Medici), encontram Ficino no *gymnasium* deste último. Juntam-se a eles também cinco jovens nobres florentinos, a cada um dos quais havia sido atribuído, quinze dias antes, um tema para declamar. O primeiro a falar foi Giovanni Cavalcanti, quando o próprio Colucci, juntamente com um certo Mariano da Pistoia, chegou por acaso ao encontro na casa de Ficino. A abertura do texto dá sustentação à visão de Hankins de que Ficino era o professor de retórica desses cinco jovens, uma vez que ele lhes havia atribuído o tema para declamação quinze dias antes, e que a ação ocorria em sua escola.[22]

Após o discurso de abertura, Ficino é o primeiro a reagir;[23] ele se volta então para os membros de seu grupo (Michelozzi, Braccesci, Naldi, Poliziano e Colucci) e os repreende por falharem em controlar suas emoções sem o comedimento filosófico apropriado.[24] A fim de restaurar a calma filosófica à reunião, Ficino pega sua flauta e canta.[25] Dada a ênfase aqui na filosofia e no comportamento filosófico, é difícil negar que o propósito da associação formada por Ficino e seus quatro companheiros (conforme distinguidos de seus quatro jovens estudantes) era a busca da filosofia.

---

se dirigindo aos outros Acadêmicos ("*vester*"). Este último uso da segunda pessoa havia sido aplicado aos acadêmicos, e, portanto, aqui deve referir-se também a eles.
21 Aqui Colucci parece estar usando o termo "*socius*" para traduzir o vernáculo "*socio*" (membro), em vez do sentido estrito do latim clássico, como amigo ou camarada; de outro modo, a combinação desse termo com "*princeps*" seria inadequada.
22 *Ibid.*, 3.
23 *Ibid.*, 14.
24 *Ibid.*, 14-15: "*Sed ubi Ficinus graviore nos teneri dolore sensit, quam eos qui philosophiam profitentur deceat, seque etiam aegerrimum sublevandum censeret, subridens, ut sibi mos est, nos aspexit: Catenas, inquit, barbaras cervicibus nostris iam impositas esse arbitramini*".
25 *Ibid.*, 15.

A conversa volta-se então para um elogio aos Medici,[26] e ao final Ficino encerra os procedimentos como chefe da Academia ("*Achademiae princeps*"), ordenando todos a se reunirem novamente para ouvir outros discursos no dia seguinte.[27] Michelozzi conclui as discussões do dia, elogiando o alto nível do diálogo dos interlocutores naquele dia (Ficino, Poliziano, Naldi e o próprio Michelozzi); aqui ele está se referindo aos membros da Academia, e não aos jovens oradores, pois somente um deles (Giovanni Cavalcanti) falara até então.[28] Ele conclui os procedimentos do dia declarando que Ficino é quem comanda ali,[29] e sugerindo, portanto, que todos eram obrigados a voltar no dia seguinte para ouvir outros discursos.

O grupo apropriadamente se reúne outra vez, como ordenara Ficino, para ouvir o discurso de Bindaccio Ricasoli. O terceiro discurso, feito por Paolantonio Soderini, ocorre em seguida, e depois Ficino sugere um passeio e uma retomada da atividade no dia seguinte.[30] Na reunião daquele terceiro dia, Francesco Berlingueri profere o quarto discurso, após o qual Ficino declara que desejava que o parente mais velho e homônimo de Francesco, que estava servindo em um cargo comunal, tivesse estado presente para se orgulhar da apresentação de seu parente mais jovem. Novamente, Ficino é citado como o presidente dos Acadêmicos ("*Achademicorum princeps*").[31] A declamação final é então feita por Carlo Marsuppini, o Jovem.

Os comentários de encerramento feitos por Ficino não deixam dúvida sobre a condição dos dois grupos distintos que participam do diálogo de Colucci. Primeiro Ficino se dirige a seus estudantes de retórica, exortando-os a temerem a Deus, a dedicarem a consideração apropriada à religião cristã e a cultivarem as musas, como haviam acabado de fazer com tanta magnificência.[32] Depois Ficino faz um comentário interessante

---

26 *Ibid.*, 15-19.
27 *Ibid.*, 19.
28 *Ibid.*, 19. "*Tum Michelotius ad nos conversus: Videte, inquit, de magnis quid sit viris orationem habere.*"
29 *Ibid.*, 19.
30 *Ibid.*, 32.
31 *Ibid.*, 39.
32 *Ibid.*, 46: "*Postquam tribus diebus quinque praesantes iuvenes declamationes suas habuere, Marsilius omnes pro contione laudavit sicque eos est exhortatus. Virtus, o generosi*

sobre a distinção de posição social entre ele próprio e seus companheiros acadêmicos, por um lado, e os patronos em potencial que emergiriam nas pessoas de seus estudantes da elite florentina, por outro: ele implora aos últimos para não se esquecerem dele e, implicitamente, de seus companheiros acadêmicos, que provêm de uma ordem social mais baixa (a saber, chanceleres, secretários, professores) que a dos jovens (todos os quais são membros da classe detentora de cargos políticos), assim como Cipião, o Africano, prestou tributos ao poeta Ênio.[33] Ficino exorta os jovens a colocar a honestidade acima da conveniência e até mesmo a sacrificarem suas vidas pelo bem comum.[34] Ele conclui seus comentários aos estudantes lembrando-lhes de que eles e os Acadêmicos trabalharam em benefício mútuo: eles foram estimulados a ações imortais em potencial pelo encorajamento dos Acadêmicos, enquanto pela patronagem de figuras de elite como aqueles jovens a fama dos Acadêmicos será celebrada pela posteridade.[35]

Depois, crucialmente para a compreensão desse texto e da Academia de Ficino, ele se volta dos estudantes e dirige-se aos Acadêmicos diretamente na segunda pessoa do plural, distinguindo-os dos estudantes, que são mencionados na terceira pessoa. Essa distinção gramatical torna certo que a Academia com seus Acadêmicos e os estudantes de retórica são dois grupos diferentes.[36] Tendo elogiado os esforços retóricos dos estudantes, Ficino agora considera a contribuição potencial de outros oradores de cujos talentos Florença podia se orgulhar, destacando Donato Acciaiuoli, Marco Parenti, Alamanno Rinuccini, Bartolomeo Scala, Cristoforo Landino,

---

iuvenes, cum aetate crescat. Timete immortalem omnium rerum Auctorem, eiusque sancta religio primum semper apud vos locum teneat. Defendite patriam et civibus de re publica bene sentientibus sine invidia favete, nostras colite perpetuo Musas, ut magnifice fecistis".

33 *Ibid.*: "*Nos humili loco natos non dedignemini. Nam P. Scipio Africanus qui solus omnibus praestabat, Ennium vatem magis fide quam sapientia pollentem in sepulchro suo condi voluit*".
34 *Ibid.*: "*Honestatem utilitati praeponendam et pro communi salute animam effundendam esse censeatis*".
35 *Ibid.*, 46-7. Nessa passagem, Ficino usa a primeira pessoa do plural para indicar os Acadêmicos, incluindo ele próprio, e a segunda pessoa do plural, primeiro para se dirigir aos jovens, e depois para se dirigir aos outros Acadêmicos presentes: ver a n. 20 anteriormente.
36 *Ibid.*, 47: "*Vos autem Achademici animadvertistis, quanta arte haec iuventus usa sit, quae nostros principes summis extulit laudibus ut sanctissimum suaderet inceptum. De gloria profecto eorum et immortalitate agitur. Utinam sapiant quod votis et oratione hortamur! Hi optimi adolescentes pietatis officio satisfecisse videntur*".

Bernardo Nuzzi e Gentile Becchi.[37] Particularmente significativos aqui são os termos nos quais Ficino se refere a Landino. Ele ainda está se dirigindo aos Acadêmicos quando se refere a *"Landinus clarissimus vates vesterque sanctissimus praeceptor"*.[38] Portanto, Landino não é (pelo menos nessa passagem) citado como professor dos jovens estudantes de retórica, mas sim dos Acadêmicos Poliziano, Michelozzi, Naldi e Braccesi.[39] Em conclusão, o resultado desse reexame das *Declamationes* de Colucci não apenas destaca o trabalho de Ficino como professor de retórica, mas também revela suas atividades como líder de um pequeno grupo de estudos em Florença dedicado à filosofia, uma assim chamada Academia.

Contudo, essa exígua evidência da pena de Colucci dificilmente pode justificar a Academia Platônica de Florença como uma força significativa na vida intelectual florentina ou na disseminação do platonismo, que, em suas manifestações florentinas iniciais foi em sua maior parte um esforço de um único homem. É revelador que Landino não era formalmente parte do grupo mais velho descrito por Colucci (sua presença poderia ter reforçado o caráter filosófico do grupo). O fato de que essa é a única evidência de um grupo organizado que Ficino exortava acerca da filosofia (pelo menos acerca de um comportamento filosófico, se não de um conteúdo) sugere que a existência desse grupo era fugaz: nenhum dos quatro membros (*socii*) se apressava para se tornar filósofo. O platonismo ficiniano, em suas primeiras décadas, carecia de um ponto de apoio duradouro ou significativo nas instituições educacionais (o ensino de Ficino na universidade, platônico ou não, foi efêmero e insignificante), recebendo apenas um apoio informal de vários patronos florentinos amadores. Com base na evidência do texto de Colucci, Ficino parece ter tentado lançar um pequeno grupo de discussão filosófica, mas, assim como muitas associações informais desse tipo, o grupo dificilmente parece ter decolado.

---

37 *Ibid.*, 47.
38 Ver n. 20 anteriormente.
39 O intervalo de idade dos Acadêmicos e de Landino faz sentido aqui. Landino nasceu em 1424 e começou a ensinar em 1458, enquanto Naldi (n. c. 1435), Braccesi (n. 1445), Poliziano (n. 1454) e Michelozzi (n. 1447) eram todos provenientes da geração subsequente. Poliziano é documentado como pupilo de Landino, e Landino era uma presença magistral de autoridade para Braccesi e seu círculo.

As cortes também podiam oferecer um ambiente para a discussão filosófica. O exemplo mais famoso nessa conexão é o diálogo-tratado *Il cortegiano* [*O cortesão*] (1508-28) de Baldassare Castiglione (m. 1529), uma obra que visava retratar a corte de Urbino em 1506, considerada por Castiglione como uma idade de ouro perdida, bem como retratar a criação, educação e formação do cortesão ideal, capaz de obter o favor de um príncipe e assim ocasionar o bem-estar e a recuperação da Itália, dilacerada por disputas internas e externas. A visão de Castiglione era que nenhuma das realizações do cortesão, fosse como soldado, escritor, esportista, músico ou conversador, deveria carecer de *sprezzatura*, uma facilidade espontânea de realização combinada com uma superioridade despreocupada que se tornaria a marca registrada do verdadeiro cavalheiro por séculos a seguir. Essa noção de *sprezzatura* era derivada, através dos humanistas, dos ensinamentos de filosofia moral de Aristóteles e Cícero, que haviam retratado o comportamento do cidadão ideal e bem formado. *Il cortegiano* também continha um famoso tratamento do amor platônico, baseado no *Banquete* de Platão, bem como um debate sobre a melhor constituição, baseado em Aristóteles. A obra de Castiglione serviu para popularizar as ideias da moral humanista e da filosofia platônica não apenas na Itália, mas por toda a Europa, com suas traduções em inglês, francês, espanhol e latim.[40]

A transmissão do pensamento filosófico

Na Idade Média, os principais meios para a discussão filosófica haviam sido tratados formais e abstratos (frequentemente na forma de debates apresentando um lado de uma questão, depois o outro, e terminando com uma conclusão definida pelo autor) ou comentários sobre textos, usualmente de uma autoridade antiga tal como Aristóteles. No Renascimento, essas formas de discurso filosófico continuaram e prosperaram, mas outro gênero também entrou em voga. Diálogos filosóficos haviam sido compostos na Idade Média (como, por exemplo, o *Dragmaticon philosophiae* de Guilherme de Conches), mas estes eram obras abstratas, carecendo de

---

40 Hankins, 2002b.

verossimilhança ou de um sabor de conversa genuinamente espontânea. Tais diálogos abstratos continuaram a ser escritos no Renascimento (um exemplo famoso é o *Secretum* de Petrarca, onde os interlocutores são simplesmente identificados como Franciscus e Augustinus, supostamente o próprio Petrarca e seu autor favorito, Sto. Agostinho). A partir do século XV, no entanto, diálogos realistas seguindo o modelo de obras como o *De oratore* [*Do orador*] de Cícero entraram em voga. Esses diálogos humanistas neociceronianos visavam retratar conversas críveis em cenários realistas. Assim como as conversas genuínas, os diálogos humanistas frequentemente careciam de conclusões bem definidas (diferentemente dos debates escolásticos).[41] Os estudiosos de hoje ainda debatem a voz autoral genuína em diálogos filosóficos morais como o *De avaritia* [*Da avareza*] (1429) de Poggio Bracciolini, ou o *De vero bono* [*Do verdadeiro bem*] (1432) de Lorenzo Valla. Quase todos os diálogos seguiam o modelo dos diálogos conversacionais de Cícero, nos quais autoridades trocam visões em discursos extensos, em vez de nos diálogos socráticos de Platão, com seu rápido dar e receber e seu cuidadoso exame cruzado de hipóteses; uma rara exceção é o pouco conhecido *De comparatione reipublicae et regis* [*Da comparação entre repúblicas e reinos*] (c. 1490) de Aurelio Lippi Brandolini.[42]

No Renascimento, a maior mudança tecnológica afetando a disseminação de ideias e textos filosóficos foi, é claro, a imprensa. Textos e ideias também circularam rapidamente na Idade Média, especialmente com o surgimento das universidades e o desenvolvimento dos assim chamados sistemas de *pecia* (peça) e *reportatio* (relato): o primeiro era um método organizado e controlado de copiar obras seção por seção, enquanto o segundo envolvia grupos de estudantes reproduzindo informalmente textos lidos por mestres. Tais métodos asseguraram a rápida disseminação de obras como os comentários de Tomás de Aquino sobre a *Metafísica* ou a *Ética* de Aristóteles; de fato, tais procedimentos persistiram até o Renascimento, de modo que diversos textos filosóficos sobreviveram até hoje em cópias de *reportatio* – por exemplo, os escritos de Pietro Pomponazzi (m. 1525).

---

41 Marsh, 1980.
42 Hankins, 1996.

A imprensa obviamente facilitou a circulação ainda mais rápida de textos, mas teve também outros resultados. Estudiosos e estudantes passaram a dispor de versões padronizadas e uniformes de textos, facilitando a discussão, o diálogo e o debate a longas distâncias. Novas escolas e abordagens filosóficas podiam ser rapidamente disseminadas: há poucas dúvidas de que o rápido sucesso e impacto da revitalização platônica – quase não tocando instituições de educação formal como as universidades – foram devidos à imprensa. A voz magistral não era mais o único ou o principal meio de difusão de novos textos e ideias filosóficas. A revitalização grega também recebeu um impulso especial da imprensa: a falta de copistas gregos habilidosos fez com que os textos gregos se difundissem lentamente no Ocidente durante o século XV, mas uma vez que um impressor importante como Aldus se dedicou a publicar em grego de maneira séria, versões da filosofia grega na língua original foram rapidamente disseminadas pela Europa.[43]

O contexto – as instituições, costumes sociais e inovações tecnológicas – pode lançar bastante luz sobre desenvolvimentos filosóficos, mas nunca pode contar a história toda. Muitos dos maiores filósofos do Renascimento tiveram apoio limitado da sociedade ou das instituições contemporâneas. Ficino ensinou talvez por apenas um ano em uma universidade; Giovanni Pico della Mirandola (m. 1494) recebeu uma recusa a seu proposto debate sobre as renomadas 900 teses; Giordano Bruno foi queimado na fogueira pela Inquisição em 1600 por seus ensinamentos heréticos; Tommaso Campanella (m. 1639) foi censurado, torturado e repetidamente aprisionado por suas heresias; as aulas públicas de Galileu Galilei (m. 1642) abrangiam o currículo da filosofia natural aristotélica tradicional: sua física inovadora foi disseminada através de suas extensas lições privadas. De fato, o filósofo político mais famoso do Renascimento – Nicolau Maquiavel – compôs seu tratado *De principatibus* (*O príncipe*) – que se pode argumentar ser a peça mais original de teoria política já escrita – como um proscrito de sua nativa Florença, a quem foi negada a patronagem dos Medici dominantes e mesmo o apoio de amigos próximos como o aristocrata florentino Francesco Vettori. O Renascimento foi uma época de patronos famosos, mas, na filosofia, a genialidade contou mais.

---

43 Richardson, 1999.

3 O humanismo, o escolasticismo e a filosofia do Renascimento

JAMES HANKINS

Uma outra espécie de ceticismo mitigado que pode ser vantajoso para a humanidade [...] é a limitação de nossas investigações aos assuntos que estejam mais bem adaptados à capacidade estreita do entendimento humano. [...] Um juízo correto [...], evitando todas as investigações remotas e elevadas, limita-se à vida comum e aos objetos que se apresentam à prática e à experiência cotidianas, deixando os tópicos mais sublimes para os floreios dos poetas e dos oradores, ou para os artifícios dos sacerdotes e dos políticos.

(David Hume, *Uma investigação sobre o entendimento humano*, XII)

O humanismo como uma forma de cultura

Os estudantes do Renascimento costumam esquecer que o substantivo abstrato "humanismo", com seus cognatos em latim e nas línguas modernas, não é encontrado no próprio período do Renascimento, mas começa a ser amplamente utilizado somente no início do século XIX. Foi neste último período, sob a influência de Hegel, que o hábito moderno de reificar ideologias e tendências sociais usando substantivos formados por *-ismos*, o sufixo grego que indica substantivos de ação ou processo, começou a se consolidar. *Humanismus*, *humanisme*, e *umanesimo*, as formas respectivamente alemã, francesa e italiana da palavra, logo passaram a abranger duas famílias amplas de significados. A primeira família entendia o humanismo no sentido da educação clássica: o estudo da literatura antiga nos idiomas originais. Foi nesse sentido que Georg Voigt adaptou a palavra para se referir ao movimento renascentista de revitalizar os estudos clássicos, em sua obra seminal *Die Wiederbelebung des classischen Altertums oder das erste Jahrhundert des Humanismus* [*A revitalização da Antiguidade clássica, ou o primeiro século do humanismo*] (1859). Na Itália, a palavra *umanesimo* teve seu sentido ampliado para incluir a produção literária em língua latina de Petrarca a Pietro Bembo. A outra família de sentidos do "humanismo" entendia a palavra como significando uma certa perspectiva filosófica. O humanismo, nesse sentido, reduzia o divino ao humano, opunha-se a qualquer tipo de dogma ou revelação religiosa, e baseava a reflexão filosófica em uma concepção do ser humano como uma entidade puramente biológica formada como resultado de um processo evolutivo, sem uma natureza espiritual imaterial. Esse sentido filosófico do humanismo começa essencialmente com o "realismo humanista" de Ludwig Feuerbach (1804-1872), mas inclui posteriormente o humanismo marxista (Antonio Gramsci), o humanismo existencialista (Jean-Paul Sartre), o pragmatismo humanista (F. C. S. Schiller, seguindo William James), o humanismo ético (Irving Babbitt), bem como a estranha mistura de racionalismo iluminista, utilitarismo, positivismo científico, biologia evolutiva e pragmatismo produzida pela Associação Humanista Americana. Nos estudos do século XX sobre o humanismo do Renascimento, muita confusão foi causada pela mistura desses dois significados amplos de humanismo. Assim, uma "filosofia humanista do homem" foi atribuída a escritores latinos desde Petrarca até Castiglione por meio de citações seletivas, de imposição hermenêutica, e da adição de filósofos profissionais como Marsílio Ficino e mesmo Pietro Pompanazzi às fileiras dos "humanistas". A confusão da terminologia foi atualmente superada, em grande medida, pelo menos no universo acadêmico anglo-saxão, graças à influência de um grande estudioso do Renascimento, P. O. Kristeller (1905-1999). Kristeller argumentou de modo convincente e com imensa erudição que o humanismo do Renascimento não podia ser interpretado como uma "filosofia do homem", mas que, em vez disso, era melhor enxergá-lo como um movimento, com raízes na tradição retórica medieval, para reviver a língua e a literatura da Antiguidade clássica. Os humanistas não foram filósofos, mas homens e mulheres de letras.[1]

---

1 Giustiniani, 1985; Hankins, 2003-4, I: 573-90; sobre Voigt, ver Grendler, 2006; sobre Kristeller, ver Monfasani, 2006.

Embora o termo "humanismo" tenha se originado somente no século XIX, o termo "humanista" é encontrado em latim e italiano (*humanista, umanista*) já na segunda metade do século XV, referindo-se aos professores universitários de humanidades que ministravam aulas sobre os autores antigos.² Naquela época, os tipos de figuras literárias que são chamados de "humanistas" nos estudos modernos sobre o Renascimento já estavam presentes por mais de um século. Eles eram comumente citados por seus contemporâneos como *literati, poetae* ou *oratores*. Tais figuras desempenhavam diversos papéis profissionais na sociedade italiana. Eles atuavam principalmente como professores de clássicos nas escolas e universidades, como secretários e chanceleres políticos, como poetas, diplomatas e burocratas nas cortes – em outras palavras, como especialistas em linguagem. A linguagem na qual eles se especializavam era o latim. O latim ainda era o meio de comunicação mais importante na Igreja e na universidade, bem como nos intercâmbios diplomáticos, legais, científicos e eruditos internacionais. O latim era a língua mais prestigiosa para registros e memoriais de todos os tipos, especialmente no caso de registros e memoriais destinados a durar por muito tempo no futuro. Além dos humanistas profissionais, havia muitos amadores, geralmente membros das elites políticas e sociais, que haviam tido uma educação humanística e formavam uma audiência para os escritos e a oratória dos humanistas contemporâneos, bem como para a literatura greco-romana. Tais amadores estavam interessados em aumentar seu próprio conhecimento e suas capacidades de comunicação, e desejavam adquirir o prestígio social que havia começado a ser associado às pessoas dotadas de realizações literárias. O centro dos interesses dos humanistas, tanto profissionais quanto amadores, eram as artes tradicionais da linguagem, tais como a gramática e a retórica, bem como os gêneros literários da história e da biografia, da poesia lírica e épica, da comédia e da tragédia, epístolas, discursos, romances, tratados morais e diálogos, e todos os tipos de estudos antiquários. A maioria desses gêneros havia sido relativamente negligenciada no período medieval, especialmente na Itália. Os humanistas tentavam escrever suas próprias obras literárias em um novo tipo de latim,

---
2 Kristeller, 1945; Kristeller, 1956-96, I; Campana, 1946; Rüdiger, 1961; Billanovich, 1965.

conscientemente distinto do latim medieval, que visava reviver a precisão, a eloquência e a beleza que eles atribuíam aos autores antigos.

Em outras palavras, os humanistas italianos do Renascimento criaram uma nova forma de cultura, inspirada pela literatura greco-romana, à qual eles se referiam com nomes como *studia humanitatis* (as humanidades), *studia humaniora* (estudos mais humanos), *studia honestarum artium* (estudos das artes honoráveis), *bonae litterae* (boas letras), *bonae artes* (boas artes), *eruditio legitima et ingenua* (erudição legítima e nobre). Essa cultura ocupava um território a meio caminho entre os estudos puramente práticos, como o direito, a medicina ou as artes mecânicas, por um lado, e os estudos puramente teóricos, como a filosofia natural, a teoria lógica avançada, a metafísica e a teologia, por outro. A meta dos estudos humanos era melhorar a qualidade dos seres humanos como tais. Os humanistas alegavam que o estudo das boas letras tornava as pessoas melhores, mais virtuosas, mais sábias e mais eloquentes. Tornava-as dignas de exercer o poder e tornava-as melhores cidadãs e súditas, quando não estavam exercendo o poder. Os estudos humanos embelezavam a vida, traziam prazer e nutriam a piedade. As humanidades não salvavam as almas, mas viver uma vida boa traria favor aos homens aos olhos de Deus e fortaleceria a piedade, ou pelo menos não a prejudicaria. A assunção fundamental de todos os humanistas, assim como do movimento do Renascimento em geral, era que os resquícios da antiguidade clássica constituíam um grande reservatório de excelência – literária, intelectual, artística e moral – para o qual os tempos modernos, rebaixados e decadentes, podiam se voltar a fim de reparar o dano causado pelo bárbaro e corrupto *medium aevum* [a Idade Média] que se seguiu à queda do Império Romano.[3]

A cultura do escolasticismo

Para compreender a importância dessas alegações para a filosofia do Renascimento, e especialmente para as questões de o que era a filosofia e

---

[3] O melhor tratamento do caráter e dos objetivos do humanismo como movimento é de Rico, 1998.

o que ela deveria realizar, é necessário apreender os modos como essa nova forma de cultura de elite no Renascimento diferia de sua principal competidora, a saber, a cultura escolástica que havia dominado as universidades europeias desde a fundação destas no final dos séculos XII e XIII.

O escolasticismo como uma forma de educação e disciplina intelectual de fato precede a fundação das universidades em quase um século.[4] No século XII, um período em que a economia e a sociedade da Europa ocidental cresciam rapidamente em tamanho e complexidade, novas formas de ordem política – eclesiástica, principesca e comunitária – estavam emergindo e elaborando sistemas de legislação e administração. Estes exigiam um novo tipo de oficial, treinado na aplicação de autoridades escritas e em métodos de resolução de disputas. Os principais recursos ideológicos para a nova ordem política foram fornecidos pela jurisprudência do antigo Império Romano e pelas normas doutrinárias e disciplinares estabelecidas pela Igreja Romana. Os novos modos de argumentação foram derivados principalmente dos escritos lógicos de Aristóteles, cujo *Organon* completo já estava disponível em meados do século XII. A reorganização das autoridades tradicionais em códigos legais e livros didáticos, combinada com a técnica lógica de reconciliar autoridades aparentemente incompatíveis umas com as outras, estava no cerne do novo método escolástico. O debate também era central para o método escolástico: os estudantes eram ensinados a identificar problemas significativos e a encontrar soluções para eles que pudessem resistir à refutação e suportar o peso do escrutínio crítico. O objetivo da nova educação, como disse uma grande autoridade moderna em direito canônico, era criar "harmonia a partir da dissonância": usar as autoridades díspares herdadas do passado como um alicerce normativo para as ciências sistemáticas do direito, da teologia e da medicina. Essas ciências poderiam então ser utilizadas para trazer ordem para o Estado e para a sociedade.[5]

Desde a época de Pedro Abelardo (1079-1142), escolas que ensinavam as novas habilidades intelectuais floresciam nos ambientes de centros governamentais e administrativos, tais como Paris, Oxford e Bolonha. Essas

---

4 Sobre o escolasticismo em geral, ver Southern, 1995-2001 e Murray, 1978, caps. 9-12.
5 Kuttner, 1980.

escolas informais e pouco reguladas, normalmente sob a direção de um ou dois mestres e seus assistentes, multiplicaram-se rapidamente e foram eventualmente organizadas por autoridades papais e reais como corporações autorreguladas. Isso ocorreu aproximadamente entre 1190 e 1230 – que foi, não coincidentemente, um período de repressão à heresia e aos comportamentos desviantes de todos os tipos.[6] As novas corporações de mestres e estudantes, conhecidas como *studia generalia* [estudos gerais] ou universidades, tinham permissão de governar a si mesmas, sob a autoridade geralmente nominal de um bispo, em troca de garantir que comportamentos licenciosos por parte dos estudantes e especulações perigosas por parte dos mestres – aquilo que chamaríamos de "liberdade intelectual" – fossem restringidos.[7] O controle do pensamento era de fato o principal objetivo das novas corporações, pelo menos inicialmente. A universidade assegurava que todo estudante matriculado fosse colocado sob a tutela de um mestre, que seria responsável pela "vida e ciência" do estudante, por seu bom comportamento e comparecimento às aulas prescritas. O controle moral também era exercido pelos colégios e pelas "nações", sociedades de estudantes estrangeiros organizados por nacionalidade. Todos os mestres tinham de ser licenciados para ensinar por suas faculdades. As faculdades relevantes estabeleciam currículos listando textos escolhidos, e a leitura privada de outros textos era proibida. Toda leitura tinha de ser conduzida publicamente sob a tutela de um mestre licenciado. As autoridades escritas podiam ser criticadas, por certo, mas havia uma forte pressuposição em favor da verdade delas, e elas tinham de ser tratadas com o mais absoluto respeito. A técnica para criticá-las envolvia usualmente distinguir pelo menos um sentido em que a autoridade podia ser considerada correta. Era raro rejeitar uma autoridade de imediato, e isso nunca era feito no caso das principais autoridades cristãs. De qualquer maneira, por volta do final do século XIII, as faculdades de teologia haviam se tornado em sua maior parte o domínio das ordens mendicantes, cuja rígida estrutura hierárquica era altamente responsiva à autoridade papal.

---

6 Moore, 1994.
7 Sobre a fundação das universidades, ver Ferruolo, 1985; Southern, 1984; De Ridder-Symoens, 1992-6, I.

A heresia ainda era uma ameaça nas faculdades de artes, mas os poucos casos famosos de mestres punidos por heresia não deveriam obscurecer o fato de que o sistema, em sua maior parte, funcionava efetivamente para assegurar a ortodoxia e a conformidade.[8] A universidade, juntamente com as autoridades externas, estabelecia uma estrutura de incentivos que garantiam a geração de uma forte tendência à autocensura. Antes do século XIV, a maioria dos mestres nas faculdades de artes – aqueles que chamaríamos de professores de graduação – eram eles mesmos graduados recentes nas artes. Eles normalmente ensinavam por apenas alguns anos, antes de buscar carreiras mais lucrativas na Igreja ou na administração laica. Nenhuma delas tinha o anseio de empregar hereges. Só uma pequena minoria de estudantes de artes prosseguia para estudos superiores de direito e teologia, nos quais havia incentivos ainda mais fortes para a conformidade intelectual. O sistema de concessões papais e reais para graduados de universidades tornava as regalias tão interessantes que as punições eram usualmente desnecessárias. A queima ocasional de um mestre de artes ou um julgamento inquisitorial animado pela tortura do réu era suficiente para desencorajar outros.

O projeto escolástico, a missão das universidades, era, portanto, trazer ordem para a sociedade através de uma cuidadosa seleção de autoridades tradicionais escritas, que eram coletadas e dispostas em códices e livros didáticos e submetidas à análise racional. Esse foi um projeto análogo, em alguns aspectos, à imposição da *sharia* [lei] nas sociedades islâmicas três séculos antes, e pode, assim como muitas outras coisas na cristandade ocidental, ter começado como uma imitação não reconhecida daquela que era, na época, a comunidade religiosa mais poderosa e bem-sucedida. No entanto, diferentemente da *sharia*, o escolasticismo assumiu como pressupostos a harmonia entre a lei natural e a lei divina e a possibilidade de aplicar ambas à ordenação da sociedade. Isso criou uma abertura para o estudo da filosofia pagã. No Ocidente latino, acreditava-se que o estudo científico da natureza, a obra de Deus, era uma propedêutica adequada para os estudos superiores em direito, medicina e teologia. Os céus declaravam a glória de Deus, e a ordem de Deus era revelada tanto na natureza quanto na Revelação. Embora fosse

---

8 Sobre a liberdade intelectual na universidade medieval como uma questão mal colocada, ver Thijssen, 1998, 90-112.

pagão, Aristóteles era considerado o melhor guia para aquela ordem racional que existia por trás do mundo natural. Esse era um julgamento inevitável, dado o papel de Aristóteles como a autoridade mais importante em filosofia natural nos mundos árabe e bizantino. Assim, os estudantes nas faculdades de artes, a partir do século XIII tinham a obrigação de ouvir aulas sobre os "livros da natureza" de Arisóteles, os *libri naturales*, bem como sobre a lógica aristotélica. Dessa maneira, a lógica e a filosofia natural de Aristóteles tornaram-se o centro do currículo de artes nas universidades medievais e renascentistas. Na Itália, onde a medicina foi estabelecida no final do século XIII como uma faculdade separada, ao lado do direito canônico e civil, a ciência aristotélica era considerada como ainda mais vital, uma vez que era uma preparação necessária para os estudos médicos.

Seria um erro, no entanto, assumir que a posição privilegiada de Aristóteles no currículo de artes (ou de graduação) significava que sua autoridade não era questionada ou era inquestionável.[9] Muito antes de Petrarca criticar os filósofos universitários por sua obsessão acerca de Aristóteles, houve um grande número de escolásticos, especialmente teólogos, que estiveram prontos para criticar por si mesmos os ensinamentos de Aristóteles como sendo inconsistentes com a verdade cristã. Havia uma preocupação particular sobre o ensinamento de Aristóteles de que o mundo era eterno, não criado, e por ele não endossar a doutrina da imortalidade pessoal, minando assim a doutrina-chave de que as almas receberiam recompensas e punições após a morte. Embora a grande maioria dos escolásticos acreditasse que o valor educacional de Aristóteles superava de longe qualquer desafio potencial à ortodoxia cristã, vozes persistentes foram ouvidas ao longo dos séculos XIII e XIV, frequentemente emanando de casas de estudo franciscanas, pedindo que o papel educacional de Aristóteles fosse restrito, ou que seus textos fossem censurados ou emendados. Pedro João de Olivi (*c.* 1248-98), um teólogo franciscano radical, chegou ao ponto de acusar seus colegas teólogos de tratarem Aristóteles como um deus, e declarou que o leitor cristão devia ler Aristóteles "não como um

---

9 Para críticas escolásticas medievais e renascentistas acerca de Aristóteles como "apenas um homem, que podia errar", ver Bianchi, 2003, 102-24.

escravo, mas como um senhor".¹⁰ Também era possível, apesar de raro, criticar Aristóteles em termos filosóficos, mostrando, por exemplo, que ele raciocinava incorretamente a partir de seus próprios princípios. Assim, Tomás de Aquino famosamente mostrou que a demonstração da eternidade do mundo feita por Aristóteles era inválida de acordo com a lógica aristotélica, e que uma análise mais correta mostrava que a eternidade do mundo não podia ser demonstrada nem provada como falsa.¹¹

Também é errôneo pensar que o papel de Aristóteles como espinha dorsal do currículo nas faculdades de artes significava que os pensadores medievais não tinham familiaridade com outras tradições filosóficas antigas e medievais. Embora tivessem acesso limitado aos diálogos do próprio Platão,¹² os pensadores escolásticos, especialmente os teólogos, eram familiarizados com o mundo do platonismo intermediário e do neoplatonismo, por meio de (Pseudo) Dionísio Areopagita, dos *Elementos de Teologia* de Proclo, e de filósofos árabes como Algazel e Avicena, bem como de explicações latinas do platonismo em autores como Cícero, Sêneca, Apuleio, Agostinho e Boécio.¹³ As doutrinas dos estoicos, especialmente seus ensinamentos morais, também eram bem conhecidas por meio de fontes indiretas.¹⁴ O ceticismo acadêmico era conhecido através de Cícero e do *Contra os acadêmicos* de Agostinho. Os nomes e umas poucas doutrinas-chave dos pré-socráticos e do próprio Sócrates podiam ser encontrados nos relatos de Aristóteles sobre os ensinamentos deles.¹⁵ Contudo, a grande maioria dos comentários medievais sobre a filosofia antiga permaneceram focados, compreensivelmente, nos textos escolares aristotélicos. E as obras de Aristóteles se provaram bastante capazes de provocar, por si mesmas, comentários acalorados.

---

10 Olivi, 1941, 37-8.
11 Dales, 1990, 132-40.
12 Ver o capítulo 5 adiante.
13 Hankins, 2003-4, II: 7-26; sobre a tradição latina do platonismo, ver Gersh, 1986.
14 Verbeke, 1983; Colish, 1985; Strange e Zupko, 2004.
15 Laarmann, 1995.

O problema do "averroísmo"

A questão mais intratável veio a ser como o professor de filosofia aristotélica, principalmente nas faculdades de artes, devia se conduzir quando as conclusões da filosofia pareciam conflitar com os dogmas do cristianismo. Nos períodos medieval e renascentista, um certo estigma ainda era ligado à ideia de que um mestre pudesse expor visões nas quais ele próprio não acreditasse. Fazer tal coisa era considerado por muitos como algo imoral, colocando o professor na classe desprezada dos hipócritas, juntamente com os atores, os membros de ordens religiosas que fingiam a vocação e as fraudes de todo tipo. Essa atitude pressionava os mestres a evitarem conflitos entre o cristianismo e a filosofia aristotélica, ou (como Alberto, o Grande, e Tomás de Aquino) a minimizarem as diferenças entre as duas, ou mesmo (como diversos franciscanos) a argumentarem explicitamente contra Aristóteles e em prol da posição cristã.

Essas estratégias eram mais fáceis de adotar nas faculdades de teologia do que nas faculdades de artes, pois, no segundo caso, o mestre de artes era obrigado, com efeito, a ensinar de modo contrário a seu próprio livro didático e, ao fazer isso, a minar também sua própria autoridade. Assim, a partir do final do século XIII não era incomum encontrar nas faculdades de artes mestres que buscavam outras maneiras de adequar as afirmações da razão e da fé. Embora todos os mestres, em última instância, tivessem de deferir à Revelação e à autoridade religiosa, alguns mestres instavam a aceitação do fato de que a razão natural pudesse levar a direções incompatíveis com a doutrina. A posição clássica era aquela adotada por João de Jandum (*c.* 1285/9-1328), usualmente considerado como uma figura-chave no transplante do "averroísmo" do norte da Europa para a Itália renascentista. A visão de João era que os métodos e princípios da filosofia são diferentes dos da teologia; a razão humana necessariamente parte dos sentidos (*ex sensibilibus*), e assim chega inevitavelmente a conclusões, tais como a da eternidade do mundo, que conflitam com o que é conhecido pela fé. A teologia é baseada no "testemunho da profecia" (*testimonium prophetiae*) e ensina verdades que estão "acima dos sentidos" (*supra sensus*).¹⁶ João distingue repetidamente entre o que pode ser aprendido pela filosofia a partir dos sentidos e o que é conhecido a partir da revelação e dos santos. Ele argumenta que se as verdades da fé fossem demonstráveis pela filosofia, não haveria nenhum mérito derivado da crença. Ele até mesmo sustenta que os teólogos prejudicam a fé ao tentarem usar os métodos da filosofia natural para demonstrar verdades religiosas; essa prática termina em sofisma e enfraquece a crença. Na visão de João de Jandum, verdades religiosas tais como a da imortalidade das almas individuais, da onipotência de Deus, da criação do mundo por Deus, da transubstanciação e da ressurreição do corpo não são demonstráveis pela razão filosófica e deveriam ser aceitas com base na fé, apenas.¹⁷

A posição de João de Jandum acerca da fé e da razão, adotada por muitos mestres de artes na Itália nos séculos XV e XVI, foi um desafio direto à *raison d'être* das faculdades de artes conforme desenvolvidas no século XIII. Implicitamente, ela desafiava a ideia dos dominicanos de que a filosofia era a serva da teologia, mais famosamente adotada pelo principal teólogo daquela ordem, Tomás de Aquino. Uma vez que os dominicanos formavam, com efeito, uma espécie de "tanque de pensamento" para aconselhar o papado sobre questões de ortodoxia, a posição de Jandum era uma posição perigosa para os mestres de artes adotarem. A visão de Jandum e de outros mestres de artes, nem todos identificáveis como "averroístas", de que a filosofia possuía sua própria forma de felicidade superior, semelhante à divina, e distinta da beatitude religiosa, não serviu para aumentar a confiança na ortodoxia da faculdade de artes como um todo.¹⁸ Não é nenhuma surpresa que o próprio João de Jandum tenha sido condenado por heresia por João XXII em 1327 (ainda que as doutrinas específicas condenadas fossem políticas, em vez de filosóficas), e que os professores de filosofia nas faculdades de artes de universidades italianas pudessem ser condenados de modo abrangente

---

16 A expressão *testimonium prophetiae* parece mostrar a influência da filosofia árabe, especialmente Avicena; ver D. L. Black, 2005, 320-1.
17 South, 2003, 373; MacClintock, 1956; sobre as atitudes acerca da fé e da razão na faculdade de artes parisiense, ver *ibid.*, cap. 4; sobre a influência de João de Jandum na Itália, ver *ibid.*, 7-9, e Mahoney, 2000, artigo I, 176.
18 Bianchi, 2003, 41-61; Mahoney, 2000, artigo XII.

por pessoas de fora, como Petrarca e Marsílio Ficino, como "averroístas" e ateístas, propagadores da impiedade, destruidores da fé.

Isso levanta a questão sobre o que era um "averroísta" e como definir o conceito de averroísmo.[19] A evidência não permite nenhuma resposta simples. Assim como o "humanismo", o substantivo abstrato "averroísmo" é de cunho moderno. Mas o adjetivo "averroísta" foi certamente usado no Renascimento, usualmente por oponentes dos filósofos em questão, homens como o platonista Ficino ou o escotista Antonio Trombetta.[20] É questionável se qualquer um daqueles acusados de "averroísmo" teria aceitado o rótulo por si mesmo. Um averroísta não é um filósofo que simplesmente usou um dos comentários do filósofo árabe sobre Aristóteles, uma vez que a maioria dos filósofos e teólogos escolásticos fez isso sem colocar sua própria ortodoxia em questão. Tampouco um averroísta é identificável como alguém que reconhecia que algumas das conclusões de Aristóteles em filosofia eram incompatíveis com a doutrina cristã, uma vez que qualquer leitor honesto de Aristóteles teria de admitir, no mínimo, que Aristóteles não acreditava na criação *ex nihilo* [a partir do nada]. De fato, quase todos os intérpretes de Aristóteles admitiam isso, incluindo harmonizadores inveterados como Alberto, o Grande, e Tomás de Aquino.[21] As posições que contemporâneos em várias épocas e lugares identificaram como "averroístas" incluem as seguintes: (1) a notória leitura do *De anima* [*Da alma*] por Averróis, que enxerga Aristóteles como um defensor da visão de que existe um único intelecto para toda a humanidade (e, portanto, de que não existe a imortalidade individual); (2) a crença de que a eternidade do mundo é uma conclusão necessária da filosofia; (3) a crença de que os *viri speculativi* [homens especulativos] têm sua própria felicidade, semelhante à felicidade divina, que os distingue do restante da humanidade; (4) a crença de que Deus, de acordo com Aristóteles e a filosofia, não conhece objetos singulares, e, portanto, não tem nenhum conhecimento dos homens enquanto seres individuais; (5) a crença de que a filosofia é baseada no raciocínio a partir da experiência sensorial, e chega a conclusões diferentes das verdades da fé.

---

19 Sobre essa questão, ver Martin, 2007.
20 Mahoney, 2000, artigo IX; Poppi, 1989, 63-113.
21 Dales, 1990.

A dificuldade em definir o averroísmo é que, se usarmos esses critérios para identificar indivíduos particulares como "averroístas", as exceções, ambiguidades e restrições parecerão se multiplicar indefinidamente. Algumas figuras, como Nicoletto Vernia e Agostino Nifo, ambos mestres de artes em Pádua, assumiram posições averroístas no início de suas carreiras, mas depois se moveram em direções mais ortodoxas. Outros, como Gaetano de Thiene e seu estudante João Argyropoulos, aceitaram a visão de Averróis sobre Aristóteles, mas pensavam que argumentos filosóficos podiam ser elaborados em prol de algumas doutrinas cristãs que eram consideradas por outros professores como puramente assuntos de fé. Outros, como Marcantonio Zimara, se envolveram em uma crítica interna da psicologia averroísta sem se moverem rumo a uma posição cristã. Filósofos como Paulo de Veneza e Alessandro Achillini tentaram combinar o averroísmo com o ockhamismo, enquanto Biagio de Parma aceitou a separação "averroísta" entre filosofia e religião, mas adotou uma psicologia materialista. Ainda outros, como Pietro Pomponazzi, argumentaram em favor de posições que eram incompatíveis com o cristianismo, mas que não tinham nenhuma dívida direta para com Averróis. Houve também aqueles, como Paulo de Veneza (em seu período mais tardio) que sustentaram que a tese averroísta da unicidade e outras teses incompatíveis com ensinamentos cristãos eram meramente *probabilis* (isto é, debatíveis), não demonstráveis.[22] Finalmente, havia alguns mestres, mesmo em instituições famosas pelo "averroísmo", como a Universidade de Pádua, que eram duros oponentes daqueles que ensinavam doutrinas incompatíveis com o cristianismo.[23]

Portanto, não parece ser o caso que uma escola de filosofia anticristã estivesse tomando forma, em Pádua ou em qualquer outro lugar, adotando um conjunto comum de doutrinas derivadas de Averróis. O que estava acontecendo a partir da primeira metade do século XIV era que a justificativa intelectual e moral para a filosofia em uma cultura cristã estava mudando, tornando-se menos vital para a sobrevivência do empreendimento. Como uma disciplina, a filosofia estava se tornando progressivamente mais

---

22 Em geral, ver Kessler, 1988 e os capítulos 7 e 11 deste volume.
23 Poppi, 1989.

autônoma, tanto institucionalmente quanto intelectualmente. Institucionalmente, tornava-se cada vez mais comum que mestres de artes passassem toda sua carreira ensinando filosofia e assuntos relacionados em faculdades de artes e medicina. (É significativo que todos os filósofos medievais e renascentistas acusados de "averroísmo", quase sem exceção, fossem filósofos em faculdades de artes.) O prestígio pessoal de alguns filósofos famosos era tal que os colégios de mestres e os quadros de cidadãos que contratavam filósofos estavam dispostos a ignorar preocupações com a ortodoxia considerando-as irrelevantes para as necessidades reais dos estudantes. Na Itália, as universidades eram instituições cívicas sobre as quais as autoridades religiosas tinham pouco poder real, e as trajetórias de carreiras em medicina e direito civil eram muito menos responsivas a incentivos da Igreja do que no Norte da Europa. O que contava na contratação de professores era a habilidade do homem contratado e sua capacidade de trazer prestígio para a universidade. Ajudava o fato de que o número de universidades vinha aumentando exponencialmente desde o final do século XIV, o que significava que a competição pelos serviços de professores famosos era intensa.[24] A crescente riqueza pessoal, fama, segurança institucional e independência em relação à pressão eclesiástica tornava mais fácil para os filósofos desenvolverem suas próprias posições com maior liberdade. Assim, durante o período do Renascimento, um amplo conjunto de visões filosóficas encontrou expressão, algumas delas incompatíveis com a doutrina cristã, algumas não. Algumas emergiram do estudo renovado de Averróis, outras do estudo de novas fontes filosóficas disponibilizadas pelos humanistas, tais como os antigos comentadores gregos de Aristóteles, e outras emergiram das novas traduções humanistas de Aristóteles.[25] A filosofia estava emergindo como uma disciplina secular.

---

24 A tentativa de Lorenzo de Medici de contratar Nicoletto Vernia para ensinar na Universidade Florentina, com oposição por parte de Ficino, é instrutiva; ver Hankins, 2003-4, II: 288-91.
25 Ver os capítulos 4 e 7, adiante, bem como Mahoney, 1982a, e Hankins e Palmer, 2007, sobre o estudo dos comentadores gregos.

A crítica de Petrarca ao escolasticismo

Essas tendências da educação escolástica já haviam criado raízes quando Francesco Petrarca (1304-74) lançou sua famosa crítica à filosofia escolástica, *De sui ipsius et multorum aliorum ignorantia* ("De sua própria ignorância e da de muitos outros").[26] Petrarca, tradicionalmente considerado o "Pai do Humanismo", foi, de fato, a figura principal de uma terceira geração de humanistas italianos, conforme mostrado recentemente; sua importância real para o movimento foi sua descoberta de um nicho ideológico onde os novos estudos literários puderam sobreviver e florescer, além de sua poderosa crítica a formas alternativas de cultura.[27] Em *De ignorantia* (1367--70), que ele chamou de uma "invectiva", Petrarca elaborou o que viria a ser a crítica padrão do humanismo à filosofia escolástica.[28] Na época em que Petrarca escreveu, tanto os estudos literários neorromanos quanto a filosofia escolástica eram considerados por algumas autoridades religiosas como suspeitos de impiedade e de tendências paganizantes,[29] embora a filosofia escolástica tivesse um prestígio e um suporte institucional muito maiores. A invectiva de Petrarca reflete essa situação, pois é tanto uma defesa e uma justificativa para os estudos humanistas quanto um ataque contra o aristotelismo escolástico. Petrarca tinha consciência de que havia formas de escolasticismo menos ameaçadoras para o cristianismo, e em outra invectiva ele havia atacado a medicina escolástica por ser uma arte mecânica preocupada com urina e fezes.[30] Mas em *De ignorantia* ele escolhe atacar a linhagem do aristotelismo escolástico que posteriormente seria menosprezada como "averroísta". Seus alvos, em particular, eram três cavalheiros venezianos e um famoso doutor de medicina residente em Veneza, Guido da Bagnolo, todos os quais tinham profundos interesses

---

26 Sobre a crítica humanista ao escolasticismo de modo geral, ver Ingegno, 1995.
27 Witt, 2000, 240: "Talvez a maior contribuição de Petrarca para o humanismo tenha sido sua formulação clara do compromisso ético deste".
28 Petrarca, 2003. As referências dizem respeito aos números de parágrafos nessa edição; as traduções para o inglês são de David Marsh.
29 Ronconi, 1976; Witt, 2000.
30 A *Invectiva contra um médico* (*Invectiva contra medicum*) pode ser encontrada em Petrarca, 2003, 2-179; ver também as *Epistulae seniles* [*Cartas aos antigos*], 9.1, de Petrarca.

pela filosofia natural aristotélica, muito provavelmente adquiridos na Universidade de Bolonha.[31]

A crítica de Petrarca começa com um ataque à trivialidade e à falta de confiabilidade das realizações intelectuais de Guido da Bagnolo. Ele está interessado em *mirabilia* [maravilhas]; ele sabe

> [...] quantos pelos um leão tem em sua juba, quantas penas um falcão tem em sua cauda, e com quantas voltas um polvo envolve um náufrago. Ele sabe que os elefantes se acasalam por trás e gestam por dois anos; e que esse animal dócil e vigoroso, com sua inteligência quase humana, vive até dois ou três séculos. Ele sabe que a fênix se queima em uma pira aromática e renasce de suas cinzas; que o ouriço do mar pode parar uma embarcação propelida com grande força, mas é impotente quando retirado da água; que um caçador pode enganar um tigre com um espelho; e que um arimaspo usa uma lança para matar um grifo. (17)

Mas, nota Petrarca, esses lugares-comuns dos bestiários medievais se mostram falsos, conforme revelado pela experiência recente com os animais reais. O restante do conhecimento de filosofia natural de que seus oponentes se gabam é similarmente incerto e fabuloso. Boa parte desse conhecimento é baseado na autoridade de Aristóteles. Mas como é que Aristóteles podia saber realmente tais coisas, "coisas que não obedecem a nenhuma razão e que não podem ser testadas experimentalmente", *cuius et ratio nulla esset et experimentum impossibile* (48)? Seguindo esse tema, Petrarca realiza uma variação sobre um *topos* anti-aristotélico comum e declara que "Aristóteles era humano e podia ser ignorante".[32] Contudo, apesar de sua falibilidade, os oponentes fizeram de Aristóteles um deus. Aristóteles era um sábio, mas dificilmente um deus; seus escritos, como aqueles de todas as autoridades humanas, são cheios de erros. A razão humana sem ajuda divina é geralmente fraca e falível, e Petrarca agradece a Deus por conceder-lhe uma inteligência modesta "que não é ansiosa para buscar coisas elevadas ou curiosa para

---

31 Kristeller, 1956-96, II: 209-16.
32 Ver Bianchi, 2003, 101-24, sobre o *topos* de que "Aristóteles era apenas um homem e podia errar".

investigar coisas que são difíceis de procurar e prejudiciais quando encontradas" (56). Isso é especialmente verdadeiro acerca dos objetos mais sublimes do pensamento: assuntos como a imortalidade da alma, a natureza de Deus, a salvação e a natureza da verdadeira felicidade. Aristóteles tinha apenas uma vaga compreensão de tais assuntos; ele era como uma coruja olhando para o sol.[33] Até mesmo Platão, o filósofo que os antigos cristãos pensavam estar mais próximo do cristianismo, não era um verdadeiro filósofo, no sentido de alguém que invariavelmente dizia a verdade (103).

Platão é o principal exemplo para Petrarca de quão limitados e cegos são seus oponentes aristotélicos. Se eles soubessem alguma coisa sobre a Filosofia Antiga e os Padres da Igreja, eles saberiam que Platão era geralmente considerado um pensador mais sublime que Aristóteles. Em sua ignorância, eles assumem que doutrinas como as da eternidade do mundo e da mortalidade da alma são conclusões necessárias da razão e da filosofia. Mas se tivessem estudado o *Timeu* de Platão, eles veriam que o maior dos filósofos antigos havia argumentado em prol da criação do mundo por Deus e em prol da imortalidade (87, 97-101). Deve-se notar que o argumento de Petrarca aqui (diferentemente do de Ficino no século seguinte) não é que Platão deveria substituir Aristóteles como servo da teologia cristã, mas que nenhum único filósofo deveria ser seguido em todas as coisas, uma vez que todos os filósofos erram em algumas coisas. Agarrar-se a qualquer único filósofo pagão e seguir servilmente todas as suas visões é, portanto, uma garantia de acabar acreditando em doutrinas falsas, ímpias e heréticas. Isso explica porque, de acordo com Petrarca, seus oponentes aristotélicos secretamente desprezam o título de cristãos e católicos, porque "quando não há nenhuma ameaça de punição e nenhuma testemunha eles atacam a verdade e a piedade, e secretamente zombam de Cristo em seus antros privados. Eles adoram Aristóteles, o qual não compreendem; e me acusam por não dobrar o joelho diante dele, atribuindo à ignorância aquilo que brota de minha fé" (87). Ao inquirir de modo orgulhoso e curioso sobre os

---

33 Uma alusão à *Metafísica* de Aristóteles, 2.1, 993b,10-11, onde o próprio Aristóteles compara a tentativa da razão humana de apreender o divino a um morcego olhando para o sol (sendo a palavra grega para morcego frequentemente confundida com a palavra para coruja em traduções medievais).

segredos da natureza e as coisas ocultas de Deus, eles ignoram as palavras do *Eclesiástico*, "não procures o que é muito difícil para ti, não investigues o que está além de tuas forças"; é por isso que eles colocam entre parênteses a fé na busca pela verdade. "Não é isso o mesmo que buscar o verdadeiro enquanto se rejeita a verdade?" (89). Os argumentos filosóficos são fortes o suficiente para abalar crenças religiosas, especialmente quando reforçados pelo orgulho e a arrogância, mas nunca são fortes o suficiente por si mesmos para compelir a crença (131-3).

Uma vez que não se pode confiar na filosofia como uma fonte de verdade, não há sentido em elaborar sistemas de pensamento, nem em buscar uma única posição filosófica coerente. Isso não quer dizer que a filosofia seja desprovida de valor; mas seu valor depende de como ela é usada. Usada de modo correto, ela pode ser uma fonte de sabedoria e inspiração. Alguém pode até mesmo fortalecer sua fé ao ler um filósofo como Platão e ver que as verdades da fé foram defendidas por grandes filósofos. Mas agarrar-se a uma única autoridade quando nenhuma autoridade é confiável é simplesmente tolice; assim o indivíduo priva-se desnecessariamente de outras possíveis fontes de sabedoria. Citando Horácio (*Epístolas*, 1.1.14), Petrarca diz que ele próprio "não é obrigado a jurar pelas palavras de nenhum mestre" (104). Com efeito, ele está argumentando que, como cristão, ele já tem uma posição teológica, o que torna uma posição filosófica estritamente desnecessária. Sua escolha de quais opiniões filosóficas aceitar é governada por um compromisso anterior com o cristianismo. Sua perspectiva como um cristão já de posse da verdade revelada mostra-lhe que nenhum filósofo é um guia adequado para aquela verdade. Por isso, sua escolha de quais filósofos estudar e de como estudá-los é ditada por um conjunto diferente de preocupações: preocupações em adquirir conhecimentos gerais, eloquência e virtude.

A abordagem eclética de Petrarca à filosofia, talvez não de modo surpreendente, é semelhante à sua abordagem ao estilo literário e à imitação. Um indivíduo lê muitos grandes autores para adquirir gosto e poder de expressão, mas, ao final, o estilo é uma escolha soberana daquele indivíduo, misturando muitas influências, que expressa o caráter distintivo próprio daquele indivíduo. Da mesma maneira, um indivíduo lê muitos grandes filósofos, mas não se torna discípulo de nenhum; a perspectiva filosófica de um indivíduo é, em última instância, uma forma de expressão de si, e um "gosto por universos". Ela é uma meditação sobre a experiência, uma busca pessoal por coerência e sentido, não um corpo sistemático de proposições baseadas em primeiros princípios verdadeiros, primários e necessários, nem uma busca pela verdade. A despeito de seu amor pela Antiguidade, a visão de Petrarca sobre a filosofia é inteiramente oposta à ideia antiga da vida filosófica, que necessariamente envolve o discipulado, a submissão a um mestre, a prontidão para se envolver em um longo estudo e a disciplina espiritual na esperança de adquirir uma visão esotérica da realidade, não partilhada pelos homens em geral.[34] Assim como no caso de Agostinho, o mestre de Petrarca é Cristo, e os fundamentos de sua crença são, em última instância, exteriores ao empreendimento filosófico.

A indiferença de Petrarca em relação à busca filosófica pela verdade é sintomática de sua visão moral mais ampla acerca do propósito da filosofia e da cultura literária. Sua outra grande objeção ao aristotelismo escolástico, além da trivialidade, da incerteza e da impiedade deste último, é que ele é inútil e ineficaz para alcançar a vida boa, a vida de felicidade e virtude. A sondagem de regiões obscuras da filosofia natural, por parte do aristotelismo escolástico, mostra sua falta de preocupação com a vida moral dos seres humanos. Mesmo quando os escolásticos dão aulas sobre a *Ética* de Aristóteles – e Petrarca afirma ter ouvido tais aulas (107) – eles falham em produzir a melhoria moral. Os escritos éticos de Aristóteles são analiticamente brilhantes, mas se dirigem apenas ao intelecto, não à vontade.[35] Eles não nos movem, não nos persuadem, não nos tornam melhores.

> Pois conhecer é uma coisa, e amar é outra; compreender é uma coisa, e querer é outra. Não nego que [Aristóteles] nos ensine a natureza da virtude. Mas lê-lo não nos oferece nenhuma ou muito poucas daquelas exortações que incitam e inflamam nossas mentes a amar a virtude e odiar o vício. [...] Que bem há em saber o que é

---

34 Hadot, 2004.
35 Ver MacIntyre, 2006, que acusa de modo semelhante os aristotélicos renascentistas de acreditarem que a análise técnica de questões éticas pudesse substituir a edificação moral genuína.

a virtude, se esse conhecimento não nos faz amá-la? Que sentido há em conhecer o vício, se esse conhecimento não nos faz evitá-lo? Pelos céus, se a vontade é corrupta, uma mente fraca e irresoluta tomará o caminho errado quando descobrir a dificuldade das virtudes e a facilidade sedutora dos vícios. (108)

O desprezo dos filósofos escolásticos pelo bem-estar moral da humanidade como um todo é mostrado pela própria linguagem que eles usam: bruta, rígida, cheia de jargão, hermética – uma linguagem não preocupada em comunicar e persuadir pessoas de fora de sua seita (*heresis*) limitada.

O contraste entre vontade e intelecto, aqui invocado por Petrarca, é, claro, tomado de Agostinho, particularmente de suas *Confissões*, que foi um texto-chave na odisseia espiritual do próprio Petrarca.[36] O relato de Agostinho sobre sua conversão apresenta sua jornada como uma dialética entre a vontade e o intelecto, entre seu desejo pelo verdadeiro Deus e sua compreensão da verdade de Deus. O platonismo foi o guia de Agostinho para a verdade; ele removeu os obstáculos puramente intelectuais à crença; mas a conversão só ocorreu quando sua vontade foi convertida pela graça de Deus – quando lhe foi dada uma nova vontade de crer. No pensamento medieval tardio, a questão de se a vontade ou o intelecto era o ato humano superior tornou-se uma questão debatida na teologia escolástica, e era comum que teólogos franciscanos e outros críticos do intelectualismo aristotélico sustentassem a superioridade da vontade em comparação com o intelecto em termos semelhantes àqueles usados por Petrarca em *De ignorantia*.[37] Mas o ponto-chave a ser apreendido é que, ao descrever como a vontade pode ser movida, Petrarca argumenta, em surpreendente contraste com Agostinho, que as letras humanas e a filosofia eloquente podem ter um papel subsidiário em preparar a alma para a graça de Deus. Elas fazem isso ao inculcarem a virtude. "Embora nosso objetivo último não esteja na virtude, onde os filósofos o situaram, o caminho reto rumo a nosso objetivo passa pelas virtudes, e não através das virtudes que são meramente conhecidas, digo eu, mas também amadas" (110).

---

36 Witt, 2000, 249ss.
37 Hankins, 2003-4, II: 335-7, 343-7. Compare os argumentos de Petrarca em §111 com os de Henrique de Gand, 1979, *Quodlibet* I, qu. 14.

É claro que Petrarca não tinha nenhuma intenção de dar às letras humanísticas um papel direto na conversão cristã. Seu objetivo é argumentar em prol da superioridade do humanismo em relação ao escolasticismo, ao mostrar a efetividade superior do primeiro em mudar o coração. A crítica ao aristotelismo escolástico efetivamente define por negação aquilo que Petrarca considera como a verdadeira cultura, a cultura dos estudos humanos (*humana studia*). Os estudantes das humanidades admitem de antemão que as verdades teológicas mais elevadas sobre Deus, a criação e a alma devem ser buscadas em fontes cristãs. Implicitamente, essas verdades pertencem aos *studia divinitatis* [estudos da divindade], não aos *studia humanitatis* [estudos da humanidade].[38] Os estudos humanos buscam apenas aquilo que é apropriado à inteligência humana limitada, situada como é em sua posição intermediária na cadeia do ser, entre as naturezas animal e angélica. O máximo que os estudos humanos podem esperar alcançar é um tipo modesto e limitado de conhecimento: o conhecimento das virtudes, de como conduzir nossas vidas neste mundo com prudência, decoro e excelência moral. A natureza das próprias virtudes não é problemática; o problema é agir com virtude. Os estudos humanísticos, os estudos dos autores romanos antigos, comunicam a virtude através da eloquência. As grandes obras da literatura romana são escritas com tal poder e beleza que nos preenchem de amor à virtude e ódio ao vício.

> Assim, os verdadeiros filósofos morais e professores valiosos das virtudes são aqueles cujo primeiro e último propósito é tornar bons seus estudantes e leitores. Eles não apenas ensinam as definições de virtude e vício, nos dirigindo arengas sobre o esplendor da virtude e a obscuridade do vício. Eles também instilam em nosso peito tanto o amor e o zelo pelo que é bom quanto o ódio e a aversão ao que é mau. (110)

O paradoxo é que Petrarca, apesar de seu ódio ao que viria a ser chamado de averroísmo ou aristotelismo secular, faz aqui precisamente o

---

[38] Conforme notado em Witt, 2000, 246s., isso envolveu Petrarca em diminuir o alcance das alegações de humanistas anteriores acerca da inspiração divina dos poetas pagãos.

mesmo movimento no caso dos estudos humanísticos que João de Jandum havia feito ao defender os estudos aristotélicos na faculdade parisiense de artes.[39] Ele está tentando criar um espaço ideológico para o estudo de uma literatura não cristã que neutraliza as demandas da crença cristã ao estipular a crença de antemão. Objetivamente, se não subjetivamente,[40] ele está atacando o modelo de cultura elaborado por Agostinho em *Sobre a doutrina cristã* (*De doctrina christiana*). Nesta obra, o uso das ciências e da literatura não cristãs é rigidamente subordinado à salvação da alma e ao gozo de Deus na vida porvir. A erudição pagã só é útil na medida em que nos possibilita compreender a Bíblia. São especialmente valorizadas a história (incluindo a história natural), as artes mecânicas, a dialética e a matemática. A retórica pagã é destronada de seu lugar soberano na cultura romana e radicalmente reformada para propósitos cristãos. Os filósofos pagãos, especialmente Platão, e as disciplinas liberais podem ser peneirados em busca de umas poucas verdades compatíveis com o cristianismo e preceitos morais úteis, e reduzidos a compêndios; de outro modo, eles são vãos. De longe, a maior parte da erudição pagã é supérflua e potencialmente perniciosa.[41]

O modelo de cultura de Petrarca efetivamente inverte o de Agostinho, argumentando que a vida humana neste mundo tem sua própria estrutura de fins e meios, e que essa estrutura, apesar de ser em última instância temporal e finita, não é redutível ao que é necessário para alcançar a vida eterna. Uma vez que a vida moral dos seres humanos é autônoma, ela exige uma forma de cultura que lhe seja adequada, uma cultura que nos torne melhores enquanto seres humanos em sociedade e nesta vida, uma cultura que não dependa da graça divina. Assim como os "averroístas", Petrarca implicitamente rejeita, portanto, a unidade da verdade. Ele adota para uso nesta vida padrões humanos de virtude derivados da antiguidade pagã, enquanto se agarra à fé, esperança e caridade cristãs para guiar sua salvação

---

39 Ver Witt, 2000, 248.
40 Quillen, 1995, argumenta persuasivamente que Petrarca "invent[ou] um Agostinho que não apenas sancionou mas insistiu no uso da literatura clássica na busca humana pela saúde espiritual", e que ele compreendeu erroneamente (de modo proposital?) o programa cultural do Agostinho histórico.
41 Ver especialmente *De doctrina christiana*, 1.31 e 2.39-40.

na vida seguinte. Isso significa que, assim como no caso dos "averroístas", a busca pela verdade só pode ocorrer de um modo estranhamente hipotético e truncado. A postura de aristotélicos seculares como João de Jandum é essencialmente que, se não soubéssemos que o cristianismo ensina A e B, a razão e a filosofia produziriam as respostas C e D. As alternativas filosóficas são exploradas, mas não se deve permitir que os resultados dessa exploração influenciem a crença. Nos estudos humanísticos, podemos aprender até certo ponto o que os pagãos tinham a oferecer, e podemos nos inspirar com um amor à virtude, dominar as artes da eloquência, e adquirir um profundo conhecimento do passado. Mas qualquer adoção do espírito pleno do pensamento e da cultura pagãos é impedida desde o início. O estudioso literário, assim como o filósofo, deve se tornar um eunuco antes de poder desfrutar da companhia das Musas.

A concepção humanista de filosofia

Quaisquer que fossem as semelhanças mais profundas entre o humanismo petrarquiano e o "averroísmo" como formas de cultura, é claro ainda que o movimento humanista pedia uma mudança radical na concepção do que era a filosofia e para que ela servia. Para os humanistas, a filosofia era rebaixada à posição de um ramo da literatura entre vários.[42] A ênfase era posta na filosofia moral, a única parte da filosofia considerada útil para a vida humana. A metafísica, a psicologia e a filosofia natural eram negligenciadas, quando não abertamente escarnecidas por sua obscuridade e trivialidade. A lógica era subordinada à retórica e remodelada para servir aos propósitos da persuasão.[43] Os filósofos morais antigos eram preferidos em detrimento dos escolásticos contemporâneos, como sendo supostamente mais sábios e mais eloquentes. A exploração dialógica e aberta de diferentes posições, seguindo o modelo de Cícero, era preferida em detrimento da exposição ou análise sistemáticas. O estudo da filosofia começou a incluir

---

42 O grupo canônico, conforme estabelecido por Kristeller, 1956-96, I: 573, consiste em gramática, retórica, história, poesia e filosofia moral, mas ver Kohl, 2001, ensaio VIII, para uma visão menos estática.
43 Ver o capítulo 10 deste volume.

o estudo filológico do texto a fim de aproximar-se mais do pensamento e da linguagem do filósofo. Como os objetivos da filosofia humanista eram a edificação moral e erudição gerais, o ecletismo era a regra, e frequentemente acompanhava a conveniente suposição, derivada da filosofia helenística, de que todos os filósofos concordavam em substância, diferindo somente nas palavras. Os filósofos eloquentes como Cícero, Sêneca e Platão eram preferidos, e Aristóteles, que os humanistas afirmavam também ser eloquente no grego original, fora resgatado das versões obscuras e rebarbativas dos tradutores medievais.[44] A ideia de uma escola filosófica, de discípulos dedicados a uma vida e uma visão alternativas sob a orientação de um mestre, apartados do mundo a seu redor, era estranha ao humanismo; até mesmo a suposta "academia" de Ficino agora não parece ter sido nada além de uma espécie de escola secundária.[45] De fato, começando com os assim chamados "humanistas cívicos" do início do século XV, os humanistas insistiram que a filosofia devia servir à cidade, inculcando a prudência e outras virtudes em seus cidadãos.[46] A filosofia agora tinha de se dirigir não a uma casta profissional de especialistas treinados, com sua própria linguagem técnica, mas às classes dominantes da cidade-Estado: homens e mulheres que haviam estudado o latim humanista mas não tinham quaisquer qualificações especiais para o estudo filosófico.[47] A elegância e a urbanidade tornaram-se mais importantes que a originalidade ou o poder do pensamento. Se a filosofia havia sido humilhada nas escolas medievais por ser obrigada a ser a serva da teologia, os humanistas insistiam que ela aprendesse boas maneiras e se sentasse decentemente à mesa com outros cortesãos do príncipe.

O movimento humanista enriqueceu enormemente o estudo da filosofia no Renascimento, assim como fez com muitos outros aspectos da

---

44 Ver o capítulo 4 deste volume.
45 Ver Hankins, 2003-4, II: 187-395, e o capítulo 2 anteriormente. De qualquer maneira, muitos estudiosos, incluindo Paul Oskar Kristeller, consideram Ficino como um filósofo profissional em vez de um humanista.
46 Ver Hankins, 2000a para algumas interpretações recentes do "humanismo cívico".
47 Que a retórica é uma parte da filosofia, e que a filosofia, portanto, pertence à ciência civil, da qual a retórica é uma espécie, é sustentado por Ermolao Barbaro em sua famosa controvérsia com Pico della Mirandola. Ver Barbaro e Pico della Mirandola, 1998, 76, com os comentários de Francesco Bausi na introdução, 23-4, 29-31.

cultura europeia. Ele ajudou a ampliar e civilizar a religião cristã, que mesmo no Renascimento ainda retinha algo de seu antigo rigor e exclusivismo.[48] Mas ele não produziu grandes filósofos. Em seus melhores momentos, ele produziu subversivos argutos e provocadores incisivos, os quais, na expressão de Cassirer, "determinaram o problema" a ser considerado, "[transmitindo-o] em uma nova forma aos séculos seguintes, os séculos da ciência exata e da filosofia sistemática".[49] Como vimos, o fracasso dos humanistas em produzirem uma grande filosofia é perfeitamente compreensível, dado que o movimento humanista havia, desde o início, posto entre parênteses as questões mais profundas sobre a natureza e a existência humana, no desejo de fazer as pazes com a autoridade religiosa. Alguns poderiam dizer que os humanistas não produziram uma grande filosofia simplesmente porque foram homens e mulheres de letras, e não filósofos profissionais. Isso é verdade, mas desconsidera a questão mais básica sobre o tipo de literatura e filosofia moral que os humanistas escolheram escrever, e por que eles escolheram definir a literatura do modo como fizeram. No mundo antigo, Platão, Lucrécio e Sêneca – e sim, Agostinho – escreveram o que nós hoje certamente chamaríamos de grandes filosofias, bem como grandes literaturas, mas não bloquearam de antemão a consideração das questões mais profundas sobre Deus, a natureza e o destino humano, como fizeram os humanistas do Renascimento de modo geral. A verdadeira *libertas philosophandi* [liberdade de filosofar] teria de aguardar uma época posterior.

---

48 Hankins, 2006b.
49 Cassirer, 1972, 191.

4 Continuidade e mudança na tradição aristotélica
LUCA BIANCHI

Em um dado momento, a visão predominante dos historiadores foi que a filosofia de Aristóteles, depois de se espalhar pela cristandade latina na esteira da grande onda de traduções do grego e do árabe iniciada por volta de 1125, alcançou sua maior difusão no século XIII, passou por uma crise profunda no século XIV, e depois sofreu com o desafio do platonismo no século XV. Como resultado, o aristotelismo sobreviveu no Renascimento apenas em algumas poucas fortalezas "conservadoras" – tais como as universidades de Pádua, Coimbra e Cracóvia – antes de ser finalmente varrido pelo advento da filosofia e da ciência modernas. Graças ao trabalho de historiadores como John Herman Randall, Eugenio Garin, Paul Oskar Kristeller, Charles Schmitt e Charles Lohr, a pesquisa nos últimos sessenta anos mostrou que tal imagem do desenvolvimento do pensamento europeu é tão unilateral que chega a ser substancialmente falsa. O objetivo aqui não é meramente insistir na notável expansão do aristotelismo no século XIV – pois, naquele século, longe de declinar, a filosofia aristotélica reforçou sua posição ao consolidar seu papel fundamental na instrução universitária, ao vincular seu destino ao de escolas filosóficas e teológicas influentes, e ao obter pela primeira vez o apoio explícito do papado.[1] Devemos ir ainda mais longe e insistir que, embora a maior novidade intelectual do Renascimento tenha sido a redescoberta de tradições filosóficas pouco conhecidas e esquecidas, o aristotelismo permaneceu, não obstante, como a tradição predominante até o final do século XVI e início do XVII.

Esse não é um enunciado sobre o valor filosófico superior da tradição aristotélica, um julgamento que dificilmente poderia ser demonstrado. Dizer que o aristotelismo foi a tradição filosófica predominante não é

---

1 Bianchi, 1999, 129-62.

dizer que ele foi a tradição mais original, a mais inovadora, ou mesmo a mais importante (qualquer que seja o significado de tais termos), mas apenas que ele exerceu uma influência quantitativamente maior que a de qualquer outra tradição. Para confirmar isso, é preciso apenas lembrar que no Renascimento havia um número muito maior de manuscritos, edições impressas, traduções e comentários sobre Aristóteles do que sobre qualquer outro filósofo. Só no século XVI foram realizadas mais traduções de Aristóteles e seus comentadores, tanto para o latim quanto para línguas vernáculas, do que haviam sido produzidas em todos os séculos anteriores. Mais de três mil edições de suas obras foram publicadas entre a invenção da imprensa e o ano de 1600, das quais centenas datam do século XV. Para fins de comparação, havia apenas quatorze incunábulos contendo obras de Platão. Quanto aos comentários, havia pelo menos vinte vezes mais comentários sobre Aristóteles do que sobre os diálogos de Platão.[2]

Em si e por si mesmos, esses dados podem não parecer particularmente significativos. Poderíamos excetuar a inclusão de certas obras pseudoaristotélicas, como os *Problemata* [*Problemas*] e o *Secretum secretorum* [*Segredo dos segredos*], cujas traduções vernáculas se tornaram *best-sellers*, ou as *Oeconomica* [*Econômicas*], que no latim de Leonardo Bruni teve uma enorme difusão entre humanistas, funcionários governamentais, mercadores e banqueiros.[3] E mesmo que obras pseudônimas sejam descontadas, a avassaladora supremacia quantitativa desfrutada pelas principais obras de Aristóteles no Renascimento poderia ser descartada simplesmente como uma consequência óbvia do quase monopólio que elas continuaram a ter nos currículos universitários até meados do século XVII. De fato, essa posição privilegiada é frequentemente considerada como uma expressão do conservadorismo das instituições de ensino superior e da inabilidade destas para acomodar novas autoridades e novas ideias filosóficas. É certamente verdade que as universidades resistiram por muito tempo a toda tentativa de reformar o ensino de filosofia que pedisse que Aristóteles fosse desalojado,

---

2 Para esses dados, ver Schmitt, 1983a, 14; Kraye, 1995b (que enfatiza a dificuldade de estabelecer o número de incunábulos de Aristóteles, 189-93); Lohr, 1988, xiii; Hankins, 1990a, I: 3, n. 1; II: 739-44; e Hankins e Palmer, 2007.

3 Sobre esse último ponto, ver a documentação oferecida por Soudek, 1968 e 1976.

ou mesmo que seu papel predominante fosse limitado. Basta pensar nas reações em Paris à reforma proposta por Pedro Ramus para o currículo de lógica da faculdade de artes, ou na introdução tardia e controversa de Platão em certas universidades italianas. Não obstante, o apego a Aristóteles não derivava simplesmente da inércia. Ele era frequentemente o resultado de uma escolha consciente baseada em considerações religiosas, teóricas, e, acima de tudo, pedagógicas. De modo certo ou errado, as obras do *Estagirita* pareciam à maioria dos professores profissionais de filosofia ser as mais adequadas para aprender lógica, filosofia e ciência. Portanto, elas não apenas continuaram a formar a base da instrução nas faculdades de artes nas universidades em toda a Europa, como também foram adotadas nas novas escolas humanistas, nas universidades reformadas e nos colégios jesuítas. Em 1519, Agostino Nifo levantou a questão abertamente: "Por que as obras de Aristóteles foram ensinadas entre todos os povos, e já por tantos séculos, nas escolas de filosofia?". Dando voz a um sentimento amplamente difundido, Nifo respondeu que essas obras mereciam sua posição por causa de sua excelente organização interna, por seu rigor demonstrativo e por sua clareza explicativa e precisão terminológica. Tais qualidades tornavam-nas muito mais didaticamente úteis que as obras de Platão, o qual ele criticava por seu "mau método de ensino". Esse julgamento é ainda mais significativo uma vez que, após um flerte juvenil com o averroísmo, Nifo havia se aberto para a influência do platonismo. Embora não admitisse a superioridade da filosofia de Aristóteles em relação à de Platão, Nifo estava pronto para reconhecer as razões históricas para o perene sucesso da filosofia aristotélica.[4]

As novas traduções e o "renascimento" de Aristóteles

Uma multiplicidade de causas diferentes, discretas, mas parcialmente interdependentes, esteve por trás do grande impulso dado ao estudo do *Corpus aristotelicum* durante o Renascimento. Foram importantes o influxo de estudiosos gregos chegando à Itália e à Europa, a ampliação do conhecimento de línguas clássicas, a fundação de grandes bibliotecas, tanto

---

4 Nifo, 1559a, *Praefatio* [*Prefácio*] (fólios não numerados).

públicas quanto privadas, e a invenção da imprensa. A principal causa, no entanto, foi que não apenas os professores escolásticos de filosofia, mas também muitos humanistas dedicaram suas energias a Aristóteles e seus seguidores. Tanto os humanistas italianos quanto seus professores gregos, recentemente chegados à Itália vindos de Bizâncio, realizaram novas traduções latinas de suas obras, frequentemente acompanhadas de glosas e comentários. Esses esforços divergiam agudamente em relação à abordagem medieval dos textos, e por isso é correto falar em um "renascimento" de Aristóteles. Esse renascimento, contudo, diferiu profundamente do "renascimento" de Platão, do atomismo e do ceticismo antigo na mesma época, todos os quais foram deflagrados pela redescoberta de textos anteriormente inacessíveis. Por certo, alguns escritos de Aristóteles, ou escritos atribuídos a ele, desconhecidos ou apenas parcialmente conhecidos na Idade Média, voltaram a circular durante o Renascimento, tais como a *Ética a Eudemo*, a *Magna moralia* [*Grande ética*] e as *Quaestiones mechanicae* [*Questões de mecânica*]. Não obstante, na grande maioria dos casos, o "renascimento" de Aristóteles consistiu não tanto na redescoberta de textos desconhecidos, mas no interesse renovado por textos há muito traduzidos para o latim, mas pouco estudados, e especialmente na "restauração" de textos bem conhecidos que eram agora lidos de uma maneira nova a fim de recuperar seu significado autêntico.

Acima de tudo, os humanistas se esforçaram para dignificar os escritos de Aristóteles com a elegância literária que, seguindo uma crença que remontava a Cícero e Quintiliano e que fora revivida por Petrarca, eles presumiam caracterizar o original grego. O projeto deles de retraduzir o *corpus* inteiro do Estagirita nascia, portanto, da convicção de que apresentar Aristóteles em um latim elegante seria equivalente a ressuscitar o verdadeiro Aristóteles. Graças ao trabalho de Leonardo Bruni, Giannozzo Manetti, Francesco Filelfo, Giorgio Valla e Ermolao Barbaro, bem como de estudiosos gregos como João Argyropoulos, George Trebizond, Teodoro Gaza e o cardeal Bessarion, esse frutífero erro de concepção evoluiria para tornar-se um grande movimento de tradução que levaria, já no século XV, à substituição das supostamente feias e imprecisas traduções medievais pelas traduções humanistas.⁵ Sob a patronagem de príncipes e papas, esse movimento teve uma expansão extraordinária no século seguinte. Seu centro de atividade também foi transferido para além dos Alpes, para o cuidado capacitado de humanistas franceses e suíços como Jacques Lefèvre d'Étaples, François Vatables, Joachim Périon, Denis Lambin, Jacques-Louis d'Estrebay e Isaac Casaubon, bem como de estudiosos italianos trabalhando no exterior, como Simone Simoni, Francesco Vimercati e Giulio Pace.⁶

De acordo com os humanistas, a tradução palavra por palavra (*verbum e verbo* ou *ad verbum*), uma técnica empregada de uma ampla variedade de maneiras pelos tradutores medievais, sofria de três graves defeitos: ela insistia na fidelidade ao grego original a ponto de distorcer a gramática e a sintaxe latinas; compensava a suposta pobreza léxica do latim com neologismos, palavras híbridas e transliterações; e assim transformava a prosa de Aristóteles – que, como vimos, acreditava-se ser altamente elegante – em uma língua bárbara intolerável aos ouvidos de qualquer pessoa iniciada nos mistérios dos clássicos latinos. Para evitar tais infelicidades, o tradutor deve forçar-se a reproduzir em latim tanto o conteúdo (*rerum doctrina*) quanto o estilo (*scribendi ornatus*) de Aristóteles por meio de uma complexa versão *ad sensum* [voltada para o sentido] (ou *ad sententiam* [voltada para as sentenças]). O método *ad sensum* foi teorizado por volta de 1420 por Leonardo Bruni em seu tratado *Da tradução correta* (*De interpretatione recta*), que fazia parte de sua amarga polêmica contra os detratores de sua nova versão da *Ética a Nicômaco*.⁷ Na prática, esse método foi aplicado de maneiras bastante diferentes. Enquanto alguns admiravam o belo estilo acima de tudo, até mesmo ao custo de produzir traduções imprecisas, outros tentavam chegar a um equilíbrio entre legibilidade e precisão. Não obstante, as traduções medievais, apesar de amplamente desprezadas, perduraram ao longo de todo o século XV como textos padrão, e os tradutores humanistas frequentemente faziam pouco mais que embelezá-las, revisá-las e corrigi-las.

---

5 Garin, 1947-50, 57-8.
6 Para uma apresentação geral das traduções aristotélicas nos séculos XV e XVI, ver Garin, 1947-50 e Schmitt, 1983a, 64-88; Copenhaver, 1988a examina detalhadamente o impacto das visões humanistas sobre a terminologia e o estilo das traduções filosóficas renascentistas.
7 As referências indispensáveis sobre Bruni, sua concepção de tradução e as polêmicas relacionadas são Harth, 1968; Gerl, 1981; Hankins, 1990a, I: 42-8, 2001, e 2003-4, I: 193-239.

O trabalho dos tradutores humanistas era fortemente condicionado por seus preconceitos classicistas, que os faziam considerar palavras não sancionadas por autores como Cícero e Quintiliano como estilisticamente defeituosas. Essa tendência pode ser vista já em Bruni. Embora ele ainda estivesse disposto a aceitar os neologismos do século VI de Boécio, rejeitava a terminologia desenvolvida por grandes tradutores do século XIII como Roberto Grosseteste e Guilherme de Moerbeke. Ele não apenas rejeitava as transliterações mais grosseiras deles, como *eutrapelia* ou *bomolochia*, mas também rejeitava termos que já haviam entrado para o uso comum em latim e nas línguas vernáculas. Assim, *politica* foi substituída pela desajeitada circunlocução *scientia gubernandarum rerum publicarum* [ciência do governo das coisas públicas], e *democratia* pela enganosa expressão *popularis potestas* [poder popular]. Outros tradutores italianos e bizantinos, entre eles Argyropoulos e Barbaro, moviam-se em uma direção análoga, estimulando uma confusão sobre o significado de muitos termos técnicos em filosofia. No início do século XVI, até mesmo os títulos das obras de Aristóteles foram modificados para concordarem com a nova sensibilidade classicizante. *De generatione et corruptione* [Da geração e da corrupção], por exemplo, for rebatizado como *De ortu et interitu* [Do surgimento e da destruição] em 1519 por Vatable.[8]

Com seu esforço monumental para traduzir quase todas as obras de Aristóteles para um puro latim ciceroniano, o beneditino francês Joachim Périon revelou os efeitos devastadores que os métodos introduzidos pelos humanistas podiam ter. Indo muito além de Bruni, em seu *De optimo genere interpretandi* [Do melhor gênero de tradução] (1540), Périon argumentou que a adesão literal aos textos de Aristóteles era impossível, e não apenas por causa da profunda dessemelhança entre a gramática e a sintaxe do latim e do grego. Na visão dele, uma estrutura de sentença diferente era necessária para acomodar a relativa pobreza léxica do latim. Uma vez que muitas palavras gregas não têm nenhuma contraparte exata em latim, era necessário transformá-las em longas paráfrases. E uma vez que somente o contexto pode determinar o significado das palavras, era necessário encontrar novas versões latinas a cada vez que um termo ocorria, em vez

---

8 Schmitt, 1983a, 20, 86-7.

de inserir mecanicamente uma tradução padronizada. Esse foco exigente sobre o uso concreto da linguagem, combinado com um rígido classicismo, fez com que Périon rejeitasse todo o léxico que o Ocidente latino havia usado por um milênio para discutir lógica, metafísica, física e psicologia. Tendo purgado termos-chave como *homonymum*, *ens*, *substantia*, *generatio*, *reminiscentia* e *intelligibile*, Périon buscou preencher de novo o estoque léxico com expressões tão elegantes quanto confusas e – com muita frequência – ambíguas. Embora tenham sido um sucesso comercial, suas versões não eram utilizáveis pelos estudiosos da filosofia. Os poucos que tentaram fazer uso delas, como o espanhol Pedro Nuñez e o italiano Agostino Faba, foram forçados a fornecer glossários a seus leitores para indicar quais termos do jargão tradicional correspondiam aos ciceronismos de Périon.[9]

As traduções de Périon deram origem a amargas polêmicas (das quais participaram Jacques-Louis d'Estrebay e Denis Lambin, entre outros) e provocaram uma rodada de novas traduções das obras de Aristóteles na segunda metade do século XVI. Francesco Vimercati, Simone Simoni, Michael Sofianos, Antonio Riccobono e Giulio Pace reagiram contra os excessos de Périon, reintroduzindo termos pós-clássicos julgados essenciais em última instância, tais como *ens* e *substantia*, e promovendo um retorno prudente à tradução palavra por palavra.[10] A alta qualidade era uma marca da maioria dessas traduções, mas sua quantidade, sua rápida circulação (tornada possível por uma indústria de impressão altamente competitiva), e a prática de publicar duas ou três em rápida sucessão, ou até ao mesmo tempo em colunas paralelas, criaram muitos problemas. Para citar apenas um exemplo, no final do século XVI a *Ética a Nicômaco* estava disponível em versões medievais e versões do século XV frequentemente republicadas, ao lado das quais havia uma dúzia de novas versões, mais diversas traduções e paráfrases vernáculas. Pode-se facilmente imaginar os problemas interpretativos e filosóficos causados pela multiplicidade e variedade de versões amplamente disponíveis do mesmo texto. Por um lado, com certeza,

---

9 Sobre Faba, ver Cranz, 1976a, 363-4; sobre Nuñez, ver Bianchi, 2003, 154-5, 176-9. Sobre Périon, entre outros, ver Stegmann, 1976, 378-9, 383-4 e Schmitt, 1983a, 72-6.
10 Ver Schmitt, 1983a, 76-85; Bianchi, 2003, 152-60.

essa é uma das causas da rica variedade de interpretações do pensamento de Aristóteles que levou Charles Schmitt a falar sobre muitos "aristotelismos renascentistas".[11] Mas, por outro lado, isso tornou a comunicação entre estudiosos de Aristóteles cada vez mais difícil, e, ao estilhaçar sua unidade linguística e conceitual, contribuiu decisivamente para a crise da tradição aristotélica.

Edições e crítica textual

Para os humanistas, atualizar as traduções escolásticas "bárbaras" de Aristóteles era apenas o primeiro de três passos necessários para redescobrir o significado autêntico de seu pensamento. Os outros dois eram a leitura de suas obras no original grego e a análise delas com as técnicas da filologia. Entre os aspectos mais importantes do aristotelismo renascentista está precisamente essa mudança progressiva de foco, passando das doutrinas de Aristóteles para a complexa constituição e tradição de seus textos. Muitos fatores determinaram esse desenvolvimento. O ensino dos emigrados gregos na Itália nos séculos XIV e XV dirigiu muita atenção para a terminologia de Aristóteles e para as leituras divergentes registradas nos manuscritos. Os testemunhos de Diógenes Laércio, Plutarco e Estrabão chamaram atenção para a tradição textual dos escritos do Estagirita. Através dessas influências, o *Corpus aristotelicum* passou a ser visto como um artefato histórico cuja forma fora construída pela atividade editorial dos grandes estudiosos helenísticos, agora eles próprios objetos de imitação. A compreensão muito melhor da língua grega e a disponibilidade mais ampla dos manuscritos gregos de Aristóteles foram da maior importância.

Sabe-se que o contato mais profundo com o mundo bizantino, a imigração de seus eruditos e escribas para a cristandade latina, e o apoio financeiro de bibliófilos, colecionadores e patronos, foram todos fatores que auxiliaram o estudo e a cópia de um vasto número de manuscritos literários e filosóficos trazidos para a Itália no decurso do século XV. Um grande número desses manuscritos continha obras de Aristóteles e de seus

---

11 Ver adiante, p. 110.

comentadores helenísticos e bizantinos. Esse processo continuou por mais de um século, ampliando seu escopo para toda a Europa, e produziu resultados impressionantes. É suficiente mencionar que quase metade dos mais de 2.700 manuscritos gregos de cunho aristotélico conhecidos hoje datam dos séculos XV e XVI.[12] Contudo, foi a invenção da imprensa que permitiu a difusão sem precedentes do texto grego de Aristóteles. A *editio princeps* [edição principal] das obras completas de Aristóteles em grego viu pela primeira vez a luz do dia em Veneza entre 1495 e 1498, graças à iniciativa de Aldus Manutius, o impressor erudito mais famoso do Renascimento, e ao trabalho de uma equipe internacional de estudiosos liderada pelo italiano Francesco Cavalli e pelo inglês Thomas Linacre. O resultado excepcional reinou por muito tempo sem rivais: "cinco volumes em fólio, totalizando mais de duas mil páginas, em uma época em que apenas uns poucos livros em grego haviam sido impressos, decorados com uma elegância tipográfica única, em papel magnífico, com encadernação, uma cuidadosa tipografia, e excelente correção de provas – todas as qualidades que satisfariam um editor moderno de textos gregos".[13]

O empreendimento teve uma ampla repercussão, mas teve de esperar muito tempo até surgirem imitadores. Até 1520/30, a impressão de Aristóteles foi confinada a edições latinas e comentários medievais produzidos quase exclusivamente para um público universitário. Por volta de 1530, no entanto, a impressão de grandes coleções de textos aristotélicos em grego começou a ocupar estudiosos e impressores em muitos países. A edição de Erasmo foi impressa em Basileia (1531, 1539, 1550), a assim chamada *aldina minor* [aldina menor] de Giovanni Battista Camozzi em Veneza (1551-3), a edição de Friedrich Sylburg em Frankfurt (1584-7), e a esplêndida edição bilíngue greco-latina de Isaac Casaubon em Lyon (1590), apresentando Aristóteles como um típico autor clássico. De Genebra veio a extremamente bem-sucedida edição de Pace (1597), e de

---

12 Retiro essa estatística de Argyropoulos e Caras, 1980, 9-11, onde é mostrado que de um total de 2.773 manuscritos, não menos de 1.263 são datáveis dos séculos XV e XVI.

13 Minio-Paluello, 1972, 489; contudo, para uma avaliação mais precisa da qualidade da edição aldina, Sicherl, 1976, é fundamental. Sobre o papel de Linacre e Cavalli, ver Schmitt, 1984a, artigo XII, 68-70 e artigo XIII, 307-12.

Paris a de Guillaume Duval (1619), que se tornaria a edição bilíngue padrão durante todo o século XVII.[14] O movimento rumo ao norte da Europa é óbvio e foi frequentemente notado por estudiosos. Contudo, a Itália não perdeu completamente sua posição pioneira anterior. Pois foi ali que certas obras individuais de Aristóteles foram preparadas em edições de grande sofisticação filológica, tais como a edição da *Ética* por Pietro Vettori (1547 e 1560), e a edição da *Poética* por Ludovico Castelvetro (1570), esta última agraciada com uma tradução e um comentário pioneiro em italiano.[15]

Uma análise sistemática da publicação de Aristóteles no período, com seus princípios e técnicas, ainda não foi realizada. Os poucos, mas excelentes, estudos disponíveis revelam que a filologia humanista, frequentemente muito elogiada, exibiu muitas fraquezas metodológicas quando confrontada com a vasta e complexa tradição textual aristotélica. Nos estágios iniciais, os manuscritos para o estabelecimento dos textos eram rastreados de maneira bastante casual, eram vagamente identificados e usados sem se estudarem suas inter-relações genéticas. Eles funcionavam como meros repositórios de variantes, dentre as quais o estudioso tomava a liberdade de escolher as "corretas". Angelo Poliziano foi o primeiro a ir além dessa abordagem e a apreender a necessidade de considerar a tradução manuscrita de maneira histórica. Mas os procedimentos que tal abordagem pressupunha – o censo e a descrição de todos os códices, seu cotejo e avaliação crítica – não foram, e não poderiam ter sido, aplicados ao *Corpus aristotelicum* na ausência de técnicas rigorosas para datação, comparação e estabelecimento das relações entre um grande número de manuscritos. Mesmo os maiores estudiosos aristotélicos dos séculos XVI e XVII frequentemente distinguiam com pouca clareza entre os vários códices e empregavam uma terminologia cronológica vaga (*antiquus, vetus, vetustissimus*). Eles tinham apenas um conhecimento aproximado da história da escrita manuscrita grega, e faziam uso da paleografia para propósitos de datação em um grau muito menor do que o que era aplicado na mesma época aos manuscritos latinos. Ainda, com

---

14 Schmitt, 1983a, 36-44.
15 Sobre o movimento rumo ao norte, ver Schmitt, 1983a, 37; Minio-Paluello, 1972, 483-500 insiste no papel da Itália, e de Veneza em particular. Sobre o uso da *Poética* de Aristóteles por Castelvetro, ver Weinberg, 1961.

raras exceções, tais como Vettori, eles retinham uma fé excessiva na confiabilidade de manuscritos mais antigos; não os cotejavam sistematicamente, e relatavam leituras de segunda mão; não desenvolveram técnicas rigorosas e coerentes para julgar o valor de testemunhas conflitantes; e introduziram um grande número de emendas conjeturais, frequentemente plausíveis, mas às vezes sem nenhuma base textual.[16]

Seria obviamente anacrônico julgar os estudiosos do Renascimento segundo os padrões metodológicos da filologia moderna, tais como foram desenvolvidos no século XIX por Lachmann. No entanto, é bastante válido notar que esses autores ao menos tentaram descrever os procedimentos que utilizaram, e com isso frequentemente destacaram e explicaram as escolhas que fizeram. Eles não apenas fizeram florescer um gênero de literatura aristotélica – as glosas filológicas – do qual a Idade Média deixou poucos espécimens, mas também desempenharam um papel decisivo no surgimento de uma nova consciência da inevitável subjetividade da reconstrução textual, e, portanto, da necessidade da cooperação intersubjetiva. Não é surpresa que tenha sido alguém intimamente familiarizado com o trabalho editorial renascentista sobre Aristóteles, o próprio Pedro Nuñez, um dos primeiros a desenvolver uma compreensão embrionária do *apparatus críticus*. Convencido de que a "variedade do texto grego" constituía a principal causa da "obscuridade de Aristóteles", ele propôs investir um grupo de especialistas com a tarefa de examinar e comparar os "vários exemplares" dos escritos do filósofo. Eles deveriam estabelecer em todo *locus* controverso, "usando argumentos e conjeturas", qual era a "leitura mais correta", mas todas as variantes, mesmo aquelas consideradas "menos prováveis", devem "ser escritas em um caderno separado, de modo que cada leitor seja livre para seguir a leitura que ele pensa ser correta".[17]

---

16 Na falta de um estudo abrangente sobre a filologia aristotélica nos séculos XV e XVI, informações úteis sobre problemas e autores individuais são encontradas em Kassel, 1962; Glucker, 1964; Sellin, 1974; Sicherl, 1976; Grafton, 1983-93, I: 52-62, Porro, 1983; Avezzù, 1987-8; Perfetti, 1996; Perfetti, 2000, 144-6.
17 Nuñez, 1677 (primeira ed. 1554), 107-8. Sobre esse assunto, Bianchi, 2003, 167-8, 202-3.

Novos princípios hermenêuticos e a busca pelo "Aristóteles histórico"

Em 1499, um estatuto da Universidade de Pisa determinava que os professores deveriam "ler e interpretar os textos dos livros de Aristóteles, mas não explicar comentários sobre tais livros", e permitia que os comentários fossem usados como auxílio para a aprendizagem somente "após a apresentação do texto em questão". Vinte anos depois, um estatuto da Universidade de Leipzig invocava a autoridade de Sêneca para criticar aqueles "sofistas" que haviam negligenciado o estudo dos textos de Aristóteles e que afirmavam "conhecê-lo apenas através de comentários", e recomendava-lhes que fizessem uso das novas traduções humanistas.[18] Essas determinações mostram como, entre o final do século XV e o início do século XVI, até mesmo as universidades haviam finalmente levado em consideração um dos mandamentos enunciados por Bruni, Barbaro, Poliziano e Lefèvre d'Étaples: não ler comentários nem paráfrases, mas sim as próprias obras de Aristóteles a fim de beber de seu pensamento "diretamente da fonte".[19]

Em si e por si mesmo, o chamado para restabelecer o contato direto com os textos de Aristóteles, ultrapassando as múltiplas camadas de exegese tradicional, era menos original do que poderia parecer. Os humanistas, contudo, dotaram-no de um sentido polêmico preciso contra os comentadores escolásticos. Eles acusavam estes últimos de lerem os textos de Aristóteles a fim de identificar um conjunto de doutrinas a serem julgadas segundo um critério de verdade metatemporal, ou mesmo como um pretexto para levantar questões que tinham pouco ou nada a ver com Aristóteles. Eles estavam convencidos, por sua vez, de que toda obra do passado deveria ser estudada como uma documentação de uma maneira diferente de conceber o homem e o mundo, compreensível somente se considerada em seu contexto histórico preciso. Eles criticaram duramente a questão-comentário escolástica

---

18 O estatuto de Pisa está publicado em Verde, 1973-94, IV.3: 1339; o de Leipzig em Zarnke, 1861, 39.
19 A imagem da fonte, tirada de Horácio, é encontrada no *Isagogicon moralis disciplinae* [*Introdução à ciência da moral*] de Leonardo Bruni (publicado em Bruni, 1996, 204), e enfeita o frontispício da edição de Lefèvre d'Étaples (1503) do *Órganon* (representado em Lefèvre d'Étaples, 1972, 87).

que havia sido o padrão nas universidades desde meados do século XIII, vendo-a como emblemática de uma abordagem "sofística" e historicamente insensível do pensamento de Aristóteles. Salvo raras exceções, essas críticas não eram dirigidas ao comentário enquanto gênero. Em vez disso, elas buscavam redefinir o sentido, o escopo e os métodos do comentário de acordo com novos princípios hermenêuticos. O mais importante desses princípios foi sem dúvida o de que cada autor é o melhor intérprete de si próprio, e, portanto, que os enunciados ambíguos e as passagens corrompidas devem ser entendidos à luz de outras passagens do mesmo autor. Tendo se originado com os gramáticos alexandrinos, esse princípio foi adotado novamente no século XV e foi abertamente aplicado ao Estagirita por Pedro Nuñez e por seu aluno Bartolomé Pasqual, que explicou em discursos proferidos em 1553 e 1565 na Universidade de Valência como alguém podia "interpretar Aristóteles através de Aristóteles".[20]

Quer apelassem ou não a esse princípio, todos os aristotélicos de formação humanista acreditavam que o comentador ideal deve adotar um estilo simples e claro, mas elegante. Ele deve, portanto, evitar o jargão filosófico rarefeito, enquanto ilustra livremente o conteúdo doutrinário das passagens em questão com exemplos da literatura, da história e das artes visuais; deve estudar o *corpus* inteiro das obras de Aristóteles, de preferência na língua original; deve verificar a acurácia das numerosas traduções e leituras, identificar passagens corrompidas, e distinguir entre obras autênticas e espúrias. Finalmente, ele deve privilegiar os intérpretes gregos, considerados os guias mais confiáveis por causa de sua proximidade cronológica e cultural em relação a Aristóteles. Apesar de encontrar forte resistência, especialmente por parte de alguns escolásticos, essa nova abordagem se tornou cada vez mais amplamente difundida, até que, ao final do século XV, ela estava domesticada nas universidades. Isso aconteceu primeiro na Itália. A nomeação de Niccolò Leonico Tomeo em Pádua, em 1497, para ministrar aulas baseadas no texto grego de Aristóteles é frequentemente considerada como o símbolo do triunfo do "aristotelismo humanista". Contudo, isso pode não ter sido

---

20 Sobre esses tratados e o papel decisivo do princípio de que cada autor é *sui ipsius interpres* [o melhor intérprete de si próprio], ver Bianchi, 2003, 194-208.

uma verdadeira inovação, uma vez que, alguns anos antes, Angelo Poliziano havia começado a fazer o mesmo no *studium* florentino.[21]

Quer eles indiquem ou não o início do ensino de Aristóteles baseado no texto grego, os cursos de Poliziano sobre o filósofo constituem um ponto de virada. Tendo anteriormente produzido comentários sobre a *Ética*, Poliziano inaugurou seus cursos sobre o *Órganon* com dois discursos célebres, o *Introdução à lógica* (*Praelectio de dialectica*) de 1491 e o *Lamia* de 1492. Nesses discursos, ele delineou uma abordagem que, além de ressoar com os motivos dominantes da polêmica humanista contra os comentadores escolásticos – a rejeição do método da *quaestio disputata* [questão disputada], a crítica ao jargão especializado, a meta da elegância e da clareza expositiva –, insistia que o *Corpus aristotelicum* tinha de ser tratado usando-se os mesmos métodos filológicos empregados com sucesso no caso de outros textos antigos. Poliziano sabia bem que sua proposta não agradaria àqueles que continuavam a enxergar o Estagirita como um pensador atemporal a quem se podiam colocar problemas contemporâneos, e que eram hostis a enxergá-lo como um "clássico", um autor a ser situado em seu contexto histórico. Antevendo a reação deles, no *Lamia* ele ironicamente recusa o título de filósofo e chama a si mesmo de um *filosofastro*, um mero filósofo diletante, que se contenta em interpretar Aristóteles à maneira dos gramáticos helenísticos – isto é, em combinar a habilidade filológica com um sólido conhecimento da língua e da cultura gregas.[22]

O eco das recomendações metodológicas de Poliziano soou de maneira ampla e longínqua. Conforme o ensino da filosofia aristotélica por meio dos textos gregos se espalhava para fora da Itália (a começar por Paris, onde era a prática comum dos *lecteurs royals* [leitores reais]), os estudiosos de Aristóteles dedicavam uma atenção crescente à reconstrução do texto, à avaliação de leituras variantes dos códices, à discussão da grafia correta e do significado exato dos termos gregos, e à comparação das muitas traduções latinas. Ao mesmo tempo, problemas relacionados ao desenvolvimento, à

---

21 Sobre o ensino de Aristóteles em grego, ver Schmitt, 1983a, 37 e Schmitt, 1984a, artigo XIII, 288-9, juntamente com os esclarecimentos de Bianchi, 2003, 180-3.
22 Poliziano, 1986, 18.

estrutura e à transmissão do *Corpus aristotelicum* adquiriam grande importância. Será que as obras que circulavam sob o nome do Estagirita eram verdadeiramente dele? Quais eram seus títulos originais? Como elas se dividiam internamente, e qual era sua ordenação lógica? Qual era sua ordem cronológica? Qual era o significado da distinção tradicional entre seus livros esotéricos e exotéricos? Essas questões, frequentemente levantadas nos prefácios de edições impressas, de traduções e de comentários, tornaram-se objetos de tratados separados. O *Sobre o número e a ordem das subdivisões e livros do ensinamento de Aristóteles sobre a física* (*De numero et ordine partium ac librorum physicae doctrinae Aristotelis*) de Francesco Cavalli, publicado no final do século XV, deu origem a um novo gênero de literatura aristotélica para o qual filósofos como Federico Pendasio e Marcantonio Genova, estudiosos como Francesco Storella, Celio Secondo Curione e Ottaviano Ferrari, e tradutores como Joachim Périon contribuíram no século seguinte.[23]

Com certeza, seria um erro ver em tudo isso a expressão de uma abordagem historiográfica moderna. Basta apenas recordar a longa controvérsia sobre a ordem dos livros de Aristóteles (*de ordine librorum*), que nunca chegou a uma reconstrução "genética" de seu pensamento, mas antes refletiu a necessidade especulativa e didática de estabelecer critérios para ordenar os ramos de saber em uma hierarquia. Não obstante, a habilidade dos estudiosos do século XVI para encontrar, decifrar e contextualizar as fontes, bem como sua atenção aos caminhos labirínticos de transmissão dos textos e sua sensibilidade a elementos terminológicos e estilísticos, estabeleceram os fundamentos do método e exibiram um espírito crítico exemplar. Não importando quão duvidosa seja a alegação de que eles recapturaram o Aristóteles "histórico" nas redes da filologia, não se pode negar que o legado deles incluiu a rejeição decisiva da imagem de Aristóteles herdada de seus predecessores medievais.

---

23 Falta um estudo abrangente sobre essa literatura variada. Sobre Cavalli, ver Schmitt, 1984a, artigo XIII, 287-313; sobre Storella, ver Antonaci, 1966, 137-66 e Schmitt, 1984a, artigo IX, 126-8. O debate sobre a autenticidade de certas obras ou partes de obras atribuídas a Aristóteles foi habilmente reconstruído em Kraye, 1988a, 1990, 1991, 1995a.

A redescoberta dos comentadores gregos e a influência continuada dos comentários medievais

A predileção dos humanistas pelos intérpretes gregos de Aristóteles já foi mencionada. Teodoro de Gaza foi o primeiro a atrair atenção para eles com sua tradução dos *Problemata* de Alexandre de Afrodísias em 1452/3. Inspirado por esse esforço, em 1472/3, Ermolao Barbaro traduziu as paráfrases de Temístio dos *Analíticos posteriores*, da *Física* e do *De anima* [*Da alma*], que, no entanto, só foram publicadas em 1481. Girolamo Donato, um amigo e discípulo de Barbaro, seguiu o exemplo deste vertendo vários fragmentos de Alexandre de Afrodísias para o latim. Entre estes estava o primeiro livro do comentário de Alexandre sobre o *De anima*, procurado por filósofos como Nicoletto Vernia e Agostino Nifo mesmo antes de sua publicação (em 1495). Nessa época se iniciava uma nova fase na história da tradição aristotélica, na qual todos os comentários gregos sobreviventes, apenas parcialmente conhecidos na Idade Média, foram redescobertos, traduzidos e publicados. Aqui também Aldus Manutius desempenhou um papel decisivo. Concluindo o primeiro volume de sua edição grega das obras completas de Aristóteles em 1495, ele anunciou sua intenção ulterior de publicar os comentários de Alexandre de Afrodísias, Porfírio, Temístio, Simplício e Filopono. O ambicioso projeto, engrandecido nos prefácios aos volumes subsequentes e patrocinado por Alberto Pio, príncipe de Carpi, foi iniciado por Manutius mas só pôde ser concluído por seus sucessores entre 1520 e 1530. Na década seguinte, as traduções latinas dos comentadores gregos de Aristóteles começaram a se multiplicar. Alguns tradutores, como Giovanni Battista Camozzi, e impressores como Ottaviano e Gerolamo Scoto em Veneza, chegaram mesmo a se especializar nesse campo, servindo como um exemplo adicional da já notada competição entre traduções. A atenção logo voltou-se também para os comentários bizantinos, os quais, com importante exceção daqueles sobre a *Ética a Nicômaco* traduzidos por Grosseteste, haviam permanecido mais ou menos desconhecidos para a Idade Média latina. A partir de meados do século XVI, comentadores bizantinos como Michael Psellos e Teodoro Metochites se tornaram disponíveis no mundo latino.[24]

---

24 Uma síntese abrangente sobre esse tópico pode ser encontrada em Lohr, 2000; ver também Hankins e Palmer, 2007. Além disso, são indispensáveis Schmitt, 1983a, 24-5, Schmitt,

A disponibilidade dessas novas ferramentas interpretativas teve um grande impacto no debate filosófico. Para tomar apenas dois exemplos, a redescoberta dos comentários de Alexandre de Afrodísias e Simplício sobre o *Da alma* intensificou as controvérsias que já eram amargas sobre a interpretação correta da psicologia aristotélica, enquanto uma melhor compreensão dos comentários de Filopono, que eram agudamente críticos dos ensinamentos da *Física* e do *De caelo* [*Do céu*], provocou uma profunda reconsideração da filosofia natural de Aristóteles que ecoou até Galileu.[25] Não obstante, os comentários medievais, tanto os árabes quanto os latinos, não perderam sua influência. É verdade que a reputação de Averróis, conhecido desde o século XIII como "O Comentador", foi fortemente atacada. Muitos consideravam que sua leitura de Aristóteles não era confiável, pois era baseada em versões árabes imprecisas, enquanto o pouco que havia de bom a ser encontrado em seus escritos era rejeitado como "roubado" dos intérpretes gregos.[26] Ainda assim, o interesse não apenas pelos comentários de Averróis, mas por toda sua obra cresceu enormemente a partir do final do século XV e envolveu os professores mais célebres de Pádua e Bolonha, tais como Vernia, Nifo, Pomponazzi, Alessandro Achillini, e Marcantonio Zimara, bem como pensadores de uma estampa bastante diferente, tais como Pico della Mirandola. Assim, no século XVI, o aristotelismo averroísta teve a mais ampla difusão possível, especialmente na Itália, em parte graças às novas traduções de textos já disponíveis na Idade Média, em parte às edições grandiosas, como a famosa e ainda indispensável edição giuntina de 1550-2, que continha as obras de Aristóteles, os comentários de Averróis, e um rico aparato de índices, tabelas e glosas explicativas.[27]

1984a, artigo VI, 55-8 (que esclarece o papel de Manutius e seus colaboradores e sucessores), e artigo XV, 327, n. 48 (onde a centralidade de Veneza na história da impressão dos comentários gregos é enfatizada). Sobre o uso das traduções de Donato por Nifo e Vernia, ver Mahoney, 1968.

25 Sobre o impacto dos comentários sobre o *Da alma*, ver especialmente Nardi, 1958, 365-422 e Mahoney, 1968; Mahoney, 2000. Sobre Filopono, ver Schmitt, 1989, artigo VIII, 210-30; e Hankins e Palmer, 2007.

26 Especialmente popular foi a teoria de Barbaro de que "Toda palavra [de Averróis] era um ato de roubo de Alexandre, Temístio, Simplício" (Barbaro, 1943, I: 92). Ficino, 2001-6, V: 9 (15.2) é um exemplo típico.

27 Wolfson, 1961; Cranz, 1976b; Schmitt, 1984a, artigo VIII, 121-42 e o capítulo 7 deste volume.

O destino dos grandes intérpretes latinos de Aristóteles, como Alberto Magno, Tomás de Aquino, Giles de Roma, João de Jandum, Walter Burley e João Buridano foi análogo. Na segunda metade do século XV, seus comentários continuaram a ser impressos, estudados e utilizados, e não apenas pelos aristotélicos escolásticos. Também os humanistas, a despeito de suas invectivas contra os "bárbaros" das universidades dos séculos XIII e XIV, recorriam frequentemente às ideias deles, geralmente sem atribuição. É notável, por exemplo, que um grande erudito grego como George Trebizond tenha resolvido um dos poucos problemas examinados em seus *scholia* [escólios] à *Física* – o problema do movimento em um vácuo – com uma paráfrase das visões de Tomás de Aquino sobre o assunto.[28] F. Edward Cranz enfatizou que a impressão de comentários latinos sofreu uma marcada redução após 1535,[29] mas a significância desse fenômeno não deve ser exagerada. Por um lado, houve notáveis exceções a essa tendência, como o sucesso continuado dos comentários de Tomás de Aquino e João de Jandum. Por outro lado, a diminuição da impressão de *expositiones* e *quaestiones* medievais deve-se mais provavelmente a uma saturação do mercado de livros do que a uma falta de interesse, dado que os grandes filósofos aristotélicos do século XVI demonstram um excelente conhecimento da exegese medieval.

A profunda transformação da "biblioteca peripatética" no Renascimento não deve ser vista como equivalente a uma derrubada da tradição medieval, como Poliziano previu com deleite enquanto olhava para suas prateleiras de livros preenchidas com Teofrasto, Alexandre de Afrodísias, Temístio, Amônio, Simplício e Filopono.[30] Ela conduziu, em vez disso, a um enriquecimento do ambiente exegético. As várias tradições interpretativas produzidas em um período de quinze séculos em diferentes contextos culturais, linguísticos e religiosos tornaram-se acessíveis e comparáveis. Se alguns ficaram desconcertados com as amplas diferenças que emergiram dessa multiplicação de perspectivas críticas, outros (como os jesuítas de

---

28 O texto está publicado em Monfasani, 1984, 608-10.
29 Cranz e Schmitt, 1984, xiii.
30 Na *Lectio de dialectica* [Lição sobre a lógica], encontrada em Poliziano, 1970-1, I: 529.

Coimbra) resolveram reconciliá-las e uni-las, enquanto ainda outros (como John Case) estavam determinados a selecionar as fontes mais essenciais para formar uma síntese representativa da filosofia aristotélica, dando assim um passo importante na evolução do comentário rumo ao livro didático.[31]

A competição com outras tradições filosóficas

A superabundância de materiais disponibilizados pela enérgica impressão de Aristóteles certamente ofereceu oportunidades maravilhosas, mas também apresentou dificuldades imprevistas. Já pouco mais de um século após a invenção da imprensa, o número de obras dedicadas a Aristóteles – traduções tanto para o latim quanto para línguas vernáculas, comentários, paráfrases, compêndios, florilégios – chegava a muitos milhares de títulos. Só a crescente prática de compilar "bibliografias aristotélicas", que relatavam, às vezes com uma ótima discriminação, as principais edições, traduções e comentários das várias obras do filósofo, permitia que os filósofos profissionais, estudiosos, livreiros e amadores se orientassem no grande mar da literatura aristotélica.[32] É digno de nota que essas "bibliografias aristotélicas" frequentemente incluíam textos escritos por autores que tinham pouco em comum com o pensamento de Aristóteles, ou mesmo autores que eram abertamente hostis a ele. Esse fato talvez surpreendente fornece um excelente exemplo de como o aristotelismo renascentista foi capaz de incorporar elementos heterogêneos. Embora não fosse uma novidade – uma vez que a tradição aristotélica da Antiguidade tardia absorvera muitas ideias provenientes de territórios filosóficos que lhes eram estranhos, principalmente o neoplatonismo – esse fenômeno definitivamente se acelerou a partir do século XV, quando o pensamento de Aristóteles adquiriu uma posição diferente. A despeito de sua contínua predominância na educação das artes, ele não mais podia ser identificado com a totalidade da filosofia. Como escreveria Crisostomo Javelli durante a controvérsia acerca do tratado de Pomponazzi sobre a imortalidade,

---

31 Sobre Case, ver Schmitt, 1985, 56-72 e Schmitt *et al.*, 1988, 801. Sobre o livro didático de filosofia, ver adiante.
32 Lohr, 1981; Bianchi ,1990b; Bianchi, 2003, 173-5.

"a filosofia de Aristóteles e a filosofia como tal não mais coincidem [*non convertuntur*]. De fato, a filosofia em si mesma é o conhecimento da verdade pura e da perfeição, enquanto a filosofia de Aristóteles não é perfeita".[33]

Javelli, um teólogo dominicano de orientação tomista, foi autor de comentários sobre as principais obras do Estagirita, e certamente não era nenhum antiaristotélico; ele estava expressando sentimentos que naquela época eram amplamente difundidos. Quando fora colocado ao lado de Platão, dos atomistas, dos estoicos e dos céticos, Aristóteles perdera a posição que detivera nos séculos XIII e XIV como *o* filósofo, e voltara àquela de *um* filósofo antigo entre muitos outros. Não há necessidade de nos determos na amarga controvérsia sobre a comparação entre Platão e Aristóteles, iniciada com um tratado produzido em Florença em 1439 por Gemistus Pletho, continuada por várias décadas, revivida no final do século XVI, e envolvendo figuras do calibre de George Trebizond, Bessarion, e posteriormente Francesco Patrizi de Cherso.[34] Em vez disso, é útil lembrar que Petrarca, ao declarar sua preferência por Platão, criticou duramente a concepção de felicidade elaborada na *Ética a Nicômaco*, que ele julgava incompatível com o cristianismo. A noção de que a moralidade aristotélica e mesmo a ética clássica em geral haviam sido completamente superadas pelo ensinamento dos Evangelhos foi adotada por humanistas eminentes, entre eles Valla e Vives.[35] O alvo principal deles, no entanto, não era a ética de Aristóteles, mas sua lógica.

Nas *Elegantiae* [*Elegâncias*] e nas *Dialecticae disputationes* [*Disputas dialéticas*], Valla sustentou que o valor dessa disciplina havia sido amplamente sobrestimado. Uma vez que a linguagem pode ser persuasiva ou até convincente, mesmo quando não formalmente válida, a atenção devia ser voltada do estudo dos mecanismos inferenciais corretos para o das estratégias comunicativas eficazes. Por outro lado, Valla estava convencido de que uma boa parcela dos problemas lógicos considerados por Aristóteles e pelos escolásticos eram de fato pseudoproblemas solucionáveis por meio da análise gramatical e sintática da linguagem e do uso corrente. Rodolfo

---

33 Javelli, 1538, fol. 41v. Sobre esse texto, ver Gilson, 1961, 262-74.
34 Sobre essa notória controvérsia, ver o capítulo 5 deste volume.
35 Sobre Petrarca, ver *De sui ipsius et multorum ignorantia* [*De sua própria ignorância e da de muitos outros*], em Petrarca, 2003, 222-363. Para observações gerais sobre a relação entre a ética antiga e a ética cristã no Renascimento, ver Kraye, 1988b, 319-25.

Agrícola, Juan Luis Vives, Pedro Ramus e Mario Nizolio desenvolveram essa proposição e transformaram-na em um projeto pedagógico, tentando e parcialmente conseguindo substituir o ensino da lógica aristotélica pelo da lógica retórica e dialética.[36]

Ainda que críticas detalhadas tenham sido dirigidas a ensinamentos individuais de Aristóteles – não apenas ensinamentos éticos e lógicos, mas também físicos e metafísicos – houve também muitos ataques lançados diretamente contra sua autoridade e contra o dogmatismo real ou presumido de seus seguidores. Autores como Petrarca, Valla, Rodolfo Agrícola, Girolamo Cardano e Ramus denunciaram o excesso de confiança dos aristotélicos na autoridade de seu mestre, exortaram-nos a não deificar Aristóteles, e enfatizaram que ele, como todo outro ser humano, era falível. Essas polêmicas tiveram um sucesso duradouro. Continuadas por céticos como Gianfrancesco Pico e Francisco Sanchez, elas foram consagradas nas páginas santificadas de Bacon, Galileu, Descartes, Hobbes e Gassendi. Eficazes contra um pequeno número de aristotélicos obtusos e dogmáticos, os quais não faltavam no século XVII, essas invectivas são mais originais em sua forma do que em sua substância, e paradoxalmente parecem ser devedoras da mesma tradição de pensamento contra a qual eram dirigidas. O próprio Aristóteles havia insistido na superioridade da verdade em comparação com sentimentos pessoais, e havia criticado os pitagóricos por prestarem adoração aos enunciados de seu mestre. Em consonância com isso, muitos aristotélicos defendiam abertamente o direito de cada pessoa pensar por si mesma. Até mesmo o adágio segundo o qual "Aristóteles era um homem e podia errar", repetido por gerações de antiaristotélicos desde Petrarca até os pensadores do Iluminismo, foi emprestado dos aristotélicos, que o haviam formulado no século XIII (com Alberto Magno e Siger de Brabant) e ainda o defendiam no século XVI (com Pomponazzi e Nuñez).[37]

Desafiado pelos críticos e sujeito à competição de outras escolas filosóficas, o aristotelismo evoluiu de muitas maneiras diferentes durante o

---

36 Sobre a lógica humanista, são fundamentais Ong, 1958; Vasoli, 1968; Jardine, 1988a, e Mack, 1993. Sobre Valla e Agrícola, ver também Jardine, 1977, 1983, e 1988b; ver também o capítulo 10 deste volume. Sobre Vives, ver Guerlac, 1979; sobre Ramus, ver Bruyère, 1984; sobre Nizolio, ver Rossi, 1953 e Wessler, 1974.

37 Bianchi, 2003, 101-32.

Renascimento. Contudo, ele sempre exibiu uma grande capacidade de modificar suas categorias e ensinamentos com base em novos problemas e descobertas. Por um lado, avanços teóricos e materiais recentes, especialmente em disciplinas como matemática, astronomia, física, geografia e história natural, foram integrados em uma visão de mundo que permaneceu substancialmente aristotélica. Uma obra emblemática foi a *Philosophia magnetica* (1629), na qual Niccolò Cabeo reformulou a ontologia aristotélica para criar espaço para a qualidade do magnetismo conforme descrito pelos dados experimentais de William Gilbert.[38] Por outro lado, obras que visavam interpretar o pensamento de Aristóteles fizeram uso de métodos, problemas e conceitos originados em outras tradições, tanto antigas quanto contemporâneas. Com relação ao método, é notável que muitos popularizadores de Aristóteles adotaram em suas paráfrases vernáculas a forma do diálogo, normalmente favorecida pelos humanistas e frequentemente apresentada como tipicamente platônica ou ciceroniana. Com relação aos problemas e conceitos, a evidência é potencialmente infinita. Como observou Schmitt, todos os aristotélicos do Renascimento foram, em certo sentido, ecléticos.[39]

A constante tendência na história do aristotelismo de fundir-se com outras filosofias já foi mencionada, e é bem conhecido que, desde Avicena até Tomás de Aquino, muitos pensadores medievais buscaram reler a metafísica de Aristóteles sob uma luz neoplatônica a fim de melhor satisfazer as necessidades de sua fé em um Deus único e criador. As noções de Pico e Ficino sobre a *concordia philosophorum* [concordância dos filósofos], e a influência de comentadores da antiguidade tardia como Temístio e Simplício, deram um tremendo impulso à busca por uma concordância entre o aristotelismo e o platonismo. Isso pode ser visto na proliferação de obras de filósofos como Symphorien Champier, Sebastian Fox Morcillo, Gabriele Buratelli, Francesco de Vieri, Jacopo Mazzoni, e outros, os quais, frequentemente já na página de título, insistiam na "sinfonia", no "consenso", na

---

38 A flexibilidade e a habilidade dos aristotélicos para assimilar novos dados da filosofia natural foi enfatizada por Grant, 1978; Baroncini, 1981; Schmitt, 1983a, 92, 103-6. Sobre Cabeo, ver Pumfrey, 1990, 181-3.

39 Sobre o uso do método dialógico no aristotelismo renascentista, ver Bianchi, 2000. Uma análise completa das várias formas de ecletismo entre aristotélicos renascentistas é oferecida por Schmitt, 1983a, 89-109.

"harmonia", ou na "reconciliação" entre Aristóteles e Platão.[40] Em adição a essas novas obras sobre a concordância entre o aristotelismo e o platonismo, novas formas de sincretismo se acumularam no período entre os séculos XV e XVI. Basta considerar a coexistência de elementos aristotélicos e estoicos em Pomponazzi, a integração do averroísmo com o ockhamismo em Achillini, e a síntese de padrões aristotélicos, averroístas, platônicos, neoplatônicos e mágico-herméticos em Nifo.[41] Em meados do século XVI, o espírito adaptativo do aristotelismo se manifestava de uma forma extrema: a tentativa de harmonizar os ensinamentos do mestre com filosofias que ele havia abertamente atacado, mas que estavam voltando à voga. Ao explorar de modo sagaz algumas poucas ideias do quarto livro de *Meteorologica* [*Dos Meteoros*], Júlio César Scaliger chegou até mesmo a tentar superar a incompatibilidade entre o hilomorfismo aristotélico e o atomismo democriteano a fim de elaborar um paradoxal "corpuscularismo aristotélico".[42]

A vitalidade da tradição aristotélica no Renascimento

Vimos como a tradição aristotélica durante o Renascimento foi capaz de se transformar e se diferenciar, de redefinir seus problemas, e de absorver elementos oriundos de outras correntes de pensamento. Essa elasticidade doutrinária levanta um problema sério para os historiadores: será que ainda faz sentido falar do "aristotelismo" no Renascimento, quando tomamos consciência da divergência notavelmente ampla entre pensadores que se intitularam intérpretes, e mesmo seguidores, de Aristóteles? Os estudiosos ofereceram diferentes respostas. Para alguns, todos os "aristotélicos", a fim de serem considerados como tais, devem ter aceito o mesmo "sistema de pensamento" ou pelo menos um cerne irredutível de posições teóricas. Para outros, eles precisavam compartilhar um conjunto comum de fontes, princípios, problemas e métodos para abordar esses problemas. Dentre

---

40 Uma lista dos principais textos acerca dessa questão é oferecida por Matton, 1986, 71-3. Sobre o papel de Temístio e Simplício na introdução de esquemas conceituais neoplatônicos no aristotelismo renascentista, ver Mahoney, 1982a.
41 Acerca de Pomponazzi, ver Kristeller, 1983; acerca de Achillini, ver Nardi, 1958, 179-279 e Matsen, 1974; acerca de Nifo, ver Zambelli, 1975 e Mahoney, 2000.
42 Ver Lüty, 2001.

aqueles que se encaixam no segundo grupo, Charles Schmitt argumentou de modo convincente que no Renascimento houve uma multiplicidade de "aristotelismos" competindo entre si.[43] Um mérito dessa abordagem foi seu reconhecimento de que a tradição aristotélica no Renascimento, longe de ser um corpo monolítico de dogmas como antes se pensava, envolvia uma rica pluralidade de orientações, e que essas orientações, tanto por causa de conflitos estritamente intelectuais quanto por causa de fatores geográficos, institucionais, religiosos, linguísticos e sociológicos, asseguraram a vitalidade e o desenvolvimento diferenciado da tradição aristotélica renascentista.

Resta ainda enfatizar que essas diferenças eram tão profundas que tornavam inadequada a distinção tradicional entre correntes ("alexandrinos", "averroístas", "simplicianos", "tomistas", "albertistas") e escolas (a "escola de Pádua").[44] Mesmo as distinções amplas de Schmitt entre aristotélicos "escolásticos" e "humanistas", ou entre intérpretes "irreligiosos", "religiosos" e "ultrarreligiosos" de Aristóteles, devem ser usadas com prudência. Quanto à primeira distinção, vimos que, pelo menos desde o final do século XV, aristotélicos de formação escolástica adotaram muitas inovações humanistas, e pode-se acrescentar que muitos humanistas se mostraram também muito mais receptivos às ideias de seus predecessores medievais do que eles próprios estariam dispostos a admitir, ou do que os estudiosos modernos usualmente reconhecem. Acerca da segunda distinção, poder-se-ia argumentar que a agenda filosófica de todos os aristotélicos foi, paradoxalmente, mais influenciada por questões religiosas no Renascimento do que na Idade Média. Mesmo figuras como Pomponazzi, Achillini e Boccadiferro, que mais insistiram nas diferenças ente os objetos e métodos da filosofia e da teologia, ainda assim acabaram colocando no centro de seu pensamento questões como a imortalidade da alma, a liberdade humana, a existência de milagres e a natureza e os atributos de Deus. De qualquer maneira, um dos efeitos imprevistos da "liberação dos *auctores*" promovida pelos humanistas foi o de facilitar a introdução de elementos especificamente

---

[43] Schmitt, 1971, 17, 29 e Schmitt, 1983a, 10, 111-12 (onde a noção de "semelhança de família" de Wittgenstein é aplicada à tradição aristotélica). Diferentes abordagens a esse problema são encontradas em Grant, 1987 e Thijssen, 1991.
[44] Kristeller, 1965c, 160-1, e Gilbert, 1967, 43, estiveram entre os primeiros a alertar contra falar sobre "correntes" e "movimentos" no aristotelismo renascentista.

cristãos na tradição aristotélica. Os comentários de um proto-protestante como Lefèvre d'Étaples, os de um doutor convertido ao luteranismo como Simone Simoni, e mesmo os de um mestre "leigo" como Boccadiferro, contêm numerosas citações bíblicas e fazem muito mais uso de fontes e princípios religiosos e conceitos teológicos do que os comentários de Tomás de Aquino.⁴⁵

Obviamente, a imagem precisa que os historiadores têm hoje do aristotelismo dos séculos XV e XVI difere de modo notável daquela esboçada por seus oponentes da época. Ao oferecer o platonismo como o único antídoto válido contra as tendências heterodoxas do aristotelismo, Ficino sustentou que toda a filosofia de sua época era dominada por "averroístas" e "alexandrinos", opostos em suas interpretações da psicologia do Estagirita, mas unidos em sua negação da imortalidade da alma.⁴⁶ Essa foi, sem dúvida, uma simplificação polêmica, e não uma descrição fiel da realidade. Não obstante, ela contribuiu por muito tempo para a cada vez mais abrangente e ainda mais simplista convicção de que o pensamento renascentista foi caracterizado pelo esforço de substituir com o platonismo um aristotelismo senescente, exaurido por sua longa controvérsia sobre a natureza da alma. É inegável que essa controvérsia, com seu entrelaçamento de problemas exegéticos, filosóficos e religiosos, desempenhou um papel central e teve a participação de algumas das mentes mais agudas da época, como o cardeal Caetano (Tomás de Vio), Pomponazzi, Nifo e Zabarella.⁴⁷ Também é inegável, contudo, que a vitalidade do aristotelismo renascentista não se exauriu aí.

Por algum tempo, deu-se muita importância ao debate entre os aristotélicos de Pádua, desde Paulo de Veneza no século XV até Jacopo Zabarella no final do século XVI, acerca da noção de *regressus* encontrada nos *Analíticos posteriores*, cujo objetivo era estabelecer como o conhecimento

---

45 Acerca de Schmitt, ver 1983a, 15-22, 28-33. Sobre as influências escolásticas nos humanistas, ver, por exemplo, os casos de Donato Acciaiuoli e Ermolao Barbaro, examinados respectivamente em Bianchi, 2003, 11-39 e em Bianchi, 2004, 351-8. O uso das Escrituras em comentários sobre a *Ética* é notado por Kraye, 1988b, 347-8; para referências a autoridades teológicas em comentários sobre a *Física*, ver Murdoch, 1990, 167. Seria possível citar numerosos exemplos.
46 Ver Ficino, 1959, I: 872.
47 Ver o capítulo 11 deste volume.

demonstrativo podia ser aumentado combinando-se a indução e a dedução. Embora seja discutível se a origem do método científico de Galileu pode ser encontrada nessas discussões (como acreditou Randall) ou na continuação delas no *Collegio Romano* (como achava William Wallace),[48] essa dúvida não diminui de maneira nenhuma a importância delas. Muitos aristotélicos, e não apenas aristotélicos de Pádua, refletiram profundamente sobre as questões metodológicas e epistemológicas centrais para o surgimento da ciência do início do período moderno, questões tais como a certeza da matemática e sua relação com a filosofia natural.[49]

Também foram notáveis as discussões geradas pelo diálogo entre os ensinamentos aristotélicos e os problemas resultantes da evolução do contexto cultural e social. O prestígio dos *studia humanitatis* [estudos da humanidade] conferiu uma ênfase maior a obras pouco estudadas na Idade Média, como a *Poética*, que dominou a crítica literária durante o século XVI e foi adaptada a gêneros literários que não existiam na época de Aristóteles.[50] Por outro lado, um texto como a *Política*, intensamente estudado desde o final do século XIII, não apenas continuou a fornecer um referencial conceitual para pensar sobre diferentes regimes, mas também foi usado para enfrentar questões de relevância imediata. Foi emblemática a polêmica que se desenvolveu entre Juan Ginés de Sepúlveda e os teólogos dominicanos Francisco Vitoria e Bartolomé de Las Casas, que usaram categorias aristotélicas para discutir a moralidade de sujeitar os ameríndios à colonização espanhola.[51]

Até mesmo a física e a cosmologia aristotélicas passaram por mudanças dignas de nota. Desde meados do século XVI elas haviam sido alvos de

---

48 Entre outros, ver Randall, 1961 (que contém seu ensaio clássico de 1940 sobre "o desenvolvimento do método científico na Escola de Pádua"); Papuli, 1983 (que estuda o corpo dos debates sobre o *regressus* em Pádua) e Wallace, 1984, 1991, 1992. Estudiosos como N. W. Gilbert, E. Garin, e N. Jardine, no entanto, argumentaram de modo convincente que a origem do método de Galileu não se encontra tanto na teoria aristotélica do *regressus* quanto no método geométrico de Euclides, Arquimedes e Papus Alexandrinus.
49 Uma excelente tentativa de estudar o referencial metodológico dos aristotélicos renascentistas como um todo é Di Liscia, Kessler, Methuen, 1997. Sobre a controvérsia acerca do estatuto epistemológico da matemática e sua relação com a física, ver Giacobbe, 1972a, 1972b, e 1973; Davi Daniele, 1983; De Pace, 1993; Romano, 1999, 134-62.
50 Acerca deste último ponto, ver Weinberg, 1961, 560.
51 Ver Hanke, 1959 e 1974, e o capítulo 13 deste volume.

ataques violentos por parte de antiaristotélicos como Telésio, Patrizi e Bruno, bem como objetos de estudos cada vez mais abrangentes e especializados. A despeito dos escrúpulos filológicos dos humanistas e da redescoberta dos comentadores gregos, que estimularam uma tendência a recuperar a visão de mundo genuína de Aristóteles, as inovações mais importantes da filosofia natural medieval tardia não foram rejeitadas senão por uma minoria dentre os filósofos profissionais. Para tomar apenas um exemplo, as contribuições medievais à mecânica continuaram a ser um foco de atenção para os mestres parisienses do *Collège de Montaigu*, como John Mair e Johannes Dullaert. Despreocupados com as injúrias lançadas pelos humanistas contra os "bárbaros britânicos", eles continuaram a fazer uso de técnicas lógico-matemáticas para descrever movimentos, desenvolvidas no início do século XIV pelos *Calculatores* ingleses da chamada "Escola de Merton". Um dos alunos de Mair foi Domingo de Soto, em cujo comentário sobre a *Física* (completamente impresso em 1551), a teoria do chamado "teorema da velocidade média" (isto é, um teorema que dava a medida da aceleração uniforme em termos de sua velocidade média), que havia sido formulada pelos *Calculatores* como um mero modelo matemático, foi finalmente aplicada a corpos em queda.[52] Vê-se uma atenção análoga dedicada à realidade empírica nos numerosos comentários sobre o *De caelo* [*Do céu*], o *Meteorologica* [*Dos meteoros*] e o *De animalibus* [*Dos animais*], onde as conclusões de Aristóteles baseadas em observações astronômicas, geográficas, zoológicas e anatômicas, agora claramente superadas por observações empíricas feitas por exploradores e filósofos naturais modernos, foram refutadas e corrigidas.[53]

Mais uma vez, os aristotélicos do Renascimento desafiaram as caricaturas polêmicas de seus adversários, das quais a mais famosa foi oferecida no personagem Simplício, no *Diálogo sobre os dois principais sistemas de*

---

52 Entre outros, ver Murdoch, 1990; Lohr, 2002a (que destaca o crescimento do número de comentários sobre os *libri naturales* [livros sobre a natureza] nesse período) e Lines, 2001 e 2002b (que documenta a tendência dos professores em universidades como Pádua e Bolonha a se especializarem em filosofia natural). Sobre De Soto, ver Clagett ,1959, 555-6.

53 Tendo recebido relatos confiáveis confirmando a presença de humanos nas zonas "equinociais", Pomponazzi declarou a seus alunos que os argumentos contrários em Aristóteles e Averróis não tinham absolutamente nenhum valor, uma vez que "contra a verdade não se podem dar demonstrações" (ver Nardi, 1965b, 41-3, 83-4, 377-8).

mundo de Galileu. Se na ficção literária de Galileu a única preocupação do defensor de Aristóteles era salvar os ensinamentos de seu mestre da saraivada de objeções lógicas e empíricas lançada por seus interlocutores, na realidade, muitos filósofos continuaram a apelar para Aristóteles, não para insistir com um dogmatismo obstinado em uma visão de mundo fraturada, mas antes para defender um modo de conceber a filosofia e seu trabalho. Certamente eles retiveram uma noção bastante livresca de conhecimento, que eles propunham levar adiante sujeitando o *corpus* aristotélico a complexos procedimentos interpretativos, um *corpus* que eles acreditavam haver fornecido um alicerce ou pelo menos uma síntese teórica estável para a enciclopédia do conhecimento filosófico. Não obstante, alguns deles colocavam uma grande ênfase na observação empírica e nos limites do conhecimento humano. A palavra "naturalismo" foi frequentemente usada para caracterizar essa abordagem. Uma expressão ambígua, ela alimentou a compreensão errônea de que o aristotelismo, na forma radical que ele assumiu especialmente nas universidades de Pádua e Bolonha nos séculos XV e XVI, antecipou a ciência moderna, o racionalismo e o ateísmo. No entanto, continua a ser verdade que, de Pomponazzi a Zabarella, os aristotélicos foram capazes de defender, em uma Europa dilacerada por conflitos religiosos, os ideais metodológicos e deontológicos que haviam sido elaborados por seus predecessores parisienses no século XIII. Estes incluíam uma abordagem "científica" à investigação da realidade, no sentido aristotélico de raciocinar a partir dos efeitos em direção às causas; a prática de falar "como filósofos naturais", "como físicos", prescindindo da consideração de hipóteses e fenômenos sobrenaturais; e a prática de distinguir entre o conhecimento demonstrável e os postulados da revelação, evitando assim a confusão entre as verdades da razão e as verdades da fé.

[Traduzido para o inglês por Patrick Baker]

5 A revitalização da filosofia platônica¹

CHRISTOPHER S. CELENZA

"Platão é elogiado por homens maiores, Aristóteles por um maior número de homens." Esse enérgico enunciado de Petrarca (1304-74) em sua obra *De sua própria ignorância e da de muitos outros* é melhor lido em seu contexto. Na mesma passagem, Petrarca continua: "Cada um deles é digno de louvor por parte de grandes homens e por parte de muitos – por todos, na verdade".² Por um lado, Petrarca reflete aqui um lugar comum medieval herdado de Santo Agostinho (354-430): que de todas as filosofias pagãs antigas, o platonismo foi a que chegou mais perto da verdade cristã. Ainda mais precisamente, Agostinho disse: dentre os antigos que acreditaram em coisas sobre o criador, aqueles que estavam mais perto de "nós" foram representados por "Platão e [por] aqueles que o entenderam corretamente".³ Esse processo de "entender" um pensador do passado é significativo. Ele é principalmente exegético, e aqueles que o adotaram – como fizeram muitos aderentes do platonismo no Renascimento – assumiram que era sua responsabilidade como intérpretes trazer à tona a verdade do pensador ou escola antigos que eles estavam investigando.

Por outro lado, Petrarca dá voz, aqui, a um sentimento historicamente específico que estava encontrando expressão no final do século XIV, não apenas no movimento humanista nascente, mas também em outras áreas da vida espiritual e intelectual, mesmo na esfera da filosofia escolástica: o sentimento de que havia algo nas formas institucionalizadas de aprendizado que não estava respondendo às necessidades contemporâneas, de

---
1 Eu gostaria de agradecer a Michael J. B. Allen, Anna H. Celenza, James Hankins e Pamela Zinn por sugestões úteis.
2 Petrarca, *De sui ipsius et multorum ignorantia* [*De sua própria ignorância e da de muitos outros*] em Petrarca, 2003, 327.
3 Agostinho, *De civitate dei* [*Da cidade de Deus*], 8.9.

que o conhecimento estava sendo canalizado de uma maneira restritiva, e que as estruturas institucionais de ensino superior estavam se prestando a uma reprodução social às vezes prejudicial.[4] O resultado dessa reprodução social era que certas questões-chave associadas à "filosofia" desde a época de Sócrates estavam se tornando mais difíceis de responder satisfatoriamente.

"Qual é o propósito da filosofia?", alguém pode se perguntar. Será que estou me tornando uma pessoa melhor através da filosofia? Será que estou me tornando mais sábio, em vez de mais informado? Será que conheço aquilo que sei e aquilo que faço de uma maneira que é reflexiva; ou será que minha vida e as coisas que faço nela são carentes de exame, repetitivas e condicionadas mais por meu treinamento que pelas exigências do momento? Será que meu lugar no mundo é significativo? Se uma pessoa faz essas perguntas, ela faz as perguntas que fazem da filosofia o que ela realmente é, o que ela aspira ser, e o que ela significa em sentido ético. Embora os canais educacionais possam não refletir isso, essas perguntas estão no cerne daquilo que os mantém intelectualmente vivos.

A educação é um empreendimento inerentemente conservador. Na época de Petrarca, o número de universidades estava crescendo, e as duas formas escritas padronizadas de tratar de problemas filosóficos – a *quaestio* ou "questão" (relacionada à prática de sala de aula do debate escolástico) e o comentário (relacionado à prática de sala de aula da *lectura* [leitura]) – não eram adequadas para abordar essas questões mais amplas. Isso não quer dizer que muitos humanistas não tenham se beneficiado do tempo que passaram nas universidades, ou mesmo que as universidades não fossem, eventualmente, receptivas à incorporação de tendências humanistas.[5] Ainda assim, durante a época de Petrarca, até mesmo os membros do mundo escolástico sentiam esse aspecto de inadequação da cultura escrita de aprendizagem institucionalizada. Alguns começaram a compor suas obras em um novo gênero de escrita escolástica, o "tratado" ou *tractatus*, um texto escrito de maneira mais generalizada que a questão ou o comentário, e adequado para a circulação fora do mundo da universidade.[6]

---

4 Celenza, 2005, 488-91.
5 Lines, 2006a, 327-46.
6 Sobre a ascensão do tratado, ver Hobbins, 2003, 1308-37.

Seja como for, as perguntas gerais do tipo mencionado acima não têm respostas definitivas, incontestáveis e atemporais. A importância delas está em serem feitas de novo a cada geração; essas perguntas têm tanto a ver com o estilo de vida da pessoa quanto com a aquisição de informação. Em outras palavras, quando a filosofia se torna institucionalizada, seus praticantes começam a tratar de certas questões porque estas fazem parte do currículo, e não porque elas têm necessariamente valor para a vida contemporânea. No caso de Petrarca, assim como no de muitos que o seguiram, a abreviatura para "aprendizado institucionalizado" era "Aristóteles", ou melhor, os "aristotélicos". Petrarca percebeu que sua disputa não era tanto com Aristóteles enquanto figura histórica ou enquanto filósofo, mas antes com as instituições que situavam Aristóteles no centro da vida nas universidades, práticas que haviam feito de Aristóteles "O Filósofo" em vez de "um filósofo".

O conhecimento do próprio Petrarca acerca de Platão permaneceu vago. Embora ele nunca tenha conseguido aprender grego de modo completo o suficiente para lê-lo com fluência, ele ainda assim se orgulhava de possuir um manuscrito grego de certos diálogos de Platão.[7] Versões parciais do *Timeu* de Platão estiveram disponíveis desde a antiguidade, traduzidas por Cícero e depois por Calcídio; a tradução e o comentário deste último foram amplamente difundidos e eram encontrados em muitas bibliotecas medievais. O breve diálogo *Meno* e o *Fédon* de Platão estavam disponíveis na tradução latina do siciliano do século XII Henricus Aristippus; e Guilherme de Moerbeke, que trabalhou como assistente traduzindo textos para Tomás de Aquino, verteu para o latim o *Comentário sobre o Parmênides de Platão* de Proclo, no qual uma parte do *Parmênides* de Platão fora preservada. O restante permanecia a ser traduzido.[8] A textura do conhecimento medieval sobre o platonismo também tomou forma a partir de certas obras de um quase contemporâneo de Proclo (411-85 d. C.), Pseudo-Dionísio, o Areopagita, que durante a Idade Média foi acreditado como sendo aquele

---

7 Possivelmente Platão (MS): ver Pellegrin, 1969, 57. Sobre o conhecimento de Petrarca sobre autores gregos, ver De Nolhac, 1965, 318-68; ambos citados em Cortesi, 1992, 458, n. 5.
8 Sobre o platonismo medieval, ver Hankins, 2003-4, II: 7, e a bibliografia ali em 24-6; Gersh, 1986; Marenbon, 2000, esp. os estudos XII e XV; para uma edição da tradução de Moerbeke, ver Proclo, 1953.

mesmo Dionísio mencionado em *Atos* 17, o primeiro gentio a se converter ao cristianismo. De Dionísio (pseudo), cujas obras foram traduzidas do grego para o latim no século IX, os pensadores medievais ocidentais herdaram a noção de "teologia negativa". O motivo condutor desse estilo de pensamento era que nós, seres humanos, em nossa finitude, nunca poderíamos conhecer Deus de maneira adequada, em sua majestade infinita. Mas poderíamos, ao menos, nos aproximar dele ao dizermos aquilo que ele não é. Conforme a Idade Média prosseguiu, esse tipo de abordagem se tornou profundamente entretecida na fábrica do misticismo medieval, formando parte dos antecedentes profundos da associação do platonismo com o segredo e o conhecimento esotérico, apesar de os pensadores ocidentais até o século XV não disporem da maior parte dos textos reais de Platão.

De qualquer maneira, Petrarca possuía o tipo de informação mencionada acima: uma memória social presente entre as elites eruditas, que associava o platonismo ao cristianismo, à imortalidade da alma humana, a recompensas e punições para a alma após a morte, e a uma crença em reino superior de entidades reais, mas imateriais, das quais os fenômenos de nosso mundo terreno são imitações imperfeitas.

As gerações subsequentes descobriram que uma coisa é possuir uma "tradição" e outra coisa é se envolver com os textos platônicos, eles mesmos frequentemente cheios de noções recônditas e difíceis de reconciliar com lugares comuns tradicionais. Conforme observamos o platonismo do Renascimento tomando forma, devemos situar a tradição exegética pré-moderna mencionada acima no centro da cena. O intérprete, que também era um tradutor cultural, tinha de trazer à tona a verdade presente nos escritos platônicos, uma verdade à qual Platão e seus seguidores antigos podiam não ter pleno acesso, pois agiam como mensageiros, receptáculos e transmissores de verdades divinas.[9] A história do platonismo no Renascimento é a história desse processo de interpretação, que parte da recuperação das obras de Platão e se extende até a controvérsia que se seguiu, e, finalmente, até uma figura culminante, Marsílio Ficino (1433-99), que consolidou e transformou essa herança de uma maneira que se ramificou e ecoou por séculos depois dele.

---

9 Sobre esse estilo de interpretação, ver Hadot, 1995.

As obras de Platão

> *Antes, eu havia meramente encontrado Platão; agora, creio que o conheço.*
>
> (Leonardo Bruni)[10]

A recuperação das obras de Platão ocorreu juntamente com uma notável confluência de interesses acerca do mundo helênico, de revitalização cultural e de educação prática ao vivo na cidade de Florença no final dos anos 1390. A chegada do diplomata bizantino Manuel Chrysoloras àquela cidade se mostrou decisiva para a apreciação do mundo helênico durante o Renascimento. Induzido por membros do círculo humanista para o qual ele era como uma figura paterna, Coluccio Salutati ajudou a estabelecer uma cátedra para o ensino de grego na Universidade de Florença.[11]

Um dos jovens humanistas a se beneficiar da presença de Chrysoloras foi Leonardo Bruni (1370-1444), que abandonou o estudo do direito para estudar grego, em 1397. Relembrando aquele momento em uma veia autobiográfica cerca de quarenta anos depois, Bruni explicou, de maneira sucinta, sua motivação: "Quando você tem a chance de ver e conversar com Homero, Platão e Demóstenes [...] você se privará dela?".[12] Com Chrysoloras, Bruni aprendeu não apenas o grego básico, mas também um conjunto de ideias que, com a prática e a melhoria em detalhes técnicos, esteve por trás de seus hábitos de tradução pelo resto de sua vida.[13] A mais importante dessas ideias era a prática da tradução visando o sentido, em vez da tradução literal. Bruni posteriormente diria que o imperativo-chave do tradutor era vir a conhecer "todas as linhas e cores" de um autor, e reproduzir em latim tanto o efeito quanto o sentido exato do grego.[14] Se Platão era um escritor persuasivo que possuía "a mais alta urbanidade, o mais elevado método de debate, e a mais profunda sutileza", como escreveu Bruni a seu colega na

---

10 Bruni, 1741, Ep. I.1, citado e traduzido em Hankins, 1990a, I: 42 e n. 27.
11 Sobre Chrysoloras, ver, além de Cortesi, 1992, Cammelli, 1941.
12 Bruni, 1926, 341-2, tr. G. Griffiths em Bruni 1987, 23-4, citado por Hankins, 1990a, I: 30.
13 Hankins, 1990a, I: 40-8; Hankins, 2003-4, I: 243-71; Cortesi, 1992, 470-84; Celenza, 1997, 125-6; Baldassarri, 2003; Botley, 2004.
14 Leonardo Bruni, *De interpretatione recta* [*Da tradução correta*], em Bruni, 1987, 220.

república das letras florentina Niccolò Niccoli, então o tradutor tinha de fazer sentir em sua própria versão latina aquele conjunto de qualidades desejáveis.[15] Bruni realizou seu esforço inicial de traduzir Platão a pedido de Coluccio Salutati nos primeiros anos do século XV, quando Salutati estava tentando entender qual o lugar que os autores pagãos antigos deviam ter na vida cultural cristã moderna.

O diálogo que Salutati exortou Bruni a traduzir foi o *Fédon* de Platão, o memorável relato da morte de Sócrates, quando este, cercado por seus discípulos, tranquilizou-os, ou pelo menos tentou fazê-lo. Sócrates delineia a natureza da alma humana individual, argumentando em favor de sua crença de que a alma individual é imortal; ele liga essa teoria à noção da anamnese, ou "rememoração". Quando percebemos que duas coisas são "iguais", temos, em certo sentido, um conhecimento inato do Igual Em Si, uma forma que rememoramos quando aprendemos o fato específico da igualdade de duas coisas. De fato, aquelas duas coisas, sendo iguais, em certo sentido "participam" da forma do Igual Em Si. A causa de aquelas duas coisas serem iguais é a forma, em vez de o fato físico da igualdade delas. Não será na ciência natural, diz Sócrates, que encontraremos as verdadeiras causas (99b): "Imagine não ser capaz de distinguir entre a causa real e aquilo sem o qual a causa não seria capaz de atuar como causa".[16] O *Fédon* se encerra com um mito: Sócrates diz que nós humanos estamos situados como que em um oco na superfície da Terra. Após a morte, as almas mais virtuosas (isto é, os verdadeiros filósofos que se purificaram em vida) encontrarão guias dispostos a conduzi-las às regiões superiores do mundo, para habitar entre os deuses. As almas menos virtuosas retornarão (Sócrates havia dito antes) como abelhas ou vespas, se forem socialmente hábeis, pois "Ninguém que não tenha praticado a filosofia e que não seja completamente puro quando deixa a vida, ninguém senão o amante da sabedoria, pode se juntar à companhia dos deuses" (82a-b). As piores almas serão lançadas no rio Cócito – aqui retornamos ao final do *Fédon* – e nunca mais se ouvirá falar delas.

---

15 Bruni, 1741, Ep. I.1, citado e traduzido em Hankins, 1990a, 42.
16 Platão, 1977 (tradução de Grube).

Esses pilares, daqueles que são hoje considerados, academicamente, lugares-comuns da tradição platônica (imortalidade da alma individual, recompensa e punição após a morte baseadas na conduta na Terra, e uma ontologia baseada em formas), teriam sido óbvios para Bruni, no sentido em que haviam sido óbvios para Petrarca, uma vez que faziam parte do conjunto de lugares-comuns platônicos. O mais perigoso teria sido o tratamento de uma epistemologia baseada na rememoração encontrada no *Fédon*, que dependia da noção de que as almas preexistiam no reino das formas.

Outros aspectos do *Fédon* poderiam ter parecido mais dignos de nota para Bruni, não apenas aquelas seções do diálogo que apontavam para Sócrates como um exemplo ético, mas também aquelas que enfatizavam uma consciência da natureza bastante aberta da maneira platônica de investigação. O diálogo é emoldurado por uma conversa entre Equécrates e Fédon, em que Equécrates toma conhecimento dos eventos do último dia de Sócrates, através de Fédon, que estivera presente. Em determinado momento, Fédon se desvia de sua narrativa das conversas daquele dia fatídico, e conta a Equécrates o quanto ele ficara impressionado com a conduta de Sócrates (88c-89a): "O que mais me chamou atenção nele foi o modo agradável, gentil e admirado com que ele recebeu os argumentos dos jovens, quão agudamente cônscio ele estava do efeito que a discussão tinha em nós, e quão bem ele curou nossa aflição e, por assim dizer, nos convocou a retornar de nossa fuga e derrota e nos fez voltar e juntarmo-nos a ele no exame dos argumentos deles". Durante o que ele sabia ser seu último dia de vida, Sócrates manteve sua humanidade, "curando" a aflição de seus companheiros. Ele atuou como um exemplo moral, e, de modo importante, demonstrou pela prática uma fé perene no poder do *logos*, que poderíamos traduzir aqui como "argumento racional", ou, para colocar de modo mais socrático, "a conversa investigativa".

Equécrates, então, pergunta a Fédon como Sócrates fazia essas coisas, e Fédon imediatamente continua sua narrativa do dia. Fédon relata que o conselho mais importante de Sócrates a eles foi que eles não deveriam se tornar "misólogos" (89d-e), ou "detestadores da conversa investigativa", uma vez que quem detesta a conversa acabará detestando a humanidade. A qualidade aberta da forma do diálogo conforme exemplificada pelas obras de Platão deve ter chamado a atenção de Bruni aqui. A menos que imponhamos condições mentais anacrônicas a Platão, devemos admitir que Platão não estava tão preocupado em transmitir doutrinas sistemáticas e internamente coerentes, pelo menos não em uma forma publicada. O que era importante para ele, em vez disso, era um modo de vida "filosófico", de modo que o propósito de qualquer um de seus diálogos é tanto estimular o pensamento do leitor quanto examinar alguma questão específica; tanto apresentar os interlocutores como exemplares morais – bons, maus e intermediários – quanto inventariar seus argumentos à procura de uma falsa coerência. Esse aspecto dialógico da obra de Platão paradoxalmente representava o que havia de mais novo acerca do contato inicial de Bruni com os textos originais de Platão. A imortalidade da alma, as recompensas e punições após a morte, um mundo imaterial e ainda assim "real" que supervisiona o nosso: esses temas eram partes integrantes da cristandade. Bruni podia muito bem dizer, como fez na dedicatória de sua tradução do *Fédon* dirigida ao papa Inocêncio VII, que o diálogo podia ser visto como "uma confirmação da verdadeira fé" e que Platão concordava com a verdadeira fé não apenas acerca da questão da imortalidade da alma humana, mas "também acerca de muitas outras".[17]

Os lugares-comuns cristãos e platônicos não eram novos: o que era novo era a ideia de que a busca pela sabedoria podia ser conduzida – isto é, considerando-se que o indivíduo não pretendesse se tornar um "misólogo" – de uma maneira que era consoante com a tradição da conversa erudita, mas humana, que era central para a geração de humanistas a que pertencia Bruni. Esse amor pelo diálogo e pela discussão em grupo entre os humanistas, frequentemente acerca de preocupações éticas, representava uma verdadeira "cultura do debate" na época de Bruni, uma cultura na qual os pensadores se regozijavam com o fato de que diferentes opiniões podiam e deviam ser pronunciadas por uma elite selecionada, se se pretendesse, como queria Platão, "cuidar" adequadamente das almas humanas.[18] Seria

---

17 Citado e traduzido em Hankins, 1990a, 50.
18 Platão, *Fédon*, 107c; 115b. Sobre a "cultura do debate", ver Celenza, 2004, 86-8.

somente mais tarde, no século XV, quando mais obras de Platão houvessem sido recuperadas, que se fariam tentativas de usar essas obras para criar um sistema platônico. Além disso, à medida que mais obras de Platão eram recuperadas, ele passava cada vez mais a ser visto em alguns campos como um rival de Aristóteles. Nas décadas de meados do século XV, uma controvérsia sobre esse tópico começou a irromper.

Controvérsia

> *Tenho odiado Platão desde minha juventude. [...] Fui tomado de indignação por sua ingratidão, temeridade, petulância e impiedade perversa.*
>
> (George de Trebizond, 1458)[19]

> *Quer ele estivesse lidando com assuntos que fossem divinos, e portanto separados da matéria, ou com a ciência natural, a ética, a religião, o Estado, ou com o poder do discurso lógico ou da oração, ou com qualquer outra coisa, Platão mantinha o caráter de um filósofo, e nunca fugia do dever do filósofo [...]. Pois essa é especialmente a função daquele que faz filosofia: a investigação e a descoberta da verdade. Essa é a verdadeira filosofia. Foi por causa do amor e do anseio por investigar e descobrir a verdade que o nome "filósofo" foi inventado.*
>
> (Cardeal Bessarion)[20]

Os dois protagonistas-chave na controvérsia sobre Platão e Aristóteles provinham do mundo bizantino. O instável, mas brilhante, George de Trebizond viera a enxergar Platão e a possibilidade de uma revitalização platônica como arautos da vinda do Anticristo. Por outro lado, o igualmente

---

19 Trebizond, *Comparatio philosophorum Platonis et Aristotelis* [*Comparação dos filósofos Platão e Aristóteles*], III.7, citado e traduzido em Hankins, 1990a, 168.
20 Bessarion, *In calumniatorem Platonis* [*O caluniador de Platão*], 1.4.11, em Mohler, 1923--42, I: 49; sobre esse texto, ver Monfasani, 1981 e 1983, ambos reimpressos em Monfasani, 1995 e Ruocco, 2003.

talentoso, mas temperamentalmente mais conservador, cardeal Bessarion enxergava Platão como o filósofo grego antigo mais próximo da verdade cristã, como de fato muitos haviam feito antes dele – ainda que, pela primeira vez no Ocidente latino, Bessarion pudesse basear-se em séculos de comentários bizantinos e da antiguidade tardia para compor seus argumentos. Por trás do debate entre os dois, encontravam-se as tradições educacionais, a política da imigração bizantina para a Itália e a contínua busca, por parte das pessoas durante o Renascimento, para estabelecer os limites daquilo que era aceitável nas compreensões correntes sobre o cristianismo.[21]

Quanto às tradições educacionais, não havia nenhuma possibilidade viável para que alguém no Renascimento apresentasse o platonismo como um rival do aristotelismo. Mesmo na antiguidade tardia, no auge do que Friedrich Schleiermacher chamou de "neoplatonismo", era entendido por pensadores como Plotino, Porfírio, Iâmblico, e posteriormente Proclo, que se devia começar com Aristóteles. Os escritos de Aristóteles, baseados em notas de aulas, eram sistemáticos, organizados, e, portanto, ensináveis. Somente após aprender Aristóteles de maneira completa podia-se passar adiante para os ensinamentos de Platão, uma vez que somente então o indivíduo possuiria o arcabouço filosófico no qual poderia apoiar as doutrinas diversas e contraditórias encontradas nos escritos de Platão. Mesmo antes dos "neoplatônicos", os diálogos de Platão haviam sido considerados um *corpus* unitário que podia ser ensinado, como pode ser visto a partir das imagens do platônico intermediário Albino (ativo por volta do ano 150 d. C.), quando ele sugeriu que os diálogos de Platão deviam ser lidos como se formassem um círculo.[22] Eles e outros acreditavam, provavelmente de modo correto, que Platão havia ensinado um conjunto de "doutrinas não escritas" na Academia.[23] Ainda assim, os diálogos foram aquilo que Platão havia escolhido tornar público, e exigiam o tipo de leitura interpretativa que simplesmente não era possível de incluir em um currículo elementar.

---

21 Sobre a literatura recente sobre a controvérsia acerca de Platão e Aristóteles, ver Monfasani, 1976, 201-9; Hankins, 1990a; Karamanolis, 2002 e Monfasani, 2002, 178-202.
22 Reis, 1997, 1999; Dillon, 1977, 304-6.
23 Dillon, 1977, 1-11.

O platonismo tardio, desde o período dos platônicos intermediários até os neoplatônicos, representou, em certo sentido, uma fase escolástica na história da recepção de Platão, uma vez que os pensadores de então tentaram tornar sistemático precisamente aquilo que era assistemático, os diálogos de Platão, usando um pequeno conjunto de textos centrais como base para interpretar o restante. Todos eles tinham Aristóteles como sua principal referência. É revelador o fato de que a mais importante introdução às *Categorias* de Aristóteles (uma de suas seis obras lógicas fundamentais) foi escrita por Porfírio, que foi aluno, editor e biógrafo de Plotino.[24] Não é menos importante que a maioria dos platonistas e um número considerável de outros comentadores da antiguidade tardia não acreditassem que Platão e Aristóteles discordavam de maneira fundamental. Não que as filosofias de ambos fossem de modo algum consideradas idênticas; pelo contrário, a tarefa do intérprete era vista como a de filosofar de modo suficientemente criativo para que ele pudesse descobrir a verdadeira harmonia entre essas duas filosofias e compreender que, se apreendêssemos seu sentido corretamente, os dois filósofos falariam com uma só voz, em *symphonia*, ainda que pudessem discordar sobre certas particularidades bastante importantes.[25]

Quando as obras de Aristóteles foram redescobertas e tornadas disponíveis para os pensadores ocidentais nos séculos XII e XIII, um processo semelhante ocorreu. Assim como os pensadores da antiguidade tardia haviam usado Aristóteles como a base para compreender Platão, que era mais misterioso e mais sublime em termos de noções, também os pensadores escolásticos da Idade Média tardia usaram Aristóteles para compreender os mistérios do cristianismo. A filosofia, serva da teologia, era sinônimo de filosofia aristotélica. Ela formava um elemento importante e constitutivo da faculdade de artes em muitas universidades medievais. Após passar pela faculdade de artes, o indivíduo então se graduaria e entraria, se assim escolhesse, para uma das faculdades "superiores" de medicina, teologia ou direito, todas as quais assumiam como pré-requisitos um domínio das ferramentas escolásticas básicas de raciocínio e uma fundamentação

---

24 Ver Hankins e Palmer, 2007, sob "Porphyry" ["Porfírio"].
25 Gerson, 2005.

completa na obra do "mestre daqueles que sabem", Aristóteles, bem como nos comentários que haviam se formado em torno de sua obra.[26] Na época do Renascimento, essas tradições educacionais haviam se tornado inseparáveis da ideia da universidade, mesmo à medida que o número de universidades europeias crescia de modo acelerado, passando de dezoito no ano 1300 para aproximadamente sessenta no ano 1500.[27] Qualquer um que tenha tido experiência no campo da educação superior perceberá um fato importante: essas instituições, não apenas de educação, mas também de reprodução social, tinham pouca probabilidade de passar por mudanças de longo alcance em um curto período de tempo. E de fato elas não o fizeram. O platonismo permaneceu no Renascimento como um movimento e uma postura filosófica que, com poucas exceções, só podia ter sucesso fora das universidades.[28]

No mundo bizantino, as coisas haviam se desenvolvido de modo diferente. A elite bizantina não havia perdido o contato com as obras de Platão ou de Aristóteles, e na época de Miguel Pselo (c. 1018-c. 1081) e seus alunos João Italo e Miguel de Éfeso, haviam se formado amplos conjuntos de estudos em torno de Platão e Aristóteles, que continuaram a evoluir ao longo dos séculos seguintes. Como sempre, Aristóteles era considerado o filósofo básico e elementar. Contudo, por volta do final do século XIV, dois fatores contribuíram para um ambiente no qual começou a parecer desejável comparar Platão e Aristóteles. Primeiro, havia se tornado claro para os intelectuais bizantinos que os pensadores ocidentais, especialmente Tomás de Aquino, haviam alcançado grandes sucessos na construção de sistemas ao tomarem Aristóteles como ponto de partida. Apesar de separados do Ocidente latino cristão pela doutrina, os pensadores bizantinos buscavam o mesmo tipo de legitimidade intelectual para a teologia grega ortodoxa que os filósofos escolásticos ocidentais haviam conseguido para o Ocidente.[29] Em segundo lugar, outras ansiedades estavam em ascensão no mundo bizantino. Estava se tornando claro, a cada ano que se passava, que os turcos representavam uma

---

26 Sobre Aristóteles como "mestre daqueles que sabem", ver Dante, *Inferno,* 4.131.
27 J. Verger, em De Ridder-Symoens, 1992-6, I: 35-67, nas p. 45, 47 e 57.
28 Ver Hankins, 2003-4, II: 411; para exceções, ver Kraye, 2002c, 363-5; e Lines, 2006a, 341.
29 Papadopoulas, 1974; Podskalsky, 1974, 1977; Karamanolis, 2002, esp. 253-8.

ameaça cada vez maior. Chrysoloras, o diplomata bizantino mencionado acima e primeiro grande professor de grego do Renascimento, tinha como parte de sua missão obter o apoio do Ocidente para Bizâncio. Dado o senso de crise, alguns pensadores bizantinos começaram a sentir que os gregos haviam perdido o rumo. Um deles em especial, Gemistus Pletho, defendia se não um retorno ao passado helênico pagão, pelo menos uma reflexão mais madura sobre a natureza do monoteísmo helênico.[30] Ele endossava um retorno às raízes da cultura helênica, e identificava essas raízes com o platonismo e um culto ampliado aos deuses, não tão diferente, afinal, do culto aos santos, mas mais explícito em seu franco reconhecimento de que, para a maioria das pessoas, mesmo aquelas que acreditam na existência de um ser supremo, sempre foram necessárias múltiplas vias de contato com o divino.[31] A esse respeito, o platonismo monoteísta mas imanentemente divino de Pletho foi moldado pelas tradições de comentário da antiguidade tardia que haviam emergido durante o milênio anterior.

Os pensadores ocidentais entraram em contato com essas tradições bizantinas de duas maneiras no início do século XV. Primeiro, depois de Chrysoloras, diversos pensadores ocidentais foram para o Oriente, aprenderam grego em Bizâncio e voltaram para casa carregados de manuscritos gregos adquiridos por meios lícitos e às vezes não tão lícitos. Francesco Filelfo e Giovanni Aurispa são dois dos mais conhecidos dentre essas figuras.[32] Em segundo lugar, um evento, no mínimo tão importante quanto o primeiro, foi o Concílio de Ferrara-Florença em 1438-9, a última tentativa (conforme se revelaria depois) de unificar as igrejas cristãs do Oriente e do Ocidente.[33] Um observador ocidental registrou que quando se viu na presença dos eruditos gregos no Concílio, parecia-lhe que ele estava de volta à Academia de Platão ou ao Liceu de Aristóteles, tal era a erudição e a eloquência dos hóspedes gregos do Concílio.[34] O próprio Pletho estava

---

30 Woodhouse, 1986.
31 Uma posição semelhante a essa havia estado disponível no platonismo tardio desde a Antiguidade tardia; ver as obras reunidas em Athanassiadi e Frede, 1999, esp. a introdução dos editores, p. 1-20.
32 Outros são listados em Hankins, 2003-4, I: 285, n. 17.
33 Sobre o Concílio, ver Gill, 1959 e 1964; Viti, 1994.
34 Lapo da Castiglionchio, o Jovem, *De curiae commodis* [*Dos benefícios da curia*], ed. e tr. em Celenza, 1999, 153 (5.4).

presente no Concílio, e a despeito de suas inclinações neopaganizantes, continuou a defender a Igreja Ortodoxa Grega, que ele acreditava estar mais próxima do verdadeiro cristianismo.

O Concílio serviu para tornar o platonismo atraente para os pensadores ocidentais por várias razões. A eloquência dos pensadores para os quais os textos de Platão haviam sido conhecidos por séculos fazia Platão reluzir com mais brilho; Bessarion, então um membro da delegação bizantina com o título de "orador" (efetivamente "embaixador"), serviu como um eloquente porta-voz para Platão; e o próprio Pletho inspirou o interesse ocidental pelo platonismo, pelo menos ao doar um manuscrito de obras platônicas em grego a Cosimo de Medici. Pletho também fez preleções sobre as diferenças entre Platão e Aristóteles (favorecendo Platão), e escreveu um tratado sobre esse tópico. Embora o tratado não pareça ter tido uma ampla circulação, ele teve um efeito suficiente para inspirar um contra-ataque por parte de outro intelectual bizantino, George Scholarios. Esses debates ecoaram na polêmica entre George de Trebizond, especialmente em sua *Comparatio philosophorum Platonis et Aristotelis* ("Comparação dos filósofos Platão e Aristóteles") e o cardeal Bessarion, em seu *In calumniatorem Platonis* ("O caluniador de Platão").[35] Em termos gerais, cada lado apresentava o filósofo oponente como deficiente com relação à moral e aos dogmas cristãos. Platão foi pintado como um defensor da pedofilia, da posse comum das esposas e da transmigração das almas (esta última noção implicava a preexistência delas, e era, portanto, herética); Aristóteles como argumentando que o mundo era eterno (uma heresia, uma vez que se supunha que Deus tivesse criado o mundo a partir do nada) e que a alma humana individual era mortal.

De qualquer maneira, um dos aspectos mais frutíferos do intercâmbio cultural entre Oriente e Ocidente foi a maior disponibilidade dos manuscritos gregos. Não apenas os diálogos de Platão, mas também uma grande quantidade de outros materiais interpretativos relevantes foi encontrada nesses manuscritos, incluindo obras de Plotino, Porfírio e Iâmblico, assim como o *Corpus hermético*.

---

35 Ver George de Trebizond, 1523, e Bessarion, *In calumniatorem [O caluniador]*, em Mohler, 1923-42, II.

Marsílio Ficino

Platão, o pai dos filósofos, [...] considerava que era algo justo e piedoso que, já que a mente humana recebe tudo de Deus, ela também devolvesse tudo a Deus [...]. Qualquer que seja o assunto com o qual ele lida, seja a ética, a dialética, a matemática, ou a física, ele rapidamente retorna, em um espírito da mais elevada piedade, à contemplação e adoração de Deus.[36]

(Marsílio Ficino)

A controvérsia sobre Platão e Aristóteles, especialmente conforme manifestada entre os emigrados bizantinos, representou tanto uma luta entre personalidades, visando a patronagem e o prestígio, quanto um conflito filosófico. Contudo, seria um erro reduzir a controvérsia a um jogo de patronagem, e seria um erro igualmente danoso esquecer que, desde a antiguidade tardia, a maioria dos pensadores de orientação platônica acreditou que era necessário estudar Aristóteles primeiro, antes de passar para as verdades escondidas "sob a carapaça exterior" dos diálogos de Platão, ou *sub cortice*, como expressaram muitos pensadores. À medida que a controvérsia se desenrolava no ambiente da corte papal em Florença, o platonista mais importante do Renascimento, Marsílio Ficino (1433-99), realizava a maior contribuição para o estudo do platonismo no Renascimento, permanecendo em sua maior parte fora da controvérsia. Ele produziu com autoridade traduções latinas e comentários sobre os diálogos de Platão, escreveu uma grande obra de síntese tendo o platonismo como seu elemento central, e gerou entusiasmo por seu estilo de platonismo, através de uma rede de correspondência que abrangia a Europa inteira.[37]

Para compreender o estilo do platonismo de Ficino, dois fatores devem ser considerados: primeiro, que ele era filho de um médico, tivera treinamento médico e considerava-se um médico; e segundo, que pelo menos a partir de 1473, ele era um sacerdote católico ordenado, que considerava tudo que ele próprio fazia como sendo a serviço da cristandade. Ficino, em

---

36 Ficino, 2001-6, I: 9.
37 Para a literatura recente sobre Ficino, ver Kristeller, 1987; Hankins, 1990a; Allen, 1998; Vasoli, 1999; Allen e Rees, 2002; Hankins, 2003-4, II, e as bibliografias em série no periódico *Academia* 2 (2000) e edições subsequentes.

seu aspecto médico e sacerdotal, enxergava antes de mais nada uma sociedade ao seu redor que necessitava de cura. Após uma década fragmentária nos anos 1450, com uma conspiração anti-Medici evitada, entre outros problemas superados, a época parecia certa para justamente esse tipo de pessoa. Os Medici apoiavam uma variedade de orientações culturais através de sua pródiga patronagem, desde a filosofia aristotélica na Universidade Florentina, revivida em 1473, até as carreiras de poetas vernáculos.[38] Além disso, por algum tempo, Ficino foi ouvido pelos líderes cívicos de Florença, especialmente Cosimo de Medici, que pediu a Ficino que lesse para ele certos diálogos recém-traduzidos de Platão quando estava morrendo.[39] Uma das ênfases mais consistentes de Ficino durante toda sua vida foi uma preocupação em educar as elites, os homens que ele acreditava serem os líderes naturais da sociedade.[40] Após a morte de Cosimo em 1464, Ficino continuou a se associar a líderes cívicos, e esse impulso para a educação se expressou de duas maneiras proeminentes. Em primeiro lugar, Ficino manteve ao longo de sua vida uma ampla rede de correspondência, escrevendo cartas semipúblicas, como fizeram muitas figuras do Renascimento, para depois reuni-las em livros individuais próprios para serem dedicados a patronos. Ficino correspondeu-se com líderes florentinos como Lorenzo de Medici; com príncipes da Igreja, como Bessarion, que após converter-se ao catolicismo romano tornou-se cardeal; com líderes e patronos estrangeiros, como Matthias "Corvinus" Hunyadi, rei da Hungria de 1458 até 1490; bem como colegas eruditos e amigos como Angelo Poliziano, Cristoforo Landino e Giovanni Pico della Mirandola.[41]

Em segundo lugar, Ficino foi um educador ativo a nível local. Ele ensinou apenas durante um breve período no *studio* ou universidade florentina, e o que exatamente ele ensinou ali é incerto.[42] Mas ele de fato ensinou,

---

38 Hankins, 2003-4, II: 273-316.
39 Ficino, *Praefatio* [Prefácio], em *Xenocratis librum de morte* [*O livro de Xenócrates sobre a morte*], em Ficino, 1959, 1965.
40 Allen, 1998, esp. 149-93.
41 Os doze livros de cartas de Ficino encontram-se em Ficino, 1959, 607-964; o livro I está disponível em uma edição crítica (Ficino, 1990), e a tradução italiana do século XVI de Felice Figliucci está disponível em Ficino, 2001; para uma tradução inglesa, ver Ficino, 1975-2003.
42 Davies, 1992.

frequentemente na igreja camaldulense de Santa Maria degli Angeli.[43] Em uma carta a um correspondente alemão, Ficino fez um catálogo de seus amigos, entre os quais ele incluía: primeiro, patronos; segundo, "amigos familiares – companheiros de conversa, por assim dizer"; e terceiro, *auditores* ou "estudantes".[44] Entre as pessoas listadas, encontramos alguns dos cidadãos mais proeminentes de Florença, desde vários membros da família Medici até Cristoforo Landino, Benedetto Accolti e Giorgio Antonio Vespucci (um parente do famoso explorador), Niccolò Valori, Carlo Marsuppini e Bindaccio dei Ricasoli, entre diversos outros.[45]

A modéstia de Ficino ao descrever suas atividades de ensino a seu amigo alemão é notável, e fica nítido a partir da leitura dessa carta por que ele atraía tantas pessoas. Quando descreve a segunda categoria, por exemplo, ele diz que embora as pessoas que ele lista sejam "quase discípulos [*discipuli*], ainda assim, eles não são realmente discípulos, uma vez que eu não gostaria de implicar que tenha ensinado ou esteja ensinando a qualquer um deles, mas antes, à maneira socrática, eu lhes faço perguntas e os encorajo, e convoco com persistência os gênios férteis de meus amigos para fazer com que aconteça o nascimento".[46] Ficino enxergava sua atividade de ensino à maneira socrática clássica, como uma arte do parto do conhecimento, uma imagem tornada famosa no *Teeteto* de Platão. Esse tipo de associação livre e intelectualmente fértil entre pessoas em pressuposto nível de igualdade social relembra a "cultura do debate" tão popular também entre a geração de Bruni, e nos lembra por que os diálogos de Platão permaneceram tão populares entre as elites educadas. A última categoria, ele diz, "são os da ordem dos estudantes", e podemos presumir que ele tinha alguma responsabilidade formal sobre a educação elementar deles.[47]

A "Academia" platônica tradicionalmente associada a Ficino (apesar de notoriamente difícil de documentar) representava, em sentido ideal, um

---

43 As extensas conexões de Ficino com Santa Maria degli Angeli são exploradas em Lackner, 2002.
44 Ficino, 1959, 936-7.
45 *Ibid.*, 936-7.
46 *Ibid.*, 936.
47 *Ibid.*, 937.

fenômeno real, mas que estava de acordo com significados contemporâneos que eram familiares para Ficino.[48] Os próprios diálogos de Platão podiam ser considerados uma "academia", ricos de preciosos ensinamentos como eram; uma "academia" podia ser uma escola privada organizada para ensinar a jovens, embora não necessariamente localizada em um lugar específico; e a palavra "academia" poderia se referir a "qualquer reunião regular de homens de letras".[49] A "academia" de Ficino parece ter sido mais associada aos dois primeiros significados da palavra. Em vez de conduzir uma reunião regular em um lugar específico, Ficino preferia ensinar a jovem elite de Florença quando podia, e, como um amigo filosófico socrático, tentava fazer o melhor que podia para trazer à tona em conversas a melhor parte das naturezas de seus associados.

Por causa de seu treinamento e formação médica, ele teria sido exposto às tradições filosóficas aristotélicas, que incluíam não apenas a argumentação, mas também o estilo de escrita. Com relação ao estilo, na época de Ficino o padrão áureo para a prosa humanista era basicamente o latim ciceroniano. Ficino, contudo, nunca empregou o latim humanista culto, parcialmente por causa de sua educação inicial, parcialmente por escolha.[50] Embora ele empregasse, sim, formulações escolásticas, ele não soa como um filósofo escolástico, rejeitando em sua maior parte os formatos da "questão" e do "comentário". Em suma, ele desenvolveu um estilo de latim independente, adequado para recriar "em latim aquilo que Plotino havia realizado em seu grego: isto é, abordar o sublime de uma maneira sem adorno e aparentemente sem arte, que é, no entanto, sintaticamente e retoricamente desafiadora".[51]

Sua formação médica, além de criar uma certa independência de estilo, também tornou Ficino sensível em um nível básico ao problema do físico: isto é, ele tinha uma compreensão instintiva do fato de que, como seres humanos, nós somos – lamentavelmente, talvez, de um ponto de vista

---

48 Sobre o debate acerca da Academia Platônica, ver o capítulo 2 deste volume.
49 Hankins, 2003-4, II: 224; Hankins discute e documenta os vários significados da palavra em *ibid.*, 194-210 e 223-5.
50 Ver Hankins, 1990a, I: 269-70.
51 M. J. B. Allen em Ficino, 2001-6, I: ix.

platônico – envolvidos e afetados pela matéria.⁵² Uma de suas obras mais duradouras e influentes, sua *De triplici vita* ("Da vida tripla"), oferecia receitas, rituais (astrológicos e outros) e práticas contemplativas, todas voltadas para o objetivo de auxiliar aqueles que tinham um temperamento erudito a permanecerem saudáveis.⁵³ Ao longo dos três livros da obra, escritos separadamente mas impressos e publicados juntos em 1489, não há quase nenhuma página que não contenha uma observação de Ficino sobre algum fato físico, seja sobre o efeito de certas ervas sobre a constituição de uma pessoa, sobre a hora correta do dia para se levantar, ou, em uma seção digna de nota, os efeitos de beber sangue humano para um cidadão idoso.⁵⁴ Em suma, o platonismo de Ficino não era o platonismo do século XIX: mentalista, divorciado do corpo, com a ética e as realidades da vida cotidiana decididamente em segundo plano em relação à metafísica. Além disso, os platonistas da antiguidade tardia que Ficino investigou com uma intensidade cada vez maior nos anos 1480 e 1490 pareciam confirmar muitas de suas tendências ritualísticas e sua fascinação pelo físico. O estilo sinótico do platonismo de Ficino precisa ser explicado levando-se em consideração uma visão abrangente da história do platonismo, que inclua as mudanças significativas que o platonismo sofreu na antiguidade tardia.⁵⁵

Plotino (204–70 d. C) parece ser, em retrospectiva, o mais mentalista de todos os platonistas da antiguidade tardia. Isto é, ele enfatizou a pura contemplação como o caminho para alcançar a união com o divino; dada essa defesa do poder da mente, Plotino acreditava que um verdadeiro filósofo não precisa se preocupar com práticas ritualísticas.⁵⁶ Depois de Plotino, contudo, a maioria dos platonistas veio a crer que todas as pessoas, inclusive os filósofos, podiam e deviam fazer uso de rituais, apesar de estes às vezes serem físicos. A maioria dos platonistas depois de Plotino via-o como um novo começo, um pensador tão brilhante que deu uma nova direção, um novo ímpeto e uma nova abrangência à filosofia. Ainda assim, eles

---

52 Ver Celenza, 2002.
53 Ficino, 1988 e o capítulo 8 deste volume.
54 Ficino, 1988, 197 (2.11); ver Celenza, 2004, 100-14.
55 Ver Allen, 1998, 51-92; Celenza, 2002.
56 Este parágrafo é baseado em Celenza, 2002.

divergiram dele acerca da questão do uso de rituais por filósofos. Conforme o cristianismo da antiguidade tardia adotava, transformava e essencialmente evoluía em sincronia com certas noções platônicas, as mais salientes dessas noções de fato tinham a ver com rituais. Especificamente, Santo Agostinho (354-430) adotou a ideia – em suas batalhas contra os donatistas – de que os sacramentos, o local do ritual católico e o modo como o divino era canalizado, funcionavam, como ele coloca, *ex opere operato*, ou "a partir da obra operada" – em suma, pelo uso e a prática apropriados dos rituais. Embora não se encontrem discussões detalhadas de rituais nos diálogos de Platão, tais discussões são de fato encontradas em obras de platonistas posteriores. Deve ter parecido significativo para Ficino que, embora alguns dos pensadores platônicos posteriores, especialmente Porfírio (*c.* 233–*c.* 309), Iâmblico (*c.* 242–*c.* 347) e Proclo (*c.* 411–85), fossem historicamente anticristãos, em seus escritos, eles, ainda assim, aparentavam defender práticas rituais que eram semelhantes às práticas sacramentais cristãs em seus pressupostos básicos.

Foi por essa razão – a aparente semelhança de família entre tantos tipos de literatura de sabedoria da antiguidade tardia (como podemos chamar certos textos, desde as *Enéadas* de Plotino até o *Corpus hermético*, a *Cidade de Deus* de Agostinho, e a *Teologia platônica* de Proclo) – que Ficino endossou uma de suas contribuições mais duradouras para o platonismo renascentista: a "teologia antiga", ou *prisca theologia*. Esse conceito é o único elemento do pensamento de Ficino através do qual se pode encontrar nele algum senso de consistência, e, depois que a árvore do platonismo se ramificou depois dele, foi a faceta que permaneceu como sendo a mais importante. Ficino veio a crer que havia uma verdade maior que infundia, formava e guiava a história da sabedoria humana real. Representando o verdadeiro cristianismo, essa verdade era também encontrada em pensadores pré-cristãos e mesmo não cristãos, como uma revelação progressiva ao longo do tempo, dada apenas àqueles poucos eleitos escolhidos por Deus. Um dos mais importantes desses antigos foi Hermes, o "Três Vezes Grande", ou "Trismegisto", um sábio egípcio sobre o qual acreditava-se ter vivido apenas algumas poucas gerações antes da época de Moisés, mas cujas obras hoje sabemos terem sido produtos do sincretismo da antiguidade tardia não muito distante da época de Plotino.⁵⁷ De modo notável, foi o platonista Iâmblico, distanciado de Plotino por duas gerações, o primeiro platonista a adotar o *Corpus hermético* como parte da filosofia platônica, assim como foi o primeiro autodeclarado filósofo platônico a abraçar plenamente o modo de pensamento ritualisticamente orientado da antiguidade tardia mencionado acima. As obras sobreviventes de Iâmblico estiveram entre as primeiras obras platônicas que Ficino traduziu para o latim.⁵⁸

Acerca de Hermes, que Ficino chama de "Mercurius", usando o equivalente latino, eis o que diz Ficino no prefácio a sua tradução do *Corpus hermético*:

> Entre os filósofos, ele foi o primeiro a voltar-se de temas físicos e matemáticos para a contemplação das coisas divinas, e foi o primeiro a discutir com grande sabedoria a majestade de Deus, a ordem dos demônios e as transformações das almas. Assim, ele foi chamado de o primeiro autor da teologia, e Orfeu o seguiu, ocupando o segundo lugar na teologia antiga. Depois do Aglaofemo,⁵⁹ Pitágoras veio em seguida na sucessão teológica, tendo sido iniciado nos ritos de Orfeu, e foi seguido por Filolau, professor de nosso divino Platão. Dessa maneira, a partir de uma maravilhosa linhagem de seis teólogos emergiu um sistema único de teologia antiga harmonioso em todas as suas partes.⁶⁰

Ficino não é explicitamente consistente em sua descrição da sucessão dos teólogos antigos, todos os quais contribuíram para a história da evolução da verdadeira filosofia: sua ordem se altera de modo intermitente, outras figuras são acrescentadas ocasionalmente, e assim por diante.⁶¹ De fato, depois de 1469, após os primeiros efeitos de seu encontro com o *Corpus*

---

57 Sobre Hermes Trismegisto, ver Copenhaver, 1992, "Introduction" [Introdução].
58 Sobre as traduções iniciais de Iâmblico por Ficino, ver Gentile, 1990 e Hankins e Palmer, 2007.
59 *Aglaophemus*, ou Aglaofemo, é um epíteto de Orfeu, do grego ἀγλαόφημος, "esplendidamente famoso". (N. do T.)
60 Ficino, 1959, 1836; citado e traduzido em Copenhaver e Schmitt, 1992, 147.
61 Outra listagem importante está contida em Ficino, 1975, 180-1; sobre o desenvolvimento da "teologia antiga" de Ficino, ver Hankins, 1990a, II: 460-4; Allen, 1998, 1-49.

hermético, Ficino adicionou Zoroastro à lista, dando-lhe prioridade a partir de então e associando-o aos *Oráculos caldeus* e aos antigos *Magi*, cujos herdeiros visitariam o Cristo recém-nascido.[62] A mensagem subjacente da teologia antiga, no entanto, é consistente: é só através de uma reconstrução ativa e imaginativa do passado que o filósofo platônico pode ajudar a curar a sociedade em que ele se encontra. A partir da passagem citada, podemos também observar que Ficino – assim como outros humanistas antes dele, embora com uma ênfase decididamente distinta – acreditava intensamente que a filosofia precisava se tornar mais pluralista: isto é, os verdadeiros filósofos precisavam aprender a incluir no campo de visão da filosofia fontes que estavam fora do cânone universitário, assim como os verdadeiros filósofos precisavam abraçar muitos ramos de saber para tornar sua ocupação digna de ser praticada.[63] Como disse Angelo Poliziano, um contemporâneo e rival amigável de Ficino, quando estava prestes a ministrar um curso sobre os *Analíticos anteriores* de Aristóteles em 1492, "A filosofia concede seus favores àqueles que estão despertos, não àqueles que estão dormindo".[64]

Além de encarnar por um tempo o filósofo platônico como *medicus animarum* ou "médico de almas", quando Ficino incorporou a persona do "extático" e do "profeta", ele também se dedicou, em sua *Teologia platônica, Sobre a imortalidade das almas*, a criar uma *summa* platônica para sua época.[65] Essa obra complexa representava ao mesmo tempo uma reunião de muitas das ideias de Ficino, familiares a partir de suas cartas, e uma tentativa de ordená-las de maneira coerente, se não como uma síntese. A obra, estruturada em dezoito livros, é única na história da filosofia pré-moderna. Embora Ficino não seja devedor do escolasticismo nem no formato nem na latinidade, ele ainda assim faz uso de conceitos escolásticos; sem deixar de ser cristão de modo algum, Ficino emprega como fontes pensadores

---

62 Sobre esse ponto, ver Allen, 1998, 26-47.
63 Ver Celenza, 2004, 80-114.
64 Poliziano, 1986, 10.37-11.1.
65 A citação é de Hankins, 1990a, I: 277-8; para a obra em si, ver Ficino, 2001-6. O estudo clássico de síntese sobre a filosofia de Ficino, baseado principalmente na *Teologia platônica*, é de Kristeller, 1943, 1988. Sobre a *Teologia*, ver também o capítulo 11 deste volume.

historicamente anticristãos, como Proclo; e, de modo notável, sendo ele o maior platonista do Renascimento, Ficino tem uma grande dívida para com o maior aristotelista da Idade Média, Tomás de Aquino (1224/6-74), especialmente no uso que Ficino faz da *Summa contra gentiles* [*Suma contra os gentios*] de Tomás. Ficino escreveu a obra depois de ter esboçado sua tradução completa de Platão, e nela podemos observar diversos traços do platonismo particular do próprio Ficino.

Talvez o traço mais proeminente seja a presença de uma hierarquia ontológica, a noção de que existem graus de ser no universo, do baixo ao alto, e do alto ao baixo, que o metafísico dedicado pode acessar, descrever, e usar como base para outras reflexões filosóficas. Ficino teria prazer em admitir sua dívida para com o platonismo tardio acerca desse ponto, especialmente o pensamento de Plotino, uma vez que Ficino acreditava estar acrescentando algo a um núcleo de verdade já existente. Para Plotino, a discussão da ontologia – se ele tivesse escrito de modo sistemático – teria começado com sua noção do Uno, o princípio ontológico mais elevado, tão elevado, de fato, que se encontrava acima do ser. O Uno – grande, inefável, reservado, ao que parecia, como uma espécie de versão hipercarregada da *Forma do Bem* de Platão misturada com o *Primeiro Motor* de Aristóteles – produz os níveis abaixo de si; ele "transborda [...] e sua superabundância produz algo diferente de si" (*Enéadas*, 5.2.1). Abaixo do Uno estava a Mente (que possuía existência), que então transbordava para a Alma, que por sua vez transbordava finalmente para o último domínio, que incluía e dava origem à natureza, à matéria e à sensação. Plotino fala desses níveis em diferentes lugares e de diferentes maneiras em suas *Enéadas*, e a interpretação de Ficino para esse esquema ontológico é similarmente diversa ao longo de suas obras.[66] Contudo, na *Teologia platônica*, especialmente nos quatro primeiros livros, Ficino estabelece um esquema ontológico que é tão engenhoso quanto único.

O primeiro princípio de Ficino é Deus. Por trás de sua concepção de Deus estavam duas fortes tradições, uma platônica-cristã, a outra cristã. A

---

66 Esse aspecto do pensamento de Ficino foi amplamente estudado por M. J. B. Allen em Allen, 1982, reimpresso em Allen, 1995, e Allen, 1989, 48-82; ver também Kristeller, 1988, 66--85; e para um estudo abrangente sobre as visões medievais e renascentistas da hierarquia ontológica, ver Mahoney, 1982b.

tradição platônica-cristã se estendia até a teologia "negativa" dos primórdios do cristianismo: a ideia de que Deus seria tão grandioso que nós, seres humanos – limitados, imperfeitos e corporificados –, nunca poderíamos conhecê-lo plenamente e de modo positivo, mas poderíamos saber o que ele não é. Essa tradição apofática se estendia até as epístolas do apóstolo Paulo, e fora refratada através da visão magnificada e absoluta de Santo Agostinho sobre a onipotência de Deus. Os *Nomes divinos* de Dionísio, o Areopagita (Pseudo), também foram uma importante pedra de toque a esse respeito. Uma multidão de místicos medievais, desde Meister Eckhart até um contemporâneo de Ficino no limiar da modernidade, Nicolau de Cusa (1401-64), foram inspirados por esse estilo de pensamento. O cardeal de Cusa, alinhado com essa tradição "negativa", sugeriu que o estado mais elevado da sabedoria humana poderia ser uma "douta ignorância", um estado de satisfação que nos permitia reconhecer a divindade mas que continha em si inevitavelmente uma insatisfação que só poderia ser preenchida e satisfeita quando conseguíssemos encontrar uma comunhão com aquela divindade.[67] Essa tradição "negativa" também era obviamente platônica, tendo afinidades com a concepção de Plotino sobre o Uno inalcançável e inefável (acima do Ser, e como tal, fora do reino da linguagem do Ser), e tendo também um ancestral distante nas imagens da caverna na *República* de Platão.[68]

A concepção de Deus de Ficino, no topo da hierarquia ontológica, também possui uma dimensão distintamente cristã. O Deus de Ficino não é um *Sein* ("Ser") heideggeriano terrivelmente incognoscível, mas um Deus generoso e cuidador, que concedeu o mundo físico natural a nós, seres humanos, para aprendermos sobre ele com curiosidade e, eventualmente, chegarmos a conhecê-lo e usá-lo em nosso próprio benefício e de outros. Um Deus como esse não teria nos criado, sempre em uma condição de anseio em relação a Ele, sem nos ter dotado de uma alma imortal; se não tivéssemos uma alma imortal, nenhuma criatura seria mais miserável que o homem. O próprio Deus, como o Uno de Plotino, emanou para um nível abaixo, chamado por Ficino de Mente Angélica, que por sua vez

---

67 Ver 1977, 1985; Blum, 2004, 140–3; e o capítulo 9 deste volume.
68 Plotino, *Enéadas* 5.2.1, 5–7; Plato, *República* 7, 514a e ss.

transbordou para o nível da Alma Racional – do qual nós, seres humanos, participamos –, que depois transbordou para a "Qualidade", uma adição do próprio Ficino à hierarquia ontológica, terminando, finalmente, no quinto e mais baixo nível ontológico, a Matéria.[69]

Por um lado, a adição da Qualidade à hierarquia ontológica por parte de Ficino permite que a Alma Racional, que ele às vezes identifica com a humanidade ou a alma humana, se situe no meio do universo do Ser: a humanidade se torna, como tal, o *vinculum* ou ligação entre o terreno e o divino. A esse respeito, a "dignidade da humanidade", frequentemente afirmada como um elemento central do pensamento renascentista italiano, encontra uma fundamentação e um alicerce filosófico no pensamento de Ficino.[70] Por outro lado, a Qualidade é mais que um preenchimento de espaço na hierarquia de Ficino, um elemento extra acrescentado simplesmente para situar a humanidade no centro do universo. A qualidade é também o lado superior e escondido da Matéria, aquele elemento que, diferentemente da Matéria, é divisível entre diferentes formas e manifestações físicas, um tipo de cola ontológica que permite que a imanência de Deus se manifeste de uma maneira acessível e aproximável para os seres humanos.[71] Abaixo do nível da Qualidade na hierarquia de Ficino encontra-se a Matéria, aquele elemento que mais se distanciou de suas origens divinas, é verdade, mas também aquele que contém em si as sementes que, quando propriamente descobertas, humildemente nutridas, e filosoficamente utilizadas, podem ajudar os seres humanos de maneira imensurável em sua jornada de retorno ao divino.[72]

Assim como diversos filósofos medievais e renascentistas, Ficino acreditava que em cada uma das principais categorias de ser existia um *primum* ou "primeiro" – um membro daquela categoria que era o mais nobre, mais

---

69 Ficino, 2001-6, Livro 1, caps. 1-6, percorre a hierarquia ontológica desde o corpo até Deus; a seção 1.1 mostra que, como diz seu título, "se a alma não fosse imortal, nenhuma criatura seria mais miserável que o homem". Sobre as fontes do esquema metafísico de Ficino, ver Allen ,1995, artigo VIII, e Mahoney, 1982b.
70 Vasoli, 1999, 73-89; Kristeller, 1988, 113-18.
71 A qualidade é, com efeito, a forma na matéria; sobre a dívida de Ficino para com Proclo a esse respeito, ver os estudos de Allen citados anteriormente na nota 65.
72 Sobre o conceito de sementes, ver Hirai, 2002.

forte e mais fecundo.[73] Como escreveu Ficino: "Pois o membro principal de qualquer gênero é o princípio do gênero inteiro. Aquilo que é o princípio de outras coisas contém tudo que se segue dele. Assim, aquilo que é o primeiro em seu gênero não tem falta de nada que há em seu gênero".[74] Os outros membros da categoria se aproximam da dignidade do primeiro membro, mas não podem alcançá-lo em seu grau de perfeição. Ainda assim, eles foram criados à imagem daquele primeiro elemento, e tiveram implantada em si mesmos a perfeição daquele elemento como um objetivo que eles devem inevitavelmente se esforçar para alcançar com um *appetitus naturalis*, ou "desejo natural". A noção do *primum* permeia seus vários escritos, e, juntamente com sua firme crença na *prisca theologia*, concede à atitude filosófica de Ficino uma unidade que à primeira vista ela pode parecer não ter.

A contribuição de Ficino para a história da metafísica foi complementada por sua teoria do amor, que ultrapassava a fronteira entre o metafísico e o físico. De fato, essas categorias, apesar de terem sido familiares para Ficino como divisões escolásticas básicas da filosofia, podem, às vezes, ser enganadoras para os intérpretes modernos, pois, para Ficino, a fronteira entre o físico e o metafísico era mais porosa do que os pós-cartesianos modernos poderiam assumir. Ficino não teorizou a alma humana como Descartes fez com a "mente", isto é, como algo que era, como Descartes famosamente escreveu em suas *Meditações*, "sem extensão", mas ainda assim substancialmente real e formalmente individual.[75] Esse tipo de dualismo entre mente e corpo não existia no mundo pré-moderno, nem no pensamento do próprio Platão, nem na tradição platônica da antiguidade tardia ou medieval, tanto a pagã quanto a cristã, nem no pensamento de Ficino.[76]

---

73 Kristeller, 1988, 153-79.
74 Ficino, 2001-6, 30-1 (1.3.4).
75 Descartes, 1971-, VII: 71-90.
76 Talvez a concepção pré-moderna mais próxima da concepção cartesiana seja a de Plotino, que em suas *Enéadas*, 4.1.1.18-19, concebeu a alma como um tipo de ser que "não admite divisão de nenhuma maneira, não tem partes, e não pode ser dividida em partes: ela não admite qualquer extensão, nem mesmo em nosso pensamento acerca dela". Mas, como observa Dominic J. O'Meara, a "mente" sem extensão de Descartes não tem o mesmo tipo de efeito produtivo sobre o mundo material (um mundo de corpos físicos com suas próprias causas interligadas) que a alma tem para Plotino; ver O'Meara, 1993, 20.

De fato, para Ficino, assim como para a maioria de seus contemporâneos pré-modernos, a alma era uma entidade imaterial profundamente vinculada ao corpo e à natureza física deste último. A alma representava um poder espiritual que exercia funções físicas concentradas em várias partes do corpo, e ela fazia isso mediante uma tênue substância material, o *spiritus* ou "espírito".[77] Como todos os platonistas, Ficino acreditava que o objetivo último de um ser humano era a purificação psicológica, parte da qual envolvia liberar a alma da prisão material na qual ela estava confinada. Porém, como todo cristão, Ficino também teria acreditado na ressurreição do corpo, uma noção cujo motivo condutor dizia que, em última instância, no fim dos tempos e quando a providência de Deus assim decretasse, a alma da pessoa salva seria reunida, não com um corpo metafórico, mas com um corpo físico real.[78]

Tudo isso ajuda a explicar por que a teoria do amor de Ficino foi tão importante para permitir que seu próprio estilo de platonismo alcançasse as esferas da literatura e da arte. Uma das obras iniciais de Ficino, seu *Comentário sobre o Banquete de Platão acerca do Amor* (escrito próximo do final dos anos 1460, e efetivamente um diálogo filosófico independente, em vez de um comentário formal), ajudou a tornar suas ideias sobre o amor, coletivamente, um de seus legados mais duradouros.[79] Um dos "teólogos antigos" que Ficino mais reverenciou foi Orfeu, e Ficino possuía, como os platonistas da antiguidade tardia, um conjunto de obras conhecidas como os *Hinos órficos*.[80] Para Ficino, Orfeu representava não apenas o autor desses hinos mas também o uso filosoficamente terapêutico da música; e mesmo no início de seu tratado sobre o amor, Ficino escreveu à pessoa a quem o tratado era dedicado que ele "havia aprendido que o amor existe, e detém as chaves do mundo inteiro" com Orfeu.[81] A prática da música e do canto

---

77 Para uma visão geral, ver K. Park e E. Kessler em Schmitt *et al*. 1988, 455-63, 464-84, e 485-534.
78 Sobre a história do conceito de ressurreição, ver Bynum, 1995 e Vidal, 2002.
79 Ver Ficino, 2002; para uma tradução para o inglês, ver Ficino, 1985; ver também a "Einleitung" ["Introdução"] por P. R. Blum em Ficino, 1994; e Leitgeb, 2004.
80 Para uma edição ver Orpheus (pseudo), 1983.
81 Ficino, 1985, 179, citado em Voss, 2002, 236; uma importante análise de Ficino e Orfeu encontra-se em Allen, 1984.

de hinos prepara a alma humana para receber e agir em consonância com o amor que une o universo, que faz os planetas cantarem, que faz as cidades funcionarem bem e as pessoas cuidarem propriamente umas das outras. Para Ficino, é o amor que implanta em todas as coisas vivas o desejo de se propagar.[82] É o amor que, através de um sistema de vínculos universais conhecidos como "simpatias" – atrações mútuas, mas às vezes ocultas – une o terrestre e o celeste; e é o amor que age como "um mágico", diz Ficino, "pois todo o poder da magia consiste no amor. O trabalho da magia é a atração de uma coisa por outra por meio de uma certa afinidade de natureza".[83]

Por um lado, as afinidades mágicas das quais fala Ficino na passagem anterior estão naturalmente presentes, e, por outro lado, são mediadas em muitos níveis pelo que ele chama de *spiritus*, ou "espírito". "O espírito", escreve Ficino, "é definido pelos médicos como um vapor do sangue – puro, sutil, quente e claro. Depois de ser gerado pelo calor do coração a partir do sangue mais sutil, ele voa até o cérebro; e ali a alma faz uso dele continuamente para o exercício dos sentidos interiores e exteriores".[84] Em outro lugar ele escreve que "uma vez que ele é intimamente semelhante à alma, a alma não tem nenhuma dificuldade de penetrar nesse espírito, e primeiro permeia-o todo, depois, tendo-o como um meio, ela permeia totalmente o corpo inteiro".[85] O espírito é leve, em vez de pesado, tendo mais a ver com os elementos água e ar do que com a terra. O espírito permeia o universo, desde o celestial até o humano, e é o principal fator mediador que permite que o amor universal se expresse, desde o nível cósmico até o humano. "Que dúvida ocorrerá a qualquer pessoa", escreve Ficino em seu *Sobre o amor*, "de que o amor é inato a todas coisas, para com todas as coisas?".[86]

Quando um amante ama o amado, parte de seu espírito vai para o amado; se esse amor não for recíproco, ocorre uma espécie de homicídio, pois aquele elemento essencial que é o espírito é roubado do amado, incapaz de ser restabelecido. Ainda assim, para Ficino, as atrações físicas –

---

82 Ficino, 2002, 31-5 (2.4); ver Hirai, 2002, 260.
83 Ficino, 2002, 163-73 (6.10), citado e traduzido em Voss, 2002, 237.
84 Ficino, 1988, 110 (1.2, 11-15).
85 Ficino, 2001-6, I I: 234-35 (7.6.1).
86 Ficino, 2002, 52-5 (3.1) = Ficino, 1959, 1328.

contanto que a pessoa tenha preparado e cuidado da alma corretamente – podem conduzir a atrações superiores, mais divinas: o verdadeiro amor é o gozo do prazer, e o verdadeiro prazer não tem sua raiz nos sentidos, mas na mente. O gozo do prazer toma forma no amor voltado para a verdadeira beleza, uma beleza que está além de nosso mundo; e ainda assim esse processo é iniciado pelo amor terreno.

Depois de Ficino

Graças a seu apelo geral e à habilidade que ele disponibilizava às elites educadas para conectar um novo platonismo classicizante e em voga a uma tradição medieval de amor cortês que nunca morrera, a versão de Ficino do amor platônico se mostrou influente na literatura italiana do século seguinte.[87] Contudo, houve também uma razão mais específica para essa transformação. Um aluno de Ficino, Francesco da Diacceto (nomeado na carta de Ficino que listava seus estudantes), escreveu um tratado acessível em língua vernácula, também intitulado *Sobre o amor*.[88] Embora o *Comentário sobre o Banquete* de Ficino houvesse sido logo traduzido para o vernáculo, ele permaneceu em certo sentido uma obra para iniciados. O *Sobre o amor* de Diacceto, por outro lado, tornou as teorias mais sistemáticas. No início de sua obra, ele expressava uma ansiedade por tratar "dos profundos mistérios do amor" em língua vernácula, uma vez que fazer isso teria o efeito de comunicar "assuntos divinos à multidão", embora esta não fosse qualificada para recebê-los. Enfim, ele decide revelar os mistérios do amor justamente para que as pessoas saibam que o fim mais desejável da humanidade é o tipo mais elevado de amor.[89] Diacceto era membro de duas associações literárias diferentes, os "Jardins de Rucellai" e a "Academia Sagrada dos Medici" (o próprio Michelangelo era membro da segunda associação); e Diacceto também era professor de filosofia moral, bem como de grego e latim, na Universidade Florentina.[90] Através dessas duas funções, como

---

87 Ebbersmeyer, 2002.
88 Diacceto, 1561.
89 *Ibid.*, 3-4.
90 Sobre ele, ver Kristeller, 1956-96, I: 287-336; Verde, 1973-1994, II: 218-22; Walker, 1958, 30-5.

um intelectual independente no mundo das sodalidades literárias e como um instrutor universitário, ele teria sido capaz de influenciar um número significativo de contemporâneos.

Além disso, na época em que Diacceto estava escrevendo, uma transformação crucial na cultura erudita italiana estava ocorrendo. O movimento rumo ao vernáculo em grandes projetos intelectuais e a busca para uma forma apropriadamente dignificada da língua vernácula significavam, em combinação, que o nível percebido de estilo da língua italiana de uma obra escrita podia contribuir para sua difusão tanto quanto seu conteúdo. Assim, não é de surpreender que Baldassare Castiglione, um dos dois mais famosos expoentes literários do amor platônico, tenha considerado o italiano de Diacceto como um excelente exemplo do estilo toscano requintado que estava emergindo como o padrão para a língua italiana escrita.[91] Um dos grandes teóricos do vernáculo, Pietro Bembo, havia expressado temas fortemente platônicos em sua obra *Gli Asolani* [*Os asolanos*].[92] E Bembo aparece como o principal interlocutor platonizante no clássico *O cortesão* de Castiglione.[93]

O fato de que noções platônicas relativamente avançadas pudessem ser incorporadas a obras literárias nos diz que, por volta do início do século XVI, o platonismo renascentista havia alcançado uma espécie de maturidade. Os diálogos de Platão haviam sido recuperados e traduzidos para o latim, os platonistas da antiguidade tardia também haviam sido recuperados, e um pensamento sério havia sido dedicado ao problema de integrar todo esse novo material a um contexto cristão. A ideia orientadora de Ficino de que existia uma unidade da verdade associada ao platonismo deu origem a outras tentativas de investigar essa percebida unidade em alguns ambientes aparentemente improváveis. Um desses ambientes foi a Ordem Agostiniana, cujos membros, alguns dos quais são pouco conhecidos hoje, estudaram intensamente até mesmo um platonista explicitamente anticristão como Proclo. Posteriormente, no século XVI, um dos membros dessa Ordem, Agostino Steuco (1496-1549), deu uma voz definitiva à tradição ficiniana ao escrever uma

---

91 Baldassare Castiglione, *Il libro del cortegiano* [*O livro do cortesão*], citado por S. Matton em Diacceto, 1986, 371.
92 Ver Bembo, 1991.
93 Ver Hankins, 2003-4, II: 493-509.

obra intitulada *Sobre a filosofia perene*.[94] Ela prometia mostrar a sabedoria geral e singular inerente a toda filosofia, "considerar", escreveu ele usando uma expressão grega em sua carta-prefácio ao papa Paulo III, "e servir a Deus".[95] Como ele sugeriu no início da obra propriamente dita: "A razão, bem como as provas de muitas raças e de muita literatura, dão testemunho do fato de que existe um princípio de todas as coisas e que houve dessa maneira um e o mesmo conhecimento sobre ele entre todos os homens".[96] Em apoio a suas afirmações, ele expandiu a ideia de Ficino de uma "teologia antiga" e deu voz a uma esperança de encontrar uma concordância entre todos os sistemas filosóficos ao remover a casca exterior para examinar o núcleo da verdade abaixo da superfície. Essa ideia poderosa e sedutora se mostrou influente na Europa do início do período moderno, e obteve sua mais difundida fama posterior quando Gottfried Wilhelm Leibniz empregou-a em uma carta em 1714.[97]

Conforme o estilo de platonismo de Ficino passa para o norte da Europa, certas ideias-chave continuam a influenciar pensadores importantes. Um desses pensadores foi o estudioso de Oxford John Colet; e as ideias mais notáveis que governaram seu pensamento parecem ter sido, em retrospecto, a íntima aliança entre o platonismo e o cristianismo e, concomitantemente, o tipo de "cuidado da alma" a que o pensador platônico cristão deveria se dedicar a fim de praticar a filosofia de maneira correta. Pois Colet acreditava, tanto quanto Ficino, que seriam a oração e a meditação, e não a erudição, que preparariam a alma para aceitar os mistérios da verdade cristã, e uma multidão de pensadores platônicos da antiguidade tardia acreditava que a purgação da alma era necessária para deixá-la pronta para compreender a verdade divina. Colet correspondeu-se brevemente com Ficino, e, assim como Ficino, ele considerou as epístolas de São Paulo como uma fonte especialmente importante, cuja mensagem devia ser descoberta pelo exegeta devidamente preparado.[98]

---

94 Steuco, 1591, III: 1r-207v (edição original de 1540); ver Schmitt, 1966, 516, n. 66. Sobre os interesses proclianos recônditos entre os agostinianos, ver Monfasani, 2005.
95 Steuco, 1591, I: prefácio não paginado.
96 *Ibid.*, I: 1r.
97 Ver Leibniz, 1875-90, III: 624-5, citado por Schmitt, 1966, 506, n. 11.
98 Ver Colet, 1985 e Colet, 1873, *ad indicem* s. v. Ficino; Jayne, 1963; Trapp, 1986, reimpresso em Trapp, 1990; Jayne, 1995.

Na França, novamente no século XVI, o platonismo criou raízes entre diversos autores. Symphorien Champier (c. 1472–1539) compartilhou da propensão do platonismo ficiniano de encontrar uma unidade (às vezes oculta) em todas as filosofias, uma unidade que precisava ser trazida à luz pelo intérprete astuto. Mesmo enquanto Champier criticava as artes ocultas em seus primeiros escritos, ele veio a adotar a teoria ficiniana do amor platônico em suas obras vernáculas.[99] Maurice Scève (1501-64), proveniente, assim como Champier, da província de Lyonnais, também desenvolveu uma teoria platônica do amor com uma orientação petrarquista em seu *Délie, objeto da mais alta virtude* (1544); e em sua obra de 1562, *Microcosme* [*Microcosmo*], ele refletiu a inclinação vagamente platônica de ver o mundo natural como uma imagem refletida do divino.[100] Outros autores, como Joachim du Bellay (c. 1522-60) e Pierre de Ronsard (1524-85), vincularam uma predisposição poética petrarquista às teorias platônicas do amor, elas mesmas mediadas tanto pelo célebre *Banquete* de Ficino quanto por transmissores em língua vernácula como Bembo e Castiglione.[101]

Por volta do final do século XVI, no entanto, novas tendências pairavam no ar. Uma corrente ascendente de naturalismo ajudou a transformar o platonismo em uma dentre as muitas escolas de filosofia que alguém podia escolher. Esse desenvolvimento foi estimulado parcialmente pela ascensão da nova ciência, mas mais ainda pelo desejo de transcender os antigos, uma vez que um patrimônio textual relativamente completo havia sido recuperado. Muitos pensadores continuaram, mesmo nos tempos modernos, a ser atraídos pela noção de uma "teologia antiga" sintética, sincrética, mas, em última instância, unitária; mas as vozes de crítica também se ergueram cada vez mais.[102] Talvez nenhuma dessas vozes tenha sido mais poderosa que a de Isaac Casaubon (1559-1614), que provou que *Corpus hermético* não era um produto da antiguidade egípcia mais recuada, mas antes um conjunto de textos esotéricos da antiguidade tardia, que compartilhavam

---

99 Sobre ele, ver Copenhaver, 1978. Sobre a teoria ficiniana do amor platônico na França, ver Festugière, 1941.
100 Scève, 1966, 1974; sobre ele, ver Coleman, 1975.
101 Sobre Du Bellay, ver Coleman, 1980 e Tucker, 1990; sobre Ronsard, ver Simonin, 1990.
102 Ver Tigerstedt, 1974; Matton, 2001; Hankins, 2006b.

um ambiente filosófico com pensadores como Porfírio e Iâmblico.[103] Para Ficino, assim como para muitos de seus aderentes, uma das provas mais fortes da existência de uma "teologia antiga" fundamentalmente platônica havia consistido, de fato, na reputação desses textos enigmáticos. Um golpe fatal foi desferido contra o estilo sincrético de platonismo quando este foi condenado em termos duros pelo primeiro historiador "moderno" da filosofia, Jakob Brucker, que denunciou em sua *História crítica da filosofia* a variedade esotérica de platonismo como uma mistura confusa de ideias mal digeridas, prejudicial para o progresso da verdadeira filosofia "racional".[104]

Ao mesmo tempo, uma mudança fundamental havia ocorrido no progresso da filosofia: a filosofia natural (aquilo que se tornou a ciência natural) havia sido separada de modo mais ou menos definitivo da filosofia como um todo, e o alcance da filosofia enquanto tal tornou-se mais restrito.[105] Dos escombros de um campo abrangente de esforço intelectual no qual se pensava residirem os segredos da boa maneira de viver emergiu uma disciplina acadêmica. Seus praticantes se preocupavam cada vez mais com questões relacionadas à aquisição do conhecimento humano certo em um mundo dominado pelas afirmações empíricas da ciência natural, e eventualmente o alcance da filosofia se tornou mais estreito, restringindo-se a um campo acadêmico em que as mentes são ensinadas a se tornarem ágeis, mas as almas não são mais ensinadas a se tornarem inteiras.

---

103 Yates, 1964, 398-455; Purnell, 1976; Copenhaver, 1992, "Introduction" ["Introdução"]; Grafton, 1991.
104 Brucker, 1767 (edição original de 1742-4; reimpressa em 1975) apresenta um retrato da revitalização do platonismo em 4.1: 41-61: apesar de elogiar Ficino como tendo um bom caráter, Brucker diz que a variedade de platonismo de Ficino era obscurecida por um excesso de superstição e por uma confiança muito crédula nos platonistas da antiguidade tardia; ver 4.1: 52-5. Para um panorama sobre Brucker, ver Schmidt-Biggeman e Stammen, 1998; Kelley, 2002, 164-6.
105 Ver Celenza, 2005.

6 A revitalização das filosofias helenísticas

JILL KRAYE

Durante o Renascimento, o período helenístico não foi reconhecido como uma fase distinta no desenvolvimento da filosofia antiga. Somente no século XIX o termo "helenístico" foi adotado para descrever os três séculos entre a dissolução do império de Alexandre, o Grande, após sua morte em 323 a. C., e o início do Império Romano em 31 a. C., após a Batalha de Actium. As três grandes filosofias hoje classificadas como helenísticas – o estoicismo, o epicurismo e o ceticismo (tanto em sua forma acadêmica quanto em sua forma pirrônica) – se encaixam de maneira geral nesse intervalo de tempo, embora os limites cronológicos sejam suficientemente elásticos para incluir os estoicos Sêneca, Epiteto e Marco Aurélio, que viveram nos séculos I e II d. C.[1] Para todas as três escolas helenísticas, o objetivo do estudo da filosofia era a obtenção de um estado de calma e paz de espírito em nossas vidas cotidianas. Cada escola, no entanto, estabelecia um caminho diferente rumo àquele objetivo: para os estoicos, o caminho era a remoção de emoções patológicas; para os epicuristas, a eliminação de medos irracionais sobre a pós-vida e de desejos não naturais na vida presente; e, para os céticos, a remoção da ansiedade produzida pela busca fútil de um conhecimento certo.[2] O interesse do Renascimento pelas escolas helenísticas concentrou-se nessas afirmações divergentes.

Carecendo de qualquer identidade coletiva como filosofias helenísticas, o estoicismo, o epicurismo e o ceticismo passaram cada qual por sua própria revitalização durante os séculos XV e XVI, como parte do processo de recuperação da literatura e do pensamento antigos. Embora essas seitas

---
1 Algra *et al*. 1999.
2 Nussbaum, 1994.

tenham se tornado muito mais conhecidas do que haviam sido na Idade Média, elas ainda assim permaneceram às margens da cultura do Renascimento, que continuou a ser dominada pelo aristotelismo, particularmente nas universidades.³ Muitos daqueles que se envolveram com as seitas helenísticas não eram filósofos, mas humanistas, autores vernáculos e pensadores religiosos. E a aprovação ou desaprovação dessas seitas usualmente dependia de considerações teológicas, em vez de filosóficas.

Um número substancial de obras de Aristóteles e Platão sobreviveram intactas da Antiguidade e foram recuperadas durante a Idade Média e o Renascimento. Em contraste, os escritos dos filósofos gregos helenísticos chegaram até nós apenas de forma fragmentada – alguns poucos tratados curtos de Epicuro são a única exceção. Isso tornou a tarefa da recuperação muito mais desafiadora: iniciada no começo do século XVII, ela não foi plenamente concluída até os tempos modernos. Confrontados com essas dificuldades, os estudiosos renascentistas se apoiaram em parte em autores latinos, principalmente Cícero, cujos diálogos filosóficos continham informações úteis, apesar de nem sempre acuradas, sobre todas as três escolas helenísticas, e Sêneca, cujas epístolas e diálogos morais comunicaram as visões não apenas da seita estoica, à qual ele pertencia, mas também da seita de Epicuro, o qual ele relutantemente admirava. Eles também voltaram seu olhar para autores gregos do Império Romano, tais como Sexto Empírico, que forneceu a descrição mais completa do ceticismo pirrônico, e Plutarco, um platonista cujos tratados morais serviram como testemunhos hostis, mas ainda assim informativos, sobre as doutrinas dos estoicos, epicuristas e céticos.⁴

Outra obra grega tardia, provavelmente datando do século III d. C., que exerceu uma influência considerável no Renascimento foi *As vidas e opiniões de filósofos eminentes*, de Diógenes Laércio, ainda hoje uma fonte indispensável sobre a filosofia grega, incluindo as seitas helenísticas.⁵ Apesar

---

3 Schmitt, 1983a.
4 Long e Sedley, 1987.
5 Uma versão latina, agora perdida, foi produzida no sul da Itália em meados do século XII por Henricus Aristippus, que também traduziu o *Mênon* e o *Fédon* de Platão. Ela foi a fonte para uma história dos filósofos antigos amplamente difundida, atribuída ao inglês Walter Burley, mas atualmente considerada como tendo sido escrita no início do século XIV por um autor italiano anônimo. Hankins e Palmer, 2007.

de um ressurgimento do interesse pela língua grega a partir do final do século XIV, as obras filosóficas não tinham muito impacto enquanto não se tornavam disponíveis em latim. Isso aconteceu com as *Vidas* de Diógenes Laércio em 1433. O tradutor foi Ambroggio Traversari (1386-1439), um monge camaldulense que normalmente dedicava suas habilidades humanistas a autores cristãos. Justificando – tanto para si mesmo quanto para o destinatário de sua dedicatória, Cosimo de Medici – o tempo e o esforço que ele havia despendido sobre esse tratado pagão, Traversari explicou que as doutrinas dos filósofos discutidos por Diógenes estavam "amplamente em concordância com a verdade cristã", enquanto as vidas deles forneciam exemplos tão próximos da "perfeição evangélica" que eles envergonhavam os filósofos cristãos. Contudo, ele também sustentou que, repelido pela "imundície dos erros antigos", os cristãos seriam preenchidos com um desejo por obras sagradas e buscariam refúgio no santuário interior da verdade divina.[6] Ambas as reações à filosofia grega se mostrariam cruciais na recepção renascentista das escolas helenísticas.

A tradução de Traversari das *Vidas* de Diógenes Laércio teve ampla circulação em forma manuscrita, e, depois de 1472, em forma impressa. Juntamente com outras fontes clássicas, ela ajudou os autores renascentistas a construírem explicações da filosofia antiga nas quais as seitas helenísticas desempenhavam um papel proeminente. Uma carta de 1458 escrita pelo humanista florentino Bartolomeo Scala (1430-79) é típica do gênero. Os filósofos estoicos, epicuristas e céticos são devidamente reconhecidos ao lado de Platão, Aristóteles e os pré-socráticos. Sendo tão ambivalente quanto Traversari acerca da relação da filosofia pagã com o cristianismo, Scala nota que enquanto os estoicos, epicuristas e céticos, assim como Platão e Aristóteles, escreveram muitas coisas que foram "divinamente inspiradas", eles também erraram acerca de muitas questões. Portanto, como um cristão "perambulando pelos campos da filosofia pagã", ele sempre tomava cuidado para evitar pisar descalço em "uma cobra venenosa à espreita entre as plantas e as flores".[7]

---

6 Stinger, 1977, 74-6.
7 Scala, 1997, 251-61, na p. 261.

A Vida de Sócrates, de Diógenes Laércio, foi uma fonte valiosa para a biografia do filósofo escrita em 1440 pelo estudioso florentino Giannozzo Manetti (1396-1459). No entanto, foi principalmente por meio de longas citações de Cícero que Manetti construiu seu retrato de Sócrates como "o fundador de toda a filosofia", que havia deixado uma parte diferente de seu legado para cada uma das escolas antigas.[8] O humanista e filósofo espanhol Juan Luís Vives (1492-1540), de modo semelhante, apoiou-se em uma combinação de Diógenes Laércio e Cícero em seu pequeno tratado *Sobre as origens, escolas e méritos da filosofia* (1518). Ele também apresentou Sócrates como "a sagrada e augusta fonte" de onde brotaram as várias seitas filosóficas, não apenas as escolas platônica e aristotélica, mas também os céticos acadêmicos, que consideravam que "nada é certo" e refutavam "as opiniões e formulações de outros" como o próprio Sócrates havia feito; os estoicos, cujo fundador, Zenão de Cítio, foi "o maior rival da virtude inflexível de Sócrates"; e os epicuristas, cuja ética baseada no prazer era uma variação um pouco menos vergonhosa do hedonismo de Aristipo de Cirene, "o pupilo de Sócrates".[9] Em uma obra posterior, *Sobre as causas da corrupção das artes* (1531), Vives elogiou Sócrates por inventar a disciplina da ética. Embora esse fato tenha sido relatado por Diógenes Laércio,[10] o que capturou a imaginação de Vives, de Manetti e de incontáveis outros escritores foi a declaração de Cícero de que Sócrates foi o primeiro a fazer a filosofia descer dos céus e trazê-la para as cidades.[11] De acordo com Vives, embora Sócrates fosse "instruído em todos os ramos da filosofia", ele queria "melhorar a si mesmo através da disposição apropriada de sua alma", e também "trazer um benefício geral ao tornar conhecidos os princípios dessa medicina".[12] Essa concepção socrática da filosofia como uma cura para as almas perturbadas permaneceu como um traço central da revitalização renascentista das escolas helenísticas.

---

8 Manetti, 2003, 176-233, nas p. 181-95; Hankins, 2007.
9 Vives, 1987, 18-57, nas p. 38-41.
10 Diógenes Laércio, *Vidas*, 1.14 e 18.
11 Cícero, *Discussões tusculanas* 5.4.10. Ver Vives em Kraye, 1997, I: 92-107, nas p. 92-3; Manetti, 2003, 181; e, por exemplo, Petrarca, 1975-85, II: 79.
12 Kraye, 1997, I: 92.

Estoicismo

O estoicismo, a mais bem conhecida e a mais altamente considerada das escolas helenísticas durante os períodos patrístico e medieval, começou no Renascimento com uma vantagem sobre o epicurismo e o ceticismo. As obras de Cícero e Sêneca, contendo descrições favoráveis da filosofia estoica, haviam tido ampla circulação durante a Idade Média, enquanto a correspondência forjada entre Sêneca e São Paulo, universalmente aceita como genuína, deu apoio à visão encontrada em muitos dos Padres da Igreja de que a filosofia moral estoica estava amplamente em concordância com o cristianismo.[13] No entanto, com poucas exceções, os filósofos medievais não sabiam muito mais sobre os estoicos senão que eles consideravam que a virtude era o bem supremo e pensavam que tudo era governado pelo destino.[14] No período do Renascimento, o conhecimento sobre o estoicismo, especialmente sobre sua filosofia moral, foi consideravelmente aprofundado. Porém, aqueles que exploraram suas doutrinas nem sempre aprovaram o que encontraram.[15]

Assim como tantas outras coisas no Renascimento, a revitalização do estoicismo começou com o humanista italiano Petrarca (1304-74). Sua extremamente popular enciclopédia moral, *Remédios para a boa e a má fortuna* (1366), ajudou a transmitir muitas doutrinas éticas estoicas: que as emoções são doenças mentais; que a virtude é o único bem e o vício é o único mal, de modo que a dor física, por exemplo, não importando quão severa, não pode ser considerada um mal; e que devemos aceitar com firmeza e força de espírito a condição humana que nos é dada, sem ceder ao rancor ou à reclamação. As posições estoicas que estavam em patente conflito com o cristianismo – como, por exemplo, a convicção de que o suicídio era às vezes uma opção aceitável para o sábio – foram resolutamente denunciadas. Em geral, contudo, Petrarca enfatizou a harmonia entre a moral estoica e a moral cristã, apresentando Jó e, acima de tudo, o próprio Cristo como

---

13 Colish, 1985; Verbeke, 1983.
14 Ebbesen, 2004.
15 Kraye, 2001-2.

figuras heroicas que haviam suportado tribulações e dores excruciantes com mais estoicismo do que os próprios estoicos.[16]

Embora muitos humanistas do século XV compartilhassem da estima de Petrarca em relação à filosofia moral estoica, outros questionaram a sabedoria, e mesmo a viabilidade, de seguir suas prescrições inflexíveis. Após a morte de seu filho, Manetti ficou desiludido com o estoicismo, mas não com Sêneca, cujas "virtudes únicas e incontáveis" ele professou "amar e venerar" com todo seu coração e espírito.[17] Em um diálogo consolativo de 1438, Manetti relata uma conversa com seu cunhado, que usava argumentos como os de Sêneca para sustentar sua alegação de que a dor experienciada com a perda de um filho era um mero produto ilusório da mente humana. Manetti, assolado pela tristeza, não podia concordar. Enquanto "os estoicos, mais severos que outros filósofos, dizem que a tristeza e outras perturbações do espírito são males da opinião e não da natureza", ele se punha ao lado dos aristotélicos, que sustentam que tais emoções, contanto que sejam moderadas, são naturais e legítimas, uma posição "que está mais verdadeiramente de acordo com a vida humana".[18]

Lorenzo Valla (1407-57) não era nenhum fã da ética aristotélica, mas compartilhava da opinião de Manetti de que os estoicos colocavam demandas impossíveis sobre a natureza humana. O que realmente o enfurecia, contudo, era a reverência de seus companheiros humanistas para com essa moral flagrantemente pagã. Em seu diálogo *Do prazer*, completado nos anos 1440, Valla, o primeiro estudioso do Renascimento a rejeitar a autenticidade da correspondência entre Sêneca e São Paulo, sustentou que tratar os heróis estoicos da Antiguidade pagã como equivalentes em virtude aos santos e mártires cristãos era algo que correspondia a declarar "que a vinda de Cristo ao mundo não serviu de nada", ou antes, "que ele não veio de modo algum". O objetivo de Valla era corrigir o registro e "lutar pela honra de Cristo", provando que os filósofos estoicos, que afirmavam o valor da virtude com mais veemência que todos os outros, "não seguiram a virtude,

---

16 Petrarca, 1991, III: 291-8 ("Suicídio") e 267-79 ("Dor Severa").
17 Ver "Life of Seneca" ["Vida de Sêneca"] em Manetti, 2003, 234-87, na p. 281.
18 Manetti, 1983, 46.

mas a sombra da virtude, não a honra, mas o orgulho vão, não o dever, mas o vício, não a sabedoria, mas a loucura". Como decretara São Paulo: "Tudo que não provém da fé é pecado". Estoicos tais como Catão não estavam em busca da virtude por si mesma, como hipocritamente afirmavam, mas antes buscavam seu próprio prazer, uma vez que o que eles realmente queriam era desfrutar dos benefícios, tanto presentes quanto póstumos, que advinham de ter uma reputação de virtude.[19]

Uma doutrina estoica que foi frequentemente sujeita a críticas com base em posições religiosas foi a convicção dos estoicos de que o sábio era inteiramente responsável por sua própria felicidade e não tinha nenhuma necessidade de intervenção divina. O jesuíta Martín del Río (1551-1608), ao compilar uma antologia escolar de tragédias latinas nos anos 1590, situou essa ideia entre os princípios estoicos perniciosos que podiam ser encontrados nas peças de Sêneca, como "um escorpião escondido entre as folhas"[20] – uma imagem que recorda a suspeita de Scala sobre as doutrinas pagãs. Por outro lado, Vives, que estava preparado para criticar os estoicos por seus "argumentos excessivamente sutis, [suas] cavilações e sofismas",[21] acreditava que o sábio estoico, se existisse, seria "divino e digno de admiração" por sua "incrível firmeza de espírito e extirpação de todas as paixões". Além disso, não haveria "cristão mais verdadeiro", se tal sábio "pudesse ser induzido a crer nos preceitos de nossa religião", e Vives tinha certeza de que sim.[22]

A classificação estoica da piedade como um vício, juntamente com outras emoções patológicas, também soou como um tom de discórdia entre os cristãos. João Calvino (1509-64) falou tanto pelos protestantes quanto pelos católicos quando declarou em seu comentário sobre o *De clementia* [*Da clemência*] de Sêneca (1532) que alguém que "não sente nenhuma piedade não pode ser uma boa pessoa".[23] O ensaísta Michel de Montaigne (1533-92), que respeitava a moral inflexível dos estoicos, mas desprezava a desumanidade que tão frequentemente a acompanhava, achou

---
19 Valla, 1977, 51-3, 263 (citando Romanos 14:23).
20 Mayer, 1994, 159-67.
21 Kraye, 1997, I: 94.
22 Vives, 1987, 41.
23 Calvin [Calvino], 1969, 358-9.

essa doutrina particularmente impalatável: "para os estoicos, a piedade é uma paixão viciosa; eles querem que socorramos os aflitos, mas não que nos abrandemos e simpatizemos com eles".[24]

O grande expoente renascentista do estoicismo Justus Lipsius (1547--1606) tinha bastante consciência de que tais crenças, que ofendiam profundamente as sensibilidades cristãs, eram obstáculos no caminho de uma aceitação mais ampla da filosofia estoica. Em *Sobre a constância em épocas de calamidade pública* (1584), publicado em latim, mas logo traduzido para várias línguas vernáculas europeias, o humanista flamengo promoveu a filosofia estoica como a única cura forte o suficiente para aliviar a tensão emocional causada pelas guerras civis e religiosas que assolavam o continente em sua época. Ele percebeu, no entanto, que seus contemporâneos seriam incapazes de engolir esse remédio pagão a não ser que fosse diluído em grandes doses de teologia cristã.[25] Ele redefiniu então a piedade como a virtude ativa de uma mente nobre que busca ajudar e aliviar o sofrimento de outros, e contrastou-a com a comiseração, o vício passivo de uma mente abjeta e medíocre que fica desalentada ao testemunhar o infortúnio de outros.[26] Por meio dessa prestidigitação filológica, Lipsius transformou a piedade em uma virtude estoica indistinguível de sua contraparte cristã. Outras crenças questionáveis foram ajustadas de maneira semelhante a um molde cristão, ou deixadas de fora do cenário.

O *Sobre a constância* levou a versão cristianizada do estoicismo de Lipsius a uma audiência popular. Vinte anos mais tarde, em 1604, ele publicou dois manuais voltados para leitores filosóficos: o *Guia à filosofia estoica* e a *Teoria física dos estoicos*. Ambas as obras visavam servir como comentários filosóficos para sua edição de Sêneca, que apareceu no ano seguinte. Juntas, elas constituem a descrição mais erudita da filosofia estoica produzida desde a Antiguidade.[27] O *Guia* contém uma descrição detalhada da origem e do desenvolvimento da seita estoica sob a direção de seus primeiros líderes gregos e de seus discípulos romanos posteriores. Ele também examina o sábio

---

24 Montaigne, 1965a, 3–5, na p. 4 (I.1). Ver também Schneewind, 2005.
25 Papy, 2001-2.
26 Lipsius, 1939, 98-100 (I.12).
27 Papy, 2004; Morford, 1991, 169-80.

estoico e os paradoxos associados a ele, tais como sua felicidade mesmo em meio ao tormento. Cada capítulo é uma coleção de citações que Lipsius recortou de um vasto conjunto de autores gregos e latinos, tanto pagãos quanto cristãos, e colou juntamente com glosas explicativas que frequentemente apontam para os paralelos entre o estoicismo e o cristianismo.[28] No volume acompanhante, reconhecendo que não era possível viver de acordo com a natureza, como os estoicos recomendavam, sem ter uma compreensão do funcionamento dela, Lipsius apresentou uma análise aprofundada da física estoica. Sempre que possível, ele impunha interpretações cristãs para as crenças estoicas, igualando o destino, por exemplo, à providência divina. Nem mesmo Lipsius foi capaz de encontrar uma maneira de tornar aceitável a concepção panteísta e materialista de Deus dos estoicos, e assim ele devidamente rejeitou essa concepção.

Graças a Lipsius, o estoicismo adentrou o século XVII com um fundamento renovado. Liberada dos obstáculos que haviam impedido sua recepção no Renascimento, a ética estoica esteve em alta até aproximadamente 1660.[29] E uma vez que a informação estava prontamente disponível acerca de outros aspectos do estoicismo, sua influência começou a se estender para muitas áreas diferentes da filosofia e da ciência do início do período moderno.[30]

Epicurismo

Enquanto foi difícil para os cristãos abraçarem plenamente o estoicismo antes das modificações introduzidas por Lipsius, os flagrantes erros teológicos do epicurismo – a negação da imortalidade da alma e da providência divina; a crença de que o universo veio à existência por acaso – asseguraram que ele permanecesse como um pária dentre as filosofias antigas ao longo do Renascimento.[31] Embora alguns pensadores nos séculos XV e XVI tenham sido suficientemente ousados para defender o princípio ético epicurista de que o prazer era o bem mais elevado, foi necessário considerar

---

28 Kraye, 1997, I: 200-7..
29 Kraye, 2001.
30 Osler, 1991, 135-54, 221-38; Sorel, I 1993, 273-316; Miller e Inwood, 2003, 7-29, 116-40.
31 Jones, 1989, 94-165.

essa doutrina de modo independente, isolando-a das posições filosóficas mais incriminantes da seita epicurista.

Dante (1265-1321) consignou Epicuro e seus seguidores, "que fazem a alma morrer com o corpo", ao sexto círculo do inferno.[32] O chanceler florentino Coluccio Salutati (1331-1406), em sua interpretação alegórica de *Os trabalhos de Hércules,* escrito nos anos 1380 e 1390, quando ele ainda estava a serviço do estoicismo, apresentava os epicuristas sob uma má aparência não apenas por causa da crença deles de que a alma era mortal, mas também por sua busca desavergonhada por deleites mundanos e prazeres sensuais.[33] Petrarca também desprezou o epicurismo como "não viril" e "desonroso", porque a ética hedonista do epicurismo não fazia distinção entre homem e animal. Contudo, como ele admitiu em seus *Assuntos memoráveis* (1343-5), ele não podia deixar de admirar os "pensamentos sábios" pronunciados por Epicuro e registrados por Sêneca. Os problemas que Petrarca experienciou em sua própria vida haviam-lhe ensinado a verdade do conselho sábio de Epicuro de desprezar "as opiniões da moda" e em vez disso seguir a natureza, "pois ela promete riquezas sem tristeza ou perturbação".[34]

As calúnias que haviam tradicionalmente manchado a reputação de Epicuro e de sua filosofia ainda foram repetidas no século XV, mesmo por estudiosos que tinham melhor conhecimento. O humanista florentino Leonardo Bruni (1370-1444) apresentou uma descrição acurada da escola epicurista em sua *Introdução à filosofia moral* (c. 1425), notando a crença dos epicuristas de que "são as virtudes que produzem o maior número de prazeres".[35] Contudo, em uma carta da mesma década ele zombou de Epicuro por sustentar que os pródigos e bêbados, que dilapidam sua herança com prazeres obscenos, eram felizes.[36] Um contemporâneo de Bruni, Francesco Filelfo (1398-1481), escrevendo a um amigo em 1428, tentou dissipar tais calúnias explicando que o prazer, mesmo do tipo epicurista, era relacionado "tanto à mente quanto ao corpo". Filelfo também insistiu

---

32 Dante, 1971, 99 (10.13-15).
33 Salutati, 1951, II: 460, 493-508; Witt, 1983, 209-26.
34 Kraye, 1997, I: 229-33.
35 Bruni, 1987, 267-82, p. 270.
36 Bruni, 1741, II: 8-15, p. 11.

que, contrariamente à opinião popular, Epicuro não fora "viciado em prazer, devasso e lascivo", mas sim "sóbrio, educado e venerável".[37] Quando o humanista florentino Cristoforo Landino (c. 1424-98) fez uma glosa dos versos de Dante sobre Epicuro em seu influente comentário sobre a *Divina comédia* (1481), ele se mostrou bem informado sobre o raciocínio científico por trás da crença epicurista de que a alma morre com o corpo – uma vez que tanto o corpo quanto a alma são entidades materiais compostas de "partículas sutis", ou átomos, que eventualmente se dissolvem em suas partes componentes. Ao discutir a ética epicurista, no entanto, ele meramente repetiu o velho dizer de que Epicuro situava a felicidade no prazer corpóreo e a infelicidade na dor corpórea. Assim como Petrarca, ele considerava essa visão como mais apropriada para animais do que para seres humanos, que nascem "não para encher seus estômagos e satisfazer seus desejos sensuais", mas antes, como os estudos platônicos de Landino haviam lhe ensinado, "para contemplar assuntos divinos". Não obstante, ele admitiu que as ações de Epicuro foram melhores que suas palavras, uma vez que sua sobriedade e autocontrole haviam sido elogiados por Sêneca.[38]

Novas fontes de informação sobre o epicurismo haviam estado disponíveis por alguns anos: a tradução de Traversari da biografia de Epicuro por Diógenes Laércio, contendo a maioria dos escritos sobreviventes de Epicuro; e o poema *Da natureza das coisas* pelo discípulo romano do filósofo, Lucrécio, descoberto em 1417 por Poggio. Mas os preconceitos arraigados não eram tão fáceis de remover. Os humanistas italianos certamente leram e copiaram avidamente o poema de Lucrécio – aproximadamente 53 manuscritos sobreviveram do século XV, juntamente com quatro edições impressas publicadas entre 1474 e 1500. Contudo, a evidência sugere que eles se concentraram na arte literária do poeta, ignorando ou então denunciando suas doutrinas filosóficas e religiosas desagradáveis. Foi necessário um leitor como Marsílio Ficino (1433-99), com um interesse sério pela filosofia, para mergulhar fundo nessas questões. Em seu tratado juvenil *Sobre o prazer* (1457), ele traçou uma distinção clara, baseada em Diógenes

---

37 Kraye, 1997, I: 234-7, p. 235.
38 Landino, 2001, I: 578-81, p. 581.

Laércio, entre Aristipo e seus seguidores, para quem a felicidade consistia em buscar sensações prazerosas e evitar sensações dolorosas, e Epicuro, para quem a felicidade consistia na ausência tanto de dor corpórea quanto de angústia mental.[39] A análise de Ficino sobre a teoria física subjacente à posição epicurista baseou-se fortemente em Lucrécio, que também resumia de maneira ordenada o argumento moral para ele: "Tudo que a natureza pede é isto: que a dor seja removida do corpo e que a mente, mantida longe da preocupação e do medo, goze de um sentimento de deleite" (II.17-19).

Embora Ficino compreendesse e aparentemente favorecesse essa noção de tranquilidade, ele não tinha nada além de desprezo para com a doutrina epicurista da materialidade e mortalidade da alma. Em sua *Teologia platônica* (1474), uma defesa filosófica exaustiva da imortalidade da alma, o Ficino maduro lamentou a necessidade de refutar "aquelas duas figuras ímpias, Lucrécio e Epicuro", que não apresentavam "nenhum argumento convincente", mas meramente turvavam as águas "com seu clamor costumeiro".[40] Ainda que o filósofo peripatético Pietro Pomponazzi (1462-1525) tenha adotado a posição oposta acerca da alma em comparação com o platonista Ficino, desenvolvendo o argumento aristotélico em favor da mortalidade, sua atitude para com o epicurismo não foi menos hostil. Em seu tratado *Da imortalidade da alma* (1516), ele resolutamente dissociou sua tese controversa da percepção popular de que aqueles que acreditam que a alma perece com o corpo "são os mais ímpios e perversos dos homens, como o covarde Epicuro" e "o louco Lucrécio".[41]

A negação epicurista da imortalidade e da providência divina foi um fardo para a escola, do qual o pequeno número de pensadores renascentistas que queriam adotar as doutrinas éticas da seita tinha de se livrar. Uma tática, adotada pelo humanista lombardo Cosma Raimondi (m. 1436) em sua *Defesa de Epicuro* (c. 1429), foi a de evitar inteiramente essas questões. Ele declara que, ao endossar a visão epicurista de que o prazer é o bem supremo, ele não está "considerando aquela filosofia absoluta e verdadeira que

---

39 Ficino, 1959, I: 1016-42, p. 1034, p. 1039-42.
40 Ficino, 2001-6, III: 163.
41 Cassirer *et al.*, 1948, 280-381, p. 350.

chamamos de teologia", pois "toda [sua] investigação diz respeito ao bem humano da humanidade". Tendo removido as bases para qualquer crítica cristã à doutrina, Raimondi, em seguida, reclama que os estoicos, ao situar a felicidade apenas na virtude, desconsideram o corpo, que "faz parte da humanidade e lhe pertence propriamente", uma vez que "o corpo abriga a alma, e é a outra metade daquilo que é o homem". Epicuro, em contraste, compreendeu a importância do corpo e percebeu que "toda a constituição do homem é voltada para a percepção do prazer", e que a própria natureza "nos move na direção dele". A virtude, reconheceu ele, não era buscada como um fim em si mesma, como sustentaram os estoicos, mas porque ela nos permite "levar uma vida prazerosa, evitando aqueles prazeres que não devemos buscar, e buscando aqueles que devemos".[42]

Valla desenvolveu um método mais audacioso de utilizar o núcleo ético do epicurismo ao mesmo tempo em que descartava sua casca exterior pagã. Em seu diálogo *Do prazer*, o porta-voz de Valla dá preferência à compreensão epicurista de que o prazer é a motivação para todo comportamento humano, incluindo a conduta virtuosa, em detrimento da afirmação vazia dos estoicos de que a virtude deveria ser buscada como um fim em si mesma. Ele diz, contudo, que os epicuristas estavam errados ao pensarem que "a virtude deve ser desejada com vistas a benefícios terrenos", em vez de "como um passo rumo àquela felicidade perfeita" alcançada pela alma na próxima vida.[43] Uma vez que a rejeição da pós-vida era um princípio fundamental do epicurismo, Valla claramente não estava tentando formular uma versão cristã da filosofia, como Lipsius faria posteriormente com o estoicismo. Em vez disso, ele estava retirando uma doutrina epicurista de seu contexto pagão e usando-a para reinterpretar a teologia cristã. Erasmo (*c.* 1469-1536), que abordou o mesmo tema em seu colóquio "O epicurista" (1533), deslocou a ênfase dos prazeres da beatitude celestial para as alegrias mundanas experienciadas por um homem reverente vivendo uma vida cristã piedosa.[44] Mas o humanista holandês não tinha mais intenção do que

---

42 Kraye, 1997, I: 238-44.
43 Valla, 1977, 267.
44 Erasmo [Erasmus], 1965, 535-51.

seu predecessor italiano de tornar o epicurismo antigo uma opção viável para os cristãos contemporâneos. Em vez disso, ele usou doutrinas epicuristas cuidadosamente selecionadas para dar apoio à sua própria variedade de piedade, bastante distanciada da ética naturalista do epicurismo antigo.

O credo moral da comunidade fictícia descrita pelo amigo inglês de Erasmo, Thomas More (1478-1535), em sua *Utopia* (1516), estava mais próximo do epicurismo antigo em espírito, uma vez que os habitantes de Utopia não eram cristãos e olhavam para a natureza, e não para Cristo, em busca de orientação ética. Assim como os epicuristas, eles valorizavam os prazeres "apenas na medida em que eram necessários", consideravam o prazer que "consiste em um estado calmo e harmonioso do corpo" como superior ao tipo que "preenche os sentidos com doçuras claramente perceptíveis", e se agarravam "acima de tudo aos prazeres mentais". De modo crucial, no entanto, eles não adotavam aquelas doutrinas que, para os pensadores renascentistas, colocavam os epicuristas além dos limites não apenas da sociedade civilizada, mas também da humanidade: a crença de que as almas "perecem com o corpo" e que "o mundo é um mero jogo do acaso", "não governado por qualquer providência divina".[45]

O argumento despreconceituoso em prol da tolerância que o pensador político francês Jean Bodin (1530-96) colocou na boca dos interlocutores em seu *Colóquio dos Sete sobre os segredos do sublime*, uma obra clandestina que circulou em forma manuscrita até o século XIX, especificamente excluiu os epicuristas, com base no argumento de que era "muito melhor ter uma religião falsa do que nenhuma religião". Epicuro, ao "tentar remover o medo do divino", havia cometido o "pecado imperdoável" de remover a sanção de recompensas e punições na pós-vida, sem a qual a civilização cairia na anarquia.[46] Para o médico e matemático italiano Girolamo Cardano (1501-76), a negação da providência divina pelos epicuristas situava-os ao nível dos canibais e dos bárbaros.[47] Assim como a maioria dos escritores renascentistas, Bodin e Cardano igualaram os epicuristas aos ateístas. O jurista italiano Alberico Gentili (1552-1608) foi incomum ao observar que

---

45 More, 1965, 173-7, 221.
46 Bodin, 1975, 162-3.
47 *Theonoston*, em Cardano, 1966, II: 328, 398, 441.

eles eram, de fato, superiores aos ateístas, uma vez que os epicuristas reconheciam e veneravam os deuses, ainda que negassem a preocupação destes com assuntos humanos.[48]

Os poucos comentadores do século XVI dispostos a lidar com o *Da natureza das coisas* sabiam que lhes cabia justificar seu interesse por esse manifesto poético do epicurismo. Denys Lambin (1516-72), que ministrou aulas sobre Lucrécio na Universidade de Paris, reconheceu que o poema defendia crenças ímpias, mas comentou que aquele era, afinal, um poema – um poema belo e distinto, ademais. E se Lucrécio e seu mentor Epicuro sustentavam visões opostas à religião cristã, o mesmo podia ser dito de Platão, Aristóteles e os estoicos.[49] Embora Lucrécio tivesse se tornado um modelo para os poetas didáticos e científicos neolatinos, eles tendiam a escrever poemas em estilo lucreciano que denunciavam sua filosofia epicurista ou que a subvertiam: por exemplo, apropriando-se das palavras e imagens de Lucrécio para sustentar a imortalidade da alma. O poeta e médico Girolamo Fracastoro (*c.* 1478-1553) imitou a terminologia de Lucrécio ao descrever a "doença francesa" em seu *Syphilis* (1530), mas fez pouco uso de suas teorias científicas.[50] Essas teorias, especialmente o atomismo e a infinitude de universo, foram adotadas por um dos filósofos mais ousados do Renascimento, Giordano Bruno (1548-1600). Mas ele não se associou de nenhuma maneira à rejeição epicurista da imortalidade da alma e da providência divina por Lucrécio, derivando da tradição platônica sua inspiração acerca dessas questões.[51]

O interesse de Bruno pela ciência epicurista apontou o caminho adiante. O desejo dos cientistas do início do período moderno de explorar a física atomista da seita epicurista forneceu a motivação para encontrar um modo persuasivo de neutralizar suas doutrinas repulsivas. Por volta de meados do século XVII, o epicurismo alcançou, enfim, a respeitabilidade filosófica.[52]

---

48 Gentili, 1598, 558-9.
49 Lucrécio [Lucretius], 1563, sigs. ã3^r-4^r.
50 Fracastoro, 1984; Goddard, 1993.
51 Michel, 1973.
52 Jones, 1989, 166-213; Osler, 1991, 155-74, 197-219; Sorell, 1993, 129-43; Miller e Inwood, 2003, 90-115.

Ceticismo

Sabia-se menos sobre o ceticismo durante a Idade Média do que sobre as outras filosofias helenísticas, de modo que sua recuperação no Renascimento foi mais uma novidade.⁵³ As informações que estiveram disponíveis para os leitores medievais diziam respeito à variedade acadêmica associada aos sucessores de Platão na Academia, de modo mais importante, Arcesilau, que se opôs ao dogmatismo dos estoicos afirmando que nada pode ser conhecido, e que portanto nenhum julgamento pode ser feito, e Carnéades, que adotou a visão mais moderada de que às vezes era possível fazer juízos com base na probabilidade. Cícero, um discípulo da seita, escreveu sobre ela em seu *Academica*, que não foi muito lido na Idade Média, embora a resposta de Santo Agostinho ao diálogo, *Contra academicos*, tenha tido uma circulação mais ampla.⁵⁴ O ceticismo pirrônico era praticamente desconhecido até a tradução das *Vidas* de Diógenes Laércio por Traversari, que continha uma biografia do fundador da escola, Pirro de Élis. Seus discípulos diferiam dos céticos acadêmicos por afirmarem que não é possível nem mesmo saber que nada pode ser conhecido. O único recurso é suspender todo juízo, o que tem o efeito salutar de produzir um estado de tranquilidade mental imperturbada.

Embora Petrarca possuísse um manuscrito do *Academica* e o incluísse na lista de seus "livros favoritos", ele fez muito menos uso dele do que de outras obras de Cícero. O propósito de seu tratado *De sua própria ignorância e da de muitos outros* (1367) não era questionar a possibilidade de alcançar o conhecimento certo, mas desvalorizar a filosofia aristotélica, o que ele fez sem o auxílio de argumentos céticos.⁵⁵ Salutati, em uma carta de 1403, baseando-se em Agostinho, bem como em Cícero, notou que os acadêmicos sustentavam "a visão firme e obstinada de que nada pode ser conhecido" e não confiavam nem mesmo nas evidências dos sentidos, "uma vez que vemos todos os dias que eles se enganam".⁵⁶ Raimondi rejeitou os

---

53 Schmitt, 1983b; Popkin, 2003, 17-43.
54 Schmitt, 1972, 18-42.
55 Cassirer *et al.*, 1948, 47-133.
56 Salutati, 1891-1911, III: 598-614, p. 603.

acadêmicos como "insanos": "Que tipo de filosofia é essa", perguntou ele, "que nega que qualquer coisa possa ser certa?".⁵⁷ Ficino também se recusou a levar a seita a sério: sustentando que "nada é certo", eles "misturavam e confundiam coisas" que eram por natureza "separadas e distintas", e portanto foram "rejeitados por todos os melhores filósofos".⁵⁸ Tanto Manetti quanto Scala, no entanto, deram um aspecto mais positivo aos acadêmicos ao enfatizarem sua descendência de Sócrates, que "costumava sustentar que ele só sabia uma coisa, isto é, que ele nada sabia".⁵⁹

Embora uma tradução latina medieval das *Hipotiposes pirrônicas* de Sexto Empírico tenha sobrevivido em três manuscritos, um dos quais contém uma versão parcial de seu *Contra os professores*,⁶⁰* nenhuma dessas obras teve qualquer influência perceptível na Idade Média.⁶¹ Durante o Renascimento, manuscritos gregos desses tratados começaram a circular: o emigrado e estudioso bizantino cardeal Bessarion (c. 1403-72) possuía um, assim como Filelfo, que traduziu longas passagens do décimo primeiro livro de *Contra os professores* e inseriu-as sem fazer menção disso em seu diálogo sobre o exílio. Posteriormente no mesmo século, Angelo Poliziano (1454-94) copiou grandes porções de Sexto, registrando-as em cadernos juntamente com passagens de outros autores gregos para formar uma vasta enciclopédia estruturada em torno das artes liberais. Poliziano e outros humanistas, ignorando as questões epistemológicas discutidas por Sexto, perscrutou o texto em busca de informações sobre a cultura clássica.⁶²

O movimento, passando de uma leitura filológica para um leitura filosófica de Sexto, começou com Gianfrancesco Pico della Mirandola (1469--1533), sobrinho do mais famoso Giovanni Pico (1463-94), que, por sua

---

57 Kraye, 1997, I: 241.
58 Ficino, 1959, I: 986.
59 Manetti, 2003, 179, 185; Scala, 1997, 256.
60* O título latino dessa obra de Sexto Empírico é *Adversus mathematicos*, sendo que "*mathematicos*" traduz-se de modo literal como "instruídos", com um sentido diferente do significado moderno de "matemáticos". O autor do presente capítulo preferiu o título em inglês *Against the Professors* [*Contra os professores*], que foi mantido em nossa tradução para o português. (N. do T.)
61 Floridi, 2002, 3-26, 63-70, 79-80.
62 Cao, 2001.

vez, havia estudado os argumentos contra os astrólogos do Livro 5 de *Contra os professores* quando se preparava para escrever seus *Debates contra a astrologia adivinhatória*, publicados postumamente em 1496.[63] Sendo um humanista bem preparado, Gianfrancesco empregou sua erudição para enfraquecer os alicerces da filosofia pagã, principalmente do aristotelismo, a fim de assegurar a autoridade da Bíblia conforme interpretada pela Igreja Católica. Em seu relato hagiográfico sobre a vida de Girolamo Savonarola (1452-98), datado dos anos 1530, Gianfrancesco afirmou que o pregador dominicano, reconhecendo o potencial destrutivo do ceticismo grego, havia comissionado uma tradução latina de Sexto Empírico. O que Savonarola obteve em vez disso, muito depois de sua morte, foi o *Exame da vaidade do conhecimento pagão e da verdade do ensinamento cristão* (1520) de Gianfrancesco, uma fogueira das vaidades intelectuais alimentada por argumentos céticos emprestados de Sexto. Gianfrancesco considerava o ceticismo pirrônico como adequado de modo ideal para sua campanha fundamentalista, uma vez que desafiava a possibilidade da obtenção de um conhecimento certo por meio do raciocínio ou da percepção sensorial humanos, mas deixava intactas as Escrituras, baseadas na revelação divina.[64] Assim como ocorreu com a cristianização do epicurismo por Valla e Erasmo, a adoção do raciocínio pirrônico por Gianfrancesco foi meramente um estratagema, permitindo-lhe argumentar de modo mais eficaz a favor de uma aceitação dogmática da Bíblia que divergia totalmente dos objetivos céticos da seita antiga.

Erasmo também alistou o ceticismo em apoio ao cristianismo, adaptando a variedade acadêmica em vez da pirrônica para seus propósitos. "Os assuntos humanos são tão variados e obscuros", escreveu ele no *Elogio à loucura* (1511), "que nada pode ser claramente conhecido, como ensinam corretamente meus amigos acadêmicos, os menos arrogantes dos filósofos".[65] Apesar desse endosso, ele não ficou muito contente quando Martinho Lutero (1483-1546), no debate entre eles acerca do livre-arbítrio em meados

---

63 *Ibid.*, 259.
64 Schmitt, 1967.
65 Erasmo [Erasmus], 1979, 71.

dos anos 1520, descreveu a si próprio como um afirmador estoico e acusou Erasmo de ser um duvidador cético que queria "comparar tudo" e "não afirmar nada".[66] Apesar de ficar furioso com a acusação, Erasmo, em sua resposta a Lutero, apresentou uma versão cristã do método acadêmico, na qual a razão humana falível, confrontada com a incerteza, era capaz de fazer juízos não com base na probabilidade, mas na autoridade das Escrituras e dos decretos da Igreja.[67]

Uma forma mais extrema de ceticismo foi desenvolvida pelo estudioso alemão Heinrich Cornelius Agrippa (1486-1535), em sua declamação *Sobre a vaidade e incerteza das artes e ciências e a excelência da palavra de Deus* (1530). Como o título indica, a postura de Agrippa era semelhante ao fundamentalismo de Gianfrancesco Pico. Embora sua obra carecesse das bases pirrônicas fornecidas por Sexto Empírico, Agrippa ainda assim fez uso de técnicas céticas comuns para demonstrar que a certeza era inalcançável nos assuntos humanos. Ele argumentou, por exemplo, que o conhecimento baseado nos sentidos não era confiável, uma vez que os sentidos são facilmente enganados, e listou a profusão de opiniões conflitantes sustentadas pelos praticantes de todo ramo de conhecimento – desde a lógica e a filosofia moral até a pesca e leitura de mãos. Portanto, era fútil, concluiu ele, buscar pela verdade nas escolas dos filósofos desprovidos de fé, incluindo os céticos acadêmicos: como podemos adquirir conhecimento a partir da ignorância de Sócrates, ou obter algum sentido a partir da impertinência de Arcesilau e Carnéades? Agrippa não tinha mais interesse pelos objetivos filosóficos dos céticos do que tinha pelos das outras escolas filosóficas, que ele atacou com armas epistemológicas tomadas do arsenal dos céticos. Para ele, a incerteza de todo conhecimento humano conduzia não à tranquilidade, mas a uma humilde aceitação de que a certeza pela qual ansiamos e da qual necessitamos só pode ser encontrada na Bíblia.[68]

Nas décadas da metade do século XVI, o ceticismo acadêmico foi envolvido em disputas sobre a predominância aristotélica nas universidades.

---

66 Rupp e Watson, 1969, 106-8.
67 Rummel, 2000, 54-61; Schmitt, 1972, 58-61.
68 Agrippa, 1974, 386-9; Nauert, 1965; Poel, 1997.

Aqueles que queriam derrubar o edifício peripatético adotaram as ferramentas dos céticos para golpear os alicerces do dogmatismo aristotélico. Os aristotélicos contra-atacaram apresentando a alegação dos céticos de que o conhecimento certo era inalcançável como uma ameaça tanto para a filosofia quanto para a religião.[69] Embora o médico português Francisco Sanchez (1551-1623) tenha intitulado seu tratado *Que nada é conhecido* (1581), esse tratado é menos uma defesa do ceticismo do que uma tentativa de provar, mais com base na tradição galênica de empirismo médico do que em argumentos acadêmicos, que a ciência aristotélica, com suas definições e silogismos demonstrativos, não pode produzir um conhecimento certo.[70]

O ceticismo pirrônico finalmente adquiriu autonomia nos anos 1560, quando os tratados de Sexto Empírico se tornaram disponíveis em latim. No prefácio à sua tradução das *Hipotiposes pirrônicas* (1562), o estudioso e editor huguenote Henri Estienne (1528-98) descreveu como ele havia alcançado a paz de espírito após uma crise de depressão ao ler a refutação cética de "todos os professores de todos os assuntos". Tendo experienciado o poder do ceticismo para curar sua própria enfermidade, Estienne prescreveu a suspensão pirrônica do juízo como um remédio para a "doença da impiedade" da qual os "filósofos dogmáticos" de sua época estavam sofrendo.[71] A tradução latina de *Contra os professores* (1569) por um teólogo e polemista da Contrarreforma, Gentian Hervet (1499-1584), apareceu juntamente com uma reimpressão da versão de Estienne das *Hipotiposes*. Se essa foi uma estratégia de publicação astuta para vender o ceticismo em ambos os lados da divisão confessional, ela foi frustrada pelo objetivo explicitamente declarado de Hervet de mobilizar as forças do ceticismo pirrônico contra o dogmatismo herético dos calvinistas. Seguindo orgulhosamente as pegadas de Gianfrancesco Pico, que havia usado Sexto "para defender os dogmas da religião cristã contra os filósofos pagãos", Hervet mais uma vez colocou o ceticismo a serviço da ortodoxia católica.[72]

---

69 Schmitt, 1972, 81-157.
70 Sanchez, 1988.
71 Floridi, 2002, 72-7.
72 Sexto Empírico [Sextus Empiricus], 1569, sigs. ā2^r-3^r.

Uma cópia da edição de 1562 das *Hipotiposes* estava na biblioteca de Montaigne, que, assim como Estienne, fora atraído pela habilidade do pirronismo para produzir "uma condição de vida pacífica e tranquila, livre das agitações que recebemos" do "conhecimento que pensamos ter das coisas". Montaigne considerava a posição dos pirronistas, que professavam "oscilar, duvidar e investigar, sem certeza de nada, sem responder por nada", como "mais ousada e mais plausível" que a dos acadêmicos, que "admitiam que algumas coisas eram mais prováveis que outras": "ou podemos julgar absolutamente", escreveu ele, "ou absolutamente não podemos". O pirronismo permitiu-lhe desinflar as pretensões excessivamente infladas da razão humana e, em uma época de fanatismo sectário, desestabilizar o dogmatismo "pelo qual não nos é permitido não saber aquilo que não sabemos". Contudo, Montaigne, como outros escritores do século XVI, considerava a incerteza dos céticos e a serenidade à qual ela conduzia não como fins que se justificavam por si mesmos, mas como uma maneira de preparar a alma para receber a certeza divina. A seus olhos, o valor último da imagem do homem apresentada pelos céticos, "nu e vazio, reconhecendo sua fraqueza natural" e "despido do conhecimento humano", era que ela mostrava que o homem era "uma tábua em branco preparada para receber do dedo de Deus as formas que lhe aprouver gravar nela".[73]

Em contraste com o estoicismo e o epicurismo, cujo potencial filosófico não pôde ser plenamente realizado enquanto suas doutrinas não foram acomodadas ao cristianismo, o ceticismo teve de ser desembaraçado da interpretação cristã que lhe foi imposta durante o Renascimento, antes de passar a exercer uma influência muito mais profunda na filosofia do início do período moderno do que as outras escolas helenísticas.[74]

---

73 Montaigne, 1965a, 373-5, 422; Hartle, 2005.
74 Schmitt e Popkin, 1987; Sorell, 1993, 15-32; Popkin, 2003, 64-302.

7 A filosofia árabe e o averroísmo

Dag Nikolaus Hasse

Os nomes dos famosos filósofos árabes Averróis e Avicena, ao lado de Alkindi, Alfarabi e Algazel, aparecem em incontáveis escritos filosóficos do Renascimento. Esses autores são figuras bem conhecidas do período clássico da filosofia árabe, que se estende do século IX ao XII d. C. A história da filosofia árabe começou na metade do século IX, quando uma parte substancial da filosofia grega antiga havia se tornado disponível em traduções árabes: quase toda a obra de Aristóteles, numerosos comentários gregos sobre Aristóteles, muitas fontes platônicas e neoplatônicas. Um dos principais centros de atividade intelectual foi Bagdá, a nova capital dos califas abássidas. Foi ali que Alkindi (al-Kindī, m. após 870 d. C.), o primeiro filósofo importante da cultura árabe, e o filósofo aristotélico Alfarabi (al-Fārābī, m. 950/1) passaram a maior parte de suas vidas. Um dos principais pontos de transição na história da filosofia árabe foi a atividade de Avicena (Ibn Sīnā, m. 1037), o filósofo da corte de vários governantes locais na Pérsia, que reformulou a filosofia aristotélica de uma maneira que a tornou altamente influente entre os teólogos islâmicos. O famoso teólogo de Bagdá Algazel (al-Ghazālī, m. 1111) aceitou boa parte da filosofia de Avicena, mas criticou-a em relação a questões centrais como a eternidade do mundo. Averróis (Ibn Rushd, m. 1198), o comentador andaluz de Aristóteles, reagiu tanto a Avicena quanto a Algazel: ele censurou Avicena por desviar-se de Aristóteles, e criticou Algazel por compreender erroneamente a tradição filosófica.

Através de traduções latinas, a Idade Média cristã se familiarizou com partes importantes da tradição filosófica árabe de Alkindi a Averróis.[1]

---

1 Sobre a recepção medieval da filosofia árabe, ver Burnett, 2005, com referências adicionais.

É verdade que a filosofia continuou a florescer depois de Averróis, especialmente no norte da África e no Oriente Próximo, mas as obras de seus protagonistas não foram traduzidas para o latim, e assim escaparam à atenção dos leitores cristãos. O movimento de tradução do árabe para o latim começou na Itália do século XI, ganhou velocidade na Espanha do século XII, e foi continuado no início do século XIII na corte de Frederico II Hohenstaufen no sul da Itália. As obras filosóficas mais importantes traduzidas foram o *Catálogo das ciências* (*De scientiis*) de Alfarabi, a *Filosofia primeira* (*Prima philosophia*) e o *Da alma* (*De anima*) de Avicena e os longos comentários de Averróis sobre a *Metafísica*, o *De anima* [*Da alma*], a *Física* e o *De caelo* [*Do céu*] de Aristóteles. Muitas disputas do escolasticismo desde a época de Alberto, o Grande, em diante foram profundamente coloridas pelas posições, argumentos e terminologia dessas obras árabes.

A influência das traduções medievais continuou no Renascimento. Seria errado, contudo, conceber essa influência como um mero resquício de tradições escolásticas moribundas. De fato, alguns temas da filosofia árabe alcançaram o auge de sua influência apenas tardiamente nos séculos XV e XVI. Isso é verdade, por exemplo, em relação à teoria do intelecto, à lógica e à zoologia de Averróis e à teoria filosófica de Avicena sobre a profecia. Antes de nos voltarmos para a discussão de três teorias bem-sucedidas nessas áreas, cabem alguns comentários sobre as circunstâncias responsáveis pela ascensão de tendências averroístas e avicenistas no Renascimento.

Um fator chave foi a extraordinária autoridade que Averróis havia adquirido como um autor universitário que era lido e ensinado nas faculdades de artes em toda a Europa, e especialmente na Itália renascentista. Suas exposições de Aristóteles tiveram uma influência avassaladora sobre a tradição italiana de comentários, em particular na Universidade de Pádua, o centro mais importante de estudo filosófico na Europa durante o Renascimento. Essa proeminência se reflete na existência de vários comentários sobre os próprios comentários de Averróis, tais como os de Agostino Nifo sobre os comentários longos de Averróis acerca do *De anima* [*Da alma*] e da *Metafísica*,[2] e os de Pietro Pomponazzi sobre o *Comentário longo sobre a Metafísica, Livro XII*,

---

2 Nifo, 1503 e Nifo, 1559b.

de Averróis.³ Muitos cuidados filológicos e editoriais foram investidos nas edições novas e corrigidas de suas obras, e filósofos aristotélicos proeminentes como Nicoletto Vernia, Nifo e Marcantonio Zimara tomaram parte nesses esforços editoriais. Zimara compôs três obras frequentemente impressas que serviram como guias para as diferenças e concordâncias entre Aristóteles e Averróis.⁴ A história das edições de Averróis no Renascimento culminou com a impressionante edição de Giunta de 1550/2 em múltiplos volumes, publicada em Veneza, que apresentou o *corpus* aristotélico inteiro juntamente com um conjunto completo das obras de Averróis.⁵

Essa edição também contém a maioria das novas traduções de Averróis que foram produzidas no Renascimento. Durante muito tempo, desde as traduções médicas em Montpellier e Barcelona por volta de 1300, poucas traduções de textos árabes haviam sido produzidas. Por volta de 1480, no entanto, iniciou-se uma nova onda de traduções, muitas delas por intermediários hebraicos.⁶ O movimento durou aproximadamente setenta anos, até a morte do último tradutor prolífico, Jacopo Mantino, em 1549. O resultado foi impressionante: dezenove comentários de Averróis foram traduzidos pela primeira vez, em contraste com quinze comentários traduzidos em todo o período medieval. Além de comentários de Averróis, as traduções incluíram outras obras filosóficas de Averróis, vários tratados sobre a alma por Avicena, tratados de Alfarabi e Avempace (Ibn Bājja) e o romance filosófico de Ibn Tufayl, *Hayy ibn Yaqzān* [*Vivo, filho do Desperto*].⁷ No apêndice deste capítulo, o leitor encontrará uma lista de obras filosóficas árabes traduzidas durante o Renascimento.

---

3 Pietro Pomponazzi (MS), *Expositio in librum XII Metaphysicae* [*Exposição sobre o livro XII da Metafísica*]. Para outros manuscritos, ver 1988, 349.
4 Zimara, 1508, 1537a, 1537b; ver novamente Lohr, 1988, 506-7, 511.
5 Aristóteles e Averróis, 1550-2. O relançamento dessa edição em 1562 foi reimpresso em Frankfurt, 1962, e ainda forma a base dos estudos modernos sobre o Averróis latino, pelo menos para aquelas obras que não tiveram ainda uma edição crítica. Ver o artigo informativo sobre a edição de 1550-2 por Schmitt, 1984b.
6 Sobre o movimento de traduções do árabe para o latim e do hebraico para o latim, ver Siraisi, 1987, 133-43; Tamani, 1992, Burnett, 1999b, e Hasse, 2006.
7 Para uma lista completa de traduções renascentistas incluindo obras da ciência árabe, ver Hasse, 2006.

Poucos tradutores renascentistas trabalharam diretamente a partir do árabe, sendo uma notável exceção Andrea Alpago, o tradutor dos tratados de Avicena sobre a alma. O fato de que as outras traduções puderam ser feitas deveu-se à riqueza da tradição filosófica hebraica. Em contraste com as traduções medievais, a maioria das novas traduções foram feitas do hebraico, e a maioria dos tradutores foram estudiosos judeus, frequentemente médicos de profissão.

A recepção das obras então recém-traduzidas da filosofia árabe ainda não foi investigada. Graças a um estudo recente, sabemos que a tradução do comentário de Averróis sobre o *De animalibus* [*Dos animais*] feita por Jacopo Mantino foi muito usada e citada por Agostino Nifo em seu comentário sobre o *De animalibus* nos anos 1530.[8] É provável que outras disciplinas tenham sido influenciadas de maneira semelhante. Dados os muitos comentários sobre lógica traduzidos no Renascimento, pode-se esperar que esse campo tenha sido influenciado pelas novas traduções. Um efeito colateral da explosão de Averróis nas universidades italianas foi que os argumentos e posições de outros filósofos árabes mencionados nos comentários de Averróis receberam uma atenção crescente, especialmente Alfarabi, Avempace e Algazel.[9]

As teorias árabes mais bem-sucedidas no Renascimento, contudo, não foram transmitidas através das novas traduções. Elas haviam estado disponíveis há muito em versões medievais latinas, mas encontraram uma ressonância particular entre leitores renascentistas. Três teorias serão discutidas abaixo: a teoria de Averróis sobre a unicidade do intelecto, a explicação naturalista de Avicena sobre os milagres, e os pontos de vista opostos de Avicena e Averróis sobre a geração espontânea, isto é, sobre a geração de seres vivos a partir da matéria.

---

8 O comentário de Averróis é sobre *De partibus animalium* [*Das partes dos animais*] I-IV e *De generatione animalium* [*Da geração dos animais*] I-III, mas não abrange nenhuma parte de *Historia animalium* [*História dos animais*]. O comentário de Nifo abrange todos os três livros aristotélicos sobre os animais: ver Perfetti, 2000, 85-120.
9 O filósofo paduano Agostino Nifo, por exemplo, compôs um comentário sobre a resposta de Averróis ao *A incoerência dos filósofos* de Algazel, e assim também comentou indiretamente sobre Algazel; ver Nifo, 1497.

A teoria do intelecto de Averróis

Em seu *Comentário longo sobre o De anima* de Aristóteles, Averróis desenvolve sua tese filosófica mais controversa: a de que existe apenas um intelecto para todos os seres humanos. Nenhuma outra teoria filosófica árabe recebeu tanta atenção no Renascimento. A teoria do intelecto de Averróis é difícil em si mesma, e sua compreensão é adicionalmente complicada pelo fato de que o *Comentário longo* não sobreviveu em árabe (exceto alguns fragmentos), mas apenas em uma tradução do século XIII do árabe para o latim.[10] Com relação à tese da unicidade, a passagem mais pertinente é a longa digressão contida na seção III.5 do comentário. Os filósofos renascentistas se referiam a essa passagem como *digressio magna* [grande digressão], ou simplesmente *commentum magnum* [grande comentário]. Ela explica a passagem do *De anima* Γ.4 (429a22 e 24-5) de Aristóteles. Ali, Averróis rejeita as posições de comentadores gregos anteriores acerca do intelecto humano, especialmente Temístio e Alexandre de Afrodísias. Temístio é criticado por sustentar que tanto o intelecto material quanto os inteligíveis apreendidos são eternos. Alexandre é rejeitado por sustentar que o intelecto humano é gerado e corruptível.[11] A posição do próprio Averróis começa com a assunção, compartilhada com Temístio, de que para Aristóteles o intelecto material é pura potência de receber formas inteligíveis, e, portanto, deve ser incorpóreo e eterno.[12] O intelecto material é o lugar ontológico das formas inteligíveis e o receptor delas, mas não o meio pelo qual o ser humano é ligado àquilo que é inteligível. Esse papel é assumido pelas formas imaginativas em ato (os *phantasmata* [aparições]): nós apreendemos os inteligíveis através da faculdade da imaginação.[13] Portanto, em contraste com Temístio, Averróis insiste que os inteligíveis são apreendidos por cada indivíduo único, na medida em que têm sua base epistemológica (*subiectum*) na imaginação.

---

10 Averróis [Averroes], 1953. Alguns poucos fragmentos árabes em letras hebraicas foram preservados; ver Sirat e Geoffroy, 2005.
11 Averróis [Averroes], 1953, 391, linhas 127-40, e 393, linhas 176-95 (sobre Temístio), 395, esp. linhas 228-35 (sobre Alexandre) (III.5).
12 *Ibid.*, 387, linha 23, até 388, linha 56.
13 *Ibid.*, 404, linha 500, até 405, linha 520.

Eles são eternos apenas no que diz respeito à sua base ontológica, o intelecto material eterno e único, que é seu receptor incorpóreo.[14]

Averróis desenvolveu sua própria posição a fim de evitar diversas consequências infelizes que não haviam sido levadas em consideração por comentadores prévios. De acordo com ele próprio, sua teoria tem as seguintes vantagens: ela leva a sério a afirmação de Aristóteles em *De anima* Γ.4 (429a22 e 24-5) de que o intelecto (material) é pura potência e não se mistura com o corpo; ela explica a intelecção universal com uma teoria da abstração a partir de formas imaginativas, em vez de com uma teoria da mera recepção de inteligíveis eternos através do intelecto material, como fizera Temístio; ela explica como a intelecção individual é possível embora o intelecto material seja eterno.

No Ocidente latino, a tese de Averróis encontrou seguidores entre mestres de artes universitários de diferentes épocas e lugares. Uma vez que ela era integrada em uma ampla variedade de teorias do intelecto, ela podia assumir diferentes formatos.[15] Seus primeiros seguidores pertenciam a um grupo de mestres de artes em torno de Siger de Brabant na Universidade de Paris. Tomás de Aquino reagiu em 1270 com o *Tratado sobre a unidade do intelecto contra os averroístas* (*Tractatus de unitate intellectus contra Averroistas*), no qual ele argumentou que Averróis não podia explicar o fato de que uma pessoa singular pensa (*hic homo singularis intelligit*).[16] Etienne Tempier, o bispo de Paris, incluiu a tese da unicidade em suas bem conhecidas condenações de teses filosóficas de 1270 e 1277.[17] Mas a teoria de Averróis continuou a encontrar seguidores entre os mestres de artes. No século XIV, a tese foi aceita, em diferentes formulações, por um círculo de estudiosos em torno de João de Jandum, Thomas Wilton e João Baconthorpe, associado à Universidade de Paris, e por um grupo de professores pertencentes à faculdade de artes em Bolonha.[18] Quando o termo *averroísta* era usado na Idade Média por Tomás de Aquino e outros, ele tinha o objetivo de se

---

14 *Ibid.*, 400, linhas 379-93, 401, linhas 419-23, e 412, linhas 724-8.
15 Sobre o averroísmo medieval, ver Hayoun e *De Libera*, 1991.
16 Tomás de Aquino, 1994, 134.
17 Piché, 1999, 88 (art. 32/117).
18 Kuksewicz, 1995.

referir a esses defensores da tese da unidade. Os filósofos averroístas frequentemente promoviam também outras teses de Averróis, como a da eternidade do mundo, a da negação do poder infinito de Deus ou a negação do conhecimento de Deus sobre os particulares.[19] Mas a tese da unidade foi a que mais obviamente serviu para identificar os partidários de Averróis.

Na Itália renascentista, por várias razões, o averroísmo adquiriu uma intensidade e dinamismo sem paralelos na Idade Média. Antes de mais nada, o número de averroístas do Renascimento era simplesmente maior que o de seus predecessores medievais: a tese da unidade foi adotada, de modo mais ou menos explícito, em vários escritos de Paulo de Veneza, Niccolò Tignosi, Nicoletto Vernia, Alessandro Achillini, Agostino Nifo, Pietro Pomponazzi, Luca Prassicio, Francesco Vimercato e Antonio Bernardi. Além disso, o averroísmo renascentista exibiu uma maior coerência como uma tradição distinta, através de uma longa linha de relações entre professores e alunos na Universidade de Pádua: desde Paulo de Veneza, passando por seus alunos Gaetano da Thiene e Tignosi, até Vernia e seus alunos Nifo e Pomponazzi, e, na geração seguinte, Vimercato e Bernardi. Depois, também, a corrente averroísta foi mais frequentemente alvo de ataques no Renascimento do que no período medieval. E, de modo mais importante, é somente no Renascimento que a direção doutrinária da escola averroísta é desafiada e debatida abertamente no interior da escola.

A figura fundadora do averroísmo renascentista[20] é Paulo de Veneza (m. 1429), um professor da faculdade de artes em Pádua. No *Compêndio de filosofia natural* (*Summa philosophiae naturalis*) de 1408, Paulo aceita a tese da unidade e a atribui a Aristóteles e Averróis. Ele argumenta, entre outras coisas, que a tese da unidade é a única maneira aristotélica de explicar o enunciado de Aristóteles de que "o intelecto vem de fora" (*intellectus venit de foris*).[21] Além disso, uma vez que a alma intelectiva não é gerada e é

---

19 Kuksewicz, 1997, 96.
20 Sobre o averroísmo renascentista, ver o estudo clássico, mas preconceituoso, de Renan, 1861, e os trabalhos mais recentes de Kristeller, 1965b; Schmitt, 1984b; Mahoney, 2000; Hasse, 2004a e 2004b, Martin 2007; sobre a teoria do intelecto no Renascimento em geral, ver Kessler, 1988.
21 Aristóteles, *De generatione animalium* [*Da geração dos animais*] 736b27-8 (2.3).

incorruptível, não pode haver uma pluralidade de almas, senão haveria um número infinito de almas.[22] Há uma diferença bastante tangível entre a versão de Averróis e a versão de Paulo de Veneza para a tese da unidade. Paulo de Veneza discorda explicitamente da tese de Averróis de que a individualidade da intelecção é resgatada pelo fato de que nosso pensamento ocorre pela atualização de formas imaginativas. Em vez disso, Paulo de Veneza diz que é a alma intelectiva que é o meio de nosso conhecimento. Ele sustenta, portanto, que o intelecto é unido ao corpo como forma substancial deste – uma teoria difícil de combinar com a completa separabilidade e incorporalidade do intelecto único.[23] Em anos posteriores, Paulo de Veneza repete a tese da unidade, mas acrescenta que ela não é verdadeira do ponto de vista da fé (*secundum opinionem fidei*).[24] Esta é, então, a herança ambígua de Paulo de Veneza para a discussão subsequente: por um lado, um claro voto a favor da tese da unidade como sendo a verdadeira doutrina aristotélica e como uma tese apoiada por muitos argumentos; por outro, a modificação de que o intelecto é, ainda assim, a forma substancial do corpo, e que a tese da unidade é falsa a partir da perspectiva da fé cristã.

Nicoletto Vernia (m. 1499), o segundo sucessor de Paulo de Veneza na cátedra de Pádua, foi particularmente declarado acerca de seu averroísmo, como sabemos a partir de uma *Quaestio* [Questão] de 1480 com o título *Se a alma intelectiva [...] é eterna e única em todos os seres humanos* (*Utrum anima intellectiva [...] eterna atque unica sit in omnibus hominibus*).[25] A *Quaestio* parece estar incompleta: uma parte final sobre a verdadeira doutrina da fé cristã está faltando. Além de uma pequena seção introdutória, o texto é dividido em duas partes. A primeira é uma apresentação da tese de Averróis de que a alma intelectiva é eterna e única em todos os seres humanos, e que a alma não pode ser conjugada ao corpo humano como sua forma substancial, mas apenas como um capitão em seu navio. Vernia reúne uma série

---

22 Paulo de Veneza, 1503, fol. 88va.
23 *Ibid.*, fol. 88ra, *quarta conclusio* (V.36); ver também fol. 89ra, *ad tertium*.
24 Paulo de Veneza, 1481, sig. Z8ra (III.27), citado em Kuksewicz, 1983, I: 302.
25 A *Quaestio* sobreviveu apenas em manuscrito; ver Vernia (MS). Trechos desse manuscrito são citados em Hasse, 2004a, 135-7. Sobre Vernia e Nifo, ver os artigos reunidos por Mahoney, 2000.

de argumentos contra a posição de Averróis e mostra que eles podem ser refutados. Essa seção em defesa de Averróis é particularmente informativa sobre o ponto de vista do próprio Vernia acerca do tópico. A segunda parte do tratado visa demonstrar que a tese da unidade de Averróis está em plena concordância com Aristóteles.

Em sua defesa de Averróis, Vernia argumenta como se segue. É verdade, diz ele, que a união entre alma e corpo é tênue, mas ela é suficiente para estabelecer um ato unificado de intelecção.[26] O intelecto opera eternamente e sem depender de qualquer corpo. Não é o próprio intelecto, mas apenas o ser humano individual pensante que depende de *phantasmata* [aparições]. O intelecto é eternamente unido à substância do intelecto ativo, que também é uma entidade separada e eterna.[27] Vernia, assim, considera o intelecto possível como sendo semelhante a uma inteligência separada que tem uma intelecção eterna. Em consequência, ele argumenta que a unidade de intelecto não é afetada se dois indivíduos têm opiniões contrárias; o intelecto é capaz de unir os dois lados. Isso se dá porque Vernia não segue a solução de Averróis de que os inteligíveis são diversificados na medida em que residem na imaginação do ser humano individual.

A tese da unidade era filosoficamente atraente não apenas porque tornava o intelecto (material) completamente separado da matéria, como Aristóteles havia postulado, mas também porque ela explicava com elegância a universalidade do conhecimento intelectual. De um ponto de vista teológico, seu maior obstáculo era a implicação de que não havia nenhuma imortalidade pessoal após a morte do corpo. Essa era a base da oposição feroz contra Averróis por parte dos teólogos e humanistas. Francesco Petrarca castigou Averróis como inimigo de Cristo. Coluccio Salutati considerou as visões dele sobre Deus e a alma extremamente irreligiosas. Lorenzo Valla difamou-o por sua ignorância do grego e pelo estilo latino deplorável de seus tradutores. Marsílio Ficino argumentou que sua psicologia era um perigo para a religião. Se havia qualquer coisa de valor em seus comentários, disseram Ermolao Barbaro e Giovanni Faseolo, tais coisas haviam sido roubadas

---

26 Vernia (MS), fol. 156rb.
27 Vernia (MS), fols. 157vb-157bis ra.

palavra por palavra dos comentadores gregos.²⁸ O retrato de Averróis como um criminoso encontrou sua contraparte em histórias lendárias descrevendo-o como um assassino.²⁹

Não é surpreendente, portanto, que os partidários de Averróis tenham sofrido pressões, como ocorreu no caso de Nicolleto Vernia. Em um decreto datado de 4 de maio de 1489, o bispo de Pádua, Pietro Barozzi, ameaçou excomungar qualquer um que ousasse ensinar publicamente a unidade do intelecto. Vernia se retratou nos anos seguintes. Em 1492, ele escreveu um tratado intitulado *Contra a perversa opinião de Averróis sobre a unidade do intelecto*.³⁰ Em seu testamento, ele declarou que nunca acreditou verdadeiramente na tese da unidade, ainda que tenha, certa vez, erroneamente, ensinado em aula que ela concorda com Aristóteles. Não devemos, contudo, nos apoiar demais nessas declarações públicas visando a proteção de si. Mesmo no tratado de 1492 *Contra Averróis*, há passagens que são reminiscentes da teoria de Averróis. Vernia declara ali, com base na autoridade de Alberto, o Grande, que o intelecto, quando está conhecendo em ato, tem um poder universal que garante que os inteligíveis não percam seu caráter universal quando apreendidos pelo ser humano individual.³¹ Desse ponto de vista, resta apenas um pequeno passo até a tese de Averróis de que as formas inteligíveis são universais na medida em que residem no intelecto, e não nos *phantasmata* [aparições].

Agostino Nifo e Pietro Pomponazzi, ambos alunos de Vernia, admitem em seus anos iniciais que a teoria de Averróis parece ser a interpretação correta de Aristóteles, e que é difícil refutá-la filosoficamente. Depois eles viram as costas para Averróis. Em seu tratado de 1504, *Do intelecto* (*De intellectu*), Nifo, pela primeira vez, se dedica a refutar a tese como um erro filosófico. Ele admite que diversos argumentos tradicionais contra Averróis não são convincentes, por exemplo, o argumento de que se o intelecto fosse

---

28 Ver as referências em Kristeller, 1952; Di Napoli, 1963, 63-5 (a Petrarca), 72 (a Salutati), 84 (a Valla); Hankins, 1994, 274 (a Ficino); Nardi, 1958, 397 (a Faseolo). A passagem de Ermolao Barbaro encontra-se em Barbaro, 1943, I: 92.
29 Sobre a lenda do assassinato, ver Hasse, 1997, 234-6.
30 Vernia, 1505.
31 *Ibid.*, fol. 11rb.

único, uma pessoa poderia conhecer algo conhecido por outra pessoa. Aos olhos de Nifo, isso pode ser facilmente contestado argumentando-se que as duas pessoas conhecem individualmente porque a forma inteligível do objeto coincide com as formas de imaginação e é ligada a elas.[32] Está claro, a partir de tais passagens, que a tese de Averróis tinha vantagens epistemológicas que Nifo achava difíceis de contestar. O ponto de vista de Averróis, diz Nifo, está em conflito com certos princípios da filosofia moral: Deus deve ser honrado; as almas têm sua origem em Deus; o ser humano é um milagre divino; a lei divina deriva de Deus; os seres humanos não podem viver juntos sem Deus.[33] Além disso, a tese da unidade viola dois princípios da filosofia natural. Primeiro, um único motor (tal como o capitão de um navio) move exatamente um objeto apropriado, e não muitos, como um intelecto único faria. Segundo, nenhum motor produz diferentes efeitos do mesmo tipo ao mesmo tempo.[34] Em outras palavras: Nifo refere-se às implicações morais da tese da unidade, uma vez que ela põe em risco a doutrina da imortalidade individual, base da moral religiosa, e ele tenta demonstrar a impossibilidade de uma conexão causal entre um intelecto único e muitas pessoas. Aparentemente, a virada de Nifo contra Averróis foi incitada por um conjunto de motivações morais, teológicas e filosóficas. Uma vez que seus escritos carregam sinais claros de uma sustancial reformulação e autocensura, é possível que a pressão da Igreja também tenha desempenhado algum papel. Em vista disso, não devemos aceitar com seu valor nominal aquilo que Nifo diz em 1508: que ele defendeu Averróis em sua juventude, mas depois descobriu que sua posição era ridícula quando leu e examinou Aristóteles em grego.[35] Se ele de fato leu Aristóteles em grego, isso não deixou quase nenhum traço em sua crítica publicada contra Averróis.

Pietro Pomponazzi, de maneira semelhante a Nifo, declara nas lições iniciais de 1503-4, em Pádua, que ele não gosta da tese de Averróis, mas que apesar disso ela parece ser a interpretação apropriada de Aristóteles. Pomponazzi estava preso em um dilema. O que ele achava atraente era a posição

---

32 Nifo, 1554, fols. 33ra-b (III.26).
33 *Ibid.*, fols. 33va-34ra (III.28).
34 *Ibid.*, fols. 34ra-b (III.29).
35 Ver as referências em Mahoney, 2000, artigo I, 201.

do comentador grego Alexandre de Afrodísias, que havia argumentado em favor da completa dependência da alma em relação ao corpo. Mas "contra Alexandre há aquele argumento bastante válido sobre a <intelecção> universal".[36] Com isso, ele quer dizer: a teoria materialista de Alexandre sobre a alma é contestada pelo argumento de Averróis de que a alma intelectiva não seria capaz de conhecer inteligíveis universais se estivesse imersa na matéria. Em seu famoso *Tratado da imortalidade da alma* (*Tractatus de immortalitate animae*) de 1516, Pomponazzi encontra uma maneira de circunavegar o argumento de Averróis. Ele agora afirma que os inteligíveis universais nunca são propriamente recebidos pelo intelecto. Em vez disso, é somente através de *phantasmata* [aparições] que um ser humano apreende os inteligíveis. "O universal é compreendido no particular", diz.[37] Pomponazzi sacrificou a ideia de Averróis de que um intelecto incorpóreo é uma condição necessária para a apreensão de inteligíveis universais.

Contudo, nem todos os averroístas do Renascimento se tornaram, depois, oponentes ferozes de Averróis. Alessandro Achillini (m. 1512), por exemplo, não adota explicitamente Averróis, mas exibe uma grande simpatia pela tese da unidade: seus argumentos em favor de Averróis são formulados com muita diligência e poder de persuasão, ao passo que os contra-argumentos permanecem breves e pouco convincentes.[38] Luca Prassicio (m. 1533) escreve uma defesa bastante explícita da posição de Averróis. Ele acredita que Averróis não deveria ser acusado de negar a imortalidade; em vez disso, Averróis é o melhor defensor da imortalidade, uma vez que ele sustenta que a alma intelectiva é simplesmente imortal no que diz respeito tanto ao intelecto ativo quanto ao intelecto material. O texto de Prassicio foi impresso em 1521 como uma contribuição para a controvérsia, provocada por Pomponazzi e que acabara abrangendo toda a Itália, acerca da imortalidade da alma. Mas o verdadeiro alvo de Prassicio era Nifo: ele queria mostrar que o tratado de Nifo de 1518 sobre a imortalidade era cheio de interpretações errôneas de Averróis. Prassicio entra, assim, em um debate

---

36 Pomponazzi, em Kristeller, 1955, 93.
37 Pomponazzi, 1990, IX, 110.
38 Alessandro Achillini, *Quodlibeta de intelligentiis* [*Tópicos variados sobre a inteligência*], em Achillini, 1551, III, dub. 2-4.

plenamente desenvolvido sobre a interpretação correta de Averróis. Esse é um traço saliente que distingue o averroísmo renascentista dos averroísmos anteriores: a interpretação correta do líder do grupo, Averróis, torna-se ela mesma um tópico de disputa explícita.[39]

Os últimos dois autores que defenderam a tese de Averróis em meio impresso foram aparentemente Francesco Vimercato, um humanista e filósofo aristotélico que baseou sua posição em argumentos de Temístio e Averróis,[40] e Antonio Bernardi em 1562.[41] É digno de nota que a tese-chave dos averroístas tenha desaparecido tão tarde; obviamente, portanto, seu desaparecimento não pode ser explicado apenas com referência ao novo conhecimento dos comentadores gregos que apresentavam leituras alternativas de Aristóteles. A tese também perdeu sua atratividade filosófica para figuras que exemplificavam novas tendências no aristotelismo, como se pode ver nos escritos de Melanchthon, Zabarella ou Suárez.[42] Esses filósofos aristotélicos puderam dispensar a tese da unidade, pois desenvolveram explicações alternativas da intelecção universal dentro do referencial do aristotelismo.

A profecia por imaginação e por força de vontade

Quando o *Da alma* (*De anima*) de Avicena, a parte psicológica de sua suma filosófica *A cura* (*al-Shifā*), foi traduzido para o latim por volta de 1160, o mundo escolástico ocidental foi confrontado com uma teoria filosófica da alma que fora formulada nos termos da tradição peripatética. Uma teoria se mostrou particularmente desafiadora para o Ocidente latino: uma explicação naturalista da profecia e dos milagres. Avicena, em *De anima*, capítulos IV.2, IV.4 e V.6, descreve três tipos diferentes de profetismo, todos baseados em faculdades extraordinariamente dispostas da alma. O primeiro tipo diz respeito às visões durante a vida desperta que são percebidas por pessoas equipadas com uma faculdade imaginativa particularmente

---

39 Prassicio, 1521; para um ataque a Nifo, ver, por exemplo, sig. B4va. Ver Hasse, 2007a.
40 Vimercato, 1574, 47a.
41 Antonio Bernardi, 1560, 546, citado em Di Napoli, 1963, 364-5 (que se refere incorretamente à página 564 em Bernardi).
42 Isso é argumentado em Hasse, 2004b.

poderosa. O segundo tipo de profecia apoia-se em uma força de vontade extraordinária, que é capaz de influenciar a matéria do mundo. O terceiro é o poder profético mais elevado; ele permite às pessoas que possuem um grau muito alto de intuição apreender os termos médios de um silogismo sem receberem instrução, e assim receber todas as formas inteligíveis do intelecto ativo separado, quase instantaneamente.

Há um histórico de recepção escolástica no caso de cada um desses profetismos, mas foi o segundo, o profetismo pela força de vontade, que foi particularmente influente no Renascimento. A teoria de Avicena se baseia na observação de que a alma de um ser humano é capaz de influenciar seu próprio corpo, como quando uma pessoa doente imagina que está curada. Avicena continua:

> Essa é a razão pela qual um homem pode correr rapidamente sobre uma prancha de madeira quando esta é posta sobre um caminho bem trilhado, mas quando posta como uma ponte sobre um abismo, ele dificilmente seria capaz de se arrastar sobre ela. Isso ocorre pois imagina para si uma queda de modo tão vívido que a potência natural dos membros concorda com ela.[43]

Assim, quando as crenças são firmemente fixadas na alma, elas influenciam a matéria. Frequentemente, a alma influencia não apenas a matéria de seu próprio corpo, mas também a de outros, como no caso do mau-olhado (*oculus fascinans* é a expressão usada pelo tradutor latino). O princípio subjacente ao raciocínio de Avicena é que a causação imaterial de efeitos materiais é possível. Avicena então distingue entre as pessoas com olho mau e os profetas que têm uma alma particularmente nobre e poderosa, assemelhando-se a inteligências sobre-humanas, e que têm também um corpo de natureza pura. A matéria presente no mundo obedece a tais almas. Elas são capazes, por pura força de vontade, de curar os doentes ou produzir chuvas e estações férteis. É digno de nota que Avicena não menciona nenhuma vez o reino divino nesse contexto. Na visão dele, nem os feiticeiros com olho mau, nem os profetas que produzem milagres necessitam de auxílio divino.

---

43 Rahman, 1958, 50. O texto latino encontra-se em Avicena [Avicenna], 1968-72, II: 64.

No Ocidente latino, a teoria de Avicena foi frequentemente discutida, na maioria das vezes, criticamente.[44] Desde a época de Alberto, o Grande, argumentava-se que a teoria estava em conflito com o princípio aristotélico de que não existe nenhuma causação entre coisas separadas sem mediação. Uma solução medieval para o problema era adotar uma explicação fornecida por Aristóteles para efeitos a longa distância. Em *Dos sonhos* (*De insomniis*), Aristóteles havia argumentado que certos tipos de espelhos são cobertos com uma neblina semelhante ao sangue quando uma mulher menstruada olha para eles. Isso ocorre porque o ar entre os olhos e o espelho é movido e afetado pela mulher, e, assim, funciona como um meio.[45] Outra solução era assumir que a alma emite partículas materiais – uma solução proposta pelo filósofo árabe Alkindi, que afirmara no tratado *Dos raios* (*De radiis*) que o espírito corpóreo da faculdade da imaginação emite raios que alteram os corpos exteriores.[46] A teoria aristotélica da mediação foi adotada por Tomás de Aquino, e a teoria alkindiana da emissão exterior foi adotada por Roger Bacon.[47]

Marsílio Ficino, em sua *Teologia platônica* (*Theologia platonica*) de 1469-74, apresenta uma teoria de efeitos da alma a longa distância que deve muito a Avicena, sem nomeá-lo. Ele adota o princípio básico de Avicena de que a alma é capaz de influenciar a matéria de seu próprio corpo, assim como pode influenciar a matéria do corpo de outra pessoa. Entretanto, a distinção entre feiticeiros e profetas é feita de modo diferente. Ficino contrasta os efeitos maléficos da imaginação (*phantasia*), aos quais pertence o mau olhado, com os efeitos benéficos da razão (*ratio*). A imaginação de uma pessoa maligna pode causar febre em uma criança. Esse efeito acontece porque a imaginação de uma febre estimula certos espíritos corpóreos no

---

44 Sobre a teoria da profecia de Avicena e sua recepção latina nos séculos XII e XIII, ver Hasse, 2000, 154-74. Sobre o conceito de imaginação/fantasia na história da filosofia desde a Antiguidade até 1500, ver a introdução bastante informativa de K. Park a Gianfrancesco Pico della Mirandola, 1984, 16-43. Ver também Zambelli, 1985.
45 Aristóteles, *De insomniis* [*Dos sonhos*], 459b23-460a24. A autenticidade da passagem é contestada. Para uma defesa recente de sua autenticidade, ver Van der Eijk, 1994, 183-93.
46 Esse texto não sobreviveu em árabe. Ver a edição latina, Alkindi, 1975, 230-1. Sobre sua recepção, ver Walker, 1958, 147-59, e Burnett, 1999a, 20-1.
47 Tomás de Aquino, *Summa theologiae* [*Suma de teologia*], I, qu. 117, a. 3, ad 2. Bacon, 1859, 529.

feiticeiro, com o efeito de que certos vapores fétidos são emitidos dos olhos do feiticeiro e penetram no corpo da criança.[48] Aqui, Ficino claramente fica ao lado da tradição alkindiana das teorias de transmissão exterior. Se a imaginação tem tamanho poder, não é surpreendente que a faculdade mais nobre da razão tenha ainda mais, diz Ficino. As almas racionais de algumas pessoas, por exemplo, são capazes de curar pessoas doentes, pois são divinamente dotadas de um equilíbrio perfeito de humores, nutrem-se de alimentos purificados e são educadas de maneira piedosa. Além disso, a alma racional de algumas pessoas é capaz de dirigir toda sua intenção racional para o alto, ordenar que sua imaginação se silencie, rejeitar os caminhos usuais da razão, e, com a ajuda de Deus, deixar de ser uma alma e tornar-se, em vez disso, um anjo.[49] Parece que Ficino abandona os traços naturalistas da teoria de Avicena na parte final de sua própria teoria: a influência de Deus é essencial para a alma racional produzir efeitos milagrosos.

Há autores renascentistas que aceitam a teoria de Avicena com menos modificações. Isso é particularmente verdadeiro acerca de Andrea Cattani (m. 1506), que – em contraste com a maioria dos outros autores – concorda com Avicena que as almas dos profetas e feiticeiros podem influenciar a matéria sem qualquer mediação. Em seu *Das causas de efeitos milagrosos* (*De causis mirabilium effectuum*), impresso em *c.* 1502, Cattani argumenta, adotando explicitamente o ponto de vista de Avicena, que as almas de algumas pessoas são tão nobres que elas são capazes de influenciar outros corpos sem mediação, simplesmente por causa de sua fortíssima imaginação. Chamamos essas pessoas de profetas, diz Cattani. Elas adquirem essa disposição pela influência das estrelas e pela inspiração do Espírito Santo.[50] O caso dos feiticeiros é paralelo a esse. Eles alteram com sucesso outros corpos por meio de mau-olhado e de encantamentos pelo puro uso de sua imaginação, se ela for bem preparada através de um poder divino e de um

---

48 Marsilio Ficino, 2001-6, 192-5 (13.4.8-9). O clássico sobre a teoria de Ficino dos poderes ocultos é Walker, 1958, parte I, mas ver as modificações importantes por Hankins, 2006a, que discute a influência de Avicena em Ficino. Para uma contextualização, ver também Copenhaver, 1988a.
49 Ficino, 2001-6, 196-201 (13.4.10-12).
50 Cattani, 1502, sigs. e6r-e7r.

temperamento corporal adequado.⁵¹ Também é possível que esses efeitos ocorram pela transmissão de espíritos corpóreos através dos olhos.⁵² Cattani conclui seu tratado com uma advertência cristã, como Ficino de fato também havia feito.⁵³ É claro que a teoria da profecia de Avicena permaneceu como um desafio naturalista, mesmo que a influência divina sobre os profetas tenha sido acrescentada a ela. Cattani observa que quase tudo que Avicena escrevera estava em discordância com a fé e com a verdade. Ele então indica a seus leitores uma *quaestio fidei* [*questão de fé*] (que parece não ter sido preservada) na qual ele refuta todos os erros sobre esse assunto.⁵⁴ Os comentários finais de Cattani discordam abertamente do elogio introdutório a Avicena em sua dedicatória: "Entre os pontos de vistas de filósofos que viemos a conhecer, não encontramos nenhum que estivesse mais próximo da verdadeira fé do que o ponto de vista de Avicena".⁵⁵

É digno de nota que a discussão renascentista não faz distinção entre a profecia por imaginação e a profecia por força de vontade, como havia feito Avicena. Essa é uma tendência que remete ao século XIII.⁵⁶ Cattani, de fato, também inclui o terceiro tipo aviceniano de profetismo em seu tratado, quando explica que os profetas dotados de uma imaginação extraordinária também recebem todo o conhecimento abstrato das inteligências. Para Cattani, o poder profético dependia, em última instância, da inspiração do Espírito Santo. Um médico de Turim, Pietro Bairo (m. 1558), adotou a teoria de Avicena sem esse acréscimo cristianizante. Em seu inicial *Opúsculo sobre a peste* (*Opusculum de pestilentia*) de 1507, Bairo faz uso de Avicena para apoiar sua visão de que uma imaginação poderosa pode ter um efeito considerável sobre o corpo dela própria afetado pela peste, se a pessoa tiver muito medo da morte. Isso é muito provável, diz Bairo, em vista do fato de que uma imaginação poderosa é capaz de alterar mesmo o corpo de uma pessoa diferente, como sustenta Avicena. Bairo fornece longas citações do

---

51 *Ibid.*, sigs. e7v-f1r.
52 *Ibid.*, sig. f2v.
53 Ficino, 2001-6, 216-17 (13.5.8).
54 Cattani, 1502, sig. f8r.
55 Cattani, 1502, sig. a2v.
56 Hasse, 2000, 167-8.

De anima de Avicena, incluindo o *exemplum* de uma pessoa equilibrando-se em uma prancha de madeira, bem como passagens sobre o mau-olhado, a cura dos doentes e a produção de estações férteis. O termo *propheta* é evitado, mas fora isso a teoria não é qualificada por quaisquer reservas.⁵⁷

O tratado de Pietro Pomponazzi *Das causas de efeitos naturas ou dos encantamentos* (*De naturalium effectuum causis sive de incantationibus*) de 1520 se baseia nos tratamentos de Ficino e Cattani sobre o tópico. Em muitos aspectos, essa é uma obra provocativa – como havia sido seu tratado anterior sobre a mortalidade da alma. O principal alvo de Pomponazzi é a crença popular de que os milagres, que rompem com o curso ordinário da natureza, são produzidos por anjos e demônios. Ele raciocina como se segue: há mudanças no mundo material que resultam de causas invisíveis, tais como as qualidades invisíveis de certas pedras, do peixe torpedo, etc. Tais qualidades ocultas existem em um número enorme de casos. Ocasionalmente, pessoas inteligentes que sabem sobre esses efeitos fazem uso deles para impressionar e enganar pessoas comuns, que atribuem os efeitos a anjos e demônios.⁵⁸ Um exemplo é o milagre recente na cidade italiana de Áquila, onde a imagem de um santo apareceu no céu quando as pessoas da cidade haviam feito orações fervorosas ao santo. Se seguirmos Avicena, diz Pomponazzi, o efeito é produzido apenas pela pura vontade do povo de Áquila. A "explicação peripatética", contudo, é que o efeito foi resultado da transmissão de vapores das pessoas para o céu – Pomponazzi mostra, assim, sua simpatia por uma teoria da transmissão externa.⁵⁹ A explicação mais racional (*magis sensatus*) é que a imagem no céu não era, de fato, a imagem do santo.⁶⁰ É aparente que o ponto de vista de Pomponazzi é muito influenciado pelo de Avicena, mas modificado de acordo com o princípio aristotélico de que não há causação sem contato.

Uma crítica fervorosa dessa tradição aviceniana, especialmente de Ficino e Pomponazzi, foi lançada pelo teólogo protestante Thomas Erastus

---

57 Bairo, 1507, sigs. f5r-f6r (capítulo *de cibo et potu* [sobre a comida e a bebida]). Sobre Bairo, ver Thorndike, 1923-58, VI: 217-18.
58 Pomponazzi, 1567, 21-4. Para uma interpretação dessa obra, ver Pine, 1986, 235-74.
59 Pomponazzi, 1567, 237-8.
60 *Ibid.*, 253.

(m. 1583) de Heidelberg, em *Debates acerca da nova medicina de Paracelso*, publicado pela primeira vez em 1572. Erastus argumenta que a imaginação não pode exercer qualquer influência sobre a matéria, uma vez que sua única função é a representação de imagens.[61] As teorias da mediação e da transmissão externa também são refutadas: os vapores e o *spiritus* são muito tênues e finos para produzir neblina em um espelho. Pode-se mostrar facilmente através de um experimento cotidiano que os espelhos nunca são nublados com uma neblina vermelha quando mulheres menstruadas olham para eles.[62] O mesmo se aplica ao mau-olhado: uma vez que o *spiritus* é tão fino, ele se desintegraria assim que deixasse o olho. Além disso, não é claro como o *spiritus* poderia ser conduzido até seu alvo depois de ter deixado os olhos. Na verdade, diz Erastus, se há realmente casos de danos provocados à distância, eles são obra do diabo.[63] É curioso ver que esses argumentos, que são parcialmente baseados na experiência e no senso comum, são apresentados por um teólogo conservador cuja teoria culmina na reintrodução do diabo na teoria dos milagres. Erastus explicitamente destaca Avicena como o filósofo que induziu os outros ao engano de adotarem uma teoria errônea da profecia.[64]

Thomas Erastus, Michel de Montaigne e Blaise Pascal, entre outros, usam o argumento de Avicena acerca do tronco de árvore (eles provavelmente se baseiam em Pietro Bairo); Montaigne e Pascal fazem isso silenciosamente. Enquanto Erastus é cético em relação à força explicativa do argumento,[65] Montaigne e Pascal adaptam-no a um contexto diferente, antiestoico: eles o utilizam para mostrar que o intelecto, até mesmo do filósofo mais sábio, é sobrepujado pelos sentidos, quando uma pessoa é forçada a se equilibrar sobre uma prancha que conduz de uma torre da Catedral de Notre Dame à outra (Montaigne)[66] ou que cobre um desfiladeiro (Pascal).[67] Montaigne, de fato, prolonga a tradição aviceniana também ao adotar a

---

61 Erastus, 1572, 74. Sobre Erastus, ver Thorndike, 1923-58, VI: 652-67 e Walker, 1958, 156-66.
62 Erastus, 1572, 91.
63 *Ibid.*, 101-2, 108.
64 *Ibid.*, 115-17.
65 *Ibid.*, 115.
66 Montaigne, 1965b, 594 (2.13).
67 Pascal, 1946, II, 56.

posição de que a imaginação, se estiver agitada com veemência, é suficientemente poderosa para influenciar os corpos de outras pessoas e provocar doenças, como se emitisse flechas.[68]

A geração espontânea e a ontologia das formas

Os debates metafísicos do fim da Idade Média foram dominados por três obras principais: a *Metafísica* de Aristóteles, a *Metafísica* de Avicena e o *Comentário longo sobre a Metafísica de Aristóteles* de Averróis. Muitas questões e argumentos vieram diretamente das fontes árabes, tais como a distinção entre essência e existência, a teoria dos conceitos primários, ou a questão de se o objeto da metafísica é Deus ou o ser enquanto tal. Este último tópico continuou a ser formulado dentro dos parâmetros árabes no século XVI. Quando Francisco Suárez inicia suas bem conhecidas *Disputas metafísicas* (*Disputationes metaphysicae*) com uma primeira seção sobre o objeto apropriado da metafísica, ele enumera e refuta seis posições, finalmente adotando uma sétima. Uma das posições refutadas é atribuída a Averróis e seu *Comentário longo sobre a Física*: que o objeto apropriado é "o único ente real supremo, a saber, Deus" (*solum supremum ens reale, Deum videlicet*). A conclusão do próprio Suárez é que o ser enquanto tal é o objeto apropriado. Tanto Avicena quanto Averróis (dessa vez no *Comentário longo sobre a Metafísica*) são citados como autoridades para apoiar essa posição.[69]

Uma vez que o trabalho acadêmico sobre a recepção da metafísica árabe no Renascimento apenas começou, é impossível fornecer um inventário; em vez disso, o foco será sobre um tópico particular. Um campo proeminente da influência árabe na metafísica do Renascimento é a geração espontânea.[70] Quando um ser vivo é gerado espontaneamente, ele emerge da matéria sem que haja quaisquer progenitores. Um exemplo frequentemente citado desde a Antiguidade era a geração de vermes a partir da matéria em decomposição (*generatio per putrefactionem*). Aristóteles havia argumentado

---

68 Montaigne, 1965b, 104-5 (1.21).
69 Suárez, 1866, I: 1-12. A citação é da p. 4.
70 Sobre a geração espontânea na tradição árabe e latina, ver Nardi, 1965a; Kruk 1990; Van der Lugt, 2004, 131-87; Hasse, 2007b.

na *Metafísica* VII.9 (1034b5-8) que os seres naturais que podem ser gerados espontaneamente são aqueles cuja matéria é capaz de movimento próprio – em imitação do movimento que na reprodução sexual é introduzido de fora através da semente.[71] Temístio, o comentador de Aristóteles do século IV d. C., argumentou que a geração espontânea é um desafio ao princípio aristotélico de que todas as coisas são geradas a partir de coisas semelhantes em forma. Temístio conclui que a geração espontânea só pode ser explicada com uma teoria platônica das formas. Em um período muito recuado da história, diz ele, formas separadamente existentes foram plantadas na terra por uma causa maior. É dessas formas no interior da terra que os animais podem ser gerados espontaneamente.[72]

Era bem conhecido no Renascimento que Avicena e Averróis adotaram visões opostas sobre a questão. Em uma pequena seção de *Dos dilúvios* (*De diluviis*) da parte meteorológica de *A cura* (*al-Shifā*), Avicena discute catástrofes globais que ocorrem repetidas vezes na história – esse é novamente um tópico herdado da Antiguidade.[73] *Dos dilúvios* contém uma explicação de como animais e seres humanos são gerados de novo após sua completa extinção: a geração deles é o resultado de uma série de misturas a cada vez, mas refinadas de qualidades elementares. Quando um certo nível é alcançado, o "doador de formas" (*wāhib al-Suwar*, *dator formarum*) dá formas a porções adequadamente preparadas de matéria. O doador de formas, a mais inferior das inteligências celestiais, é uma parte importante e bem conhecida da ontologia de Avicena. Ele não é um deus, uma vez que reage automaticamente quando um nível adequado de mistura é alcançado.

---

71 A geração espontânea também é discutida na obra biológica de Aristóteles; a passagem mais abrangente encontra-se em *De generatione animalium* [*Da geração dos animais*] 762a9-b32 (3.11).

72 A paráfrase de Temístio sobre o Livro XII da *Metafísica* não sobreviveu em grego, mas somente em longas citações árabes por Averróis e em uma versão hebraica completa que foi traduzida do árabe em 1255 d. C. Ver a tradução inglesa das citações em Averróis [Averroes], *Long Commentary on the Metaphysics* [*Comentário longo sobre a Metafísica*] (acerca de 1070a24), em Genequand, 1986, 105-7.

73 Ver, por exemplo, Platão, *O político* 269B e ss., 271A e ss.; Platão, *Timeu* 22C, 23A-B. Aristóteles não compartilha da convicção de que fomes ou dilúvios imensos apontam para o fato de que houve no passado destruições da humanidade; essas catástrofes tiveram somente um caráter local; ver *Dos meteoros* 352a17ss. (2.14).

Para Avicena, em contraste com Aristóteles, a forma de um animal ou de um ser humano não é eterna, mas gerada por um princípio separado, o doador de formas.[74]

Essa teoria é rejeitada por Averróis, que retorna ao princípio aristotélico de que as formas não são sujeitas à geração ou à decomposição. A posição dele no *Comentário longo sobre a Metafísica* é que o poder dos corpos celestes assume o papel do poder que se encontra no sêmen parental. O grau da influência celeste depende dos movimentos e posições relativas do Sol e dos outros planetas. Averróis acrescenta, assim, um elemento astrológico à teoria. Em contraste explícito com Avicena, Averróis nega a possibilidade de que os seres humanos sejam gerados espontaneamente. Estritamente falando, tipos naturais nunca podem ser gerados espontaneamente, porque o resultado de tais processos não é um ser natural, mas sim um ser monstruoso, não natural.[75]

Na época em que o tópico chegou ao Renascimento, ele havia sido assunto de muitas discussões animadas no escolasticismo medieval tardio. Um bom exemplo do que havia se tornado a posição dominante é a solução proposta por Antonio Trombetta (m. 1517), professor de metafísica *in via Scoti* ("na tradição escotista") na Universidade de Pádua, em seu comentário em forma de questões sobre a *Metafísica*. Trombetta apresenta Averróis e Avicena como sustentando opiniões extremas sobre a geração espontânea: de acordo com Averróis, nenhum animal pode ser gerado espontaneamente, enquanto que, para Avicena, todos os animais podem, até mesmo os seres humanos. Em vez disso, Trombetta argumenta, devemos seguir um caminho do meio (*tenenda est media via*), sustentando que apenas animais imperfeitos podem ser gerados espontaneamente, enquanto os seres humanos não podem. Quando a geração espontânea acontece, ela é o resultado de um poder inserido na matéria pelo Sol e as outras estrelas.[76] A fonte última dessa teoria da geração espontânea é Tomás de Aquino. Tomás havia seguido Averróis ao considerar os corpos celestes como sendo o fator decisivo na geração espontânea, mas ele havia

---

74 Avicena, *De diluviis* [*Dos dilúvios*], editado em Alonso Alonso, 1949, 291-319 (ver 306-8).
75 Ver a tradução inglesa do comentário de Averróis sobre a Metafísica XII.3 em Genequand, 1986, 94 e 111. Do comentário sobre a Metafísica VII.9 só existe uma tradução para uma língua ocidental, a tradução latina Aristóteles e Averróis, 1562, VIII: fol. 180r-1v (VII.31).
76 Trombetta, 1504, fol. 58vb.

se distanciado de Averróis ao formular a teoria da *media via* [caminho do meio].⁷⁷ Essa tradição foi continuada no Renascimento, por exemplo, pelo filósofo e teólogo jesuíta português Pedro da Fonseca (m. 1599), que dedica capítulos inteiros aos pontos de vista de Avicena e Averróis, mas se posiciona ao lado de Tomás de Aquino.⁷⁸

No ambiente da faculdade de artes de Pádua há uma variação maior de posições. Agostino Nifo segue a visão de Averróis (e, portanto, a de Tomás) sobre o papel dos corpos celestes na geração espontânea, mas acrescenta uma restrição importante em seu segundo comentário dos anos 1530 à *Metafísica*: "O que Averróis diz não é verdade, ainda que pareça ser peripatético. Explicamos no *Esclarecedor* [*Dilucidarium*] como a forma pode ser produzida pelas inteligências e pelo próprio Deus sem a mediação de um corpo celeste".⁷⁹ Nifo distingue (no comentário anterior sobre a *Metafísica* intitulado *Dilucidarium*) entre um ponto de vista peripatético e um ponto de vista cristão sobre o assunto. Os peripatéticos se apoiam nos princípios de que a geração e a corrupção sempre envolvem corpos, e que nada é gerado a partir do nada. "E assim os argumentos de Averróis são válidos se seus princípios forem pressupostos. Mas se falarmos de maneira católica, todos esses princípios são falsos."⁸⁰ A razão é que Deus é capaz de produzir mudanças que acontecem *ex nihilo* [a partir do nada] e sem qualquer alteração material. A inserção de uma ressalva cristã em um contexto filosófico é típica do aristotelismo renascentista, como vimos acima com as visões de Cattani sobre a força da imaginação. Nesse caso, ela é também um prolongamento de uma tradição medieval, uma vez que foi João Duns Escoto o primeiro a apontar para as visões conflitantes dos filósofos e dos teólogos sobre a questão da geração espontânea.⁸¹

---

77 Tomás de Aquino, 1950, 344 (§§ 1399-1403).
78 Fonseca, 1615-29, II: 246-55 (VII, vii, qu. 1 e 2). Sobre Fonseca, ver também o capítulo 13 adiante.
79 Nifo, 1559b, 431b (VII, text. 31): "*Sed haec an vera sint, petenda sunt a Dilucidario, ubi declaravimus haec quae Averroes ait non esse vera, licet videantur peripatetica. Illic enim explicavimus quonam modo ab intelligentiis et ab ipso deo effici possit forma sine interventu corporis coelestis*".
80 Nifo, 1559c, 195a: "*Et sic rationes Averrois sunt valide suppositis principiis eius. Sed si loquimur catholicae, omnia haec principia sunt falsa*".
81 Escoto [Scotus], 1999, 1252-3 (qu. 7).

Um novo capítulo na história da teoria da geração espontânea foi aberto quando um grupo de aristotélicos italianos do norte se voltou para Avicena: Pietro Pomponazzi, Paolo Ricci e Tiberio Russiliano (Rosselli). Pomponazzi discute a questão em muitas aulas e escritos diferentes, de 1502 a 1522, dos quais a maioria ainda não se encontra disponível em versão impressa.[82] Como é aparente a partir de uma aula de 1518 sobre a *Física*, Pomponazzi se desvia da teoria da *media via* e adota explicitamente a visão de Avicena de que a vida humana pode ser gerada espontaneamente. Avicena foi levado a desenvolver essa posição pela experiência e pela argumentação, diz Pomponazzi. A argumentação era de natureza astrológica: como um resultado de certas conjunções de planetas, houve grandes catástrofes na história do mundo que extinguiram toda a vida. Com o retorno das conjunções benéficas, seres humanos e outros animais nasceram da matéria em putrefação. A partir da experiência, observamos incontáveis casos de geração sem reprodução sexual. Pomponazzi conclui que os argumentos de Averróis contra Avicena não podem convencer (mas Pomponazzi acrescenta uma ressalva cristã dizendo que ele seguirá a *opinio latinorum* [opinião dos latinos], isto é, a opinião dos teólogos).[83] Pomponazzi adota, assim, a teoria de Avicena de *Dos dilúvios*, mas combina-a com a teoria astrológica mais popular da época, a teoria das grandes conjunções. Avicena havia admitido a possibilidade de que a ocorrência de eventos catastróficos dependesse das constelações celestes, mas sua explicação da geração espontânea não envolve as estrelas: ela é baseada unicamente no conceito de misturas cada vez mais refinadas de elementos.

Paolo Ricci e Tiberio Russiliano foram ambos alunos de Pomponazzi. Ricci adota e defende a teoria aviceniana contra a crítica de Averróis em uma publicação de 1514; sua versão da teoria é menos astrológica que a de Pomponazzi, e, portanto, mais próxima da ideia original de Avicena em espírito. Aos olhos de Ricci, o "grande peripatético dos árabes, Avicena", demonstrou com argumentos sólidos que "as formas dos seres humanos

---

[82] Trechos foram publicados em Nardi, 1965a. Ver também as referências em Zambelli, 1994, 81-2.
[83] Nardi, 1965a, 315-19.

bem como as de outros animais emergem de uma certa mistura de elementos" depois de catástrofes de inundações ou incêndios, que extinguem todas as plantas e animais.[84] Tiberio Russiliano, em uma série de debates públicos em 1519, defendeu diversas teorias filosóficas provocativas acerca do valor do conhecimento mágico sobre Cristo, sobre a eternidade do mundo ou sobre a Trindade – e escapou por pouco do processo inquisitorial que se seguiu. Seu quinto debate defende a teoria de Avicena sobre a geração espontânea dos seres humanos como sendo a mais provável filosoficamente e estando em concordância tanto com Aristóteles quanto com Platão. Assim como no caso de Ricci, a explicação de Tiberio não adota a ênfase astrológica acrescentada por Pomponazzi à teoria de Avicena. Tiberio enriquece a discussão apontando para as descobertas recentes de ilhas desconhecidas, que são habitadas por seres humanos que não poderiam ter chegado a essas ilhas usando barcos; portanto, eles devem ter nascido da Terra e do Sol. Isso também deve ser verdade acerca do primeiro ser humano de todos, pelo menos "se discutirmos o caso em termos puramente naturais".[85]

Esses exemplos mostram que as teorias de Avicena sobre a profecia e a geração espontânea tinham muito potencial provocativo. Alguns filósofos renascentistas empregaram essas teorias para desafiar visões religiosas ou teológicas tradicionais.

A filosofia árabe e o humanismo

Foi mencionado anteriormente que Averróis não tinha uma boa reputação entre os autores humanistas. Muitos partidários do movimento humanista eram altamente críticos de toda a tradição árabe no Ocidente. Afirmava-se frequentemente que as traduções medievais de autores árabes não eram confiáveis e que elas eram escritas em um latim bárbaro. Argumentava-se também que os filósofos e cientistas árabes não sabiam grego, e que se havia qualquer coisa de original nos textos árabes, isso havia sido

---
84 Ricci, 1514, sig. i3r.
85 Russiliano, 1994, 170-83 (disp. 5); a citação é da p. 175: "*cum phisice tantum disputemus*". Sou grato a Bernd Roling e Henrik Wels por chamarem minha atenção para essas passagens de Ricci e Tiberio Russiliano.

plagiado de autores gregos lidos em traduções.⁸⁶ As polêmicas antiárabes eram particularmente fervorosas no contexto médico, onde os humanistas tentaram substituir Avicena e Mesue por Galeno e Dioscórides.⁸⁷ Essas polêmicas tiveram uma longa posteridade, e diversos preconceitos, ainda que obviamente infundados, tais como as acusações de plágio, continuaram a colorir os estudos modernos sobre o Renascimento.

Apesar do antagonismo geral do movimento humanista para com a tradição árabe da filosofia, ainda havia pontos de contato. Os patronos aristocráticos das novas traduções do árabe para o latim ou do hebraico para o latim, Giovanni Pico della Mirandola, o posterior cardeal Domenico Grimani e o posterior bispo Ercole Gonzaga, tinham vínculos próximos com o clima filosófico da Universidade de Pádua, mas ao mesmo tempo compartilhavam de muitos ideais humanistas.⁸⁸ Grimani, de fato, por causa de sua coleção de manuscritos gregos, era muito admirado entre os humanistas. Os tradutores do hebraico para o latim, Paolo Ricci e Jacopo Mantino, escreveram suas traduções em um estilo latino classicizante. Resgatar a ciência e a filosofia árabes para o movimento humanista foi a motivação de muitos estudiosos renascentistas que produziram revisões classicizantes de traduções medievais de textos árabes. E, finalmente, os filósofos árabes foram apreciados também pelos aristotélicos humanistas, como, por exemplo, Francesco Vimercato. Devemos ter o cuidado, portanto, de não adotar tão facilmente as descrições antagônicas da relação entre o humanismo e a filosofia árabe que foram oferecidas pela literatura polêmica da época.

---

86 Ver n. 28 anteriormente. Ficino, por exemplo, acusa Averróis de ignorar o grego e de ter lido Aristóteles em traduções ruins em uma "língua bárbara", isto é, o árabe, em *Teologia platônica* 15.1.2 (Ficino, 2001-6, V: 9).
87 Siraisi, 1987, 65-76.
88 Hasse, 2006.

Apêndice:
Traduções latinas renascentistas da filosofia árabe (1450-1700)[89*]

Elia del Medigo (m. 1493), Veneza, Pádua, Florença, trad. do hebraico	Averróis:
	Comp. Meteor. + Coment. med. Meteor. (fragm.), 1488
	Coment. longo Metaf. Proem. XII (duas vezes), 1488
	Quaest. in An. pr., 1497
	Coment. med. Metaf. I-VII, 1560
	Coment. med. Animais (MS Vat. lat. 4549)
	Epitome da *República* de Platão, 1992 (ed. A. Coviello)
	Tractatus de intellectu speculativo [*Tratado do intelecto especulativo*] (MS Vat. lat. 4549)
Estudioso hebreu anônimo H	Averróis:
	Coment. med. An. (MS Vat. lat. 4551)
	Algazel:
	Liber intentionum philosophorum [*Livro das intenções dos filósofos*], com comentário de Moisés de Narbonne (MS Vat. lat. 4554)
Estudioso hebreu anônimo ligado a Pico della Mirandola (antes de 1493) H	Ibn Tufayl:
	Hayy ibn Yazqān [*Vivo, filho do Desperto*] (MS Bibl. Univ. de Gênova A.IX.29)
Andrea Alpago (m. 1522), Damasco, trad. do árabe	Avicena:
	Compendium de anima [*Compêndio sobre a alma*], 1546
Giovanni Burana (m. antes de 1523), Pádua H	Averróis:
	Comp. An. pr., 1524
	Coment. med. An. ant., 1524
	Coment. med. An. post., 1550/2
	Coment. longo An. post. 1550/2

89* Sobre essas traduções, ver a literatura mencionada na n. 6. Não foram incluídos aqui Moses Arovas, Pier Nicola Castellani e Jacques Charpentier, que traduziram e posteriormente revisaram a obra neoplatônica *Teologia de Aristóteles* (pseudo): ver Kraye, 1986, 265-86.

Abraão de Balmes (m. 1523), Veneza, Pádua H	Avempace: *Epistola expeditionis* [*Carta de despedida*] (MS Vat. lat. 3897) Alfarabi: *De intellectu* [*Do intelecto*] (MS Vat. lat. 12055) Averróis: Comp. Órg., 1523 *Quaesita logica* [*Seleções de lógica*], 1523 Coment. longo An. post., 1523 Coment. médio Top., 1523 Coment. médio. Refut. Sof., 1523 Coment. médio Ret., 1523 Coment. médio Poét., 1523 Comp. Ger., 1552 Comp. An., 1552 Comp. Parv. nat., 1552 Coment. médio Fís. (MS Vat. lat. 4548) *Quaesita naturalia* [*Seleções sobre a natureza*] (MS Vat. ottob. Lat. 4548) *De substantia orbis* cap. 6-7, 1550/2 *Liber modorum rationis de opinionibus legis* [*Livro dos modos de argumentação acerca das opiniões sobre a lei*] (MS Vat. ottob. Lat. 2060, MS Milano Ambros. G. 290)
Calo Calonymos bem David (m. depois de 1526), Veneza H	Averróis: *Destructio destructionum* [*Destruição da destruição*], 1527 *Epistola de connexione intellectus abstracti cum homine* [*Carta sobre a conexão do intelecto abstrato com o homem*], 1527

Vitalis Nisso (m. ?) H	Averróis:
	Comp. Ger., 1550/2
Paolo Ricci (m. 1541), Pádua e Pávia H	Averróis:
	Coment. médio Cael., 1511
	Coment. longo Metaf. Prooem. XII, 1511
Jacopo Mantino (m. 1549), Bolonha, Veneza, Roma H	Averróis:
	Com. méd. Animal., 1521
	Comp. Metaf., 1521
	Coment. médio Isag., 1550/2
	Coment. médio Cat., 1550/2
	Coment. médio Int., 1550/2
	Coment. médio Top. I-IV, 1550/2
	Coment. médio Poét., 1550/2
	Coment. médio Fís., 1550/2
	Coment. longo Fís. Proem., 1550/2
	Coment. longo An. III.5 + 36, 1550/2
	Coment. longo An. post. (fragm.), 1562
	Epítome da *República* de Platão, 1539
Tommaso Obicini de Novara (m. 1632), Roma A	Al-Abharī:
	Isagoge [...] *in scientiam logices* [Introdução (...) às ciências lógicas], 1625
Johann Buxtorf Jr. (m. 1664), Basileia H	Maimônides:
	Liber mōre nevūkīm [Guia para os perplexos], 1629
Edward Pococke Sr. (m. 1691) e Edward Pococke Jr., Oxford A	Ibn Tufayl:
	Epistola [...] *de Hai Ebn Yokdhan* [Epístola (...) de Vivo, filho do Desperto], 1671

8 Como fazer magia, e por quê: prescrições filosóficas

BRIAN P. COPENHAVER

Filosofia, fisiologia e medicina

Depois que Marsílio Ficino publicou-os em 1489, seus *Três livros sobre a vida* fizeram um grande sucesso. Quase trinta edições até 1647 fizeram deles a explicação mais influente sobre a magia em sua época, e talvez em toda a história ocidental.[1] Os *De vita libri tres* [*Três livros sobre a vida*] são, portanto, um monumento à cultura renascentista. Assim como outras obras do período, eles revivem a sabedoria antiga – o conhecimento mágico da antiga Grécia, e, assim pensava Ficino, revelações mais antigas da Pérsia e do Egito. Mas os *De vita* aplicam esse conhecimento primordial a problemas da época de Ficino, mostrando a seus contemporâneos como usar objetos naturais para se tornarem melhores por vias mágicas. A magia filosófica de Ficino visa dar poder às pessoas. Mas como? Para responder a essa pergunta, precisamos saber mais sobre o grande platonista e seu livro.[2]

"Plotino, o filósofo, nosso contemporâneo, parecia envergonhado de estar no corpo." Essa surpreendente declaração de imaterialismo ascético

---

1 Ficino, 1989; as citações de Ficino, 1989 seguem o texto de Kaske/Clark, mas as traduções são minhas; para edições e manuscritos, ver a introdução de Kaske, 6-12. Sobre os tópicos tratados nestas notas, a bibliografia não inglesa, especialmente a italiana, é imensa e indispensável, mas evitei fazer referência a ela por motivos de espaço; ver especialmente os escritos de Eugenio Garin, Cesare Vasoli, Paola Zambelli e Giancarlo Zanier. Sou grato ao organizador deste volume e a Michael Allen por suas críticas e comentários.

2 Para um resumo, ver Allen, 1999. As descrições padrão da filosofia de Ficino são Kristeller, 1943; Hankins, 1990a; e os muitos livros e artigos de Allen e Hankins sobre obras e temas específicos. A principal obra de filosofia de Ficino, sua *Teologia platônica*, pode agora ser lida em inglês em Ficino 2001-6. Sobre a filosofia do período, ver Copenhaver e Schmitt, 1992.

abre a *Vida de Plotino*, o primeiro filósofo neoplatônico, escrita por Porfírio, seu aluno e sucessor.³ Ficino, a última grande voz dessa tradição, aprendeu a pensar sobre a magia com os neoplatônicos, compartilhando o objetivo platônico de elevar-se para além do meramente físico e temporal para o incorpóreo e eterno. Mas Ficino também praticou a medicina e teorizou sobre ela, usando todos os seus cinco sentidos para diagnosticar as enfermidades de corpos doentes e em envelhecimento. As enfermidades que Ficino tratava eram particulares naturais, fenômenos materiais concretos, e também o eram os tratamentos que ele usava para curá-las. Os objetos naturais – pessoas, animais, plantas e pedras – também eram o tópico principal da filosofia natural aristotélica. Assim como os platonistas antigos, Ficino assimilou a física e a metafísica aristotélicas e adaptou-as para propósitos platônicos. Quanto aos problemas de cura, a aplicação da filosofia escolástica à medicina havia sido normal por três séculos, especialmente nas duas grandes escolas médicas da Itália em Bolonha e Pádua.

No entanto, Ficino aprendera sua medicina acadêmica em sua cidade natal, na pequena Universidade de Florença.⁴ Após repetidos fechamentos de seu pequeno quadro de docentes, os Medici transferiram a maior parte da instrução médica para Pisa, em 1473. Por volta dessa época, o jovem Ficino era um, entre, talvez, três dúzias de médicos acessíveis a uma cidade de aproximadamente 40.000 almas. A escassez de curadores instruídos concedeu-lhe mais prática clínica do que sua educação superficial justificava. Além disso, muito conhecimento médico provinha de fora da sala de aula, através da aprendizagem, das consultas profissionais e da experiência pessoal. Ficino aprendeu, dessa maneira, com seu pai, um médico empregado pelos Medici.⁵

---

3 Porfírio, *De vita Plotini* [*Da vida de Plotino*] 1.
4 Siraisi, 1990, 21-6, 48-77; Grendler, 2002, 3-40, 77-82, 314-28.
5 Park, 1985, 54-65, 199-209; Grendler, 2002, 77-82.

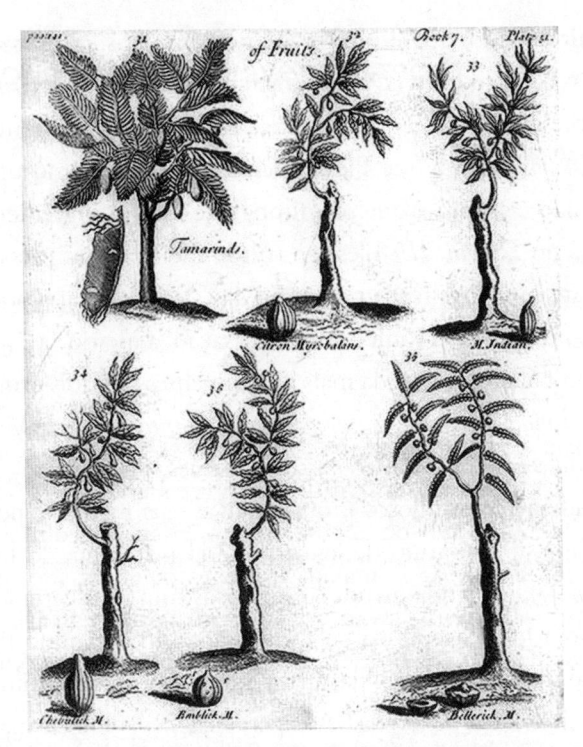

Figura 8.1: Mirobálanos

O jovem Ficino, praticando uma arte corporal, tornou-se um apreciador dos objetos naturais chamados de *mirobálanos* (Fig. 8.1), uma das centenas de coisas materiais recomendadas como curas nos *Três livros sobre a vida*. Mirobálanos são incomuns, mas naturais, diferentemente das ficções que haviam por muito tempo dado sustentação à crença na magia para os europeus educados: o basilisco, o parador de navios e outros itens mágicos cuja única realidade era textual. A palavra grega antiga, μυροβάλανος, provavelmente não nomeava a droga que Ficino menciona em três variedades – êmblica, quebúlica ou índica, e belírica – que correspondem às frutas secas de árvores nativas do Sul e Sudeste da Ásia, frutas ainda usadas na medicina tradicional: *Emblica officinalis*, *Terminalia chebula* e *Terminalia bellerica*.[6]

---

6 Ficino, 1989, 190; Dioscórides, 1.109; Plínio, *História natural* 12.100, 13.18; sobre os "mirobálanos", ver a *Enciclopédia britânica*; sobre o parador de navios, o basilisco e itens relacionados, ver Copenhaver, 1991.

Os mirobálanos aparecem frequentemente nos *Três livros sobre a vida*, sendo que o terceiro livro (*De vita III*), chamado *Como obter a vida a partir dos céus*, apresenta uma teoria filosófica da magia, juntamente com conselhos práticos. Uma vez que Ficino pensa na magia como uma espécie de medicina, não é surpresa que os mirobálanos sejam ingredientes para drogas mágicas no *De vita III*. Eles são frutos cheios de quintessência, a substância extraterrena localizada para além da esfera da Lua; o poder de Júpiter e Mercúrio faz deles um tônico para a sensação, a memória e a inteligência.[7]

Os mirobálanos são ainda mais proeminentes nos dois primeiros dos *Três livros sobre a vida*. O *Sobre tratar pessoas constantemente envolvidas no estudo* (*De vita I*) lida com um tópico vasto – regimes, dietas e drogas – para uma pequena audiência: estudiosos profissionais e seus médicos, pessoas como o próprio Ficino. O conjunto de leitores visado pelo segundo livro, *Da longa vida* (*De vita II*), era ainda menor – estudiosos com uma certa idade, também como Ficino. Quando publicou o *De vita* em 1489, Ficino tinha quase 65 anos, com ainda dez anos de vida, apesar de seu horóscopo ruim com Saturno em uma posição desafortunada.[8] A experiência havia lhe ensinado que mirobálanos adstringentes são bons para o estômago, para o sangue, e para uma constituição úmida. Eles protegem contra o frio, a putrefação, a preguiça e o esquecimento, enquanto promovem a regularidade, a longevidade e a inteligência. E uma vez que eles são eficazes contra a melancolia, Ficino os inclui em várias prescrições voltadas para a cura daquela temível doença dos eruditos.[9]

Para manter suas mentes saudáveis, os eruditos necessitam de corpos saudáveis. Eles dependem não apenas da inteligência, mas também de cérebros, corações, fígados e estômagos, e, acima de tudo, do espírito, que no uso de Ficino é uma substância tênue, mas ainda física, "um vapor puro do sangue, leve, quente e claro", que é o produto de um processo físico. O estômago e o fígado recebem o alimento, a partir do qual produzem o sangue mediante um poder físico (*virtus naturalis*). O sangue mais leve então passa para o coração e seu poder vital (*virtus vitalis*) para se tornar espírito.

---

7 Ficino, 1989, 136-40, 144, 148–50, 154, 158, 178, 184, 190-4, 202, 214, 218, 228-30, 246, 294, 300-2, 350.
8 Ficino, 1989, 106, 508-10; introdução de Kaske, 7, 17-21.
9 Acima, n. 7.

O espírito então viaja do coração para o cérebro, que tem o poder psíquico (*virtus animalis*) de movimento e sensação. O espírito pode fazer a ligação entre essas funções corpóreas superiores e as faculdades mais inferiores da alma imaterial porque sua matéria é pura e tênue.[10]

Embora Ficino pensasse que era original ao escrever sobre a saúde dos eruditos, o referencial para todos seus *Três livros sobre a vida* é a medicina tradicional baseada na fisiologia humoral convencional.[11] De modo não convencional, no entanto, a magia também é um dos departamentos principais da medicina de Ficino. Ainda assim, sua medicina é inteiramente natural, assim como a magia presente nela. Sua medicina mágica é *physica*, física, a arte e a ciência de um *physicus* cuja prática é explicada pela filosofia *natural*.[12] A medicina desse tipo atua sobre a matéria. Suas operações são físicas, não rituais ou religiosas. Embora o paciente humano seja um composto de corpo e alma, o tratamento médico pela magia começa com o corpo, ainda que o corpo afete a alma e a mente por meio do espírito.

No nível da *física*, o conceito que governa essa medicina é o temperamento físico, a mistura – equilibrada ou desequilibrada – de elementos materiais (fogo, ar, água, terra) e suas qualidades (quente, frio, úmido, seco), os componentes básicos de todas as coisas terrenas, incluindo os corpos humanos. Contudo, há muitos temperamentos ou compleições equilibrados, não apenas um; eles diferem com a época, o lugar, a pessoa e o órgão corporal. Em cada caso, alguma proporção correta de ingredientes elementais será saudável, e as proporções erradas serão enfermas.[13] No nível da *fisiologia*, o mesmo princípio de equilíbrio governa os fluidos primários dos quais o corpo necessita para viver, comer, crescer, se reproduzir e permanecer saudável. Esses quatro humores são produtos do alimento ingerido, mas

---

10 Ficino, 1989, 110; eu quase sempre uso as palavras "espírito" e "espíritos" para traduzir o *spiritus* de Ficino, que quase sempre corresponde ao grego *pneuma*. É importante não confundir essa estranha substância material com as pessoas imateriais incomuns chamadas de "espíritos" [*spirits*] em inglês. O tratamento mais importante do *spiritus* de Ficino é Walker, 1958, 3-59, 75-84; sobre as questões mais amplas da astrologia e da magia, ver também Thorndike, 1923-58; Yates, 1964, 62-83; Garin, 1983, 29-112; Copenhaver, 1988a; Copenhaver, 2006.
11 Ficino, 1989, 108.
12 Siraisi, 1990, 21.
13 *Ibid.*, 101-4.

também permitem ao corpo nutrir-se daquilo que ele come e bebe. Os mesmos humores explicam a compleição fisiológica, o equilíbrio do corpo na saúde e o desequilíbrio na doença. O *sangue* nas veias é principalmente sangue humoral, mas é misturado com os outros três humores: *fleuma*, uma secreção proveniente principalmente do cérebro, semelhante ao muco em coloração e consistência; *bile amarela*, produzida pelo fígado e encontrada na vesícula biliar; e *bile negra*, cujo órgão é o baço.[14]

Os eruditos são vulneráveis a aflições humorais especiais. Sua atividade mental intensa e prolongada produz bile negra (*atra bilis*), também chamada de *melancholia*, enquanto a inatividade física gera fleuma (*pituita*). A fleuma torna os eruditos lentos e deprimidos, enquanto a bile negra causa ansiedade ou mesmo insanidade. Os melancólicos tornam-se secos e frios, perdendo calor e umidade – a umidade que sustenta o calor natural. O pensamento demasiado drena o cérebro e o esfria. O espírito, tornado hiperativo pelo pensar, também consome a parte mais tênue do sangue, deixando-o pesado e viscoso. Comer a comida errada e não se exercitar – em geral, negligenciar o corpo em favor da mente – faz com que o erudito sedentário, e especialmente o filósofo, torne-se melancólico.[15] Essa calamidade fisiológica é o que Ficino chama de causa "humana" da melancolia, distinta da causa "celeste" que flui dos planetas Mercúrio e Saturno. Para serem investigadores ativos, os eruditos necessitam do ágil Mercúrio, mas também necessitam do constante Saturno para perseverar em suas investigações e reter aquilo que descobrem. Essa combinação de influências planetárias é fria e seca, outro vetor para a doença da bile negra. Desde o início, a astrologia é a chave para a medicina mágica de Ficino e uma fonte de remédios contra a melancolia.[16]

As doenças da bile negra são complexas e determinadas por um grande número de fatores. Suas causas são variadas, e vários tipos de humor melancólico são subjacentes a elas. O tipo natural é apenas "uma parte mais densa e mais seca do sangue", distinta dos quatro tipos de melancolia queimada

---

14 *Ibid.*, 104-6.
15 Ficino, 1989, 112.
16 *Ibid.*, 112-14; estudos clássicos sobre a melancolia são Burton, 1972; e Klibansky, Panofsky, e Saxl, 1964; para explicações mais recentes sobre a astrologia, ver Barton, 1994; Grafton, 1999, 1-70; Grafton e Newman, 2001.

(*adustus*), que são produtos de combustão, seja da melancolia natural, seja dos três outros humores. Todas as melancolias queimadas são más, agitando aqueles que pensam para viver, antes de lançá-los na depressão – a versão humoral do transtorno mental bipolar. Em contraste, a melancolia natural usualmente nutre a sabedoria e o juízo – embora de modo errático. Por si mesma, não temperada por outros humores, ou na mistura errada com eles, a melancolia natural chega a extremos e torna os eruditos fracos, entorpecidos, ansiosos, febris ou mesmo loucos.[17]

O objetivo da prática física de Ficino, portanto, é produzir a mistura correta de humores para eruditos inclinados (como o próprio Ficino) à melancolia. O equilíbrio apropriado de humores não será uma quantidade igual, mas uma quantidade proporcional de cada um – quatro partes de sangue humoral para uma parte de bile amarela e uma parte de bile negra, e esta deve ser bastante fina. O resultado desejado é um composto desses três humores com um quarto humor – um tipo mais leve de fleuma – envolvendo-o e fluindo para dentro dele. Esse composto saudável produz espíritos que são voláteis, como vapores de aguardente ou graspa. O efeito é uma inteligência veloz e duradoura, congruente com Mercúrio e Saturno – especialmente Saturno, o mais alto dos planetas e propício para o filosofar divino que nos convida a escapar totalmente do corpo.[18]

A terapia no *De vita I* consiste principalmente em regimes e remédios, mas a compreensão de Ficino sobre os regimes é abrangente. Ela inclui não apenas a dieta do paciente, mas também o ar que ele respira, os sons que ele ouve, as paisagens e cores que ele vê, as roupas que ele veste, onde ele mora e as pessoas com quem vive. Os regimes também se misturam com remédios; tanto drogas quanto alimentos são consumidos. Algumas das terapias de Ficino ficam de fora dessas duas classes principais: a sangria é a única intervenção cirúrgica; banhos e massagens se enquadram nos regimes; e Ficino também prescreve um tipo de psicoterapia ética.[19]

Nada de sono à tarde após uma grande refeição; nada de sexo com o estômago cheio; nada de pensamento intenso após comer, sem um intervalo

---

17 Ficino, 1989, 116-20.
18 *Ibid.*, 118-22.
19 *Ibid.*, 130, 134-6, 146, 150-2, 160-2; Siraisi, 1990, 121-2, 136-41.

de descanso. Relações sexuais em excesso, vinho em excesso, comida ruim e falta de sono são perigos especiais para qualquer pessoa que vive a vida da mente. Os maus regimes desequilibram os humores e fazem o paciente se desalinhar em relação aos céus. Um estudioso que dorme tarde perderá o Sol, Mercúrio e Vênus no céu da manhã.[20] Os bons regimes, em compensação, são em sua maior parte feitos de senso comum: combinar o trabalho com o relaxamento; manter os sentidos estimulados e o corpo exercitado; respirar ar puro e manter-se aquecido; evitar comidas frias, gordurosas e pesadas; comer de maneira leve, duas vezes por dia; e beber vinho suave.[21]

A teoria por trás desse regime é fisiológica: uma boa compleição humoral manterá o estudioso aquecido e umedecido, tornando o espírito saudável o suficiente para realizar o trabalho vital de ligar a mente e o corpo. Consequentemente, o propósito dos medicamentos de Ficino é eliminar maus humores e restaurar o equilíbrio entre os bons humores. As drogas que ele prescreve são principalmente botânicas, tanto simples quanto compostas, as últimas incluindo, às vezes, ingredientes animais e minerais.[22] Essas drogas podem ser ingeridas diretamente, como comer um pedaço de fruta, ou podem ser processadas e compostas para produzir pílulas, poções, xaropes, pomadas, e outros preparados, preferivelmente úmidos, quentes e de ação lenta. Seu uso será indicado para vários sintomas: coriza, visão fraca, dor de cabeça, esquecimento, insônia e sensações desagradáveis no paladar.[23]

No caso da melancolia, Ficino recomenda vários preparados para prover calor e umidade contra essa enfermidade seca e fria. Esses incluem pílulas a serem tomadas com um xarope duas vezes por ano, na primavera e no outono. Uma pílula, para pacientes delicados, é "dourada ou mágica, parcialmente imitando os Magi, parcialmente minha própria invenção, composta sob a influência de Júpiter e Vênus para atrair para fora a fleuma, a bile amarela e a bile negra [...] aguçando e abrilhantando o espírito". Os ingredientes, misturados com vinho para serem processados, são pó de ouro ou folha de ouro, olíbano, mirra, açafrão, babosa, canela, cidreira, bálsamo,

---

20 Ficino, 1989, 122-8, 138.
21 *Ibid.*, 128-38.
22 *Ibid.*, 138-40; Siraisi, 1990, 141-52.
23 Ficino, 1989, 140-8, 156-60.

seda, benjoim, rosa púrpura, sândalo vermelho, coral, e todos os três tipos de mirobálanos.²⁴

Geriatria, astrologia e amuletos

"Entre os médicos", escreveu o erudito Rhazes, "são sábios aqueles que concordam que tudo que se relaciona aos tempos, ao ar, às águas, às compleições e às doenças é alterado pelos movimentos dos planetas".²⁵ Em 1345, os planetas eram fatídicos e malignos. Em março daquele ano ocorreram três conjunções envolvendo Marte, Júpiter e Saturno, juntamente com um eclipse da Lua, levando as pessoas a olharem para o céu em busca da origem da grande peste que se abateu em 1347. Essa e outras pandemias posteriores capturaram a atenção dos médicos europeus, que produziram quase trezentos tratados sobre a peste até 1500.²⁶ Ficino acrescentou seu *Concílio contra a peste* a essa coleção em 1481.²⁷

Estrelas e planetas ruins tornam o ar ruim, que origina a peste: essa foi uma visão comum sobre a Peste Negra e sobre ocorrências posteriores daquela terrível doença. Uma configuração destrutiva de planetas e estrelas fornecia aos médicos e pacientes uma explicação geral para as incontáveis mortes, enquanto maus horóscopos e compleições fracas serviam como distinção entre indivíduos mortos e sobreviventes. Tais aplicações da astrologia fizeram parte da formação da medicina ocidental desde o início. A astrologia era um tipo de adivinhação, assim como os prognósticos médicos, que não apenas reconheciam grandes ritmos do clima e das estações, mas também notavam detalhes menores de nascimentos pessoais e cronologias de doenças específicas – fases de enfermidade rastreadas através de dias favoráveis e dias críticos, ligadas aos ciclos da Lua e calculadas numerologicamente.²⁸

A peste assolou Florença pela décima primeira vez em 1478, ano em que o segundo grande patrono de Ficino – Lorenzo de Medici (1449-92) –

---

24 *Ibid.*, 148.
25 Rhazes, 1544, 524; Siraisi, 1990, 123, 209.
26 Smoller, 1994, 76, 179, n. 103; Siraisi, 1990, 128.
27 Ficino, 1481; introdução de Kaske a Ficino, 1989, 25.
28 Siraisi, 1990, 128-30, 133-6.

escapou de uma morte não natural na conspiração de Pazzi. "A boa saúde de Lorenzo é a primeira da qual eu cuidaria", escreveu Ficino na carta de prefácio ao *De vita I*. E foi Lorenzo quem recebeu a dedicatória da obra completa *Sobre a vida* de seu sacerdote e filósofo, que era também um médico com "dois pais, o médico Ficino e Cosimo de Medici".²⁹ O curador prático que publicou um livro vernáculo sobre a peste em 1481 também estava pensando sobre estudiosos melancólicos e suas enfermidades – escrevendo o texto que se tornaria o *De vita I*. O *De vita II* teve de esperar por mais oito anos. Ficino pode ter tido a intenção de que aquele situasse o *De vita III*, o menos tradicional dos três livros, em um referencial terapêutico mais convencional.³⁰ A astrologia é um tema que vincula todas essas obras, conforme é evidente a partir das citações do *Concílio* no terceiro livro de *Sobre a vida*, um texto mais aventuroso sobre a magia médica.³¹ Contudo, a magia no *De vita III* é contínua com a teoria física e fisiológica do *De vita I e II*, e com as práticas clínicas baseadas neles. O *De vita I* é um livro de medicina normal, voltado para a população especial de estudiosos, e assim como a maior parte da medicina de sua época, ele inclui prescrições astrológicas. Para estudiosos mais velhos, o *De vita II* oferece um aconselhamento ainda mais especializado, e também mais astrologia.

A idade avançada começa aos 49 ou 50 anos, diz Ficino, e com a idade de 63 ou 70 anos a umidade vital do corpo secou. Remédios fortes são recomendados. Um velho seco deve sugar leite, estabilizado com funcho, de uma moça jovem, saudável e feliz, quando a Lua está em fase crescente. Ele poderia até mesmo beber um pouco de sangue do braço esquerdo de um rapaz jovem, também feliz e saudável, na mesma fase da Lua.³² Os mirobálanos, como uma opção menos extravagante,

> [...] secam a umidade excessiva de maneira admirável [...] reunindo a umidade natural e protegendo-a contra a deterioração e a inflamação, e assim prolongando a vida [...] [eles] concentram, aquecem e

---

29 Ficino, 1989, 102, 106; Connell, 1999; Park, 1985, 4-5.
30 Introdução de Kaske a Ficino, 1989, 6-8, 24-31.
31 Ficino, 1989, 184, 228, 312, 326.
32 *Ibid.*, 188, 196-8.

fortalecem o poder natural e psíquico e o espírito com uma força adstringente e aromática. Disto, qualquer pessoa pensaria que a Árvore da Vida no Paraíso poderia ter sido um mirobálano.³³

Mas a teoria subjacente ao uso desse fruto maravilhoso e dos remédios mais dramáticos de Ficino provém, mais uma vez, da física e da fisiologia convencionais. Em geral, quando o sangue está muito denso, ou muito fino, e o espírito está deficiente ou volátil, a melhor terapia é a moderação. Ficino, portanto, aconselha a seus pacientes que utilizem a medicina e a astrologia para "construir para si mesmos o temperamento que a natureza não forneceu".³⁴ Como ele sabe quais itens prescrever? Consultando autoridades médicas estabelecidas, outros médicos e sua própria experiência. Um ponto de consenso entre as autoridades era que a astrologia era indispensável, uma visão comum confirmada pela prática de Ficino em seu ofício.³⁵ Consequentemente, encontramos a medicina astrológica ao longo de todos os *Três livros sobre a vida*, mas ela está mais presente no segundo livro do que no primeiro, e muito mais presente no terceiro.

Uma parcela da astrologia presente no *De vita II* consiste em informações específicas sobre a preparação de remédios ou sobre regimes, e uma parcela apresenta a teoria por trás das instruções, incluindo a antiga analogia entre o microcosmo humano e o macrocosmo universal, que Ficino irá repetir e expandir no *De vita III*. Esse tópico antigo emerge em uma discussão sobre a procriação, com a qual os idosos devem ter cuidado em ambas as suas formas – física e mental, venérea e saturnina. Dado que Vênus dissipa o espírito e Saturno o sufoca, o melhor caminho será um meio entre eles, uma conexão terapêutica com o Sol e com Júpiter, que estão acima de Vênus, mas abaixo de Saturno.³⁶ Não obstante, o deus que Ficino introduz para alertar seus pacientes mais idosos contra Saturno e Vênus é Mercúrio:

---

33 *Ibid.*, 192.
34 *Ibid.*, 174-8, 226.
35 Ficino nomeia aproximadamente setenta autoridades distintas – antigas, medievais e algumas contemporâneas; ver a lista no segundo índice de Kaske em Ficino, 1989, 485-92; Siraisi, 1990, 68-9, 123-36.
36 Ficino, 1989, 216.

> Assim como vos alertei para terem cuidado com a habilidosa Vênus com seus charmes do toque e do paladar, da mesma forma deveis ter cuidado com Saturno, e com a obtenção do mesmo deleite no pensamento contemplativo [...] pois naquele pensamento Saturno frequentemente devora seus próprios filhos [...]. Ela torna o corpo fértil [...] e, quando a mente está prenhe com a semente dele, ele força a mente a dar à luz [...]. Continueis usando as rédeas da prudência para restringir a paixão por aquilo que cada um desses dois deuses engendra [...] para manter a vida humana em uma certa proporção justa de alma e corpo, alimentando cada qual com seu alimento próprio [...] vinho, menta, mirobálano, almíscar, âmbar, gengibre novo, olíbano, babosa, jacinto e pedras ou plantas semelhantes a estas.[37]

Os idosos devem conservar os fluidos vitais que Vênus consome, "drenando-vos gradualmente por algum tipo de tubo escondido, gerando outra coisa e preenchendo-a com vossos fluidos, até deixar-vos exauridos no chão como a casca velha de uma cigarra".[38] Os prazeres venéreos do tato e do paladar estão no patamar mais baixo entre os sete que Ficino lista (Fig. 8.2), prazeres experienciados através dos cinco sentidos exteriores do corpo e duas faculdades internas da alma. O tato e o paladar pertencem à infância e à juventude, as duas primeiras de cinco fases da vida, dominadas somente pelos sentidos, ou então mais pelos sentidos que pela razão. Nas idades finais, a quarta e a quinta, a sensação curvou-se à razão ou desapareceu inteiramente, excluindo Vênus e tornando Mercúrio o melhor guia para os idosos.[39]

---

37 *Ibid.*, 212.
38 *Ibid.*, 208-10.
39 *Ibid.*, 208-12

Idades	Faculdades	Divindades planetárias	Prazeres	Local
1	Sentidos	Vênus	Tato	Exterior
2	Sentidos > Razão	Vênus	Paladar	Exterior
3	Sentidos = Razão	Mercúrio	Olfato	Exterior
4	Sentidos < Razão	Mercúrio	Audição	Exterior
5	Razão	Mercúrio	Visão	Exterior
		Mercúrio	Imaginação	Interior
		Mercúrio	Razão	Interior

Figura 8.2: Prazeres e planetas

De fato, Vênus sai da série dos prazeres ainda antes, quando o tato e o paladar nas duas primeiras idades dão lugar ao olfato e à audição nas fases seguintes. O que o tato e o paladar parecem ter em comum é o contato, mas na psicologia ordinária da época de Ficino o que eles compartilham é o mesmo meio – a carne que faz contato com os objetos exteriores e que se encontra próxima ao mundo e ao diabo.[40] Os prazeres do olfato e da audição são mais elevados e mais seguros, e seu meio comum é o ar, que é

> [...] sempre e muito facilmente influenciado pelas qualidades das coisas presentes nos céus e abaixo deles [...] e nos converte para sua qualidade de um modo maravilhoso – especialmente nosso espírito [...]. De fato, a qualidade desse ar é da maior importância para os pensadores cujo trabalho depende principalmente do espírito do mesmo tipo, e é por isso que a escolha do ar, dos odores e da música puros e luminosos lhes diz respeito mais do que a quaisquer outras pessoas.[41]

Os idosos, que acham os alimentos sólidos difíceis de digerir, podem nutrir-se do odor desses alimentos, dos vapores do vinho, e do próprio ar, que é semelhante ao espírito. Além disso, uma vez que sentimos os sons através do mesmo meio aéreo e espiritual que transporta os vapores e odores,

---

40 Aristóteles, *De anima* [*Da alma*] 423b17-26; Efésios, 6:11-12, que se tornou "o mundo, a carne e o diabo" na litania do livro de orações anglicano.
41 Ficino, 1989, 222-4; Walker, 1958, 6-7.

Ficino situa a música nesse mesmo gradiente de prazeres terapêuticos governados por Mercúrio.[42]

Ficino move-se facilmente dessa teorização astro-mítica para catálogos de fármacos. Como todos os *Três livros sobre a vida*, o *De vita II* dá ao leitor uma abundância de conselhos práticos – receitas, prescrições, instruções e listas de compras. Embora as plantas sejam mais numerosas que outras substâncias, gemas e metais também aparecem. O ouro é um ingrediente favorito: juntamente com a prata, o coral, o electro e outras pedras e metais preciosos, ele possui a dupla propriedade de expandir e condensar o espírito de maneira temperada, ao mesmo tempo em que lhe dá brilho. Uma vez que esses minerais foram formados nas profundezas da terra pelo poder celeste, esse mesmo poder é suficientemente forte para permanecer neles e mantê-los ligados aos céus.[43] Os mirobálanos, cuja força adstringente condensa o espírito, têm o poder dos frutos do Paraíso, mas foi o ouro que os magos levaram até Cristo. "Todas as autoridades recomendam o ouro acima de todas as outras coisas", afirma Ficino, "consagrado ao Sol, por causa do brilho, e a Júpiter para ter equilíbrio, de modo que ele dispõe de uma surpreendente habilidade de regular o calor natural com a umidade e introduzir poderes solares e joviais nos espíritos e nos membros".[44] No entanto, a despeito de suas propriedades maravilhosas, o ouro é uma substância dura, como todos os metais e gemas, e é preciso realizar passos especiais quando se introduzem coisas duras nos tecidos e fluidos moles do corpo. Ficino prescreve folha de ouro ou pó de ouro cozidos no vinho com açúcar e várias plantas, "quando a Lua está entrando em Leão, Áries ou Sagitário no aspecto do Sol e de Júpiter".[45]

Pensava-se que tais configurações celestiais governassem o corpo de muitas maneiras. Sabendo que os astrólogos haviam frequentemente formulado padrões planetários de horas, dias e meses, Ficino recomendava outro arranjo temporal a seus pacientes mais velhos, aplicando a sequência: Lua (1), Mercúrio (2), Vênus (3), Sol (4), Marte (5), Júpiter (6) e Saturno (7) aos primeiros setes anos de vida e depois repetindo-a. Os sétimos

---

42 Ficino, 1989, 220-2.
43 *Ibid.*, 206; adiante, n. 84.
44 *Ibid.*, 194, 228-30.
45 *Ibid.*, 194.

anos, regidos de longe por Saturno, serão perigosos porque aquele planeta é muito distante dos assuntos terrenos, e porque a descida de uma posição tão alta em um ano, até uma posição tão baixa, a da Lua, no ano seguinte, será uma passagem abrupta. Embora esses anos climatéricos sejam riscos especiais para os idosos, as autoridades concordam que o destino não fixa nenhum término da vida que não possa ser ajustado pelos "dispositivos da astrologia e o auxílio dos médicos". Assim, o conselho de Ficino perto do final de *De vita II* é "perguntar aos médicos qual dieta vos é naturalmente adequada e aos astrólogos qual estrela favorece vossa vida. Quando essa estrela está bem situada, e a Lua com ela, combinai os ingredientes que aprendestes que são bons para vós [...]. Além de tudo isso", acrescenta ele, "Ptolomeu e outros professores da astronomia prometem uma vida longa e próspera a partir de certas imagens feitas de várias pedras e metais sob uma estrela particular".[46]

Esse novo tópico das imagens astrológicas conduz Ficino ao último de seus *Três livros sobre a vida* e sua ousada exploração da magia talismânica e musical. Os riscos de discutir imagens, e mais ainda de recomendá-las, eram vários: provenientes da tradição, da ética e da filosofia. Para apreender esses perigos, precisamos de uma distinção entre objetos de três tipos: vamos chamá-los de pedras, amuletos e talismãs, estipulando que os primeiros são quaisquer pedaços pequenos de minerais duros; os segundos são pedras não decoradas usadas no corpo; e os terceiros são amuletos decorados com palavras ou figuras.[47]

Para ser curado por uma pedra – um pedaço de sal cristalino, por exemplo –, o paciente de Ficino poderia consumi-la ou vesti-la. Ingerida como remédio, a pedra seria uma droga comum como qualquer outra, moralmente inofensiva. Mas a longa tradição de ensinamentos cristãos desde Santo Agostinho havia registrado uma forte suspeita contra pedras vestidas sobre o corpo.[48] Se uma pedra não é engolida, como ela pode atuar sobre o corpo? Talvez pelo contato ou proximidade, ou por um vínculo com algum

---

46 *Ibid.*, 232.
47 Essas definições de "pedra", "amuleto" e "talismã" são minhas por estipulação, não itens léxicos normais; cf. Walker 1958, 14-15.
48 Agostino, *Da doutrina cristã*, 2.23.36, 29.45.

outro objeto físico, como uma estrela ou planeta. Ficino preferia a última resposta, é claro.[49] Mas outros enxergavam demônios à espreita por trás dos objetos usados por pagãos sem Deus para se protegerem de doenças e demônios. Mesmo com toda inocência e com as melhores das intenções, vestir um amuleto poderia convidar um demônio a invadir o corpo da pessoa que o estava vestindo.

Se os perigos dos amuletos eram óbvios, gravar palavras ou imagens em uma pedra era ainda pior. A quem as palavras nos talismãs eram dirigidas? Essas mensagens especiais não são voltadas para humanos vivos. E se os destinatários são Deus, ou anjos, ou santos, os talismãs precisam ser abençoados pela Igreja. As únicas outras pessoas não humanas disponíveis para receber mensagens são Satã e seus demônios. Se imagens sem palavras decoram os talismãs, uma questão paralela emerge: imagens de quem ou de que, e aprovadas por quem? Imagens dos deuses antigos, incluindo deuses planetários, são idólatras, como as estátuas em um templo pagão. Imagens de animais também podem ser ídolos, uma vez que bestas foram cultuadas pelos pagãos.

Assim, do ponto de vista da doutrina cristã que moldava a conduta de Ficino, os amuletos eram maus e os talismãs eram piores. A filosofia natural e a metafísica podiam complicar esses problemas, ou, como esperava Ficino, resolvê-los. A qual categoria física ou metafísica pertence uma imagem em uma pedra? Será que existem maneiras puramente naturais de fazer conexões com as estrelas e planetas mediante o uso de amuletos e talismãs? Uma vez que as palavras se comunicam com outras pessoas, quem são as pessoas às quais se dirigem as palavras gravadas em uma pedra? E quais consequências se seguem de colocar palavras em canções? Pois a música e a canção também são terapias na arriscada medicina mágica do *De vita II*. "Vós que quereis prolongar a vida no corpo deveis antes de tudo refinar o espírito", aconselhou Ficino. "Enriquecer o sangue com alimentos enriquecedores para o sangue que é temperado e claro; sempre mantê-lo aquecido com o melhor ar; nutri-lo diariamente com odores doces; e deleitá-lo com

---

[49] Sobre a filosofia que dava sustentação à preferência de Ficino, ver Copenhaver, 1984; Copenhaver, 1986; Copenhaver, 1987; Copenhaver, 1988a; Copenhaver, 1988b; Copenhaver, 2006.

sons e canções." A canção é prazerosa, mas também perigosa. Suas palavras, como as de um hino ou oração, são ditas a alguém. Quem é esse alguém?[50]

Astrologia, magia e medicina

O objetivo de Ficino em *De vita III* é mostrar aos médicos e pacientes como obter vida a partir dos céus. O princípio operativo para realizar isso é que "nos momentos corretos, coisas celestes podem ser atraídas para os seres humanos através de coisas inferiores que simpatizam com aquelas que estão acima". E por trás desse princípio encontra-se um "enunciado platônico" de teoria, o enunciado de que "a estrutura do universo é interconectada de modo que as coisas celestes existem na terra em uma condição terrestre, e as coisas terrenas por sua vez existem no céu em um nível celeste".[51] Em todos os lugares, em cima e embaixo nos estratos cósmicos, o semelhante atrai o semelhante. A fonte dessa sabedoria platônica é um tratado sobre magia escrito por Proclo, o último grande pensador grego em uma tradição cujas origens Ficino remeteu a Zoroastro e Hermes Trismegisto, através de uma "teologia antiga". Proclo ensinou que as forças naturais da semelhança e da simpatia eram suficientes para conectar magicamente o céu e a terra, mas ele também disse que as mesmas forças permitiam "aos sábios antigos trazerem poderes divinos à região dos mortais".[52]

---

50 Ficino, 1989, 224: minha explicação sobre as mensagens, as canções e a música deriva de Walker, 1958, 5-24, 42-4, 48-53, 75-84. Tomlinson, 1993, 101-44, apresenta um desafio importante à visão de Walker e à minha. A resposta ao argumento de Tomlinson é que Ficino cita o capítulo de Tomás de Aquino (*Summa contra gentiles* [*Suma contra os gentios*] 3.105.2-6; adiante, n. 94) que mostra que as palavras do mágico são convites aos demônios, simplesmente porque são sinais que só podem ser dirigidos a uma mente: "Os mágicos em suas obras utilizam vários sons vocais que são significativos e produzem certos efeitos. Mas na medida em que o som vocal é significativo, ele não tem nenhum poder senão derivado de alguma mente, seja a mente de quem fala ou a mente daquele a quem se fala [...]. Mas não pode ser dito que [...] o efeito provém da mente de quem fala [...]. O que resta, portanto, é que as ações desse tipo são realizadas através de alguma mente à qual a fala daquele que emite os sons vocais [...] é dirigida. Um sinal disto é que os sons vocais significativos usados pelos mágicos são apelos, súplicas, promessas, ou mesmo comandos, como que de uma pessoa dirigindo-se a outra".
51 Ficino, 1989, 318.
52 O tratado de Proclo, traduzido por Ficino como *De sacrificio*, aparece com o texto grego e uma tradução inglesa em Copenhaver, 1988b, 102-10; Walker, 1958, 36-7; Siorvanes, 1996,

Ficino, tradutor de Platão, foi o grande pioneiro helenista de sua época. Ele também estudou e latinizou obras dos antigos neoplatônicos – Proclo, Sinésio, Iâmblico, Porfírio, e o mestre destes, Plotino – que não haviam sido lidas na Europa ocidental por mais de um milênio. Nesses textos veneráveis ele encontrou uma visão da realidade que lhe era atraente, mas ainda assim ameaçadora para sua fé cristã: a visão de que a natureza e o sobrenatural formam um contínuo. Essa noção foi o produto paradoxal de uma filosofia tão admirada com a transcendência de Deus a ponto de produzir milhares de páginas de teologia enquanto se esforçava para não falar sobre a própria Divindade, o Uno inefável. Todo o espaço, tanto físico quanto metafísico, entre o Uno, situado no alto, e a Terra, situada longinquamente abaixo, é cheio de deuses menores que já estão sempre presentes no mundo da natureza. O mágico não pode conjurá-los ou comandá-los, estritamente falando, e não tem nenhuma necessidade de tentar. Ele precisa apenas encontrar ou rearranjar as coisas, lugares e tempos naturais em que os deuses irão agir e às vezes se mostrar.[53]

Pela manipulação de objetos naturais, o mago descobre o divino, mas não o provoca, estritamente falando. Não obstante, de um ponto de vista cristão, qualquer magia que afirme "trazer poderes divinos à região dos mortais", na linguagem mais vaga usada por Proclo, quebrará o primeiro mandamento. Melhor do que qualquer um de seus leitores que não tinham acesso aos filósofos neoplatônicos, Ficino compreendia o problema: que "pode-se fazer com que as coisas supracelestes nos favoreçam, ou talvez mesmo penetrem em nós".[54] O contínuo da divindade eleva-se da região terrena, passando pela região celeste, até entidades ainda mais elevadas que poderiam ser identificadas abstratamente como Formas ou Ideias, ou concretamente, como personalidades míticas. Mas o genial Júpiter e o raivoso Marte, deuses das antigas Grécia e Roma, haviam se tornado demônios na nova religião cristã. As imagens sagradas em seus templos haviam se tornado ídolos. Gemas gravadas com tais imagens podiam também ser ídolos, como temia Ficino.[55]

51-6. Sobre a teologia antiga, ver Allen, 1998, 24-49; Walker, 1972, 1-21; Copenhaver, 1993, 149-82; Yates, 1964, 1-43.
53 Wallis, 1972, 110-34; Copenhaver, 1987, 452-5.
54 Ficino, 1989, 318; Proclo, *De sacrificio*, anteriormente, n. 52.
55 Clark, 1997, examina a demonologia do ponto de vista da bruxaria, principalmente após

O problema de Ficino era que as mesmas autoridades respeitadas que lhe haviam ensinado a física, a fisiologia e a prática clínica haviam aprovado as imagens astrológicas.[56] Sua resposta para essa perplexidade no *De vita III* faz dele um texto caracteristicamente renascentista. Oprimido pelo dilema de um cristão, ele se volta para um grego antigo – Plotino – em busca de respostas, e então interpreta Plotino como imitando outro sábio que ele pensava ser muito mais antigo, Hermes Trismegisto.[57]

Ficino está pensando em uma analogia entre estátuas em particular e coisas materiais em geral que Plotino usara para explicar como a magia opera. Embora o divino esteja em toda parte, sua presença atuará melhor para os mortais que prepararem receptáculos apropriados (estátuas, por exemplo), que são como espelhos refletindo imagens divinas. *Toda coisa física*, de fato, é uma imagem de uma forma inferior na matéria, uma forma que por sua vez espelha uma forma superior, tornando todos os objetos naturais ingredientes para o mágico, que os reúne para receber dons divinos provenientes de cima. Uma vez que o *Asclépio*, um texto atribuído a Hermes Trismegisto, havia descrito brevemente a construção de estátuas desse tipo no Egito Antigo, Ficino conclui que Plotino obtivera sua magia a partir do Hermes egípcio.[58]

---

a época de Ficino; sobre deuses, ídolos e demônios em épocas anteriores, ver Flint, 1991, 3-35, 204-16; Kieckheffer, 1990, 8-28, 102-5; Siorvanes, 1996, 264-71.
56 Ficino, 1989, 278, 320.
57 *Ibid.*, 232, 236-8, 242, 384, 388.
58 Plotino, *Enéadas* 4.3.11; *Asclépio* [*Asclepius*], 23-4, 37-8, em Hermes Trismegisto (pseudo), 1992, xxxviii, 62, 80-1, 89-90, 208, 236-41, 254-7; adiante, n. 62.

```
                    EFICAZ
                      │
                      │
         IV           │           I
                      │
                      │
MAL  ─────────────────┼───────────────── BEM
                      │
                      │
         III          │           II
                      │
                      │
                   INEFICAZ
```

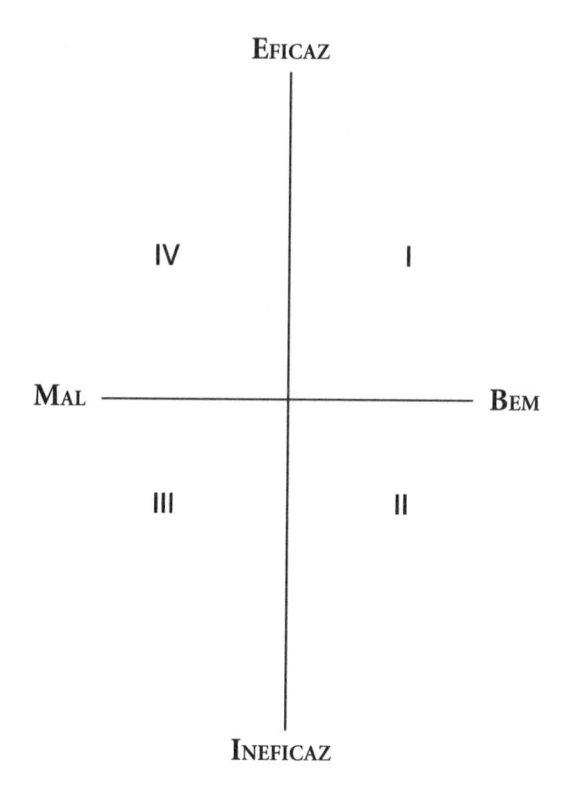

Figura 8.3: Avaliação da magia

Mesmo antes de o *De vita III* ser impresso, Ficino tivera de defender sua magia usando a antiga distinção entre o natural e o demoníaco. "A magia perversa é baseada no culto aos demônios", sustenta ele, enquanto "a magia natural obtém ajuda dos céus para a boa saúde do corpo". Ele rejeita categoricamente a magia demoníaca e a atribui a Satã. Mas existe também uma magia não demoníaca que apenas "submete materiais naturais a causas naturais no momento certo para formá-los de modo maravilhoso". Segue-se, então, uma outra distinção entre tipos de magia não demoníaca: "Há dois tipos dessa arte", diz Ficino; "um vai aos extremos, mas o outro é de grande importância. O primeiro produz maravilhas inúteis para exibir [...] e devemos nos afastar para longe dele, uma vez que é inútil e prejudicial à saúde. Mas devemos nos ater ao tipo importante que liga a medicina à astrologia".[59]

---
59 Ficino, 1989, 396-8.

A magia de Ficino pode dar certo ou errado ao longo de dois eixos (Fig. 8.3): um entre o *bem* e o *mal*, outro entre o *eficaz* e o *ineficaz*; o primeiro pertence à filosofia moral, o outro à filosofia natural. A magia será ao mesmo tempo eficaz e boa (I), por exemplo, se usar um objeto terreno (mirobálano) para obter o poder do objeto celeste correto (Júpiter, o planeta) a fim de revigorar os idosos. Usar o mesmo objeto terreno para o mesmo propósito para obter o poder do objeto celeste errado (Vênus) ainda será bom, mas não eficaz (II). Suponha que usemos um objeto diferente (um talismã) não para acessar o poder de um planeta espontaneamente, mas para nos comunicarmos com uma pessoa (Júpiter, o demônio planetário), e suponha que a pessoa nos ignore. Nossa magia será ineficaz, e ainda assim maligna (III), pois tentar lidar com demônios é um pecado. A pior de todas é a magia maligna que funciona (IV): usar um objeto celeste (novamente Júpiter) para fazer a oração ser mais poderosa, com o resultado não intencional de convidar um demônio diferente a atacar.[60] Esse sistema simplificado de dois eixos omite outras oposições (natural ou artificial, genuína ou falsa, séria ou frívola, transitiva ou intransitiva) que estenderiam o gráfico em mais dimensões.

Assim, nesse esquema mais simples, a magia natural pode ser boa (por exemplo, para curar) ou má (por exemplo, para causar danos), bem como eficaz ou ineficaz, dependendo das intenções e dos resultados. Toda magia demoníaca é má, não importando seu efeito ou intenção. Mas tanto a magia natural quanto a magia demoníaca pode ser fraudulenta ou frívola, falsamente alegando produzir maravilhas verdadeiras, ou produzindo-as para propósitos triviais. Finalmente, tanto a magia natural quanto a magia demoníaca podem fazer uso de artifícios: fixar uma gema em ouro, por exemplo, ou gravar palavras na gema. As razões de Ficino para pensar que alguma magia natural é boa, sincera, séria e eficaz eram de três tipos: *históricas*, *empíricas* e *teóricas*.

Mito-históricas pode ser um rótulo melhor do que históricas para as razões do primeiro tipo, que se referem não apenas a pessoas reais como Plotino, mas também a figuras míticas como Hermes Trismegisto. Como

---

60 *Ibid.*, 208-10, 281, 300, 399.

arquiteto de uma cultura que reverenciava o passado, Ficino honraria naturalmente a autoridade de Aristóteles, Albumasar, Tomás de Aquino, e outros sábios, mas ele também ampliava o poder da história com uma historiografia especial – a teologia antiga – que ele descobrira nos Padres da Igreja e revivera para a Europa renascentista. Assim como Moisés foi o primeiro a receber a sabedoria divina revelada aos profetas, apóstolos e evangelistas da sagrada escritura, também Zoroastro e Hermes inauguraram uma tradição de sabedoria pagã que culminou em Platão e continuou com Plotino, Proclo e os outros neoplatônicos.[61]

Ninguém podia apreciar mais que Ficino o lugar de Hermes nessa linhagem, especialmente acerca do tópico da magia. Uma de suas obras mais antigas foi o *Poimandres*, a primeira versão latina de quatorze tratados gregos do *Corpus hermeticum*, que fora desconhecido no Ocidente medieval. Ficino não cita esse material em nenhum lugar nos *Três livros sobre a vida*, provavelmente porque lida com a teologia e a espiritualidade, não com a magia. De fato, o *De vita* dedica uma atenção séria, embora pequena, apenas ao *Asclépio* latino, um escrito hermético que Ficino não precisou traduzir; além do capítulo único que condena o *Asclépio* por demonolatria, ele menciona Hermes como um autor dos textos herméticos apenas quatro vezes, brevemente.[62] Além disso, os breves comentários de Ficino comparando as estátuas egípcias de culto com as imagens mágicas de Plotino não são gentis para com Hermes. Se as famosas estátuas realmente se moviam e falavam, não era o poder astral, mas o engodo demoníaco que as animava. Quando os sacerdotes egípcios atraíam demônios para as estátuas, seu motivo era induzir as pessoas a honrarem falsos deuses. Os oráculos proferidos através das estátuas eram fraudulentos. O veredito justo de Iâmblico era "condenar os egípcios, pois eles não apenas aceitavam os demônios como

---

61 Anteriormente, n. 52.
62 Ficino, 1989, 134, 276, 306, 312; uma dessas referências diz respeito ao material acerca das estátuas no *Asclépio*, mencionado anteriormente, n. 58; apenas uma das outras poderia provir do *Corpus hermeticum*; as outras citam textos herméticos "técnicos" medievais, que são catálogos de receitas astrológicas, alquímicas e outras, não os textos herméticos "teóricos" pelos quais Ficino admirava Hermes; Hermes Trismegisto (pseudo), 1992, xxxii-xlv; cf. Walker, 1958, 40-1, 45; Yates, 1964, 20-61.

degraus a serem galgados rumo aos deuses acima, mas também muito frequentemente os adoravam".[63]

Introduzindo o livro que termina com esse capítulo indeciso sobre Plotino e Hermes, Ficino havia anunciado que "os filósofos antigos, tendo examinado com o maior cuidado os poderes das coisas celestes e daquelas abaixo, [...] parecem ter corretamente dirigido toda sua investigação à obtenção da vida para si mesmos a partir dos céus". Ele, então, lista Pitágoras, Demócrito e Apolônio de Tiana – mas não Hermes – entre "aqueles que foram os mais dedicados estudantes desse tópico", e a omissão não é surpreendente. A filosofia mágica de Ficino poderia ser chamada de muitas coisas, mas certamente não de hermética. Hermes ajudou-o a encontrar uma ancestralidade para a magia, mas não forneceu nenhuma explicação filosófica sobre ela.[64]

As evidências *empíricas* para pensar na magia como boa e eficaz podem parecer mais escassas que a autoridade histórica, mas é abundante nos *Três livros sobre a vida*. A magia pode ser boa quando é útil, e a evidência de tal utilidade é copiosa nos conhecimentos médicos de Ficino. Seu argumento moral prévio é que uma decisão de não abandonar o corpo para cuidar apenas da alma – uma opção real para os cristãos de sua época – acarreta o cuidado com a saúde do corpo, que é a tarefa da medicina e da magia médica.[65] Para aprender essas artes, para compilar as centenas de receitas concretas e detalhadas em seu livro, Ficino consultou autoridades antigas e medievais, mas também aprendeu pessoalmente com contemporâneos e com sua própria experiência. De fato, o esforço e a experiência pessoais são um tema conspícuo do *De vita III*, onde o livro subscreve o uso problemático de imagens.[66]

---

63 Ficino, 1989, 388; Walker, 1958, 42.
64 Ficino, 1989, 236; Frances Yates ofereceu um argumento eloquente sobre a magia de Ficino como hermética em Yates, 1964, 1-83, provocando uma torrente de reações que continua até hoje: ver Hermes Trismegisto (pseudo), 1992, xlv–lxi; Copenhaver, 1988b; Copenhaver, 1993; Copenhaver, 1990; Copenhaver, 1994; Allen, 1995, artigo XII.
65 Ficino, 1989, 382.
66 *Ibid.*, 374; adiante, n. 67-70.

Todo mundo sabe que o heléboro é um purgante, diz Ficino. O poder manifesto da planta, juntamente com suas propriedades ocultas, permite-lhe rejuvenescer o espírito, o corpo e a mente. Os mirobálanos também preservam a juventude dessa maneira. E os astrólogos pensam que imagens em pedras fazem o mesmo.[67] Será que eles estão certos? Rhazes diz que o amuleto de pedra de águia, semelhante a um ovo – talvez um pequeno geodo, não decorado (Fig. 8.4) –, acelera o parto das crianças. Ao afirmar ter experiência pessoal com o efeito da pedra, Rhazes encoraja seus leitores a consultar sua própria experiência clínica.[68] Tendo lido autoridades como Rhazes, que se apoiavam elas mesmas na experiência e no esforço pessoais, Ficino reunirá então seus próprios dados clínicos. "Minha experiência", escreve ele, "é que a medicina dificilmente atua quando a Lua está em conjunção com Vênus", e "nós descobrimos que o ar noturno não é amigável para os espíritos".[69]

Abordando o tópico mais difícil das imagens, Ficino recorda que tivera um plano para testá-las. Ele queria gravar a constelação da Ursa em um pedaço de magnetita e pendurá-lo em seu pescoço com um fio de ferro quando a posição da lua fosse favorável. No entanto, ele descobrira que a Ursa era governada por Marte e Saturno, e havia lido que demônios malignos habitam seus céus setentrionais, então parece que ele não tentou realmente fazer esse teste. Mas ele testemunhou um teste de uma imagem diferente. A pedra do dragão indiana, "marcada com muitos pequenos pontos semelhantes a estrelas em uma fileira" era provavelmente um fóssil marinho calcificado – uma haste crinoide (Fig. 8.5). Embebida em vinagre forte, a pedra aparentemente sem vida borbulhava e movia-se, dando uma notável demonstração de poder.

---

67 *Ibid.*, 348-50.
68 *Ibid.*, 300; Plínio, *História natural* 10.12-13; 30.131; 36.149-51.
69 Ficino, 1989, 268, 290, 356.

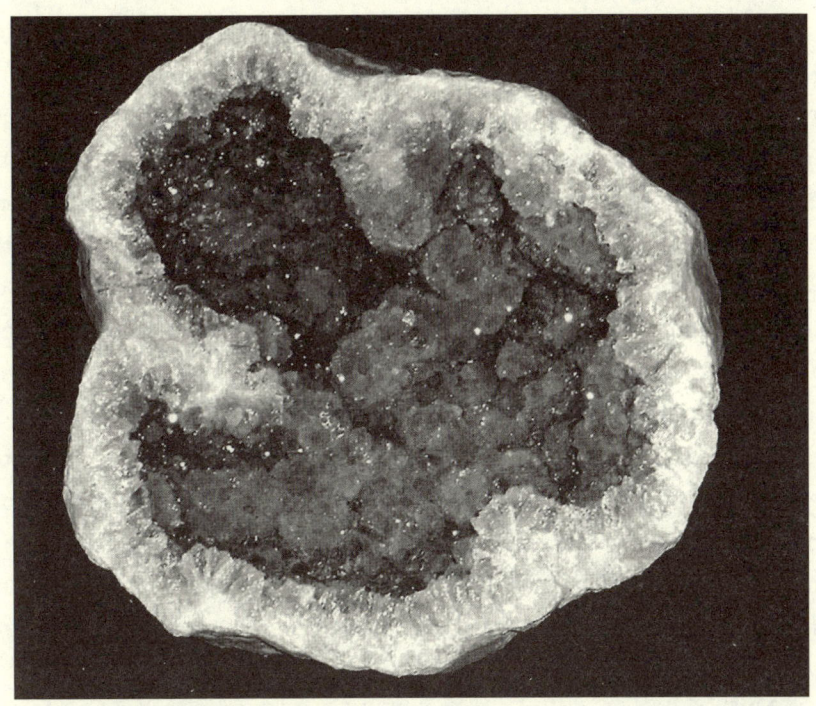

Figura 8.4: Geodo

Figura 8.5: Haste crinoide

Nas marcas e movimentos da pedra, Ficino enxergava as trilhas de Draco [Dragão], uma fonte celeste para a vitalidade do objeto. A pedra do dragão fascinava-o porque a imagem presente nela era natural e, assim, talvez isenta das preocupações acerca dos talismãs.[70] Mas ele também descreveu uma outra imagem mais dúbia de um leão "feito de ouro, usando suas patas para rolar uma pedra com o formato do sol" (Fig. 8.6). Essa imagem se assemelha vagamente aos talismãs do *Picatrix*, um manual latinizado de astrologia árabe tão notório que Ficino o usava sem nomeá-lo. Esse talismã solar e leonino, feito quando Leão está em posição ascendente, era uma cura para a doença dos rins, "aprovado por Pietro d'Abano e confirmado pela experiência". A experiência alegada aqui era a de Pietro, e, portanto, passada há muito tempo. Mas Ficino também havia ouvido sobre o talismã do leão de Mengo Bianchelli da Faenza, um médico de seu círculo que o utilizara para curar Giovanni Marliani, um médico mais famoso.[71] Ficino tinha bastante evidências empíricas – pessoais e de outros, passadas e presentes, físicas e textuais – sobre a utilidade das imagens astrológicas.

No entanto, os argumentos originais do *De vita III* em favor dos talismãs e outras curas mágicas são teóricos, em vez de empíricos ou históricos. As teorias relevantes se interseccionam com o conteúdo médico do *De vita I* e *II*, mas a teoria distintiva do *De vita III* é cosmológica, física, metafísica, linguística e moral, e o objetivo que motiva boa parte dela é excluir a ação à distância. O universo de Ficino é aristotélico e ptolomaico, o familiar cosmos geocêntrico de esferas concêntricas (Fig. 8.7). Toda ação física nesse universo requer algum contato prolongado, o que faz com que casos comuns, como o voo de um projétil, tornem-se enigmas, e fenômenos incomuns como o magnetismo sejam ainda mais enigmáticos. Uma vez que as estrelas e planetas estão muito distantes, como elas podem atuar sobre objetos terrestres como amuletos e talismãs?

---

70 *Ibid.*, 316; Copenhaver, 1988b, 88-90.
71 Ficino, 1989, 336, e as notas de Kaske, 448-9, citando *Picatrix*, Anon. 1986, 82-3 (2.12.39, 44). Demônios leoninos aparecem frequentemente como amuletos, mas a ilustração mostrada aqui é do *Corpus inscriptionum et monumentorum religionis mithriacae* [*Conjunto de inscrições e monumentos da religião mitríaca*] 1956-60, 543. Ulansey, 1989, 46-54, explica que, em seu contexto original, a esfera sob as patas do leão é cósmica em vez de solar, mostrando a interseção da eclíptica com o equador celeste.

"Não vejo", afirma Ficino, "que as imagens tenham *qualquer* efeito em um objeto distante, embora suspeite que elas tenham algum efeito sobre aqueles que as usam".[72] Mas as coisas não eram tão simples. Primeiro, todo médico sabia que leprosos e vítimas de peste infectam outras pessoas não apenas pelo contato físico, mas também pela proximidade: as pessoas que carregam essas doenças espalham-nas simplesmente por olharem para pessoas saudáveis.[73] Além disso, o grande Plotino, como Ficino sabia, havia sido ameaçado por uma transmissão mais remota de força mágica – a projeção estelar. Quando um competidor ciumento tentou dirigir uma estrela contra Plotino, concentrando seus raios como a luz proveniente de um espelho côncavo, o filósofo ricocheteou o poder astral de volta a seu atacante, provocando convulsões e exaustão. O dano pareceu bastante real, como os efeitos tóxicos do basilisco ou do mau-olhado, que atuam à distância.[74] Ficino poderia ter simplesmente rotulado tais efeitos como *mágicos* sem tentar explicar suas causas, tratando-os como fenômenos fora da natureza, não incluídos na proibição de ação à distância e outras leis físicas. Mas para fazer com que sua magia não fosse demoníaca, Ficino queria mantê-la dentro dos limites naturais. Para isso, ele se voltou para a analogia entre microcosmo e o macrocosmo, sustentando que o Mundo como um todo tem uma Alma, assim como todo animal tem uma alma. Os objetos naturais no mundo – pedras, plantas, animais, pessoas e estrelas – estão distantes *uns dos outros*, mas a Alma do Mundo não está distante *deles*. Ela anima todos eles e os une, abrindo canais para a ação mágica.[75]

---

72 Ficino, 1989, 350.
73 *Ibid.*, 376.
74 *Ibid.*, 324, 340, 350; Porfírio, *De vita Plotini* [*Vida de Plotino*] 10; Allen, 1995, artigo XIV; Copenhaver, 1991.
75 Ficino, 1989, 244.

Figura 8.6: Leão demônio

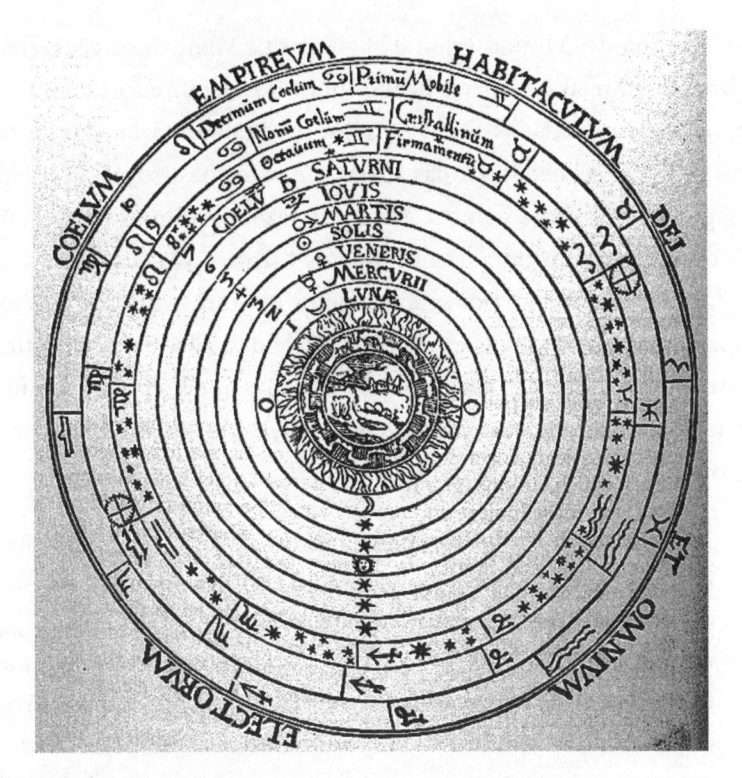

Figura 8.7: Esferas concêntricas

O Cosmo de Ficino tinha uma Mente, um Corpo e uma Alma para conectá-los. Em termos cosmológicos, a Alma é o *primum mobile* [primeiro motor], a esfera animada que envolve e move a esfera das estrelas fixas e as sete esferas planetárias inferiores (ver a Fig. 8.7). Para cada *Ideia* na Mente do mundo há uma *forma* correspondente em sua Alma. Essas formas são chamadas de *razões seminais*, porque são as sementes a partir das quais crescem as *espécies*, de modo que cada espécie no mundo material, que é o Corpo do cosmos, corresponde a uma razão seminal em sua Alma. Todo objeto natural *individual* é membro de uma espécie. Tome um objeto de uma espécie e conecte-o com outros indivíduos de espécies diferentes: se todas as espécies envolvidas estiverem conectadas à mesma Ideia, esta será uma receita metafísica para a magia, para atrair para baixo o poder daquela Ideia supraceleste.[76]

---

76 *Ibid.*, 242.

A Alma do Mundo criou as figuras que vemos nos céus; figuras são padrões de estrelas e planetas ligados por raios de luz e força emitidos pelos corpos celestes. Todas as espécies inferiores estão armazenadas nessas estruturas celestes. A metafísica das Ideias e das formas, tornada visível nessas configurações, mostra como a Alma usa razões seminais para gerar as formas específicas incorporadas nos objetos físicos.[77] Os talismãs e as estátuas mágicas, simplesmente por serem objetos em um cosmo de objetos como esses, conectam-se com esses circuitos de poder. Mas os cristãos tinham de evitar a magia feita com estátuas, pois estátuas que se movimentam e falam são ídolos e receptáculos para demônios. Alerta para esse perigo, Ficino respondeu com a visão de Plotino

> [...] de que tudo pode ser feito com o auxílio da Alma do Mundo, pois ela produz e ativa as formas dos objetos naturais por meio de certas razões seminais divinamente implantadas nelas [...] [e] nunca abandonadas pelas Ideias da Mente suprema [...]. Por meio dessas razões, a Alma pode facilmente afetar os objetos materiais aos quais ela deu forma no início por meio dessas mesmas razões, se, no momento certo, um mágico ou sacerdote aplicar as formas das coisas, tendo-as reunido corretamente – formas que são cada qual relacionada a uma ou outra razão.[78]

Como médico, Ficino sabia que as drogas adquirem novas formas quando aquecidas pelos céus através dos raios das estrelas e dos planetas. Como estudioso, ele descobriu a metafísica neoplatônica que dava uma nova profundidade a essa medicina tradicional e que poderia também desculpar sua magia.[79]

Consequentemente, Ficino exortou seus colegas médicos a "realizarem pesquisas cuidadosas sobre qual dos metais se adequa melhor à ordem de alguma estrela, e qual pedra é a mais elevada nessa ordem [...] de modo que possam tomar emprestadas as coisas celestes que estejam em simpatia com tal receptáculo". Sem muita explicação, ele está falando sobre uma *taxis* ou *série*,

---

77 *Ibid.*, 244-6.
78 *Ibid.*, 390.
79 *Ibid.*, 318.

outro construto neoplatônico. Para eliminar a lacuna entre o Uno incorpóreo e a multiplicidade corporificada, os neoplatônicos tardios preencheram-na com cadeias graduadas que se elevam desde a matéria até o imaterial, e transmitem para baixo o poder de cima. Ficino descreve o extremo inferior de uma série desse tipo, uma *taxis* solar, na qual "o galo ou o falcão tem o lugar mais elevado entre os animais, o bálsamo ou o louro entre as plantas, o ouro entre os metais e o carbúnculo ou pantauro entre as pedras".[80] Dado que essa é uma série solar, o poder flui para os objetos mais inferiores nela a partir de Ideias solares no alto, passando pelas formas solares, pelas razões seminais e pelo Sol, até chegar às formas ou espécies terrenas corporificadas como coisas físicas. Em seu extremo superior, uma *taxis* é incorpórea, encabeçada pelas formas imateriais que Proclo chamou de mônadas e henadas. Essas cadeias metafísicas mantêm o cosmos unido, e o espírito faz o mesmo, reforçado por raios e figuras celestes. Espírito, raios e figuras fornecem soluções físicas e cosmológicas para o problema da ação à distância.

Uma vez que o Corpo do Mundo vive, se move, e gera outros corpos, ele obviamente tem uma Alma e também espírito para ligar a Alma ao Corpo. Esse espírito cósmico é "um corpo melhor, um não corpo, por assim dizer", por meio do qual a Alma do Mundo faz todas as coisas naturais viverem e procriarem. Mas as gemas e metais não geram outras gemas e metais: a matéria densa bloqueia o espírito produtivo presente neles. Contudo, quando os alquimistas liberam esse espírito pela sublimação, a arte faz os metais inferiores produzirem ouro, liberando o poder latente do espírito terrestre que difere do tipo cósmico – a quintessência – apenas por derivar dos quatro elementos. Ainda assim, pouco do espírito presente nos seres humanos ligados à terra é feito de terra, uma parte maior é feita de água, uma boa parte é feita de ar, e a maior parte é de fogo, tornando-o semelhante ao quinto elemento celeste. Assim como o espírito cósmico, o nosso "é um corpo muito tênue, como se, de algum modo, não fosse corpo quando é alma, e de modo semelhante, não fosse alma quando é corpo".

---

80 *Ibid.*, 308; Proclo, *De sacrificio* [*Do sacrifício*], em Copenhaver, 1988b; *ibid.*, 85-6; Proclo, 1963, 39, 71-2, 79, 140-5, 189, com notas de E. R. Dodds em 208-9, 222-3, 263, 267, 344-5; Iâmblico, *De mysteriis* [*Dos mistérios*], 2.11, 5.7, 12, 23; Dodds, 1968, 287, 291-5; Siorvanes, 1996, 167-89; anteriormente, n. 53.

Essa substância peculiar permeia o universo, tornando-o coerente ao conectar os objetos separados que existem nele. Podemos usá-la "para adquirir as forças ocultas das estrelas".[81]

Física e metafisicamente unidas, as partes do mundo constituem "uma coisa viva mais unificada que qualquer outra", um organismo cósmico. Uma vez que os membros e órgãos de qualquer animal afetam-se uns aos outros, a influência de cada parte desse organismo perfeito sobre todas as outras partes será ainda mais forte, ajudando o Corpo do mundo a se mover, viver e respirar. Sua respiração é o espírito cósmico, que, quando aplicado a nosso espírito, nos conecta aos céus animados. Ao abrir esses canais mágicos e atuar como parte do organismo universal, os seres humanos obtêm a vida e o poder do alto.[82]

Porém, o céu está muito distante, e "não toca a terra [...] [senão] pelos raios das estrelas, que são como seus olhos".[83] Assim como o fogo terreno aquece, penetra e altera outras coisas naturais, esses raios muito mais fortes penetram toda a massa da terra para formar gemas e metais em suas profundezas. Uma vez que os talismãs são feitos das mesmas gemas e metais, os raios que inicialmente formaram esses minerais penetrarão nos talismãs instantaneamente. Sua dureza não é nenhum obstáculo, muito menos o material mais macio do corpo e do espírito humanos. De fato, as pedras e metais são excelentes receptáculos de raios (como capacitores mágicos), porque seu material duro isola e armazena os poderes ocultos que os raios transmitem.[84]

Os raios também são orgânicos e vivos. Quando Ficino diz que eles provêm dos olhos do Corpo do mundo, ele está pensando não apenas nas figuras animais e humanas do zodíaco, mas também, por analogia, em criaturas terrenas como o basilisco, bem como em pessoas que projetam danos através de seu olhar maligno.[85] Alkindi havia ensinado que os raios se movimentam em ambas as direções entre quaisquer dois (ou mais) objetos – entre o basilisco e sua vítima, reciprocamente, mas também entre um planeta, as estrelas em uma constelação, e um astrólogo olhando para

---

81 Ficino, 1989, 254-6, 362-4, 376.
82 *Ibid.*, 250, 254-8.
83 *Ibid.*, 318, 400.
84 *Ibid.*, 320-2, 368; anteriormente, n. 43.
85 *Ibid.*, 322-4; Copenhaver, 1991.

os céus. Diz-se que os planetas se encontram em vários *aspectos* (trígonos, quadraturas, sextis), sendo que isso significa os graus de distância circular uns dos outros, mas um *aspectum* também é um "olhar para". Assim como olhamos para os planetas e as estrelas, esses poderosos seres vivos também olham uns para os outros e para nós: "com os raios de seus olhos, os corpos celestes produzem instantaneamente maravilhas em nossos corpos, ao olharem para eles e fazerem contato".[86]

Os raios emanados de estrelas e planetas formam figuras.[87] Algumas, como as constelações zodiacais, são visíveis para qualquer pessoa que enxergue o céu noturno, mas outras são os segredos da astrologia, e são menos conspícuas. Para o olho não treinado, não será óbvio, por exemplo, exatamente quando "a Lua está localizada sob os signos aquáticos, Câncer, Peixes ou Escorpião, com os raios de Júpiter brilhando sobre ela", uma colocação que Ficino descreve como boa para um paciente que necessita de purga.[88] Esses dois planetas e três constelações formam uma figura celeste, cujo análogo pode ser produzido na Terra gravando-se uma pedra com imagens de Júpiter e da Lua, um caranguejo, dois peixes e um escorpião, produzindo um talismã aquoso. Se a pedra é um mineral aquoso (água-marinha, talvez) incrustado em ouro (um metal jovial), o talismã será mais forte, porque "o poder elemental em sua matéria combina com o poder natural específico inato a ele, e depois isso combina com o outro poder específico tomado dos céus através de uma figura".[89] Assumindo que a matéria do talismã se conforma à figura aquosa nos céus, aquela figura celeste natural aumentará o poder da figura artificial gravada na pedra, sendo que isso deve ser feito quando a figura celeste governar o céu. O efeito será como a música produzida por uma lira ressoando em outra lira sem tocá-la.[90]

Essa antiga analogia musical é crucial para a defesa que Ficino faz da magia natural.[91] Os seres humanos produzem coisas artificiais, como liras e

---

86 *Ibid.*, 324, 354; Alkindi, 1975; Barton, 1994, 98-102.
87 Ficino, 1989, 244.
88 *Ibid.*, 270-2.
89 *Ibid.*, 328.
90 *Ibid.*, 330-2.
91 *Ibid.*, 356-62; Platão, *Fédon* 85e-86d; Aristóteles, *De anima* [*Da alma*] 407b27-32; Plotino, *Enéadas* 4.4.41; adiante, n. 105.

talismãs, mas somente Deus fez objetos naturais, como as pedras, que, portanto, partilham da bondade divina. Além disso, um artífice humano pode ser considerado responsável pelo artifício humano, mas não pela criação de Deus. Portanto, na medida em que a magia visa fazer o bem e é feita com objetos naturais que são criações de Deus, o mágico estará livre de culpa. Para acumular evidências a favor desse argumento, Ficino expandiu sua teoria sobre o espírito, os raios e as figuras com modelos e mecanismos para a magia que exploram os poderes de objetos naturais. Além da ressonância de liras em afinação, Ficino também discute sementes, enxertos, iscas, estímulos, a reflexão, a atração, a gravidez e o desenvolvimento fetal como modelos físicos de ação mágica.

A lira ressonante é um caso crucial porque as liras, assim como os talismãs, são coisas artificiais cujos componentes naturais (madeira, fibra, metal, pedra) são fisicamente eficazes e, no pior caso, moralmente neutros. Tomás de Aquino, a cuja autoridade Ficino se submete em passagens delicadas do *De vita III*, confirma assim "aqueles efeitos que os céus ordinariamente causam através de [...] objetos naturais". Um talismã, no entanto, é mais que a soma de suas partes. Ele atua somente como "um composto já localizado em alguma espécie particular do artificial", dado que "as constelações fornecem a ordem de ser e persistir, não apenas para as coisas naturais, mas também para as artificiais". Por *composto* Tomás entende um objeto *natural*, uma combinação de forma e matéria, que é um objeto físico particular, como uma gema. Mas Tomás também diz que a imagem em uma gema atua "não por haver alguma figura na matéria", mas porque o composto figurado foi incluído – por sua figura – em uma espécie de coisas artificiais.[92] Essa é a explicação de Ficino sobre a posição de Tomás, que na *Summa theologiae* [*Suma de teologia*] parece menos generoso: nenhum poder celeste flui para os talismãs "na medida em que são artificiais, mas apenas por causa de sua matéria natural".[93]

Tanto para Ficino quanto para Tomás, gravar um escorpião em uma gema tornará a pedra um membro da espécie dos escorpiões artificiais – que

---

92 Ficino, 1989, 340.
93 Tomás de Aquino, *Summa theologiae* [*Suma de teologia*] II-II.96.2 ad 2; Copenhaver, 1984, 531-46.

inclui desenhos, pinturas, estátuas, brinquedos, e assim por diante. Mas, para Ficino, uma gema-escorpião também pertencerá à *taxis* que inclui o aracnídeo na Terra, a constelação de Escorpião [*Scorpio*] no céu, e um Escorpião supraceleste entre as henadas (Fig. 8.8).

O poder flui para a gema porque uma figura liga-a a um circuito metafísico – uma versão mais forte daquilo que, de acordo com Ficino, Tomás havia admitido que as estrelas fizessem para as coisas artificiais. Mas, em palavras que Ficino não explicou, Tomás também havia dito que "as imagens em objetos artificiais são como formas substanciais", a saber, as formas que fazem um composto natural ser o que ele é, um membro de uma espécie *natural*. "Nada impede [...] que a influência celeste provenha [...] do arranjo da figura que dá à imagem sua espécie", concluíra Tomás "não na medida em que [a figura] é uma figura, mas na medida em que ela é causa da espécie daquilo que é produzido artificialmente, e recebe poder das estrelas".[94]

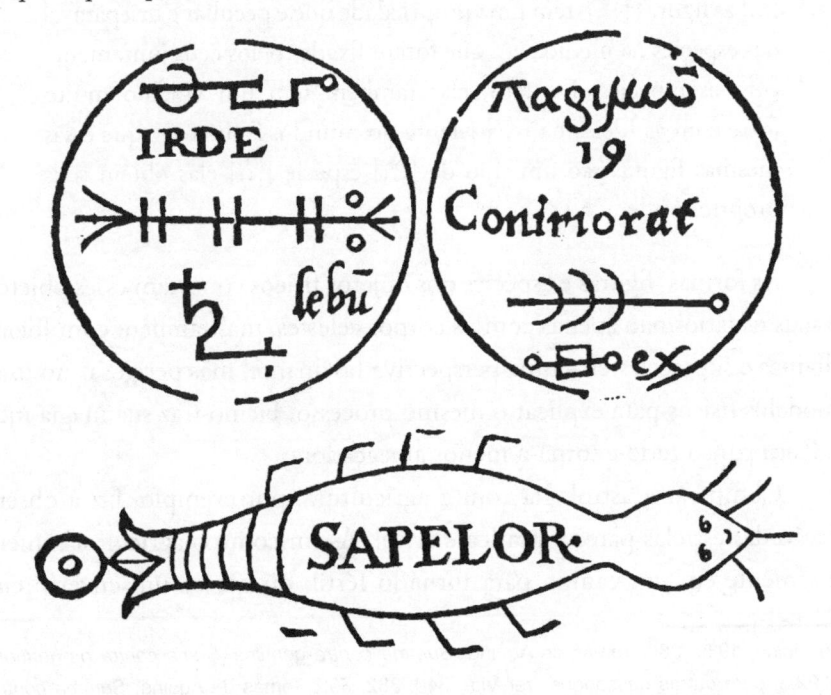

Figura 8.8: Desenho para um talismã de escorpião

---

94 Tomás de Aquino, *Summa contra gentiles* [*Suma contra os gentios*] III.105.12; anteriormente, n. 77-9.

Uma vez que Ficino cita vários textos de Tomás sobre magia e imagens, incluindo aquele que descreve as imagens como formas quase substanciais, e, portanto, quase naturais, o fato de ele não produzir mais desses argumentos atraentes é enigmático. Pensando ser "óbvio que até mesmo corpos sem vida adquirem certos poderes e habilidades dos corpos celestes [...] além daqueles das [...] qualidades dos elementos", Tomás raciocinou que se "várias pedras e plantas adquirem outros poderes ocultos [...] nada impede um ser humano de obter uma habilidade a partir da influência de um corpo celeste para fazer certas coisas físicas – para um médico, curar, por exemplo".[95] Apesar das aberturas que lhe foram dadas, talvez Ficino tenha achado provocativo alistar o santo de modo tão persuasivo em uma causa tão duvidosa. Seu próprio raciocínio sobre as imagens como figuras, de qualquer modo, é cuidadoso e complexo, levando à conclusão de que

> [...] as figuras [...] têm uma propriedade que é peculiar e inseparável das espécies na medida em que foram fixadas pelos céus juntamente com as espécies. De fato, elas também têm um vínculo muito forte com as Ideias na [...] Mente do mundo. E uma vez que essas mesmas figuras são um tipo de [...] espécie [...] elas obtêm seus próprios poderes ali.[96]

As formas, figuras e espécies dos objetos físicos conectam esses objetos e seus usuários não apenas com os corpos celestes, mas também com Ideias divinas e supracelestes – uma perspectiva fascinante, mas perigosa. Ao usar modelos físicos para explicar o mesmo processo, Ficino traz sua magia metafísica para a terra e torna-a menos ameaçadora.

Comparar a astrologia com a agricultura, por exemplo, faz a observação das estrelas parecer prática e crível. Assim como o agricultor semeia a semente em um campo para torná-lo fértil, ou coloca um enxerto em

---

95 Ficino, 1989, 280; Tomás de Aquino, *Summa contra gentiles* [*Suma contra os gentios*] III.92.8; para outras passagens, ver Vita, 340, 382, 390; Tomás de Aquino, *Summa contra gentiles* III.92, 99, 104-5; *Summa theologiae* [*Suma de teologia*] I.65.4, 91.2, 110.1, 115.3; *De occultis operibus naturae* [*Das operações ocultas da natureza*], 9-11, 14, 17-20; *De fato* [*Do destino*] 5; Walker 1958, 42-4; e anteriormente, n. 93-4.
96 Ficino, 1989, 318, 328-30.

uma planta para melhorar sua espécie, o mago reunirá influências do alto para inseri-las em objetos naturais abaixo e empoderá-los.[97] As fêmeas de todos os tipos, diz Ficino, animais, vegetais e minerais, se submetem aos machos correspondentes para ficarem prenhes: quando "o mago submete coisas terrestres a coisas celestes" para torná-las mágicas, portanto, isso é simplesmente algo semelhante ao magneto macho tornando o ferro fêmea atrativo.[98] Uma vez que tudo está vivo em um mundo que "deseja que suas partes estejam unidas em matrimônio", as atrações naturais – entre coisas pesadas e o centro da Terra, coisas leves e a Lua, coisas úmidas e as raízes das plantas – são sexuais, e a magia emulará a Natureza amorosa que é "a feiticeira em toda parte".[99] A natureza supre todos os materiais para a ação mágica, que se torna artificial apenas quando os seres humanos intervêm para rearranjar os objetos naturais, que são suficientes para fazer a magia.

O espírito "é um tipo de isca ou mecha para ligar a Alma ao Corpo no cosmos", escreve Ficino, "e a Alma é também um tipo de mecha no espírito e no Corpo do mundo". O espírito é uma isca para os poderes superiores quando a natureza usa um feto para atrair para baixo o espírito, que então atrairá uma alma. Tomada de Proclo, a analogia da mecha para a atividade da alma é mais complexa. Tanto para o Corpo quanto para o espírito, a Alma é a força que os atrai para o alto até a Mente. Em detalhes, o modelo é a madeira seca (Corpo) penetrada pelo óleo (espírito) para sustentar o calor e o fogo (Alma) que é o veículo da luz (Mente): "mecha" é o termo de Ficino aqui para o aparato completo da madeira flamejante embebida em óleo.[100] Uma analogia relacionada substitui o enxofre sob uma chama pela madeira oleosa em chamas. Os vapores do enxofre sobem, como o espírito em ascensão, antes de entrarem em chamas por uma causa incendiária que atua sobre eles de cima para baixo.[101]

Em termos mais simples, "sempre que algum tipo de matéria é exposto aos poderes celestes, como um espelho de vidro diante de vosso rosto, ou

---

97 *Ibid.*, 386.
98 *Ibid.*
99 *Ibid.*, 384-6; Plotino, *Enéadas* 4.4.40, 43-4; Copenhaver, 1988b, 86-8.
100 *Ibid.*, 384; Proclo, *De sacrificio* [*Do sacrifício*], em Copenhaver, 1988b.
101 *Ibid.*, 386.

a parede à vossa frente exposta à vossa voz, a matéria é imediatamente afetada a partir de cima por um agente muito poderoso".[102] O reflexo de uma imagem em um espelho é um modelo intuitivo de um efeito instantâneo ocorrendo à distância, como a influência imediata do Leão astral sobre uma droga leonina. Mas o som refletido por uma parede recorda um problema já colocado pelo modelo da lira ressonante. Os sons produzem música, a música pode ser cantada com palavras significativas, e os significados só podem ser expressos para mentes, a da própria pessoa ou a de outrem. Mas de quem é essa mente? De um anjo ou de um demônio?[103]

Discutindo "o poder das palavras e das canções para obter auxílio dos céus", Ficino recomenda aprender as virtudes dos corpos celestes, e depois "inseri-las nos significados de nossas palavras".[104] Claramente, parte de sua magia médica é constituída por canções astrais contendo uma fala significativa. Para avaliar essa música e outras terapias mágicas, ele fornece uma escala (Fig. 8.9) de vários meios de cura – material e mental –, e os planetas associados a eles, chamando esse esquema de "sete níveis onde a atração procede de entidades superiores para aquelas abaixo", e situando a música no meio, juntamente com o Sol.[105]

Níveis	Meios de cura	Planetas
7	Inteligência	Saturno
6	Razão	Júpiter
5	Imaginação	Marte
4	Som, música, canção	Sol
3	Pós, vapores, odores	Vênus
2	Plantas, animais	Mercúrio
1	Pedras, metais	Lua

Figura 8.9: Níveis planetários de cura

---

102 *Ibid.*, 388.
103 Anteriormente, n. 50 e 90-1.
104 Ficino, 1989, 354-8; Walker, 1958, 17; anteriormente, n. 50.
105 Ficino, 1989, 354-6; Walker, 1958, 15.

Pedras e metais caem para o fim da lista, juntamente com a Lua. Sua dureza torna difícil acessar o poder armazenado em seu interior, e surgem problemas morais se eles carregam imagens. As plantas, animais, pós, vapores e odores nos níveis 2 e 3 estão todos dentro do alcance da medicina convencional, e não são tão impressionantes quanto os remédios mágicos de Ficino. Sua principal inovação aparece no nível 4, com o som, a música e as canções. Acima desse nível, os remédios mais elevados não são mais materiais, e assim estão fora do escopo do *De vita III*. Assim como as terapias inferiores, as curas solares do nível 4 ainda são materiais, porque o ar, o meio que as transmite, é um tipo de matéria.[106]

"A própria matéria da canção é mais pura e mais semelhante aos céus do que a matéria dos remédios", explica Ficino, "pois ela é o ar quente ou morno, ainda em respiração, de fato". Essa matéria viva "até mesmo carrega significado, como uma mente". Além disso, se a canção é "preenchida de espírito e significado [...] e corresponde a um ou outro dos corpos celestes, ela não tem menos poder que qualquer outro remédio composto, projetando o poder no cantor, e depois, dessa pessoa para o ouvinte que está próximo". De fato, a canção é apenas "um outro espírito": assim como o olho mau que emite vapores para ferir uma vítima, a canção é, portanto, infecciosa no sentido médico.[107] Tais perigos se multiplicam com cada linha do capítulo de Ficino sobre canções astrais, que correm o risco não apenas de demonolatria, mas também de assaltos mágicos negligentes contra espectadores inocentes.

Por isso, embora Ficino dedique a maior parte de suas preocupações no *De vita III* aos talismãs, o canto mágico que o incomoda menos é de fato a ameaça maior. As palavras nas canções, assim como aquelas nos talismãs, são uma armadilha mortal, pois se dirigem a mentes malignas e não convidadas. Diferentemente das canções, contudo, os talismãs têm pouca probabilidade de transmitir danos a outros. O que quer que eles recebam de cima será isolado por sua matéria densa e pesada, tão diferente da substância leve e aérea da canção, através da qual forças danosas podem facilmente se propagar do espírito do cantor para o do ouvinte. "O impressionante poder de um espírito que canta com excitação" será a magia mais perigosa,

---

106 Ficino, 1989, 354-6.
107 *Ibid.*, 358-60.

fisicamente para aqueles que ouvem a canção, e *moralmente* para o cantor, especialmente se o canto se harmonizar com a música das esferas.[108]

Embora todos os sete planetas tenham vozes, somente o Sol, Mercúrio, Vênus e Júpiter podem cantar. "Quando vossa música e vosso canto reverberam como os deles, vê-se que eles respondem de imediato", de acordo com Ficino, "tão naturalmente quanto uma vibração ressoando de um alaúde ou um eco de uma parede".[109] Mas se os cantores no quarteto celeste são deuses planetários, trocar mensagens com eles será pecaminoso, especialmente uma vez que Ficino especifica que a comunicação mágica ocorre entre as almas, bem como entre os corpos. Para piorar as coisas, enquanto as forças harmônicas enviadas para baixo pelas almas celestes às vezes descem de modo indireto, transportadas por raios, elas também, às vezes, chegam diretamente dos entes celestes, "por uma escolha de vontade livre".[110] Se a magia necessita de um ato numinoso de vontade proveniente do alto, a vontade humana também pode ser cúmplice, e a magia perde a camuflagem de uma ação natural desprovida de vontade.

"Posso convocar espíritos das vastas profundezas", gaba-se o mágico, e então o cínico pergunta: "Mas será que eles virão?".[111] Quer as pessoas espirituais de fato cheguem ou não, o mago que as conjura, intencionalmente ou não, encontra-se em um problema moral, a menos que a Igreja tenha abençoado a mensagem – quando os padrinhos renunciam a Satã no batismo, por exemplo, ou quando um sacerdote exorciza demônios. Não obstante, Ficino pensa que ele pode evitar o perigo do canto astral, ou talvez diminuí-lo, ao reduzir os deuses planetários a demônios. Os demônios que ouvem as canções de Ficino, contudo, não são os espíritos imundos ou os anjos caídos comuns da demonologia cristã, que são sempre malignos. Na religião grega em geral, e também para os neoplatônicos, um demônio é um ente poderoso, abaixo dos deuses, mas ainda acima dos seres humanos, e não necessariamente maligno. Nas hierarquias da teologia neoplatônica, as divindades e demônios vêm em muitos graus, e Ficino fixa-se naqueles que

---

108 *Ibid.*, 360; anteriormente, n. 50.
109 *Ibid.*, 360; Walker, 1958, 17-18; anteriormente, n. 90-1.
110 *Ibid.*, 364, 368.
111 Shakespeare, *Henrique IV*, Part 1, III.i.53-5.

são suficientemente baixos para não serem "completamente separados da matéria", enquanto ainda compartilham da vitalidade da Alma do Mundo. Esses demônios *cósmicos* são corporificados, diferentemente dos deuses *hipercósmicos* incorpóreos, e seus corpos são estrelas e planetas.[112]

Os demônios cósmicos de Ficino têm três propriedades-chave: eles não são altos deuses; eles não são malignos; e seus corpos são os corpos celestes da astrologia. Uma vez que os neoplatônicos situaram muitos Júpiteres, Mercúrios, e outros olimpianos em todos os níveis de sua elaborada teologia, era fácil para Ficino seguir a sugestão deles e transformar os deuses planetários em demônios menores.[113] Tendo rebaixado os deuses celestes, ele também os higienizou ao explorar o parentesco entre o demônio tutelar ou pessoal dos neoplatônicos, com todas as suas associações astrológicas, e o anjo da guarda cristão. O regente da natividade no horóscopo de toda pessoa é um avatar desse demônio protetor. O talento natural (*ingenium*) que um horóscopo revela corresponde a uma divindade (*genius*) interior. "Um demônio particular ou guardião da vida", diz Ficino, "foi atribuído a toda pessoa nascida, por sua própria estrela".[114]

Ele também menciona que um demônio aéreo inferior do tipo cósmico pode estar presente de antemão na matéria de objetos naturais que o mágico utiliza. Se um demônio aéreo fosse apenas uma força impessoal, como um raio mágico, ou um tipo de matéria, como um espírito, Ficino poderia estar livre de problemas, moral e teologicamente. Mas o "espírito aéreo" de *A tempestade*, para citar um exemplo familiar, não é tal coisa. "Vem com um pensamento, te agradeço, Ariel, vem", diz Próspero, e Ariel entra: "Submeto-me a vossos pensamentos. Qual é vosso desejo?".[115]

Uma mente demoníaca cedendo aos pensamentos e desejos humanos é exatamente o que Ficino necessita para evitar, como ele quer, "uma força

---

112 Ficino, 1989, 244, 388; Iâmblico, *De mysteriis* [*Dos mistérios*], 57.4-58.8; 271.10-12; Shaw, 1995, 89, 133-42, 150-61; cf. Walker, 1958, 45-53.
113 Michael Allen esclareceu muitos casos dos usos filosóficos das elaboradas teologias neoplatônicas por Ficino, mas ver especialmente Allen, 1981 e 1984; também Lamberton, 1986; Brisson, 2004.
114 Ficino, 1989, 370; Iâmblico, *De mysteriis* [*Dos mistérios*], 278.15-284.10.
115 Shakespeare, *A tempestade*, IV.i.164-5.

divina natural" que faça parte dos objetos mágicos. Ele atribui a noção a Hermes, mas essa alusão ao *Asclépio* hermético ocorre na mesma passagem onde "Iâmblico condena os egípcios" por demonolatria – o Iâmblico que é de fato a principal fonte de Ficino para a doutrina dos demônios cósmicos e hipercósmicos.[116] A partir de Iâmblico, duas coisas devem ter ficado claras para ele: que tanto os demônios inferiores quanto os deuses superiores são pessoas com almas e mentes, não apenas forças inertes ou tipos peculiares de matéria; e que a magia dos objetos naturais está sempre a serviço de pessoas divinas.[117] No fim, o labirinto da teologia platônica não deu a Ficino nenhum lugar para se esconder.

Talvez por essa razão, sua teoria filosófica da magia é um *tour de force* de cautela e evasão. Embora algumas poucas afirmações confiantes possam ser encontradas no *De vita III*, as compensações e hesitações são numerosas.[118] Ficino raramente nos diz o que pensa sobre a magia de maneira clara e direta, mas a seguinte declaração sobre os talismãs soa como uma posição pública oficial:

> Creio que seria mais seguro confiar-se a remédios do que a imagens, e que os argumentos sobre o poder celeste que ofereci em favor das imagens podem ter força no caso dos remédios, em vez das figuras. Pois se as imagens têm poder, não é tão provável que elas tenham adquirido esse poder recentemente através de uma figura, quanto que elas o possuam naturalmente através da matéria tratada dessa maneira [...] não tanto por vir a ter uma figura, quanto pelo aquecimento que decorre das batidas do martelo. Se o martelamento e o aquecimento acontecem harmoniosamente, em consonância com a harmonia celeste que uma vez infundiu o poder na matéria, eles excitam aquele mesmo poder e o fortalecem [...]. Então, talvez seja apenas algum tipo de martelamento e aquecimento que atrai para fora o poder latente na matéria – quando o tempo é correto, obviamente. Tirar vantagem do momento celeste certamente ajuda na composição de remédios. Mas se alguém quiser usar metais e

---

116 Ficino, 1989, 388; Iâmblico, *De mysteriis* [*Dos mistérios*], 32.8-33.11.
117 Copenhaver, 1987.
118 Ficino, 1989, 248, 276-80, 354, 362-8.

pedras, é melhor apenas martelá-los e aquecê-los sem fazer qualquer figura. Pois além de minha suspeita de que as figuras são inúteis, não devemos imprudentemente permitir nem mesmo a sombra da idolatria.[119]

A posição final de Ficino é prudente e convencional: "nunca tentai qualquer coisa que a religião proíbe".[120]

Muito antes de escrever o *De vita III*, ele conhecia os riscos que tal projeto traria. Ele havia esboçado um tratado contra a astrologia preditiva em 1477, antes de escrever seu livro sobre a peste e o *De vita I*.[121] À medida que o *De vita III* circulava em Florença, ele aguçava os ouvidos para as perguntas previsíveis. Será que a medicina e a astrologia são vocações adequadas para um sacerdote? Será que a astrologia não é uma ameaça ao livre-arbítrio? Como os céus podem estar vivos, se o panteísmo é uma heresia? Certamente, a demonolatria implicada pelas imagens mágicas de deuses pagãos é um pecado grave contra a religião.[122] Responder a seus inquisidores de modo brincalhão e sarcástico foi uma maneira de se esquivar das reclamações deles. Quando os ataques se tornaram mais agudos, ele sugeriu uma abordagem mais direta, a esquiva retórica de um estudioso, a seus protetores: "dizei-lhes que a magia ou as imagens não são realmente aprovadas por Marsílio, mas descritas enquanto ele interpreta Plotino".[123]

Não obstante, Ficino sabia perfeitamente bem que o *De vita*, com todo seu filosofar erudito, era também uma compilação de receitas, um livro de conselhos médicos. Se médicos e pacientes seguissem seus conselhos, ele seria responsável pelos danos físicos ou morais sofridos por eles. É por isso que, ao falar sobre um talismã de amor que se assemelha a uma imagem do infame *Picatrix*, ele menciona "muitas minúsculas observações sobre estrelas e palavras que não proponho repetir, uma vez que meu tópico é a medicina, e não os feitiços".[124] Essas palavras traçam uma linha incomumente

---
119 *Ibid.*, 342; Walker, 1958, 53.
120 *Ibid.*, 280.
121 Allen, 1999, 354.
122 Ficino, 1989, 380, 394.
123 *Ibid.*, 396.
124 *Ibid.*, 354; Walker, 1958, 25, 30.

nítida entre a medicina e a magia, evidenciando que seu autor compreende o peso ético de suas prescrições. Mas a resposta moral de Ficino à magia não foi tão convincente quanto sua filosofia natural e sua metafísica. Em seu referencial de aristotelismo neoplatonizado, o *De vita* tem sucesso como uma explicação filosófica da eficácia da magia (Fig. 8.3), que pode explicar por que o livro permaneceu em circulação por mais de 550 anos. Porém, a magia foi longe demais, sempre ultrapassando o domínio dos objetos naturais e entrando no reino dos espíritos pessoais. Se os muitos leitores de Ficino foram persuadidos de que sua magia era eficaz, eles não devem ter ficado convencidos de que ela também era boa para os bons cristãos.

PARTE II
Rumo à filosofia moderna

9 Nicolau de Cusa e a filosofia moderna

DERMOT MORAN

"Porteiro da era moderna"

Nicolau de Cusa (Niklas Kerbs, conhecido como Cusanus, 1401-64), um dos intelectos mais originais e criativos do século XV,[1] foi descrito de várias maneiras como "o último grande filósofo da Idade Média moribunda" (Alexandre Koyré), como um "pensador de transição" entre os mundos medieval e moderno (Frederick Copleston),[2] e como o "porteiro da era moderna" (Rudolf Haubst).[3] Ele é uma figura solitária sem nenhum sucessor real, embora tenha tido alguma influência em Copérnico, Kepler, Bruno, e, tangencialmente, em Descartes. Os idealistas alemães mostraram algum interesse em Nicolau de Cusa, mas a verdadeira revitalização de seu pensamento foi estimulada pelo filósofo neokantiano Ernst Cassirer (1874-1945), que chamou-o de "o primeiro pensador moderno", e pelo existencialista Karl Jaspers.[4] Cassirer comparou-o a Kant por sua visão de que os objetos têm de ser entendidos em termos das categorias de nosso próprio pensamento.[5] Outros estudiosos, notavelmente Alexandre Koyré,[6]

---

1 Suas obras são citadas neste capítulo sempre que possível a partir da edição da Academia de Heidelberg, citada aqui como Nicolau de Cusa, 1932-. Mais de vinte volumes foram publicados até o momento, incluindo vários volumes de sermões (ele escreveu mais de 300 sermões ao todo). A série *Acta Cusana* da Academia de Heidelberg (Hamburgo: Felix Meiner, 1976-) também publica material original sobre sua vida. Há uma ativa *Cusanus Gesellschaft* [Sociedade Cusanus] na Alemanha e uma *American Cusanus Society* [Sociedade Cusanus Americana], que produz uma carta circular informativa. Um guia recente é Bellitto, Izbicki, Christianson, 2004.
2 Copleston, 1953, 231.
3 Haubst, 1988, 6.
4 Cassirer, 1927.
5 Cassirer, 1911, I: 38.
6 Koyré, 1957.

Hans-Georg Gadamer,[7] Hans Blumenberg,[8] Werner Beierwaltes,[9] e Karsten Harries,[10] todos viram-no de certa maneira como um precursor da modernidade.[11] Contudo, sua visão de mundo é essencialmente conservadora, visando, como reconheceu Hans Blumenberg, manter a síntese medieval.[12]

Cusano foi um estudioso humanista, reformador da Igreja – seu *De concordantia catholica* (*Da concordância católica*, 1434) incluía propostas para a reforma da Igreja e do Estado – diplomata papal e cardeal católico. No curso de sua vida, ele tentou reconciliar a eclesiologia papal e dos concílios, o cristianismo grego oriental e latino ocidental, muçulmanos e cristãos, a teologia tradicional e a ciência matemática emergente. De muitas maneiras, ele é uma figura do Renascimento. Contemporâneo exato de Gutemberg, ele é creditado como tendo ajudado a introduzir a imprensa na Itália.[13] Ele escreveu um tratado informado, *De correctione calendarii* [*Da correção dos calendários*], sobre a reforma do calendário. Seus instrumentos astronômicos ainda estão preservados na biblioteca de Cusa, e ele obteve um lugar na história da matemática por suas tentativas de realizar a "quadratura do círculo". Seu *De docta ignorantia* (*Da douta ignorância*, 1440) já oferece críticas do universo ptolomaico, e postula que a Terra está em movimento e que o universo não tem nenhum centro fixo.[14] Com essa explicação, o físico do século XX Carl Friedrich von Weizsäcker até mesmo enxerga Nicolau como ultrapassando o mundo copernicano rumo ao universo da relatividade.[15]

---

7 Gadamer, 1970, 39-48.
8 Blumenberg, 1985.
9 Beierwaltes, 1980.
10 Harries, 1975, 5-15. Ver também Harries, 2001.
11 Ver Hopkins, 2002, que passa em revista dezesseis teses que têm um tom moderno e são atribuídas a Cusano, incluindo afirmações de que o tempo, o espaço e as categorias pertencem à mente. Hopkins enxerga-o como "o primeiro filósofo alemão" e como um filósofo moderno, mas não como "pai" da filosofia moderna, o qual ele sustenta ser Descartes.
12 Blumenberg, 1985, 484.
13 Em 1469, o humanista italiano Giovanni Andrea de Bussi (1417-75), secretário pessoal de Nicolau de Cusa de 1458 a 1464 e um pioneiro da imprensa na Itália, elogiou-o no prefácio à sua edição do primeiro volume de *Jerônimo*, chamando Nicolau de o mais erudito dos homens e referindo-se especificamente ao seu interesse pela recém-inventada arte sagrada da imprensa.
14 Nicolau de Cusa, *De docta ignorantia* [*Da douta ignorância*], em Nicolau de Cusa, 1932 (vol. I, ed. E. Hoffmann e R. Klibansky); tradução inglesa em Nicolau de Cusa, 1985. Doravante citado como DDI, seguido pelo número do livro, do capítulo e do parágrafo.
15 Weizsäcker, 1964.

Como filósofo e teólogo, Nicolau de Cusa preocupa-se com um único problema que percorre todas as suas obras: como é que nós, enquanto seres finitos criados, podemos pensar sobre o Deus infinito e transcendente? Deus é "unidade infinita" (*unitas infinita*, DDI I.5.14). Nicolau parte daquilo que ele considera ser a proposição "autoevidente" de que não há nenhuma proporção entre o finito e o infinito (DDI I.3.9). Nosso conhecimento racional progride por graus e pode tornar-se infinitamente mais preciso sem coincidir exatamente com seu objeto. Ele deve ser suplementado por um tipo de desconhecimento intelectual, um conhecimento que reconhece suas próprias limitações na esfera do transcendente e do infinito. O tipo arrogante de conhecimento usado no debate deve ser contrastado com a "douta ignorância".

O próprio Nicolau situa seu pensamento no platonismo, tanto pagão (Platão, Proclo) quanto cristão (Agostinho, Dionísio, o Areopagita [pseudo], Escoto Erígena, Thierry de Chartres). Ele tinha o maior conhecimento da tradição platônica entre todos antes de Ficino. Ávido colecionador de manuscritos, eventualmente possuiu aproximadamente trezentos deles, incluindo traduções latinas do *Fédon*, *Críton*, *Apologia*, *Sétima epístola*, *República*, *Leis*, *Fedro* e *Parmênides* de Platão.[16] Ele possuía a tradução de Moerbeke dos *Elementos de teologia* e do *Comentário sobre o Parmênides* de Proclo, e a tradução de Petrus Balbus da *Teologia platônica* de Proclo. Ele possuía cópias de parte do *Periphyseon* [*Divisão da natureza*] de Erígena, do *Didascalikon* de Hugo de São Vítor, e de várias obras de Eckhart.

Ele foi mais fortemente influenciado por "nosso" Dionísio, o Areopagita (*De beryllo* ou *Do prisma* 12),[17] "discípulo do Apóstolo Paulo" (*De beryllo* 11), "o maior buscador de coisas divinas" (*maximus ille divinorum scrutator*, DDI I .16.43), "que atribuiu a Deus muitos nomes" (*De beryllo* [*Do prisma*] 46). Desde suas primeiras até suas últimas obras (por exemplo, *De li non aliud* [*Do não outro*]), Nicolau cita Dionísio, embora ele, depois, tenha dito que na época da escrita de *De docta ignorantia* [*Da douta ignorância*] (1440)

---

16 Em 1429, ele até mesmo descobriu um manuscrito contendo doze peças previamente desconhecidas de Plauto. Sobre a biblioteca de Nicolau de Cusa, ver Bianca, 1980 e Bianca, 1993.
17 Ver Cranz, 2000a e 2000b.

ele ainda não havia lido Dionísio (*Apologia doctae ignorantiae* [*Apologia da douta ignorância*] 12).[18] Ele caracteriza seu platonismo como derivado do Areopagita, mas também se baseia nos tradutores e comentadores latinos de Dionísio, incluindo Erígena ("Johannes Scotigena"),[19] o *Comentário sobre os nomes divinos* de Alberto Magno,[20] Roberto Grosseteste (cujas traduções da *Teologia mística* e da *Hierarquia celeste* de Dionísio ele possuía em manuscrito), Thomas Gallus e Meister Eckhart.

Nicolau situa Dionísio como um praticante da dialética na tradição que deriva do *Parmênides* de Platão. Ele até mesmo antecipa o desmascaramento de Dionísio como um autor pseudônimo por Lorenzo Valla, ao reconhecer a proximidade doutrinária entre Proclo e Dionísio. Nicolau escreve que "o grande Dionísio imita Platão" (*De beryllo* 27), e em sua *Apologia doctae ignorantiae* (*Apologia da douta ignorância*, 1449) declara que "o divino Dionísio imitou Platão em tal medida que muito frequentemente se descobre que ele citou as palavras de Platão em série" (*Apologia* 10).[21] Na mesma obra, ele fala do "divino Platão" e de *Parmênides* como abrindo um "caminho rumo a Deus".[22] Ele cita o *Comentário sobre o Parmênides* de Proclo[23] no sentido de que Platão negava que se pudessem enunciar predicados sobre o primeiro princípio, assim como Dionísio prefere a teologia negativa à afirmativa (*De beryllo* 12). É claro que, como um cristão ortodoxo, Nicolau é plenamente cônscio de que certas doutrinas do platonismo clássico

---

18 Dionísio é citado várias vezes na *Apologia*. Nicolau de fato refere-se duas vezes a Dionísio em seu *De concordantia catholica* [*Da concordância católica*] de 1433, mas essas referências podem ter sido derivadas de fontes indiretas; ver Hankins e Palmer, 2007.
19 Ver Beierwaltes, 1994. Além das traduções de Dionísio por Erígena, Nicolau de Cusa tinha familiaridade pelo menos com o *Periphyseon* [*Divisão da natureza*] Livro I, que ele possuía e havia anotado em manuscrito (ver Erígena MS), bem como o *Clavis physicae* [*Chave da natureza*] de Honorius Augustodunensis (ver Honorius MS), um compêndio de passagens de Erígena, e a homilia *Vox spiritualis* [*Voz espiritual*] (que circulava sob o nome de Orígenes).
20 Albertus Magnus, 1972 (*Super Dionysium De divinis nominibus* [*Sobre o Dos nomes divinos de Dionísio*]), citado em *De beryllo* [*Do prisma*] 17.
21 Traduzido em Nicholas of Cusa [Nicolau de Cusa], 1984, 466.
22 Para uma lista completa das referências platônicas de Nicolau de Cusa, ver Führer, 2002.
23 Ver Proclus [Proclo], 1864, VI, col. 1074, traduzido em Proclus [Proclo], 1987, 427: "Assim, portanto, é mais apropriado revelar a causa incompreensível e indefinível que é o Uno através de negações".

(a doutrina da alma do mundo, do destino, da eternidade do mundo, etc.) conflitam com o cristianismo, e ele faz objeções aos platônicos acerca desses pontos. Por exemplo, ele critica Platão por assumir que a criação emerge da necessidade divina em vez da livre vontade divina (*De beryllo* 38).

Pensa-se que Nicolau de Cusa influenciou a explicação de Descartes sobre o universo infinito. Descartes, em uma carta de 6 de junho de 1647 ao padre Chanut, maravilha-se com a perspicácia filosófica da rainha Cristina da Suécia, conforme exibida nos comentários dela sobre o suposto tamanho do universo (conforme calculado por Descartes). Ele escreve:

> Em primeiro lugar, lembro-me de que o cardeal de Cusa e muitos outros doutores supuseram que o mundo fosse infinito sem jamais serem censurados pela Igreja; pelo contrário, representar as obras de Deus como muito grandes é pensado como uma maneira de honrá-lo. E minha opinião não é tão difícil de aceitar quanto a deles, porque não digo que o mundo é infinito, mas apenas que ele é indefinido. Há uma diferença bastante notável entre as duas coisas: pois não podemos dizer que algo é infinito sem uma razão para prová-lo, tal como podemos dar apenas no caso de Deus; mas podemos dizer que uma coisa é simplesmente indefinida, se não temos nenhuma razão para provar que a coisa tem limites.[24]

Nessa breve referência, Descartes apresenta Nicolau de Cusa como antecipando a ciência moderna galileana ao sustentar que o universo é infinito.[25] Koyré credita Nicolau como sendo o primeiro a romper com a concepção medieval fechada do cosmo, ao conceber o universo como infinito.[26] O próprio Descartes sustenta que a concepção da matéria como extensão não comunica a ideia de limites, e assim ele a designa como "indefinida" e resiste a declará-la como sendo "infinita", uma vez que "pode haver razões que são conhecidas por Deus, apesar de incompreensíveis para

---

24 Descartes, carta a Chanut, 6 de junho de 1647, em Descartes, 1971-, V: 50. Tradução inglesa a partir de Descartes, 1991, 319-320.
25 Ver Harries, 1990.
26 Koyré, 1957, 6.

mim".²⁷ Porém, de modo mais acurado, Nicolau de Cusa não sustentou que o universo fosse de fato infinito ou finito, mas antes que ele fosse "indeterminado" ou "ilimitado" (*interminatum, sine termino*, DDI II.1.97), carecendo de precisão e definição, sendo, portanto, "privativamente infinito" (*privative infinitum*, DDI II.1.97). Nicolau raciocina que o universo é indeterminado porque é mutável, e, portanto, não pode ser precisamente conhecido. Todo ente criado é limitado por sua potência, ao passo que a infinitude divina, que é ao mesmo tempo infinita potência e infinita atualidade, é sozinha "aquilo que pode ser toda potência" (*id quod esse potest omni potentia*, DDI II.1.97).

Além dessa influência em Descartes, hoje pensa-se que é provável que Nicolau de Cusa tenha tido uma influência subterrânea em Espinosa e Leibniz. Algumas das formulações de Nicolau ("Deus é em ato tudo que Ele pode ser", ou Deus é em ato toda possibilidade, *ut sit actu omne id quod possibile est*, DDI I.5.14) antecipam o conceito de Espinosa de Deus como a atualização de todas as possibilidades.²⁸ A formulação de Nicolau de que "todas as coisas existem da melhor maneira como são capazes de existir" (*omnia sunt eo meliori modo quo esse possunt*, DDI I.5.13) pode ser comparada com o melhor de todos os mundos possíveis de Leibniz.²⁹

É claro que não se pode simplesmente apresentar Nicolau de Cusa como um cartesiano moderno, uma vez que ele não exibe quase nenhum interesse pela subjetividade (o *cogito*), embora esteja profundamente interessado pelo problema relacionado da perspectiva. A suposta modernidade de Nicolau é em parte justificada por seu uso frequente e original de analogias matemáticas. Nicolau é um forte defensor do emprego da matemática para auxiliar na contemplação do divino. O conhecimento do mundo vem através do "espelho" do simbolismo matemático (*De possest* [*Da possibilidade atualizada*] I.43). Porém, seu emprego da matemática é para propósitos inteiramente tradicionais. Seguindo Agostinho, Boécio, e, em última instância, Pitágoras, ele usa exemplos matemáticos (*exemplo mathematico*,

---

27 Descartes, 1971, V: 52; Descartes, 1991, III: 320.
28 Copenhaver e Schmitt, 1992, 184.
29 Ver Zimmermann, 1852.

DDI I.24.74) como um tipo de exercício espiritual para expressar compreensões teológicas. Por exemplo, em *De possest* (*Da possibilidade atualizada*) I.23, ele invoca um pião em giro, o qual, à medida que gira mais depressa, parece estar parado, como um exercício para conceber o Deus que é a "coincidência dos opostos". Nicolau endossa a afirmação de Pitágoras de que "todas as coisas são constituídas e compreendidas através do poder dos números" (DDI I.1.3) e a afirmação escritural (e boeciana) de que Deus fez todas as coisas em número, medida e peso (DDI I II.1.182; ver Boécio, Consolação III.9). O número é o "primeiro exemplar das coisas a serem criadas" (DDI I.11.32).

Apesar de sua admiração pela matemática, Nicolau credita a seu amigo e contemporâneo, o cardeal Giuliano Cesarini, a compreensão de que a precisão da verdade é inalcançável com relação às coisas deste mundo (*De coniecturis* [*Das conjeturas*] I.2). De fato, o segundo livro de *De docta ignorantia*, ostensivamente sobre o universo criado, é realmente voltado para a demolição da visão de que as ciências tradicionais do *quadrivium* possam produzir verdades acuradas sobre o universo.

Curiosamente, contudo, essa mesma limitação da matemática em Nicolau de Cusa é vista pelo historiador alemão das ideias Hans Blumenberg como sendo de fato um traço bastante moderno. Blumenberg argumenta que as origens da visão de mundo científica moderna se encontram no misticismo medieval.[30] De acordo com sua tese, a verdadeira contribuição de Nicolau de Cusa é seu reconhecimento da "autorestrição" do conhecimento (conforme expressada em sua *docta ignorantia* [douta ignorância]) como um componente essencial do método científico genuíno:

> Um elemento constitutivo da era moderna é que ela se expande através da restrição, alcança progressões através da redução crítica: a renúncia ao princípio da teleologia revela pela primeira vez a eficácia plena da aplicação da categoria causal à natureza; a eliminação da questão da substância, e sua substituição com a aplicação universal da quantidade, torna possível a ciência natural matemática; e a renúncia ao fantasma da exigência da precisão absoluta tornou

---

30 Blumenberg, 1985, 483-547.

possível uma exatidão que pode estabelecer para si mesma tolerâncias sobre a imprecisão. O conhecimento da era moderna foi decisivamente tornado possível por um conhecimento daquilo que não podemos conhecer.[31]

Blumenberg apresenta Nicolau de Cusa como um moderno com base no argumento de que o conhecimento de sua própria ignorância é um elemento central da ideia moderna de ciência.[32]

De fato, é verdade que Nicolau está preocupado com a natureza e os limites do conhecimento humano. Pode-se, portanto, falar de uma virada epistemológica, ainda que não inteiramente subjetiva, em sua obra.[33] Embora ele reconheça a importância do conhecimento incremental, onde nós procedemos do conhecido para o desconhecido por meio de inferências precisas, os avanços genuínos são feitos quando nos tornamos cônscios dos limites do conhecimento humano. Assim, a ausência de um conhecimento certo sobre o universo não é um fracasso contingente, mas inserida na natureza incerta e inexata do próprio universo. Para os seres humanos, perceber isso é libertar-se para contemplar Deus.

Paradoxalmente, enquanto a ênfase de Nicolau sobre os limites do conhecimento humano é frequentemente vista como uma antecipação da virada epistemológica moderna (paradigmaticamente expressa em Kant), ela é também profundamente tradicional, dando seguimento à tradição paulina e agostiniana que enxerga todo raciocínio humano como "conjectural" e como falho em alcançar a unidade com seu objeto. Há, sem dúvida, uma certa modernidade em seu reconhecimento de que o conhecimento perceptivo é sempre perspectivista; de que a visão, por exemplo, oferece as coisas a partir de um lado e sob um certo aspecto que insere uma certa "alteridade" (*alteritas*) em nosso conhecimento. Quando alguém contempla um rosto, esse alguém o faz a partir de um certo ângulo (*De coniecturis* I.11.57). Mas isso é combinado com uma visão platônica tradicional, isto

---

31 *Ibid.*, 500.
32 *Ibid.*, 499. A tese de Blumenberg foi extensivamente analisada e criticada por Elizabeth Brient, 2002.
33 Miller, 2002.

é, de que há sempre uma lacuna entre o ideal inteligível e a coisa sensível. Um círculo puro é uma entidade ideal, uma criação mental (*ens rationis*), mas um círculo visível sempre possui uma certa "alteridade" (*De coniecturis* I.11.54). Contudo, o interesse de Nicolau não é por uma celebração moderna da multiplicidade de perspectivas subjetivas, mas pelo projeto mais neoplatônico de superar a limitação perspectivista e a "alteridade" para alcançar a unidade intelectual com o próprio objeto.

Ser uno com o infinito é o verdadeiro problema. O infinito é precisamente aquilo que não pode ser medido, e que, portanto, não pode ser um objeto da mente enquanto medidora.[34] Em *De coniecturis* (*Das conjeturas*) I.8.35, ele escreve: "A razão analisa todas as coisas em termos de multiplicidade e magnitude". Toda investigação faz uso da comparação e da proporção (*proportio*), mas *proportio* indica uma concordância em um aspecto, e alteridade em outros aspectos (DDI I.1.3). O número é necessário para compreender a proporção, ainda que as relações precisas de proporção entre coisas corpóreas ultrapassem o entendimento humano. A razão é perturbada pela "alteridade"; somente o intelecto, empregado de uma certa maneira, pode obter a unidade através de um certo tipo de negação e transcendência de si próprio.

Vida e escritos

Nicolau de Cusa nasceu em 1401 em Kues [Cusa] (hoje Bernkastel-Kues), no rio Moselle a leste de Trier.[35] Ele saiu de casa cedo para se juntar à casa do conde Theoderic de Manderscheid, que patrocinou sua educação.[36] Em 1416, ele entrou para a faculdade de artes na Universidade de Heidelberg, mas transferiu-se um ano depois para a faculdade de direito em Pádua. Ali ele passou seis anos estudando matemática, astronomia e física, e

---

34 Nicolau toma emprestada de Tomás de Aquino, *Summa Theologiae* [*Suma de teologia*] Ia, q.11, art. 2, a falsa etimologia de *mens* como relacionada a *mensura*.
35 De acordo com Meuthen e Hallauer, 1976, verbete nº 1, Nicolau nasceu antes de 12 de abril de 1401.
36 Jasper Hopkins duvida das alegações de uma bolsa de estudos anterior ligando Nicolau de Cusa a Deventer; ver 1987.

tornou-se amigo de Giuliano Cesarini (1398-1444), posteriormente o cardeal a quem Nicolau dedicou seu *De docta ignorantia*, e Paolo Toscanelli (1397--1482), o famoso matemático e astrônomo, com quem ele renovou o contato posteriormente na vida. Ele recebeu seu doutorado em direito em 1423.

Em 1425, matriculou-se na Universidade de Colônia para estudar filosofia e teologia antes de sua ordenação. O Concílio de Basileia havia começado em 1431, e Nicolau chegou lá em 1432 como secretário de Ulrich von Manderscheid, que buscava ser eleito para o bispado de Trier. Nicolau foi inicialmente um conciliarista, mas depois mudou para o lado papal. Foi ordenado sacerdote em algum momento entre 1436 e 1440, e em 1437 viajou para Constantinopla para convidar representantes da alheia Igreja Ortodoxa de Bizâncio para um concílio. Enquanto estava lá, encontrou o imperador, o patriarca e monge Bessarion, e também adquiriu alguns manuscritos gregos, incluindo a *Theologia platonica* de Proclo. Foi em sua jornada de volta a Veneza que ele teve a visão que, afirmou ele, inspirou seu primeiro tratado filosófico, *De docta ignorantia* (1440).

Desde o início, Nicolau concentrou-se na dificuldade de obter conhecimento sobre Deus. Um de seus primeiros sermões, *In principio erat verbum* (*No princípio era o verbo*, 1438), já reconhece a imensidão, a inominabilidade e a incognoscibilidade do divino.[37] Seu primeiro breve diálogo entre um pagão e um cristão, *De Deo abscondito* (*Do Deus escondido*, 1444/5), abre com a pergunta: como alguém adora seriamente algo que esse alguém não conhece?[38] Ele prossegue para propor que ao saber que não sabe, a pessoa chegou a um tipo de verdade superior.

Entre 1440 e 1444, Nicolau escreveu *De coniecturis*, uma peça de acompanhamento a *De docta ignorantia*,[39] negando a possibilidade do conhecimento exato. A mente como *imago Dei* [imagem de Deus] procede através das conjeturas que ela cria, assim como Deus cria coisas reais. O homem é

---

37 Em Nicolau de Cusa, 1932- (vol. XVI, 1, ed. R. Haubst, M. Bodewig, e W. Krämer, 1970), 3. Ver Flasch, 1998, 21-6.
38 Em Nicolau de Cusa, 1932- (vol. IV, ed. P. Wilpert, 1959); traduzido em Nicolau de Cusa, 1994, 131-7.
39 Em Nicolau de Cusa, 1932- (vol. III, ed. J. Koch, K. Bormann, e H. G. Senger, 1973); traduzido em Nicolau de Cusa, 1998, 163-257.

um microcosmo do universo e um "Deus humanizado" (*deus humanatus*, *De dato* [*Do dado*] 102) ou "segundo Deus" (citando Hermes Trismegisto em *De beryllo* 7), temas posteriormente repetidos por Pico della Mirandola.

Em 1448, Nicolau de Cusa foi nomeado cardeal e recebeu uma igreja titular em Roma. Em 1450 ele foi eleito bispo de Brixen em Tyrol, embora não tenha tomado residência ali até 1452. Em 1450, durante um período de intensa atividade em Roma, ele escreveu diversas obras científicas e filosóficas importantes, incluindo *Idiota de mente* (*O leigo da mente*), *De sapientia* (*Da sabedoria*), *De staticis experimentis* (*Dos experimentos com balanças*), *Transmutationes geometricae* (*Transformações geométricas*), *Arithmeticum complementum* (*Compêndio aritmético*) e *Quadratura circuli* (*Quadratura do círculo*).

Em 1453, a visão filosófica geral de Nicolau de Cusa foi confirmada quando ele leu Proclo. Ele escreveu seus *De visione dei* (*Da visão de Deus*), *De mathematicis complementis* (*Complementos matemáticos*), *De pace fidei* (*Da paz da fé*) e, em 1458, *De beryllo* (*Do prisma*), que comenta longamente sobre a maneira como Platão, Aristóteles e Dionísio interpretaram Deus e sua relação com as coisas criadas.[40] A unidade divina produz a diversidade assim como um raio único brilhando através do prisma é refratado em muitas partes. Nessa obra, Nicolau insiste – contra Platão – em que os números são entidades racionais, construções mentais, que provam o dito de Protágoras de que o homem é a medida de todas as coisas: "E assim, vê-se que Platão concluiu erroneamente – quando viu que as entidades matemáticas, que são abstraídas de objetos perceptíveis, são mais verdadeiras na mente – que, portanto, elas têm uma outra existência, supraintelectual, ainda mais verdadeira" (*De beryllo* 56).[41]

Em 1459, Nicolau foi apontado vigário-geral de Roma e dos Estados Papais na ausência do papa. Nessa época, ele escreveu *Reformatio generalis* [*Reforma geral*], um plano para reformar a Cúria.[42] Quando retornou de Roma em 1460, ele foi feito prisioneiro por Sigismundo, duque da Áustria. Nicolau foi forçado a conceder a seu captor o controle militar sobre Brixen,

---
40 Este último em Nicolau de Cusa, 1932- (vol. XI, ed. H. G. Senger e K. Bormann, 1988); traduzido para o inglês (*On the Prism*) em Nicolau de Cusa, 1998, 792-838.
41 Traduzido em Nicolau de Cusa, 1998, 818.
42 Texto e tradução em Nicolau de Cusa, 2007.

mas após sua libertação ele retornou à Itália e renunciou a esses acordos. Ele nunca mais visitou Brixen, e retirou-se da política para uma forma de vida mais contemplativa. Em 1459, escreveu *De aequalitate* (*Da igualdade*) e *De principio* (*Do princípio*), e, em 1460, escreveu *Trialogus de possest* [*Triálogo da possibilidade atualizada*]; em 1461, *De cribatione Alchorani* (*Peneiramento do Alcorão*), um estudo sobre o Alcorão. Em 1462, escreveu *De li non aliud* (*Do não outro*) e, em 1464, escreveu *De ludo globi* (*Do jogo das esferas*), *De apice theoriae* (*Do ápice da contemplação*), e *De venatione sapientiae* (*Da busca da sabedoria*), que recapitula muitos de seus temas anteriores. *De ludo globi* usa o exemplo do movimento de globos ou esferas como metáforas para compreender o modo como a alma movimenta o corpo. Em 11 de agosto de 1464, Nicolau de Cusa faleceu na cidade de Todi na Úmbria.

Nicolau de Cusa e a filosofia

Nicolau foi principalmente um clérigo e um diplomata eclesiástico, e, portanto, um diletante em filosofia. Ele escreveu em uma época em que a influência das escolas aristotélicas havia sido submetida a críticas crescentes, e sua atitude bastante desdenhosa em relação aos peripatéticos é típica da época humanista. Ele considera Aristóteles como "bastante profundo" (DDI I.1.4), e como correto ao dizer que o mundo inteiro se divide em substância e acidente (DDI I.18.53), mas ele também pensa em Aristóteles como bastante arrogante, desejoso de exibir sua grandeza refutando outros (DDI I.11.32). O aristotélico Johannes Wenck von Herrenberg (c. 1390-1460), um teólogo de Heidelberg, acusou-o de panteísmo e afirmou que Nicolau de Cusa "pouco se importa com os dizeres de Aristóteles".[43] Em sua resposta a Wenck, o próprio Nicolau lamenta que a seita aristotélica prevaleça naquele momento (*Apologia* 6).

Como um neoplatônico, Nicolau entende Aristóteles como sendo um platonista modificado; as supostas diferenças de Aristóteles em relação a Platão são mais verbais que reais (DDI II.9.148). Nicolau pensa que os peripatéticos estão simplesmente errados em negarem a existência das

---
43 *De ignota litteratura* [*Da literatura ignorante*] 22; texto latino editado em Nicolau de Cusa, 1984, 23.

Formas, entendidas como exemplares (DDI II.9.147), mas ele aceita muitos aspectos da abordagem escolástica aos entes finitos: eles são compostos de substância e acidente, matéria e forma, ato e potência. Além disso, ele aceita os dizeres aristotélicos de que não há nada na mente que não tenha estado antes nos sentidos, de que todo conhecimento requer a mediação de um fantasma [imagem], e a fórmula boeciana de que "tudo que é recebido é recebido de acordo com o modo do recipiente". Mas ele não aceita a afirmação tomista de que o conhecimento genuíno de Deus pode ser alcançado através da analogia do ser. Crucialmente, Aristóteles, apesar de ser um "raciocinador muito cuidadoso e consistente", deixou de reconhecer a coincidência dos contraditórios (*De beryllo* 40) em sua análise da privação, embora a privação seja realmente onde os contrários coincidem.

Nicolau de fato faz uso (de modo bastante casual) da argumentação escolástica, embora não se comprometa com a forma silogística. Ele parece mais próximo de Agostinho em estilo. Anselmo também se encontra no pano de fundo. Por exemplo, Nicolau adota a concepção de Deus de Anselmo no *Proslogion* como "aquilo para além do qual nada maior pode ser pensado", ou, em outra formulação favorecida por Nicolau, "aquilo para além do qual nada maior é possível" (*quo nihil maius esse potest*, DDI I.2.5). Deus ultrapassa toda compreensão, e, de acordo com Anselmo, é "algo maior do que o que se pode pensar" (*quiddam maius quam cogitari possit, Proslogion* XV), não apenas o "maior que tudo" (*maius omnibus*) de Gaunilo (Pro Insipiente V). Para Nicolau, seguindo Anselmo, Deus é "ser absoluto" (*esse absolutum*); ele é de fato tudo que é possível ou que pode ser. A conexão de Nicolau com Anselmo é sublinhada na *Apologia*, onde Nicolau comenta: "Pois ninguém jamais foi tão tolo a ponto de sustentar que Deus, que forma todas as coisas, fosse algo senão aquilo para além do qual nada maior pode ser concebido" (*Apologia* 8).[44] Nicolau se baseia na intuição de Anselmo de que Deus existe necessariamente, que Deus é um ser necessário; Deus é "necessidade absoluta" (DDI I.22.69).

Nicolau pode ser facilmente situado no humanismo emergente do Renascimento do norte, associado não apenas com Pádua, mas também com

---

44 Traduzido em Nicolau de Cusa, 1984, 464.

as novas universidades alemãs de Colônia e Heidelberg, herdeiras das tradições de Alberto Magno, Meister Eckhart, Dietrich de Freiburg, e outros. Na Universidade de Heidelberg, ele encontrou o nominalismo, que influenciou seu pensamento de várias maneiras, por exemplo, em sua concepção do poder divino infinito, e, em *De docta ignorantia* I.5.14 e em *De beryllo*, sua visão sobre os números como *entia rationis* [entes da razão]. Nicolau explora a ênfase nominalista sobre o poder absoluto de Deus. Deus, nesse sentido, é pura possibilidade, ou a soma de todas as possibilidades. De fato, a originalidade específica de Nicolau consiste em seu uso das afirmações nominalistas sobre o poder infinito e ilimitado de Deus, combinadas com a afirmação escolástica de que Deus é puro *esse* [ser], puro ato, *actus purus*, "máxima entidade atual" (*maxima actualis entitas*), DDI (I.23.70), para fazer a afirmação de que Deus é a atualização infinita de tudo que é possível, *est actu omne id quod possibile est* (DDI I.5.14), Deus é "inteiramente em ato" (*penitus in actu*). Com relação aos números, a aliança de Nicolau com o nominalismo é parcial, na melhor das hipóteses. Em *Idiota de mente*, ele trata os números em nossas mentes como imagens de exemplares na mente divina, o que sugere um platonismo.[45] De fato, ele se expressa de modo próximo aos pitagóricos, rejeitando a visão de que o número é uma "abstração que procede de nossa mente" (*Idiota de mente* 6) e sustentando que nossos números são "imagens" dos números divinos, e que os números são "os primeiros exemplares das coisas". Em *De mente*, ele também se distancia das teorias nominalistas dos nomes e afirma que existe um "nome natural", que é mais ou menos adequado para a coisa que ele nomeia, rejeitando a tese nominalista da convencionalidade absoluta dos nomes.

Em Pádua, Nicolau entrou em contato com o humanismo italiano, e tanto conheceu quando foi conhecido por algumas de suas figuras centrais; seu nome aparece frequentemente na correspondência entre Poggio Bracciolini e Niccolò Niccoli (1426-7), e ele esteve envolvido nos esforços humanistas de descoberta de livros da época.[46] Por outro lado,

---

45 Em Nicolau de Cusa, 1932- (vol. V, ed. L. Baur, 1937); traduzido em Nicolau de Cusa, 1989, 71.
46 Bracciolini, 1974.

contrariamente ao que pensa Cassirer, Nicolau de Cusa provavelmente não exerceu uma influência importante sobre Ficino ou sobre o *Discurso da dignidade do homem* (1486) de Pico della Mirandola.[47] Ficino menciona-o, mas apenas uma vez, em uma carta a Martinus Uranius (Martin Prenninger) de 1489, aludindo a "algumas especulações do cardeal Nicolau de Cusa" (*quoddam speculationes Nicolai Cusii cardinalis*).[48] De modo semelhante, Pico (1463-94) meramente expressou um interesse em visitar a biblioteca de Nicolau em Cusa.[49] Mas as credenciais humanistas de Nicolau não são postas em dúvida, especialmente seu interesse pelo hermetismo. Por exemplo, ele frequentemente cita Asclépio acerca da divindade do homem: "Pois o homem é um deus, mas não de modo irrestrito, uma vez que ele é um homem; portanto, ele é um deus humano. O homem é também um mundo, mas ele não é todas as coisas, uma vez que ele é um homem; portanto, o homem é um microcosmo, um mundo humano" (*De coniecturis* II.14.143).[50] De modo interessante, contudo, filósofos dos séculos XVII e XVIII tenderam a considerá-lo como pertencendo à tradição *cética*, com visões céticas sobre a ordem finita criada.

Mas, para nossos propósitos, ele foi um dedicado, ainda que eclético, cristão neoplatônico na tradição de Dionísio, o Areopagita (pseudo), (e, antes dele, como acreditava Nicolau, São Paulo),[51] buscando novas maneiras de articular a transcendência e a infinitude da divindade, e, em última instância, de tornar-se um com o Infinito. Nicolau buscou revitalizar a tradição teológica platônica cristã, utilizando as descobertas científicas e artísticas de sua época – desde a matemática das quantidades infinitas e a natureza do movimento relativo até a descoberta da perspectiva na pintura – para expressar uma sabedoria antiga e atemporal, a saber, a natureza infinita e transcendente do divino e o modo como isso desafia nossa

---

47 Cassirer, 1972, 83.
48 Ver Kristeller, 1965a, 66.
49 Garin, 1937, 36n.
50 Traduzido em Nicolau de Cusa, 1998, 236.
51 Em seu diálogo tardio *De possest* [*Da possiblidade atualizada*] (1460), traduzido em Nicolau de Cusa, 1986, 64-163, Nicolau invoca São Paulo em 2 Cor. 4:18 acerca da visão de que "as coisas invisíveis são eternas. As coisas temporais são imagens das coisas eternas" (*De possest* 2).

contemplação. Suas compreensões gêmeas são a infinitude do divino e o método da *docta ignorantia* como um modo de expressar essa infinitude utilizando as restrições do raciocínio finito. Seu raciocínio segue de modo bastante próximo o raciocínio de Proclo, e especialmente a *Teologia mística* de Dionísio (pseudo), ao argumentar a partir de contradições em favor da inexpressibilidade do Uno. Assim, ele contrasta o Uno Infinito com tudo que é "outro" em relação ao Uno, levando-o a fazer afirmações opacas e paradoxais como "o não outro não é outro senão o não outro" (*De li non aliud* [*Do não outro*] 1). De modo semelhante, sua caracterização do divino como a "coincidência dos opostos" (*coincidentia oppositorum*) é uma tentativa de situar o divino para além das oposições que governam a racionalidade humana finita,[52] enfatizando assim a *finitude* do humano e o fracasso último do projeto prometeico do conhecimento científico absoluto.

A infinitude do divino

Nicolau está interessado principalmente em encontrar modos apropriados de reconhecer e articular a natureza infinita de Deus. Deus é "infinitude absoluta" (*infinitas absoluta, De visione dei* [*Da visão de Deus*] 13): "E não é encontrado em Deus, segundo a teologia da negação, nada senão a infinitude" (*Et non reperitur in deo secundum theologiam negationis aliud quam infinitas*) (DDI I.26.88).[53] Todos os tratados, diálogos e sermões de Nicolau de Cusa devem ser lidos como exercícios espirituais para conceber a infinitude e a transcendência de Deus. Em *De possest* [*Da possibilidade atualizada*], ele escreve: "Pois após ter muito frequentemente mantido muitas meditações cada vez mais profundas comigo mesmo, e após ter muito cuidadosamente buscado os escritos dos antigos, determinei que a última e mais profunda contemplação de Deus é ilimitada, infinita, e excede todo conceito" (*De possest* [*Da possibilidade atualizada*] 40).[54] A única maneira de abordar essa infinitude transcendente e incompreensível é compreendê-la "incompreensivelmente". Seguindo Dionísio, Erígena, Maimônides e outros, o conhecimento humano

---

52 Blumenberg, 1985, 490.
53 Traduzido em Nicolau de Cusa, 1985, 46.
54 Traduzido em Nicolau de Cusa, 1986, 934.

não pode apreender a natureza divina (DDI I.16.44) porque Deus transcende os conceitos oposicionistas empregados pela razão humana. Em *De coniecturis* I.5.20, Nicolau enfatiza fortemente que nenhum enunciado sobre Deus é apropriado, porque Deus está além dos opostos. Portanto, alinhado com a tradição da teologia negativa, Nicolau deve encontrar nomes para Deus que de algum modo expressem Sua natureza inexprimível. Assim, ele descreve Deus, seguindo Anselmo, como o "Máximo Absoluto" (ou "Maximalidade", *maximitas*, DDI I.2.5).[55] Em outro lugar, Nicolau caracteriza Deus conceitualmente, em vez de escrituralmente, como: "o mesmo" (*idem*, *De Genesi* [*Do Genesis*]), "igualdade" (*aequalitas*, *De aequalitate* [*Da igualdade*]), "é/pode ser" (*possest*),[56] e "não outro" (*non aliud*). Nicolau emprega neologismos para Deus, tais como "ser-unidade" (*on-tas*, DDI I.8.22), "*iditas*" ("qualidade de ser isto"), e, em *De venatione sapientiae* [*Da busca da sabedoria*], *posse ipsum* ("o possível em si").

Nicolau propõe a "douta ignorância" (*docta ignorantia*) como o caminho para chegar a Deus de modo apropriado. A própria expressão é tradicional e pode ser encontrada em Santo Agostinho.[57] Ela é também ambígua; pode significar uma ignorância cultivada, isto é, uma que tem de ser aprendida; ou uma ignorância sábia, uma ignorância que concede sabedoria ou erudição. Ambas as interpretações foram defendidas por estudiosos, e, de fato, ambos os significados estão presentes nas palavras inglesas "learned" ["culto", "erudito"] e "learnèd".

Nicolau frequentemente invoca a afirmação (de Platão e Aristóteles) de que a filosofia começa com o espanto ou admiração (*admiratio*).[58] Todos

---

55 *Maximum* como um termo para Deus é encontrado em Anselmo, *Monologion* I, embora o próprio Nicolau afirme (DDI I.16.43) tê-lo encontrado na *Teologia mística* de Dionísio.

56 *De possest* 14, traduzido em Nicolau de Cusa, 1986, 921. Nicolau explica que o termo *possest* é derivado de *posse* ("pode ser") e *est* ("é") para comunicar o sentido de que a possibilidade existe absolutamente em ato em Deus. Hopkins traduz *possest* como "possibilidade atualizada". Deus é em ato tudo que é possível; ele é a mais plena atualização de todas as possibilidades.

57 A expressão pode ser encontrada na *Epístola* 130 de Agostinho, onde ele fala sobre os seres humanos possuírem uma "douta ignorância" através do espírito. O próprio Nicolau frequentemente afirma que a expressão provém de Dionísio (ver *Apologia* 12).

58 Ver *Idiota de mente* 1.1, traduzido em Nicolau de Cusa, 1989, 41. Sobre a afirmação de que a filosofia começa com o espanto, ver, por exemplo, Platão, *Teeteto* 155d, e Aristóteles, *Metafísica* 1.2 982b. Ver também o *De coniecturis* [*Da conjetura*] II .11, de Nicolau de Cusa.

os seres humanos desejam conhecer, mas o conhecimento exato é impossível, "a verdade precisa [é] inapreensível" (DDI I.2.8). A verdade só pode ser apreendida com um certo grau de "alteridade" (*De coniecturis* II.6.101). Ele declara – em simpatia com Sócrates – que em certo sentido "saber é ignorar" (*scire est ignorare*, DDI I.2). Seu ponto de partida é a ignorância consciente de si: "quanto mais ele souber que ignora, mais douto ele será" (DDI I.1.4). Ele propõe uma nova "ciência da ignorância" (*scientia ignorantiae, idiota de sapientiae*, ou *doctrina ignorantiae*, DDI II.Prol) ou "ignorância sagrada" (*sacra ignorantia*, DDI I.26.87; também *Apologia* 22). Esse não é um tipo de raciocínio discursivo, que até cães de caça possuem, mas antes um tipo de visão do intelecto (*intellectuabilitas, Apologia* 14), que "transcende o poder da razão" (*De beryllo* 1). A razão (que Nicolau associa muito proximamente à matemática) é ligada ao princípio da contradição, e a falsa razão resulta na "coincidência dos opostos" que é anátema para ela enquanto razão (*De coniecturis* II.1.76). A razão humana é finita e não pode compreender o infinito (*De coniecturis* II.3.87). Por outro lado, ela procede por passos finitos. Esse aumento de sua compreensão é alcançado através do uso de suas próprias entidades criadas, suas "conjeturas" ou "suposições" (*De coniecturis*, Prólogo; também II.9.117) ou "simbolismos".[59] A mente humana é a forma desse mundo de conjeturas. Como ele escreve posteriormente em *De beryllo*: "Pois assim como Deus é o Criador dos entes reais e das formas naturais, o homem é o criador de entes conceituais e formas artificiais que são apenas semelhanças de seu intelecto, assim como as criaturas de Deus são semelhanças do intelecto divino" (*De beryllo* 7).[60] Esses são auxílios ou símbolos que nos ajudam a nos aproximar de uma verdade que, de fato, está fora do alcance da razão.

Nicolau afirmou, em sua carta ao cardeal Cesarini, que essa "douta ignorância" foi descoberta em uma experiência de tipo estrada-para-Damasco enquanto ele estava no mar entre Constantinopla e Veneza entre 27 de novembro de 1637 e 8 de fevereiro de 1438. Nessa época, afirma,

---

59 Há diferentes tipos de conjeturas – sensíveis, racionais e intelectuais – com diferentes graus de proximidade em relação à verdade (*De coniecturis* II.9.117).
60 Traduzido em Nicolau de Cusa, 1998, 794.

ele aprendeu a "abraçar incompreensivelmente as coisas incompreensíveis" (*incomprehensibilia incomprehensibiliter amplecterer*, DDI 263).[61] Nicolau indica uma estratégia no *Prólogo*, pela qual ele reconhece a "audácia" (*audacia*) dos movimentos que levaram à douta ignorância e observa que o monstruoso nos move. Aqui ele está recordando as visões de Dionísio e Erígena de que o uso de imagens monstruosas tem seu lugar apropriado na teologia na preparação da mente para mover-se para além do que é familiar.

Nicolau, sem dúvida, encontrou os temas da transcendência e da imanência divinas no *Periphyseon* [*Divisão da natureza*] de Erígena. No *Periphyseon* Livro Um, Erígena caracteriza Deus como "sem princípio" (*sine principio*, *Periphyseon* I.451d), "infinito dos infinitos" (*infinitas infinitorum*, *Periphyseon* I.517b), "oposto dos opostos, contrário dos contrários" (*oppositorum opposition, contrariorum contrarietas*, *Periphyseon* I.517c), e "acima do ser e do não ser".[62] Nicolau também chama Deus de "oposição das oposições" (*oppositio oppositorum*, *De visione dei* 13), mas atribui essa expressão a Dionísio (*Nomes divinos* V). Ele prossegue enfatizando que Deus como pura Unidade está além e "precede toda oposição" (*De coniecturis* I.5.21).[63]

Nicolau enfatiza que a infinitude transcendente de Deus significa que não há nenhuma analogia ou proporcionalidade entre o finito e o infinito. A divindade transcendente ou fonte do Divino não é aproximável por qualquer tipo de raciocínio analógico. O Deus infinito é incompreensível e "inapreensível" (*inapprehensibilis*, DDI I.2.8), residindo na "luz inacessível" (*lux inacessibilis*). As mentes humanas atuam usando oposições, e estas não se aplicam a Deus. Deus não pode ser entendido com base em qualquer coisa criada. Como ele diz em sua *Apologia* 17, o que é causado não pode ser elevado à condição de causa. Não obstante, nós temos de nos mover da imagem para o exemplar. Nenhuma forma de proporção ou adição de uma coisa a outra nos dará o infinito. O "método" de alcançar o infinito será

---

61 Traduzido em Nicolau de Cusa, 1985, 158.
62 Essa passagem também está contida no *Clavis physicae* [*Chave da natureza*] de Honório (ver n. 19, anteriormente).
63 Ver também *Apologia* 15; *De li non aliud* [*Do não outro*] 19. Nicolau reconhece o conceito de uma unidade anterior aos opostos no *Comentário sobre o Parmênides de Platão*, de Proclo (Proclus [Proclo], 1864, VI, col. 1077).

apreendê-lo em termos das próprias oposições e contradições que são a base de nossos poderes humanos racionais ("a razão não pode saltar para além dos contraditórios", DDI I.24.76). Assim, *possest* (possibilidade atualizada) como um termo para Deus ultrapassa a razão e desperta o intelecto para uma visão mística de Deus.

Nicolau começa com as formulações agostiniana, erigeniana e tomista de Deus como a "causa de todas as coisas", o "ser dos seres" (*entitas rerum*, DDI I.8.22), ou "ser de tudo que é" (*entitas omnis esse*, DDI I.23.73), e a "forma das formas" (*forma formarum*, DDI II.2.103).[64] À maneira eckhartiana, ele então nega que Deus seja "isto ou aquilo". Deus não é ser ou substância, mas, seguindo Dionísio, "mais que substância" (DDI I.18.52). Seguindo Erígena, Nicolau chama Deus de *nihil omnium*, o nada de tudo (DDI I.16.43), que é também *omnia simul*, tudo simultaneamente (DDI III.3.197).

Como um neoplatônico, Nicolau sustenta que todas as coisas estão contidas ou "envolvidas" por Deus, mas que elas também estão "desdobradas" no universo. Essa é a dialética da *complicatio* [envolvimento] e *explicatio* [desdobramento], termos que Nicolau retira de Thierry de Chartres: "como envolvidas em Deus, todas essas coisas são Deus; de modo semelhante, como desdobradas no mundo criado, elas são o mundo" (*omnia illa complicite in deo esse deus, sicut explicite in creatura mundi sunt mundus*, De possest [*Da possibilidade atualizada*] I.9).[65] As criaturas são envolvidas no Uno por *complicatio*,[66] ou desdobradas a partir do Uno por *explicatio*.[67] Deus é a *unitas complicans* [unidade envolvente]. A unidade corpórea é a forma mais "desdobrada" de unidade. Deus é, de acordo com *Idiota de mente* 4, "o envolvimento dos envolvimentos".[68] Em seu *De coniecturis*, Nicolau também afirma encontrar esses conceitos em Dionísio. Nicolau sustenta que essa dialética de *complicatio* e *explicatio* não pode ser compreendida e

---

64 Também encontrada nas *Lectiones* [Lições] II.38 de Thierry de Chartres (ver Thierry de Chartres, 1971).
65 Traduzido em Nicolau de Cusa, 1986, 918.
66 Comparar com Anselmo: "Tu [Deus] então preenches e abranges tudo" (*Tu ergo imples et complecteris omnia, Proslogion* XX).
67 A *explicatio* de Nicolau é semelhante à *processio* [progressão] ou *proodos* [prolongamento] de Erígena; ver Riccati, 1983.
68 Traduzido em Nicolau de Cusa, 1989, 65.

ultrapassa a mente (DDI II.3.109). Nicolau aplica a dialética de *explicatio* e *complicatio* até mesmo para explicar a relação entre fé e compreensão: na fé, todas as coisas compreensíveis estão envolvidas, ao passo que no conhecimento elas estão desdobradas (DDI III.11.244).

Nicolau reconhece que, na verdade, "Deus transcende o entendimento, e *a fortiori* [com mais força] todo nome". Não obstante, como muitos platônicos medievais (pensa-se em Erígena aqui), Nicolau aceita a explicação neoplatônica, mas com uma familiaridade mais direta com o *Parmênides* de Platão e com Proclo, do divino como simples "unidade" (*unitas*, DDI I.24.76), "unidade infinita" (*unitas infinita*, DDI II.3.109), embora essa não seja uma unidade à qual a "alteridade" seja oposta. Deus é "tudo em tudo" (*omnia in omnibus*, 1 Cor. 15:28). Deus é pura identidade. De fato, em Deus até mesmo a diversidade (*diversitas*) é identidade (DDI II.9.149). Tudo que não é uno é subsequente ao Uno, e pertence à "alteridade" (*alteritas*), o signo da multiplicidade e da "mutabilidade" (*mutabilitas*, DDI I.7.18).[69] A alteridade é definida como "uma coisa e outra" (DDI I.7.18). Todas as coisas que não são absolutamente unas são outras que não o uno. O outro é sempre temporal e não eterno. Tudo que é finito tem um início e um fim (I.6.15). As pluralidades de coisas "descendem" da unidade infinita (I.5.14) e não podem existir independentemente dela. Elas têm *abesse* ou ser-a-partir-de (DDI II.3.110), em vez de *esse*, ser: isto é, seu ser é sempre um ser dependente. As criaturas recebem a forma infinita do divino de maneira finita. A criatura, portanto, é *infinitas finite*, finitamente infinita.

Deus cria apenas na medida em que é Uno, e o que ele cria são unidades (DDI II.2.99). Deus, como pura identidade, não pode participar da diferença ou alteridade. A alteridade está fora do Uno e lhe é subsequente. A alteridade é responsável pela pluralidade. A alteridade não é causada, e é idêntica à contingência (*contingentia*). Para Nicolau, a alteridade não pertence à essência de uma coisa (*Idiota de mente* 6).[70] Ela não é um princípio

---

69 Nicolau retira isso de Thierry de Chartres, 1971, *Lectiones* I 33: "pois onde há alteridade há pluralidade" (*nam ubi alteritas ibi est pluralitas*). Boécio, em seu *De trinitate* [*Da trindade*] I.6, afirma que "a alteridade é o princípio da pluralidade" (*principium pluralitatis est alteritas*) e Thierry desenvolve isso em seus dois *Comentários sobre Boécio*, que Nicolau conhecia. Para Thierry, a *alteritas* descende do Uno e é idêntica à matéria.
70 Traduzido em Nicolau de Cusa, 1989, 74-5.

positivo (*De visione dei* 14).⁷¹ A alteridade é associada à mutabilidade: "Pois a alteridade é idêntica à mutabilidade" (*Alteritas namque idem est quod mutabilitas*, DDI I .7.18).⁷²

Como afirma Nicolau: "Todas as coisas perceptíveis estão em um estado de contínua instabilidade, por causa da possibilidade material que é abundante nelas" (DDI I.11.31).⁷³ Corruptibilidade, divisibilidade, imperfeição, diversidade e pluralidade: todas essas são marcas do universo, mas elas não têm nenhuma causa positiva. Elas são, por assim dizer, o resultado da pura contingência e da ausência, ou do ser-a-partir-de. Uma coisa finita só pode receber uma forma infinita de modo restrito (DDI II .2.104).

Há algumas complexidades na visão de Nicolau sobre a alteridade e a multiplicidade da criação. Ele aceita que Deus é uno e que seu ato criativo é sem diminuição; não obstante, a criação é plural. Em *Idiota de mente*, Nicolau sustenta que a pluralidade provém do modo de pensar de Deus: "A pluralidade das coisas vem à existência porque a mente divina compreende uma coisa de uma maneira e outra coisa de outra maneira" (*Idiota de mente* 6.94). Nicolau nunca é inteiramente claro sobre se a pluralidade ou multiplicidade emerge diretamente do poder divino ou se ela é o resultado da "alteridade". Esse é um problema tipicamente neoplatônico, e em sua abordagem, Nicolau simplesmente enuncia de novo o problema, em vez de resolvê-lo.

Embora os crentes devam se aproximar de Deus através da teologia afirmativa (DDI I.26.86), isso deve ser temperado com a teologia negativa, senão o culto à vontade divina se tornará "idolatria" (*idolatria*). Os crentes devem perceber que se Deus é luz, ele não é uma luz corpórea à qual a escuridão é oposta, mas uma luz infinita e maximamente simples (DDI I.26.86). Deus deve ser abordado simbolicamente (*aenigmatice*) ou através de imagens (*phantasmate*, De possest [*Da possibilidade atualizada*] I.19). Aqui, os números e ilustrações da aritmética, física, astronomia e geometria são da maior importância. As coisas visíveis são imagens de coisas invisíveis, e a partir das coisas criadas podemos apreender o Criador em um

---

71 Ver McTighe, 1990.
72 Nicolau de Cusa, 1985, 13.
73 *Ibid.*, 18.

espelho e simbolicamente (DDI I.11.30). Nicolau quer tomar relações e proporções matemáticas finitas e, usando um tipo especial de transformação (*transferre*), pensar nelas infinitamente (DDI I.12.33). Assim, para dar um exemplo, Anselmo considerou Deus como sendo *rectitudo* [retidão], e Nicolau propõe pensar na *rectitudo* simbolicamente como uma linha reta. Outros consideraram Deus como um círculo. Mas Nicolau quer que nós percebamos intelectualmente que, levados ao infinito, uma reta, um triângulo, um círculo e uma esfera infinitos coincidirão todos (DDI I.13.35). Todas as essências de coisas distintas coincidem de fato quando levadas ao infinito no divino. Assim, "por meio do exemplo matemático" (*exemplo mathematico*, DDI I.24.74), o ser divino infinito pode ser compreendido na douta ignorância.

O universo é melhor compreendido através do número. Sem o número não haveria nenhuma alteridade: "Pois se o número for removido, a distinção, a ordem, a relação comparativa e a harmonia das coisas cessam" (DDI I.5.13).[74] O número é responsável pela *proportio* [proporção] e harmonia entre as coisas (DDI I.5.13). O número abrange todas as coisas relacionadas proporcionalmente. De fato, toda investigação move-se de acordo com a proporção e com a relação, mas – e isto é crucial – não há nenhuma proporção entre o finito e o infinito (DDI I.1.3). O número pertence não apenas à quantidade, mas a todas as coisas que podem concordar ou diferir substancialmente ou acidentalmente. Não haveria nenhuma distinção entre as coisas se não fosse pelo número; mesmo entre duas coisas iguais, uma será uma duplicata da primeira (ecoando Proclo). Além disso, todo número de fato é finito, e, portanto, nenhum número pode ser o máximo. A alteridade é sempre "subsequente à unidade" (DDI I.7.18). Entre duas coisas haverá no mínimo a "alteridade" (DDI I.7.19). O número 2 é tanto a "separação (*divisio*) [quanto] uma causa da separação" (DDI I.7.20). A união (*unio*) e a unidade são anteriores à duplicidade, assim como a eternidade é anterior à finitude e a identidade é anterior à diferença.

Koyré atribui a Nicolau de Cusa o crédito de romper com a hierarquia do universo fechado medieval e de transferir do divino para o universo

---

74 *Ibid.*, 10.

a noção mística pseudo-hermética da unidade no interior da infinitude: "Não podemos senão admirar a ousadia e profundidade das concepções cosmológicas de Nicolau de Cusa, que culminam na espantosa transferência da caracterização pseudo-hermética de Deus para o universo: 'uma esfera cujo centro está em toda parte e cuja circunferência não está em parte alguma'".[75] Em *De docta ignorantia* I.12.5, Nicolau diz que o divino é uma "esfera infinita".[76] De fato, Nicolau havia encontrado essa metáfora em Eckhart, que, por sua vez, havia tomado-a de empréstimo da compilação popular *Liber XXIV philosophorum* (*Livro dos vinte e quatro filósofos*), cuja segunda definição enuncia: "*Deus est sphaera infinita cuius centrum est ubique, circumferentia nusquam*" ["Deus é uma esfera infinita cujo centro está em todo lugar, e a circunferência em nenhum lugar"].[77] Essa é uma imagem poderosa, e Nicolau explora-a como uma "conjetura" imaginativa ou simbólica sobre o divino. Mas ela é apenas uma entre muitas imagens de contraditórios unidos que são encontradas ao longo de sua obra.

A coincidência dos contraditórios

Nicolau não diz realmente no texto de *De docta ignorantia* que Deus é a "coincidência dos opostos" (*coincidentia oppositorum*), como observou Jasper Hopkins.[78] Mas, em sua carta dedicatória, ele fala de Deus como aquele "onde as contradições coincidem" (*ubi contradictoria coincidunt*). Em sua próxima grande obra, *De coniecturis* II.1, no entanto, Deus é descrito como além da coincidência dos contraditórios. Em geral, Nicolau não distingue entre "opostos" (ou contrários) e "contraditórios". Ecoando Dionísio e Erígena ("oposto dos opostos sem oposição"), Deus é descrito como "além de toda oposição" (DDI I.4.12), "além de toda afirmação e negação" (*super omnem affirmationem et negationem*, DDI I.4.12), "oposição dos

---

75 Koyré, 1957, 18.
76 Ver Mahnke, 1937 e Harries, 2001.
77 Anônimo, 1989, esp. p. 93-6. O editor dessa obra, F. Hudry, remete-a ao perdido *De philosophia* [*Da filosofia*] de Aristóteles, e fornece uma lista útil de discussões de Deus como uma esfera no *Adversus arianum* (I, 60) de Marius Victorinus e em outros lugares, mas nota que a descrição de Deus como uma esfera infinita parece única ao *Liber XXIV philosophorum*.
78 Nicolau de Cusa, 1985, 6.

opostos" (*oppositio oppositorum*, *Apologia* 41, citando o *Nomes divinos* V.10 de Dionísio). Para Erígena, Deus é o oposto dos opostos sem oposição. Deus reconcilia todas as oposições e está de fato além de todas as oposições. Além disso, o Máximo, embora possa ser pensado como ser, não é oposto ao não ser (DDI I.6.16).

A criação não é una por descender da unidade, mas tampouco é múltipla; antes, ela é (de um modo reminiscente do *hen-polla* [uno-múltiplo] de Plotino) "tanto una [*una*] quanto múltipla [*plura*], conjuntivamente [*copulative*]" (DDI II.2.100). A criação, no entanto, é vista como uma descida da unidade para a alteridade (ver a Fig. 9.1, de *De coniecturis* I.10).

Por participarem do Uno, todas as coisas são o que são (*De coniecturis* II.1.71). O ser das criaturas é *ab-esse*, "ser-a-partir-de", ser dependente, ou *ad-esse*, "ser-para", ser acidental. A diversidade das criaturas é um produto da pura contingência. Nicolau concorda com Agostinho, Erígena e Eckhart que, consideradas em si mesmas, todas as criaturas são puro nada: "Toda criatura, resumimos, encontra-se entre Deus e o nada" (*De coniecturis* I.9.42). As dificuldades de Nicolau em articular a relação entre a forma divina e a forma criada derivam parcialmente de sua recusa em aceitar a explicação aristotélica-tomista da forma substancial. Ele permanece sendo um platônico em relação à sua explicação da forma. Esse platonismo é Agostiniano, no sentido de que ele sustenta que a essência de qualquer coisa é mais elevada na alma do que na coisa: "a essência de uma mão existe mais verdadeiramente na alma do que na mão" (*De possest* I.12). Além disso, as formas de todas as coisas são eternamente unas em Deus (*De possest* I.22).

FIGVRA .P.

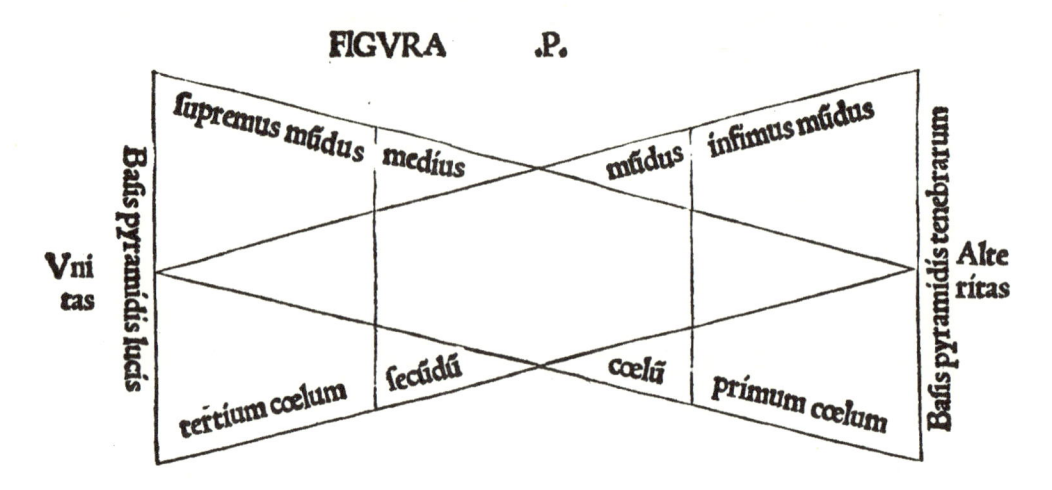

[Diagrama: duas pirâmides cruzadas. Lado esquerdo: "Vnitas", "Basis pyramidis lucis". Lado direito: "Alteritas", "Basis pyramidis tenebrarum". Divisões superiores: "supremus mūdus | medius | mūdus | infimus mūdus". Divisões inferiores: "tertium coelum | secūdū | coelū | primum coelum".]

Figura 9.1: Fonte: *Opera Nicolai Cusae Cardinalis* [*Obras do cardeal Nicolau de Cusa*], Paris, 1514, vol. 1, fol. XLVI verso

Conclusão

Nicolau de Cusa é uma figura verdadeiramente transicional. No fundo, ele é um teólogo platônico conservador buscando nomes para o Deus infinito. Seu objetivo é sempre mostrar a finitude do conhecimento humano e nos instruir em nossa ignorância. Essa é a "instrução da ignorância" (*doctrina ignorantiae*, DDI II *Prol.* 90). Por outro lado, sua ênfase inteiramente medieval na razão como uma medida leva-o a uma ênfase sobre a função primária do raciocínio como sendo medir e quantificar. Assim, ele tende a igualar os processos da razão aos processos da matemática (ver *De coniecturis* II.2.80) e, nesse sentido, antecipar o uso da razão matemática nos cientistas e filósofos do século XVII. Novamente, antecipando Galileu, ele enxerga o livro da natureza como aquele no qual a intenção da mente divina está inscrita (*De beryllo* 66). A meditação de Nicolau de Cusa sobre o infinito, sua cosmologia platônica e sua apreciação da matemática como o modo mais exato de contemplar a ordem criada inexata certamente ajudaram a preparar o mundo intelectual para a revolução galileana.

10 Lorenzo Valla e a ascensão da dialética humanista

Lodi Nauta

Humanismo e escolasticismo

No Renascimento houve duas abordagens principais do estudo e ensino da linguagem. Embora o período seja tradicionalmente associado ao desenvolvimento do humanismo, o escolasticismo estava longe de ter morrido. Os cursos de artes nas universidades continuavam a ser baseados no *Órganon* aristotélico e nos livros didáticos especializados de lógica medieval tardia. Na Itália, o berço do humanismo, essa lógica foi importada desde o século XIV em diante, onde floresceu ao longo do século XV, tendo a *Logica parva* [*Pequena lógica*] de Paulo de Veneza como um dos livros didáticos mais importantes. Além de um grande número de questões técnicas de lógica que estavam sendo discutidas, questões mais amplas continuavam a provocar debates, tais como, se as palavras significam conceitos ou coisas, e se a linguagem era naturalmente ou convencionalmente significativa; e não faltavam respostas sutis.[1] Não importando o quanto professaram ser hostis aos "insignificantes escolásticos", os filósofos do início do período moderno, como Descartes, Hobbes e Locke, tiveram obviamente uma dívida para com as ideias deles, e frequentemente suas próprias teorias consistiram em uma simplificação e revisão da terminologia e das distinções escolásticas, sem alterar radicalmente o paradigma linguístico.[2]

---

1 Ver Ashworth, 1985; Nuchelmans, 1980 e 1983. Uma outra abordagem também deve ser mencionada. Na tradição mágica, que se tornou especialmente popular após a redescoberta do *Crátilo* de Platão e a ascensão do hermetismo e da magia natural, a origem divina das palavras foi enfatizada. Acreditava-se que as palavras revelassem as naturezas interiores ou essências das coisas, e o apoio bíblico para essa visão era encontrado no relato sobre Adão dando nomes a todas as criaturas. Sobre essas tradições, ver, por exemplo, Klein, 1992.

2 Sobre Hobbes, ver Leijenhorst, 2002; sobre Locke, ver Ashworth, 1981 e 1984; sobre Descartes, ver, por exemplo, Ariew, 1999, Rozemond, 1998; sobre o período inteiro, ver Garber e

A ascensão e o crescimento do humanismo, contudo, é o sinal mais visível de mudança no Renascimento (embora suas origens se estendam ao passado até o final do século XIII), e é à reforma das artes do *trivium* pelos humanistas que este capítulo é dedicado. Obviamente, esse é um tema imenso, e não se fez nenhuma tentativa aqui de espremer no espaço de um capítulo de livro todos os nomes importantes e suas obras – Valla, Agrícola, Erasmo, Sturm, Vives, Lefèvre d'Étaples, Latomus, Melanchthon, Ramus, para mencionar apenas umas poucas figuras-chave.[3] Isto seria como percorrer as páginas de uma lista telefônica: um monte de nomes, mas nenhuma conexão. Assim, dois humanistas foram destacados para uma exposição mais detalhada: Lorenzo Valla e – mais brevemente – Rudolph Agrícola, pois eles são geralmente considerados responsáveis, cada um à sua maneira, por terem inaugurado a transformação da lógica aristotélica escolástica em uma dialética humanista. A dialética humanista é marcada por um estudo da argumentação e das formas de raciocínio que eram adequadas ao objetivo prático de analisar as estruturas argumentativas de textos clássicos, para depois usar esse conhecimento na composição de seus próprios discursos persuasivos de qualquer tipo.

No entanto, nem todos os estudiosos modernos foram convencidos da importância *filosófica* da realização dos humanistas, e alguns historiadores da lógica até mesmo acusaram os humanistas de impedirem o progresso da lógica formal.[4] É verdade que os humanistas deram importantes contribuições para os estudos clássicos e bíblicos, para a literatura e para a história, mas suas calúnias contra os escolásticos devem ser rejeitadas como mal direcionadas e irrelevantes, uma vez que elas brotaram de uma falha em reconhecer os objetivos de pesquisa fundamentalmente diferentes dos escolásticos. Os escolásticos abordavam a linguagem, o raciocínio e a argumentação

---

Ayers, 1998. Sobre a predominância do paradigma aristotélico (segundo o qual as palavras faladas e escritas derivam seu significado de conceitos mentais) durante o Renascimento, ver Demonet, 1992; para uma perspectiva diferente, ver Moss, 2003.
3 Para excelentes discussões abrangendo o período inteiro, ver, por exemplo, Vasoli, 1968, Wels, 2000 e Moss, 2003.
4 Kneale e Kneale, 1962, 298-316; Risse, 1964; C. S. Lewis citado por Perreiah, 1982, 20. Ver Jardine, 1988a, 173-4.

de um ponto de vista quase científico, muito semelhante ao dos linguistas e logicistas modernos. Eles estudavam a linguagem a fim de tornar explícitas as formas lógicas inerentes a ela. Eles estavam interessados nas propriedades dos termos e em como os termos eram relacionados às coisas no mundo, e tentavam formalizar padrões de raciocínio a fim de estabelecer condições de verdade e regras de inferência. O que tornava seus estudos vulneráveis à zombaria desdenhosa dos humanistas era seu uso do latim – um dialeto particular do latim, por certo – baseado no latim medieval falado nas universidades. Assim, os humanistas podiam acreditar que partilhavam dos mesmos interesses, a língua latina. E qual maneira melhor e mais natural de analisar a linguagem podia existir – assim respondiam os humanistas – do que examinar a prática linguística dos grandes escritores latinos a fim de determinar o significado dos termos e das regras de gramática e sintaxe? Tal objeção é perfeitamente compreensível, mas pode-se argumentar que ela errava o alvo, pois os escolásticos não visavam analisar aquela ou qualquer outra forma particular de latim, mas a linguagem em geral. E, na ausência de sistemas de notação simbólica, eles podiam apenas recorrer à sua própria linguagem, que era o latim das escolas. Essa linguagem funcionava, então, como um tipo de metalinguagem, um jargão técnico que era virtualmente inerente a todos os tipos de especulação teórica, e que certamente não visava rivalizar com o latim clássico ressuscitado pelos humanistas. Contudo, ela não era apenas uma metalinguagem, pois ao fazerem afirmações semânticas sobre palavras, classes de palavras e construções gramaticais particulares, eles também haviam feito dela seu *objeto* de estudo, e aí os humanistas obviamente tinham um ponto de apoio para o ataque.

Enquanto os neolatinistas e os historiadores literários podem, às vezes, tender a copiar acriticamente a atitude depreciativa dos humanistas em relação aos escolásticos, os historiadores da lógica deveriam perceber que a ascensão de disciplinas tais como a lógica informal, a teoria da argumentação e a pragmática no século XX demonstrou que há espaço para uma outra abordagem, mais informal, à linguagem e ao raciocínio, que vincula a lógica de modo mais próximo à linguagem real e aos argumentos reais, ao modo como as pessoas realmente falam, escrevem e argumentam. (Isso não quer dizer que ela deva substituir a abordagem de tipo formal. As duas podem coexistir, como fazem na lógica moderna.) O fato de os humanistas terem "escolhido" o latim clássico como a linguagem por excelência, na qual as pessoas deveriam falar e escrever, é irrelevante. O argumento deles é, pode-se dizer, que a linguagem não pode ser abstraída do contexto vivo no qual ela atua e do qual ela deriva seu significado e seu poder. Isso também teve importantes consequências pedagógicas. Esse é um ponto valioso que foi repetido, sob várias aparências diferentes, em épocas posteriores.[5] É claro que os humanistas nem sempre perceberam plenamente as implicações de tudo isso. A maioria deles contentou-se em enfatizar as qualidades estéticas e morais do latim clássico e seu uso prático na vida pública. Lorenzo Valla foi um humanista que claramente enxergou mais longe que isso.

Lorenzo Valla

As contribuições de Lorenzo Valla para o humanismo dificilmente podem ser sobrestimadas. Ele deu ao programa humanista algumas de suas formulações mais afiadas e combativas, e também as colocou em prática estudando a língua latina como ninguém havia feito antes, discutindo um grande número de características morfológicas, sintáticas e semânticas em seu amplamente influente *Elegância da língua latina* (*Elegantiae Linguae Latinae*, 1441). Mas ele foi ainda mais longe que isso. Seu objetivo era mostrar a base linguística do direito, da teologia, da filosofia, e, de fato, de todas as atividades intelectuais, transformando, assim, o estudo da linguagem em uma ferramenta afiada para expor todos os tipos de erros e incompreensões. Qualquer pessoa que compreenda erroneamente o uso das palavras cairá presa do pensamento confuso e da teorização vazia. A linguagem é a chave para o pensamento e para a escrita. Uma vez que somente o latim clássico era aceitável para Valla e seus companheiros humanistas, os autores pós--clássicos foram duramente criticados por terem adulterado e desfigurado o latim clássico. Essa não parece ter sido uma conclusão espetacular em si

---

5 Ver, por exemplo, Harris, 1980 e 1981 para uma crítica das abordagens "científicas" modernas da linguagem.

mesma: desprezar e criticar o dialeto escolástico é uma segunda natureza para os humanistas, mas o motivo de Valla não era apenas estético; ele continha uma mensagem filosófica séria. Isso pode ser visto melhor nos prefácios aos seis livros da *Elegantiae*. Sobre o emprego de seu método, vamos examinar sua reforma da metafísica e da dialética aristotélica escolástica, a assim chamada *Reformulação da dialética e da filosofia* (*Repastinatio dialectice et philosophie*, primeira versão 1439).

A *Elegantiae* não é uma obra fácil de resumir ou mesmo de caracterizar. Ela é frequentemente chamada de um manual, mas talvez seja melhor vê-la como um comentário.[6] Em seis livros abrangendo 235 capítulos breves, Valla critica, corrige e expande explicações de palavras, gramática, sintaxe e morfologia oferecidas por gramáticos clássicos tardios como Prisciano, Donato, Sérvio e Nono. (O motivo de Valla para escrever é corrigir outros, como ele explicitamente admite em uma carta a Giovanni Tortelli.[7]) Com base em exemplos reunidos dos autores clássicos, seu objetivo é mostrar qual é o uso correto de uma palavra, uma expressão ou uma construção. Por "uso correto", ele entende gramaticalmente correto e retoricamente eficaz, com a *elegantia* significando precisão semântica e refinamento, em vez de estilo. O bom latim é ainda mais importante que a boa gramática – uma distinção que Valla deriva de Quintiliano.[8] Seguindo os ideais de oratória formulados por Quintiliano, Valla acredita que é mais importante falar de acordo com o uso aceito da fala comum do que falar de acordo com a gramática vista como um conjunto de padrões altamente regulares de formação de palavras.

Assim, o uso comum (*consuetudo*), baseado em uma leitura detalhada das *auctoritates* [autoridades], é o critério fundamental da fala e da escrita corretas, e, como tal, fornece um parâmetro fácil para separar os "bárbaros" daqueles que falam o latim refinado. Os bárbaros são identificados como os godos e os gauleses, isto é, os glosadores legais e os gramáticos, e

---

6 Cf. Ax, 2001.
7 Valla, 1984, 214 e 216.
8 Valla, 1982, 217. Quintiliano, *Institutio oratoria* [*Ensino da oratória*] 1.6.27; ver Camporeale, 1972, 181-2; Marsh, 1979; Giannini, 1996.

os logicistas e filósofos franceses.⁹ De modo mais geral, o discurso técnico ou terminologia especializada deve ser rejeitado, uma vez que usualmente consiste em neologismos, palavras formadas de modo não gramatical, ou palavras com um significado novo e não clássico. A primazia dada aqui à fala comum e ordinária está em plena consonância com o ideal clássico do orador, um homem cheio de sabedoria e dotado das melhores habilidades linguísticas, que dedica seu treino retórico à causa pública. O orador deve ensinar, deleitar e persuadir, e isso só pode ser feito pelo emprego do uso aceito, não do jargão dos filósofos e outros teóricos. Como Quintiliano havia escrito: "o uso é o guia mais certo na fala, e a linguagem deve ser usada como uma moeda com um selo público". Cícero havia usado a imagem da balança: o orador não deveria pesar suas palavras na balança do ourives, mas antes em um tipo de balança popular.¹⁰ A linguagem é principalmente um meio de comunicação, de persuasão; a linguagem estranha e esotérica dos filósofos, dos logicistas, dos teólogos e dos glosadores legais medievais deveria ser absolutamente rejeitada.

A noção da convenção e do costume torna-se, nas mãos de Valla, parte daquilo que foi chamado – usando talvez uma expressão excessivamente grandiosa – de sua "teoria da cultura".¹¹ A inteligibilidade comum é uma condição imprescindível para o desenvolvimento da cultura, como Valla deixa claro várias vezes. Enquanto cada nação usava sua própria linguagem peculiar, as ciências e as artes eram "exíguas e quase nada"; "mas quando o poder dos romanos se espalhou e as nações foram submetidas a sua lei e fortificadas por uma paz duradoura, ocorreu que muitos povos usaram a língua latina e assim tiveram intercâmbios uns com os outros".¹² Desvinculando o latim da constelação política em que ele se originou e se desenvolveu, Valla sustenta que o latim é o veículo do crescimento cultural,

---

9 Texto latino em Garin, 1952, 598; cf. Moss, 2003, 36-7.
10 Quintiliano, *Institutio oratoria* [*Ensino da oratória*] 1.6.3; Cícero, *De oratore* II.38.159; ver Marsh, 1979, 105.
11 Baxandall, 1971, 118; ver a apropriação literária do nome de Valla no romance *Elizabeth Costello* de J. M. Coetzee, 2003, 128-30.
12 Da *Oratio in principio studii* [*Discurso sobre os princípios de estudos*], proferida em Roma em 1455; editada em Rizzo, 1994; tradução em Baxandall, 1971, 119.

e o grande motor por trás do desenvolvimento das artes, das ciências, do sistema legal e da sabedoria em geral. Esse foi um sentimento comum entre humanistas desde Petrarca, mas Valla deu-lhe uma orientação particular ao enfatizar o fato de que o progresso só se torna possível pelo trabalho de muitas mãos; as pessoas gostam de competir umas com as outras e disputar em busca de glória, melhorando e expandindo o trabalho de outros. (Reconhecemos facilmente um tom autobiográfico na exposição de Valla.) O compartilhamento de uma linguagem comum leva a uma tradição comum na qual realizações individuais são reconhecidas, valorizadas e comparadas.

A ênfase no desenvolvimento, no crescimento por competição, nas convenções e nos costumes dá à exposição de Valla um tom descritivo moderno, mas não devemos esquecer sua orientação essencialmente normativa: enquanto reconhece e aceita o desenvolvimento do latim no período clássico, ele rejeita, conforme notado, qualquer desenvolvimento posterior ao século II. Ao visar uma única língua universal (que no caso de Valla era essencialmente o latim falado entre a época de Cícero e Quintiliano, e especialmente o latim daqueles dois oradores eles mesmos), pode-se dizer que Valla perseguia uma quimera, negligenciando a ascensão dos vernáculos e falhando em traçar as consequências completas de sua própria visão da linguagem como sendo a expressão de uma cultura.[13] Pois, se a linguagem é inserida na história e não pode ser vista separada de seus usuários em um momento histórico particular, é difícil ver como podemos desvincular a língua latina do Império Romano, como Valla faz explicitamente no prefácio ao primeiro livro.[14] Contudo, para ele, assim como para todos os humanistas, o latim clássico era uma ferramenta atemporal de expressão e comunicação, transcendendo as fronteiras de tempo e lugar, assim como eram – como era frequentemente assumido – os valores e visões expressados por aquela língua. Assim, vimos que temos duas visões sobre a linguagem aqui, insuficientemente distinguidas em um nível conceitual: por um lado, a linguagem como expressão de uma cultura histórica e geograficamente delimitada, com seus padrões de pensamento, sistemas de crença, e assim

---

13 Cf. Regoliosi, 1995, esp. 154-7; Nauta, 2004, esp. 108-12.
14 Texto em Garin, 1952, 596; ver Nauta, 2006b.

por diante; por outro lado, o latim como uma língua eternamente válida para desenvolver as artes, as ciências, a literatura e a comunicação refinada. No primeiro sentido, a linguagem é inserida na história e não pode ser vista de modo separado do mundo histórico e cultural de seus usuários. No segundo sentido, a ênfase é sobre a linguagem como uma ferramenta que pode ser empregada, em várias épocas e em várias culturas, para expressar opiniões e crenças diferentes daquelas de seus usuários originais – uma visão que implica que a mesma linguagem pode ser usada para expressar coisas diferentes.

Talvez não devamos levar essa distinção conceitual longe demais, e seria certamente injusto criticar Valla por ter falhado em traçar todas as implicações de seus enunciados programáticos; afinal, eles deram ao movimento humanista sua base ideológica e seu ímpeto. Mas, talvez de modo ainda mais importante, ele mostrou como seus enunciados programáticos poderiam ser postos em prática. Não é de admirar que sua *Elegantiae* tenha se tornado extremamente popular, comentada e adaptada ao ensino por gerações de professores de escola e humanistas.[15]

Mas Valla, como já notado, estendeu seu programa para muito além dos limites da literatura e da estética. O latim não é apenas um meio belo, preciso e sofisticado a ser replicado em composições de oratória, de poesia e de prosa, mas deveria ser o alfa e o ômega em todos os empreendimentos intelectuais. Sua precisão semântica e complexidade sintática, seu rico vocabulário e poder de expressão fazem dele um instrumento extremamente adequado para o pensamento, a escrita e a fala: qualquer um que careça do conhecimento da língua (*facultas loquendi*) está fadado a errar.[16] Assim, uma crítica de teorias, ideias e noções toma a forma, de maneiras importantes, de uma crítica da linguagem, e Valla é bastante explícito sobre isso. Nenhuma obra ilustra isso melhor que sua *Repastinatio dialectice et philosophie* [*Reformulação da dialética e da filosofia*], na qual ele tentou reformar a filosofia e a dialética aristotélicas escolásticas. Ele havia iniciado a obra em Pávia no início dos anos 1430, e continuou a trabalhar nela ao longo de

---

15 Sobre essa tradição, ver Jensen, 1996 e Moss, 2003, 43-63.
16 Texto em Garin, 1952, 610; Valla, 1982, 5:7-8, 145:7, 278:1 e outros lugares.

sua vida; três versões sobreviveram, na última das quais Valla ainda estava trabalhando na época de sua morte em 1457.[17]

A *Repastinatio* consiste em três livros. No Livro I, Valla visa cortar as raízes da metafísica aristotélica escolástica, criticando algumas de suas noções fundamentais, como as dez categorias (substância e nove categorias acidentais: qualidade, quantidade, relação, etc.); os seis termos transcendentais, como "bom", "uno" e "verdadeiro"; conceitos como gênero, espécie e *differentia* [diferença], (os predicáveis) pelos quais podemos definir uma coisa e atribuir-lhe um lugar na assim chamada "Árvore de Porfírio"; forma e matéria; ato e potência. De acordo com Valla, esses termos, conceitos e distinções, redigidos em um latim não gramatical ou mesmo rebarbativo, complicam e confundem em vez de iluminar e esclarecer nossa imagem do mundo, que deveria ser baseada no senso comum e expressada em um bom latim clássico. A principal tarefa que ele, assim, impôs a si mesmo foi cortar através dessa inútil "superestrutura" de jargão técnico e conceitos vazios, reduzindo-os ao que ele considera serem os elementos básicos de uma visão de mundo do senso comum. Esses elementos básicos são coisas que percebemos, seja física ou mentalmente, e que podem ser descritas como substâncias qualificadas. Assim, "coisa" (*res*) é o termo central na exposição de Valla, transcendendo as três categorias: substância, qualidade e ação, que são as três únicas das dez categorias aristotélicas que ele aceita. Seus métodos para produzir uma imagem simplificada do mundo são variados: ele frequentemente se baseia na gramática latina para rejeitar termos do discurso escolástico. Assim, a palavra *ens* (ente) é transformada em *id quod est* (aquilo que existe), e, com *id* (isto) sendo transformado em *ea res* (aquela coisa), temos o resultado *ea res que est*. Dessa maneira, torna-se claro que não precisamos da laboriosa fórmula "aquilo que existe" (*ea que est*): *lapis est ens* (a pedra é um ente), ou seu equivalente analisado *lapis est res que est* (a pedra é uma coisa que existe) é um modo obscuro, laborioso e absurdo de simplesmente dizer que *lapis est res* (a pedra é uma coisa).[18] Uma vez

---
17 O que se segue é baseado em Nauta, 2003a e Nauta, 2009. Para o texto latino das três versões, ver a edição de Zippel (Valla, 1982). Para outras discussões, ver esp. Vasoli, 1968; Mack, 1993; Laffranchi, 1999.
18 Valla, 1982, 14.

que *ens* pode ser transformado em *res*, esta última tem uma aplicação mais ampla, e tem, é claro, a vantagem adicional de ser um termo cotidiano. Isso se ajusta perfeitamente ao objetivo de Valla, substituir toda especulação metafísica difícil e abstrusa e a terminologia concomitante com uma visão de mundo de senso comum, comunicada através da linguagem ordinária (isto é, o latim clássico), por cujo uso podemos destacar e descrever sem problemas as coisas ordinárias. Outro exemplo bem conhecido de sua abordagem gramatical é sua rejeição de termos escolásticos tais como *entitas*, *hecceitas* e *quidditas*, porque eles não se adéquam às regras da formação de palavras – regras que podem ser percebidas a partir de um estudo detalhado de textos clássicos.[19] De modo relacionado a essa análise, Valla repudia aquilo que ele apresenta como a visão escolástica da distinção entre termos concretos e abstratos, isto é, a visão de que os termos abstratos ("brancura", "paternidade") sempre se referem apenas a qualidades, enquanto os termos concretos ("branco", "pai") se referem a substâncias e qualidades. Em uma cuidadosa discussão dessa distinção, levando em conta as categorias gramaticais de caso, número e gênero, Valla rejeita os compromissos ontológicos que tal visão parece implicar, e mostra, com base em uma variedade de exemplos retirados do uso latino clássico, que o termo abstrato frequentemente tem o mesmo significado que sua contraparte concreta (*utile/utilitas*, *honestum/honestas*, *verum/veritas*).[20] Em outras palavras, não há nenhuma necessidade de postular entidades abstratas como referentes desses termos; eles se referem à própria coisa concreta, isto é, à substância, sua qualidade ou ação (ou uma combinação desses três componentes em uma coisa que pode ser analisada). Assim, uma de suas maiores preocupações ao longo do primeiro livro é determinar a qual categoria uma palavra se refere. Essa nem sempre é uma tarefa fácil: "há muitos termos cuja categoria é difícil de discernir".[21]

Essas categorias – substância, qualidade e ação – são, portanto, as únicas três que Valla admite.[22] O resto das categorias aristotélicas, tais como quantidade, relação, tempo e lugar, devem ser reduzidas a essas três.

---
19 *Ibid.*, 30-6.
20 *Ibid.*, 21-30; ver Nauta, 2003a, esp. 619-25.
21 Valla, 1982, 443:17.
22 *Ibid.*, 112-13 e 135-56.

A abordagem gramatical está em pleno funcionamento aqui também. Para Valla, qualificações tais como tamanho, relação (por exemplo, paternidade), posição, tempo e lugar não são de modo algum diferentes daquelas tradicionalmente associadas com a categoria da qualidade, tais como cor e formato. De um ponto de vista gramatical, todos esses termos são essencialmente termos qualitativos, nos fornecendo informações sobre uma substância, isto é, como ela é qualificada ou como ela age. A assunção básica de Valla então parece ser que as categorias deveriam refletir ou apontar para coisas no mundo, e ele não tem, portanto, nenhuma necessidade das outras categorias.

O resultado é uma imagem ontológica simplificada que se assemelha à do nominalista medieval Guilherme de Ockham. Não é surpreendente, portanto, que muitos estudiosos tenham vinculado os nomes dos dois, falando sobre o "nominalismo" de Valla e seu "ockhamismo".[23] Seus interesses, abordagem e argumentos, contudo, diferem enormemente. Diferentemente de Valla, Ockham não quer se livrar do sistema de categorias. Contanto que se perceba, diz Ockham, que as categorias não descrevem coisas no mundo, mas categorizam *termos* pelos quais significamos de diferentes maneiras substâncias reais ou qualidades inerentes reais,[24] as categorias podem ser mantidas e as características específicas de, por exemplo, termos relacionais ou quantitativos podem ser exploradas. Assim, a rejeição por parte de Ockham de uma interpretação realista das categorias é acompanhada por um desejo de *defendê-las* como um grupo distinto de termos.[25] O efeito do realismo filosófico seria precisamente, argumenta Ockham, uma obliteração da distinção entre categorias (tal como proposta por Valla), uma vez que, ao acreditar que, digamos, a "semelhança" significa uma qualidade que existe independentemente nas coisas, a relação é reduzida à qualidade, de modo que não haveria nenhuma maneira de distinguir entre termos relacionais e termos de qualidade, no que diz respeito ao modo de significação. A interpretação terminista de Ockham é, portanto, voltada para salvar

---

23 Para referências, ver Nauta, 2003a, 613-15; os próximos dois parágrafos são baseados nesse artigo.
24 Ockham, 1974, 167-8.
25 Por exemplo, Ockham, 1974, 167-8; Ockham, 1978, 158-9. Ver Moody,1935, 132 e 172-3.

o sistema de categorias, em vez de destruí-lo. Valla, por outro lado, parece entender as categorias em um sentido realista: diz-se que elas abrangem todas as coisas e têm as coisas como seus membros individuais (*singula*). As categorias categorizam coisas ou aspectos de coisas, em vez de termos, mesmo que outros enunciados entrem em conflito com tal interpretação.[26] A conclusão mais segura é que a abordagem bastante eclética de Valla não nos permite categorizar sua posição como "nominalista" (e muito menos como "ockhamista-terminista") nem como "realista".

No entanto, o que Valla e Ockham têm em comum é a ideia de que devemos ter receio de inferir diferenças ontológicas a partir de distinções conceituais e diferenças no nível linguístico. Mas eles compartilham essa noção com vários outros pensadores, e é claro que a questão de como a linguagem reflete ou não reflete adequadamente o mundo (e se ela o faz, como devemos categorizar essa noção de "adequação", e como sabemos quando ela é adequada?) foi uma questão filosófica perene. Além disso, o modo como eles circundam e tentam resolver esse problema é muito diferente. O programa de Ockham é explicitamente voltado para a questão de como um nominalista, que admite apenas entidades singulares, pode explicar a generalidade no pensamento e na linguagem sem recorrer a universais. Sua solução, que não será discutida aqui, é basear a linguagem falada e escrita na linguagem mental de nossos conceitos, isto é, em entidades singulares na mente, que correspondem a seus referentes singulares. Valla, por outro lado, não se refere a conceitos mentais como a linguagem primária na qual devem se basear os significados da linguagem falada e escrita. Ele não lida com o problema filosófico da generalidade, e o que ele escreve contra o uso de termos e conceitos abstratos é motivado por sua aversão ao latim não gramatical e por seu desejo de permanecer dentro dos limites traçados pela imaginação e pelos sentidos.[27]

Para Valla, as características gramaticais e semânticas do latim clássico oferecem o melhor guia que temos para descrever o inventário do mundo –

---

26 Valla, 1982, 363:24 e 15:28. Uma análise abrangente dessas e outras passagens pode ser encontrada em Nauta, 2009, caps. 1-3.
27 Ver Nauta, 2004 e Nauta, 2009, caps. 1-3.

isto é, as coisas ou substâncias qualificadas – mas, de modo interessante, em vários pontos o próprio Valla assinala que não há nenhuma correspondência perfeita entre as coisas e nossa caracterização linguística delas. Assim, quando dizemos que as qualidades são coisas que "estão presentes para a substância", isso erroneamente sugere que elas podem existir separadas uma da outra – "porém, não podemos falar de outro modo".[28] Além disso, ele frequentemente dá indicações sobre os limites de nossos recursos linguísticos para nomear as coisas: há mais coisas do que palavras para elas – um antigo *topos* que se remete a Aristóteles (*Refutações sofísticas* 165a11).[29]

Relacionado a isso, há o reconhecimento de Valla de que há uma diferença entre falar de acordo com "o padrão da verdade" e "nosso modo comum de falar". Por exemplo, expressões como "mais redondo" ou "mais cheio" não são corretas, estritamente falando – um círculo não é "mais redondo" que outro – mas a prática linguística de grandes autores sanciona tal uso.[30] O modo como Valla enuncia essa distinção – "a mais exigente e estoica lei da verdade" (*exactissima veritatis lex ac stoica*) versus "o costume popular" (*consuetudo popularis*), e "a natureza e a verdade das coisas" (*natura et veritas rei*) versus "o uso falado" (*usus loquendi*) – parece implicar que ele admite que o uso popular ou ordinário nem sempre reflete adequadamente a natureza e a verdade de um estado de coisas.[31] Para Valla, contudo, o modo comum de falar tem a primazia sobre um modo possivelmente mais correto de descrever as coisas: "uma coisa é falar de acordo com o próprio padrão da verdade, outra coisa é falar de acordo com o costume popular, comum a praticamente toda a raça humana".[32] Em outras palavras, verdade

---

28 Valla, 1982, 365:9.
29 Valla, 1982, 420:3; 117:3 e 118:15. Isso deveria qualificar alguns enunciados modernos que sugerem que na visão de Valla não existem coisas sem nomes (ver Camporeale, 1986, 227).
30 Valla, 1982, 435:23-4; 162:11; 387:3.
31 Valla, 1982, 386:26-8; 387:3; 160:8-15; 162:11-13; ver 221:19.
32 Valla, 1982, 386:26-8. Ver Camporeale, 1972, 180 e 205, n. 9, e Tavoni, 1984, 144-5, que conclui que *consuetudo* para Valla significa o que os *periti*, os oradores e eruditos, dizem: isto é, a prática literária dos melhores autores, em vez da fala das pessoas comuns. Esta última é até mesmo repudiada por Valla algumas vezes (145, n. 49; ver Tavoni, 1986, 212-13). Isso é verdade, mas aqui Valla claramente fala sobre "quase toda a raça humana". Para uma análise, ver Nauta, 2009, "Conclusion" ["Conclusão"].

e costume não são sempre idênticos.³³ Essa distinção é derivada do antigo debate notado acima entre os gramáticos, por um lado, e os oradores, por outro, para os quais falar um latim refinado é mais importante do que falá-lo de acordo com um conjunto rígido de regras gramaticais. Mas Valla amplia a distinção, e, portanto, o conceito de verdade, de modo a incluir outros tipos de casos nos quais uma expressão corresponde melhor aos fatos do que outra. A distinção não se limita ao contraste entre gramaticalmente verdadeiro *versus* costume linguístico aprovado, mas se aplica também ao falar de acordo com o modo como uma coisa ou estado de coisas existe, *versus* o costume linguístico aprovado. O que vemos aqui é que a *Repastinatio*, em vez de ser o fundamento teórico da *Elengantiae*, como é frequentemente sustentado, revela como a abordagem gramatical funciona na prática, embora não se deva esquecer que a crítica de Valla é frequentemente baseada também em fundamentos não linguísticos: em suas especulações teóricas, os filósofos frequentemente vão além da percepção sensorial e da imaginação, concebendo retas sem largura, pontos sem uma certa qualidade, matéria sem forma, qualidade sem substância, e especulando sobre fenômenos naturais que estão fora do alcance da percepção sensorial humana – uma prática que Valla repudia.³⁴

Após ter criticado a metafísica, a ética e a filosofia natural aristotélicas escolásticas no Livro I da *Repastinatio*,³⁵ Valla se volta para a dialética nos Livros II e III, tratando, por exemplo, de proposições e seus signos ou sinais (indicadores de qualidade e quantidade, tais como *omnis*, *aliquis* e *non*, que os escolásticos chamariam de termos sincategoremáticos), o quadrado da oposição, provas e argumentos, e várias formas de argumentação. Esses temas eram tópicos padrão na tradição aristotélica, mas Valla acredita que a abordagem lógica da *natio peripatetica* [nação peripatética] tem pouco valor para o orador, cujo *habitat* é o domínio público onde opiniões e crenças

---

33 Ver sua declaração sobre "dar à verdade e ao costume cada qual o que lhe cabe" (Valla, 1982, 46:8) e sua hesitação entre "essência" e "substância"; a segunda é mais comum, mas a primeira pode nos levar para mais perto da verdade (46:2-16).
34 Nauta, 2004.
35 Sobre a crítica de Valla à concepção aristotélica da alma, ver Nauta, 2003b, e Nauta, 2009, cap. 4; sobre sua ética, ver *ibid.*, cap. 5, e Nauta, 2007.

são trocadas, convicções são expressas, argumentos defendidos e desacordos externados. Para ele, a linguagem é principalmente um veículo para a comunicação, o debate e a persuasão, e, consequentemente, os argumentos devem ser avaliados em termos de sua utilidade, eficácia e capacidade de persuadir, em vez de em termos da validade formal. É claro que é útil estudar silogismos aristotélicos e questões tais como a validade (formal) e condições de verdade, mas não se deve confundir a parte com o todo. A dialética, argumenta Valla, é meramente uma espécie de confirmação ou refutação, e, como tal, é meramente uma parte de uma das cinco partes da retórica, a invenção.[36] Comparada com a retórica, a dialética é uma matéria fácil que requer pouco tempo para ser dominada, uma vez que considera e utiliza o silogismo apenas de modo abstrato; seu único objetivo é ensinar. O orador, por outro lado, utiliza não apenas silogismos, mas também o entimema (silogismo incompleto), o epiquerema (um tipo de raciocínio estendido) e o exemplo, e tem de envolver tudo em argumentos persuasivos, uma vez que sua tarefa não é apenas ensinar, mas também agradar e provocar movimento. Assim, Valla retoriciza a dialética ao incluir o estudo de um tipo de argumento, o silogismo aristotélico, em um conjunto muito mais amplo de formas de argumentação, abordando-as de um ponto de vista ligado à oratória. Seu guia é Quintiliano, segundo o qual todo o objetivo da argumentação é provar o que não é certo por meio do que é certo.[37] Como certezas, Quintiliano lista as percepções sensoriais, coisas sobre as quais existe uma concordância geral, e coisas que são estabelecidas por lei ou que passaram para o uso corrente. Com base nessas certezas, podemos tornar críveis ou prováveis certas coisas duvidosas. Quintiliano desenvolve essa noção de credibilidade distinguindo três graus: "o mais forte" (*firmissimum*), "pois quase sempre verdadeiro"; "o altamente provável" (*velut propensius*) e o "meramente compatível" (*tantum non repugnans*). Seguindo essa exposição, Valla distingue entre os silogismos com premissas certas e verdadeiras, que conduzem a conclusões certas, e aqueles silogismos com premissas que não são tão certas, isto é, quase verdadeiras e quase certas (*semivera ac semicerta*,

---

36 Valla, 1982, 175-6.
37 *Institutio oratoria* 5.10.8.

com uma conclusão que é *seminecessaria*).³⁸ Por exemplo, as mães amam seus filhos; Orestes é filho de Clitemnestra. Portanto, é provável ou crível, ou pelo menos possível, que Clitemnestra ame Orestes – uma proposição provável, mas não certa, pois não é necessariamente o caso que uma mãe ame seu filho. Tendo dividido os tipos de provas entre necessárias e críveis, Valla escreve que "toda prova emerge através de coisas verdadeiras que são certas, e através dessas coisas a própria verdade faz alguma outra coisa que era anteriormente incerta parecer certa, e ela faz isso ou necessariamente ou plausivelmente".³⁹ Essa visão é basicamente a mesma que a de Quintiliano. Valla é bastante explícito sobre sua dívida para com Quintiliano: ele fica feliz em fornecer uma longa citação da *Institutio oratoria* [*Ensino da oratória*] (5.10.23), equivalente a trinta páginas na edição moderna da *Repastinatio*, porque Valla, como ele próprio admite, não tem nada de novo a dizer sobre formas de argumentação tais como o entimema, a indução e a dedução, e os tópicos baseados em coisas e pessoas.

Ampliando o escopo dos argumentos para além daqueles que são estritamente formais e válidos, Valla também discute formas capciosas de raciocínio, tais como os sorites,⁴⁰ os paradoxos e os dilemas. Alguns estudiosos modernos interpretaram esse interesse como prova de que Valla endossava o ceticismo antigo, uma vez que esses tipos de argumento parecem minar a possibilidade de certeza no conhecimento e nos ensinam a nos contentarmos com a verossimilhança e a probabilidade.⁴¹ Contudo, Valla dificilmente pode ser chamado de cético. Além da falta de evidências textuais de que Valla tenha endossado a posição cética da dúvida e da impossibilidade do conhecimento e da certeza, seu tratamento de formas capciosas de raciocínio tais como o sorites e o dilema revela uma atitude crítica e suspeitosa, em vez de uma aceitação alegre. Ao produzir a *aporia* e a suspensão do

---

38 Valla, 1982, 239-41. Ver Mack, 1993, 80-4, e Nauta, 2009, caps. 7-8.
39 Valla, 1982, 243; utilizo a tradução de Mack, 1993, 82.
40 Como o assim chamado "argumento da pilha": se 100 grãos constituem uma pilha, 99 certamente também constituem uma pilha. Mas se continuarmos subtraindo grãos, chegaremos à conclusão de que um único grão constitui uma pilha. O argumento coloca as ideias de limite em descrédito.
41 Jardine, 1983; ver Panizza, 1978 sobre o ceticismo acadêmico no *De vero bono* [*Do verdadeiro bem*] de Valla.

juízo, essas técnicas retóricas são de fato matéria para o moinho do cético, mas Valla, de modo interessante, considera que esses e outros argumentos semelhantes são sofísticos e falaciosos. A força deles é facilmente eliminada quando examinamos o caso cuidadosamente, prestando atenção a suas circunstâncias mais amplas e seu curso cronológico, e notando o significado normal das palavras. Tal abordagem dissiparia a aparente insolubilidade de tais argumentos. O paradoxo do sonho, por exemplo, no qual um sonho diz ao sonhador para não acreditar em sonhos, é caracterizado como um sonho que afirma algo que desafia a verificação apropriada. Valla está particularmente interessado naquilo que os gregos chamam de *antistrephon* e Cícero chama de *conversio*, isto é, a manobra, ensinada por muitos retóricos, pela qual um argumento dilemático pode ser refutado por outro.[42] Valla discute extensamente o famoso dilema relatado por Aulus Gellius (*Noites da Ática* v.10.5-16) sobre uma demanda legal entre Protágoras e seu pupilo Euatlo. O pupilo prometera pagar a segunda parcela das taxas após ter vencido seu primeiro caso. Porém, ele se recusa a pagar e Protágoras leva-o ao tribunal. Se Euatlo perder a causa, ele terá de pagar o restante da taxa por causa do veredito do juiz; se ele vencer, ele também terá de pagar, mas agora em razão de seu acordo com Protágoras. Contudo, Euatlo converte o argumento: em qualquer dos casos, ele não terá de pagar. Aulus Gellius pensava que os juízes deveriam ter se abstido de emitir uma sentença, pois qualquer decisão seria inconsistente consigo mesma. Mas Valla rejeita tal refutação de argumentos dilemáticos e pensa que uma resposta poderia ser formulada em resposta a tal dilema, imaginando-se fazendo um discurso a favor de Protágoras. Assim, embora não negue que tais argumentos possam enganosamente parecer convincentes por criarem uma situação aporética, ele considera esse tipo de argumento "astucioso, divertido e arguto, em vez de sincero e válido", encontrando uma corroboração no silêncio de Quintiliano a esse respeito.[43] Não obstante, vale a pena notar que Valla parece

---

42 Valla, 1982, 306-28. Ver esp. Nuchelmans, 1991a, 88-94; Nuchelmans, 1991b; Mack, 1993, 90-2, 98-100, 105-8, Monfasani, 1990; Nauta, 2006a. Valla não parece ter qualquer problema de princípios com o dilema em si, mas apenas com a técnica dos retóricos para produzir a "conversão" de um dilema (Valla, 1982, 332, linha 11).
43 Valla, 1982, 333-4 e 322.

ser um dos primeiros no Ocidente latino a lidar com tipos de argumentos dilemáticos.

O apelo de Valla ao contexto mais amplo de um argumento a fim de avaliar sua eficácia retorna em uma forma diferente em algumas de suas outras obras. Assim, em seu diálogo sobre o mais alto bem, *De vero bono* [*Do verdadeiro bem*], ele considera a fábula de Giges, na qual o anel de Giges permitia-lhe ficar invisível e fazer coisas perversas. Valla rejeita essa fábula em razão de sua inconsistência interna e da implausibilidade da ordem cronológica dos eventos: "a fábula não se enquadra, e carece de consistência" (*fictio non quadrat nec sibi constat*).[44] O mesmo apelo à consistência interna informa a famosa demonstração de Valla de que a Doação de Constantino, o documento medieval usado pelo papado para reivindicar o poder político no interior do Império Romano, é uma fraude. Valla não apenas emprega argumentos linguísticos de vários tipos, mas também aponta para a impossibilidade psicológica do caso como um todo: por exemplo, ao doar uma grande parte de seus domínios imperiais ao papa Silvestre, o imperador Constantino se comportaria de uma maneira diferente daquela apresentada no documento. E como ele poderia esconder um tal ato de seus parentes e amigos? "Mas se, tendo sido um homem tal como ele era, ele houvesse sido transformado, por assim dizer, em outro homem, certamente, não teriam faltado aqueles que o alertariam, acima de tudo seus filhos, seus parentes e seus amigos."[45] O caso inteiro vai contra a lógica dos eventos e contra a lógica dos padrões de comportamento conhecidos de Constantino.

Inspirado pelo ideal do orador conforme esboçado por Cícero e Quintiliano, Valla busca ampliar consideravelmente o conjunto de parâmetros para avaliar o poder dos argumentos. Sua abordagem em relação ao significado e à argumentação pode então ser chamada de "holística", pois aponta para o contexto inteiro no qual os argumentos atuam e no qual deveriam, portanto, ser avaliados – um contexto que é consideravelmente mais amplo do que os exemplos de sentenças únicas dos escolásticos. Sua abordagem também é distintivamente prática, pois assume como seu

---
44 Valla, 1977, 188-9. Ver Langer, 2002.
45 Valla, 1976; trad. de Coleman em Valla, 1993, 37. Ver Nauta, 2004, 106-8.

ponto de partida a linguagem real em vez do dialeto semiformalizado dos escolásticos. Portanto, é compreensível que seu projeto de uma dialética baseada na linguagem real e exemplificada pela análise do próprio Valla sobre palavras e argumentos na *Elegantiae* e na *Repastinatio* seja frequentemente chamado de uma transformação ou uma reforma da dialética aristotélica escolástica medieval tardia. Mas uma vez que seus objetivos e métodos diferiam de modo tão vasto daqueles dos logicistas profissionais, pode ser melhor falar em uma reorientação ou alternativa à dialética escolástica – uma alternativa que, nas mãos do humanista nortista Rudolph Agrícola (1444-85), se tornou uma ferramenta poderosa para ler, analisar e compor textos argumentativos projetados para ensinar e convencer.

Rudolph Agrícola

Pode-se dizer que Agrícola completou o que Valla iniciou: a escrita de um manual dialético baseado em uma linguagem real. Seu *De inventione dialectica* [*Da descoberta dialética*], completado em 1479, mas impresso pela primeira vez somente em 1515, tornou-se um dos livros mais vendidos no século XVI, com 44 edições do texto e 32 edições de epítomes em sessenta anos.[46] Isso forma um notável contraste com a circulação limitada da obra de Valla sobre a dialética, que teria sido inadequada para o ensino, em qualquer caso. Mas o que Valla fez pela gramática em sua *Elegantiae*, que de fato desfrutou de uma imensa popularidade, Agrícola fez pelo estudo da dialética, inaugurando uma nova tradição de livros didáticos de retórica e dialética e influenciando humanistas ilustres como Erasmo, Latomus, Vives, Melanchthon e Ramus.

O vínculo com Valla parece óbvio: ambos os humanistas rejeitam uma abordagem formal à linguagem e à argumentação, e visam uma dialética que usa a linguagem real. Porém, as diferenças superam de longe as semelhanças.[47] Além de posições diferentes acerca de vários pontos, o escopo e a estratégia da obra de Agrícola são diferentes. Seu objetivo não é demolir

---

46 Ver Mack, 1993, cap. 13.
47 Monfasani, 1990; Mack, 1993, 244-50 (com uma lista completa de diferenças em 248-9). Ver Vasoli, 1968, 147-82.

o edifício metafísico aristotélico – ele parece, por exemplo, aceitar a estrutura básica das categorias –, e ele também não parece endossar o ideal de orador de Valla. Longe de reduzir a importância (como fez Valla) do papel da dialética como sendo uma atividade fácil e quase pueril, definida como uma mera parte da invenção e, portanto, da retórica, Agrícola faz da dialética o cerne das artes linguísticas, atribuindo à retórica a modesta tarefa da decoração, e à gramática o cuidado do uso correto.

A obra de Agrícola é dedicada à descoberta (*inventio*) em vez do julgamento (*iudicium*) de argumentos – uma distinção que remonta à Antiguidade.[48] Ele atribui à dialética a tarefa fundamental de ensinar, isto é, de falar de modo convincente (*probabiliter*) sobre todos os assuntos, pois é assim que ele a define. Baseando-se em Aristóteles, Cícero, Quintiliano e Boécio, mas movendo-se para além dessas autoridades, Agrícola explora sistematicamente todo o conjunto de questões envolvidas no ato de falar de modo convincente. Sempre que queremos ser persuasivos, devemos considerar de antemão quais argumentos devemos estabelecer a fim de provar nosso ponto, como estruturá-los e ordená-los, que tipo de discurso é adequado em um caso particular, como apresentar nosso caso em palavras, e como levar em conta nossa audiência ou leitores. Essas e muitas outras questões são tratadas de modo sistemático, e ilustradas com exemplos retirados dos grandes autores. Assim, Agrícola oferece um guia não apenas para o pensar sobre a argumentação eficaz e convincente ou, de modo mais geral, sobre a comunicação, mas também para a leitura e análise dos textos clássicos.[49] Discursos de Cícero (mas também a *Eneida* de Virgílio), por exemplo, apresentam excelentes exemplos de estruturas argumentativas, frequentemente presentes logo abaixo do nível superficial dos fogos de artifício retóricos, e é mostrado ao leitor, em diversas leituras detalhadas, como destilar as questões principais e subsidiárias e como tornar evidente a infraestrutura dialética de argumentos de vários tipos.

Assim, tudo gira em torno da invenção de bons argumentos: isto é, o que cria a convicção em assuntos duvidosos. A parte principal da obra de

---

48 Por exemplo, Agrícola, 1992, 12-20 e 196-206 (1.2 e 2.1).
49 Mack, 1985; Mack, 1993; Meerhoff, 1990.

Agrícola é, portanto, dedicada à descoberta dos argumentos através dos *loci* (lugares, tópicos, assentos dos argumentos): isto é, cabeçalhos dos quais se podem derivar argumentos. Assim, o tópico "causa" aplicado ao tema da "guerra" deveria desencadear pensamentos, conceitos e palavras sobre as causas da guerra, que podem ser desenvolvidos em tipos de argumentos em uma dada situação: "pela indicação dos tópicos, como que por certos sinais, somos capacitados a mover nossas mentes em torno das próprias coisas e a perceber em cada uma delas aquilo que é convincente e adequado para o que nossa fala se propõe a ensinar".[50] Tais listas de tópicos tiveram uma história longa e complicada.[51] Agrícola baseou-se particularmente nas de Cícero, Quintiliano e Boécio ao estabelecer sua própria lista sistemática e bem pensada, que inclui definição, gênero, espécie, propriedade, todo, partes, ação, causa eficiente, causa final, efeitos, lugar, tempo, comparação, semelhantes, e opostos. Esses "lugares onde os argumentos são encontrados" (como Cícero famosamente os descreveu) oferecem uma ferramenta heurística para registrar todos os tipos de aspectos de um assunto:[52]

> Toda coisa tem uma certa substância que lhe é própria, certas causas das quais ela emerge, certos efeitos que ela produz [...]. Como se estivéssemos seguindo essas coisas, quando alertamos nossa mente para considerar qualquer assunto dado, devemos percorrer de imediato toda a natureza da coisa e suas partes, e todas as coisas que são consistentes ou incompatíveis com ela, e derivar daí um argumento adequado ao assunto proposto. Esses cabeçalhos comuns, assim como contêm em si tudo que pode ser dito sobre qualquer assunto, contêm também todos os argumentos.

Ao aplicar universalmente os *loci* a todos de discurso argumentativo, Agrícola rejeita a abordagem formal de Boécio aos tópicos. Boécio havia enfatizado a diferença entre a retórica e a dialética, cada qual com seu próprio sistema de tópicos. Em sua exposição, os tópicos foram tratados como

---

50 Agrícola, 1992, 10; trad. em Mack, 1993, 139.
51 Ver Cogan, 1984 sobre os sistemas de tópicos de Cícero, Boécio e Agrícola, e suas diferenças.
52 Agrícola, 1992, 18-20; trad. em Mack, 1993, 140.

os fundamentos, isto é, as premissas de um silogismo dialético, das quais o silogismo deriva sua firmeza e validade. Essa abordagem formal difere da abordagem de Cícero. Em seu *Tópica*, ele apresentou um sistema de invenção baseado em tópicos para todas as artes, e é a esse uso mais flexível e pragmático dos tópicos que Agrícola retorna. Como ele escreve, os tópicos ajudam tanto o cientista quanto o professor e o debatedor, ao fornecerem princípios gerais de argumentação e organizarem seu discurso.[53] Ainda que Agrícola atribua um papel aparentemente modesto à retórica como a arte da decoração, o efeito geral de seu programa é uma retoricização da dialética, ao unir a invenção retórica e a invenção dialética em um único sistema universal que poderia ser estendido a investigações em todos os ramos de conhecimento. Em suas mãos, ela se tornou uma lógica de investigação, em vez de, como havia sido para Boécio e seus seguidores medievais, uma lógica do debate na qual os tópicos, como proposições universais, garantem a validade das afirmações feitas nos debates e argumentações.

A abordagem de Agrícola foi adotada e desenvolvida em várias direções por humanistas posteriores, dependendo dos objetivos e interesses mais amplos deles. Um nome importante aqui é Melanchthon, um dos associados mais próximos de Lutero, que reformou as práticas educacionais na Alemanha ao escrever uma série de livros didáticos de dialética e retórica em uma veia agricolana.[54] Em todos os seus escritos, a conexão íntima entre a dialética e a retórica é enfatizada: a dialética nos diz como encontrar, estruturar e apresentar argumentos para defender uma posição. A retórica faz uso de muitas das mesmas ferramentas que a dialética, e no caso de Melanchthon isso significa especialmente os tópicos e seu adendo retórico, os *loci communes* [lugares comuns]: isto é, noções gerais pertencentes a um campo particular de investigação, que não são invenções do próprio leitor, mas refletem a estrutura profunda da natureza.[55] Esse aparato dialético é desenvolvido de modo bastante extenso, incorporando termos e conceitos do currículo tradicional baseado no *Órganon* de Aristóteles, mas seu objetivo

---

53 Agrícola, 1992, capítulos 2.7, 2.28, e vários outros lugares.
54 Vasoli, 1968; Meerhoff, 1994a e 1994b; Moss, 2003, esp. 153-69 e 247-50; Wels, 2000.
55 Melanchthon fala sobre "formas ou regras de todas as coisas" (*formae seu regulae omnium rerum*); ver Moss, 2003, 160, n. 5.

permanece distintivamente prático e pedagógico: ele ajuda o estudante a ler e analisar textos clássicos e a Bíblia, tornando evidente a estrutura argumentativa ao percorrer um conjunto de questões e cabeçalhos básicos. Ele também ajuda na composição de obras próprias. Assim, ao abordar de novo a inclinação da dialética rumo à linguagem real e os argumentos empregados a fim de comunicar e obter a convicção, o humanismo desenvolveu novas maneiras de ler e compor textos, construídas parcialmente sobre os preceitos da dialética e da retórica antigas, e parcialmente sobre suas próprias interpretações imaginativas e criativas desses textos antigos. Esse movimento rumo a uma nova hermenêutica, uma nova abordagem dos textos, dos argumentos e do significado, talvez seja a contribuição mais significativa do humanismo.

11 A imortalidade da alma

PAUL RICHARD BLUM

O escopo do debate da imortalidade no Renascimento

O debate sobre a imortalidade da alma durante o Renascimento abrangeu a epistemologia, a metafísica e a teologia. A questão metafísica era se há algo espiritual que dá vida aos seres humanos, de modo que eles sejam dotados de um estatuto ontológico superior ao dos animais e de uma realidade duradoura. Se isso é verdade, então existe uma alma humana que transcende o corpo perecível. Mas surge um problema: qual a evidência para isso, e o que significa para o homem ser essencialmente espiritual? Se for negada a necessidade de qualquer diferença ontológica entre as bestas e o homem – e isso acarreta a abolição do princípio da vida ou da alma como algo distinto do corpo – então o fato da consciência e da verdade acima e além dos entes particulares necessitará de uma explicação.

Assim, um problema epistemológico emerge do problema metafísico, pois a mera possibilidade de que a animação e o espírito possam ser ilusões ou concepções erróneas sobre a vida e o pensamento levanta uma questão de epistemologia. Esta, contudo, não deve ser tratada em termos da lógica formal, mas por meio da reflexão sobre o funcionamento da mente humana, na medida em que ela parece ser o "lugar" (ou o sujeito) onde são proferidas alegações que transcendem os particulares e onde a reflexividade parece residir. A questão é, portanto, se o "lugar" da verdade é coextensivo com a própria verdade e – supondo-se que a verdade tenha um estatuto ontológico para além daquele das coisas físicas – se a mente ou o intelecto enquanto "lugar" partilha desse estatuto ontológico. Isso quer dizer: será que o intelecto é tão eterno quanto as verdades que ele supõe e tenta pensar?

As questões teológicas estão implicadas nas questões metafísicas: se Deus é o sujeito e portador final da verdade, e se ele é, por definição, espiritual, então, o entendimento humano, na medida em que alcança a verdade, é inerentemente teológico. O que precisa ser esclarecido é se a espiritualidade humana, ou mente, ou intelecto, ou alma humana, é algo divino ou derivado do divino, assumindo que o divino admite graus. E mesmo que seja negada qualquer distância essencial entre o corpo e as qualidades espirituais, ainda assim as propriedades ontológicas da verdade (enquanto eterna, trans-subjetiva, comunicável, etc.) precisam ser estabelecidas. Isto é feito melhor pela referência explícita àquele ser que supera o erro e o efêmero, a saber, Deus. Quanto à natureza espiritual e intelectual do homem, admitindo-se que haja evidências acerca dela, surge a questão: como reconciliar com ela a inegável falibilidade e fragilidade do homem? Como pode um ser humano explicar o erro, tanto intelectual quanto moral? Assim, a investigação se volta para a teologia moral, e pergunta como o homem pode realmente ser considerado responsável por suas falhas de julgamento. De um ponto de vista teológico e ético, a resposta é que deve haver uma maneira de responsabilizar o homem por suas ações (movidas pelo intelecto), pois de outro modo não haveria nenhuma maneira de discernir entre o bom e o ruim, e isso teria consequências para a vida prática. Mesmo que a essência espiritual do homem seja questionada, os princípios elementares da moral devem ser pensados como de alguma maneira fazendo parte da estrutura da mente humana. Esse é o referencial teórico no qual os pensadores do Renascimento e do início do período moderno abordaram a questão da imortalidade da alma, e por que ela foi importante para eles.

O tópico da imortalidade da alma foi herdado do escolasticismo medieval, onde estava inserido no dualismo entre a mortalidade do corpo e a salvação da alma individual, como aparece, por exemplo, nas *Sentenças* de Pedro Lombardo (m. 1160), o livro didático mais importante das escolas.[1] Ele ganhou força como uma questão controversa graças à recepção dos comentários de Averróis ao *De anima* [*Da alma*] de Aristóteles,[2] e durante o

---

1 Pedro Lombardo, 1971-81 (Livro II, Dist. 19B).
2 Ver o capítulo 7 deste volume.

auge do período escolástico ele se desenvolveu como uma pedra de toque para o ensinamento cristão, pois a abordagem averroísta parecia negar a imortalidade pessoal, bem como a salvação individual e a responsabilidade pelas ações humanas. As soluções para o problema, conforme delineadas no tratado de Tomás de Aquino *Da unidade do intelecto* (1270), deveriam (1) fornecer uma interpretação completa do texto de Aristóteles e (2) analisar a estrutura da alma de um ponto de vista teórico, a fim de estabelecer em qual sentido epistemológico e ontológico a alma de um indivíduo pode ser imortal. Dali em diante, a análise teórica de questões psicológicas era entrelaçada com a questão hermenêutica de como melhor interpretar Aristóteles. As abordagens centradas em textos melhoraram graças à pesquisa filológica humanista sobre a linguagem e sobre as fontes textuais,[3] ao passo que a abordagem teórica conduziu ao escrutínio das funções da alma, especialmente as funções do intelecto e seu papel na cognição. A imortalidade da alma continuou a ser discutida muito depois do Renascimento. Contudo, quando a questão da compatibilidade de Aristóteles com a doutrina teológica perdeu sua importância, as discussões se dividiram em um problema meramente teológico, a ser tratado de acordo com os padrões de teologias rivais, e um problema epistemológico, no qual o debate sobre a imortalidade equivalia a um debate sobre a validade transpessoal da cognição.

Ao fornecer uma exposição desse debate em sua fase renascentista, é razoável omitir as discussões escolásticas do problema no século XIV e início do século XV, dado que, no que diz respeito à questão da imortalidade, essas discussões foram amplamente confinadas às escolas, e não tiveram a ressonância pública dos debates que emergiram no contexto do movimento humanista.[4] Sua relativa falta de notoriedade é ilustrada pelo caso de Biagio Pelacani da Parma (m. 1416), que defendeu a opção de que o intelecto é inseparável do corpo e, portanto, deixa de existir com ele. Seu argumento era que qualquer cognição humana depende da matéria, de forma que qualquer separação da alma intelectiva é, em si mesma, desconhecida e está além da experiência; crer na imortalidade é, portanto, uma questão de

---

3 Ver o capítulo 4 deste volume.
4 Ver McGrade, 2003, 208-30, para uma visão geral.

esperança e autoridade.⁵ Biagio foi ainda apresentado no diálogo literário *Il paradiso degli Alberti* [*O paraíso dos Alberti*], de Giovanni Gherardo da Prato, onde foi elogiado pelo interlocutor humanista Coluccio Salutati (m. 1406) como um defensor da concordância entre a fé e a filosofia, uma das principais preocupações dos primeiros humanistas. A imortalidade do homem era um tópico da retórica humanista sobre a "dignidade do homem", e nesse contexto, ao que parece, os argumentos de Biagio, se é que eram conhecidos de todo, não foram vistos como controversos.⁶ Assim, é historicamente mais consistente partir do ponto em que a controvérsia sobre a imortalidade tornou-se uma parte de um conflito cultural mais amplo.

Do Concílio de Florença a Ficino

O verdadeiro início do debate sobre a imortalidade no Renascimento veio com o Concílio de Florença, em 1439. Foi ali que o filósofo bizantino Georgius Gemistus, chamado de Pletho (m. 1452), lançou um ataque contra o aristotelismo latino, acusando Aristóteles, entre outros, de inconsistência por ensinar em seu livro *Da alma* que a mente humana é eterna, mas não endossando essa mesma doutrina em sua *Ética*. De acordo com Pletho, essa ambiguidade havia incitado o antigo comentador grego de Aristóteles, Alexandre de Afrodísias, a sustentar que, de acordo com Aristóteles, a alma humana é mortal.⁷ O próprio Pletho parece ter ensinado uma versão da metempsicose, isto é, a transmigração das almas de um corpo a outro em

---

5 Pelacani, 1974, 66, 74, 76. Biagio foi influenciado por João Buridano (*ibid.*, 161ss.). Ver Kessler, 1988, 486.

6 Gherardi, 1975, 168 (Livro III). No Livro II, Luigi Marsili qualificava a transmigração das almas como uma ficção poética e como uma metáfora (128). Como exemplo, ver Bartolomeo Facio, *De excellentia et praestantia hominis ad Pium papam secundum* [*Da excelência e preeminência do homem segundo o papa Pio*], em Sandeo, 1611, 151. Ver Di Napoli, 1963, 66-9; sobre o tema humanista da dignidade do homem, ver seu cap. II; Garin, 1979, 93-126. Ver também Pelacani, 1974, 143ss. Notavelmente, Antonino de Florença (1389-1459) suplementou algumas provas da imortalidade da alma com uma série de lugares comuns, porque "hoje em dia a autoridade dos antigos conta mais que as razões"; Antoninus [Antonino] 1571, fol. 14va (tit. 1, cap. 5, § 2).

7 Pletho, 1973; 327; tradução inglesa em Woodhouse,1986, 191-214: ver 198ss.; ver também o texto em Migne, 1844-91, CLX: cols. 901-4.

ciclos fixos, governada pelo destino e pela alma do mundo.[8] Ao fazê-lo, Pletho combinou a crítica textual com o apelo moral. Seu aparecimento em Florença supostamente incitou Cosimo de Medici a dar a Marsílio Ficino (1433-99) a tarefa de tornar as fontes platônicas e neoplatônicas disponíveis ao público erudito.[9] O principal resultado dos esforços de Ficino foi seu imenso tratado, *Teologia platônica, Da imortalidade das almas*, que reformulou a questão como um todo em termos dos métodos aristotélico e neoplatônico, e nomeou diretamente o epicurismo e o averroísmo como os inimigos últimos do verdadeiro pensamento cristão.[10]

Em seus dezoito livros, a *Teologia platônica* de Ficino primeiro estabelece os fundamentos pela delineação dos conceitos escolásticos de corpo, alma, espírito, movimento e indivíduo. Em seguida, ela propõe uma teologia filosófica segundo a qual Deus é dotado dos atributos tradicionais de unidade e infinitude, bem como de todas as qualidades sobre-eminentes de poder, eternidade, vontade, liberdade e providência.[11] Em uma teoria das hipóstases que é peculiar a Ficino, apesar de parcialmente devida a Proclo,[12] a alma assume um lugar central, fazendo, assim, a mediação entre os reinos superior e inferior e integrando-os (Livro 3). Esse cenário cosmológico da teoria da alma é completado por uma diferenciação da alma, distinguindo entre uma alma do mundo, as almas das esferas celestiais e as almas animais. O Livro 5 faz uso das definições anteriores, provando a imortalidade da alma através de seu estatuto ontológico, a saber, seus atributos, tais como ser dotada de movimento próprio, ser substancial, divina, imaterial, doadora de vida, etc. Em contraste, os Livros 6 e 7 delimitam o estatuto ontológico deficiente do corpo e o papel da alma em dominá-lo. Nesse ponto, Ficino está pronto para descrever a operação do intelecto (Livro 8), que acarreta que desvincular-se do corpo é o objetivo

---

8 Pletho, 1858, 78-83 (caps. 22 e 26).
9 A exposição de Ficino encontra-se no prefácio à sua tradução das obras de Plotino (1492), em Ficino, 1959, II: 1537. Sobre a mitologização desse episódio, ver Hankins, 1990b e Blum, 2004, 167-75.
10 Ficino, 2001-6.
11 Um resumo do argumento da *Teologia* é encontrado em Ficino, 2001-6, VI: 319-26.
12 Allen, 1982.

interno da alma. Consequentemente, a teoria epicurista da mortalidade da alma, particularmente a teoria de Lucrécio, é inteiramente refutada (Livros 10-11). Os três livros subsequentes são dedicados a mostrar que a alma humana, por sua própria natureza, esforça-se para alcançar a união com Deus, sendo instilada com o poder divino e em si mesma dirigida para aquilo que a transcende. O que vem em seguida é uma crítica ao averroísmo no Livro 15, e uma explicação platônica da conjunção da alma e do corpo, incluindo o efeito enfraquecedor do corpo sobre a alma (Livro 16). Após algumas ressalvas cautelosas acerca da doutrina platônica da transmigração das almas (Livro 17), Ficino conclui seu tratado com uma interpretação decididamente cristã da origem e da pós-vida da alma humana no Livro 18.

Ao descrever a operação do intelecto humano, Ficino se baseia na hierarquia padronizada de abstração que vai da percepção sensorial, passando pela representação até a inteligência, mas ele divide a operação que retém a percepção sensorial em "imaginação" e "fantasia".[13] Isso lhe permite manter a operação do processamento de dados, tal como o reconhecimento e o juízo primário ("isto é tal e tal coisa"), em um nível inferior de operação mental: "os conceitos particulares da fantasia são chamados [...] intenções incorpóreas dos corpos".[14] O conhecimento verdadeiramente abstrato ascende "até a ideia divina", onde os universais da terminologia aristotélica são entendidos como realidades imateriais.[15] A virada platônica de Ficino, ao conceitualizar o processo de abstração, leva à noção de que a cognição, mesmo de particulares, é um processo de comparar e referir coisas ao próprio intelecto, isto é, uma intuição reflexiva ou transcendental da realidade baseada em ideias absolutas, com o resultado de que o próprio intelecto é absoluto e não contaminado pelos particulares que ele conhece.[16] Os conceitos têm seu "lugar" ou "assento" exclusivamente no intelecto, nunca em

---

13 Ficino, 2001-6, II: 262 (8.1.2): "*Ascendit enim per sensum, imaginationem, phantasiam, intelligentiam*". ["Ascende pelo sentido, imaginação, fantasia, inteligência."] A *imaginatio*, aqui, assume o lugar tradicionalmente atribuído à memória. Ver Hardy, 2003.
14 Ficino, 2001-6, II: 265. Essa terminologia alude à terminologia escolástica das "segundas intenções".
15 *Ibid.*, II: 269.
16 *Ibid.*, II: 270-2.

um corpo.¹⁷ Com base nisso, Ficino é capaz de argumentar que o intelecto, por seu ato mesmo de operação, deve ser definido como incorpóreo: "Claramente, portanto, o intelecto é não apenas incorpóreo, mas também imortal, uma vez que ele sempre se forma e se aperfeiçoa por si mesmo, através de sua própria atividade, para sempre compreendendo e intentando."¹⁸ O método de Ficino é inserir a epistemologia aristotélica em um referencial platônico que confere às noções abstratas um estatuto ontológico de realidade espiritual, que ele expressa em sua obra através de sistemas de hierarquias e inter-relações entre os vários graus da alma.

Ficino inequivocamente seguiu aqui a liderança de Agostinho e Alberto, o Grande, ambos os quais haviam defendido a imortalidade da alma ao fazerem da verdade uma manifestação do divino, e conferirem à alma humana o estatuto de um derivado essencialmente incorpóreo de seres espirituais. Em seu pequeno tratado inicial, *De immortalitate animae* [*Da imortalidade da alma*], Agostinho começa com a proposição de que a alma deve ser imortal, pois ela é aquilo que contém a verdade imperecível, incluindo as leis da matemática, mesmo que uma pessoa humana seja inconsciente de tal verdade.¹⁹ Ele define a razão (*ratio*) como "aquela característica da alma com a qual ela intui a verdade através de si mesma, e não através do corpo; portanto, a razão é ou a contemplação da verdade, mas não através do corpo, ou é a própria verdade que é contemplada".²⁰ Consequentemente, a estupidez não é um argumento contra a razão. A imersão da alma em um corpo não afeta a imortalidade e o poder que a alma tem de dar a vida. Quando o corpo morre, é a coisa vivente que morre, não a vida.²¹ Essa fusão das noções de vida, verdade, abstração, autorreferência e eternidade é aquilo que Ficino elaborou em sua própria obra. Alberto, o Grande, também se referiu aos modos de pensamento platônicos quando explicou o intelecto como algo imaterial. Em seu comentário sobre o *De anima* [*Da alma*] de Aristóteles, ele empregou uma imagem do *Livro das*

---

17 *Ibid.*, II: 296-322.
18 *Ibid.*, II: 354 (8.15.2). Ver Kristeller, 1988, cap. II.
19 Agostinho, *De immortalitate animae* [*Da imortalidade da alma*], 1.1, 4.5-6.
20 *Ibid.*, 6.10.
21 *Ibid.*, 9.16.

definições de Isaac Israeli, que descrevia a alma racional como "criada à sombra da inteligência, o que quer dizer que a alma intelectual enquanto tal é a inteligência obscurecida [*obumbrata*], na medida em que ela é a alma de um corpo mortal, porque sua luz de inteligência é obscurecida por ele". Na visão de Alberto, essa metáfora ensina que todas as funções da alma são graus da própria inteligência, de modo que a alma racional é "uma imagem da eternidade e existe para além do tempo, como a alma sensível é uma sombra [*umbra*] da alma racional".[22] Essas imagens permitem a Alberto apresentar a alma humana como uma totalidade imaterial que une em si todas as potências da intelecção e da vida que "influenciam" o corpo. O intelecto, portanto, é tanto separado quanto "misturado" com o corpo; não é o intelecto que é ligado ao corpo, mas antes, seu poder (*virtus*), que é a "imagem" do intelecto ativo.[23] Tendo estabelecido a alma humana como um derivado ou uma manifestação do eterno e do incorpóreo, a prova de Alberto sobre a imortalidade da alma é apenas um corolário.[24]

A mesma estratégia foi empregada por Ficino ao se confrontar com o averroísmo e com o epicurismo. Na visão dele, a principal falha de Averróis foi negar que "a substância do intelecto pode ser a forma que aperfeiçoa o corpo, pode ser seu ato que lhe dá vida".[25] Como seria de se esperar, Ficino responde invocando a hierarquia dos espíritos mencionada acima, na qual a mente é a interface entre os mundos espiritual e corpóreo.[26] A questão a ser resolvida é como essa mente pode vivificar e conhecer o reino material. Um paradigma usado para ilustrar como a mente penetra no corpo é a

---

22 Albertus Magnus [Alberto, o Grande], 1968, 76 (*De anima* [*Da alma*], lib. 2, tr. 1, cap. 8). Sobre Isaac Israeli (m. 950), ver Israeli, 1937-8, 313. Ficino refere-se brevemente à doutrina de Alberto sobre a alma em seu inicial *Di Dio et anima* [*De Deus e da alma*], em Kristeller, 1938, II: 145. A mesma influência de Alberto é visível em um seguidor inicial de Ficino, Agostino Dati; ver Garin, 1979, 108-10. Já Gianfrancesco Pico della Mirandola havia observado que Alberto e Pletho foram influenciados por Platão: ver Gianfrancesco Pico della Mirandola, 1969, II: 1218 (VI.13). Sobre o albertismo renascentista, ver também Mahoney, 1992.
23 Albertus Magnus [Alberto, o Grande] 1968, 193, 194 (*De anima* [*Da alma*], lib. 3, tr. 2, caps. 12, 20), uma passagem que segue sua referência a Isaac Israeli. Deve-se notar que Averróis também usou a imagem da luz para descrever a interação do intelecto com as formas materiais: ver Averróis, 1953, 410, linhas 688-91.
24 Albertus Magnus [Alberto, o Grande],1968, 193 (*De anima* [*De anima*], lib. 3, tr. 2, cap. 13).
25 Ficino, 2001-6, V: 13.
26 *Ibid.*, V: 27.

onipresença do ponto em todas as dimensões geométricas, de acordo com a matemática pitagórica.[27] Em termos de epistemologia, a fantasia desempenha um papel importante. A ênfase de Averróis na separatividade da mente em relação ao corpo, conforme enxerga Ficino, acarreta que a mente não reconhece nenhuma coisa sensível. A teoria da imaginação e da fantasia de Ficino promete explicar como o intelecto processa dados sensíveis sem estar preso ao corpo do qual esses dados se originam. A mente humana está "a meio caminho" entre o abstrato e o corpóreo, e é ela mesma inclinada para ambos: "se essa inclinação é dada pelo intelecto, então ela ou se inicia a partir dos corpos e transfere-se diretamente para coisas incorpóreas, ou emerge volta e meia de coisas incorpóreas e desce, por sua vez, para as imagens dos corpos".[28] Claramente, esse é um dos teoremas favoritos de Ficino, a saber, a função mediadora da mente humana. No que diz respeito à questão da imortalidade da alma, essa abordagem torna evidente que Ficino – juntamente com muitos outros – lia a interpretação dos averroístas sobre a teoria de Aristóteles da alma racional dentro do referencial da metafísica neoplatônica, tomada como uma cosmologia que unifica a teologia filosófica e a epistemologia. Ficino reconhece que Averróis foi induzido, por razões metafísicas, a supor um intelecto para todos os seres humanos, o que era seu teorema mais infame (se é que era realmente dele, e não apenas um experimento mental ou um enigma[29]); de fato, a abordagem platonista parecia favorecê-lo. Deve-se mencionar que, não muito antes disso, João Argyropoulos havia ministrado aulas em Florença sobre o *De anima* [*Da alma*] e enfatizado a concordância entre Platão e Averróis.[30] Contudo, a suposta unidade do intelecto de todos os homens pode ser refutada com bastante facilidade desvinculando da matéria a multiplicação dos indivíduos (em contraste com o ensinamento peripatético comum). Ficino sustenta que em sua cosmologia os entes espirituais podem ser multiplicados em espécies e

---

27 *Ibid.*, V: 53.
28 *Ibid.*, V: 111.
29 *Ibid.*, V: 162.
30 Monfasani, 2004, artigo II; a *Quaestio* [*Questão*] encontra-se editada em 192-202; ver 199. Em 201 ele compara Platão, Averróis, Alberto, o Grande, e Avicena, a fim de refutar Alexandre; em 202 ele afirma que a fé cristã, Platão e Averróis concordam em negar que a alma se origina da matéria.

indivíduos, como no caso dos anjos, de tal modo que a matéria não é necessária para individuar as almas. Esse indivíduo intuiria o universal conforme apreendido a partir do objeto sensorial particular.[31] Em resposta à suposta doutrina de Epicuro de que não existe nenhuma forma que exceda a matéria, Ficino pode inverter o argumento ao dizer que a matéria é apenas um instrumento de Deus e de todos os espíritos inferiores.[32] A conclusão cristã da compreensão platônica da imortalidade flui naturalmente para uma descrição do retorno da alma para Deus e da Visão Beatífica.[33]

Ficino foi quem difundiu a noção de que o mundo filosófico de sua época era divido em duas "seitas", os alexandrinos e os averroístas (referindo-se a Alexandre de Afrodísias e a Averróis), ambas igualmente ameaçadoras para a religião.[34] Acerca da imortalidade da alma, ele resumiu o antagonismo entre as duas escolas em um paradoxo:

> Tomemos a verdade platônica e a verdade peripatética [...] e transformemo-la em uma só. Aceitemos de Averróis que o intelecto receptivo é imortal. Aceitemos de Alexandre [de Afrodísias] que os intelectos receptivos são certas potências naturalmente implantadas em nossas almas, e que existem numericamente tantas delas quanto almas. Concluamos que as almas dos homens são imortais.[35]

Alguém pode se perguntar por que, então, Alexandre é tão raramente mencionado na *Teologia platônica*. Uma hipótese possível é assumir que Ficino enxergou as implicações materialistas da interpretação de Alexandre sobre Aristóteles, mais claramente e mais perigosamente expressadas no epicurismo, como um alvo constante de seu tratado. Em retrospectiva, isso seria justificado, pois até o século XVII o atomismo materialista foi percebido como o verdadeiro perigo para o cristianismo.[36]

---

31 Ficino, 2001-6, V: 152-6.
32 *Ibid.*, III: 144 (10.4).
33 *Ibid.*, VI: 138 (18.8).
34 Ficino, 1959, II: 1537. Monfasani, 2004, artigo II, 174, sugere que Ficino seguiu a liderança de Argyropoulos aqui.
35 Ficino, 2001-6, V: 225 (15.19).
36 Henry More (1614-87) seria um exemplo; ver seu *Immortalitas animae* [*Imortalidade da alma*], em More, 1679, 291-459. Ver Jacob, 1985.

Nicoletto Vernia e as reações ao averroísmo em Pádua

Em 1492, o professor paduano Nicoletto Vernia (1420-99) escreveu um tratado sobre "a pluralidade dos intelectos, contra a falsa doutrina de Averróis, e sobre a beatitude da alma", que reflete implicitamente a filosofia de Ficino e explicitamente a de Alberto.[37] Em seus termos escolásticos, o problema era "se a alma intelectiva é a forma substancial do corpo humano, e se ela pode alcançar a felicidade nele".[38] Estava em questão a interpretação correta sobre Alexandre de Afrodísias, que supostamente havia sustentado em seus comentários sobre Aristóteles que o intelecto é inseparável do corpo, e, portanto, mortal. Em seu levantamento de várias posições, Vernia posicionou-se ao lado de Alberto, o Grande, que ele identificou como um platonista, enquanto defendeu ao mesmo tempo a concordância fundamental entre Platão e Aristóteles: "A abordagem [*presentia ad*] do intelecto ativo ao fantasma [imagem, aparição] produz a intelecção, pois essa abordagem incita a alma a conhecer aquilo que ela já possuía".[39] Se o intelecto contém as formas antes de alcançar os objetos, então, o entrelaçamento da alma com o corpo (o suposto ensinamento de Alexandre) deve ser entendido apenas no nível do intelecto material, isto é, no nível da cognição sensível, onde as imagens penetram na mente como a escrita em uma lousa (*tabula rasa*).[40] Vernia sentiu-se autorizado a corrigir a imagem de Alexandre graças a uma nova tradução de algumas de suas obras por Girolamo Donato que havia sido publicada recentemente.[41] Continuando sua reconciliação das doutrinas platônica e escolástica, Vernia observou que as formas nunca são universais, na medida em que são instanciadas em particulares, mas são necessariamente universais no intelecto, na medida em que aquele é seu assento e é, consequentemente, eterno.[42] Ele também se referiu

---

37 Vernia, 1516, fols. 83r-91v. Ver Di Napoli, 1963 181-93; Mahoney, 2000, artigo III.
38 Vernia, 1516, fol. 84ra.
39 *Ibid.*, fol. 85vb.
40 *Ibid.*
41 *Ibid.*, fol. 86ra. Ver Alexandre de Afrodísias, 1549, fols. 45v–47r; a imagem da lousa encontra-se em fol. 46ra; em fol. 47ra.
42 *Ibid.*, fol. 86rb–va.

à hierarquia das almas de acordo com Isaac Israeli e, novamente seguindo Alberto, sugeriu que a beatitude última não está no escopo da filosofia, mas antes de "alguma outra ciência".[43] Após ter prestado seus tributos como professor escolástico, Vernia determinou a questão da imortalidade da alma pelo recurso ao aprendizado humanista: Cícero, Xenofonte, Macróbio, Pitágoras, eram agora suas autoridades para sustentar que "do ponto de vista da filosofia natural [*physice*] temos de enunciar aquilo que a fé enuncia acerca da alma intelectiva, especialmente porque ela por si mesma salva as aparências [*secundum ipsam apparentia salvantur*]", a saber, de que "de acordo com a santa Igreja Romana e com a verdade, a alma intelectiva é a forma substancial do corpo humano, que lhe dá o ser como uma forma; ela é intrinsecamente criada pelo Deus sublime e instilada no corpo humano, e nestes corpos é multiplicada como são os corpos, individual neles, mas não dependente dos corpos".[44] A implicação metódica desse pequeno tratado é que a imortalidade da alma é uma questão que não pode ser abordada em termos da epistemologia escolástica, ou com a terminologia da ontologia aristotélica, mas requer uma metafísica neoplatônica do ser espiritual, que, incidentalmente ou não, concorda com a doutrina cristã; além disso, a questão é melhor tratada em uma linguagem que apela para a experiência humana ("as aparências"), como faziam as fontes antigas dos humanistas.

Antes desse tratado, Vernia havia aderido ao averroísmo, como a maioria dos contemporâneos na Universidade de Pádua, o centro mais importante da filosofia escolástica na Itália renascentista. As discussões sobre a doutrina da unidade do intelecto para todos os seres humanos eram tão carregadas que Pietro Barozzi, o bispo de Pádua, emitiu um decreto em 1489 que proibia as discussões públicas de qualquer descrição da unidade do intelecto.[45] Alguns anos depois, Antonio Trombetta (1436-1518) publicou um tratado contra os averroístas, muito elogiado por Barozzi, no qual os principais argumentos foram discutidos.[46] Contudo, a sexta tese averroísta, a saber,

---

43 *Ibid.*, fols. 88vb, 89ra.
44 Ibid., fol. 89vb.
45 Citado em Di Napoli, 1963, 185ss. Bruno Nardi, 1958 discute Vernia nos caps. IV e V; e o édito de Barozzi em 99-101.
46 Trombetta, 1498. De acordo com Di Napoli, 1963, 195, ele foi publicado pela primeira vez em 1493.

a da incorruptibilidade da alma, foi apresentada como estando de acordo tanto com Aristóteles quanto com a fé católica. Trombetta concordava que, primeiro, a teoria averroísta de um intelecto único para toda a humanidade tornava plausível que a cognição das formas fosse desprovida de quaisquer implicações materiais (isto é, independente das potências materiais?); que, segundo, a essência do intelecto evidentemente não é enfraquecida pelas fraquezas do corpo; que, além disso, todas as formas que não são produtos da matéria – incluindo o intelecto – são imperecíveis; e que, finalmente, aquele tipo de cognição que transcende a cognição sensorial perecível é imaterial.[47] Quanto à luta contra o averroísmo, a imortalidade não era o problema, mas sim a individuação ou a multiplicação: o modo como uma substância imaterial pode ser localizada em algo material como um corpo, e assim ser própria a cada ser humano individual. Como já havia transparecido no tratamento de Ficino para o problema, a possibilidade de individuar uma alma imortal dependia da eternidade dos conteúdos do intelecto e da intelecção. Contanto que as formas, abstrações, verdades, etc. fossem pensadas como sendo atemporais, a atemporalidade da alma humana parecia garantida. Mas e quanto à individuação daquele mesmo intelecto? Ao responder a esse problema, Trombetta usou uma distinção interessante. Os conceitos, sugeriu ele, são duplos: "formais" no modo como algo é comunicado, e "objetivos", isto é, conceitos enquanto objetos; estes últimos podem ser comunicados como aparecendo na *species intelligibilis* [espécie inteligível] que é alcançada no ato da intelecção. Nessa distinção sutil, o primeiro significado de conceito refere-se ao ato da cognição, e há tantas cognições quanto há intelectos individuais. O segundo significado do conceito recupera a eternidade do conceito (objeto) conhecido e sua unidade transcendente que é válida em todos os atos de intelecção.[48] Assim, a atemporalidade do intelecto e a individualidade da intelecção podem caminhar juntas e não colocar em perigo a imortalidade da alma individual. Os argumentos de Trombetta mostram como o debate sobre a imortalidade da alma humana revelou a interconexão entre as compreensões epistemológica e ontológica de "conceito".

---

47 Trombetta, 1498, fols. 5vb, 6va-b.
48 *Ibid.*, fol. 24ra.

A tentativa de Barozzi de abafar o debate da imortalidade foi reforçada pela bula *Apostolici regiminis* [*Regra apostólica*] no Quinto Concílio de Latrão, em 1513: agora era explicitamente proibido defender tanto a posição alexandrista quanto a averroísta, e era declarado por autoridade que a alma é a forma essencial do corpo, imortal, e necessariamente multiplicada pelo número dos corpos nos quais é infundida. Mais ainda, foi ordenado que não apenas os teólogos, mas todo e qualquer filósofo nas universidades e outros foros públicos tinham de provar tanto quanto possível a verdade da religião cristã sobre esse assunto.[49] Contudo, o tratado mais famoso desafiando a ortodoxia cristã ainda estava por vir.

Pietro Pomponazzi e o desafio à ortodoxia cristã

Em 1516, Pietro Pomponazzi (1462-1525) publicou seu *Tratado sobre a imortalidade da alma*.[50] Aluno de Vernia, ensinou filosofia em Pádua, Ferrara e Bolonha. Seu tratado se inicia com um dispositivo retórico inconfundível: o tratado inteiro é apresentado como uma narrativa ao patrício veneziano Marcantonio Contarini, na qual se diz que um ex-aluno e frade dominicano pediu ao autor, quando este se encontrava doente, para falar sobre a questão como uma sequência a aulas anteriores, "deixando de lado a revelação e os milagres, e permanecendo inteiramente em limites naturais". Apesar de sua enfermidade, Pomponazzi havia concordado em explicar "o que eu mesmo penso [...]. Porém, sobre se as coisas são realmente como penso, deves consultar homens mais instruídos".[51] Tendo assim desvinculado seu livro do ensino universitário comum e diminuído sua própria autoridade, ele começa com um lugar comum do humanismo renascentista: "Que o homem é de uma natureza dupla [*anceps*] e um meio entre as coisas mortais e imortais."[52] O leitor pode esperar desse início que Pomponazzi

---

49 Citado em Di Napoli, 1963, 220ss. e em Constant, 2002, 377-9; Constant argumenta que ainda restou muito espaço para o ensino de doutrinas não ortodoxas.
50 Pomponazzi, 1525, fols. 41r–51v.
51 Pomponazzi, 1525, fol. 41ra–b. Tradução inglesa em Cassirer *et al.* 1948, 281. Sobre o estudante, Girolamo Natale, ver Di Napoli, 1963, 239-44. Sobre a prática de ensino de Pomponazzi anterior ao tratado, ver Nardi, 1965b, cap. IV e *passim*; Poppi, 1970, 27-92.
52 Pomponazzi, 1525, fol. 41rb; Cassirer *et al.* 1948, 282. O motivo da doença segue o modelo do *Fédon* de Platão: ver Kristeller, 1983, 13.

aborde o problema de maneira semelhante à defesa da imortalidade feita por Ficino. Pomponazzi também faz referência às operações das almas sensitiva e vegetativa, que ocorrem no interior do corpo e são, portanto, mortais, ao passo que a alma intelectiva parece atuar sem o corpo e ser, portanto, imortal. Consequentemente – e essa é apresentada como a primeira conclusão desde o início –, o homem não é "nem simplesmente [*simpliciter*] mortal nem simplesmente imortal, mas abrange ambas as naturezas".[53] O modo como essa ambivalência pode ser realizada e teoricamente justificada é o tópico dos capítulos subsequentes. A primeira opção é a de Averróis: todo homem tem uma alma mortal individual e uma alma imortal comum (capítulos 3 e 4). A segunda opção separa a alma sensitiva do intelecto de tal maneira que a alma intelectiva opera como uma força movente sobre uma coisa móvel (ou como "um boi e um arado"). Isso é inconveniente, uma vez que atribuiria duas formas substanciais (isto é, almas) ao homem individual.[54] A terceira opção introduz a distinção escolástica de *simpliciter* e *secundum quid*: a alma mortal e a alma imortal são a mesma no homem, contudo ela é uma essência que é irrestritamente (*simpliciter*) imortal, enquanto é, em um certo aspecto, (*secundum quid*) mortal (capítulo 7). Essa teoria é atribuída a Tomás de Aquino[55] e acarreta cinco proposições: (1) as potências intelectiva e sensitiva são uma mesma coisa; (2) a alma é em si mesma imortal, mas em algum sentido é mortal; (3) essa alma é a forma, ou essência, do homem, não apenas uma força movente exterior; (4) há tantas almas quanto há indivíduos; (5) a alma é introduzida no corpo por Deus pela criação, e não pela geração (a partir do corpo), mas continua a existir perpetuamente.[56]

A teoria do próprio Pomponazzi é apresentada no capítulo 9 como uma inversão dessas cinco teses, exceto a primeira, a saber, a da identidade factual das potências sensitiva e intelectual em uma alma. A fim de provar que a alma é em si mesma mortal, e apenas relativamente imortal, o autor tem de lidar com a teoria da abstração. Como era evidente em Ficino, a

---

53 Pomponazzi, 1525, fol. 41rb; Cassirer *et al.* 1948, 282. Sobre a modificação da visão cosmológica de Ficino por Pomponazzi, ver Boenke, 2005, 53ss.
54 Pomponazzi, 1525, caps. 5-6, fols. 42vb-43ra; Cassirer *et al.* 1948, 298
55 Principalmente na *Summa theologiae* [*Suma de teologia*], parte Ia, qq. 75-6.
56 Pomponazzi, 1525, cap. 7, fol. 43ra.

percepção sensorial lida com objetos materiais, mas de uma maneira que priva as imagens de sua materialidade, um primeiro passo na argumentação em favor da imaterialidade da alma. Na mudança de perspectiva de Pomponazzi, é preciso distinguir entre o sujeito (isto é, aquilo que subjaz à operação) e o objeto (aquilo que sofre a ação, ou que é produzido). A percepção sensorial, é claro, atua com os órgãos corporais como sujeito e com as imagens abstraídas da matéria como seu objeto. No outro extremo, as inteligências puras, isto é, os entes espirituais imateriais, são desprovidos de sujeitos corpóreos que os movem, e o objeto de seu conhecimento é absolutamente imaterial. Entre esses dois extremos há uma potência intermediária, o intelecto humano, que é livre do corpo como sujeito, mas tem o corpo como seu objeto (isto é, ele se baseia na experiência corporal como seu objeto). Assim, a alma humana está "a meio caminho entre as coisas abstratas e as coisas não abstratas".[57] Novamente, Pomponazzi emprega um tropo comum à especulação platônica e humanista do Renascimento acerca da dignidade humana: o homem, ou sua alma, como o mediador entre os mundos material e espiritual. Mas Pomponazzi conecta o intelecto humano não com as inteligências puras, como haviam feito Alberto, Ficino e outros, mas com o mundo material, enfatizando, à sua maneira, a unidade das potências intelectiva e sensitiva da alma, tão fortemente defendida por Tomás de Aquino. Para Pomponazzi, a metáfora popular da sombra ou da obscuridade para a intelecção humana serve, consequentemente, para ligar o intelecto ao mundo material, em vez de abri-lo para o mundo dos espíritos.[58]

Seguindo a doutrina de Aristóteles de que o intelecto humano nunca conhece sem algum fantasma [imagem],[59] agora é dito que, ainda que o intelecto humano não esteja no corpo "de uma maneira quantitativa e corpórea", ainda é ligado a ele na medida em que opera com dados sensíveis. Portanto, o intelecto humano opera imaterialmente quando reflete sobre si mesmo, mas ocorre que ele depende dos sentidos e nunca pode ser totalmente separado da matéria e da quantidade, pois ele não pode compreender os

---

57 *Ibid.*, cap. 9, fol. 44va; Cassirer *et al.* 1948, 315.
58 Pomponazzi, 1525, fol. 45rb.
59 Aristóteles, *De anima* [*Da alma*] 431a16-17 (3.7).

universais de modo absoluto, mas apenas em coisas particulares. A cognição abstrativa sempre processa uma imagem corpórea (*idolum*).⁶⁰ Mais ainda, o intelecto humano não conhece a si próprio imediatamente, mas apenas como resultado de um discurso sintético que é ligado ao espaço e ao tempo.⁶¹ Esse raciocínio era consistente com as aulas universitárias de Pomponazzi. Embora pareça ter abraçado a posição averroísta como professor, ele adotava a explicação de que o intelecto não precisa ser imaterial só porque opera por meio da abstração.⁶² Se a alma como um todo é a essência do homem, a faculdade cognitiva não é nada além de seu mais alto grau (*gradus*), que "se eleva acima da matéria ao pensar de modo abstrato e universal, e, nesse sentido, o intelecto é imaterial e abstrato".⁶³

Dois problemas tradicionais tinham de ser abordados por Pomponazzi: o estatuto ontológico de uma noção abstrata (*species intelligibilis* [espécie inteligível]) e a relação entre *intellectus agens* [intelecto agente] e *intellectus possibilis* [intelecto possível]: se o intelecto humano conhece os universais apenas em relação íntima com particulares concretos, ele não pode fazer qualquer declaração sobre a transcendência de um tal universal. Consequentemente, a *species intelligibilis* permanece dependente da mente que realmente pensa. Aqui ele se baseou nos nominalistas, que entendiam os conceitos como intenções derivadas produzidas naturalmente pela mente, e em João Duns Escoto.⁶⁴ Contrariamente tanto às interpretações neoplatônicas quanto às tomistas, a cognição de universais não era um portal para realidades imateriais e independentes da mente, e, portanto, para a imortalidade. Nessas tradições, o *intellectus agens* era aquela parte da alma que continha os universais, e como tal, era imortal. De acordo com Temístio, Tomás de Aquino e outros, o *intellectus agens* era, de fato, a forma substancial do homem, que garantia a imortalidade, ao passo que

---

60 Pomponazzi, 1525, cap. 9, fol. 45ra.
61 *Ibid.*
62 Pietro Pomponazzi, *Utrum anima rationalis sit immaterialis et immortalis* [*Se a alma racional é imaterial e imortal*], em Pomponazzi, 1966-70, II: 1-25, em 12.
63 *Ibid.*, II: 17: "[*intellectus*] elevat se supra materiam et recipit universaliter et abstracte, et ut sic intellectus est immaterialis et abstractus et non secundum alios gradus".
64 Spruit, 1994-5, II: 94-103. Sobre a teoria de Escoto, ver Pluta, 1986, 19-21.

o *intellectus possibilis* era a interface que fornecia à mente os fantasmas [imagens, aparições] e os dados sensíveis. Pomponazzi separou radicalmente ambos os intelectos. Ele concedeu ao intelecto agente a imortalidade, ou seja, o estatuto de uma inteligência pura que age como um motor externo e possibilita que o intelecto possível receba formas abstratas, enquanto decretou que o intelecto possível era aquela forma do homem que é imortal apenas em algum aspecto.[65]

Após ter usado argumentos silogísticos estritos nos primeiros treze capítulos de seu tratado, a partir do capítulo 14 ele muda de estilo e se afasta, conforme prometido, da forma escolástica de argumentação, e responde a uma série de objeções morais e cosmológicas, referindo-se a várias fontes religiosas e literárias. Ele concorda, agora, que participar do intelecto é o objetivo da humanidade em geral, mas ele considera esse objetivo como irrealista no caso da maioria dos homens, uma vez que seguir a vida da mente é algo sobre-humano.[66] A existência de espíritos imortais parece ser documentada com autoridade na literatura, na filosofia, e nas Escrituras, e não há fundamentos para se opor àqueles ensinamentos em que o cristianismo, Platão e Avicena concordam.[67] Pomponazzi claramente visava atender às expectativas de sua audiência renascentista, assim, não deixou de empregar os lugares comuns do homem como microcosmo e a fórmula hermética "o homem é uma grande maravilha",[68] que reforçava o argumento de que o homem com sua alma é um meio entre os mundos espiritual e material.

Portanto, não é nenhuma surpresa quando, em seu capítulo final, Pomponazzi declara que a questão da imortalidade é, em termos técnicos, tão "neutra" (*neutrum problema*) quanto a da eternidade do mundo, isto é, insolúvel e irrelevante para a fé religiosa.[69] Ele enfatiza que, de acordo com as exigências para um debate apropriado, seu tratamento era incompleto ao defender apenas um lado, deixando a defesa da imortalidade para outros. Tais provas usarão a revelação e a Bíblia como premissas que são válidas (apenas)

---

65 Pomponazzi, 1525, cap. 10, fols. 46vb-47ra.
66 *Ibid.*, cap. 14, fol. 48va.
67 *Ibid.*, fol. 50ra.
68 *Ibid.*, fol. 51ra; Cassirer *et al.* 1948, 376.
69 *Ibid.*, cap. 15, fol. 51rb.

em questões de fé. "Por conseguinte, se quaisquer argumentos parecem provar a mortalidade da alma, eles são falsos e meramente aparentes, uma vez que a luz primeira e a verdade primeira mostram o oposto. Mas se quaisquer deles parecem provar sua imortalidade, eles são verdadeiros e claros, mas não são a luz e a verdade", isto é, eles são frutos do raciocínio humano, que nunca pode alcançar a fonte invariável da verdade e da luz, Deus.[70]

Com essa conclusão, Pomponazzi tecnicamente viola a principal motivação do Concílio de Latrão para proibir o ensino de argumentos em favor da mortalidade da alma: ele endossa, ainda que de modo ambíguo, a teoria da verdade dupla segundo a qual a filosofia e a teologia chegam a conclusões incompatíveis. Mas ele disfarça-a como um movimento cético ou fideísta: mesmo que ele tenha atacado a doutrina tomista da imortalidade sem ensinar em última instância a mortalidade da alma humana, deferindo a questão em vez disso ao conhecimento de Deus, ele ainda assim enfraquece de algum modo a certeza racional e separa-a da fé.

Em uma aula de 1521, Pomponazzi explicou que tanto Aristóteles quanto Duns Escoto acreditavam que a alma fosse mortal, pois o termo "intelecto" deveria ser entendido apenas metaforicamente, ao passo que o verdadeiro intelecto seria apenas o intelecto de inteligências que, no entanto, nunca conhecem nada de novo, como faz por sua vez o intelecto humano. Não obstante, Aristóteles havia falado sobre o intelecto como verdadeiro intelecto; e dizer que a alma é mortal é uma heresia. Pomponazzi tem para isso uma explicação que conecta ambas as observações: "não se deve dizer tudo ao vulgo".[71] Essa lógica um tanto contorcida só pode ser reconciliada se compreendermos que Aristóteles, ao aludir a um "verdadeiro intelecto", estava supostamente indicando que ele havia de fato mascarado seu ensinamento real ao argumentar em favor da mortalidade. A noção de que na Antiguidade os mistérios teológicos tinham de ser ocultados dos olhos das pessoas vulgares era uma noção comum. Consequentemente, Pomponazzi,

---

70 *Ibid.*, fol. 51va; Cassirer *et al.* 1948, 379.
71 Pomponazzi, *Lectio octava* [*de partibus animalium*] (Oitava lição [*das partes dos animais*]), em Perfetti, 1998, 224: "*non omnia propalanda sunt vulgaribus*". Sobre Duns Escoto como uma autoridade acerca da inconclusividade de Aristóteles, ver Pomponazzi, *Quaestio de immortalitate animae* [Questão da imortalidade da alma] (1506), em Kristeller, 1955, 87.

como professor, podia endossar a heresia filosófica de Aristóteles, enquanto partilhava de sua fé oculta na imortalidade, situando-o assim no coro dos pensadores antigos que abraçavam secretamente a sabedoria piedosa. Sustentar que essa teologia antiga coincidia com o cristianismo havia sido a estratégia de Ficino ao longo de sua obra, e, assim, Pomponazzi poderia parecer estar se alinhando com o projeto ficiniano nesse único aspecto.

Reações a Pomponazzi: Contarini, Spina, Fiandino, Nifo, Javelli

Mas apesar das estratégias empregadas por Pomponazzi em seu *De immortalitate* (por exemplo, declarar seu livro como não acadêmico, admitir a incompletude, submeter-se à autoridade da Igreja Romana), ele foi inevitavelmente entendido como atacando a imortalidade da alma. O estrago havia sido feito. O livro foi queimado publicamente em Veneza. O humanista veneziano Pietro Bembo, então secretário do papa Leão X, com dificuldade, impediu que Pomponazzi fosse removido de sua posição de professor em Bolonha, e um grande número de críticas e respostas foram publicadas.[72]

A primeira crítica veio de um ex-aluno de Pomponazzi, que havia recebido uma cópia do tratado do próprio mestre: Gasparo Contarini (1483-1535), posteriormente um diplomata da Igreja, cardeal e autor de uma metafísica platônica.[73] Antes de entrar nos detalhes do papel da alma, Contarini remove o problema da verdade dupla. Algumas doutrinas, afirma ele, são artigos de fé por si mesmas, por exemplo, a Trindade ou a ressurreição dos mortos, enquanto outras doutrinas – e a imortalidade é uma destas – são questões de fé apenas incidentalmente (*per accidens*), e podem ser bem provadas pela razão.[74] Ele então aborda o estatuto ontológico da alma como uma substância que tem atividade em si mesma.[75] Com referência a Platão, Contarini explica que a operação da alma é motora de si própria, e que

---

[72] Di Napoli, 1963, 266-7, e cap. VI. Uma lista de escritos polêmicos contra Pomponazzi é encontrada em Pomponazzi, 1957, 468ss. Ver Gilson, 1963, 31-61; Gilson, 1961; Pine, 1986, 124-234.

[73] Gasparo Contarini, *Primae philosophiae compendium* [*Compêndio de filosofia primeira*], em Contarini, 1578, 91-176. Sobre Contarini ver Gleason, 1993.

[74] Contarini, 1578, 186; em Pomponazzi, 1525, fols. 76vb-77ra.

[75] Contarini, 1578, 186-90; Pomponazzi, 1525, fol. 77r-v.

isso acarreta a imortalidade, ainda que algumas propriedades da alma, por exemplo, seu estado após a morte, permaneçam desconhecidas e indemonstráveis.[76] O argumento final do aluno contra seu mestre refuta a importante afirmação de Pomponazzi de que o intelecto humano só deve ser chamado de intelecto de modo impróprio, isto é, em termos de sua participação no intelecto. Sim, responde Contarini, a razão apenas participa do intelecto; não obstante, ela opera como razão, e como tal ela não pode ser apenas uma forma material; "embora a razão [humana] seja apenas uma sombra do intelecto [*intellectus obumbratus*]", a razão ainda faz parte de sua essência.[77] Novamente encontramos a fórmula platonizante para os graus do intelecto, preferida por Alberto e Ficino. Ela ilustra como Pomponazzi tentou resolver o problema da alma enfatizando a questão epistemológica de como a cognição dos universais é humanamente possível, enquanto as objeções a seu resultado retornam necessariamente a determinações teológicas e ontológicas do estatuto da alma, que apelam para um referencial platônico que se baseia em descrições ontológicas da atividade espiritual. Por certo, ambos os argumentos são baseados na estrutura da natureza espiritual: um deles se concentra no processo da cognição, o outro na ontologia da atividade intelectual.

O mesmo padrão é visível no ataque mais detalhado, se não pedante, contra Pomponazzi, lançado pelo frade dominicano Bartolomeo Spina (1478-1546). Com relação ao processo de abstração, ele argumenta que há dois significados de imagem (*idolum*), o objeto singular da imaginação, e a palavra universal, ou mental, que é formada pelo intelecto. Com isso, ele evita, em vez de responder, a noção de Pomponazzi do intelecto como um meio, sobre a qual Spina está comentando.[78] Finalmente, Spina desloca a noção da mediação entre seres espirituais e terrestres, passando-a do intelecto para o homem enquanto composto de alma e corpo,[79] atribuindo assim a imortalidade plena e exclusivamente à alma. Contudo, a posição

---

76 Contarini, 1578, 193; Pomponazzi, 1525, fol. 78ra-b.
77 Contarini, 1578, 200ss; Pomponazzi, 1525, fol. 79va. Sobre o debate entre Contarini e Pomponazzi, ver também Di Napoli, 1963, 277-97.
78 Spina, 1519 (*Tutela veritatis* [*Tutela da verdade*]), fol. E6vb. Essa é uma resposta a Pomponazzi, 1525, fol. 45ra (cap. 9). Sobre Spina, ver Di Napoli, 1963, 302-9.
79 Spina, 1519 (*Tutela veritatis* [*Tutela da verdade*]), fols. H6vb–I1ra, referindo-se a Pomponazzi, 1525, fol. 51ra (final do cap. 14).

de Spina era mais delicada, e tornou-se um problema dentro da ordem dominicana, pois ele detectara que Tomás de Vio (ou Caetano, 1469--1534) – que até recentemente havia sido o Superior dos dominicanos e era agora um cardeal e delegado do papa para conter a rebelião de Lutero na Alemanha – havia "preparado o caminho" para os erros de Pomponazzi em seu comentário sobre o *De anima* [*Da alma*] de Aristóteles.[80] Caetano havia, de fato, sustentado que se o pensamento é impossível sem a imaginação, então ele é impossível sem o corpo, e, portanto, o intelecto não pode ser separado do corpo.[81] Assim como Pomponazzi, ele havia ido tão longe a ponto de sustentar que a própria alma é "em parte ligada ao corpo, e em parte separada dele", afirmando estar seguindo o sentido de Alberto e Tomás de Aquino, a saber, que o intelecto é conjugado ao corpo em seu ser, e separado apenas na medida em que opera independentemente dele. Esse caráter duplo torna a alma intelectiva um "meio razoável [*rationabile medium*]". Sua independência consiste em não ser uma forma produzida pela matéria, enquanto sua comunalidade com a matéria é que ela reside na matéria. Caetano acrescenta que o benefício desse tipo de intelecto intermediário consiste em que ele eleva a matéria à participação nas formas imateriais inferiores – claramente uma concepção devedora da cosmologia neoplatônica, em vez da epistemologia aristotélica.[82] Parece que Spina não tinha muito a oferecer contra esses argumentos, exceto sustentar que os intelectos separado e corporificado têm modos de operação diferentes.[83]

Entre as defesas mais ferozes da imortalidade estava um livro de diálogos por Ambrogio Fiandino (1472-1531), um frade agostiniano que havia

---

80 M.-H. Laurent, na "Introductio" a Tomás de Vio, 1938, XL–XLVII. Spina, 1519 (*Propugnaculum Aristotelis* [*Defesa de Aristóteles*]), fol. A4v, escreve que uma pessoa não nomeada "*iam stratam ingressus viam*" ["já havia pavimentado o caminho"], mas em Spina, 1519 (*Flagellum*), fol. I4va, identifica o culpado: "*ei [animo] secundum se non potest per se corruptio attribui [...] tam insulsa et periculosa et inaudita doctrina quae a Caietano sumpsit exordium*" ["não se pode atribuir a corrupção à alma (...) como a doutrina tola, perigosa e inaudita que Caetano introduziu"].
81 Tomás de Vio, 1938 (*Commentaria* §50), 44. Comparar com Tomás de Vio, 1514, fol. 5vb; e ver Verga, 1935, 31s.
82 Tomás de Vio, 1514, fol. 50ra (lib. 3). Ver Gilson 1963, 42.
83 Spina, 1519 (*Propugnaculum Aristotelis* [*Defesa de Aristóteles*]), fol. B3rb; a passagem do livro 3, citada em fol. D2ra–b, permaneceu sem comentário.

ensinado em Bolonha e era o bispo auxiliar da cidade natal de Pomponazzi, Mântua. Nesses diálogos, que apesar de sua forma dialógica empregam em sua maioria argumentos silogísticos, Pomponazzi figura como "o Sofista". Eles merecem um estudo mais detalhado do que receberam até agora, dado que o autor invoca quase todas as principais personalidades da filosofia do Renascimento, incluindo ambos os Picos, Nicolau de Cusa, Johannes Reuchlin, Erasmo, Bessarion, Argyropoulos e Pletho.[84]

O filósofo paduano anterior e rival de Pomponazzi, Agostino Nifo (1469/70-1538), sentiu-se encorajado por Fiandino a acrescentar sua própria contribuição à controvérsia. Confiante em seu domínio da língua grega e dos comentadores gregos antigos de Aristóteles, ele abordou o problema de a alma intelectiva poder ter a cognição sem um fantasma, isto é, independentemente de dados materiais. Primeiro, ele postula as distinções de que a alma é independente do corpo, mas existe no corpo, e que um poder geralmente é independente do sujeito no qual ele opera.[85] Depois, ele admite que Aristóteles ensinara que a alma enquanto tal morre, mas que seu poder de cognição sobrevive como intelecto. Essa separação entre alma e intelecto é levada mais adiante pela assunção de que a alma opera como todos concordam, a saber, com base em dados sensoriais, ao passo que o intelecto (quando separado) conhece sem fantasmas, mesmo que esses objetos tenham se originado na alma a partir de fantasmas anteriores.[86] Em seu comentário sobre o *De anima* [*Da alma*], Nifo declarara expressamente que o homem, e não a alma animal, é um meio (como Spina havia sustentado), pois o intelecto é a "forma" da alma cognitiva. Em outras palavras, a alma racional consiste na faculdade cognitiva que se origina da matéria, mas sua forma pertence ao intelecto enquanto tal; isso equivale a construir uma "alma dupla".[87] Pomponazzi percebeu de imediato que

---

84 Flandinus, 1519; sobre as pessoas mencionadas, ver fols. A7v, A8r, B1r, C4r, I5r, N1r. Sobre Fiandino, ver Di Napoli, 1963, 267, 301; Lemay, 1976.
85 Nifo, 1518, fol. 3vb (§ 14).
86 *Ibid.*, fols. 5rb (§ 21) e 5va (§ 22). Nifo parece basear-se em Tomás de Aquino, mas a *Summa theologiae* [*Suma de teologia*] de Tomás, parte Ia, q. 76, art. 3, *corpus* e *ad* 1, une os poderes inferiores da alma no intelecto.
87 Nifo, 1559a, col. 720 (lib. 3, texto 20). Ver Kessler, 1988, 497ss.

Nifo estava repetindo sua própria separação entre as inteligências e a alma intelectiva, de modo a poder virar o argumento a seu próprio favor. Ele até enfatizou em sua resposta que uma tal mente absolutamente independente só poderia ser divina.[88] Essa era uma linha de pensamento que seria adotada por Cesare Cremonini (1550-1631), um aristotélico paduano posterior, mais famoso como um oponente de Galileu.[89] Contudo, os argumentos de Nifo tiveram sucesso, na medida em que foram adotados pelo jesuíta Francisco Toledo (1532-96) e ainda estavam sendo empregados no final do século XVIII pelo ex-jesuíta Sigismund Storchenau (1731-97).[90] Esses argumentos eram claramente circulares, uma vez que pressupunham aquilo que estava em questão, a saber, a separatividade do intelecto, um dado que só podia ser derivado de uma metafísica das substâncias espirituais, mas não por meio da epistemologia. Mas era da epistemologia que dependia a alegação filosófica de Pomponazzi, pois, de acordo com ele, a cognição dos universais através de dados sensoriais constituía a dignidade última do homem, ao passo que a independência do intelecto em relação à matéria diz respeito à fé e está além da experiência.[91]

Em todos esses tratados, as alusões a Platão e ao platonismo tendiam a indicar oscilações mais ou menos conscientes entre uma série de métodos filosóficos que podiam ser usados para isolar o cerne do problema. Crisóstomo Javelli (1470-1538), outro frade dominicano, expressamente coordenou e separou os modos teológico, epistemológico e platônico de filosofar. Primeiro, o próprio Pomponazzi pediu-lhe que respondesse a seus argumentos filosóficos a partir de uma perspectiva teológica. Assim, Javelli produziu uma série de contra-argumentos à defesa de Pomponazzi contra Nifo, que foram impressos juntamente com o *Defensorium* [*Defesa*] de Pomponazzi contra Nifo. Apesar de a adição dos argumentos de Javelli ter sido exigida pelo inquisidor para permitir a impressão, o fato de que

---

88 Pomponazzi, 1525 (*Defensorium* [*Defesa*]), fols. 82rb–83rb (cap. 5). Di Napoli, 1963, 309--18. Sobre o desenvolvimento de Nifo, ver Mahoney, 2000, artigo VII.
89 Kuhn, 1996, 198-209, 592.
90 Toletus [Toledo], 1606, fol. 159v (lib. 3, q. 15, ad 3). Storchenau, 1795, p. 387s. (*Psychologia*, pars 2, sect. 4, cap. 4, § 263). Sobre Toledo, ver o capítulo 13 deste volume.
91 Pomponazzi, 1525, fol. 82va (*Defensorium* [*Defesa*], cap. 5).

Pomponazzi incluíra as objeções de Contarini, de Javelli e – implicitamente – de Nifo em sua coleção de tratados de 1525 pode indicar que ele queria seriamente que seus próprios argumentos fossem lidos no contexto dos contra-argumentos contra eles (como Descartes faria muito depois com suas *Meditações*), de modo que todos os lados pudessem ser ouvidos.[92] Essas objeções tornaram-se parte do livro de Javelli sobre a "indeficiência" (*indeficientia*) da alma.[93] Com esse neologismo, o autor visava enfatizar a integridade metafísica da alma, que ele explora de "quatro maneiras, a saber, de acordo com a filosofia de Aristóteles e a de Platão (partes I e II), e depois de acordo com a religião natural (parte III) e com a religião cristã (III 5)". Essa terceira parte inspira-se visivelmente na *Teologia platônica* de Ficino, especialmente em seu Livro 14, que argumenta em favor da naturalidade da religião. Em sua tentativa de justificar a imortalidade com vários métodos, Javelli separou factualmente os discursos filosóficos aristotélico e platônico dos argumentos estritamente teológicos. Ao mesmo tempo, ele sublinhou que as razões últimas para a integridade da alma não são do tipo escolástico e lógico, mas antes do tipo neoplatônico. Assim, na carta que precedeu suas respostas, publicada por Pomponazzi, Javelli diferenciou a filosofia de Aristóteles da filosofia como conhecimento da verdade concedido como um dom inato de Deus, uma compreensão da filosofia característica dos pensadores platônicos.[94] Quanto à natureza das razões platônicas para a imortalidade da alma, deve-se enfatizar, diz Javelli, que elas não apenas pressupõem uma cosmologia do espírito, mas também apelam para a ética e requerem explicitamente a "limpeza moral" como uma condição para qualquer compreensão.[95]

Desse estágio da discussão fluíram várias linhas de argumento.[96] Quase todos os tratados sobre a imortalidade da alma enfatizaram o imperativo moral de uma pós-vida que obriga o homem a evitar o mal. Esse é o caso

---

92 Pomponazzi, 1525, fols. 112rb, 108v (carta a Javelli). Esse último texto e suas *Solutiones* [*Soluções*] encontram-se também em Javelli, 1536, fols. 24r e 31r ss. Ver Di Napoli, 1963, 326.
93 Javelli, 1536.
94 Pomponazzi, 1525, fol. 108v.
95 Javelli em Pomponazzi, 1525, fol. 50r (II.2).
96 Um compêndio exaustivo de opiniões contra Caetano é encontrado em Martinez, 1575.

de Juan Luís Vives (1492-1540), que concluiu sua defesa da imortalidade reconectando a razão (*naturae lumen* [luz natural]) com a verdade eterna, de modo que qualquer dúvida sobre a imortalidade pareceria irracional.[97] E Philipp Melanchthon (1497-1560) colocou de lado os argumentos lógicos e concentrou-se inteiramente na exortação,[98] enquanto declarou contundentemente que a definição cristã da alma como um espírito inteligente não tem quaisquer argumentos físicos para sustentá-la.[99]

Outra posição comumente adotada, provavelmente seguindo Javelli, era afirmar que Aristóteles não era a totalidade da filosofia ou a única filosofia. Girolamo Cardano (1501-76) sentiu-se autorizado a adotar essa linha, uma vez que sua própria filosofia – no que dizia respeito à alma – combinava o platonismo e o galenismo.[100] Simone Porzio, um seguidor de Pomponazzi que também enfatizou a abordagem epistemológica à cognição dos universais, foi traduzido para o italiano por Giambattista Gelli, através do qual essas ideias penetraram na disseminação vernácula de ideias filosóficas no século XVI.[101] Por outro lado, Gianfrancesco Pico della Mirandola (1459-1533) compilou todos os argumentos que desacreditavam a autoridade de Aristóteles em psicologia,[102] enquanto Agostino Steuco (1497/8-1548) legou à posteridade um conjunto completo de doutrinas platônicas e herméticas sobre a alma que viria a se tornar a fonte mais citada sobre esse tipo de filosofia.[103]

---

97 Vives, 1538, 143.
98 Melanchthon, 1540, fols. 246v-247r.
99 Melanchthon, 1846, 16.
100 Cardano, 1663, II: 403-33, 456-536; ver 492 para o conselho de não confundir a interpretação de Aristóteles com a razão enquanto tal. Sobre os jesuítas que seguiram essa divisão entre a filosofia e Aristóteles, ver Wels, 2000, 33.
101 Porzio, 1551, 55 (cap. 11). Ver De Gaetano, 1968.
102 Gianfrancesco Pico della Mirandola, 1969, II 1216-28.
103 Steuco, 1547, livro 9. Ver Schmidt-Biggemann, 2004.

O debate da imortalidade no escolasticismo hispânico e Descartes

A revitalização do escolasticismo no final do século XVI reuniu todas essas linhas e distribuiu de modo liberal as abordagens tomista, nominalista, escotista e platônica, de acordo com as exigências das escolas.[104] Benedictus Pererius [Benedito Pereira], SJ (1535-1610), por exemplo, tratou a alma como uma subseção da "forma", relatando a opinião de Platão de acordo com Eusébio de Cesareia, resumindo Aristóteles, e depois oferecendo dezesseis argumentos, referindo-se primeiro à operação da mente, depois citando aqueles que dependem da teologia natural e aqueles relacionados à moral. O último argumento lida com o cuidado de Deus com a humanidade e o culto devido a Deus em consequência daquele cuidado.[105] Na maioria dos casos, provas das Escrituras completavam a discussão conceitual da questão.[106]

Francisco Suárez (1548-1617) acrescentou a seu argumento metafísico que a alma não pode ser aniquilada porque ela não é uma natureza composta, uma afirmação que teria importância em discussões do século XVII: se a alma não pode perecer por si mesma, ela depende ainda assim da livre vontade do Criador. Além disso, a separação em relação à matéria não põe fim à sua existência, pois (como até mesmo Caetano e Pomponazzi concordaram) seu ser não depende da matéria. Portanto, a alma só pode perecer se Deus retirar sua agência causal.[107] Porém, ele acrescentou a restrição

---

104 Ver o frade dominicano Melchior Cano, *De locis theologicis* [*Dos temas teológicos*] (1563), em Cano, 1714, 430-9 (lib. 12, cap. 14).
105 Pereira, 1588, 386-92 (lib. 6, cap. 18-20). Ver Blum, 2006. Um argumento semelhante é encontrado em *Collegium Conimbricense Societatis Iesu* [Colégio de Coimbra da Sociedade de Jesus], 1598, 442-65 (*Tractatus de anima separata* [*Tratado da alma separada*], art. 1-6). Ver também Mastrius e Bellutus, 1643, 93-106 (disp. 1, q. 10).
106 Por exemplo, em Toletus [Toledo], 1606 e *Collegium Conimbricense* [Colégio de Coimbra], 1598. Sobre Toletus e Suárez, ver também o capítulo 13 deste volume. Rodrigo de Arriaga também se referiu primeiro às Escrituras, mas concluiu finalmente que a imortalidade só pode ser provada como provável, a saber, a partir da inclinação da alma para a perpetuidade, que não está em contradição com sua essência: ver Rodericus de Arriaga, 1632, 807a (*De anima* [*Da alma*], disp. 10, n. 13).
107 Francisco Suárez, *De anima* [*Da alma*], em Suárez, 1856, 535 (lib. 1, cap. 10, n. 16). Ver 533, n. 12 e 536-7, n. 22-5.

de que seu argumento era aparentemente um argumento *a priori* (derivado da essência da alma) que requer uma prova *a posteriori*, pois a essência da alma só é demonstrável a partir de suas operações conforme experienciadas. Em apoio a essa objeção, ele se refere de modo surpreendente ao *Fedro* de Platão, entendendo esse diálogo de uma maneira que aparentemente priva o modo de pensamento platônico de sua infraestrutura metafísica.[108]

Esse raciocínio emergiu em René Descartes (1596-1650), que originalmente havia anunciado no título de suas *Meditações sobre filosofia primeira* sua intenção de provar a imortalidade da alma.[109] Em sua "Sinopse" das *Meditações*, Descartes argumentou que toda substância, conforme criada por Deus, é indestrutível a não ser que Deus deixe de sustentá-la, incluindo o corpo em geral como uma substância. Mas os corpos são compostos de propriedades, e como tais podem perecer, enquanto que a alma não se altera essencialmente, a despeito de seu processo de cognição, e, portanto, é imortal.[110] Ora, na *Segunda meditação*, Descartes havia se baseado na experiência para provar que o sujeito é uma *res cogitans* [coisa pensante], mas Marin Mersenne, em sua *Segunda objeção*, requisitou a prometida prova da imortalidade. Descartes respondeu, repetindo implicitamente o pressuposto de Suárez, que para provar a imortalidade deve ser suficiente mostrar a distinção entre alma e corpo, pois isso acarreta que a destruição do corpo não causa a destruição da mente. De modo mais geral, ainda que a experiência contemplativa revele que a mente é distinta do corpo, nenhuma experiência revela que as substâncias possam perecer; e isso pode ser suficiente para provar dentro dos limites da filosofia natural que a mente é imortal.[111] É óbvio que Descartes está invertendo aqui

---

108 *Ibid.*, 535, n. 19. Ver também Suárez, 1978, 168 (disp. 2, qu. 3, n. 6).
109 O título da edição de Elzevir de 1643 e edições subsequentes era *Meditationes de prima philosophia in quibus Dei existentia et animae humanae a corpore distinctio demonstrantur* [*Meditações sobre filosofia primeira, nas quais são demonstradas a existência de Deus e que a alma humana é distinta do corpo*], mas a primeira edição (Paris: Soly, 1641) tinha o subtítulo *in qua Dei existentia et animae immortalitas demonstrantur* [na qual são demonstradas a existência de Deus e a imortalidade da alma]. Ver os fac-símiles em Descartes, 1971-, vol. VII, após a p. XVIII, e Ebert, 1992.
110 Descartes, 1971-, VII: 14 (*Meditationes*).
111 *Ibid.*, VII: 127ss. (*Secundae objectiones* [*Segundas objeções*], *septimo*), 153ss. (*Secundae responsiones* [*Segundas respostas*], *septimo*). Ver também Descartes, 1971-, III: 266 (*Correspondance* [*Correspondência*], carta a Mersenne, 24 de dezembro de 1640).

o argumento de Biagio Pelacani e Pietro Pomponazzi acerca de nossa inabilidade de experienciar a imortalidade, transformando-o em um argumento que enfatiza nossa inexperiência da mortalidade.

É igualmente óbvio que Descartes tentou salvar a alma intelectual por meio do racionalismo, mas ele próprio admitiu ser incapaz de provar sua imortalidade. Pomponazzi não apenas prevaleceu aqui, mas a epistemologia, a teologia e a metafísica se separaram de modo não intencional. Assim, um dos primeiros seguidores de Descartes, o beneditino Robert Desgabets (1610-78), protestou que Descartes havia deixado a crença na imortalidade entregue à mera fé. Sua solução foi radicalizar o voluntarismo de Suárez e Descartes e afirmar que, uma vez que Deus criou o mundo, a alma e a verdade enquanto tais, seria impossível ou inerentemente contraditório deixá-los perecer. Assim, seria possível argumentar sobre a imortalidade em um discurso de teologia filosófica.[112] Nicolau Malebranche (1638-1715) deu continuidade a essa linha de argumento. Por um lado, a dúvida acerca da imortalidade era para ele apenas um exemplo da ignorância humana, a ser provavelmente explicado por uma falta de vontade e estabilidade.[113] Por outro lado, ele afirmou ter uma prova fácil, que consistia na assunção de que a alma não é uma modificação do corpo. Com esse reducionismo, ele repetiu a doutrina de Descartes de que as substâncias nunca perecem, mas incrementou-a ao compreender qualquer substância material como um conjunto de propriedades, o que se assemelha ao atomismo no sentido de que a deterioração não é uma aniquilação, mas apenas uma dissolução.[114]

---

112 Desgabets, 1985 (*Supplement à la philosophie de Descartes* [*Suplemento à filosofia de Descartes*]), esp. 210 (seção 4).
113 Malebranche, *Recherche de la vérité* [*Busca da verdade*], em Malebranche, 1958-84, II: 22-6 (IV, II, § IV).
114 Malebranche, *Réponse au livre des vraies et des fausses idées* [*Resposta ao livro das ideias verdadeiras e falsas*], em Malebranche, 1958-84, VI: 162ss. Ver *Recherche* (como na n. 113), 24. Sobre outras repercussões cartesianas, ver Lamy e Saint Laurens, 2003. Aqui se abrem outras duas trilhas: uma que levaria da teoria do *minimum* de Giordano Bruno, passando pelo monismo de Espinosa, à monadologia de Leibniz, mas depois o panteísmo e filosofia pós-renascentista do espírito seriam os focos de interesse. A outra, parcialmente coincidente, vai da cosmologia ficiniana através de Francesco Patrizi, passando pelas versões modernas da alma do mundo, até os platonistas de Cambridge e o idealismo. Ambos os desenvolvimentos deixam para trás a teoria específica da imortalidade da alma individual.

Assim como Desgabets, mas de modo mais elaborado, Malebranche precisou enfatizar o governo total de Deus sobre todas as criaturas e o homem, um tema que pode ser visto ao longo da *Recherche de la vérité* [*Busca da verdade*], a fim de reunificar as questões metafísicas, teológicas e epistemológicas que convergiam na busca pela imortalidade da alma.

12 A filosofia e a crise da religião

Peter Harrison

No início da noite de 17 de abril de 1521, na cidade alemã de Worms, Martinho Lutero compareceu diante do jovem imperador Carlos V e dignatários reunidos do Sacro Império Romano. Quase quatro anos haviam se passado desde que o jovem monge desafiador havia afixado suas 95 teses na porta da igreja de Wittenberg e, nesse ínterim, para consternação das autoridades papais, a opinião na Alemanha havia começado a pender decisivamente em favor do reformador. O ano anterior havia visto a promulgação de uma bula papal formalmente excomungando Lutero, cuja resposta havia sido queimar o documento nos portões de Wittenberg. Como uma tentativa final de impedir a crise iminente, Carlos V fora persuadido a conceder uma audiência a Lutero na Dieta Imperial, que na ocasião se encontrava em Worms. Naquela primeira noite, Lutero foi confrontado com uma pilha de suas publicações e um imperador hostil que exigiu que ele reconhecesse seus escritos e os retratasse. Lutero solicitou tempo para considerar sua posição, e compareceu novamente na noite seguinte perante uma grande multidão. Ele proferiu um longo discurso, deixando claro que não tinha nenhuma intenção de se retratar:

> A não ser que eu seja convencido pelo testemunho das Sagradas Escrituras ou por uma razão evidente – pois não posso crer nem no papa nem nos concílios apenas, pois é claro que eles erraram repetidamente e se contradisseram – considero-me culpado do testemunho da Sagrada Escritura, que é minha base; minha consciência é cativa da Palavra de Deus. Assim, não posso e não irei me retratar, porque agir contra a própria consciência não é seguro nem sadio. Deus me ajude. Amém.

A tradição diz que Lutero concluiu sua resposta com a ousada declaração "Aqui estou. Não posso fazer outra coisa". Mas, embora essas palavras possam fornecer um reflexo justo da atitude de Lutero, há atualmente dúvidas consideráveis sobre se ele de fato as proferiu. Vários dias depois, Lutero partiu para Wittenberg, ainda sob salvo-conduto, mas então como um herege confirmado. Ao chegar ao território saxão, ele foi levado clandestinamente, após um falso sequestro, para o Castelo de Wartburg, localizado a uma grande altitude sobre a cidade de Eisenach.[1]

Esse episódio é geralmente considerado como o momento que definiu a Reforma Protestante. Como uma consequência desse evento, o cisma religioso na cristandade ocidental tornou-se inevitável e irreversível. É claro que há muito mais elementos na crise da religião no século XVI do que as diferenças teológicas de Martinho Lutero com o papado. Os processos de reforma religiosa no século XVI abrangeram não apenas o luteranismo, mas também o calvinismo e a Igreja Reformada, a Reforma Radical, e, não menos importantes, as reformas que ocorreram na própria Igreja Católica. Não obstante, os eventos ocorridos em Worms exemplificam diversos traços da crise da religião no século XVI que são diretamente relevantes para o estatuto da filosofia. Primeiro, houve as reformas de doutrina propostas por Lutero. Algumas destas tinham implicações diretas para posições filosóficas particulares ou para o lugar da filosofia na esfera da teologia. De fato, um dos traços distintivos das reformas propostas por Lutero, compartilhado em grande medida por João Calvino, era a consideração de que o que precisava de reforma eram principalmente as doutrinas ou ideias centrais da Igreja.[2] Para além do nível da diferença substancial de compromissos doutrinários, havia um segundo e mais fundamental desacordo acerca da autoridade e do critério da verdade religiosa. Em seus comentários de conclusão, Lutero havia então insistido que o testemunho da Escritura e a consciência individual tinham mais peso que as determinações dos papas e concílios da Igreja. Isso levantou a questão crucial do peso relativo a ser atribuído à razão, à Escritura, à experiência pessoal e à autoridade eclesiástica. Em outras palavras,

---

1 Para um relato desses eventos e o discurso de Lutero, ver Lutero, 1955-75, XXXII: 103-31.
2 McGrath, 1999, 1-24; Ozment, 1975.

a crise da religião era, em um grau considerável, uma crise de autoridade. Finalmente, havia considerações políticas importantes. O salvo-conduto de Lutero para a Dieta havia sido patrocinado por Frederico, o Sábio, Eleitor da Saxônia. Foi Frederico que orquestrou o subsequente "sequestro" de Lutero, que assegurou a segurança deste nos meses incertos e perigosos após o confronto com o imperador. Em última instância, foram os príncipes alemães, a quem Lutero havia apelado como aliados, que asseguraram que os processos de reforma pudessem ser sustentados. O aspecto político da crise ficou tragicamente evidente nas guerras de religião e na subsequente divisão da Europa ao longo de linhas confessionais. Isso, por sua vez, afetou os ambientes institucionais nos quais a filosofia era ensinada e praticada. Assim, embora haja muitas dimensões nas reviravoltas religiosas do século XVI, nosso foco principal será sobre a relação entre a filosofia e as propostas reformas de ideias e de práticas religiosas.

A filosofia e a reforma da doutrina

A principal queixa dos reformadores religiosos do século XVI era que o catolicismo medieval era uma forma corrupta de cristianismo. Devemos admitir que havia evidências consideráveis a favor dessa visão – um clero dissoluto e pouco educado, uma burocracia eclesiástica venal e inchada, assim como doutrinas teológicas que representavam um desvio significativo em relação à mensagem simples do Evangelho dos primeiros cristãos. Este último aspecto era a principal preocupação de Martinho Lutero e João Calvino. Para eles, o problema básico com o catolicismo contemporâneo era que ele havia perdido de vista as crenças cristãs fundadoras. Isso, por sua vez, era atribuído ao fato de que durante a Idade Média os filósofos escolásticos haviam comprometido a pureza da mensagem evangélica ao fundi-la com a filosofia pagã.

A ideia de que a filosofia era uma fonte potencial de contaminação doutrinária era tão antiga quanto o próprio Novo Testamento. Nas epístolas de São Paulo, encontramos alertas contra "a sabedoria do mundo", "a filosofia e a fraude vazia", e "aquilo que é falsamente chamado de conhecimento".[3]

---

3 1 Cor. 1:19-25; Col. 2:8; 1 Tim. 6:20-1.

Essa hostilidade contra a sabedoria mundana foi famosamente repetida pelo Padre da Igreja norte-africano Tertuliano, que insistiu que a heresia era a prole da filosofia grega.[4] Contudo, outros dentre os primeiros escritores cristãos apresentaram a herança clássica sob uma luz mais favorável, sugerindo que a filosofia deveria ser entendida como uma preparação para o evangelho cristão.[5] Quase inevitavelmente, as ideias de Platão e Aristóteles vieram a desempenhar um papel importante na articulação da teologia cristã no período patrístico e na Idade Média. No século V, Agostinho de Hipona endossou cuidadosamente elementos do platonismo e baseou-se em argumentos neoplatônicos para refutar a heresia. Subsequentemente, no século XIII, Tomás de Aquino forjou uma poderosa síntese da filosofia aristotélica com a teologia cristã. Essas alianças, especialmente a última, viriam a se tornar os principais alvos de Lutero e Calvino.

Lutero fora particularmente irritado pelos compromissos aristotélicos dos escolásticos. Ele insistia que a vã filosofia contra a qual São Paulo havia alertado não era outra senão a filosofia aristotélica. Aristóteles era o autor de "balbuciações profanas, não cristãs e sem sentido". Deus o havia enviado como "uma praga sobre nós, por causa de nossos pecados". As elogiadas realizações de Tomás de Aquino, na avaliação mordaz de Lutero, correspondiam simplesmente a uma transformação da Igreja Cristã na "Igreja de Aristóteles".[6] Os teólogos platonizantes também não foram eximidos de críticas. Lutero atacou o reverenciado autor de *A hierarquia celeste* – Dionísio (pseudo) –, afirmando que ele era "absolutamente perigoso" e "mais platônico do que cristão".[7] João Calvino era mais solidário para com a filosofia pagã, talvez devido à sua formação humanista. Platão, comentara ele em uma ocasião, era o "mais sóbrio e mais religioso" de todos os filósofos. Mas

---

4 Tertuliano, *De praescriptione haereticorum* [*Da prescrição dos hereges*], 7.
5 Ver, por exemplo, Justino Mártir, *Segunda apologia*, VIII, XIII; Orígenes, *Contra Celsum* [*Contra Celso*], V. 34; Eusébio, *Praeparatio evangelica* [*Preparação evangélica*]. Ver também Pelikan, 1971, 27-41; Chadwick, 1966.
6 Lutero, 2000 ("Sermon for Epiphany" ["Sermão sobre a epifania"]), I: 332 (I, 23); Lutero, 1970 (*Letter to the Christian Nobility* [*Carta à nobreza cristã*]), 93; Lutero, 1970 (*The Babylonian Captivity of the Church* [*O cativeiro babilônico da Igreja*]), 144.
7 Lutero, 1970 (*Babylonian Captivity* [*Cativeiro babilônico*]), 240s. Comparar com Calvino, 1964, I: 144 (I.14.4).

esse cumprimento ocorre no contexto da observação de Calvino de que "todo o conjunto dos filósofos" manifestava "estupidez e falta de sentido". Os filósofos e seus admiradores cristãos, conclui ele, haviam "adulterado a religião pura".[8] Mesmo o amado Agostinho de Calvino era repreendido por ter sido "excessivamente apegado à filosofia de Platão".[9] Quanto a Aristóteles, embora fosse o principal filósofo e um "homem de gênio", seu coração era "perverso e depravado", e ele havia usado suas habilidades singulares para "destruir toda luz".[10]

A filosofia aristotélica desempenhou um papel central em duas das mais contenciosas questões teológicas do século XVI – as doutrinas da justificação e da transubstanciação. A doutrina da justificação trata da questão de como os seres humanos pecaminosos vêm a ser aceitáveis aos olhos de Deus. Essa era uma questão crucial na época, pois tinha a ver essencialmente com o modo como alguém alcançava a salvação. Os protestantes argumentavam que o processo de justificação era unicamente um ato de graça divina no qual os pecadores eram *declarados* justos. Os seres humanos eram salvos porque Deus escolhia imputar a justiça de Cristo aos pecadores. Os católicos, no entanto, defendiam que os seres humanos cooperavam com a graça divina no processo de justificação, e que eles eram literalmente transformados em seres justos, ou *tornados* justos. Na avaliação dos reformadores, os teólogos católicos haviam chegado a uma visão errônea, porque haviam sido confundidos por um erro de tradução do termo grego relevante no Novo Testamento, e porque haviam sido indevidamente influenciados pelos ensinamentos de Aristóteles sobre a natureza da virtude. Na *Ética a Nicômaco* de Aristóteles – caracterizada por Lutero como "o pior de todos os livros" –, encontramos a ideia de que os indivíduos se tornam bons por meio da prática repetida. Em outras palavras, as virtudes são "hábitos" que tornam o indivíduo bom. Lutero acreditava que essa concepção de virtude era subjacente ao ensinamento escolástico errôneo sobre o mérito – de que através da prática continuada das virtudes, o cristão literalmente se torna

---

8 Calvino, 1964, I: 59, 61 (I.5.11, I.5.13).
9 Calvino, 1984 (*Commentary on John* [Comentário sobre João]), XVII: 31 (1:3).
10 Calvino, 1984 (*Commentary on the Psalms* [Comentário sobre os Salmos]), VI: 266 (107:43).

justo aos olhos de Deus.[11] A justiça, insistia Lutero, "não está em nós em um sentido formal, como sustenta Aristóteles, mas fora de nós".[12] Assim, o cristão, apesar de justificado, permanece essencialmente um pecador. João Calvino defenderia a mesma posição, argumentando que a justiça não é nem o resultado de boas obras, nem de uma qualidade interna, mas está literalmente "fora de nós".[13] Por sua vez, os teólogos católicos responderiam que a posição luterana poderia ser refutada por "razões filosóficas", e insistiam que a justiça era uma qualidade, não uma relação.[14]

Talvez nenhuma outra questão filosófica do século XVI tenha gerado mais controvérsia, ou levado a mais derramamento de sangue, do que a questão de como, durante a Eucaristia, os elementos do pão e do vinho tornam-se o corpo e o sangue de Cristo. A explicação recebida era a da "transubstanciação". Embora o termo tenha sido usado pela primeira vez pelo Quarto Concílio de Latrão (1215), a doutrina recebeu sua formulação clássica no ensinamento eucarístico de São Tomás, que explicou que durante o sacramento toda a *substância* do pão e do vinho é transformada no corpo e no sangue de Cristo, enquanto os *acidentes* (isto é, as aparências) do pão e do vinho permanecem. Essa explicação se apoia no vocabulário técnico aristotélico da substância e dos acidentes.[15] Lutero, embora preocupado

---

11 Lutero, 2000 ("Sunday after Christmas" ["Domingo após o Natal"], 6), III: 226. Comparar com Tomás de Aquino, *Summa theologiae* [*Suma de teologia*] 2a2ae. 58, 3; 1a2ae. 55, 3 e 4; 2a2ae. 58, 3. Para a avaliação de Lutero sobre a *Ética a Nicômaco*, ver Lutero, 1970 (*Letter to the Christian Nobility* [*Carta à nobreza cristã*]), 93.
12 Lutero, 1955-75 (*Lectures on Galatians* [*Lições sobre Gálatas*]), XXVI: 234.
13 Calvino, 1844-51, III: 247; Calvino, 1964, III.15; Sadoleto em Calvino, 1844-51 ("Letter to the Senate and People of Geneva" ["Carta ao senado e ao povo de Genebra"]), I: 9; e Calvino em *ibid.*, III: 117, 153. Comparar as visões expressadas no Concílio de Trento, Sessão VI, cap. vii, em Leith, 1982, 411s.
14 Ver Calvino, 1844-51, I: 80. Não obstante, tanto os católicos quanto os protestantes se baseavam nas categorias aristotélicas de causação para explicar a justificação, discordando sobre a natureza de sua causa "formal". Concílio de Trento, Sessão VI, cap. vii (Leith, 1982, 411s.). A existência do Purgatório, negada pelos protestantes como não sendo bíblica, era semelhantemente demonstrada pelos católicos a partir dos princípios da filosofia. Calvino, 1844-51, I: 99.
15 Os filósofos nominalistas já haviam desafiado essa visão aristotélica, mas sustentaram que se devia sustentar a doutrina da transubstanciação, porque as autoridades eclesiásticas a haviam endossado. Ver Osborne, 2002.

em manter a "presença real" de Cristo nos elementos da Eucaristia, negou a validade dessa explicação aristotélica particular. A transubstanciação, concluiu ele, "deve ser considerada como um produto da mente humana, pois não se baseia nem nas Escrituras nem na razão".[16] Lutero rejeitou não apenas os méritos intrínsecos do argumento filosófico sobre a transubstanciação, mas também a competência das autoridades eclesiásticas para fazer determinações sobre o assunto, assim efetivamente negando que houvesse quaisquer fundamentos para aderir a doutrina. Livre das restrições da metafísica aristotélica e de uma autoridade eclesiástica central, as confissões protestantes viriam subsequentemente a adotar uma ampla variedade de visões sobre o que ocorria durante a Missa. De fato, essa viria a se tornar uma das principais questões que dividiam os protestantes. Por sua vez, a Igreja Católica reendossou a transubstanciação na décima terceira sessão do Concílio de Trento (1551).[17]

Assim como no caso da justificação, a controvérsia sobre a presença real na Eucaristia demonstra como os compromissos doutrinários podiam ter implicações filosóficas importantes e vice-versa. Quando, no século XVII, René Descartes veio a defender a filosofia mecânica, ele fez esforços consideráveis para demonstrar como a transubstanciação era compatível com a nova filosofia. As autoridades eclesiásticas não acharam essas explicações convincentes em última instância, e as obras de Descartes foram colocadas no *Índice dos livros proibidos* em 1663 – não por causa de seu pouco ocultado copernicismo, como ele havia temido, mas por causa das implicações de sua filosofia para a compreensão católica oficial sobre a Missa.[18] Em contraste, as contrapartes protestantes de Descartes não sofreram nenhuma restrição desse tipo em sua adoção das novas teorias atômicas ou "corpusculares" da matéria que eram incompatíveis com a transubstanciação.

Os exemplos da doutrina da justificação e do sacramento da Eucaristia demonstram a medida em que as questões filosóficas desempenharam um papel central nas disputas doutrinárias do século XVI. Contudo, não era

---

16 Lutero, 1970 (*Babylonian Captivity* [*Cativeiro babilônico*]), 146s.
17 Concílio de Trento, Sessão XIII, cap. IV (Leith, 1982, 432).
18 Sobre as tentativas de Descartes de lidar com essa dificuldade, ver Bourg, 2001; Nadler, 1988.

apenas o conteúdo de doutrinas filosóficas particulares que era uma questão principal; o próprio estatuto da filosofia como uma atividade humana racional foi posto em questão. Pode-se dizer que boa parte da visão dos reformadores sobre a justificação representava uma revitalização da visão agostiniana sobre a graça divina, e, da mesma forma, sua antropologia era profundamente devedora dos ensinamentos dos Padres da Igreja acerca da Queda e do pecado original. Tanto Lutero quanto Calvino argumentaram que a Igreja medieval havia subestimado a medida em que a natureza humana havia sido ferida como consequência da Queda. Assim, Calvino falaria sobre a "total depravação" da natureza humana. A depravação consistia não apenas em uma propensão inata para os delitos morais, mas se estendia à pessoa como um todo, incluindo a faculdade da razão. "A razão sadia no homem foi seriamente danificada pelo pecado", escreveu Calvino, observando que isso não havia sido suficientemente notado por muitos teólogos do passado. Gerações anteriores de teólogos haviam adotado uma visão excessivamente positiva das habilidades humanas, aproximando-se demais dos "filósofos", que não sabiam nada sobre a corrupção da natureza humana.[19]

Tomás de Aquino servia como um exemplo instrutivo, tendo ensinado que a "luz natural" da razão havia persistido após a queda de Adão no pecado. Para aqueles que acreditavam na integridade duradoura da luz natural, a filosofia pagã, contanto que operasse dentro de limites estabelecidos, era um empreendimento legítimo que seria acolhido como um auxiliar útil para a teologia cristã. Lutero e Calvino, em contraste, argumentavam que a razão não tivera qualquer imunidade especial em relação à debilitação geral que se seguira à Queda.[20] Enquanto a confiança dos filósofos antigos nos poderes da razão era compreensível, os teólogos cristãos, armados com o conhecimento da queda de Adão e da transmissão de seus efeitos para a posteridade, deveriam ter tido uma compreensão melhor. Os teólogos escolásticos, escreveu Lutero, "se afundam mais no abismo da escuridão espiritual quando afirmam que a luz natural ou intelecto e a filosofia pagã

---

19 Calvino, 1964, I: 225 (II.2.4).
20 Lutero, 1955-75 (*Lectures on Genesis* [*Lições sobre o Gênese*]), I: 166; Calvino, 1964, I: 233s. (II.2.12). Ver também Helm, 1998; Harrison, 2002a.

também são meios seguros para descobrir a verdade".²¹ Seguia-se que a filosofia não era um instrumento neutro que pudesse ser posto a serviço da teologia cristã. O empreendimento filosófico estava comprometido desde o início, pois assumia uma visão da natureza humana que vastamente sobrestimava os poderes da razão. Isso significava, por sua vez, que os seres humanos, pecadores e sujeitos ao erro, tinham de confiar muito mais na Revelação divina contida nas Escrituras do que em seus próprios recursos intelectuais falíveis. As dúvidas dos reformadores sobre a confiabilidade da razão humana eram, portanto, inteiramente consistentes com seu princípio de *sola scriptura* [somente a escritura], segundo o qual a Escritura era a autoridade preeminente em assuntos religiosos. Essa sóbria avaliação dos poderes da razão também era acompanhada pela ideia da incapacidade moral dos seres humanos, que informava as ideias de Lutero e Calvino sobre a justificação.

Autoridade, crença e consciência individual

Uma das características mais notáveis da defesa de Lutero na Dieta Imperial foi sua insistência de que os assuntos em questão não deveriam ser determinados com base na autoridade eclesiástica – o papa ou um concílio da Igreja –, mas, em vez disso, por apelos à Escritura conforme entendida pelo indivíduo. Às vezes, Lutero pode soar notavelmente moderno em sua aparente insistência na liberdade do indivíduo – "Levantarei minha voz simplesmente em defesa da liberdade e da consciência, e bradarei com confiança: nenhuma lei, seja dos homens ou dos anjos, pode ser imposta com justiça aos cristãos sem seu consentimento, pois somos livres de todas as leis".²² Contudo, deve-se dizer que essa ênfase na primazia da consciência individual era temperada pela crença dos reformadores de que o último tribunal de apelo sobre questões doutrinárias era realmente a Escritura. Assim, é importante recordar a observação de Lutero de que sua consciência era "cativa da Palavra de Deus". A liberdade da qual ele falava

---

21 Lutero, 2000 ("Sermon for Epiphany" ["Sermão sobre a epifania"]), I: 344. Comparar com Calvino, 1844-51, I: 75.
22 Lutero, 1970 (*Babylonian Captivity* [*Cativeiro babilônico*]), 195.

era principalmente a liberdade em relação aos pronunciamentos de papas e concílios sobre o verdadeiro significado da Escritura. A aliança de Lutero não era com a consciência individual em si, mas antes com uma consciência que era tão intimamente envolvida com a Escritura que era virtualmente uma "cativa" dela.

A dificuldade em elevar a autoridade da Escritura acima daquela dos papas e concílios era que a Escritura tinha de ser interpretada, e algumas interpretações provavelmente seriam controversas. Inicialmente, os reformadores haviam sugerido que nos lugares em que isso contava, o significado da Escritura era suficientemente claro. Se traduções acuradas da Bíblia fossem postas nas mãos das pessoas leigas, se o fardo cumulativo da exegese tradicional fosse alijado, e se o desajeitado aparato medieval de interpretação alegórica fosse substituído por leituras mais simples e mais literais, pessoas leigas guiadas pelo Espírito Santo viriam a apreender o significado direto do texto por si mesmas. Tornou-se óbvio, no entanto, particularmente após a malfadada Guerra dos Camponeses (1524-6), que essa política era uma receita para a anarquia teológica e social. Com o passar do tempo, Lutero e Calvino vieram a crer que os leigos necessitariam de auxílio para interpretar a Escritura. Os *Institutos da religião cristã* de Calvino foram escritos com esse propósito em mente.[23] Ainda assim, restava espaço para os leitores interpretarem a Escritura por si mesmos, e a visão de que os indivíduos eram juízes competentes do significado da Escritura continuou a ser proeminente entre os elementos da Reforma radical. A primazia da interpretação individual fora suficientemente associada ao protestantismo para que o Concílio de Trento condenasse a proposição de que os indivíduos, apoiando-se em seu "próprio julgamento" e em suas "próprias concepções", pudessem desafiar as interpretações autorizadas da "Santa Madre Igreja".[24]

Outras características do pensamento da Reforma também enfatizaram o papel do indivíduo. Os reformadores eram agudamente críticos da noção de "fé implícita". Essa era a ideia, promovida por diversos teólogos escolásticos, de que, dado que as doutrinas mais abstrusas do cristianismo

---

23 Calvino, 1545 (edição francesa dos *Institutos*), "Prefácio", e Calvino, 1964 (I.23).
24 Concílio de Trento, Sessão IV (Leith, 1982, 403s.).

estavam além das capacidades intelectuais dos não instruídos, elas deveriam ser sustentadas "implicitamente".²⁵ A fé implícita era, portanto, a confiança na competência da Igreja – e, em particular, dos papas e dos concílios – para estabelecer e promulgar as doutrinas corretas. Os reformadores objetaram estrenuamente a essa compreensão da fé, argumentando que todo cristão deveria ter conhecimento explícito das crenças que professava. "Anátema seja o cristão que não tem certeza e não apreende o que é prescrito para ele", declarou Lutero; "como pode ele crer naquilo que não apreende?".²⁶ Relacionadas a essa crítica da fé implícita, havia dúvidas recém-expressadas sobre a condição especial do clero. Os reformadores não apenas negavam que as determinações finais sobre o conteúdo da doutrina e do significado da Escritura devessem ser deixados nas mãos de funcionários eclesiásticos, mas também colocavam em questão o direito exclusivo do clero de presidir sobre os sacramentos. Tampouco a própria ordenação era um sacramento que conferisse alguma condição especial que distinguisse o clero em relação aos leigos. "Somos todos igualmente sacerdotes", insistiu Lutero; "temos o mesmo poder a respeito da Palavra e dos sacramentos".²⁷ O ministério pode ter sido um ofício especial, mas em última instância os indivíduos tinham de chegar à sua própria compreensão daquilo em que deviam crer.

Embora os principais reformadores fossem, em última instância, ambivalentes sobre o papel do indivíduo em determinar o conteúdo da crença, os desafios que eles ofereceram às autoridades dominantes tiveram a consequência de abrir questões gerais sobre os fundamentos apropriados do conhecimento e da crença. Isso, por sua vez, levou a renegociações das relações entre as fontes padronizadas de conhecimento – a Escritura, a tradição, a experiência e a razão. Como vimos, Lutero e Calvino elevaram a Escritura, enquanto os católicos reiteraram sua confiança na tradição. A ala radical da Reforma tendeu a enfatizar a importância da experiência pessoal.

---

25 Tomás de Aquino, *Summa theologiae* [*Suma de teologia*] 2a2ae, q. 2, a. 6.
26 Lutero, 1955-75 (*The Bondage of the Will* [*O aprisionamento da vontade*]), XXXIII: 21, 23; Calvino, 1964, I: 470s. (III.1).
27 Lutero, 1970 (*Babylonian Captivity* [*Cativeiro babilônico*]), 248. Comparar com Lutero, 1970 (*The Freedom of a Christian* [*A liberdade de um cristão*]), 291s.; Calvino, 1964, II: 481 (IV.13.11).

A razão foi a beneficiária da pluralidade de crenças religiosas que se seguiu à Reforma. Embora a primeira geração de reformadores tivesse sérias reservas quanto aos poderes da razão humana, para seus sucessores parecia que a razão poderia desempenhar um papel tanto na articulação de novos dogmas teológicos quanto na reconciliação de crenças conflitantes dos diferentes agrupamentos confessionais que haviam surgido na esteira da Reforma. Philipp Melanchthon (1497-1560), embora tivesse inicialmente partilhado das visões de Lutero sobre o Aristóteles dos escolásticos, ainda assim reintroduziu Aristóteles no currículo das universidades luteranas. No entanto, esse foi um Aristóteles humanista, que falava como um pagão não batizado, em vez de como um cristão *de facto*, e a ênfase agora era posta em sua lógica, ética e psicologia, em vez de em sua metafísica.[28] Ao retornar à filosofia, Melanchthon buscou explorar as fontes técnicas do aristotelismo para ajudar a resolver os desacordos doutrinários que então atormentavam a cristandade pós-reforma.

Em tudo isso, é nítido que a crise da religião no século XVI foi, talvez acima de tudo, uma crise de autoridade. Se Lutero e o papado tivessem partilhado uma visão comum sobre como as disputas teológicas deveriam ser resolvidas, teria havido ao menos a possibilidade de algum tipo de resolução para as questões centrais em discussão em Worms. Porém, a rejeição da autoridade de "papas e concílios" por parte de Lutero em favor da consciência informada pelo testemunho da Escritura levantou severamente a questão do critério último da autoridade religiosa. O exemplo de Philipp Melanchthon mostra como, com o passar do tempo, a crise pôde por si mesma fornecer bases para um retorno aos recursos fornecidos pela filosofia. No caso de Melanchthon, e do escolasticismo protestante de modo mais geral, isso significou uma readoção de aspectos da filosofia aristotélica. No entanto, deve-se também dizer que, como uma consequência das críticas de humanistas e reformadores, o monopólio filosófico antes exercido pelo aristotelismo escolástico foi seriamente desafiado, permitindo a possibilidade de se recorrer a um conjunto de tradições filosóficas – platonismo, estoicismo, epicurismo, ceticismo. Havia também espaço para novas

---

28 Oberman, 1981, 57-63.

filosofias. Mantendo-se de acordo com o princípio de *sola scriptura*, alguns argumentariam em favor de uma "filosofia mosaica" baseada naqueles livros da Escritura atribuídos a Moisés.[29] Essa atitude não era necessariamente incompatível com as outras escolas de filosofia, pois era possível argumentar que os escritos mosaicos realmente ensinavam, por exemplo, uma teoria atômica da matéria semelhante à dos epicuristas. Uma tal visão também se encaixava bem com a noção de uma *prisca theologia* [teologia antiga] e com a atmosfera de ecletismo filosófico predominante.

Uma das filosofias antigas então recém-revitalizadas – o ceticismo – parecia ser particularmente adequada para uma época dividida por diferenças religiosas irreconciliáveis. O impasse sobre a questão da autoridade religiosa era um exemplo concreto de um dos argumentos clássicos do ceticismo pirrônico. Alguém apela para um critério para justificar uma posição particular, mas se o próprio critério está em questão, como se pode decidir sobre um critério sem incorrer em uma petição de princípio? Diante da incerteza radical, os céticos antigos haviam recomendado a suspensão do juízo (*epoché*) a fim de alcançar uma tranquilidade interior (*ataraxia*). Em termos da conduta exterior da vida, deviam-se adotar os costumes e observâncias predominantes, evitando controvérsias que eram, em última instância, irresolvíveis. Para alguns, essas prescrições nunca foram mais apropriadas do que no clima de incerteza religiosa gerado pelos debates da Reforma. Com uma aguda consciência sobre o potencial desestabilizador de diferenças religiosas dogmaticamente sustentadas, Erasmo havia cautelosamente recomendado a atitude dos céticos acadêmicos, sugerindo que artigos de doutrina não fundamentais, mas geradores de disputas, se tornassem artigos opcionais de crença. De fato, em certos aspectos, a avaliação pessimista dos próprios reformadores sobre os poderes intelectuais humanos, combinada com sua ênfase na fé, podia soar notavelmente semelhante às visões expressadas por defensores modernos do ceticismo. Essa filosofia antiga, de acordo com seu principal proponente renascentista, Michel de Montaigne, "apresenta o homem nu e vazio, reconhecendo sua fraqueza natural, apto a receber de cima algum poder exterior; privado do

---

29 Blair, 2000a; Harrison, 1998, 138-60.

conhecimento humano, e por isso ainda mais apto a alojar o conhecimento divino em si próprio, aniquilando seu juízo para abrir mais espaço para a fé".[30] Essa ênfase na falibilidade e nas limitações da razão humana, e na consequente necessidade de aceitar verdades reveladas, parece consistente com os ensinamentos protestantes. Em outros aspectos, no entanto, as prescrições do ceticismo forneciam apoio ao catolicismo tradicional. Conforme Montaigne notara, os céticos não tentavam estabelecer doutrinas "contra as observâncias comuns", e eram "consequentemente livres da opinião vã e irreligiosa produzida por seitas falsas".[31] Esse argumento parecia feito sob medida para os apologistas católicos.[32] Por sua vez, os teólogos protestantes usualmente insistiam que as doutrinas deviam ser abraçadas como certas e verdadeiras, pois a salvação do crente estava em jogo. Lutero rejeitou com desprezo a defesa da suspensão da crença por Erasmo: "Fora, já, os céticos e acadêmicos da companhia de nós outros, cristãos".[33] Mas qualquer que seja a atitude explícita dos vários grupos confessionais em relação ao ceticismo filosófico, o próprio fato de que esses grupos se apegavam a diferentes visões e se submetiam a diferentes autoridades deu ensejo a condições intelectuais favoráveis ao florescimento do ceticismo.[34]

Dívidas intelectuais: humanismo e escolasticismo

É significativo que, com exceção de Lutero, que fora educado em um ambiente intelectual escolástico, as principais figuras da Reforma Protestante haviam recebido uma educação humanista.[35] É pouco surpreendente, portanto, que os reformadores tenham tido dívidas para com o humanismo de várias maneiras. No nível mais geral, a crença de que o cristianismo precisava renascer, uma convicção expressada no mote latino *Christianismus renascens*, deve algo a um ambiente intelectual no qual o renascimento das

---

30 Montaigne, 1965a, 375.
31 *Ibid.*, 375.
32 Ver, por exemplo, Véron, 1615.
33 Lutero, 1990, 67.
34 Popkin, 2003, 3-16.
35 Mas sobre as dívidas de Lutero para com o humanismo, ver Nauert, 1995, 130-6.

letras era uma preocupação central. A defesa protestante de um retorno aos documentos fundadores do cristianismo foi um paralelo ao princípio humanista *ad fontes* – "de volta às fontes". Esse retorno às fontes cristãs iniciais foi facilitado pelos trabalhos linguísticos de estudiosos humanistas que haviam produzido edições novas e mais acuradas dos Padres da Igreja e da Bíblia. Dentre as primeiras, a mais importante foi uma edição de Amerbach em onze volumes das obras de Agostinho, que apareceu em 1506. O próprio Erasmo produziu edições impressionantes das obras de Agostinho, Ambrósio e Jerônimo, mas sem dúvida seu esforço editorial mais influente foi a primeira impressão, em 1516, do texto grego do Novo Testamento. Essa edição, embora não desprovida de seus próprios defeitos, expôs numerosas deficiências da *Vulgata* latina – o único texto da Bíblia reconhecido pela Igreja Católica. Uma vez que a Bíblia era a principal autoridade para os protestantes, e foi o campo de batalha no qual muitas disputas teológicas da época foram travadas, as questões exegéticas que tinham a ver com a tradução e o significado original assumiriam uma importância sem precedentes. As notas de Lorenzo Valla sobre o texto do Novo Testamento, publicadas por Erasmo em 1503 como *Anotações sobre o Novo Testamento*, assim atraíram atenção para as diferentes implicações dos termos latino e grego para o arrependimento – respectivamente *poenitentia* e *metanoia*. Mostrou-se que no original grego os leitores eram incitados a *se arrepender*, e não a *fazer penitência*. A justificativa para o sacramento da penitência, portanto, se baseava em uma tradução questionável.[36] A argumentação bíblica em defesa de outros sacramentos católicos foi ulteriormente enfraquecida pela compreensão de que a palavra grega *mysterion* significava simplesmente "mistério", em vez de "sacramento" como traduzido na *Vulgata*.[37] Novamente, ao falar sobre o processo de justificação, a *Vulgata* havia usado o verbo factitivo *justificare*, literalmente "*tornar* justo". No entanto, a palavra grega original – *dikaiosis* e seus cognatos – é melhor traduzida como "*reconhecer como justo*", uma tradução que apoiava o ensinamento protestante sobre

---

36 Bentley, 1983, 32-69; Rupp, 1953, 118s. Considerações semelhantes se aplicam à própria palavra "sacramento". Ver McGrath, 1999, 54s.
37 Lutero, 1970 (*Babylonian Captivity* [*Cativeiro babilônico*]), 221.

a justificação. Em suma, a erudição humanista forneceu um fundamento para as afirmações protestantes de que algumas crenças e práticas católicas eram baseadas em corrupções da Escritura.

Os humanistas não apenas forneceram recursos textuais para os argumentos dos reformadores protestantes; muitos deles também partilharam elementos do programa protestante de reforma religiosa. Virtualmente todos lamentaram a influência perniciosa do escolasticismo, e alguns também foram agudamente críticos de Aristóteles. Entre eles, havia aqueles que reverenciavam os Padres da Igreja e sustentavam que a Escritura era a principal autoridade religiosa. Alguns também acreditavam na importância da participação laica na vida da Igreja. De fato, durante a segunda década do século XVI, parecia que os humanistas e reformadores compartilhavam uma agenda quase idêntica de reforma religiosa. Lorenzo Valla, que havia não apenas exposto a falta de acurácia da *Vulgata*, mas também desafiado a base legal da autoridade temporal papal e atacado a filosofia moral aristotélica, foi enormemente admirado por Lutero. Por sua vez, muitos humanistas viriam a apoiar inicialmente as propostas de Lutero, Calvino e do reformador suíço Huldreich Zwingli, acreditando que esses eram espíritos com quem tinham um parentesco. Em meados dos anos 1520, contudo, quando tanto Lutero quanto Zwingli atacaram publicamente Erasmo sobre a questão do livre-arbítrio, diferenças importantes estavam começando a se tornar aparentes. A principal dentre elas era a visão bastante lúgubre que os reformadores tinham sobre a natureza humana, que era fundamentalmente oposta ao otimismo luminoso que caracterizava boa parte do humanismo. De uma perspectiva protestante, o humanismo ainda compartilhava com a filosofia pagã uma confiança nas capacidades humanas que era infundada.

Se a erudição humanista forneceu alguns dos recursos técnicos para a teologia protestante, a muito difamada filosofia escolástica também desempenhou um papel no desenvolvimento de algumas posições caracteristicamente protestantes. A Idade Média precedente havia testemunhado o surgimento de duas versões do escolasticismo – o tomismo e o escotismo – nomeadas conforme seus respectivos progenitores, Tomás de Aquino e João Duns Escoto. O tomismo é importante para nosso período não apenas porque os reformadores reagiram contra ele, mas também porque ele foi oficialmente endossado no Concílio de Trento. Mais importantes em termos de uma influência direta no pensamento da Reforma foram as escolas posteriores conhecidas como a *via moderna* (o "caminho moderno"), exemplificadas por Guilherme de Ockham, Pierre D'Ailly e Gabriel Biel, e a *schola augustiniana moderna* ("escola agostiniana moderna"), representada por Gregório de Rimini e outros membros da ordem agostiniana.[38] No século XIV, Ockham já havia expressado dúvidas sobre uma relação positiva entre fé e razão, negando a visão tomista de que o cristianismo era em algum sentido uma realização dos objetivos incipientes da filosofia pagã. Ele concluiu que os esforços intelectuais dos filósofos clássicos, apesar de impressionantes à sua própria maneira, tinham pouca utilidade na esfera da teologia. Lutero foi educado nessa tradição ockhamista na Universidade de Erfurt, e parece ter absorvido algo dessa visão sobre a relação entre teologia e filosofia. Lutero também se baseou nos argumentos da *via moderna* em seus ataques contra a doutrina da transubstanciação. Contudo, ele rejeitou fortemente aquilo que ele considerava ser o pelagianismo incipiente da escola, segundo o qual Deus incute um certo valor nas obras humanas. Ao rejeitar essa visão, Lutero se assemelha mais à *schola augustiniana moderna*, cujo principal representante, Gregório de Rimini, havia insistido que a justificação dos cristãos encontra-se "fora" deles. Como vimos, essa era a visão de Lutero e Calvino. Os reformadores também partilhavam da ênfase dos agostinianos modernos sobre a natureza radicalmente pecadora dos seres humanos e sobre a primazia da iniciativa divina no processo de justificação.[39]

Ambas as escolas "modernas" enfatizavam a liberdade radical de Deus e a inescrutabilidade da vontade divina. Essa tendência, conhecida como "voluntarismo", também é característica do pensamento de Lutero e especialmente de Calvino. Na esfera moral, uma das implicações do voluntarismo é que Deus não ordena atos bons – antes, certos atos são bons porque Deus os ordena. Segue-se que atos aparentemente virtuosos

---

38 Oberman, 1981, p. 64-110; Steinmetz, 1980, 13-27.
39 Oberman, 1986, 39-83. É duvidoso se as ideias de Gregório tiveram uma influência direta em Lutero. Ver McGrath, 1987, 108-15.

realizados por agentes humanos derivam sua bondade não de qualquer suposto valor inerente, mas de que Deus escolhe considerá-los meritórios. O compromisso dos reformadores com o voluntarismo explica em parte, portanto, sua atitude em relação às boas obras. Para Calvino, mesmo a obra redentora de Cristo só foi eficaz por causa da livre decisão de Deus de aceitá--la como genuinamente meritória.[40] As inclinações voluntaristas de Calvino também fornecem uma explicação parcial de sua difícil e contraintuitiva doutrina da eleição, segundo a qual Deus pré-ordena quem será salvo e quem será condenado. Embora isso pareça contrário aos padrões da justiça natural, a posição voluntarista era que Deus não é limitado em suas ações pelos ditames universais da razão. O que é justo e moral deve ser entendido em termos da vontade divina, e não o inverso.

Legados filosóficos

Os movimentos de reforma religiosa do século XVI não estiveram primariamente preocupados com a filosofia, mas ainda assim tiveram uma influência importante nas fortunas da filosofia no início do período moderno. Como vimos, a crise da autoridade precipitada pela Reforma Protestante deu origem a condições que foram favoráveis à revitalização do ceticismo. Sugeriu-se que isso levou a uma busca para restabelecer o conhecimento em fundações mais certas – daí, por exemplo, o projeto cartesiano de basear o conhecimento em ideias "claras e distintas". Pode-se argumentar que uma das características distintivas da filosofia do início do período moderno – sua preocupação com a epistemologia – é atribuível à revitalização do ceticismo antigo no século XVI e às incertezas epistemológicas geradas por debates sobre a natureza da autoridade religiosa.[41]

De modo mais amplo, ao proferirem desafios contra autoridades religiosas e filosóficas arraigadas, os reformadores forneceram um modelo para reformas gerais do aprendizado. Aspirantes a inovadores em outras esferas do conhecimento derivaram conscientemente sua inspiração de

---

40 Calvino, 1964, I: 453s. (II.17.1); McGrath, 1987, 98-107.
41 Popkin, 2003. Comparar com Ayers, 2004.

líderes protestantes, e frequentemente invocaram explicitamente o exemplo desses líderes. Copérnico e Paracelso foram chamados de "Lutero e Calvino da filosofia natural". Kepler foi o autoproclamado "Lutero da astronomia". Francis Bacon considerou a reforma da religião do século XVI como um sinal providencial de que "deveria haver em toda parte uma renovação e uma nova fonte de todos os outros conhecimentos".[42] Posteriormente, na filosofia do século XVII, Thomas Sprat ecoou esses sentimentos, insistindo que a reforma da filosofia pela *Royal Society* [Sociedade Real] foi inspirada pela reforma da religião no século anterior.[43]

As ideias protestantes também forneceram um meio através do qual elementos do escolasticismo medieval tardio foram comunicados ao mundo moderno. A ênfase dos reformadores sobre a primazia da vontade divina teve implicações que foram muito além das questões de mérito e justificação, estendendo-se às esferas da filosofia moral, política e natural.[44] Alguns argumentaram que o voluntarismo dos reformadores forneceu um estímulo importante para a investigação empírica do mundo natural.[45] Se as leis morais eram diretamente dependentes da vontade divina, poder-se-ia argumentar que o mesmo era verdadeiro acerca das leis que governavam o universo físico. Por causa da inescrutabilidade da vontade divina e da falibilidade da razão humana, a natureza dessas leis tinha de ser estabelecida experimentalmente, em vez de intuída pela especulação racional. De fato, a própria ideia de que o domínio de Deus sobre a natureza não é mediado por poderes causais que são inerentes às próprias coisas da natureza é um traço das novas ciências do século XVII. A revitalização da teoria epicurista da matéria pelos filósofos "corpusculares" modernos, que sustentavam que a matéria era composta de minúsculas partículas inertes, se entrelaçava de maneira ótima com essa concepção voluntarista de Deus. O movimento, para muitos dos filósofos mecanicistas do século XVII, resultava de Deus movendo diretamente partículas de matéria pela imposição de sua vontade. Há um paralelo sugestivo entre a diminuição da importância da virtude

---

42 Bacon, 1974, 42 (I.vi.15).
43 Sprat, 1667, 371.
44 Oakley, 1998.
45 Ver, por exemplo, Foster, 1934; Oakley, 1961; Osler, 1994. Comparar com Harrison, 2002b.

individual no processo de justificação, por parte dos reformadores, e a remoção das virtudes inerentes aos objetos materiais na esfera da filosofia natural, por parte dos filósofos mecanicistas. Em ambos os casos, a eficácia causal foi retirada das pessoas ou coisas individuais e posta na vontade divina.

A crise da religião também desempenhou um papel em assegurar a permanência de ideias agostinianas no início do período moderno. Elementos do agostinianismo que haviam tido uma proeminência considerável nos debates da Reforma foram promovidos tanto por católicos quanto por protestantes, e tiveram um impacto em vários projetos modernos. A importância de ideias agostinianas no pensamento de Descartes, Pascal e Malebranche é bem atestada na literatura secundária.[46] Menos conhecido, talvez, é o modo como a filosofia natural experimental dos baconianos foi influenciada por ideias agostinianas e calvinistas sobre as limitações do intelecto humano em um mundo caído. Para aqueles que enfatizavam a situação decaída da mente humana, as leis que Deus havia imposto à natureza não poderiam ser diretamente intuídas pela mente, mas deveriam ser gradualmente descobertas por uma investigação experimental cuidadosa do mundo natural.[47]

Outros elementos do pensamento protestante também contribuíram para a desmistificação da natureza, criando assim espaço para explicações "científicas" alternativas. A redução do número dos sacramentos efetuou uma dramática contração da esfera do sagrado. Os protestantes, diferentemente de suas contrapartes católicas, eram também altamente céticos sobre a possibilidade de milagres contemporâneos, insistindo que a época dos milagres havia terminado muito tempo atrás. Em consonância com seu iconoclasmo e com sua oposição à alegoria e ao simbolismo, os reformadores também negaram que o livro da natureza pudesse ser lido em conjunção com o livro da Escritura, como se fosse um repositório de verdades divinas. Os objetos naturais, segundo essa visão, não foram postos no mundo como símbolos de realidades transcendentais. Em vez disso, as coisas da natureza haviam sido postas no mundo para uso de seus

---

46 Matthews, 1992; Menn, 1998a; Janowski, 2002; Moriarty, 2003, 41-9 e *passim*.
47 Harrison, 2007, capítulo 2.

ocupantes humanos, e davam um testemunho mudo do poder de Deus. Tal visão promovia a exploração material da natureza e criava espaço para explicações não simbólicas da ordem natural, tais como aquelas fornecidas com crescente frequência pelas novas filosofias da natureza.[48]

Finalmente, pode ser dito que a crise da religião desempenhou um papel importante na emergência de uma concepção completamente nova sobre o que era a filosofia. A Idade Média havia testemunhado a assimilação do cristianismo ao ideal clássico da filosofia como transformação de si e contemplação da verdade.[49] A filosofia assim entendida não era um empreendimento teórico, mas um modo de vida. A crítica protestante da filosofia moral pagã, combinada com uma rejeição da síntese medieval e uma ênfase na prioridade da vida ativa, contribuíram para o declínio da versão cristianizada desse ideal filosófico. Visto pelo prisma das ideias protestantes de justificação, o ideal filosófico tradicional de maestria de si não era nada além de uma ilusão sobre si e um pelagianismo herege. Julgou-se que os indivíduos não seriam capazes das transformações morais exigidas por esse modelo. O foco extramundano do ideal filosófico antigo também não foi considerado apropriado para aqueles cujo destino imediato jazia em uma vocação na juventude, e cuja vocação era a transformação da sociedade e do mundo natural. Desde então, a filosofia foi considerada com crescente frequência como um corpo de doutrinas.[50] O ecletismo filosófico moderno, que vê as escolas filosóficas reduzidas a meros repositórios de técnicas ou ensinamentos que podem ser utilizados para qualquer propósito relevante, é sintomático desse período, enquanto prescrições gerais relacionadas ao modo de viver a vida filosófica são silenciosamente ignoradas. Dessa maneira, a crise da religião do século XVI contribuiu para o desenvolvimento da concepção moderna de filosofia na qual a disciplina passa a ser pouco mais que a soma de seus componentes conceituais.

---

48 Harrison, 1998, 107-20.
49 Hadot, 2002, 237-52.
50 Sobre as concepções variantes de filosofia durante esse período, ver Condren, Hunter, e Gaukroger, 2006.

13 A filosofia escolástica hispânica
JOHN P. DOYLE

A expressão "filosofia escolástica hispânica" neste capítulo designa uma corrente de filosofia do século XVI e XVII que fluiu das universidades medievais, cresceu como uma torrente na Península Ibérica e depois desaguou em outras regiões da Europa, América, África e Ásia. Emergindo na esteira das explorações e conquistas espanholas e portuguesas, que ao final do século XV e ao longo do século XVI produziram encontros radicalmente novos e usualmente sangrentos entre povos europeus e não europeus, essa corrente, em seu cerne, preocupava-se com tais encontros. Outros temas em segundo plano foram dados pela Contrarreforma, especialmente as reformas do Concílio de Trento (1545-63) e suas consequências; pelos debates do final do Renascimento entre filósofos, humanistas e céticos; e pela revitalização dos textos e do pensamento tomistas. Dois assuntos se destacam como particularmente importantes e influentes: (1) a filosofia moral e jurídica centrada no "direito dos povos" (o *jus gentium*),[1] e (2) a filosofia teórica, que incluía a física aristotélica mas culminava na metafísica.

Para os propósitos presentes, o ano de nascimento da filosofia hispânica foi 1526, quando Francisco de Vitoria, OP[2*] (1492-1546), foi eleito para a *Cátedra de Prima* em teologia em Salamanca e começou a ministrar aulas sobre a "Segunda parte da segunda parte" (II^a-II^{ae}) da *Summa theologiae* [*Suma de teologia*] de Tomás de Aquino. Isso introduziu a *Summa* como o principal livro didático de teologia, e também inaugurou uma revitalização tomista na teologia e na filosofia em Salamanca,[3] e depois em outros lugares.

---

1 Ramirez, 1955.
2* *Ordo Praedicatorum* (Ordem dos Pregadores), refere-se à Ordem Dominicana. (N. do T.)
3 Nisto Vitoria foi influenciado pelo exemplo de Peter Crockaert, OP (c. 1460/70-1514), seu professor na Universidade de Paris, que havia substituído as *Sentenças* de Pedro Lombardo com a *Summa* de Tomás como seu texto principal de teologia. Mais ou menos na mesma

Escolher uma data terminal para a filosofia hispânica aqui é algo mais arbitrário, mas uma data plausível é 1718, quando faleceu Miguel Viñas, SJ (1642-1718). Pode-se imediatamente notar que, enquanto Vitoria ensinou na Espanha e pertenceu a uma ordem religiosa mais antiga, a dos dominicanos, Viñas foi um jesuíta que ensinou em Santiago, no Chile. No período em discussão, dois fatos relevantes são a passagem da liderança filosófica dos dominicanos para os jesuítas, e a difusão da filosofia hispânica da Península Ibérica para além-mar, especialmente para a América Latina. O desenvolvimento da filosofia hispânica entre 1526 e 1718 ocorreu nesse contexto mais amplo da mudança geral de uma ordem religiosa mais antiga para uma mais nova e do Velho Mundo para um Novo Mundo. O que se segue é um esboço bastante limitado de figuras e temas relacionados a esse desenvolvimento.

Francisco de Vitoria sobre a moralidade da conquista e a guerra justa

Vitoria foi quase certamente a figura mais influente na filosofia hispânica do século XVI: no século que se seguiu à sua morte, quase todos os moralistas se remeteram à sua autoridade. Podemos começar com seus sucessores dominicanos na *Cátedra de Prima* em Salamanca, cujos nomes constituem um rol de honra do escolasticismo da Contrarreforma e da Espanha.[4] Mas além da Espanha e dos círculos católicos, Vitoria ajudou a moldar o campo emergente da jurisprudência internacional através de sua influência sobre figuras como Alberico Gentili (1552-1608) e Hugo Grotius (1583-1645).[5] Comparando sua influência com a escassez de obras que publicou em vida, Domingo Bañez, OP (1528-1604), se referiria a ele pertinentemente como "outro Sócrates".[6] Seus interesses abrangiam a teologia

---

época, ou mesmo antes, Tomás de Vio, OP, conhecido como Caetano (1469-1534), havia feito a mesma coisa.

4 Em ordem, os sucessores de Vitoria foram Melchior Cano (1509-60), Domingo de Soto (1494-1560), Pedro de Sotomayor (1511-64), Juan Mancio (1497-1576), Bartolomeo de Medina (1527-80) e Domingo Banez (1528-1604).

5 Ver, por exemplo, as passagens paralelas de Vitoria com Grotius e Gentili listadas por Luis Getino em Vitoria, 1933-6, III, ix-xliii.

6 Getino, 1930, 283.

e a filosofia escolásticas, mas seu principal trabalho ocorreu na área do direito internacional e da moral – ou, na linguagem da época, o *ius gentium*.

Após as descobertas e conquistas na América, emergiram sérias questões na Espanha sobre a moralidade dessas conquistas, sobre a dignidade e os direitos dos povos conquistados e sobre as justificações do domínio espanhol sobre eles. Ocupando a principal cátedra de teologia na universidade mais prestigiosa da Espanha, Vitoria foi capaz de colocar essas questões em evidência quando, em janeiro de 1539, proferiu seu famoso *Relectio de indis recenter inventis* [*Uma releitura sobre os índios recém-descobertos*], que ele seguiu em junho do mesmo do ano com seu *Relectio de iure belli* [*Uma releitura sobre o direito à guerra*].[7]

Em seu *De indis* (I, nn. 23-4), Vitoria sustenta que, antes da chegada dos espanhóis, os povos do Novo Mundo eram senhores de si mesmos e de sua propriedade. Ele, então (II, nn. 1-16), rejeita sete razões ilegítimas que haviam sido oferecidas para justificar seu subjugamento e desapropriação pelos espanhóis. Estas incluíam a alegação de que o imperador (então Carlos V) ou o papa é o senhor do mundo inteiro, e, portanto, também desses povos e de seus territórios, e assim poderia colocá-los sob o domínio dos espanhóis. Aliada a esta, havia uma alegação de que os ameríndios, não estando dispostos a aceitar a Fé de Cristo, poderiam ser forçados a fazê-lo. Ou que, por causa de seus "pecados antinaturais", Deus os havia condenado e entregado aos espanhóis, "assim como, muito tempo atrás, Ele entregou os canaanitas nas mãos dos judeus".

Rejeitando tais alegações, e ao longo do caminho condenando os excessos dos conquistadores, Vitoria defende como mais legítimas várias outras justificativas de domínio (III, nn. 1-18), justificativas que se tornariam fundamentais para o desenvolvimento do direito internacional. A primeira, baseada na "sociedade e na comunicação naturais", era que os espanhóis têm direito de viajar para essas novas regiões para viver e fazer comércio ali, "contanto que não façam nenhum mal". Possuindo tal direito, é justo para os espanhóis defenderem-se em seu exercício e ocuparem territórios no

---

7 O termo *relectio*, ou "releitura", refere-se à prática na qual era exigido dos professores em Salamanca que apresentassem de novo, em uma aula de duas horas, aberta a toda a comunidade universitária, algum tópico já tratado em seus cursos de leitura.

interesse de sua própria segurança. Uma segunda razão legítima pode ser baseada no direito, e mesmo no dever, dos espanhóis de pregar o evangelho nas novas províncias, e, se necessário, a fim de prover segurança para essas missões, travar a guerra. Uma outra razão, derivada da segunda, poderia se aplicar no seguinte caso: se alguns dos habitantes daquelas províncias tivessem sido convertidos, e seus governantes, por força ou por ameaça, tentassem conduzi-los de volta à idolatria, os espanhóis, se outros meios não fossem possíveis, poderiam travar guerra contra aqueles governantes e compeli-los a desistir daquele mal. Eles também poderiam legitimamente guerrear contra aqueles que são obstinados, com o resultado de que eles poderiam, às vezes, depor governantes, como em outras guerras justas. No mesmo estilo, há uma quarta justificativa que é ligada ao assim chamado "privilégio paulino" (baseado em *1 Coríntios* 7:15), pelo qual a Igreja, para preservar a fé de um cônjuge cristão, pode dissolver o casamento dela ou dele com um pagão ou uma pagã implacável. Por analogia, se uma grande parte dos ameríndios tivesse sido convertida para Cristo, o papa poderia, por uma causa razoável, quer eles tivessem pedido isso ou não, depor governantes infiéis e dar-lhes um príncipe cristão. Uma quinta justificativa para o domínio poderia ser aplicável a casos de tirania: seja uma tirania de fato exercida pelos próprios governantes pagãos, ou simplesmente a imposição de leis tirânicas por governantes pagãos que pudessem causar danos a pessoas inocentes. Uma sexta justificativa legítima poderia advir de uma eleição voluntária *genuína*. Por exemplo, se os ameríndios desejassem aceitar o rei da Espanha como seu príncipe, isso poderia ser feito legitimamente sob a égide da lei natural. Uma sétima justificativa para a conquista poderia se aplicar se uma guerra de conquista fosse realizada em benefício de aliados e amigos, pois, na medida em que os povos do Novo Mundo às vezes guerreiam entre si, e um lado que sofreu uma injúria tem direito de travar tal guerra, "ele pode convocar os espanhóis em seu auxílio e partilhar com eles as recompensas da vitória". Uma justificativa final, que Vitoria menciona, mas não afirma como válida, poderia ser a de levar a civilização aos bárbaros; tal justificativa permitiria aos soberanos espanhóis assumirem a supervisão dos ameríndios para o bem dos próprios ameríndios.

Essas justificativas legítimas eram em grande medida hipotéticas. De fato, Vitoria deplorou os relatos que ele havia ouvido "de tantos massacres, tanta pilhagem de pessoas inocentes, tantos governantes derrubados e privados de suas posses e domínios" (I, 3), todos os quais davam "motivo suficiente para duvidar se tais coisas foram feitas de modo certo ou errado" (*ibid.*). Ao mesmo tempo, uma vez que aquilo já havia sido feito e havia tantos fatores na situação, ele não pensava que os espanhóis pudessem simplesmente se retirar das nações e terras do Novo Mundo ou abandonar todo comércio com elas. Ele pensava ser especialmente "claro que, diante da conversão genuína de tantos bárbaros nessas províncias, não seria apropriado nem legítimo para um soberano espanhol renunciar inteiramente ao governo delas" (III, 18).

Muitas das conclusões de Vitoria e suas reclamações contra os conquistadores apareceram de modo mais apaixonado pouco tempo depois nos ensinamentos e escritos de Alonso de Vera Cruz (1507-84). Nascido em Toledo, Vera Cruz ouviu Vitoria em Salamanca e depois migrou para o México, onde se juntou à ordem agostiniana. Em 1553, ele se tornou o primeiro detentor das duas cátedras de teologia e Escritura na então nascente Universidade do México, a primeira universidade do Novo Mundo. Nessa posição, Vera Cruz escreveu diversas obras, entre elas seu *De dominio* [*Do domínio*, 1553], no qual, combinando as posições e princípios de Vitoria com sua própria experiência como testemunha da injustiça dos *encomenderos* espanhóis, ele condenou estes últimos e defendeu vigorosamente os direitos dos índios de governarem a si próprios e suas posses.

Em seu *Relectio de iure belli*, Vitoria trata daquilo que seria posteriormente chamado de *ius in bello*, o que é justo na guerra, mas concentra-se no que seria chamado de *ius ad bellum*, o direito de ir à guerra. Ao fazer isso, ele compôs um dos documentos fundamentais da teoria da guerra justa. Tendo as guerras espanholas no Novo Mundo como pano de fundo, ele faz quatro perguntas. Primeiro, é legítimo para os cristãos travarem guerras? Segundo, quem tem a autoridade justa de declarar ou travar guerra? Terceiro, quais são as causas de uma guerra justa? Quarto, o que os cristãos podem legitimamente fazer contra seus inimigos?

Rejeitando o pacifismo como uma consequência necessária da fé cristã, Vitoria responde à primeira questão de modo afirmativo (n. 2). À segunda pergunta, ele diz que qualquer pessoa, mesmo um cidadão privado, pode se defender (nn. 2-4). Além disso, toda república ou Estado tem autoridade, não apenas para se defender, mas também para vingar a si próprio e seus cidadãos, bem como iniciar demandas em caso de injúrias, e os soberanos têm o mesmo direito que as repúblicas nesses casos (nn. 5-6). Isso levanta questões que Vitoria responde sobre o que é uma república e quem é um soberano (nn. 7-9). Uma república, ele nos diz, é uma comunidade perfeita, "uma que é completa por si mesma, que não é parte de qualquer outra república, mas que tem suas próprias leis, seu próprio senado [*consilium*] e seus próprios magistrados, tal como, por exemplo, o reino de Castela e Aragão e o principado [*principatus*] de Veneza e outros semelhantes" (n. 9). Paralelamente a isso, um soberano com direito de travar guerra deve ser o governante de uma tal república. "Pequenos reis ou príncipes, que não reinam sobre uma república perfeita, mas sobre partes de outra república, não podem conduzir ou travar guerras. Exemplos seriam o duque de Alba ou o conde de Benavente, pois essas são partes do reino de Castela" (*ibid.*), e como resultado não são repúblicas perfeitas.

Respondendo à terceira pergunta principal, Vitoria admite uma única causa para uma guerra justa: uma injúria recebida, de tamanho suficiente para autorizar a guerra (n. 13-14). À quarta pergunta, ele responde que em uma guerra justa é permissível fazer o que é necessário para o bem comum e sua defesa (n. 15). Também é legítimo em uma guerra justa recuperar bens perdidos ou o valor desses bens (n. 16). Para isso, é legítimo confiscar dos bens de um inimigo o custo de uma guerra e dos danos infligidos por aquele inimigo (n. 17). Além disso, em uma guerra justa, o soberano pode fazer todas as coisas necessárias para ter paz e segurança em relação aos inimigos (n. 18). E "após a vitória ter sido assegurada, as posses recuperadas, e a paz assim como a segurança obtidas, é legítimo vingar injúrias recebidas de inimigos e atacar esses inimigos e puni-los pelas injúrias sofridas" (n. 19).

Domingo Soto, OP (1494-1560)

Dentre os sucessores de Vitoria em Salamanca, Domingo Soto também dedicou uma atenção considerável a questões levantadas pelas conquistas espanholas no Novo Mundo, embora suas preocupações filosóficas também se estendessem à lógica e à filosofia natural aristotélicas. Seu imenso tratado *De iustitia et iure* [*Da justiça e do direito*], publicado pela primeira vez em 1559, foi reimpresso pelo menos 27 vezes, e foi seguido por uma série de obras com nomes semelhantes sobre tópicos jurídicos e econômicos por outros filósofos hispânicos.[8] Ele apresenta uma doutrina tomista atualizada para lidar com questões do século XVI.[9] O direito, definido como "uma regulamentação da razão", é dividido em eterno, natural e positivo (divino e humano). O direito positivo humano inclui "o direito dos povos" (*ius gentium*), que os seres humanos em todos os lugares estabeleceram para si sem assembleias deliberativas ou decretos explícitos. Em vez disso, com base na razão apenas, todos os seres humanos concordam basicamente sobre os principais fatos de domínio, propriedade privada, trocas, compra e venda, guerra e paz, escravidão em alguns casos, manter a fé mesmo em relação aos inimigos, e imunidade e proteção de embaixadores, etc.

Como um especialista teológico sobre a questão da guerra, Soto presidiu em 1551 sobre a famosa Junta de Valladolid, convocada para julgar a moralidade da conquista espanhola do Novo Mundo. O principal item diante da Junta foi um debate entre o humanista Juan Ginés de Sepúlveda (c. 1490-1572), que defendeu o que os conquistadores haviam feito, e o crítico mais severo dos conquistadores, Bartolomé de las Casas, OP (1474-1566).[10] Soto compôs um resumo do debate que apresentava ambas as posições equitativamente, mas não adotava nenhum lado. Sua própria visão era em favor de Las Casas, e isso foi refletido em seu *De iustitia*.

---

8 Assim, no final do século XVI temos outros tratados *De iustitia et iure* por Pedro de Aragón, OSA *Ordo sancti Augustini*, [*Ordem de Santo Agostinho*], Domingo Bañez, OP, Luis de Molina, SJ, e Bartolomé Salón, OSA.
9 As fontes tomistas básicas da obra de Soto foram: (1) *Summa theologiae* [*Suma de teologia*] I-II, qq. 90-108 (sobre o direito), e (2) *ibid*., II-II, qq. 57-78 (sobre a justiça).
10 Gutiérrez, 1993, 166-78, 519-24.

A filosofia jesuíta inicial

Famoso como teólogo e filósofo, Soto foi também um dos professores do primeiro filósofo e teólogo jesuíta digno de nota, Francisco de Toledo, ou Toletus (1533-96). Além de volumes sobre lógica aristotélica, filosofia natural e psicologia, Toletus deixou um comentário parcial sobre a *Summa* de Tomás de Aquino, durante o qual (comentando sobre II^a-II^{ae}, q. 57, a. 3) ele separou o *ius gentium* do direito natural e preparou o terreno para jesuítas posteriores tais como Francisco Suárez (1548-1617) fazerem o mesmo. Ele também expandiu o tratamento da guerra justa de várias maneiras. Por exemplo, comentando sobre a *Summa* de Tomás (II^a-II^{ae}, q. 34, a. 1, dub. 4), ele distinguiu três tipos de soldados: aqueles que são súditos de algum príncipe, aqueles que não são súditos mas aceitaram salários para lutar em tempo de guerra, e aqueles que não são nem súditos nem assalariados. Ele discutiu as obrigações que cada tipo de soldado tem de pensar na justiça de qualquer guerra da qual participem, bem como nas obrigações de restituição na qual podem incorrer.

Outros jesuítas após Toletus incluíram Francisco Suárez, ao qual retornaremos, bem como Pedro da Fonseca (1528-99). As principais contribuições de Fonseca foram para a lógica e a metafísica. Em lógica, ele escreveu *Institutionum dialecticarum libri VIII* [*Oito livros de treinamento dialético*]. Publicado em Lisboa em 1564 e reimpresso 51 vezes até 1625, esse foi o livro didático mais usado na Europa, na América e no Oriente distante, especialmente pelos jesuítas. Em metafísica, Fonseca produziu o *Commentariorum in libros Metaphysicorum Aristotelis stagiritae tomi 4* [*Quatro volumes de comentários sobre os livros da Metafísica de Aristóteles de Estagira*], que contém um texto grego crítico, uma tradução latina literal, uma explicação do texto após cada capítulo, e depois um comentário "à guisa de questão" sobre a maioria dos capítulos ao longo dos nove primeiros livros da *Metafísica*. Publicados postumamente, os Livros 10, 11 e 12 continuam a fornecer o texto grego e latino juntamente com a explicação, enquanto os Livros 13 e 14 fornecem apenas o texto nos dois idiomas.

Fonseca diz (*Sobre a Metafísica*, IV, c. 1, q. 1, s. 3) que o objeto da metafísica é o ser na medida em que ele é comum a Deus e às criaturas.

Entre Deus e as criaturas, entre a substância criada e os acidentes, entre diferentes classes de acidente, e o ser real e os entes da razão, o ser é análogo por analogias tanto de proporção quanto de atribuição. O ser enquanto tal é transcendente, assim como os conceitos de coisa (*res*), algo (*aliquid*), um, verdadeiro e bom (*ibid.*, q. 5, s. 2). Seguindo Aristóteles, Fonseca exclui do objeto da metafísica tanto os entes acidentais (*entia per accidens*) quanto os entes da razão (*entia rationis*).

De 1555 a 1561, Fonseca ensinou filosofia na Faculdade de Artes, que era dirigida pelos jesuítas, na Universidade de Coimbra, onde ele promoveu a ideia de um "Curso Coimbrense de Filosofia", um *Cursus conimbricensis*.[11] Através dos esforços de companheiros jesuítas em Coimbra, esse curso apareceu em cinco volumes entre 1592 e 1606, e incluiu textos de Aristóteles e comentários sobre sua *Física, De caelo* [*Do céu*], *De generatione et corruptione* [*Da geração e da corrupção*], *De anima* [*Da alma*], *Ética*, e *Dialética*. A *Dialética* é especialmente digna de nota por seu tratamento dos signos (em *De interpretatione* [*Da interpretação*], c. 1).[12] Distribuídos pelos jesuítas, esses volumes foram influentes na Europa, na América e no Oriente distante, incluindo o Japão e a China. O principal bibliógrafo da Sociedade de Jesus, Carlos Sommervogel, SJ (1834-1902), citou o polímata jesuíta do século XVII, Athanasius Kircher (1601-80), que atestou que em sua época os comentários de Coimbra haviam sido traduzidos em língua chinesa.[13] Boa parte disso foi realizado pelo jesuíta português Francisco Furtado (1584-1653) e Li Chih Tsao (1565-1630), um cristão converso e amigo do famoso Matteo Ricci, SJ (1552-1610).

De 1572 a 1582, e novamente em 1592, Fonseca esteve em Roma, onde, entre outras tarefas, trabalhou na *Ratio studiorum* [*Plano de estudos*] que foi adotada em 1599 pela Sociedade de Jesus e tornou-se o currículo escolar mais influente no mundo católico do início do período moderno. Irmãos jesuítas no *Collegio Romano* durante uma parte do período que Fonseca passou ali incluíram Benito Pereira (1535-1610) e Francisco Suárez.

---

11 Posteriormente (1624-8), um *cursus complutensis* foi criado pelos carmelitas na Universidade de Alcalá.
12 Collegium Conimbricense, 2001.
13 Ver De Backer e Sommervogel, 1890-1932, II: col. 1278.

Durante as atribuições de Fonseca em Roma, Pereira estava ensinando teologia. Anteriormente, ele havia ensinado filosofia ali, e em 1562 havia publicado *De communibus omnium rerum naturalium principiis et affectionibus libri XV* [Quinze livros sobre os princípios e propriedades comuns de todas as coisas naturais], que passou por numerosas edições e foi citado frequentemente por Galileu, entre outros.[14] Nessa obra, Pereira defendeu o papel da filosofia e dedicou uma atenção especial às distinções e relações entre filosofia e teologia, ciência e fé, bem como entre as várias ciências.[15] Ele exprimiu a necessidade de uma filosofia primeira ou ciência geral que tratasse daquilo que transcende todas as coisas existentes e possíveis. Essa ciência geral seria distinta da ciência da metafísica, que trata de inteligências separadas, especialmente Deus. Carlo Giacon enxerga isso como antecipando em dois séculos a separação wolffiana entre uma ontologia geral e outras partes da metafísica.[16] Também é notável a ênfase que Pereira colocou sobre a experiência no estudo da filosofia natural ou física.[17]

Francisco Suárez (1548-1617)

Foi Francisco Suárez, SJ, mais do que qualquer outro jesuíta de sua época, quem teve profundidade e amplitude, bem como influência. Suárez estudou e ensinou em diferentes lugares: na Espanha, em Roma e, finalmente, em Coimbra. Em filosofia, ele escreveu principalmente sobre metafísica e a filosofia do direito. Os dois volumes de suas *Disputationes metaphysicae* [*Disputas metafísicas*] de 1597 dividem a metafísica em duas partes. A primeira lida com o ser em geral, suas propriedades e causas, enquanto a segunda considera seres particulares e classes de ser – Deus, as criaturas e as categorias aristotélicas. O objeto da metafísica é o "ser enquanto ser real", que exclui o ser *per accidens* [por acidente] e os entes da razão. Prescindindo da existência, esse objeto transcende todos os gêneros, espécies e diferenças, e abrange tudo que é real, desde as denominações extrínsecas

---

14 Giacon, 1944, II: 44.
15 *Ibid.*, 45.
16 *Ibid.*, 46.
17 *Ibid.*

(tais como "estar à direita", "estar à esquerda", "ser conhecido", ou "ser intencionado"),[18] passando pelos meros possíveis, até as substâncias criadas e acidentes em ato e a realidade subsistente, puramente atual e necessária de Deus. Entre o conjunto de tais seres, o ser é análogo a "uma analogia de atribuição intrínseca" que pressupõe um conceito comum unificado dividido em uma ordem de anterior e posterior.[19] Após um tratamento geral das propriedades de todo ser enquanto ser – a saber, a unidade, a verdade e a bondade – levantam-se questões sobre cada uma dessas propriedades. O restante da primeira parte considera as várias causas do ser.

A segunda parte começa com a divisão do ser em infinito e finito. A existência de Deus é provada de maneira explicitamente metafísica, refletindo a influência do filósofo islâmico Avicena (980-1037), traçando a ordem do ser a partir do efeito até a causa. Após uma consideração da natureza de Deus, as *Disputationes* passam a tratar das criaturas e das categorias – substância e acidentes – do ser. A obra conclui com uma discussão importante sobre "entes da razão", que são divididos em negações, privações e relações dependentes da mente.[20] No cerne das negações estavam os assim chamados "objetos impossíveis", dos quais mais será dito depois.

Em sua filosofia do direito, que é apresentada principalmente em *De legibus* [*Das leis*],[21] Suárez nos diz que toda lei deriva da lei eterna, que é "um livre decreto da vontade de Deus estabelecendo a ordem a ser observada, seja geralmente, por todas as partes do universo em relação ao bem comum, [...] seja especialmente, a ser observada pelas criaturas intelectuais em suas operações livres" (II, c. 3, n. 6). Ao enfatizar a vontade de Deus, Suárez distinguiu-se de Tomás de Aquino (1225-74), que identificara a lei eterna com a Razão Divina conforme esta governa o universo criado.

Imediatamente derivada da lei eterna, há a lei natural que reside na mente humana e permite aos seres humanos discernirem aquilo que é moralmente bom ou mau. Em *De legibus* II, c. 7, basicamente seguindo Tomás de Aquino, Suárez nos diz que os preceitos da lei natural são antes

---

18 Doyle, 1984.
19 Ver Doyle, 1969.
20 Ver Doyle, 1987-8.
21 Suárez, 1612.

de tudo princípios gerais, como "deve-se fazer o bem e evitar o mal" e "não fazer a ninguém o que não quererias que fosse feito a ti". Em seguida, vêm princípios mais particulares que ainda são evidentes, por exemplo: "deve-se observar a justiça", "Deus deve ser louvado", "deve-se viver com autocontrole", etc. Desses princípios provêm conclusões que podem ser mais ou menos facilmente e amplamente conhecidas. Assim, é mais fácil e amplamente conhecido que coisas tais como o adultério e o roubo são erradas. Conclusões que requerem mais raciocínio e não são facilmente conhecidas por todos são tais como: "a fornicação é intrinsecamente má", "a usura é injusta", ou "a mentira nunca pode ser justificada". Suárez afirma que a lei natural obriga os seres humanos em todo lugar e sempre. Ninguém pode ser invencivelmente[22*] ignorante sobre os primeiros princípios da lei natural, diz ele. Preceitos particulares, incluindo a segunda classe de princípios e a primeira classe de conclusões, podem ser desconhecidos, mas não por muito tempo sem culpa. As conclusões mais remotas da lei natural podem ser invencivelmente desconhecidas, pelo menos pelas pessoas comuns que carecem de educação e sutileza.

Rejeitando tanto a opinião de Guilherme de Ockham (1290-1349) de que Deus pode se dispensar de todos os mandamentos do Decálogo e poderia de fato ab-rogar toda a lei natural (*De legibus* II, 15, n. 4), quanto a opinião de Duns Escoto (1266-1308), de que Deus pode se dispensar dos sete preceitos da segunda tábua do Decálogo (*ibid.*, n. 9), Suárez sustenta que o Decálogo inteiro é indispensável mesmo pelo poder absoluto de Deus (*ibid.*, n. 16). Portanto, nesse nível, embora seja enraizada na vontade divina, a lei não é arbitrária, nem mesmo para Deus.

Para Suárez, o *ius gentium* se situa entre a lei natural e as leis positivas dos Estados individuais. Não escrito, mas tendo o caráter geral da lei positiva, ele foi estabelecido não por um único Estado, mas pelos costumes de todas ou quase todas as nações (*De legibus* II, 19, n. 7). Dessa maneira, o *ius gentium* se origina do consenso humano e pode, em princípio, embora não facilmente, ser alterado.

22* A chamada "ignorância invencível" ocorre quando uma pessoa se recusa a considerar as evidências e/ou razões apresentadas em defesa de um argumento. (N. do T.)

Sob o *ius gentium* enquadravam-se os direitos tradicionais listados na *Etimologias* de Isidoro de Sevilha (*c*. 562-636): ocupar territórios não ocupados, travar guerras em defesa dessa ocupação, fazer prisioneiros nessas guerras, bem como escravizar tais prisioneiros. Também se enquadravam os tratados e a imunidade dos embaixadores, bem como uma proibição de miscigenação, que Suárez reduz a uma proibição de casamentos religiosamente mistos (*De legibus* II, c. 19, n. 10). Para Suárez, o *ius gentium* abrangia ainda a divisão atual dos próprios povos e reinos, a divisão das posses, a propriedade privada, a compra e a venda, o uso do dinheiro e o livre comércio entre as nações.

O *ius gentium* tem um aspecto duplo. Primeiro, e mais propriamente, ele consiste na lei internacional – a "lei das nações entre si [*inter se*]" – uma lei que as nações são obrigadas a observar umas em relação às outras. Princípios tais como aqueles relacionados aos embaixadores e ao comércio internacional, bem como ao "direito à guerra" (*ius belli*) pertencem ao *ius gentium* considerado dessa maneira. Segundo, ele é "a lei das nações no interior delas próprias" (*intra se*), isto é, a lei que os Estados individuais comumente observam no interior de suas próprias fronteiras. A maior parte dos outros itens mencionados anteriormente acima pertencem ao *ius gentium* considerado dessa segunda maneira.

Embora a guerra devesse ser evitada sempre que possível, ela era às vezes, pensava Suárez, a única opção para a preservação da república, que tem um direito e mesmo uma obrigação de defender a si própria ou às pessoas inocentes (*De legibus* II, c. 18, n. 5). Para que uma guerra fosse justa, era necessário que uma autoridade apropriada (legítima, pública e suprema) a declarasse. Novamente, uma causa justa e grave era necessária. E, em terceiro lugar, a devida restrição (*debitus modus*) deveria ser a regra no início da guerra, durante sua execução e na vitória posterior. No que diz respeito à autoridade para declará-la e travá-la, a guerra poderia ser baseada no direito de um Estado de punir, vingar ou reparar uma injúria que lhe fosse feita por outro Estado. O direito aqui não era, como Francisco de Vitoria havia considerado antes, "dado pela autoridade do mundo inteiro". Em vez disso, cada Estado, "supremo em sua própria ordem" (*De legibus* III, c. 1, n. 6)

– isto é, a ordem temporal – sem nenhum tribunal além de si, tem a autoridade de reparar injúrias feitas contra si próprio. O poder civil não é maior nos príncipes cristãos do que nos príncipes pagãos. Tanto cristãos quanto pagãos podem se defender, vingar injúrias, ou proteger os inocentes. Mas, para além disso, os cristãos não podem reivindicar quaisquer direitos adicionais. Eles não podem travar guerras contra os infiéis unicamente em razão da infidelidade destes.

Desde Francisco de Vitoria, foi comum teólogos católicos sustentarem que os ameríndios eram seres humanos, senhores de suas próprias vidas e posses, e que não era legítimo subjugá-los e espoliá-los sem justa causa – nem mesmo a fim de cristianizá-los. Essa foi também a posição de Suárez, que ele assumiu, no entanto, em um nível abstrato, quase sem fazer menção aos índios da América. Contra uma possível aplicação aos índios da distinção dos seres humanos feita por Aristóteles entre aqueles aptos por natureza a governarem e aqueles que eram escravos por natureza (*Política*, 1.5.1254a18-1255a2), Suárez sustentou ser inacreditável dizer que todas as pessoas em qualquer região ou província haviam nascido "monstruosas e de uma maneira que contradiz a disposição natural" dos seres humanos para serem livres (*De iustitia et iure*, q. 6).[23]

Desde o início da raça humana, as pessoas foram livres por natureza. Mas mesmo se tivessem permanecido sem pecado, algum poder político teria eventualmente existido. Como disse Aristóteles (*Política* 1.2.1253a2), o homem é político por natureza. Assim, o Estado (a *polis*) é natural. Contudo, ele é também voluntário. Naturalmente inclinadas para a associação política, as pessoas livres devem ainda concordar com ela. Portanto, o próprio estado emerge de um consenso (*consensus*), explícito ou tácito, no qual a comunidade entra livremente. As pessoas não são forçadas por natureza a escolher qualquer forma particular de Estado e, de fato, há diferentes formas existindo em diferentes regiões, com uma igualdade natural entre todas essas formas e o poder político que elas exercem. Na prática, o melhor governo é uma monarquia. Mas qual padrão a monarquia assume e quanto

---

23 O tema geral da natureza dos ameríndios conforme tratada pelos teólogos escolásticos espanhóis é tratado em Pagden,1982.

poder qualquer monarca terá dependerá dos termos da concessão inicial do povo. Dessa maneira, a autoridade civil, em qualquer forma, provém, em última instância, da natureza e do Deus da natureza, mas provém imediatamente do povo.

Cada Estado é "supremo em sua própria ordem", mas o poder de um termina onde começa o de outro. Novamente, o poder de qualquer Estado, mesmo dentro de seu próprio território, não é absoluto. Embora, em última instância, sua doação do poder seja irrevogável, o povo retém, em princípio, a autoridade sobre seu governo. Conforme o bem comum exige, o poder político, mesmo o de um rei, pode, em diferentes circunstâncias, ser alterado ou limitado. Em sua *Defensio fidei catholicae* [*Defesa da fé católica*] de 1613,[24] Suárez se opôs ao direito absoluto dos reis e defendeu o poder indireto do papado sobre governantes temporais bem como o direito dos cidadãos de resistir a um monarca tirânico – mesmo ao ponto do tiranicídio no caso de um monarca deposto por heresia pelo papa. Anteriormente, a legitimação do tiranicídio havia sido atribuída a outro jesuíta, Juan de Mariana (1536-1623), que em seu *De rege et regis institutione* [*Do rei e da educação de um rei*] de 1599 havia aparentemente elogiado o assassino de Henrique III de França (embora não houvesse de fato aprovado sua ação).

Para Suárez, o poder do Estado se interrompe em uma zona privada de famílias e indivíduos, que são por natureza anteriores ao Estado. Novamente, enquanto ele admite uma preocupação genuína por parte da república acerca da moral de seus cidadãos, Suárez nos diz que, mesmo em um nível natural, cada pessoa visa uma felicidade final que transcende o alcance das leis civis e do poder civil. Sobre a questão da Igreja e do Estado, embora cada qual seja "supremo em sua própria ordem", a relação básica entre os dois é hierárquica, comparável àquela entre a alma e o corpo. O poder dos muitos Estados deste mundo se encontra direta e exclusivamente dentro da ordem temporal, visando um bem temporal comum de "felicidade política". O poder da Igreja cristã única, orientado para a salvação eterna de

---

24 Suárez, 1613. O título completo é "Uma defesa da fé católica contra os erros da seita anglicana, com uma resposta à apologia do juramento de fidelidade e ao prefácio admonitório de James, o rei mais sereno da Inglaterra".

seus membros, encontra-se diretamente dentro da ordem espiritual. Indiretamente, contudo, essa Igreja tem poder sobre um Estado cristão mesmo em assuntos temporais. Suárez enxergava isso como um aprimoramento da condição dos Estados cristãos, na medida em que, por sua subordinação à Igreja, eles seriam elevados a um nível quase sobrenatural.

Luís de Molina, SJ (1536-1600)

Luís de Molina, que foi aluno de Fonseca, ensinou por muitos anos na Universidade de Évora, em Portugal. Sua obra mais famosa, *Concordia liberi arbitrii cum gratiae donis, divina praescientia, providentia, praedestinatione et reprobatione* [*A concordância do livre-arbítrio com os dons da graça, presciência, providência, predestinação e reprovação divinas*],[25] defendeu os atos humanos livres diante da causalidade e da presciência divinas. Sua posição central era que a graça eficaz conduzia infalivelmente à concordância humana, não a partir de sua própria natureza interna, mas a partir do livre consentimento da vontade criada, cujo consentimento é conhecido por Deus através de seu "conhecimento intermediário" (*scientia media*)[26] das possibilidades futuras, isto é, "futuríveis".

A *Concordância* foi atacada pelo dominicano Domingo Bañez, que propôs aquela que foi aceita como a teoria tomista da predeterminação física dos atos humanos como um resultado definido por Deus. Os jesuítas e dominicanos escolheram os lados de Molina ou Bañez. O assunto foi levado primeiro à Inquisição espanhola, e depois a Roma, onde foram realizadas 85 sessões da assim chamada "Congregação sobre a Assistência da Graça Divina", que não resultaram em nenhuma decisão senão que nenhum dos lados deveria chamar o outro de "herege".

No século XVII, a doutrina de Molina provocou uma controvérsia continuada, e serviu de várias maneiras para definir uma escola distintamente jesuíta de filosofia e teologia. Entre outras coisas, ela conduziu a teorias distintamente jesuítas da possibilidade, da necessidade e da probabilidade.

---

25 Molina, 1588.
26 Uma doutrina introduzida anteriormente por Fonseca.

Os nomes aqui incluem, mas certamente não se restringem a, Antônio Perez (1599-1649), que sucedeu Juan de Lugo (1583-1660) em uma cátedra de teologia (1642-8) em Roma, e Agustín de Herrera (1623-84), em cujo *Tratado da vontade de Deus* (1673) há um tratamento notável do cálculo de probabilidades sobre o pano de fundo do conhecimento de Deus sobre aquilo que os seres humanos livres farão com certeza moral. Tanto Perez quanto Herrera foram conhecidos por Leibniz, e foram temas de estudos acadêmicos recentes por Tilman Ramelow, Sven Knebel e Jacob Schmutz.[27]

Molina também foi autor de um tratado *De iustitia et iure* [*Da justiça e do direito*], que, apesar de ter permanecido inacabado na ocasião de sua morte, é importante por sua inclusão de questões econômicas (ver, por exemplo, seu tratamento dos contratos de seguros),[28] por sua crítica da conduta portuguesa na África e por sua condenação do tráfico de escravos negros.[29] Uma condenação semelhante pode ser encontrada na obra do jesuíta brasileiro Antônio Vieira (1608-97), que, pregando em português, comparou os sofrimentos dos escravos negros aos sofrimentos de Cristo e ameaçou os senhores de escravos com a danação eterna.

Dominicanos ibéricos do final do Renascimento

Alguns outros dominicanos ibéricos posteriores dignos de nota incluem o aluno de Bañez, Diego Mas (1553-1608), Francisco Araújo (1580-1664), Cosmas de Lerma (m. 1642), e João Poinsot, às vezes conhecido como João de S. Tomás (1589-1644). Diego Mas é notável como o autor de *Metaphysica disputatio de ente et eius proprietatibus* [*Disputa metafísica sobre o ente e suas propriedades*] de 1587, que antecipou, em certa medida, as *Disputationes* de Suárez. De 1617 a 1643, Araújo ocupou a *Cátedra de Prima* de teologia em Salamanca, e posteriormente tornou-se arcebispo de Segóvia. Ele compôs um importante *Commentaria in universam Aristotelis metaphysicam* [*Comentários sobre a totalidade da Metafísica de Aristóteles*", 2

---

27 Ramelow, 1997, Knebel, 2000, e Schmutz, 2003. Para uma discussão recente em língua inglesa sobre uma parte desse tema, ver Franklin, 2001.
28 *De iustitia* II, tr. 2, disp. 507.
29 *Ibid.* I, tr. 2, disps. 34-5, especialmente d. 35, n. 16.

vols., 1617-31] e defendeu as interpretações dominicanas sobre Tomás de Aquino contra as interpretações dos jesuítas, principalmente o nominalista Pedro Hurtado de Mendoza, SJ (1578-1641). No entanto, acerca da discussão central entre Bañez e Molina, Araújo se opôs à predeterminação metafísica de Bañez e adotou, em vez dela, uma doutrina de predestinação moral, que era comparativamente mais próxima de Molina. Cosmas de Lerma foi aclamado por seus resumos e comentários sobre as obras de Domingo Soto.

João Poinsot, ou João de S. Tomás, alcançou uma fama permanente tanto na filosofia quanto na teologia como um dos principais representantes do pensamento tomista. Ele nasceu em Lisboa e estudou em Coimbra, muito provavelmente em parte sob direção dos jesuítas, que certamente influenciaram seu pensamento sobre os signos.[30] Após juntar-se aos dominicanos em 1609 em Madri, estudou filosofia e teologia, as quais posteriormente ensinou. Em 1631, produziu a primeira edição de seu *Cursus philosophicus thomisticus* [*Curso filosófico tomista*], que abrangia a lógica e a filosofia natural, e depois, em 1637, seu *Cursus theologicus* [*Curso teológico*]. Em seus escritos filosóficos e teológicos, abrangeu um amplo conjunto de questões de metafísica, epistemologia e ética. Ele assumiu invariavelmente posições tomistas, e buscou defender a doutrina tomista contra seus adversários. Os principais dentre esses adversários, conforme Poinsot os enxergava, eram os jesuítas Francisco Suárez e Gabriel Vásquez.

Filósofos e teólogos jesuítas do final do Renascimento

Gabriel Vásquez (1549-1604) também foi um importante teólogo. Após se juntar aos jesuítas, estudou filosofia e depois teologia sob Domingo Bañez em Alcalá. Dentro da ordem jesuíta, Vásquez tornou-se rival e oponente, pessoal e profissionalmente, de Suárez, o qual ele sucedeu duas vezes em posições docentes: em Roma, em 1585 (onde ensinou teologia até 1590), e depois em Alcalá, em 1592. Em seu ensino, Vásquez seguia as linhas principais da escola jesuíta, mas frequentemente com seus próprios floreios.

---

30 Poinsot, 1985.

Sua principal obra teológica foi seu *Commentariorum et disputationum in Summam sancti Thomae tomi IV* [*Quatro volumes de comentários e debates sobre a Suma de Santo Tomás*], publicado entre 1598 e 1615. Na metafísica, Vásquez, assim como Suárez e a maioria dos outros jesuítas depois de Pereira, rejeita a doutrina tomista da distinção real entre essência e existência nas criaturas. Ele identifica a essência metafísica de Deus como sendo a "aseidade" e define a infinitude de Deus por um número infinito de atributos infinitos. Ele defende a tese de que este mundo não poderia ser o melhor de todos os mundos possíveis. Acerca do livre-arbítrio em relação a Deus, ele geralmente segue Molina. Em sua filosofia legal, ele sustenta que a lei natural é independente de qualquer vontade, e mesmo da vontade de Deus.[31]

Além daqueles já mencionados, outros jesuítas hispânicos do século XVII que merecem ser mencionados incluem Francisco de Oviedo (1602-51), Rodrigo de Arriaga (1592-1667), Antônio Bernaldo de Quiroz (1613-68), e, da Catalunha, Sebastian Izquierdo (1601-81). O *Integer cursus philosophicus* [*Curso filosófico completo*] (1640) de Oviedo foi um dos livros didáticos mais influentes do século XVII. Arriaga é especialmente importante, pois após estudar sob Hurtado de Mendoza e Juan de Lugo, e depois ensinar filosofia na Espanha, em 1625, levou o escolasticismo hispânico para a Universidade de Praga, onde foi chanceler por doze anos. Ele escreveu o primeiro livro didático completo sobre filosofia no século XVII, um *Cursus philosophicus* que, tendo aparecido em 1632 e sido reeditado muitas vezes, tinha uma orientação claramente nominalista.[32] Tanto Oviedo quanto Arriaga foram lidos por Pierre Bayle (1647-1706), e o *Cursus* de Arriaga foi muito usado por Leibniz. Bernaldo de Quiroz produziu um *Opus philosophicum* [*Trabalho filosófico*] (1666) que foi o último grande livro didático filosófico do século XVII na tradição nominalista de Hurtado de Mendoza. Izquierdo foi o autor de um famoso *Pharus scientiarum* [*Farol das ciências*],[33] que, enquanto dava continuidade à linha principal da filosofia de sua ordem, dedicou-se a revisar a lógica aristotélica e esteve aberto

---

31 Comentando sobre a *Suma* de Tomás, I^a-II^{ae}, disp. 150, c. 3, §22.
32 Arriaga, 1632.
33 Izquierdo, 1659.

às tendências científicas correntes. Ele foi um seguidor de Raimundo Lúlio (c. 1235-1316), um conterrâneo catalão, e também foi lido e apreciado por Leibniz.

O escolasticismo ibérico fora da Ibéria

Os jesuítas não ibéricos que transmitiram a filosofia hispânica em suas obras incluíram o inglês Thomas Compton Carleton (1591-1666), o italiano Sylvester Mauro (1619-87), o francês André Semery (1630-1717), e os poloneses John Morawski (1633-1700) e Maximilian Wietrowski (1660- -1737). Particularmente interessante para esses escritores foi o sofisticado debate hispânico sobre "objetos impossíveis", significando itens autocontraditórios, como "círculos quadrados", sobre os quais podemos pensar e falar, mas que não podem ser realizados no mundo fora da mente.[34] Deve-se também mencionar aqui o jesuíta flamengo Leonard Lessius ou Leys (1554-1623), que estudou teologia durante dois anos sob Suárez em Roma, e depois, em Louvain em 1605, publicou um *De iustitia et iure ceterisque virtutibus cardinalibus* [*Da justiça e do direito e outras virtudes cardeais*]. Seus capítulos sobre a usura, os juros e os seguros,[35] os bancos, o câmbio monetário e outros tópicos econômicos fizeram dele uma das principais figuras na discussão ética de questões associadas à economia capitalista emergente na Europa.

Não se deve ignorar a extensão da filosofia e da teologia hispânicas ao mundo universitário protestante do século XVII, tanto por pensadores luteranos quanto calvinistas. Entre os luteranos estavam Jacob Martini (1570-1649) e Christoph Scheibler (1589-1653); o segundo foi o autor de um *Opus metaphysicum* [*Trabalho metafísico*] (1617) e foi chamado de "o Suárez protestante".[36] Outros foram Daniel Stahl (1585-1654) e seu pupilo Johann Stier (1588-1648). Os calvinistas incluíram Clemens Timpler (1568?-1624), que em seu *Metaphysicae systema methodicum* [*Sistema*

---

34 Doyle, 1995.
35 Sobre o ensinamento moral acerca de contratos de seguros em Vitoria, Soto, Molina, e Lessius, ver Bergfeld, 1973.
36 Lewalter, 1935, 71.

metódico de metafísica, 1616] disse que o objeto próprio e adequado da metafísica era "tudo que é inteligível", abrangendo não apenas entes reais, mas também entes da razão. Afastando-se de Suárez e da corrente predominante entre os filósofos aristotélicos, essa posição ressoaria posteriormente com a doutrina dos "supratranscendentais".[37] Outros calvinistas que, em vários graus, deram continuidade a temas da filosofia hispânica incluíram Rudolph Goclenius (1547-1628), o filósofo de Marburg que cunhou pela primeira vez o termo (em grego) *ontologia*,[38] Bartholomew Keckermann (1571-1609), o escocês Gilbert Jack (1578-1628), e os holandeses Franco Burgersdijk (1590-1629) e Adrian Heereboord (1614-53). Todos esses últimos ensinaram em Leiden e foram influenciados especialmente por Suárez, que foi admiravelmente chamado por Heereboord em seu *Meletemata philosophica* [*Exercícios filosóficos*] de 1665 de "o príncipe e o papa de todos os metafísicos".[39] Através de calvinistas como esses, o escolasticismo hispânico teve uma influência até mesmo na Faculdade de Harvard, na América do Norte britânica, ao longo da maior parte do século XVII.[40]

A filosofia hispânica no Novo Mundo

Alonso de Vera Cruz e Antônio Vieira já foram mencionados como participantes da tradição da filosofia hispânica do Novo Mundo. Outros que podem ser incluídos da mesma maneira são o dominicano Tomás de Mercado (1530-79), bem como Antônio Rubio (1548-1615), os irmãos Peñafiel e Miguel Viñas, todos jesuítas. Nascido em Sevilha, Mercado entrou para a ordem dominicana no México, muito provavelmente em 1552. Ele estudou e ensinou ali, e posteriormente em Salamanca e Sevilha. Ele foi autor de obras sobre o livro didático de lógica do século XIII de Pedro de Espanha e sobre o *Órganon* de Aristóteles, mas é mais conhecido por sua *Suma de tratos y contratos* [*Suma de acordos e contratos*].[41] Derivada de

---

37 Doyle, 1997 e 1999.
38 Goclenius, 1613, 16, *in margine*.
39 Heereboord, 1665, 27.
40 Morison, 1956.
41 Mercado, 1569.

sua atividade de aconselhamento a mercadores em Sevilha e influenciada pelo *De iustitia* de Soto, a *Suma* de Mercado concentrava-se na moralidade econômica sobre um pano de fundo de direito natural. Importante por si mesma, a *Suma* antecipou ideias econômicas de pensadores posteriores tais como Francis Hutcheson (1694-1746) e Adam Smith (1723-90)[42] sobre negócios e comércio, intercâmbios de propriedade e dinheiro, bancos, empréstimos e juros, inflação e deflação, e outros tópicos econômicos.

Nascido na Espanha, Antônio Rubio juntou-se aos jesuítas em Toledo em 1569. Em 1576, ele se mudou para o México, onde terminou seu doutorado e ensinou filosofia por seis anos e teologia por mais dezesseis anos. Em 1599, retornou para a Espanha e começou a publicar o trabalho que havia realizado no México. Em 1603, publicou uma *Lógica mexicana* que passou por dezoito edições antes de 1641, e que continha seções importantes sobre entes da razão e a analogia de termos. Ele também produziu estudos das seguintes obras de Aristóteles: *Física, De generatione et corruptione* [*Da geração e da corrupção*], *De anima* [*Da alma*], e, postumamente, *De caelo et mundo* [*Do céu e do mundo*], todas as quais foram reimpressas diversas vezes.

Os irmãos Peñafiel, Ildefonso (1594-1657) e Leonardo (1597-1657), nasceram no Peru, filhos de Alonso de Peñafiel, *Corregidor* de Quito, e sua esposa, Doña Lorenza de Araújo. Ambos se juntaram aos jesuítas e foram educados no Peru, em Cuzco e Lima. Posteriormente, ensinaram em ambos os lugares como jesuítas. Ildefonso foi o autor de um curso completo de filosofia, o *Cursus integri philosophici*, que foi usado pela primeira vez no Peru, e posteriormente publicado em três volumes em Lyons (1653-5). A obra mostrava a influência de Suárez e refletia o nominalismo de Hurtado de Mendoza. Leonardo participou de sua conclusão, enquanto ele próprio, além de quatro obras teológicas altamente consideradas, deixou em manuscrito um comentário sobre a *Metafísica* de Aristóteles.

Miguel Viñas nasceu na Catalunha em 1642. Após se juntar aos jesuítas em 1680, foi enviado ao Peru e depois ao Chile, onde ensinou filosofia no colégio jesuíta em Santiago. Posteriormente, ensinou teologia no mesmo

---

42 Beuchot, 1996, 121.

colégio por nove anos, e foi reitor ali por treze anos. Após passar dois anos em Roma como *Procurator* dos jesuítas chilenos, retornou a Santiago, onde morreu em 1718. Em 1709, três volumes da filosofia que ele havia ensinado à geração anterior no Chile foram publicados em Gênova como *Philosophia scholastica* [*Filosofia escolástica*].

Dividindo seu objeto de estudo em lógica, filosofia da natureza e metafísica, Viñas trata dos entes da razão de uma maneira bastante surpreendente, tanto na lógica quanto na metafísica, fazendo uma excursão notável para além dos termos e conceitos transcendentais, tais como o ser e suas propriedades de unidade, verdade e bondade, adentrando a área dos "supratranscendentais". Em oposição a Suárez, que ele considera como um mentor na maioria das questões,[43] adota uma posição escotista, sustentando que o ser é unívoco entre Deus e as criaturas, a substância e os acidentes, o atual e o possível, e os fatos positivos e negativos.[44] Ao mesmo tempo, em concordância com Suárez, ele nega que haja um conceito intrínseco de ser comum entre entes reais extra-mentais e entes da razão, cujo caso paradigmático seria dado pelos objetos impossíveis.[45]

Viñas continua com o que, na época, eram duas divisões bem conhecidas na filosofia hispânica. A primeira é entre termos transcendentais, como *ser, coisa, uno, verdadeiro* e *bom*, e termos que são supratranscendentais, como *inteligível* ou *amável*, que Viñas descreve como aplicáveis a tudo que pode ser dito ou pensado, seja isto verdadeiro ou falso, fictício ou real, possível ou impossível.[46] A segunda divisão se dá entre uma inteligibilidade transcendental intrínseca e uma inteligibilidade supratranscendental extrínseca. Brevemente, uma inteligibilidade transcendental intrínseca é uma inteligibilidade baseada na realidade intrínseca daquilo que é ou pode ser. Em contraste, uma inteligibilidade supratranscendental extrínseca é dada pelo intelecto a partir de fora de tais coisas, e é suficientemente ampla para abranger não apenas aquilo que é ou pode ser, mas também aquilo que não

---

43 Viñas, 1709, I: 31, 36.
44 *Ibid.*, III: 122-6.
45 *Ibid.*, III: 128-31.
46 *Ibid.*, I: 160.

pode ser senão como produto de uma operação intelectual.⁴⁷ Viñas admite uma inteligibilidade supratranscendental extrínseca comum a entes da razão, incluindo objetos impossíveis, e entes reais.⁴⁸ Mas indo além disso, ele lida com a questão da inteligibilidade extrínseca daquilo que só pode ser chamado de "o nada supratranscendental". Este último, que representa o mínimo denominador comum daquilo que é objetivo (no sentido de intencional), é a negação não apenas do que é atual ou do que é possível, mas também do que é impossível. Isso constitui um tipo de "Finisterra filosófica", o reduto absolutamente último da objetividade.⁴⁹ Esse é o lado mais inferior (em contraste com Deus, que poderia ser o mais elevado) e exterior (isto é, o transalpino, em vez do cisalpino) da fronteira de tudo que é pensável e dizível.

Nisso, Viñas, e em alguma medida outros escolásticos hispânicos, estavam antecipando sem saber, e mesmo indo além das doutrinas posteriores do *Gegenstand überhaupt* [objeto em geral] e do *Nichts* [nada] de Immanuel Kant (1724-1804).⁵⁰ Como é bem conhecido, a filosofia no século XVII foi marcada por uma mudança passando de uma confiança medieval em nossa habilidade de conhecer as coisas em si mesmas para preocupações epistemológicas com os atos de conhecer e nomear. Assim, é digno de nota que Viñas, ainda em uma tradição com raízes em Aristóteles e no escolasticismo medieval, encontre-se aqui na vanguarda de uma exploração pré-kantiana da objetividade.

Conclusão

Mas não foi apenas Viñas que chegou até os confins da Terra, ao *finis terrae* que era o Chile. A mesma ousadia exploratória foi geralmente característica do escolasticismo hispânico em várias áreas de estudo. O espaço proíbe uma elaboração desse ponto com nomes e textos adicionais, mas há

---

47 Doyle, 1990.
48 Viñas, 1709, III: 126-8.
49 Doyle, 1998.
50 *Kritik der reinen Vernunft* [Crítica da razão pura], *Abschnitt* [Seção] §12, B113-14; e *Anhang* [Apêndice], A290/B347-A292/B349. Ver também Doyle, 1997, 2003 e 2004.

muitas outras figuras e doutrinas além daquelas que foram tratadas aqui. Entretanto, para enfatizar o fato de que a filosofia hispânica não foi marginal para o desenvolvimento da filosofia moderna inicial, como frequentemente assumido, vale a pena passar em revista alguns dos temas já mencionados. A filosofia hispânica desempenhou um papel-chave na elaboração pré-moderna do direito das nações e da teoria da guerra justa, um debate que começou de fato com Vitoria e continuou com Soto, Toletus, Molina, Suárez, e muitos outros. Ela criou o gênero do livro didático filosófico – a apresentação sistemática, não apenas da metafísica, mas de outras áreas da filosofia – um gênero que teve seu protótipo nas *Disputationes metaphysicae* [*Disputas metafísicas*] de Suárez. Ela integrou a teoria econômica moderna à discussão filosófica: por exemplo, nas obras de Vitoria, Soto, Mercado, Molina, bem como muitos outros, e estabeleceu fundamentos para a teoria da probabilidade, na esteira da doutrina de Fonseca e Molina sobre o "conhecimento intermediário". Temas para além do escopo deste capítulo, mas também importantes para a filosofia moderna inicial, incluem novas abordagens à ética, tais como a casuística moral e o probabilismo. O escolasticismo hispânico foi também a arena da qual emergiram desenvolvimentos chave em semiótica, tais como as reflexões de Suárez sobre a interpretação das leis (cf. *De legibus* [*Das leis*] VI, cc. 1-7), ou as reflexões sobre linguística daqueles missionários imersos no escolasticismo hispânico que fizeram os primeiros contatos escritos e falados com o chinês bem como outras línguas.[51] A experiência e os comentários de missionários católicos romanos sobre as limitações da cultura e da língua chinesas com relação à metafísica e à teologia também ampliaram os horizontes dos filósofos e teólogos hispânicos e forçaram-nos a reformular visões tradicionais em um nível mais elevado de generalidade, ou mesmo revisá-las.[52]

Um outro capítulo poderia muito bem ser escrito sobre o impacto do escolasticismo hispânico na filosofia europeia da época ou posterior, especialmente em vista do fato de que os grandes filósofos modernos clássicos tão frequentemente receberam seu primeiro treinamento na filosofia

---

51 Ver Acosta, 1954, 185-7 (lib. 6, cap. iv).
52 Kern, 1998.

escolástica latina que dominava as universidades e os colégios católicos de sua época, e que era ela mesma dominada por autores e temas hispânicos. Por certo, a própria tradição do escolasticismo hispânico eventualmente feneceu. Pode-se argumentar que esse foi o resultado de uma mentalidade pós-tridentina de sítio que eliminou sua ousadia. Essa mentalidade podia ser combinada com uma postura crescentemente insular e defensiva na Espanha após sua era dourada. No século XVIII, a cultura espanhola em geral declinou, e a filosofia em particular sofreu com a supressão em 1773 da ordem jesuíta. Mas a *Wirkungsgeschichte* [história efeitual] do escolasticismo hispânico continuou forte em outros lugares. Um único, mas crítico exemplo, deve representar os outros: a extensão, para a Europa e além, da preocupação espanhola do século XVI com os direitos individuais subjetivos,[53] uma concepção que visava estabelecer limites contra o que poderia, de outro modo, ser um poder total de um Estado ou de um monarca.[54] Em quase qualquer estimativa, essa preocupação com direitos humanos individuais foi um dos principais legados da cultura filosófica da Ibéria dos séculos XVI e XVII para o mundo moderno.

---

53 Folgado, 1960, Doyle, 2001, e Villey, 1973, esp. 60-7.
54 Martínez Tapia, 1998.

14 Novas visões do cosmos

MIGUEL A. GRANADA

A representação aristotélica do universo herdada da Idade Média permaneceu dominante até a segunda metade do século XVI. É verdade que a revitalização do platonismo no século XV, liderada por Marsílio Ficino, assim como o renascimento mais difuso do estoicismo, haviam enfraquecido certos aspectos da cosmologia aristotélica, tais como a natureza dos céus como quintessência, o caráter sólido e impenetrável das esferas celestes, e o princípio do movimento dos corpos celestes. Não obstante, mesmo essas filosofias alternativas abraçavam as características-chave do universo aristotélico – a finitude e esfericidade do cosmos, a heterogeneidade dos mundos supralunar e sublunar e a hierarquia entre eles, e a Terra como central e imóvel –, e, dessa forma, o aristotelismo retinha uma hegemonia que não era ameaçada, especialmente nas universidades.

Isso a despeito da publicação em 1543 de *Seis livros sobre as revoluções das esferas celestes* (*De revolutionibus orbium coelestium libri sex*) de Copérnico, que propunha um novo cálculo do movimento planetário baseado em várias novas "hipóteses" (entre elas o heliocentrismo e uma Terra móvel). Ele também propunha uma nova cosmologia consoante com essas hipóteses, e a imobilidade da última esfera do universo (e, portanto, também do mundo como um todo). Na época, a resposta dominante à obra de Copérnico tratou-a unicamente como uma hipótese astronômica, e ignorou suas implicações cosmológicas. Consequentemente, pelo menos até os primeiros aderentes da cosmologia de Copérnico (tais como Michael Maestlin, implicitamente, e Thomas Digges, explicitamente) começarem a publicar nos anos 1570, a representação aristotélica do universo permaneceu sem ser desafiada.

Porém, o aparecimento de várias "novidades celestes" nos anos 1570 e 1580 – a supernova de Cassiopeia em 1572 e os cometas de 1577, 1580, 1582 e 1585 – ajudou a abrir o caminho para novas ideias. O reconhecimento de que essas novidades ocorriam nas regiões celestes, contradizendo a visão aristotélica de que elas eram fenômenos atmosféricos e sublunares, contribuiu para a eliminação da teoria das esferas celestes imutáveis de Aristóteles. Elas também estimularam o debate sobre as consequências teológicas mais amplas da mutabilidade dos céus, especialmente a possibilidade de explicar esses fenômenos celestes como milagres admonitórios, expressões da onipotência divina, uma teoria que atraía especialmente os países reformados, por causa das expectativas escatológicas que os novos fenômenos despertavam ali.[1]

Foi nesse contexto – a aparente inexpugnabilidade do cosmos aristotélico, combinada com a emergência gradual de novas teorias cosmológicas mais ou menos conectadas com desenvolvimentos recentes na astronomia – que um grupo de filósofos italianos unidos apenas por sua oposição radical ao aristotelismo começou a levantar questões mais profundas sobre a natureza, seus princípios e modo de operação, e sobre a estrutura geral do universo. No que se segue, examinarei sucessivamente Bernardino Telésio, Francesco Patrizi, Giordano Bruno (todos os quais viveram durante a segunda metade do século XVI) e Tommaso Campanella (com quem adentramos o século XVII).

Bernardino Telésio (1509-88)

Nativo de Cosenza, na Calábria, Telésio é o primeiro dos três grandes filósofos do sul da Itália, sendo os outros dois Giordano Bruno e Tommaso Campanella.[2] Seu *corpus* é bastante pequeno. Ele consiste em um tratado fundacional, publicado com numerosas modificações e acréscimos em três edições sucessivas de 1565, 1570 e 1586,[3] e uma série de opúsculos sobre filosofia natural, com várias datas de composição. Três destes foram

---
1 Lerner, 1997.
2 De Franco, 1995, cap. I.
3 Telésio, 1565, 1570 e 1586.

publicados na segunda edição de *Sobre a natureza das coisas* (*De rerum natura*), e em 1590 um aluno de Telésio, Antonio Persio, publicou uma coleção de nove opúsculos sob o título *Vários trabalhos breves sobre fenômenos naturais* (*Varii de naturalibus rebus libelli*).[4] Enquanto Patrizi, Bruno e Campanella percorreram disciplinas tais como a metafísica, a teologia e a filosofia política, o pensamento de Telésio permaneceu conscientemente e voluntariamente confinado à órbita da filosofia natural, à qual ele tentou dar uma nova e verdadeira síntese mediante a subversão de toda tentativa anterior desde os gregos.

O título de sua obra fundacional, *Da natureza das coisas de acordo com seus princípios próprios* (*De rerum natura iuxta propria principia*), é uma expressão desse desejo de reformular a verdadeira filosofia natural contrariamente a uma tradição, especialmente a tradição do aristotelismo, que havia pervertido os fundamentos próprios daquela filosofia natural. Telésio aspira, com efeito, a erigir a filosofia ou ciência da natureza sobre as bases:

1) Dos próprios princípios naturais, independentemente da teologia, e marginalizando em particular a metafísica, que ele entendia como sendo uma disciplina abstrata e irreal; e

2) Da experiência sensorial, que produz os mencionados princípios naturais e, em geral, toda a informação que diz respeito à filosofia natural. Para Telésio, a experiência sensorial, à qual devemos nos subordinar, é o fundamento que dá suporte ao exercício *a posteriori* da razão.

O prólogo da edição de 1565 (que foi omitido das edições posteriores)[5] e especialmente o capítulo I.1 da edição de 1570 (que se tornou o prólogo da terceira edição) oferecem uma formulação clara da proposta de Telésio de reformular os fundamentos do campo. Telésio se coloca em oposição ao aristotelismo escolástico, substituindo os mundos fictícios com a humilde interpretação da natureza baseada na observação empírica.

---

4 Republicado em Telésio, 1981 com outros tratados e materiais anteriormente não publicados.
5 Esse prólogo está incluso em Telésio, 1965-76, I: 669-76.

Embora ele seja muito hostil à tradição peripatética, Telésio procede na maior parte ao longo de linhas aristotélicas. A fim de estabelecer os primeiros princípios da natureza, ele reduz a uma forma exclusivamente natural os princípios de mudança que Aristóteles havia estabelecido na *Física* 1.5-6 – a matéria como o substrato da mudança, a forma e a privação – que lhe pareciam excessivamente abstratos. No lugar deles, Telésio coloca como princípios a *matéria* (o substrato ou "massa corpórea", *moles corporea*), que é absolutamente inerte e inativa, totalmente passiva, inteiramente uniforme, invisível e negra, e o *calor* e o *frio*, que são princípios contrários, incorpóreos e ativos, que não podem existir independentemente da matéria, da mesma maneira que a matéria não pode deixar de ser constantemente modificada por eles. O calor e o frio estão encerrados em uma luta perpétua para ocupar a matéria e excluir cada qual seu oposto, motivados pelo desejo inato de se conservar e se expandir, e pela percepção (*sensus*) da qual eles são consequentemente dotados. O calor é o princípio do movimento, tornando a matéria corpórea na qual ele penetra tênue, rarefeita e leve; o frio é o princípio da imobilidade, e torna a matéria que ele influencia densa e pesada. Por causa de seu contraste, e a fim de criar um universo estável e permanente, essas forças opostas devem ser mantidas à máxima distância possível uma da outra, mas de tal modo que elas ainda possam atuar uma sobre a outra (especialmente o calor sobre o frio) para manter o mundo natural em um equilíbrio dinâmico de movimento perpétuo. Isso significa – quando considerado juntamente com uma divindade criativa e providente, cuja existência, se deduzida a partir da experiência sensorial, é, não obstante, altamente questionável e mais bem aceita *a priori* – que o universo é finito, e que os dois princípios são localizados em duas regiões opostas do universo: o frio na Terra imóvel no centro, e o calor nos céus periféricos e móveis que a circundam (*De rerum natura*, 1586, I.1-4).

O universo de Telésio é, portanto, uma variação do sistema finito e geocêntrico do aristotelismo. O copernicismo não causara a menor impressão em Telésio, deixando de produzir mesmo uma resposta negativa. Não obstante, a hierarquia tradicional dos mundos sublunar e supralunar desapareceu, na medida em que os céus e a Terra não são mais concebidos em termos hierárquicos apesar da distinção traçada entre seus princípios dominantes opostos. Além disso, os céus não são mais compostos pela fantasmagórica "quintessência" ou elemento etéreo, mas sim por um calor que é real, presente e disseminado fundamentalmente pelo Sol, sua fonte universal.[6] (No aristotelismo, tal calor está ausente dos céus, presente apenas no mundo sublunar por causa da fricção produzida pelo movimento das esferas celestes.)

Telésio retém as esferas celestes, que ele considerava serem corpos sólidos compostos da mesma matéria ígnea que as estrelas (embora menos substanciais e densas e, portanto, não emissoras de calor). Ele também acreditava que elas fossem a verdadeira fonte do movimento celeste, responsáveis por propelir as estrelas (às quais Telésio não concedia senão a habilidade de girar em torno de si mesmas). Em suas *Obiectiones* [*Objeções*] de 1572, escritas em resposta à edição de 1570 de *De rerum natura*, Francesco Patrizi criticaria Telésio acerca desse ponto, insistindo na maior plausibilidade de céus fluidos que não oferecessem resistência ao movimento livre e espontâneo dos animais celestes divinos que ele pensava que as estrelas fossem.[7]

Telésio parece tender para um sistema de esferas homocêntricas ao longo das linhas da astronomia de esferas homocêntricas característica da tradição peripatética, porém, na versão associada ao pensador árabe Al-Bitruji (Alpetragius [Alpetrágio] no mundo latino). De acordo com essa versão, todas as esferas celestes giram na mesma direção (de leste para oeste, a trajetória diária da esfera das estrelas fixas), mas com uma velocidade que diminui conforme sua distância em relação à esfera das estrelas fixas aumenta.[8]

As esferas celestes de Telésio não são impenetráveis, como pode ser deduzido a partir da versão final de sua teoria dos cometas. Inicialmente, Telésio considerou que os cometas fossem fenômenos sublunares, mas a observação da supernova de Cassiopeia (que foi interpretada como um cometa) e do cometa de 1577 levou-o a mudar de opinião. Em seu pequeno trabalho *Dos cometas e do círculo lácteo* (*De cometis et lacteo circulo*), composto

---

6 Lerner, 1990.
7 As *Obiectiones* [*Objeções*] de Patrizi e as *Solutiones* [*Soluções*] de Telésio não foram publicadas em sua época. Elas foram publicadas em Telésio, 1981, 463-74 e 453-63.
8 *De rerum natura* [*Da natureza das coisas*], Telésio, 1965-76, I: 9-10; Lerner, 1990, 95s.

por volta de 1580, ele argumenta em favor do caráter celestial dos cometas e define a Via Láctea como matéria celeste incomumente condensada na esfera das estrelas fixas. Os cometas são exalações sublunares, por certo, mas são elevados até os céus (e, no caso da supernova de Cassiopeia, à própria região das estrelas), onde brilham em resposta à iluminação do Sol. Assim, Telésio oferece uma interpretação para essas novidades celestes contemporâneas que é completamente natural, sem recurso à intervenção milagrosa de Deus ou aos sobretons escatológicos tão frequentes na época. Essa teoria dos cometas só é compatível com a existência de esferas celestes se essas esferas forem penetráveis, uma concepção que Telésio necessariamente teve de aceitar.[9]

A terceira edição de *De rerum natura* (1586) apresenta alguns desenvolvimentos completamente novos acerca do espaço (1.25-8) e do tempo (1.29). Assim como Bruno em seu diálogo *Do infinito* (*De l'infinito*, Londres, 1584), Telésio rejeita a concepção aristotélica do espaço e do tempo como acidentes da substância corpórea. Respondendo às teorias estoicas, e acima de tudo à crítica de João Filopono à concepção aristotélica no "Corolário sobre o lugar" (*Corollarium de loco*) em seu *Comentário sobre a Física de Aristóteles*, Telésio argumenta que o espaço é "distinto do material dos corpos que ele contém", é conceitualmente anterior a eles e independente deles, embora esteja sempre cheio de matéria corpórea. Incorpóreo em si mesmo, o espaço pode ser definido como uma "capacidade de receber corpos". Ele é, além disso, completamente indiferente e inerte com relação à matéria. Consequentemente, Telésio abandona a ideia de "lugares naturais". O espaço é homogêneo: ele possui um caráter idêntico em todas as suas regiões. Não obstante, ele não é infinito; seu alcance é limitado ao mundo esférico que ele deve conter. A ideia do espaço de Telésio é semelhante à concepção estoica, embora ele rejeite a existência de um vazio extracósmico infinito. De modo semelhante, o tempo é independente dos objetos que existem nele e dos movimentos desses objetos; "ele existe por si mesmo", e deve ser entendido como independente do movimento que constantemente ocorre nele.

---

9 Lerner, 1990, 99ss. Sobre o debate em torno da "dureza" e penetrabilidade das esferas, ver Grant, 1994, 324-70 (onde, contudo, Telésio não é mencionado).

As concepções de espaço e tempo de Telésio (sendo a última, sem dúvida, bem menos desenvolvida) constituem um momento muito importante na dissolução da síntese aristotélica, e contribuíram para o estabelecimento dos conceitos modernos de espaço e tempo infinitos, homogêneos e absolutos – desenvolvimentos cruciais para a afirmação da física moderna.[10]

Algumas das inovações de Telésio, contudo, foram vistas como teologicamente perigosas. Em uma carta de 1570 ao arcebispo de Cosenza, Telésio referiu-se a ataques dirigidos contra a primeira edição de *De rerum natura* por sua rejeição heterodoxa de uma inteligência separada por trás do movimento das esferas celestes (para ele, elas são autopropelidas) e, acima de tudo, por sua concepção da alma humana e animal como um *spiritus* [sopro] "eduzido da semente" (*e semine eductus*) e necessariamente mortal.[11] Esta última dificuldade, muito mais grave, levou Telésio a introduzir na segunda e especialmente na terceira edição uma segunda alma no homem, "infundida por Deus" (*infusa a Deo*) e imortal, que explicaria a aspiração humana à imortalidade (isso contra a dinâmica puramente mecanicista do *spiritus*, movido exclusivamente pelo impulso de autopreservação no contexto de suas interações mundanas com outros organismos).[12]

O *De rerum natura* foi incluído no *Índice dos livros proibidos* publicado em Roma em 1596, com a cláusula *donec expurgetur*, "até que seja expurgado [do erro]". Essa condenação refletia o clima geral de endurecimento doutrinário que havia se espalhado pela Itália por vários anos, e que também afetou Patrizi, Bruno e Campanella.[13] O expurgo exigido, solicitado em 1601 por parentes de Telésio, foi finalmente abandonado como "impossível".

Francesco Patrizi (1529-97)

Patrizi nasceu em Cherso, no extremo nordeste da Itália. Ele estudou na Universidade de Pádua, onde, no devido tempo, familiarizou-se com o

---

10 Schuhmann, 1988 (sobre o tempo); Schuhmann, 1992; Grant, 1981, 192-4 (sobre o espaço).
11 A carta encontra-se publicada em De Franco, 1995, 66ss.
12 De Franco, 1995 e Bondì, 1997 oferecem duas interpretações muito diferentes sobre a origem e a função dessa alma imortal.
13 Rotondò, 1982.

aristotelismo dominante na época. Sua leitura da *Teologia platônica da imortalidade das almas racionais* (*Platonica theologia de immortalitate animorum*, 1482) de Marsílio Ficino converteu-o ao platonismo e à *prisca theologia* [teologia antiga], aos quais ele permaneceria fiel pelo resto de sua vida. As dimensões metafísica e teológica do platonismo de Ficino e suas aspirações de superar a crise do cristianismo contemporâneo – todas as quais Patrizi preservou e aplicou à sua situação contemporânea – nos permitem intuir um programa profundamente diferente do de Telésio. Patrizi também aspira a refundar a filosofia natural sem Aristóteles. Contudo, enquanto Telésio estivera satisfeito em adotar uma visão restrita sobre seu projeto, confinando-o à esfera da filosofia natural, para Patrizi, a metafísica e a teologia são componentes fundamentais de todo seu sistema, e revelam os princípios ontológicos dos quais a filosofia natural é derivada. Todas essas disciplinas aparecem na última e mais importante obra de Patrizi, a *Nova de universis philosophia* [*Nova filosofia do universo*].

A amplitude dos interesses de Patrizi também fica clara a partir de suas outras obras, representadas por suas *Discussões peripatéticas* (*Discussiones peripateticae*).[14] Uma crítica implacável de Aristóteles, essa obra é intimamente relacionada à elaboração de Patrizi de seu próprio sistema filosófico em *Nova filosofia do universo* (*Nova de universis philosophia*). Alinhando-se com a crítica humanista de Aristóteles descendente de Petrarca, Lorenzo Valla e Gianfrancesco Pico, Patrizi destrói a imagem de perfeição que a tradição peripatética havia dado a Aristóteles e sua obra. O Estagirita aparece como plagiador de uma tradição filosófica anterior, que ele, porém, sistematicamente deforma e interpreta erroneamente a fim de estabelecer sua própria hegemonia. Para provar sua acusação, Patrizi recorre a uma investigação filológica e histórica detalhada, a fim de mostrar que o sistema científico tão elogiado pelos seguidores de Aristóteles não existe. Segundo Patrizi, Aristóteles havia destruído a tradição de verdadeira sabedoria que a Caldeia e o Egito produziram, que Orfeu levou para a Grécia, e que os pré-socráticos elaboraram antes que Platão a aperfeiçoasse – isto é, a tradição da *prisca theologia* [teologia antiga]. Aristóteles estabeleceu sua própria predominância por meio de um

---
14 Patrizi, 1571, 1581.

conhecimento sofístico, estranho à realidade das coisas e dedicado à repetição verbal e aos comentários textuais.[15] As *Discussiones peripateticae* constituiriam a premissa e a justificativa do programa, cumprido na *Nova de universis philosophia*, de restaurar a sabedoria original que Aristóteles havia destruído.

Como professor de filosofia platônica em Ferrara desde 1578, Patrizi publicou ali em 1591 sua obra mais importante, a *Nova de universis philosophia*. O subtítulo ("Na qual, por meio do método aristotélico, ascende-se à causa primeira, não pelo movimento, mas sim pela luz e pelos corpos luminosos; ora, com o método do próprio Patrizi, toda a Divindade se oferece para ser contemplada; e finalmente a totalidade das coisas é deduzida, pelo método platônico, a partir de Deus, o Criador") revelava um programa no qual a filosofia natural e a cosmologia eram ligadas a seus fundamentos metafísicos e teológicos através dos métodos indutivo e dedutivo. Esse programa correspondia fielmente à agenda de restaurar a *prisca theologia*, em curso desde Ficino, e à crítica a Aristóteles. Ao mesmo tempo, tal projeto se mostrava profundamente diferente do projeto de Telésio, que era limitado exclusivamente à esfera da natureza "de acordo com seus princípios próprios".

Em sua carta dedicatória ao papa, Patrizi insistiu na impiedade do aristotelismo e, portanto, na incompatibilidade radical deste com o cristianismo. O aristotelismo fora o responsável pela crise religiosa dos séculos recentes e pela secessão protestante. Como um remédio e estratégia para a recuperação da unidade religiosa sob a autoridade romana, Patrizi propunha um retorno à filosofia antiga que, "consoante com a fé católica", era possível encontrar em sua presente obra.

A *Nova de universis philosophia* consistia em quatro partes:

1) *Panaugia* ("Todo-Esplendor", em 10 livros), que expunha, na tradição da metafísica platônica da luz, uma teoria da luz em seus dois planos (sensível e suprassensível) e da Divindade como "fonte e pai da luz".

2) *Panarchia* ("Todo-Princípio", em 22 livros), que expunha uma doutrina completa dos graus de ser descendentes desde o princípio absoluto, o Deus tri-uno, até o corpo.

---

15 Vasoli, 1989, 149-79.

3) *Pampsychia* ("Todo-Alma", em 5 livros), na qual Patrizi apresentava uma teoria da alma como um grau intermediário do ser, bem como uma teoria da animação universal.

4) *Pancosmia* ("Todo-Mundo", em 32 livros), a parte mais original e mais importante, na qual Patrizi explica sua cosmologia e a relação do universo com a Divindade.

Em concordância com o "princípio da plenitude" platônico, o universo de Patrizi é uma criação ou produção necessária e infinita de Deus, cuja infinita bondade e poder não podem permanecer inativos, mas devem se manifestar em um universo infinito em ato.[16] Esse universo infinito não partilha das características daquele que Giordano Bruno estivera elaborando desde 1584: um universo infinito homogêneo de matiz epicurista, contendo uma pluralidade de mundos. Em vez disso, Patrizi renova o universo estoico e platônico: um mundo finito, único e geocêntrico, localizado no centro de um espaço infinito – um espaço que, contudo, não é vazio como no estoicismo, mas sim platonicamente preenchido com uma luz supraceleste, "simultaneamente incorpórea e corpórea". Essa região infinita recebe o nome tradicional de Empíreo.[17]

Este mundo finito, único e geocêntrico é organizado em uma hierarquia bipartida de mundos celestial e sublunar. No entanto, Patrizi elimina as esferas celestiais e concebe um céu etéreo fluido, um "ardor" visível e discreto, em contraste com o Empíreo invisível e contínuo (*Pancosmia*, IX .85c--d), através do qual os corpos celestes ígneos, como animais ou seres vivos, movem-se livremente em concordância com os impulsos de suas próprias almas inteligentes. Essas almas são coordenadas com o intelecto universal, o que resulta em uma ordem universal. Também não existe uma esfera última das estrelas, para transportá-las em seu movimento diário. Patrizi situa as estrelas em alturas variadas, e duvida que a tremenda velocidade exigida para seu deslocamento diário seja possível, pelo menos para as mais elevadas. Contudo, uma vez que seu caráter divino e animado exige que elas estejam

---

16 Granada, 2000, 110-15.
17 Patrizi, 1591, *Pancosmia*, VII.

em movimento, as estrelas devem se mover por si mesmas. Entretanto, suas almas ditam que elas façam isso com uma velocidade mais moderada, em equilíbrio com a rotação contrária da Terra no centro do mundo. Em última instância, Patrizi não é completamente consistente acerca da questão de se a região das estrelas (e, portanto, do mundo finito) no interior do Empíreo infinito é delimitada por uma superfície esférica definida.[18]

Apesar de suas inovações, o universo de Patrizi preserva um caráter nitidamente tradicional: um único sistema planetário centrado na Terra, com sua coorte estelar periférica, que é o único mundo existente. Esse mundo é localizado no interior do Empíreo infinito, e tudo é caracterizado por uma marcada heterogeneidade e organizado em uma hierarquia que se eleva da Terra inferior até o Empíreo infinito, cheio de luz, que é o nível mais próximo de Deus. Essa hierarquia não é desafiada pelo fato de que os quatro elementos que constituem o universo (o espaço, a luz, o calor, e a umidade ou *fluor*, com a luz e o calor como princípios ativos e o *fluor* como material passivo dotado de resistência) são encontrados em toda parte no universo. Com exceção do espaço homogêneo, os elementos restantes formam combinações de densidade crescente, indicando sua distância progressivamente crescente em relação à fonte divina primordial e, portanto, sua crescente materialidade.

Patrizi também refina significativamente a concepção de Telésio sobre o espaço homogêneo e independente. O primeiro livro da *Pancosmia* [*De spacio physico*] explica suas propriedades: ele é a primeira criação divina, um receptáculo infinito em três dimensões, penetrável sem resistência, e semelhantemente capaz de penetrar os corpos. O espaço é um "corpo incorpóreo e um não corpo corpóreo", uma "extensão hipostática" contínua (*Pancosmia*, I.65b), absolutamente imóvel, à qual as categorias de substância e acidente não se aplicam. Sua homogeneidade total é independente da distinção cosmológica entre a luz que o preenche infinitamente e o mundo único abrigado em seu "centro", à maior distância possível do princípio divino. Independentemente de sua cosmologia, Pierre Gassendi e Henry More posteriormente adotariam o conceito de espaço de Patrizi, que veio assim a influenciar indiretamente Newton.[19]

---

18 Lerner, 1997, 104-8; Rossi, 1977, 109-47.
19 Henry, 1979; Grant, 1981, 199-206. Existe uma versão em inglês de *De spacio physico* em Brickman, 1943.

Em 1592, Patrizi foi chamado a Roma para ocupar a cátedra de filosofia platônica em La Sapienza. Contudo, em novembro daquele ano, a *Nova de universis philosophia* foi denunciada perante a Congregação do Índice. As tentativas de Patrizi para defender e modificar sua obra, nas quais ele persistiu até sua morte em 1597, foram ineficazes: ela foi condenada definitivamente em 1594, e proibida no Índice de 1596. Essa condenação reflete a hostilidade das instituições eclesiásticas comprometidas em apoiar a teologia aristotélica – especialmente da Sociedade de Jesus – em relação ao programa de Patrizi.[20]

Giordano Bruno (1548-1600)

Nascido em Nola, próximo de Nápoles, a educação de Bruno – apropriada para um frade dominicano – concentrou-se inicialmente na filosofia e teologia na tradição escolástica. Problemas com sua disciplina e ortodoxia levaram a seu exílio em 1578. Até 1591, Bruno perambulou pela França, Inglaterra e Alemanha, escrevendo e publicando um vasto *corpus*. Em 1591, retornou à sua Itália nativa, para Veneza, onde foi denunciado à Inquisição no ano seguinte. O julgamento inquisitorial, iniciado em Veneza, continuou em Roma e concluiu com sua condenação; como resultado, foi queimado vivo em 17 de fevereiro de 1600.[21]

Os fundamentos da concepção de Bruno sobre a natureza foram expostos nos três primeiros diálogos filosóficos em italiano que ele publicou em Londres em 1584: *A ceia da quarta-feira de cinzas*; *Da causa, do princípio e do uno*; e *Do infinito, do universo e dos mundos* (*La cena de le Ceneri*; *De la causa, principio et uno*; *De l'infinito, universo e mondi*).[22] Obras subsequentes

---

20 Rotondò, 1982, 33-50; Patrizi, 1993; Granada, 2000, 124-8; Hankins, 2005a.
21 Ricci, 2000.
22 Esses diálogos, chamados de "cosmológicos", juntamente com os três diálogos "morais" (*Spaccio de la bestia triunfante* [*Expansão da besta triunfante*], 1584; *Cabala del cavallo pegaseo* [*Cabala do cavalo pégaso*] e *De gli eroici furori* [*Dos furores heroicos*], ambos de 1585), formam uma obra unitária na qual a filosofia é defendida como uma forma autônoma de buscar e obter a união com a Divindade, através da compreensão da natureza, por parte de uma personalidade humana superior. A religião é caracterizada como um instrumento para a moralização e articulação política das massas. Granada, 2005.

em latim acrescentaram os toques finais à sua física e cosmologia em vários pontos. Dentre eles se destacam o *Discurso no colégio de Cambrai* (*Camoeracensis acrotismus*, Wittenberg, 1588), *Do mínimo e medida tríplices* (*De triplici minimo et mensura*, Frankfurt, 1591) e, acima de todos, *Do imenso e do inumerável* (*De immenso et innumerabilibus*, Frankfurt, 1591), que contém a expressão mais completa de suas ideias cosmológicas.

Bruno é o único filósofo do século XVI que aderiu à cosmologia de Copérnico. Para ele, Copérnico é a "alvorada" que anuncia o retorno da sabedoria antiga que Aristóteles havia deslocado na "roda do tempo" ao impor uma pseudofilosofia baseada em um universo geométrico e em uma Terra imóvel. Assim, a justificação científica do compromisso de Bruno com o retorno da *prisca sapientia* [sabedoria antiga] às custas de Aristóteles aparece como bastante distinta daquela de Patrizi.

Mas Bruno não se limitou meramente a aceitar a verdade do cosmos copernicano; ele desenvolveu-o mais, chegando finalmente a uma clara afirmação de um universo que era (1) infinito em ato e (2) homogêneo, tanto em sua extensão espacial quanto temporal. Isso quer dizer que o universo de Bruno tem a mesma composição em toda parte e obedece às mesmas leis na totalidade de sua extensão temporal e espacial infinita. Assim, Bruno abandona a heterogeneidade e hierarquia espaciais ainda presentes na formulação de Patrizi e exclui qualquer tipo de "fim do mundo" apocalíptico e escatológico, em oposição às expectativas cristãs contemporâneas sobre uma iminente segunda vinda de Cristo e um subsequente "Juízo Final".[23] Para Bruno, o universo é também (3) necessariamente infinito, na medida em que é o produto consumado do infinito poder-bondade-vontade da Divindade, que não poderia senão criar um universo infinito e eterno consoante com todo seu poder infinito, idêntico a si próprio.[24]

Esse universo infinito e homogêneo, que contém a totalidade do Ser, contém uma infinidade de mundos: preenchido em toda sua capacidade, o universo consiste em uma repetição infinita daquilo que Bruno designa

---

23 Granada, 1997a.
24 Assim, Bruno seguia a lógica do "princípio da plenitude", contra a distinção escolástica entre a *potentia absoluta* [potência absoluta] e a *potentia ordinata* [potência ordenada] de Deus. Ver Granada, 1994, 2000, 2003.

como *synodi ex mundis* [sínodos de mundos] e que poderíamos traduzir como "sistemas solares", uma vez que cada sínodo consiste em uma estrela solar central e um maior ou menor número de planetas terrestres orbitando-a, bem como um certo número de cometas (que Bruno considerava serem uma variedade ou espécie de planeta) também em movimento periódico em torno da estrela. O que temos aqui é um desenvolvimento novo, estranho e revolucionário do copernicismo, formulado entre 1584 e 1591, com conexões e implicações decisivas para os campos da teologia e da antropologia. Não é nenhuma surpresa que ele tenha vindo a desempenhar um papel significativo na condenação inquisitorial de Bruno, bem como em sua decisão final de não se retratar e de enfrentar a morte como um filósofo.[25]

Todo corpo no universo é formado pelos quatro elementos onipresentes: fogo, ar, água e terra. Esses corpos são diferenciados em estrelas solares e planetas (ou cometas) de acordo com sua composição elemental: quando o fogo predomina, temos uma estrela solar que brilha por si própria; quando a terra e a água predominam, temos um planeta opaco que brilha apenas refletindo a luz de sua estrela solar. Toda estrela está em movimento constante, impelida por sua própria alma inteligente (quer dizer, sem necessidade de um motor inteligente externo). O mesmo é verdadeiro acerca das estrelas solares, que rotacionam e orbitam em círculos no centro de seus próprios sistemas planetários. Uma vez que a presença de esferas celestes não faria sentido nesse universo infinito, elas são eliminadas e as estrelas se movem sob o comando de suas próprias almas em um espaço fluido preenchido exclusivamente de puro ar ou éter.

Ao mesmo tempo, os planetas e sóis de Bruno não podem existir independentemente uns dos outros. Os planetas necessitam de um sol a partir do qual obtêm, por meio de seu movimento rotacional e translacional, o calor e a luz que permitem a reprodução da vida animal (um fenômeno que ocorre igualmente na Terra e em outros planetas).[26] Os

---

25 Granada, 1999.
26 Daí a abolição da distinção tradicional entre os mundos sublunar, terrestre e celeste. Consequentemente, Bruno interpreta a profecia bíblica dos "novos céus e uma nova Terra" (*Apocalipse*, 21:1) não como pressagiando uma inovação cósmica em ato no fim dos tempos, mas sim como "cosmo-lógica", isto é, pressagiando a recuperação do verdadeiro céu e da verdadeira Terra.

sóis, de modo semelhante, necessitam das exalações úmidas dos planetas a fim de reproduzirem seu fogo.[27] Assim, os *synodi ex mundis* [sínodos de mundos] são as estruturas elementares e autossuficientes do universo. O padrão de sua dispersão, por outro lado – cada sistema centrado em uma única estrela solar e separado dos sistemas vizinhos por enormes distâncias – corresponde à Providência Divina imanente ao universo. Somente dessa maneira a vida é possível.

A concepção de Bruno sobre o arranjo de nosso sistema planetário rompe com o princípio estrutural básico do copernicismo. O copernicismo era baseado na existência de um centro e uma periferia absolutos e imóveis (o Sol e a esfera das estrelas fixas, respectivamente), com alguns corpos móveis – os planetas – dispostos de acordo com a lei de proporção entre o período e a distância em relação ao centro. Bruno elimina toda noção de um centro e uma periferia absolutos em sua concepção do universo, "cujo centro está em toda parte, e a periferia não está em parte alguma". Além disso, ele concebe o Sol como dotado da mesma capacidade de movimento que qualquer outra estrela. Com referências aos corpos intermediários, Bruno não apenas inclui os cometas como uma variedade de planeta em movimento em torno do Sol; ele também abandona a lei da proporção entre a distância e o movimento periódico, de modo que a Terra, a Lua, Mercúrio e Vênus giram no mesmo círculo deferente e os planetas superiores são dotados de planetas "consortes" ainda não descobertos.[28]

Essa concepção de um universo infinito e homogêneo como "Todo-Uno" implicava uma imanência indiferente por parte da Divindade, contra a representação de Patrizi de um assento divino particular no Empíreo infinito situado fora do único sistema planetário e, é claro, da Terra. Bruno também nega a transcendência cristã da Divindade e a representação convencional de céu como transcendendo o universo físico, um reino onde as inteligências angélicas e aqueles destinados à salvação desfrutam da eterna união com Deus. Em Bruno, dado que o universo infinito é o retrato ou imagem de Deus e inclui tudo que existe, o Paraíso e a união com Deus

---

27 Granada, 1997b. Em geral, Michel, 1973.
28 Westman, 1977, 32-4 e Bruno (no prelo).

também são reduzidos à imanência.[29] Portanto, não deveria ser surpreendente que certas expressões da teologia cristã como "o Céu do Céu" (*caelum caeli*) e "o Céu dos Céus" (*caelum caelorum*), que tradicionalmente significavam as inteligências angélicas, um Paraíso em outro mundo, ou a presença íntima da própria Divina Trindade, em Bruno passem a significar o espaço ocupado por cada sistema planetário (no primeiro caso) e o próprio espaço infinito (no segundo caso):

> Existem tantos céus quanto estrelas, se por céus entendermos o espaço contíguo e configurado de cada estrela, assim como dizemos que o céu da Terra é não apenas o espaço que ela ocupa, mas também os espaços que a circundam, distinto do espaço que circunda a Lua e os outros corpos terrestres próximos. O céu do céu é o espaço pertencente a cada sistema, tal como aquele onde se encontram nosso sol e seus planetas. O céu dos céus e o espaço máximo e imenso [...] também é chamado de éter, porque é transitável em sua totalidade, e porque todas as coisas queimam nele. [...] Mas o assento de Deus é o universo, inteiramente em todas as suas partes, o céu imensurável, o espaço vazio que Ele preenche (*De immenso*, IV.14).

Sendo uma expressão necessária e completa da unidade divina, o universo infinito é ele próprio uma "unidade". O diálogo *De la causa* explica a natureza metafísica do universo infinito como um rigoroso monismo ontológico: o universo é uma substância única cujos princípios constitutivos – matéria e forma (ou alma inteligente), potência e ato – coincidem, assim como Deus é (como em Nicolau de Cusa) a coincidência de potência e ato infinitos. Consequentemente, os entes individuais são simples "acidentes", "formas" transitórias ou "modos" da única substância infinita. A morte não existe, mas torna-se antes uma "mutação" ou "metamorfose" no coração da natureza infinita.

Se esse monismo ontológico prenunciou em muitos aspectos a filosofia de Espinosa, a soma do pensamento de Bruno demonstrava uma profunda

---

29 O Paraíso e a união com Deus são alcançados pela contemplação filosófica da natureza infinita levada ao ápice; em paralelo, o Inferno consiste na alienação em relação a Deus, e no vício, que pertencem ao estado de ignorância. Granada, 2005, cap. 1.

incompatibilidade e um distanciamento radical em relação ao cristianismo. O trágico destino de Bruno foi a consequência lógica disso.[30]

Tommaso Campanella (1568-1639)

Campanella – nascido na Calábria – também entrou para a ordem dominicana. Ele rapidamente desenvolveu uma profunda aversão à filosofia aristotélica, que acusou de substituir a leitura paciente do *Livro da Natureza* com um dogma arbitrário e estranho à realidade das coisas. Sua leitura do *De rerum natura* [*Da natureza das coisas*] de Telésio validou sua busca por uma filosofia baseada na observação direta da natureza. Sua primeira obra publicada, *A filosofia demonstrada pelos sentidos* (*Philosophia sensibus demonstrata*, Nápoles, 1591), foi uma apologia de Telésio e desenvolveu um sistema telesiano de filosofia natural: um universo finito, produto da ação dos dois princípios ativos (calor e frio) sobre a massa física da matéria passiva, é localizado em um espaço finito criado por Deus, e cujas características coincidem fundamentalmente com o espaço de Telésio.[31] O calor e o frio, presos em um permanente conflito em busca de autopreservação, configuram duas regiões opostas: os céus periféricos, em incessante rotação por si próprios, e a Terra imóvel e central. Afastando-se de Telésio, Campanella exclui as esferas celestes e dota as estrelas de movimento próprio, embora ele ainda retenha o conceito de um único movimento planetário derivado de Telésio. O calor e o frio, bem como todos os organismos e corpos engendrados por eles, possuem sensibilidade (*sensus*); Campanella desenvolveria esse conceito final ulteriormente em *Da sensibilidade das coisas e da magia* (*De sensu rerum et magia*), composto em 1604.

Não obstante, Campanella abandona a perspectiva exclusivamente naturalista de Telésio para basear a *physiologia* [teoria da natureza] em um discurso metafísico e teológico que basicamente se remete ao platonismo, e especialmente à leitura que Campanella fez de Ficino. Essa necessidade de basear a física em princípios superiores que em última instância se vinculam

---

30 Firpo, 1993; Granada, 1999.
31 Grant, 1981, 194-9.

a Deus seria um traço permanente do pensamento de Campanella, e condicionaria – em concordância com sua concepção da relação entre a Providência Divina e os processos da natureza – sua atitude futura em relação à nova ciência de Galileu. Naquele momento, a adoção de princípios platônicos permitiu-lhe justificar, com mais plausibilidade do que Telésio havia sido capaz, a existência de uma alma imortal *infusa a Deo* [infundida por Deus] no homem, indo além do *spiritus* corpóreo de Telésio. Ela também justificava a existência de uma alma transcendente do mundo (uma noção completamente estranha a Telésio) que regula a ação do calor e do frio em concordância com a Providência Divina.[32]

O *corpus* de Campanella, desde sua primeira obra, demonstra uma dedicação consistente à filosofia natural apesar das condições difíceis nas quais ele teve de desenvolver seu pensamento – os sucessivos julgamentos inquisitoriais, as repetidas confiscações de seus manuscritos, que frequentemente o obrigaram a reescrever suas obras, e a sentença de prisão perpétua à qual ele foi condenado por promover uma fracassada conspiração antiespanhola na Calábria em 1599. Campanella havia sido convencido pela aparição contemporânea de múltiplas novidades celestes de que a "renovação" religiosa e política do mundo era iminente, e que a Providência o havia escolhido para desempenhar um papel excepcional como seu profeta e novo legislador.[33]

Tendo se salvado da execução fingindo loucura, Campanella foi mantido sob graus variados de pressão em prisões napolitanas até 1626, quando obteve uma transferência para Roma. Anos mais tarde, na epístola dedicatória de *Philosophia realis* [*Filosofia real*] (Paris, 1637), Campanella atribuiu o curso de sua vida à Providência Divina, que "desejou que eu fosse aprisionado pelo tempo necessário para refundar todas as ciências que, sempre pela inspiração divina, eu concebi em minha mente". A *Physiologia* [*Teoria da natureza*], acompanhada por 61 volumosas *Questões fisiológicas* (*Quaestiones physiologicae*), foi uma parte integral desse esforço. Juntamente com a *Metaphysica* de 1638, ela é a culminância de todo seu trabalho anterior

---

32 *De sensu rerum et magia* [*Da sensibilidade das coisas e da magia*], II, 25 (alma imortal no homem) e 32 (alma do mundo). Campanella, 1925.
33 Headley, 1997; Malcolm, 2004.

no campo da filosofia natural, que inclui o *Grande epílogo* (*Epilogo magno*) composto em italiano antes da conspiração fracassada, os *Artigos proféticos* (*Articuli prophetales*), compostos pouco depois de 1600 e sujeitos a frequentes revisões e expansões, e a *Apologia de Galileu* (*Apologia pro Galilaeo*), escrita no início de 1616 em uma tentativa fracassada de impedir a condenação da cosmologia copernicana.

Durante seus anos de "refundação" das ciências, Campanella teve a oportunidade de comparar sua física e cosmologia telesianas com os "novos céus" revelados pelo telescópio de Galileu e com as hipóteses cosmológicas mais recentes. Sua leitura dos *Exercícios para restauração da astronomia* (*Astronomiae instauratae progymnasmata*) de Tycho Brahe, em 1611, lhe forneceu várias refutações empíricas do aristotelismo, embora ele tenha rejeitado, em última instância, componentes importantes da teoria dos cometas de Brahe com base em observações dos cometas de 1618. Embora ele reconhecesse a localização celeste dos cometas, se recusava a aceitar que eles fossem produzidos por matéria celeste etérea ou que seguissem uma trajetória regular durante toda sua existência. Em vez disso, Campanella reteve parcialmente as concepções de Telésio e Galileu sobre os cometas como vapores elevados aos céus e iluminados pelo Sol. Ele argumentou que os vapores que formam os cometas derivam dos planetas, cuja composição elemental pode ser deduzida, de acordo com ele, da observação telescópica.

Ocasionalmente, Campanella parece adaptar suas convicções ao sistema geo-heliocêntrico de Brahe, no qual "todos os planetas se movem com o sol ao redor da Terra, o foco de seu ódio, a fim de incinerá-la, e nessa guerra o sol é o líder; ao mesmo tempo, todos os planetas se movem ao redor do sol, o centro de seu amor".[34] Mas era a cosmologia copernicana de Bruno e Galileu, e a proposta de Bruno de um universo infinito com uma pluralidade infinita de sistemas planetários girando em torno de suas estrelas solares, que o telescópio parecia endossar. Isso provou ser um desafio para Campanella. Em vários escritos, ele contemplou incorporar o copernicismo em sua física e cosmologia, chegando à conclusão de que

---

34 *Physiologiae compendium* [*Compêndio de teoria física*] (c. 1620), X, 7-8. Campanella, 1999.

isso seria possível simplesmente com pequenas modificações. Contudo, não há evidências suficientes para afirmar que ele tenha passado para o lado copernicano. A *Apologia pro Galilaeo* (que Campanella de fato intitulara *Disputatio*) nunca visou apoiar o copernicismo, mas sim defender a *libertas philosophandi* [liberdade de filosofar] e o modo galileano de filosofar como sendo mais consoante com a Escritura do que o era o aristotelismo.

Toda evidência parece indicar que a cosmologia e a física telesianas de Campanella permaneceram tão robustas no fim de sua vida quanto haviam sido em 1591, modificadas apenas em seus detalhes. Ele rejeitou energicamente a infinitude do universo a fim de proteger a diferença ontológica entre Criador e criação, que desapareceria se Deus tivesse transmitido sua infinitude ao universo. Por outro lado, Campanella podia aceitar como uma possibilidade a pluralidade de sistemas planetários em torno de estrelas (em concordância com uma longa tradição de teologia cristã), embora para ele a plausibilidade cosmológica dessa pluralidade dependesse condicionalmente de esses múltiplos mundos formarem um sistema "sob um grande círculo" (*sub uno circulo magno*), isto é, serem envolvidos por uma esfera última que os unificasse sob o "mundo angélico" puramente intelectual. Campanella, portanto, não podia aceitar a visão de Bruno de uma reiteração infinita de sistemas planetários separados por vastas porções de espaço vazio e carecendo de um princípio unitário superior, pois isso pressupunha a impiedade atomista de um universo sujeito ao acaso.

Campanella também não aceitou o conceito de um Sol formado pelos quatro elementos. Em vez disso, sustentou que o Sol era composto de puro fogo, e que sua luz tinha um caráter incorpóreo. Assim, ele também teve de rejeitar a hipótese de Bruno (à qual Galileu se inclinara no que dizia respeito às manchas solares) de que o Sol era nutrido pelas exalações úmidas dos planetas. Campanella também resistiu fortemente à homogeneização cosmológica e consequente promoção da Terra ao nível de um corpo celeste, pois era difícil reconciliar essa concepção com a visão de Telésio de que a Terra e o céu eram os assentos de princípios mutuamente opostos. Em uma composição poética, ele descreve a Terra negra, em concordância com a tradição dualista e em oposição a Bruno, como um "cárcere de demônios e das almas; e por essa razão Deus a fez sem luz" ("*carcere de' demoni e dell' anime; e non fu fatta da Dio lucente per tal fine*").

No entanto, a oposição de Campanella a esses novos desenvolvimentos cosmológicos não deriva unicamente de seu telesianismo. Ela é também o resultado de um componente único e importante de sua própria cosmologia. Telésio, Brahe, Bruno, e Galileu adotaram (embora não sem variações) o princípio de que a natureza é uma estrutura estável subordinada a leis permanentes, uma tradição herdada da filosofia grega. Para eles, a estabilidade da natureza era exemplificada perfeitamente nas leis imutáveis e na periodicidade do movimento celeste. Esse princípio também estava presente no pensamento de Copérnico, e, de acordo com Campanella, estava por trás de seu heliocentrismo. Com efeito, Copérnico deve ter formulado a centralidade do Sol e o movimento da Terra como a melhor maneira de explicar a periodicidade regular de fenômenos como a precessão dos equinócios, a diminuição da obliquidade da elíptica, ou a diminuição progressiva da excentricidade solar.

Em contraste, Campanella concebeu esses e outros fenômenos (tais como as novas de 1572 e 1604 e a repetida aparição de cometas entre 1577 e 1618) como inovações, eventos novos em um cosmos cuja estrutura era definida não pela identidade e repetição – o mundo eterno dos gregos e do ímpio Aristóteles – mas sim pela evolução progressiva rumo a um fim último, já próximo, no qual a Terra seria consumida pelo fogo como uma consequência da inelutável aproximação do Sol. Esse era o mundo da escatologia cristã: "sinais do Sol, da Lua e das estrelas", de acordo com *Lucas* 21:25. A Providência Divina estava proclamando aos homens o fim iminente do mundo, por meio de sinais contemporâneos nos céus.

Fora em relação a essa cosmologia escatológica e às profecias de uma "renovação" religiosa e política do mundo em antecipação à conflagração final que Campanella organizara a fracassada conspiração de 1599. É essa cosmologia "evolutiva" que Campanella sustenta nos *Articuli prophetales* [*Artigos proféticos*]. Ele tentara em vão atrair Galileu para ela, e a reafirmara tanto em um tratado dirigido ao papa Paulo V por ocasião do aparecimento dos cometas de 1618,[35] quanto na *Écloga* com a qual ele saudou o nascimento do delfim da França em 1638. Em contraste com Bruno, Campanella acreditava que um novo céu e Terra estavam verdadeiramente sendo produzidos, em concordância com a profecia do Apocalipse, a fim de assinalar o cumprimento iminente da escatologia cristã.

Conclusão

Embora tenha sido inicialmente e fundamentalmente um matemático, Galileu (1564-1642) receberia por suas descobertas telescópicas de 1609-10 o título de "matemático e filósofo", e contribuiria decisivamente para o triunfo da imagem copernicana do mundo e para o estabelecimento de uma nova compreensão da natureza e de seu modo de operação. Essa compreensão seria, contudo, profundamente diferente daquela dos "filósofos naturais" que haviam vindo antes, fossem eles peripatéticos ou *novatores*, defensores de "novas filosofias". Essa é a compreensão que se encontra na raiz da ciência matemática moderna do movimento. A essa nova ciência corresponde a transformação paralela da filosofia (tanto em método quanto em conteúdo) na obra de Descartes e seus seguidores e críticos na era moderna. Apesar disso, esses filósofos italianos contribuíram enormemente, para além de suas realizações positivas pessoais, para a dissolução da visão aristotélica do cosmos e em geral para a emancipação em relação às categorias e à autoridade aristotélicas.

(Traduzido para o inglês por Adam Beaver)

---

35 Ernst e Salvetti Firpo, 1996. Sobre a cosmologia evolutiva de Campanella, ver Lerner, 1987 e 2006; sobre sua resposta a Bruno e Galileu, Lerner, 1995 e 2003.

15 Organizações do conhecimento

Ann M. Blair

A "organização do conhecimento" é um tópico vasto e difuso que pode ser estudado em muitos níveis diferentes, indo desde o modo como um indivíduo ordena sua compreensão do mundo privadamente ou em publicações, até os modos como instituições ou comunidades ordenam o conhecimento, notavelmente em currículos pedagógicos e livros didáticos, estruturas profissionais, bibliotecas e catálogos de bibliotecas, e outros projetos coletivos.[1] Embora alguns poucos filósofos modernos tenham abordado o problema de classificar o conhecimento, as práticas correntes de classificação são estudadas principalmente por antropólogos e sociólogos.[2] As culturas e subculturas modernas se engajam tanto em classificações explícitas quanto classificações tácitas do conhecimento, mas hoje qualquer organização particular do conhecimento é geralmente reconhecida como envolvendo um certo número de escolhas arbitrárias, e seu sucesso é frequentemente medido por critérios pragmáticos de eficácia, tais como facilidade de uso e eficiência econômica. Mas essa atitude cética em relação à possibilidade de qualquer organização que seja correspondente à realidade do conhecimento ou do mundo é um desenvolvimento relativamente moderno, articulado, por exemplo, no "discurso preliminar" de Jean Le Rond d'Alembert à *Encyclopédie* de 1751.[3]

---

1 Para alguma discussão dos significados da "organização do conhecimento", ver Bliss, 1929, cap. 4. Para as melhores introduções a esse tópico, ver Burke, 2000, esp. cap. 5 e Kelley e Popkin, 1991; para um período bastante posterior, ver Daston, 1992, 207-20.
2 Para uma abordagem filosófica, ver Piaget, 1967. Lévi-Strauss interpretou a classificação como uma tentativa de controlar o mundo em Lévi-Strauss, 1962. Para uma sofisticada abordagem interdisciplinar, ver Bowker e Star, 1999.
3 Sobre esse ponto e as classificações do século XVIII de modo mais geral, ver Yeo, 2003, 248; Tonelli, 1975, 265.

Na Europa do Renascimento, pelo contrário, muitos pensadores tiveram a ambição de implementar uma organização perfeita do conhecimento, embora arranjos pragmáticos, notavelmente alfabéticos, também tenham sido amplamente difundidos em certos contextos. Durante o Renascimento, a dificuldade de ordenar o conhecimento foi enormemente exacerbada em quase todos os campos pelo influxo massivo de materiais a serem incluídos, brotando de novos mundos recém-descobertos e de textos antigos recém-recuperados, bem como de novos textos impressos de todo tipo, e de mudanças sociais e culturais concomitantes associadas ao desenvolvimento da imprensa, do rápido crescimento da educação superior e de mudanças nos padrões de patronagem e mobilidade social. Nesta breve introdução a um tópico complexo, me concentrarei em três áreas nas quais os autores renascentistas se dedicaram à organização do conhecimento, indo dos tipos menos pragmáticos de organização até os mais pragmáticos: discussões explícitas da classificação das disciplinas; tentativas de ordenar o conhecimento da história e da história natural, especialmente em compilações de larga escala; e a organização de vários tipos de coisas, especialmente livros em bibliotecas, catálogos de venda e bibliografias.

Classificação das disciplinas

Das diferentes formas de organização de conhecimento, a classificação das disciplinas foi a que recebeu mais atenção de historiadores das ideias e historiadores da filosofia, com um foco especial nos numerosos tratados medievais dedicados à questão, e com vários estudos específicos sobre o Renascimento e classificações posteriores.[4] Ao discutir as partes da filosofia em algumas poucas passagens, Aristóteles canonizou o tópico da classificação para a discussão filosófica por séculos depois dele, embora não tenha dedicado tanta atenção à questão quanto os comentadores posteriores fizeram parecer. Aristóteles tornou-se conhecido por uma divisão da filosofia em dois ramos, um prático e um especulativo. Em um certo número de passagens, Aristóteles propôs uma divisão tríplice, com um terceiro ramo adicionado para o conhecimento "poético" ou produtivo, mas os

---

4 O resumo histórico geral feito por Flint, 1904 ainda é útil; ver Frängsmyr, 2001.

comentadores de Aristóteles geralmente incluíram as disciplinas produtivas entre as disciplinas práticas. Na divisão bipartida atribuída a Aristóteles, as disciplinas teóricas abrangiam a metafísica, a física e a matemática, e as disciplinas práticas abrangiam a ética, a política e a economia; a lógica e a retórica não eram propriamente partes da filosofia, mas preparatórias para ela.[5] Mas a filosofia antiga também legou aos comentadores posteriores uma divisão alternativa da filosofia – um esquema tripartido no qual a filosofia era dividida em lógica/dialética, ética e física (incluindo uma posição relativamente importante para a matemática). Essa classificação tripartida das ciências foi tradicionalmente associada a Platão, em algo que hoje é reconhecido como uma falsa atribuição (feita por Sexto Empírico e Agostinho, entre outros) de um esquema desenvolvido pelos estoicos.[6]

Embora essas classificações tenham permanecido abstratas, a prática educacional romana estabeleceu uma duradoura divisão das disciplinas em sete artes liberais consideradas preparatórias para a filosofia: a gramática, a retórica e a dialética, por um lado, posteriormente conhecidas como o *"trivium"*, e, por outro, aritmética, geometria, música e astronomia, formando o *"quadrivium"*. Credita-se a Varro a primeira enumeração das sete artes liberais, às quais ele acrescentou a medicina e a arquitetura, em sua obra perdida *Disciplinarum libri IX* [*Nove livros sobre as disciplinas*] (c. 116-27 a. C.). Entre os Padres da Igreja, Clemente de Alexandria e Agostinho saudaram as sete artes liberais como preparação para a doutrina cristã, autorizando, assim, a posição central delas no currículo medieval.[7] Entretanto, a filosofia grega tornou-se cada vez menos acessível ao Ocidente latino, exceto através dos resumos e comentários latinos de Boécio e Agostinho, entre

---

5 Sobre a tripartição, ver *Tópicos* VI, 6, 145a15; para alusões à bipartição, ver *Tópicos* VII, 1 e *Metafísica* I, 1 e VI, 1. Para referências adicionais a Aristóteles e uma discussão, ver Mariétan, 1901, cap. 1. Para uma discussão de como a divisão tripartida de Aristóteles sobre a filosofia especulativa foi devedora da tripartição do ser feita por Platão, ver Merlan, 1953, 59-87.
6 Sobre a divisão estoica tripartida da filosofia, ver White, 2003, 124. Sobre a atribuição de uma classificação tripartida da filosofia a Platão por Sexto Empírico, ver Flint, 1904, 70 (citando *Adversus mathematicos* [*Contra os matemáticos*] VII, 16); sobre o papel de Agostinho nessa atribuição, ver Paulmier-Foucart, 2004, 229, citando *De civitate dei* [*Da cidade de Deus*], VIII, 4.
7 Minha discussão de classificações medievais tem uma dívida para com Weisheipl, 1965 e 1977. Agostinho tinha suspeitas em relação à astronomia (De *doctrina Christiana* [*Da doutrina cristã*], II, 29), mas planejou um conjunto de *disciplinarum libri* [livros das disciplinas] sobre todas as sete artes liberais; ver Weisheipl, 1965, 57.

outros. Boécio (480-524 d. C.) ofereceu uma classificação da filosofia que sintetizava o elemento "platônico"/estoico dentro do esquema bipartido aristotélico, incluindo o *quadrivium* sob a filosofia teórica. A classificação de Boécio provou-se particularmente influente, uma vez que foi adotada por Cassiodoro e mencionada por Isidoro de Sevilha (ao lado de um esquema tripartido alternativo) em seus manuais amplamente utilizados para a instrução de monges e sacerdotes, respectivamente. Durante o período inicial da Idade Média, educadores e enciclopedistas propuseram várias classificações diferentes para as disciplinas, incluindo especialmente divisões tripartidas e bipartidas e as sete artes liberais.[8] O *Didascalicon* [*Ensinamento*] de Hugo de São Vítor (1096-1141) marca o auge da complexidade da classificação medieval antes da redescoberta da filosofia aristotélica. Sua divisão era quadripartida (teórica, prática, mecânica e lógica) e continha sete artes mecânicas correspondentes às sete artes liberais.[9]

A tradução de muitos textos da filosofia aristotélica para o latim pela primeira vez, a partir do árabe e em alguns casos diretamente do grego, desencadeou a expansão do ensino para além das sete artes liberais. Uma vez que a lógica já havia sido incluída no ensino das artes liberais (como um ramo do *trivium*), as novas disciplinas que foram adicionadas ao currículo nas universidades recém-fundadas foram as três filosofias (física, metafísica e ética), elas mesmas consideradas propedêuticas para o estudo nas faculdades superiores de medicina, direito e teologia. A recuperação da filosofia grega, acompanhada pelos comentários árabes sobre ela, coincidiu com o apogeu dos tratados latinos sobre a natureza e a divisão das ciências, entre 1170-1270.[10] Essa atividade classificatória pode ser entendida como uma resposta aos novos textos, disciplinas, métodos e instituições introduzidos no ensino da filosofia nesse período. Os novos textos traduzidos para o latim incluíam também uma classificação árabe das ciências por Al-Farabi,

---

8 Ver Weisheipl, 1965, 58-65, para diagramas e uma discussão mais detalhada das fontes primárias: Boécio, *In Isagogen Porphryii commentarii* [*Comentários sobre a Isagoge de Porfírio*]; Cassiodoro, *Institutiones* [*Instituições*], II, 3, 4 e Isidoro, *Etymologiae* [*Etimologias*], II, 24, 1.
9 *Didascalicon* [*Ensinamento*], I, 4-11. Ver, de modo mais geral, Whitney, 1990.
10 Weisheipl, 1977, 475. Ver também Dahan, 1990; estudos sobre classificações específicas incluem Steneck, 1975 e Lutz, 1956.

que inspirou duas traduções latinas e um certo número de comentários.[11] Em 1255, Vicente de Beauvais pôde assim enumerar sem decidir entre elas oito posições diferentes sobre a classificação das ciências em seu *Speculum doctrinale* [Espelho doutrinal].[12]

Os tratamentos mais substanciais da filosofia aristotélica que agora eram possíveis fomentaram novos debates sobre as classificações, notavelmente debates sobre a posição apropriada da matemática e das *scientiae mediae* [ciências intermediárias], que ocorreriam novamente no Renascimento. Seguindo Aristóteles, a maioria das classificações medievais situavam as partes da filosofia em uma escala de acordo com seu nível de abstração. A física abstraía das entidades materiais individuais para discutir as formas e substâncias dos objetos materiais em geral, e assim prometia a *scientia* ou conhecimento certo; a metafísica dizia respeito a objetos que não eram dependentes da matéria, e era assim claramente superior. Apesar da natureza abstrata de seu foco nas relações numéricas entre as coisas, a matemática era considerada inferior à física, porque não levava em consideração adequadamente a complexidade da realidade física. Enquanto muitos escolásticos partilhavam dessa avaliação, um pequeno conjunto de disciplinas que Aristóteles havia chamado de "subordinadas" floresceu como uma nova categoria de "*scientiae mediae*" [ciências intermediárias] – intermediárias entre a física e a matemática, pois participavam de ambas – que desafiavam cada vez mais a divisão e a hierarquia nítidas entre os dois campos originais.[13] A ótica, a ciência dos pesos, a medição dos corpos (estereometria) e a astronomia física passaram a ser cada vez mais estudadas na universidade medieval (em parte devido à tradução de textos árabes nesses campos). Uns poucos escolásticos,

---

11 Weisheipl, 1965, 475. Sobre as classificações árabes, incluindo a divisão quintúplice de Al-Farabi para as ciências (em ciências da linguagem, lógica, matemática, física e política), ver Jolivet, 1977.
12 Vicente oferece trechos sobre classificação por Isidoro de Sevilha, Hugo de São Vítor, Ricardo de São Vítor, Michael Scot, Aristóteles, Al-Farabi, Avicebron e Agostinho. Vicente de Beauvais, *Speculum doctrinale* [Espelho doutrinal], livro I, caps. 14-18, disponível em tradução francesa em Paulmier-Foucart, 2004, 231-7.
13 Sobre as ideias de Aristóteles acerca desse ponto, ver Mariétan, 1901, 30ss. Sobre a emergência da noção de "*scientia media*" [ciência ou conhecimento intermediário] na Idade Média (notavelmente com Tomás de Aquino), ver Gagné, 1969.

notavelmente na Faculdade de Merton em Oxford no século XIV, argumentaram especialmente em favor da importância dessas ciências.[14]

A discussão explícita da classificação das disciplinas na Idade Média permaneceu como uma parte da filosofia teórica, gerando alguns poucos tratados plenamente desenvolvidos e mais comumente (especialmente após o século XIII) comentários em seções introdutórias de tratados filosóficos. Essas discussões tiveram geralmente pouco impacto no que era ensinado ou estudado, mas serviram como uma oportunidade para os autores se posicionarem e inovarem dentro do espectro de opções que se desenvolveram a partir do engajamento de sucessivas gerações com os esquemas classificatórios antigos. Os tratamentos renascentistas das classificações se basevam fortemente em modelos e métodos herdados da Idade Média, embora essa dívida muitas vezes não fosse reconhecida. A recuperação de textos antigos perdidos desempenhou um papel comparativamente pequeno no desenvolvimento do pensamento renascentista acerca dos problemas de classificação.[15] A maioria das classificações renascentistas das disciplinas tentava produzir uma integração eclética de disciplinas novas ou recém-revigoradas com os esquemas aristotélicos herdados da Idade Média; mesmo as classificações e currículos aristotélicos tradicionalistas alteraram o equilíbrio das disciplinas. Somente alguns poucos autores propuseram desvios ousados em relação ao legado aristotélico.

Os humanistas frequentemente fizeram uso de suas classificações para apoiar novas reivindicações de centralidade para as disciplinas que eles favoreciam, fossem elas a gramática, a dialética, a história ou a matemática. Um belo exemplo dessa estratégia, que teve ampla circulação em sua época e foi bem estudado nos dias de hoje, é *Panepistemon* [*Conhecimento geral*]

---

14 Esses escolásticos platonizantes incluíram Roberto Grosseteste, Roger Bacon e Robert Kilwardby; ver Lindberg, 1977, 477-8.

15 Dois exemplos são citados na literatura: Ficino traduziu trabalhos do grego Albinos, um autor platônico-eclético de meados do século II, que propôs uma síntese entre as classificações aristotélica e platônica/estoica; ver Tonelli Olivieri, 1991, 80, n. 69. Geminus de Rodes desenvolveu a categoria da "matemática sensível" como uma categoria mais inclusiva que a das ciências "mistas" de Aristóteles; trechos de Geminus foram impressos e traduzidos no período do Renascimento no *Sphaera* [*Esfera*] de Proclo (pseudo) (c. 1522). Sobre Geminus e sua influência, ver Mandosio, 1994.

de Angelo Poliziano, que começou como uma aula inaugural em um curso na Universidade de Florença e foi impresso em numerosas edições na Itália e na França, onde também foi tacitamente reutilizado por pelo menos dois outros autores. O vasto conjunto de fontes reunidas por Poliziano em sua síntese eclética de classificações anteriores é um exemplar do novo alcance da erudição humanista; seu argumento geral também era típico das prioridades disciplinares humanistas, pois elogiava o *grammaticus*, em vez do filósofo, como o estudioso onisciente capaz de estudar todos os textos.[16]

As artes mecânicas, em geral, passaram por uma elevação de estatuto nas classificações renascentistas – elas foram mais consistentemente estudadas, ao passo que antes haviam sido com frequência deixadas de fora completamente.[17] Embora a noção moderna de "belas artes" só tenha aparecido no século XVIII, a pintura e a escultura subiram em estatuto em comparação com sua posição medieval como ofícios artesanais; os humanistas debatiam não sobre incluí-las ou não entre as artes e ciências, mas sim sobre posicioná-las entre as ciências ou dentro da eloquência como uma arte da expressão.[18] Muitas disciplinas antes consideradas inferiores e mecânicas receberam uma elevação de estatuto por sua associação com a matemática – entre elas, por exemplo, a navegação, a balística e a pintura (por exemplo, através do uso da perspectiva). No século XVI, os matemáticos tiveram sucesso em aproveitar o antigo *pedigree* de sua disciplina, que ganhou ainda mais prestígio com a recuperação humanista de textos de matemática grega e com a patronagem de príncipes ávidos tanto pelo prestígio quanto pelos benefícios materiais que a matemática prometia.[19] Os comentários sobre Euclides ofereceram a ocasião para alardear as áreas que a matemática podia abranger. Em seu comentário sobre Euclides, Proclo havia notado seis tipos

---

16 Em última instância, sua classificação é bastante familiar: tripartida (teórica, prática e lógica), com uma atenção cuidadosa dedicada à matemática e às sete artes mecânicas (de Hugo de São Vítor). Ver Mandosio, 2002 e 1997. Sobre o destino de seu texto e sua reutilização por outros autores na França do século XVI, ver Mandosio, 2000a. Ver também Maïer, 1960. Para outra classificação humanista, ver Mandosio, 2000b.
17 Sobre a ascensão das artes mecânicas, ver Rossi, 1970.
18 Kristeller, 1951; sobre o período renascentista, ver Farago, 1991.
19 Ver Rose, 1975; sobre o papel paralelo de ocultistas como Agrippa de Nettesheim na promoção das ciências matemáticas, ver Grafton, 2002.

de matemática mista (já mais que os três tipos de Aristóteles); em seu prefácio à primeira tradução inglesa de Euclides em 1570, a lista de disciplinas matemáticas de John Dee continha trinta campos de estudos, muitos deles termos que Dee cunhara pela primeira vez em uma ousada previsão de realizações matemáticas futuras.[20]

A hierarquia das disciplinas no século XVI foi sujeita a novas ênfases mesmo entre autoproclamados tradicionalistas aristotélicos, conforme figuras influentes promoviam suas próprias disciplinas e interesses. Na Europa, a filosofia era ensinada a estudantes mais jovens nesse período do que na Idade Média.[21] Na formação de jesuítas no *Collegio Romano*, Christopher Clavius (1538-1612) argumentou com sucesso em favor de uma posição mais elevada para a matemática e as ciências mistas. Essa mudança ajudou a fomentar uma nova abordagem matemática à física, ao longo das linhas de interesses da escola de Merton do século XIV, embora Clavius não tenha se referido a esses interesses nem aos debates medievais anteriores sobre o estatuto das "*scientiae mediae*" [ciências intermediárias].[22] Em Pádua, Jacopo Zabarella argumentou em seu tratado sobre a hierarquia das disciplinas em favor de uma maior autonomia para a física,[23] enquanto o grande escolástico espanhol Francisco Suárez (1548-1617) valorizava a metafísica acima de tudo como a disciplina a partir da qual se poderia provar Deus através da razão.[24] Os escolásticos protestantes também ofereceram múltiplas variações sobre os elementos das classificações tradicionais.[25]

Poucas figuras do Renascimento rejeitaram abertamente os esquemas classificatórios recebidos e os currículos aos quais eles foram relacionados. Em Paris, nos anos 1550 e 1560, Petrus Ramus clamou por uma completa reformulação do currículo universitário baseado em Aristóteles. Ele propôs substituí-lo com um único método dialético aplicável a todos os campos,

---

20 Ver o prefácio de Dee em Euclides, 1570, p. 1-50. Também disponível em Dee, 1975.
21 Tuck, 1998, 17-19.
22 Ariew, 1990.
23 Mikkeli, 1997.
24 Lohr em Schmitt *et al.*, 1988 e Lohr, 1991. Sobre as classificações espanholas, de modo mais geral, ver Jacobs, 1996.
25 Ver Freedman, 1994, esp. 51-6 para diversos diagramas de sistemas específicos.

que prometia o domínio fácil de um assunto através do uso sistemático da definição e da divisão. Ramus atribuiu sua confiança nesses princípios, bem como seu elogio especial sobre a matemática, à inspiração de Platão.²⁶ Ramus não teve nenhum impacto duradouro no currículo francês, mas teve um número considerável de seguidores entre calvinistas alemães e ingleses, especialmente após sua morte no massacre do Dia de São Bartolomeu.²⁷ A noção de uma unificação das disciplinas através de um único método era uma redução chocante da concepção aristotélica de método, segundo a qual toda disciplina tinha seu próprio método, apropriado para seu assunto e seu nível de abstração.²⁸ O ramismo é mais conhecido pelos diagramas dicotômicos usados para exibir as divisões de cada assunto, mas a diagramação foi anterior a Ramus, que teve uma dívida para com as apresentações visuais desenvolvidas por uma geração anterior de pedagogos, incluindo Rudolph Agrícola e Jacques Lefèvre d'Étaples.²⁹ A diagramação também se provou mais versátil que o método particular de Ramus, e foi usada não apenas por ramistas plenos, mas também para apresentar esquemas mais tradicionais de disciplinas, como nas tabelas ornamentadas de filosofia publicadas por Christofle de Savigny (1587).³⁰

Francis Bacon foi outro ousado oponente das classificações recebidas, e organizou as disciplinas não de acordo com os critérios usuais de grau de abstração ou tipo de assunto, mas sim de acordo com as três faculdades da mente – razão, memória e imaginação. Bacon foi provavelmente inspirado por uma interpretação da Antiguidade tardia sobre a divisão da alma feita por Galeno, que havia circulado desde a Idade Média até a época de Bacon.³¹ Em seu *Avanço do conhecimento* (1605) e sua própria tradução latina revisada dessa obra em 1623 (como *De augmentis scientiarum*), Bacon enfatizou a unidade das ciências e o papel das disciplinas práticas bem como

---

26 A melhor apresentação de Ramus continua a ser a de Ong, 1958; ver 43-4 sobre o papel de Platão no pensamento de Ramus.
27 Ver Feingold, Freedman e Rother, 2001.
28 Gilbert, 1960; ver também Edwards, 1976.
29 Ong, 1958, 74-91. Para os antecedentes do uso de diagramas dicotômicos por Ramus, ver também Murdoch, 1984 e Höltgen, 1965.
30 De Savigny, 1587; sobre esse ponto, ver Burke, 2000, 97-8.
31 Tonelli Olivieri, 1991.

das disciplinas teóricas no avanço da governança da sociedade civil.³² Sua classificação veio a representar a superioridade da razão quando D'Alembert selecionou-a como base para sua "árvore das ciências" na *Encyclopédie*. Mas o próprio Bacon não havia adotado tal posição; ele esperava grandes coisas da história (uma disciplina da memória) e reservara um lugar em sua própria obra para a imaginação (por exemplo, na interpretação alegórica da sabedoria antiga).

As mudanças na classificação das disciplinas durante o Renascimento podem ser exemplificadas pelo contraste entre duas enciclopédias organizadas em torno das disciplinas – a *Margarita philosophica* [*Pérola filosófica*] de Gregor Reisch (1503) e a *Encyclopedia* de Johann Heinrich Alsted (1630). O volume de quinhentas páginas em tamanho quarto de Reisch abrangia as sete artes liberais e as três filosofias. A obra de quatro volumes de Alsted, totalizando 2.400 páginas em tamanho fólio, abrangia um material muito maior e todos os tipos de novas disciplinas, para muitas das quais Alsted cunhara seus próprios termos. Os *praecognita* [pré-requisitos] propedêuticos de Alsted não eram as artes liberais, mas sim, sob o impacto do pensamento ramista, concentravam-se nos métodos de estudar e nos princípios das disciplinas. A *philologia* [filologia] também era preparatória para a filosofia, que era dividida em teórica e prática, seguida pelas três faculdades superiores. Alsted descreveu, em seguida, 21 artes mecânicas (desde a cervejaria até a arte de tocar instrumentos musicais), e concluiu com uma "mistura de disciplinas" abrangendo 41 campos de estudo, desde a Cabala e a física de Moisés até o estudo do tabaco ("tabacologia"). Em sua tentativa de harmonizar todo o conhecimento, Alsted introduziu na mistura alguns campos que eram incompatíveis com as abordagens descritas nas seções anteriores de sua obra.³³ O fato de que o conteúdo da *Encyclopedia* de Alsted extravasou até mesmo seu próprio sistema eclético de classificação talvez seja uma das razões pelas quais a geração seguinte de enciclopédias disciplinares tenha sido organizada alfabeticamente em vez de sistematicamente.³⁴

---

32 Kusukawa, 1996.
33 Sobre as estratégias de harmonização de Alsted, ver Hotson, 2000 e Blair, 2000a.
34 Notavelmente como "dicionários das artes e ciências"; ver Yeo, 2001.

A organização de fatos em história e história natural

A história era geralmente deixada de fora dos currículos educacionais do Renascimento, pois não era considerada complexa o suficiente para necessitar de instrução, mas considerada volumosa demais para ser incluída.[35] Mas a história humana e natural oferece um rico campo para estudar, como os eruditos renascentistas organizaram quantidades crescentes de materiais em coleções de espécimes e notas manuscritas, e acima de tudo em volumosos livros impressos. A história humana era uma das disciplinas favorecidas pelos humanistas, que a viam como uma fonte de exemplos de erros e sucessos passados, que podia ser útil para informar as decisões políticas e éticas de sua época.[36] O humanismo alimentou um interesse especial pela história antiga, mas histórias medievais e contemporâneas também foram impressas em grandes números. O interesse pela história deu origem a um novo gênero oferecendo conselhos sobre como ler e escrever livros de história, conhecido como a *ars historica* [arte da história]. Em seu *Método para a fácil compreensão da história* (1566), por exemplo, Jean Bodin recomendou marcar nas margens dos livros de história ações que se provaram úteis ou não, e que foram honrosas ou não, de modo que o indivíduo pudesse facilmente encontrar casos para guiar seu próprio comportamento. As passagens anotadas do modo recomendado por Bodin também podiam ser copiadas em um caderno com um cabeçalho apropriado (por exemplo, "ações úteis e desonrosas", ou cabeçalhos com outros tópicos) sob os quais poderiam ser recuperadas depois. Essa prática de tomar notas estimulou a publicação de compilações de exemplos que prometiam oferecer todas as recompensas da leitura da história – passagens memoráveis destiladas a partir de centenas de histórias – sem o esforço de ler as fontes diretamente. As maiores dessas compilações chegaram a milhares de páginas em fólio, preenchidas com anedotas históricas selecionadas de alguma maneira como

---

35 Gilbert Jacchaeus (1635), conforme citado em Blair, 1997, 35. Nas classificações renascentistas, a história era definida de várias maneiras, de modo restrito como história humana, ou de modo amplo como história humana e natural; sobre essas interações, ver Mandosio, 1995 e Pomata e Siraisi, 2005.
36 Sobre a história exemplar, ver Nadel, 1964.

exemplares; a maioria das coleções de exemplos e apotegmas eram menores, mas enfrentavam em uma escala menor os mesmos problemas de seleção, atribuição de cabeçalhos e organização.

A história natural também passou por um rápido crescimento durante o Renascimento, estimulado, a princípio, pelas tentativas humanistas de identificar as plantas e animais nomeados nos tratados recém-recuperados de história natural de autores clássicos, e depois aumentado pelas muitas novas espécies relatadas por viajantes idos ao Novo Mundo, bem como por uma atenção mais detalhada dedicada ao Velho Mundo. O número de plantas conhecidas explodiu, passando das 500 listadas na história natural de Dioscórides, que era considerado a maior autoridade botânica em 1550, até aproximadamente 6.000 plantas catalogadas por Caspar Bauhin em 1623.[37]

Os estudiosos renascentistas enfrentaram um crescimento de conteúdo sem precedentes nesses campos, em grande medida pela acumulação de parcelas discretas de informação (semelhantes de muitas maneiras ao que chamamos de "fatos"), mas os métodos que eles empregavam para organizar todo esse material tinham origens medievais.[38] A seleção ou resumo de fontes textuais e a ordenação e armazenamento dessas passagens sob cabeçalhos de tópicos constituíam as operações básicas subjacentes aos florilégios e compêndios medievais convencionalmente chamados de "enciclopédias medievais". O tamanho e a sofisticação dessas coleções aumentaram no século XIII durante um período anterior de explosão de conhecimento, graças às novas práticas de alfabetização (começando com as concordâncias bíblicas do século XIII, depois se espalhando para os índices alfabéticos para muitos tipos de textos) e a organização textual que facilitava a leitura por consulta em vez da leitura contínua. O uso de diferentes tamanhos de escrita, de cabeçalhos correntes, rubricas, e seções e subdivisões numeradas era típico dos manuscritos escolásticos, em contraste com os manuscritos monásticos.[39] As coleções

---

37 Ver Ogilvie, 1997.
38 Para uma introdução à historiografia recente sobre a ascensão da noção de "fato" no início do período moderno, ver Blair, 2005, 283ss. e Daston, 2001. Sobre o problema da sobrecarga de modo mais geral, ver Blair, 2003.
39 Para uma introdução a seus muitos estudos sobre as ferramentas e a *ordinatio* [ordenação] escolástica, ver M. e R. Rouse, 1991, esp. caps. 4–7.

de material histórico impresso experimentaram o uso de novas técnicas (por exemplo, *dingbats*,[40*] diferentes fontes e formatos, maior uso de centralização e espaço vazio) para melhorar a consultabilidade de volumes que se tornaram consistentemente maiores em suas dimensões, sem, contudo, e graças à imprensa, se tornarem proibitivos no preço.[41]

A atribuição de uma passagem a um cabeçalho de tópico sob o qual ela pudesse ser recuperada posteriormente permaneceu inalterada como principal estratégia para a gestão da informação no Renascimento, tanto nas notas de lugares-comuns que os pupilos das escolas humanistas eram treinados para realizar sobre suas leituras, quanto nos compêndios impressos que ofereciam de maneira pronta os tipos de notas que os usuários renascentistas teriam desejado compilar por si mesmos.[42] O juízo pessoal do realizador ou compilador de notas governava a seleção dos autores e textos a serem resumidos e das passagens particulares copiadas (e às vezes tacitamente reformuladas no processo), e posteriormente do cabeçalho sob o qual armazenar cada passagem. O arranjo dos cabeçalhos na coleção (e, em uma medida muito menor, das passagens sob um cabeçalho) também era decidido pelo compilador. Nas coleções de manuscritos, os cabeçalhos eram geralmente formados na ordem em que ocorriam para o tomador de notas durante a leitura, qualquer que fosse a sequência dos textos; as notas manuscritas quase nunca discutiam o arranjo dos cabeçalhos. Por outro lado, na forma impressa, os compiladores renascentistas frequentemente

---

40* *Dingbat*: um tipo de caractere ornamental usado em tipografia impressa. (N. do T.)

41 Os florilégios medievais eram frequentemente breves, ao passo que o mais amplamente impresso florilégio renascentista, o *Polyanthea* [*Florilégio*] de Domenico Nanni Mirabelli, começou com cerca de 500.000 palavras e cresceu em edições sucessivas até aproximadamente três milhões de palavras em 1600. A maior enciclopédia de todos os tempos na Idade Média, o *Speculum maius* [*Grande espelho*] de Vicente de Beauvais, chegava a aproximadamente três milhões de palavras, enquanto seu equivalente do final do Renascimento, o *Magnum theatrum* [*Grande teatro*] de Laurentius Beyerlink (1631), chegava a quinze milhões de palavras. Embora esses livros de referência de tamanho bastante grande fossem obviamente muito caros em comparação com livros menores, o barateamento da produção de livros por meio da impressão tornou viável produzir e comercializar tais obras de tamanho grande.

42 Para uma introdução à considerável literatura sobre lugares-comuns, ver Moss, 1996 e Blair, 1992, e sobre a escrita de notas de modo mais geral, Blair, 2004. Sobre as anotações marginais, ver Fera *et al.*, 2002.

justificavam de fato sua escolha do esquema de organização de uma dentre as três opções principais de arranjo, a saber: organização miscelânea, alfabética ou sistemática.

A ordem conscientemente miscelânea encontrada em diversas compilações renascentistas não teve precedentes medievais; os autores das miscelâneas invocavam o modelo do autor romano Aulus Gellius, que afirmava ter composto seu *Noites da Ática* na ordem em que lera os textos e fizera observações sobre eles. É provável que a ordem miscelânea raramente fosse devida ao simples acaso, e frequentemente exprimisse vagas associações de tópicos.[43] Não obstante, várias miscelâneas proclamavam que um arranjo fortuito adicionava variedade ao prazer da leitura. Tipicamente, um ou mais índices alfabéticos anexados ao texto da miscelânea tornava o material acessível ao usuário em busca de um tópico específico.[44] A ordem alfabética de cabeçalhos havia sido comum nos florilégios medievais e se perpetuara em muitas coleções renascentistas de citações e anedotas; essa ordenação oferecia a maior facilidade de uso, mas era criticada por ser ditada pela arbitrariedade da "gramática". Uma ordem sistemática, pelo contrário, prometia a beleza conceitual ao corresponder à ordem das coisas.[45]

As obras enciclopédicas renascentistas exibiam muitos esquemas sistemáticos diferentes, desde a cadeia do ser até o decálogo.[46] Algumas alegavam facilitar a memorização; outras visavam a pansofia, ou sabedoria que advém do conhecimento de todas as coisas e suas interconexões.[47] As compilações impressas em tamanho grande tipicamente continham um ou mais índices

---

43 Esse argumento é apresentado de modo convincente acerca do arranjo de Gellius, por exemplo, em Holford-Strevens, 2003, 30-6.

44 Sobre as virtudes da ordem miscelânea, ver Poliziano, 1522, prefácio. Sobre o gênero do comentário arranjado de maneira miscelânea, ver Blair, 2006. Sobre a relação do comentário renascentista com os comentários antigos e medievais, ver Pade, 2005.

45 Ver o rótulo "nada é mais belo que a ordem", como em Fatio, 1971.

46 Ver, respectivamente, Girolamo Cardamo, *De subtilitate* [*Da sutileza*] (1551), e Andreas Hondorff, *Promptuarium exemplorum* [*Prontuário de exemplos*] (1572), conforme discutidos, entre mais de uma dúzia de diferentes tipos de ordens sistemáticas, em Michel, 2002, em 46, 58.

47 Mais famosamente, Giulio Camillo Delminio planejou um "teatro da memória" como um espaço físico que alguém podia adentrar para contemplar uma exibição ordenada de todo conhecimento; sobre seu programa e o contexto e impacto dele, ver Bolzoni, 2001. Para um rico levantamento de escritos pansóficos, ver Schmidt-Biggeman, 1983.

alfabéticos que permitiam um modo alternativo de acesso.[48] Esse foi o caso de uma das compilações mais elaboradamente classificadas, o *Theatrum humanae vitae* [*Teatro da vida humana*] (1565), no qual Theodor Zwinger reuniu exemplos históricos em uma escala grandiosa sob cabeçalhos de tópicos com múltiplas camadas de seções e subseções cuidadosamente organizadas (e reorganizadas, em duas edições subsequentes publicadas durante sua vida) de acordo com elaborados diagramas ramistas.[49] Zwinger se orgulhava de desenvolver uma ordem que não era cronológica, mas "rapsódica", como ele a chamava, planejada para enfatizar o valor ético de seu material, que ele ordenara de modo amplo entre vícios e virtudes. É duvidoso que a ordem sistemática de Zwinger tenha se provado eficaz para os usuários; um contemporâneo comentou que era difícil encontrar qualquer coisa no *Theatrum* de Zwinger, a não ser através do índice.[50] A obra foi de fato publicada com um número crescente de índices alfabéticos, ordenados primeiro pelo cabeçalho de tópico, depois por nomes próprios e "palavras e coisas memoráveis" (cf. nossa noção de "palavra-chave"). Ao expandir o *Theatrum* de Zwinger em seu *Magnum theatrum* [*Grande teatro*] de 1631, Beyerlinck recorreu à alfabetização dos cabeçalhos principais, notando que "muitos davam pouca aprovação à ordenação sistemática da história".[51]

Os historiadores naturais lidavam com tensões semelhantes entre, por um lado, o ideal de um sistema que representasse com fidelidade a complexidade e a hierarquia da natureza, e, por outro, os aspectos práticos da recuperação da informação em compilações em grande escala. A história natural renascentista é bem conhecida por sua carência de uma "classificação científica" – as classificações modernas foram introduzidas no século XVIII tanto para plantas quanto para animais (por exemplo, por Lineu e Cuvier, entre outros). As classificações renascentistas de plantas

---

48 Sobre as indexações no Renascimento, ver Blair, 2000b.
49 Zwinger, 1565, com reedições ainda maiores em 1571 e 1586 e uma reimpressão póstuma (com um índice adicional) em 1604.
50 Keckermann, 1614, 224 (erroneamente impressa como 210).
51 Beyerlinck, 1666. sig. [e3]v; esse prefácio não está presente em todas as cópias da edição de 1631, embora a mudança para a ordem alfabética tenha sido feita. Não obstante, os artigos em Beyerlinck eram frequentemente muito longos ("*Bellum*" ["Guerra"] ocupa 106 páginas) e mantinham as subdivisões de Zwinger em seu interior.

e animais usavam categorias formadas na Antiguidade (por Aristóteles, Teofrasto e Dioscórides, especialmente), baseadas na experiência comum: árvore, arbusto, subarbusto e erva; quadrúpedes, répteis, peixes e pássaros. As subdivisões dessas categorias amplas variavam com diferentes autores. Ulisse Aldrovandi, que evitou estudiosamente qualquer uso da ordem alfabética como sendo meramente gramatical e arbitrária, ordenou as aves em seu *Ornithologiae* [*Das aves*] de três volumes de acordo com seus hábitos e habitats (em três categorias principais: aves de rapina, aves que rolam na poeira, aves que vivem na ou perto da água), e depois de acordo com características físicas específicas (semelhanças de bicos, penas, etc.).[52] De modo semelhante, na botânica, agrupamentos em "pequena escala" de tipos de plantas semelhantes eram justapostos de modo bastante arbitrário.[53]

A ordem alfabética já havia sido usada para listar plantas e animais em compêndios desde o século XIII.[54] No século XVI, os historiadores naturais que optaram pela alfabetização reconheceram a arbitrariedade da "ordem gramatical", mas explicaram suas virtudes, como fez Conrad Gesner no prefácio de seu *Historiae animalium* [*História dos animais*], uma obra em quatro volumes em tamanho fólio: "a utilidade de léxicos [como este] provém [...] não de lê-los do início ao fim, o que seria mais tedioso que útil, mas de consultá-los de tempos em tempos".[55] Ao se referir a suas histórias naturais como léxicos, Gesner enfatizou a semelhança delas com os gêneros focados na organização de palavras e com os livros para os quais a ordem alfabética era comum (apesar de não universal). Embora as histórias naturais de Gesner fossem amplamente respeitadas e sua escolha da ordem alfabética tenha sido imitada por alguns, muitos continuaram a procurar pela ordem sistemática perfeita. Durante os anos 1620, Federico Cesi desenvolveu planos detalhados para um "teatro da natureza" que representaria a realidade da natureza em todas as suas relações complexas,

---

52 Para um trecho traduzido, ver Aldrovandi, 1963; ver mais geralmente Hall, 1991. Sobre as práticas de organização de Aldrovandi, que incluíam o desenho de tabelas hierárquicas para acompanhar sua coleção de espécies de história natural, ver Findlen, 1994, 60-2.
53 Ogilvie chama esses agrupamentos de "pré-teóricos"; Ogilvie, 2006, 218-19.
54 Hünemörder, 1983.
55 Gesner, 1551, sig. β1v.

mas os planos nunca foram implementados para além da impressão de uns poucos diagramas e da constituição de uma grande coleção de belos desenhos da natureza.[56] Caspar Bauhin adotou uma abordagem mais pragmática ao listar milhares de tipos de plantas, com referências aos autores que as descreveram; Bauhin não ofereceu nenhum gráfico, nem mesmo uma tabela de conteúdo descrevendo a ordem que ele havia seguido – a obra é acessível primariamente através do índice alfabético.[57]

A organização dos objetos

Após considerar as classificações teóricas das disciplinas e os arranjos de trechos textuais em compilações históricas, me voltarei brevemente para a organização de coleções de objetos físicos de diferentes tipos, desde espécimes naturais até livros, durante o Renascimento. No entanto, essas coleções (mesmo em bibliotecas) não foram preservadas com sua ordenação renascentista intacta, de modo que nossas evidências acerca delas são indiretas, indo desde representações das coleções em imagens ou através de inventários e catálogos escritos.

Os gabinetes de curiosidades reuniam os mais diversos conjuntos de objetos, desde chifres de unicórnio (presas de narval) até arcos americanos e gemas belamente lapidadas. A julgar pelas imagens que temos dessas coleções, as limitações físicas dos objetos e do espaço de exibição (usualmente uma única sala) frequentemente ditavam um arranjo físico bastante aleatório.[58] Dados os custos e as dificuldades de reunir tais coleções, a maioria delas não era muito grande e não exigia muita organização, por razões

---

56 Ver Freedberg, 2002. Sobre o uso de tabelas e grades na história natural, ver Swan, 2002. Um esquema de espécimes naturais semelhante a uma grade, em uma caixa com 6 x 6 escaninhos chamada de *pantotheca*, é descrito nas páginas de abertura do *Colloquium heptaplomeres* [*Colóquio entre sete sábios*] tradicionalmente atribuído a Jean Bodin (c. 1590); ver Bodin, 1975.
57 Bauhin, 1623.
58 Para alguns exemplos, ver Findlen, 1994, esp. cap. 3. Os gabinetes de Michele Mercati para exibição de metais constituem um caso raro no qual o arranjo físico correspondia a um arranjo conceitual. As pranchas da *Metallotheca* de Mercati foram produzidas em 1580, mas impressas somente em 1717; ver Cooper, 1995.

pragmáticas. Mas, em inventários manuscritos e impressos, os proprietários geralmente agrupavam seus objetos de acordo com categorias básicas, notavelmente em seções para *naturalia* [objetos naturais] e *artificialia* [objetos artificiais], cada qual com subdivisões ulteriores, por exemplo, minerais, plantas, conchas, medalhas e pinturas. No interior de cada seção, os itens não eram claramente ordenados, embora os itens mais significativos e caros em uma seção fossem tipicamente listados primeiro.⁵⁹ Os inventários mais sofisticados, notavelmente as extravagantes *Kunstkammern* [câmaras de artes] em Ambras e Praga no Sacro Império Romano, acrescentavam uma categoria de *scientifica* [objetos científicos] para instrumentos de observação científica e enfatizavam uma hierarquia de materiais, desde espécimes em estado natural e sem adornos até aqueles que misturavam natureza e arte, culminando naqueles que exibiam o mais alto grau de habilidade artística humana.⁶⁰ Distintas dos gabinetes de curiosidades, com seu escopo enciclopédico e importância frequentemente simbólica, havia as coleções de espécimes naturais reunidas e organizadas para propósitos práticos ou pedagógicos em mercados, lares, jardins, laboratórios e teatros de anatomia – sendo todos esses locais de conhecimento que recentemente começaram a atrair a atenção de estudiosos.⁶¹

As coleções de moedas e epígrafes estimuladas pelo interesse humanista em relação à Antiguidade também necessitavam de organização, especialmente uma vez que alcançaram proporções muito maiores que as da maioria dos gabinetes de curiosidades – as moedas eram pequenas e ainda não eram muito caras, e as epígrafes eram registradas por cópia (embora alguns colecionassem as inscrições de pedra quando podiam). As moedas podiam ser separadas

---

59 Para um exemplo, ver Trichet, c. 1635.
60 Sobre essa interpretação da *Kunstkammer* [câmara de artes] como uma celebração de ambições prometeicas (notavelmente nos autômatos), ver Bredekamp, 1995. Em uma obra que se tornou um modelo importante para os inventários dos Habsburgo, embora fosse uma classificação abstrata não associada a nenhuma coleção real, Samuel Quiccheberg ofereceu uma divisão de uma *Kunstkammer* em cinco partes, em objetos relacionados ao governante e seu reino, às artes e ofícios, espécimes naturais, *artificialia* e pinturas; para uma edição moderna e uma tradução alemã dessa obra de 1565, ver Quiccheberg, 2000.
61 Ver Findlen, 2001; Park e Daston, 2006, caps. 8-9, 12-13. Sobre o papel simbólico dos gabinetes de curiosidades, ver Pomian, 1990.

(pelo menos nos livros que as descreviam – sendo que a ordem real da coleção é geralmente desconhecida) por imperador, época e lugar, tamanho, metal, e por cara ou coroa.[62] Uma imensa coleção de epígrafes reunida por Jan Gruter foi organizada em vinte classes por autor da inscrição e publicada com 24 índices alfabéticos produzidos por Joseph Scaliger segundo vários critérios (palavras interessantes utilizadas, templos onde foram encontradas, profissões ou membros de famílias mencionadas, entre outros).[63]

Os objetos mais amplamente utilizados e colecionados eram os livros. As bibliotecas pessoais cresceram mais de dez vezes em tamanho de 1450 até 1650, como resultado do menor custo, da maior disponibilidade e da acumulação crescente de livros impressos.[64] A maioria das coleções pessoais não era catalogada – temos conhecimento sobre elas através de inventários póstumos que eram frequentemente organizados por ordem de valor comercial decrescente. As bibliotecas institucionais tipicamente mantinham inventários mais ou menos sofisticados para uso interno (para registrar o movimento de livros adquiridos, perdidos, trocados ou emprestados), de modo que nem sempre era produzido um catálogo formal. Exemplos de catálogos de biblioteca organizados por autor e/ou assunto (e mesmo um catálogo unitário abrangendo as posses de múltiplos mosteiros) existiram na Idade Média.[65] Mas o gênero se desenvolveu muito mais no Renascimento: as bibliotecas foram cada vez mais abertas para usuários além dos residentes internos de uma faculdade ou mosteiro; os catálogos impressos eram úteis para atrair patronagem e melhorar a reputação. O primeiro catálogo impresso foi o da biblioteca Bodleian (1605); cópias com páginas intercaladas e anotadas desse catálogo impresso também foram usadas como catálogos por outras bibliotecas.

Os catálogos de vendas apareceram pouco depois da imprensa, para ajudar a atrair compradores para novas impressões. Livros usados também

---

62 Sobre as coleções de medalhas, ver Schnapper, 1988, 133ss. Também sou grata a Brian Ogilvie pelo aconselhamento especializado acerca desse ponto.
63 Gruter, 1603.
64 Por exemplo, magistrados reais franceses no final do século XV tipicamente possuíam em torno de sessenta livros; ver Geneviève Hasenohr em Vernet, 1988, 239. No século XVI, magistrados franceses possuíam ordinariamente entre 500 e 1.000 livros, e até 3.000 livros em casos excepcionais. Ver Charon-Parent, 1988.
65 Derolez, 1979.

eram vendidos, embora tenhamos pouca informação sobre esse comércio, exceto no caso da prática de leiloar coleções maiores de livros, que começou nos Países Baixos no final do século XVI. Os catálogos de livros à venda (catálogos de leilões e de livreiros) geralmente observavam considerações práticas de uso e armazenamento, além de divisões disciplinares básicas: os livros eram separados por tamanho (fólio, quarto, oitavo) e idioma (latim e as línguas vernáculas separadas). Esses catálogos tipicamente começavam com os itens maiores (e mais caros) e seguiam passando das disciplinas mais prestigiosas para os campos mais novos e menores – da teologia, direito e medicina para a matemática e a poesia. Dentro de cada seção (divididas por disciplina, tamanho e idioma) não havia muitos livros para serem listados em ordem aleatória.[66]

Os catálogos de bibliotecas, por outro lado, eram geralmente produzidos apenas para as bibliotecas maiores, e eram, portanto, consideravelmente mais longos e faziam maior uso de listas alfabéticas por autor – seja em uma única lista alfabética, ou, como no caso do catálogo da biblioteca Bodleian de 1605, dentro de seções para cada uma das disciplinas. Os índices de assunto para as listas de autores eram raros e dependiam da diligência do bibliotecário, a quem frequentemente se atribuíam também muitas outras tarefas.[67] Fossem eles impressos ou manuscritos, os catálogos de bibliotecas renascentistas eram dispostos com poucas preparações para novos acréscimos – os catálogos não assumiram a forma de tiras móveis até pelo menos o século XVIII, embora as tiras fossem às vezes usadas no processo de ordenação alfabética e pudessem até ser coladas em folhas para formar o próprio catálogo.[68] Tipicamente, os catálogos cresciam por anotação por um certo tempo; depois um novo catálogo era feito para substituir o antigo.

---

66 Ver Pollard e Ehrman, 1965 e Charon e Parinet, 2000. Para um exemplo, ver De Jonge, 1977.
67 Para um exemplo de catalogação elaborada na biblioteca da catedral de Zurique, ver Germann, 1994. Sobre os bibliotecários dos séculos XVI e XVII, e várias de suas classificações, ver Caillet, 1988.
68 Ver Jayne, 1956. Para exemplos de catálogos formados por anotação de um catálogo impresso, ou a partir de tiras manuscritas alfabetizadas coladas em folhas, ver os catálogos do final do século XVII da Bibliothèque Mazarine, Paris, MS 4138 e 4134 respectivamente. Sobre o primeiro catálogo de biblioteca em cartões, ver Krajewski, 2002, 35ss. Sobre o uso de tiras de modo geral, ver Blair, 2010.

A bibliografia era outra ferramenta essencial para administrar o conhecimento dos livros no Renascimento, uma vez que listava livros para além de qualquer coleção única, e podia incluir até mesmo autores dos quais pouco ou nada havia de fato sobrevivido. A tentativa de Conrad Gesner de produzir uma listagem exaustiva de todos os autores e obras em grego, latim e hebraico em sua *Bibliotheca universalis* [*Biblioteca universal*] (1545) ultrapassou de longe o escopo e a ambição das poucas contribuições medievais para esse gênero.[69] Gesner dispôs o material em uma única lista alfabética de autores, mas planejava acrescentar um índice de tópicos a todas as obras dos autores; embora esse plano não tenha sido plenamente executado, Gesner publicou um volume associado (o *Pandectae* [*Resumos*], 1548) que listava os livros relevantes e seções de livros por disciplina e cabeçalhos de tópicos das subseções.[70] Gesner deu preferência à ordem alfabética para facilitar a consulta, mas o primeiro bibliógrafo de livros vernáculos franceses articulou uma virtude adicional da ordem alfabética ao lidar com autores vivos. La Croix du Maine explicou que ordenaria sua coleção de tratados sobre as casas nobres da França pela "ordem de a, b, c, ..., de modo a não enraivecer ninguém", como seria o caso se ele tentasse produzir uma ordem hierárquica.[71] O uso da ordem alfabética no Renascimento não devia ser interpretado como uma rejeição de hierarquias sociais ou intelectuais, mas apresentava vantagens pragmáticas para o leitor, bem como para o autor, livrando-os das dificuldades de ordenar a informação de acordo com uma compreensão cada vez mais complexa da realidade.

Em resumo

Durante o Renascimento, as instituições frequentemente não pareceram mudar muito. As velhas universidades eram governadas por estatutos medievais e serviam como modelos para muitas novas fundações; apenas umas poucas escolas foram planejadas para institucionalizar as disciplinas humanistas, tais como os colégios trilíngues em Louvain (1517) e Paris

---

69 As bibliografias medievais foram poucas em número, e geralmente concentradas em uma área geográfica ou uma ordem religiosa; ver M. e R. Rouse, 1986.
70 Sobre Gesner, ver Zedelmaier, 1992, e (entre outros artigos) Mueller, 1998.
71 La Croix du Maine, 1584, sig. aiijr.

(1530). As academias estavam apenas começando a oferecer locais alternativos duráveis para o trabalho intelectual (por exemplo, a *Accademia del Disegno* [Academia do Desenho], 1561; *Accademia dei Lincei* [Academia dos Linces], 1603; *Académie française* [Academia francesa], 1630). Embora o aristotelismo fosse cada vez mais eclético, ele continuou a dominar o ensino universitário (até os anos 1690 em Paris, por exemplo).[72] Ao mesmo tempo, o Renascimento foi um período de grande efervescência intelectual e cultural: a imprensa, o humanismo e as novas descobertas estimularam novas áreas de estudo e a acumulação de muitos novos materiais. A história e a história natural cresceram de modo especialmente rápido, a despeito do pouco apoio institucional, ao apelarem para os interesses de uma elite educada em expansão: os exemplos da história humana melhorariam as decisões políticas e éticas correntes, e a coleção de espécimes e descrições históricas naturais promoveriam uma maior apreciação da criação de Deus e o potencial para melhor dominá-la (notavelmente na medicina e na farmácia). Atividades antes consideradas artesanais e mecânicas adquiriram uma nova posição com a patronagem das cortes e com a introdução de técnicas matemáticas (fossem elas bem-sucedidas ou apenas exploratórias). A proliferação de livros estimulou o crescimento de compilações que ofereciam as melhores seleções de todos aqueles livros que alguém não tinha dinheiro para comprar ou tempo para ler por si próprio, bem como catálogos de bibliotecas e de vendas cada vez mais elaborados.

Muitas das estruturas usadas para organizar o conhecimento no Renascimento – a classificação hierárquica das disciplinas, o uso de cabeçalhos para organizar e armazenar o material, e o uso da ordem alfabética nos textos, índices e catálogos – foram herdadas da Idade Média. Mas essas estruturas foram expandidas e transformadas durante o Renascimento, conforme acomodavam novos campos de estudo e quantidades imensas de material novo. Os autores renascentistas experimentaram diferentes classificações das disciplinas e muitos tipos de ordem, desde a miscelânea até a sistemática. A ordem alfabética, já presente em dicionários, bibliografias e muitos florilégios na Idade Média, apareceu cada vez mais também em

---

72 Ver Schmitt, 1983a e Brockliss, 2002.

outros gêneros durante o Renascimento: em catálogos de biblioteca, em algumas histórias naturais, e como um índice para melhorar a usabilidade de compilações organizadas de maneira miscelânea ou sistemática. Mas o predomínio da ordem alfabética que persistiu até recentemente (até a ascensão dos meios eletrônicos) só começou no final do século XVII. A organização do conhecimento no Renascimento assumiu muitas formas, frequentemente complexas e originais, que convidam para estudos adicionais nas interseções da história cultural e da história do livro com a história intelectual e a história da filosofia.

(Sou grata a Mordechai Feingold, Anthony Grafton, James Hankins e Nancy Siraisi pelas excelentes sugestões.)

16 Ética humanista e ética escolástica

DAVID A. LINES

Duas abordagens ao ensino da ética

Os humanistas do Renascimento são conhecidos por seu interesse em ética e filosofia moral. Muitos deles podem ter achado difícil praticar virtudes tais como a modéstia ou a amizade, mas incontáveis cartas, tratados e diálogos (escritos por autores como Petrarca, Leonardo Bruni e Erasmo) dão testemunho de sua preocupação com questões éticas. É significativo que os *studia humanitatis* [estudos da humanidade] (o ciclo de estudos humanistas que incluíam a literatura e a história) tinham como objetivo a formação do homem perfeito, proeminente por sua virtude tanto quanto por sua eloquência (*vir bonu dicendi peritus* [homem bom de fala habilidosa]).

No entanto, seria um erro considerar os humanistas como tendo revivido o estudo da ética após séculos de negligência. Os escritores escolásticos já haviam dedicado uma atenção especial a esse assunto, que eles estudavam no contexto mais amplo da filosofia moral. Alberto, o Grande (1200-80), um dos arquitetos de um interesse renovado pelo pensamento aristotélico no século XIII, escreveu duas obras sobre a *Ética a Nicômaco* de Aristóteles e contagiou seu aluno Tomás de Aquino (1225-74) com um entusiasmo semelhante pelos tratados morais do Estagirita. Roberto Grosseteste (1168--1253), Giles de Roma (1245-1316), Walter Burley (*c.* 1275-1344/5) e João Buridano (*c.* 1300 – após 1358) foram apenas alguns dos estudiosos que produziram interpretações influentes da filosofia moral aristotélica no final da Idade Média.[1] Além disso, longe de se retirarem para seus supostos

---

1 Para um breve prospecto das obras desses autores sobre a *Ética*, ver Lines, 2002a, 463-71 e cap. 3.

abrigos fortificados de lógica e filosofia natural, os escolásticos do período renascentista escreveram sobre filosofia moral de modo ainda mais prolífico que antes. João Argyropoulos (*c*. 1415-87), um emigrado grego, produziu uma tradução da *Ética* que foi mais bem recebida que a de Leonardo Bruni.[2] No século XVI, John Mair (1467/8-1550), Crisóstomo Javelli (*c*. 1470/2-1538) e Francisco Suárez (1548-1617) escreveram obras importantes sobre ética e política.[3] O comentário médio de Averróis sobre a *Ética* foi reimpresso várias vezes.[4]

Tanto os humanistas quanto os escolásticos foram não apenas estudantes ávidos de ética,[5] mas também enxergaram uma conexão natural entre a ética, a economia e a política. Havia uma concordância geral de que esses campos – todos preocupados com o bem do homem e da sociedade – deveriam ser estudados com base na *Ética a Nicômaco* e na *Política* de Aristóteles, bem como na *Economia* (que era comumente, mas falsamente, atribuída a Aristóteles). Como veremos, essas obras tendiam a ser estudadas no nível universitário, em vez de nos anos iniciais, mas, ainda assim, elas forneciam o fundamento para qualquer discussão séria de filosofia moral, mesmo depois da disponibilidade renovada das obras de Platão, Epíteto e Lucrécio.

Um ponto importante acerca do qual os humanistas e os escolásticos discordavam, contudo, era a abordagem que eles adotavam acerca da ética. Os humanistas tendiam a associar a ética não apenas à economia e à política, mas também e especialmente à retórica. Conforme mencionado anteriormente, eles pensavam no orador ideal como sendo, ao mesmo tempo, virtuoso e eloquente, e tendiam a combinar a pureza da moral com a pureza da linguagem. (Como um orador poderia inspirar virtude, a não ser que ele próprio fosse virtuoso?) Em um sentido secundário, os humanistas frequentemente associavam a ética à retórica quando assumiam

---

2 Aristóteles, 1478. Ver Gionta ,1992; Lines, 2002a, 487-9.
3 Major, 1530; Javelli, 1568; Suárez (MS); ver Lohr, 1988, 239, 204, 445. Sobre a filosofia moral escolástica no Renascimento, ver Kraye e Saarinen, 2005, Parte I.
4 Sobre as edições, ver Lines, 2002a, 461-2.
5 Sobre a ética no Renascimento, ver especialmente Kristeller, 1956; Aristóteles, 1970, I: 147-240; Kraye, 1988b; Poppi, 1997; Garin, 1994; e Lines (no prelo). Ver também Rüegg e Wuttke, 1979; Struever, 1992; Schneewind, 1998. Para fontes primárias, Risse, 1998 é bastante útil.

que as discussões de ética deveriam ser também eloquentes. (Dado que a linguagem é muito mais persuasiva que os exemplos, como o latim bárbaro da Idade Média poderia esperar ser um instrumento eficaz de treinamento moral?)[6] Isso acarretava escrever no melhor latim clássico, mas também exibir uma familiaridade com as obras daquele período através de referências e alusões.

Essa última suposição desencadeou duas controvérsias significativas na Florença do século XV. A primeira ocorreu entre Leonardo Bruni e seus contemporâneos quando sua tradução da *Ética* começou a circular em 1416-17. Embora a tradução de Bruni não fosse especialmente notável por sua profundidade filosófica nem por sua novidade (ela era essencialmente uma revisão da tradução de Guilherme de Moerbeke do século XIII), sua versão elegante e os ataques afiados contra o tradutor anterior lhe angariaram poucos amigos entre os escolásticos. Alfonso da Cartagena, entre outros, reprovou Bruni por ter a presunção de substituir uma tradução padrão, que usava uma terminologia cuidadosamente ligada a conceitos importantes na filosofia profissional, com uma tradução literária que tinha pouco mérito filosófico.[7]

Em 1464, outra figura cultural importante em Florença, Niccolò Tignosi (1402-74), também teve de defender sua abordagem à *Ética*. Nesse caso, a polêmica envolvia um comentário em vez de uma tradução. De acordo com a apologia de Tignosi, um dos pontos de disputa dizia respeito à ênfase de seu comentário em tornar os tesouros da obra de Aristóteles acessíveis a qualquer pessoa que soubesse latim, mesmo aquelas que carecessem de uma preparação no jargão técnico da filosofia profissional. Além disso, Tignosi nublou as fronteiras entre ética e retórica ao decorar seu comentário com numerosas referências a exemplos históricos e citações da poesia clássica.[8] Embora o próprio Tignosi não valorizasse a elegância nas discussões filosóficas e não fosse de qualquer maneira um grande estilista, seus críticos viram sua abordagem à ética como perigosa. Em grande

---

6 Havia, no entanto, alguma controvérsia acerca desse ponto, bem como acerca da conexão geral entre filosofia e retórica; ver Kraye, 1996.

7 Ver Hankins, 2003-4.

8 Sobre o comentário de Tignosi e a controvérsia subsequente, ver Lines, 2002a, 192-220.

medida, eles estavam certos: tanto Bruni quanto Tignosi estavam questionando a visão, predominante desde a revitalização da filosofia aristotélica nos séculos XII e XIII, de que a ética era um ramo da filosofia, e que, como tal, ela devia ser manuseada apenas por aqueles que tinham uma formação universitária no assunto.

O estudo da ética no Renascimento deve ser entendido, portanto, no contexto dessa disputa entre aqueles que associavam o assunto à retórica e à educação cívica e aqueles que o viam principalmente como parte da disciplina acadêmica da filosofia. Durante o século XV, a Universidade de Florença refletia essa incerteza, conforme filósofos (tais como Guglielmo Becchi e João Argyropoulos) e retóricos (tais como Carlo Marsuppini e Angelo Poliziano) se revezavam no ensino de filosofia moral. No século XVI, os retóricos claramente haviam obtido a supremacia. A universidade florentina, transferida para Pisa desde 1473, quase sempre indicava estudiosos literários famosos tais como Pier Vettori e Ciriaco Strozzi para ensinar ética. A renomeação da cátedra como "*philosophia moralis graeca et alia*" ["filosofia moral grega e outras"] (1556) fora significativa por si própria, uma vez que já naquela época esperava-se que os professores conhecessem (e ocasionalmente oferecessem instrução nas) línguas originais. E a própria retórica havia evoluído desde o século XV, tornando-se uma forma muito mais sofisticada da filologia. Como consequência, comentar sobre a *Ética* em Florença-Pisa era frequentemente menos um esforço de comunicar a visão de Aristóteles sobre a virtude, e mais um exercício de incrementar (e exibir) o conhecimento sobre a língua e a história do mundo antigo.

Certas universidades italianas experimentaram o modelo de Florença, especialmente na segunda metade do século XVI: Pádua, por exemplo, contratou retóricos famosos tais como Francesco Robortello e Giason de Nores para ensinar filosofia moral aos clérigos. Em outras universidades, a ética continuou a ser vinculada ao currículo filosófico. Bolonha, por exemplo, testemunhou apenas uma tentativa extensa (mas impopular) de ensinar filosofia moral empreendida por um retórico. Em todos os outros casos, filósofos treinados (incluindo Pietro Pomponazzi) foram indicados para ensinar o assunto.[9] Em Roma, Marc-Antoine Muret (1526-85) foi um dos poucos professores de filosofia moral na Itália do século XVI a dar continuidade à prévia ênfase conjunta sobre a eloquência e a ética. Nenhum de seus sucessores parece ter sido um retórico.[10]

Avanços na compreensão dos textos aristotélicos

Em numerosos casos, o estudo da ética na Itália do século XVI transformou-se deixando de ser uma possível ferramenta de desenvolvimento pessoal e passando a ser uma arma a serviço de interesses teológicos, filosóficos ou filológicos. Mas os avanços consideráveis na compreensão dos textos de filosofia moral não devem ser descartados. Uma atividade óbvia a esse respeito foi a das novas traduções. O período medieval havia visto quatro traduções da *Ética* para o latim (entre *c*. 1150 e 1270), mas pelo menos outras cinco foram compostas no século XV, e mais de vinte no século XVI (o apogeu das interpretações aristotélicas), sem contar as numerosas traduções para o vernáculo – em sua maioria ainda não estudadas.[11] Nas universidades, as novas traduções (especialmente a de Argyropoulos) foram aceitas de maneira bastante rápida,[12] e a mera iniciativa de imprimir algumas delas ao lado da tradução medieval anterior[13] colocou em evidência importantes discrepâncias e a necessidade de encontrar manuscritos gregos melhores. Esse foi um projeto que ocupou vários helenistas, especialmente na Itália e na França, durante o século XVI. Entre os resultados mais notáveis, estiveram a edição grega revisada do texto produzida por Vettori, as intuições filológicas de Marc-Antoine Muret e as traduções com anotações produzidas por Denys Lambin e Joachim Périon.[14] O conhecimento do

---

9 O retórico em questão foi Giulio Valeriano, que ensinou retórica e filosofia moral de 1520 a 1528.
10 Sobre o ensino e os professores de ética em Florença e outros centros italianos, ver Lines, 2002a, *passim*.
11 Ver *ibid.*, 45-54.
12 Vários professores italianos, incluindo Filelfo e Tignosi, utilizaram a tradução de Bruni, mas a de Argyropoulos era considerada mais precisa e logo esteve em uso até mesmo em Paris.
13 Por exemplo, em Aristóteles, 1497. Essa obra foi reimpressa muitas vezes entre 1497 e 1542.
14 Aristóteles, 1547; Muret, 1602; Lambin em Aristóteles, 1558; Perion em Aristóteles, 1540.

grego havia crescido ao ponto em que era ocasionalmente possível estudar e ensinar a *Ética* no original,[15] algo que veio a ser esperado também dos intérpretes escolásticos.

A *Ética a Nicômaco* não foi a única obra de filosofia moral aristotélica a se tornar mais bem conhecida no Renascimento: seis novas traduções da *Magna moralia* [*Grande ética*] também foram produzidas, e três da *Ética a Eudemo*, que havia se tornado disponível para o Ocidente apenas no início do século XV.[16] Os comentadores da *Ética* exibiam sua crescente familiaridade com todas essas obras e eram forçados a tratar das inconsistências filosóficas entre elas. Francesco Vimercato e Francesco Piccolomini estiveram entre os mais ativos a esse respeito, e Piccolomini foi notável por atribuir as diferenças de visões nessas obras ao desenvolvimento histórico do pensamento de Aristóteles – um dos primeiros a propor tal visão, antecipando a abordagem genética de Werner Jaeger no século XX.[17]

Finalmente, o interesse pela língua grega e pela filologia tornou possível uma nova apreciação dos comentadores gregos de Aristóteles (e Platão). Uma nova edição em língua original dos comentadores gregos sobre a *Ética*, que já havia sido traduzida por Grosseteste em *c.* 1253, apareceu em Veneza em 1536. Ela realizou avanços consideráveis na identificação dos autores individuais do comentário (anteriormente atribuído indiscriminadamente a Eustrácio) e preparou o terreno para Giovanni Bernardo Feliciano, que ofereceu uma nova (e imensamente popular) tradução latina do comentário em 1541. Para completar, Feliciano também incluiu uma nova tradução do texto de Aristóteles.[18] As *Questões morais* de Alexandre de Afrodísias (*c.* 200 d. C.), que exploram vários problemas presentes na *Ética*, também se tornaram finalmente conhecidas; elas foram traduzidas várias vezes no início do século XVI, antes da versão de Hieronymus e Johannes Baptista

---

15 Exemplos da Itália incluem Poliziano, Vettori, Muret e Benci; ver Lines, 2002a, 101-4, 243--5, 333-5, 365-6.

16 *Ibid.*, 52-3.

17 Francesco Vimercato, *Commentarii in Ethica sive libros De moribus ad Nicomachum* [Comentários sobre a Ética, ou livro Da ética a Nicômaco] (ver Vimercato [MS]); F. Piccolomini, 1583; ver Lines, 2002a, 280-1. Ver Jaeger, 1948 para a abordagem desenvolvimentista a Aristóteles.

18 Lines, 2006b.

Bagolinus (um time de pai e filho) ser finalmente impressa em 1541.[19] A obra passou por pelo menos outras quatro edições no século XVI. Um uso mais geral dos comentários gregos antigos pode ser visto em numerosas interpretações da *Ética* no século XVI, que, em seus prefácios, escólios, comentários, ou outros lugares, fazem repetidamente referências a intérpretes antigos tais como Amônio, Simplício e Filopono, independentemente de eles terem escrito sobre a *Ética* ou não.

Acomodando a ética pagã e a ética cristã

Os humanistas que estudavam ética frequentemente combinavam seu gosto pela retórica e pela filologia com considerações mais amplas. Uma das questões com as quais eles lutavam era como reconciliar as visões de Aristóteles com as do *corpus* de escritos platônicos que recentemente havia se tornado disponível, tendo sido publicado inteiro em tradução latina pela primeira vez por Marsílio Ficino em 1484. Francesco Verino Secondo (1524-91), um professor de filosofia em Pisa, apoiou fortemente a leitura lado a lado da *Ética* de Aristóteles e das obras morais relevantes de Platão, e sugeriu maneiras de fazer os dois autores concordarem.[20] O comentário de Muret,[21] de modo semelhante, aborda o problema das discrepâncias entre Platão e Aristóteles. Mas essa não era uma questão que interessava apenas aos humanistas. Uma obra do dominicano conservador Crisóstomo Javelli (1470-1538) examinava a ética com vistas a uma reconciliação de Platão e Aristóteles, e esse era um interesse de vários outros escolásticos, tais como Francesco Piccolomini (1523-1607), um famoso professor de filosofia natural em Pádua.[22] Para nenhuma dessas figuras o empreendimento de comparar Platão com Aristóteles era um mero exercício de erudição histórica. Uma abordagem verdadeiramente histórica da filosofia ainda não existia, e era comumente assumido que, uma vez que existia uma única verdade, Aristóteles e Platão teriam discordado apenas nas palavras (*verba*) e não na

---

19 Cranz, 1960, 115-17; Alexandre de Afrodísias, 1541.
20 Del Fante, 1980, 410.
21 Muret, 1602.
22 Javelli, 1568.

substância (*res* ou *sententia*). O resultado foi uma tentativa duradoura de reconciliar os dois sistemas de pensamento, em vez de deixar suas diferenças persistirem e escolher entre eles.

Porém, a controvérsia sobre Platão e Aristóteles estava longe de ser acadêmica, pois era ligada a outro problema, o da relação entre o pensamento pagão e o cristianismo.[23] Novamente, dada a suposição de que os antigos concordavam entre si (embora os cristãos fossem um pouco mais iluminados que o resto), fazia sentido supor que não havia nenhuma discordância fundamental entre os ensinamentos cristãos e as doutrinas dos filósofos pagãos. Contudo, a nova disponibilidade dos escritos platônicos em latim perturbou as sínteses do período medieval que haviam conhecido apenas dois diálogos inteiros de Platão. Essa era, sem dúvida, uma razão para a nova popularidade de Eustrácio de Niceia (m. 1120), o estudioso bizantino cujo comentário sobre a *Ética* fora fortemente colorido pelo neoplatonismo cristão e que fizera numerosas referências a figuras bíblicas ao discutir o texto de Aristóteles.[24] De modo notável, todos os autores mencionados no parágrafo anterior enxergaram o problema de Platão e Aristóteles dentro desse contexto religioso mais amplo. Alguns comentários do século XV, tais como o do humanista florentino Donato Acciaiuoli (1429-78),[25] já antecipavam a discussão, que também veio a ser um tema central de diversos comentários vernáculos, tais como os de Galeazzo Florimonte e Antonio Scaino.[26]

É claro que não foi somente na Itália que os intérpretes tiveram dificuldades com a relação entre o cristianismo e a filosofia moral pagã. Em Paris, um professor humanista de filosofia, Jacques Lefèvre d'Étaples (*c*. 1460-1536), que também foi conhecido por seus estudos sobre a Bíblia e posteriormente simpatizaria com os reformadores, produziu diversas obras sobre a *Ética*.[27] Nesses escritos, Lefèvre empreendeu um esforço contínuo

---

23 Ver Kraye, 2004.
24 Sobre Eustrácio e seu comentário, ver especialmente Mercken, 1990.
25 Acciaiuoli, 1478. Sobre essa obra, ver Bianchi, 1990a.
26 Florimonte, 1562; Scaino, 1574.
27 As mais importantes são Lefèvre d'Étaples, 1494 e 1497; ambas passaram por numerosas edições. Sobre as edições, ver Lohr, 1988, 140-1.

para reconciliar noções aristotélicas e cristãs de virtude. O efeito foi apenas magnificado na edição do comentário de Lefèvre preparada por seu antigo aluno Josse Clichtove. Ao discutir a virtude da magnanimidade, por exemplo, Clichtove não hesitou em se referir a figuras bíblicas tais como Maria, Jó, os sacerdotes do Antigo Testamento e o povo de Israel.[28] De modo semelhante, em terras protestantes, as interpretações da *Ética* não se limitaram a uma exposição filológica ou mesmo filosófica do texto. Philipp Melanchthon (1497-1560) foi capaz de superar as apreensões de Martinho Lutero sobre a *Ética* de Aristóteles (que parecia a Lutero promover a ideia da perfectibilidade humana não auxiliada) ao argumentar que a obra fornecia pelo menos um ponto de partida útil para o desenvolvimento da virtude. Em si e por si mesma ela não era mais útil para a salvação que a lei mosaica, mas se complementada pelas verdades do cristianismo ela poderia ser útil na instrução de um grande número de jovens.[29] Como resultado, os comentários e epítomes de Melanchthon se tornaram um elemento padrão do currículo nos territórios luteranos. Professores de ética em Nuremberg eram orientados por oficiais municipais a terem em mente os objetivos cristãos do ensino de sua matéria.[30] Do lado calvinista, Pietro Martire Vermigli (1499-1562) produziu um comentário que foi muito elogiado por seus seguidores por sua acomodação da Bíblia e de Aristóteles. Não é surpresa que as aulas de Vermigli datem de 1553-6, quando ele ocupava um cargo conjunto de teologia e filosofia moral na Academia de Estrasburgo.[31] Contudo, ele e seus seguidores objetaram a igualar a filosofia à teologia (algo que eles acusaram os escolásticos de fazerem). Em Basileia, por exemplo, Theodor

---

28 Clichtovaeus, 1512, fols. 18r-20v.
29 Kraye, 2002b.
30 Johannes Dürrius, editor da obra de Michael Piccart em Altdorf, fez referência a dois de seus próprios predecessores, que em seu ensino de filosofia moral foram "obedientes a essa lei prudentíssima há muito prescrita para o professor de Ética pela nobilíssima magistratura de Nuremberg, uma decisão que pensamos ser digna de apresentar aqui por inteiro. Ela diz o seguinte: 'Que o professor de filosofia moral interprete a *Ética* de Aristóteles e os *Deveres* de Cícero; ele deve comparar o ensinamento da filosofia acerca da moral e o Decálogo, derivando deste último todo [seu ensinamento] como da fonte de todas as virtudes, e ao transmitir as virtudes ele deve visar um fim cristão bem como político, e que ele peça [a seus alunos] para relacionarem cuidadosamente as virtudes a Deus e a seu próximo'" (Piccart, 1660, 200).
31 Ver Martire Vermigli, 1563.

Zwinger (1533-88) de fato enxergou a filosofia moral como subserviente à teologia, mas insistiu que Aristóteles só pôde discutir a forma humana de felicidade, não a forma celestial revelada pelas Escrituras. Ele via, portanto, a *Ética* de Aristóteles e o cristianismo como complementares, mas não desejava confundir os dois.[32]

O mundo católico já havia tido uma longa oportunidade de considerar estratégias de acomodação entre a ética pagã e a ética cristã. Como regra, as posições epicuristas e estoicas foram rejeitadas como insustentáveis e permaneceriam como tal até o século XVII. No século XV, as visões platônicas ofensivas para o cristianismo (incluindo a comunidade das mulheres na *República*) foram espiritualizadas, evitadas ou ignoradas.[33] De qualquer maneira, Platão não era sistemático o suficiente para ser pedagogicamente útil, embora alguns princípios tais como o amor platônico houvessem, é claro, se tornado influentes em círculos literários após Ficino. Convenientemente, Aristóteles permanecera como o único concorrente sério. A situação era "afortunada", pois pensava-se que Aristóteles tivesse sido domado por Tomás de Aquino, cuja *Summa theologiae* [*Suma de teologia*] (em particular a parte *IIa IIae*) continha um exame exaustivo de problemas éticos, muitos dos quais solucionados por um apelo conjunto à Escritura, a teólogos e a Aristóteles. Tomás também fora o autor de um comentário notavelmente influente sobre a *Ética*, o qual – apesar de ser formalmente um esclarecimento direto do texto – alinhara sutilmente os ensinamentos de Aristóteles com a doutrina cristã, com adição de alguma coloração platônica.[34]

Nem todos ficaram satisfeitos com a abordagem de Tomás, especialmente na Europa central, onde os estudantes universitários em Cracóvia, Praga e Viena nos séculos XIV e XV copiaram e repetiram diligentemente as questões de outro mestre parisiense famoso, João Buridano.[35] Mas Tomás

---

32 Lines, 2007. Ver também a introdução em Zwinger, 1566.
33 Hankins, 1990a.
34 Tomás de Aquino, 1969. A obra continuou a ser popular no Renascimento, e passou por numerosas edições impressas. Ver Lines, 2005b.
35 João Buridano, *Quaestiones in decem libros Ethicorum Aristotelis ad Nicomachum* [*Questões sobre os dez livros da Ética a Nicômaco de Aristóteles*]. A obra sobreviveu em mais de cem manuscritos e foi impressa quatro vezes, começando em 1489 (Lines, 2002a, 470-1). Sobre a filosofia moral em Cracóvia, ver Korolec, 1973; sobre Viena, ver Flüeler, 2004, 92-138.

nunca deixou de ter seguidores, especialmente na Itália e entre os membros de sua ordem. Na Itália do século XIV, a maioria dos intérpretes da *Ética* se baseou fortemente no comentário de Tomás.[36] O comentário de Acciaiuoli foi admirado em parte por sua fidelidade ao frade dominicano. Até mesmo Ottaviano Ferrari (1518-86), um erudito pugnaz que ministrava aulas sobre a *Ética* no *Collegio Canobiano* de Milão, pôde se opor, mas não ignorar o santo de Aquino.[37] Os efeitos foram ainda mais claros nos membros das ordens dominicana e jesuíta. Em torno de 1490, dois dominicanos quase contemporâneos, Ludovico Valenza da Ferrara e Girolamo Savonarola, produziram compêndios de filosofia moral. De modo notável, essas obras não são resumos das obras de Aristóteles, mas da *Summa IIa IIae* de Tomás, embora lidem também com tópicos de ética, economia e política.[38] A filosofia moral aproximou-se ainda mais da teologia com o currículo filosófico jesuíta; a ética era não apenas estudada em última instância logo antes da (e tendo em vista a) teologia, mas também um grande número de professores da *Summa* (que havia substituído as *Sentenças* de Pedro Lombardo em teologia) tinha dificuldades em distinguir entre a parte *IIa IIae* e a filosofia moral. Os debates sobre filosofia moral refletiam essa situação, conforme passavam cada vez mais a tratar de questões teológicas.[39]

Nas universidades de Paris e da Espanha, a ética e a teologia eram entrelaçadas por meio de estruturas institucionais.[40] Em Paris, os cursos de artes eram rotineiramente oferecidos por mestres de teologia, que, portanto, colocavam sua marca também na filosofia moral. O caso de Martin le Maître (1432-82) é paradigmático: o teólogo escreveu um tratado sobre filosofia moral que foi, por sua vez, estendido por um de seus alunos, David Cranston.[41] Em nenhuma dessas obras as fronteiras entre ética e teologia são muito claras, e em outras obras as questões ou debates lidando com

---

36 Lines, 2002a, 173-4.
37 As *Lectiones in X libros Ethicorum* [*Lições sobre os dez livros da Ética*] de Ferrari ainda se encontram em manuscrito; ver *ibid.*, 513.
38 Ver Lines, 2006c.
39 Lines, 2002a, 376-83.
40 Os comentários a seguir sobre estruturas institucionais são baseados em Lines, 2005a, que contém detalhes adicionais e uma bibliografia.
41 Martinus, 1489; Martinus, 1510.

temas teológicos são frequentes. A conexão com a teologia era auxiliada pela posição da filosofia moral como uma matéria avançada, estudada por volta da mesma época que a metafísica, e, portanto, logo antes da teologia (para aqueles inscritos naquela faculdade). Na Espanha, os membros de ordens religiosas (ou "regulares") não eram proibidos, como em Paris, de ensinar nas universidades. Em Salamanca eles eram frequentemente encontrados ensinando o curso de filosofia moral por longos períodos de tempo, mas não é claro se eles imprimiam uma orientação teológica a seu ensino. Em Alcalá de Henares, a filosofia moral era ensinada em duas ocasiões: ao final do curso de artes, e também aos estudantes de teologia.

Quanto a Portugal, os documentos das universidades de Coimbra e Évora não apontam para nenhuma conexão clara entre a teologia e a ética. Mas foram os jesuítas de Coimbra, que haviam assumido o comando do ensino no "Colégio das Artes" (um competidor direto da universidade), que produziram o *Cursus conimbricensis* [Curso coimbrense] – uma série de comentários influentes sobre obras aristotélicas.[42] O volume sobre *Ética*, publicado pela primeira vez em 1593, é essencialmente um compêndio da *Summa* de Tomás sobre problemas morais.[43]

O desenvolvimento de tradicionais nacionais e confessionais no ensino de ética

O ensino de ética na Espanha, em Portugal e nos colégios jesuítas tinha semelhanças óbvias com aquele de Paris, uma vez que todos seguiam explicitamente o modelo do *mos parisiensis* [costume parisiense]. Mas as diferenças se desenvolveram de modo crescente, especialmente no século XVI. Somente na Espanha esperava-se que os professores dedicassem um ciclo de três anos à filosofia moral, abrangendo a *Ética*, a *Economia* e a *Política*. Em Portugal, em Paris, e nos colégios jesuítas era suficiente ler (partes da) *Ética*. Paris também se afastou gradualmente de sua abordagem anterior à ética, e, assim como Portugal, situou-a em uma posição anterior no currículo, no mesmo ano que a lógica. Os jesuítas passaram a situar a

---

42 Ver Lohr, 1988, 98-9 para detalhes.
43 *Collegium Conimbricense*, 1593.

matéria no final do currículo de filosofia somente perto do fim do século, após muito debate. De modo bastante surpreendente, não há muitas obras do século XVI sobre a *Ética* ligadas à Espanha ou a Portugal: além do *Cursus conimbricensis* (e excluindo obras anônimas), conhecemos apenas cinco em Portugal (todas escritas por jesuítas) e oito na Espanha.⁴⁴

Não houve tal escassez na Europa central, cujas universidades também haviam se desenvolvido de acordo com o modelo parisiense. Em adição aos numerosos comentários e debates "*ad mentem Buridani*" anteriormente mencionados, os territórios falantes de alemão produziram uma avalanche de interpretações independentes sobre a *Ética*. As aulas sobre filosofia moral deveriam abranger toda a *Ética*, enquanto os debates abrangiam apenas os primeiros cinco ou seis livros. A matéria era avançada, obrigatória para o diploma, e não havia professores especialistas de fato. Durante a Reforma, o curso de artes foi reduzido para aproximadamente dois anos, e a filosofia moral (que também incluía a *Economia* e a *Política*) foi situada no final do primeiro ano. Contudo, assim como antes, a matéria tendia a ser atribuída a professores de artes, medicina ou direito, em vez de aos teólogos.

O mesmo ocorrera em Oxford, embora os regulares ocasionalmente ensinassem a matéria ali. A *Política* e a *Economia* também se tornaram cada vez mais elegíveis para aulas regulares, mas havia pouco espaço para ciclos de múltiplos anos como na Espanha, e, assim, era preciso fazer escolhas. De qualquer modo, o ideal da ética como matéria avançada e obrigatória parece ter persistido ao longo do Renascimento. O que é surpreendente, contudo, é a escassez de obras sobre a *Ética* produzidas na Inglaterra. Conhecemos apenas uma prolusão do século XV e os comentários de John Case, William Temple e Cuthbert Tunstall no século XVI.⁴⁵

A Itália oferece um contraste notável em comparação com as universidades mencionadas acima. Uma vez que a teologia era fraca ou

---

44 De Portugal: Laurentius Fernandez, Pedro Luis, e Balthasar Álvarez (em Évora), e Marcus Georgius e Ludovicus de Molina (Coimbra). Da Espanha: Benedictus Arisas Montanus, OS Jac., Gaspar Cardillus de Villalpando, Johannes de Celaya, Alphonsus Martinus de Córdoba, OESA, Pedrus Garcia de Galarza, Petrus de Lerma, Franciscus Suárez, SJ, e Franciscus Zumel, O. de M. Para referências, ver Lines, 2005a, 48-59.

45 Traversagni (MS); Case, 1585; Tempellus, 1581; Tunstall, 1554.

inexistente nas universidades, e uma vez que as artes e a medicina formavam uma única faculdade, o ensino de filosofia na Itália era oferecido por graduados em artes ou em artes e medicina, de modo que havia pouco entrelaçamento com considerações teológicas. Além disso, a filosofia moral foi por muito tempo uma matéria de pouca importância: ela chegara às universidades bastante tarde (no final do século XIV), era mal-remunerada e tinha poucos docentes, era frequentemente um "adendo" às responsabilidades docentes de alguém, não tinha uma posição estável no currículo, e não era obrigatória para o diploma (o que significava que ela só podia ser ensinada nas férias). No século XVI, vários desenvolvimentos ocorreram: primeiro, a ética tornou-se cada vez mais especializada, assim como as outras matérias filosóficas. Isso significava que ela tendia a ser ensinada por longos períodos por uma mesma pessoa, o que encorajava um pensamento mais aprofundado sobre a matéria (e a produção de comentários). Um desenvolvimento relacionado foi que o curso passou a ser tipicamente espalhado ao longo de cinco ou seis anos. Dificilmente qualquer estudante teria ouvido o curso inteiro, mas a atenção dos professores para os detalhes era encorajada, especialmente dado que eles não eram obrigados a ensinar a *Economia* ou a *Política*, que eram comumente ignoradas nas universidades. Finalmente, a filosofia moral se desenvolveu passando de uma matéria irregular de férias para uma matéria "ordinária", ensinada juntamente com as outras durante os dias regulares. Isso levou a uma audiência mais homogênea e, supostamente, melhor preparada para acompanhar os professores que ensinavam a partir do texto original.[46] Esses desenvolvimentos não ocorreram ao mesmo tempo em todas as universidades, e as razões por trás deles são complexas demais para serem descritas aqui. Contudo, claramente a ética nunca alcançou na Itália a importância que havia adquirido, por exemplo, nas universidades da Europa central.

As variações institucionais no estudo e no ensino da ética descritas acima apontam para algumas diferenças notáveis de abordagem e interpretação na Europa. Por exemplo, questões e debates sobre a *Ética* não eram comuns na Itália a não ser entre os jesuítas; o contrário ocorria em Paris e na Espanha. Contudo, houve também alguns desenvolvimentos comuns,

---

46 Sobre a situação na Itália, ver também Lines, 2002a, 80-108.

frequentemente ligados à evolução geral da literatura filosófica no Renascimento. Uma tendência era evitar inteiramente as restrições da filosofia acadêmica e discutir a ética em gêneros menos tradicionais, tais como diálogos e poesia, e no vernáculo.[47] Outra tendência era mais diretamente ligada ao desenvolvimento da filosofia escolástica. Assim como as introduções, sistematizações, livros didáticos e tabelas dicotômicas se tornaram extremamente populares no aristotelismo do século XVI,[48] o mesmo ocorreu com a ética. O sucesso das obras de Lefèvre, Zwinger e Francesco Piccolomini é parcialmente devido a essa demanda.[49] Uma demanda por resumos e manuais também levou a um crescimento das sínteses nas quais vários ramos da filosofia eram tratados. Os numerosos livros didáticos de *cursus philosophici* [cursos filosóficos] tipicamente produzidos pelos jesuítas convenientemente abrangiam a lógica, a filosofia natural e a metafísica (estranhamente ignorando a ética), e tornou-se também mais comum tratar a filosofia moral como um todo, em vez de oferecer exames discretos de seus ramos individuais.[50] Essas tendências apontam para uma frustração (bastante familiar para nós hoje) com a "sobrecarga de informação" e a especialização. Uma vez que os tratados e sistematizações frequentemente perturbavam a sequência dos tópicos encontrados nos escritos de Aristóteles (por exemplo, situando a discussão da amizade do Livro VIII da *Ética* junto com a das virtudes morais dos Livros III-V), isso podia levar a um uso parcial de suas visões, que implicitamente lhes concedia menos autoridade do que quando tudo era ordenado segundo as estruturas aristotélicas.

Portanto, não é surpreendente que os ruidosos debates do século XVI sobre o método e a ordem tenham frequentemente se tornado um ponto de referência nas interpretações da *Ética*. Em Pádua, por exemplo, tanto Jacopo Zabarella quanto Francesco Piccolomini notaram que a *Ética a Nicômaco* começa com uma discussão do fim do homem (a felicidade) antes de descrever as virtudes morais e intelectuais. Mas será que essa sequência

---

47 Os diálogos incluem Landino, 1980; Brucioli, 1526; Landi, 1564-75. Os poemas incluem Andrelinus (MS); Del Bene, 1609.
48 Ver Schmitt, 1983a, 34-63; Schmitt, 1988.
49 Lefèvre d'Étaples, 1494; Zwinger, 1566; F. Piccolomini, 1583.
50 Por exemplo, Malfante, 1586; também F. Piccolomini, 1583.

reflete o método de investigação de Aristóteles ou antes sua ordem de apresentação? Será que a filosofia especulativa e a filosofia prática sempre requerem abordagens diferentes? E será que os intérpretes modernos são limitados pelo exemplo de Aristóteles, ou será que eles também podem escolher (como afirmou Piccolomini) seus próprios pontos de partida?[51] O foco desse tipo de discussão podia variar indo desde questões de ordem menor (por que Aristóteles trata da fortitude antes da temperança?), até considerações de ordem mais elevada. No segundo caso, um problema frequentemente debatido era se a filosofia moral deveria ser estudada antes ou depois da filosofia especulativa. Enquanto Benito Pereira e Theodor Zwinger pensavam que a filosofia natural deveria vir primeiro, por exemplo, Ottaviano Ferrari e Antonio Bernardi Mirandolano pensavam que a filosofia moral deveria preparar a mente para a contemplação.[52] Quanto aos ramos da própria filosofia moral, muitos intérpretes questionaram a divisão tradicional em três ramos, distinguindo em vez disso apenas duas partes – uma parte teórica correspondente à *Ética* (na qual os princípios gerais da filosofia moral são apresentados) e uma parte prática contida na *Política* e na *Economia*. Os mesmos intérpretes frequentemente fizeram objeções à sequência tradicional de estudo, de modo que tornou-se geralmente preferível situar a economia depois da ética e da política, em vez de entre as duas.[53]

Algumas questões centrais da ética no Renascimento

Vimos que a controvérsia sobre Platão e Aristóteles (com suas implicações para a relação entre a ética pagã e a ética cristã) deu cor a um grande número de discussões de filosofia moral no período renascentista. Esse foi também o caso acerca de certas questões específicas que eram comumente tratadas na ética. Uma dessas dizia respeito ao objetivo de todas as coisas

---

51 Ver Lines, 2002a, 254-63.
52 Pereira, 1585, 13 (cap. IV); Zwinger, 1566, 31; Ferrari (MS); Bernardi (MS).
53 A divisão da filosofia moral em duas partes foi defendida por muitos, entre eles Vermigli, Zwinger, Simoni, Giphanius, Piccart, Waele e Accoramboni. Destes, somente Simoni defendeu a ordem tradicional de estudo. No século XV, a ordem e divisão tradicional adotada por Tomás de Aquino foi muito mais comum.

– e, mais especificamente, da ética – que Aristóteles descreveu no início da *Ética* como *tagathón* ("o bem"). A tradução de Bruni para essa expressão como *summum bonum* ("*bene ostenderunt summum bonum quod omnia appetunt*" ["diz-se com acerto que o sumo bem é aquilo que todas as coisas desejam"]) foi frequentemente seguida até boa parte do século XVI,[54] mas ela também levantou questionamentos e objeções. Afinal, se a filosofia moral lida realmente com o bem supremo, como ela pode diferir da metafísica e da teologia? E em que medida alguém poderia realmente esperar que um pagão como Aristóteles fosse um conhecedor da verdade cristã? Esse ponto também foi levantado quando se traduziu o termo grego *eudaimonia* (felicidade ou florescimento humano). Os dois principais termos latinos correspondentes eram *felicitas* e *beatitudo*. Usar *felicitas* frequentemente sugeria que o escopo dos ensinamentos de Aristóteles era limitado à esfera terrena, e, nesse caso, a reconciliação com os ensinamentos cristãos era bastante simples, uma vez que a discussão da felicidade celestial e eterna seria atribuída ao cristianismo. Uma tradução tal como *beatitudo*, no entanto, implicava frequentemente que os ensinamentos morais de Aristóteles poderiam ser relevantes tanto para a felicidade presente quanto para a futura; nesse caso, as tensões com o cristianismo teriam de ser tratadas em ambos os níveis.

Uma questão intimamente relacionada era a das vidas ativa e contemplativa. Os comentadores medievais haviam notado a aparente hesitação de Aristóteles sobre qual delas era superior, mas usualmente optaram pela preeminência da vida contemplativa, algo que se adequava bem ao ideal monástico cristão e à suposição de que as disciplinas especulativas eram superiores às disciplinas práticas. As discussões renascentistas abordaram a questão de novo como parte de uma reavaliação da vida ativa no contexto do "humanismo cívico".[55] Embora não se tenha chegado depressa a um consenso, a maioria dos intérpretes concluiu que a condição do homem

---

54 Entre outros, ela foi discutida por Francesco Filelfo, Ugolino Pisani e Francesco Piccolomini (ver Lines 2002a, 296-8, 269, e *ad indicem*; Hankins 2003-4, 13-239). Vários tradutores importantes do século XVI, contudo, adotaram-na, incluindo Pier Vettori, Joachim Périon e Denys Lambin.

55 Ver, por exemplo, Alberti, 1994; Landino, 1980. Sobre esse tópico, ver também Vickers, 1991.

como um "animal social" exigia uma avaliação mais positiva de suas dimensões política e social. Contudo, o que isso significou realmente em termos do estudo da ética variou. Em alguns casos, houve uma ênfase renovada sobre as virtudes morais discutidas na *Ética*, e especialmente sobre a justiça, que era considerada a virtude social por excelência. (Essa ênfase foi às vezes ligada a uma investigação dos comentários de Aristóteles sobre a amizade, que tinham implicações sociais, políticas e mesmo teológicas.)[56] Outros tratamentos da filosofia moral tenderam a enfatizar a *Economia* e a *Política*, uma vez que essas obras eram vistas como mais práticas. Em outros casos ainda, houve uma confusão considerável acerca das fronteiras entre ética e política, sobre qual das duas era mais teórica, e qual era superior. Antonio Bernardi Mirandolano chegou ao ponto de tratar a ética e a política como idênticas – uma posição que lhe angariou algumas refutações acaloradas.

Um grande número de outras questões éticas também foi discutido. Assim como a honra,[57] o amor era intrinsecamente um problema para a ética, uma vez que pressupunha uma alma nobre e purificada (tornada ainda mais nobre e pura pelo próprio amor).[58] Esse era um tópico favorito especialmente entre aqueles que enfatizavam o papel da vontade na obtenção da felicidade humana.[59] A vontade era por si mesma um assunto importante e relacionado – parcialmente porque vários intérpretes enxergavam (pelo menos algumas das) virtudes morais como residindo naquela faculdade particular da alma, e parcialmente por causa do extenso debate renascentista sobre o livre-arbítrio.[60] Muitos intérpretes também consideraram o problema da educação moral: eles perguntaram, por exemplo, em que idade deveria ocorrer o treinamento para a virtude, às custas de quem, e por iniciativa de quem.[61] Finalmente, a relação entre virtude e prazer era crucial para muitos

---

56 Ver Langer, 1994.
57 Esse tópico tornou-se um dos favoritos das discussões éticas do século XVI; dentre o grande número de obras, ver Nobili, 1563.
58 Ver, especialmente, Ebbersmeyer, 2002.
59 Um famoso intercâmbio sobre essa questão foi aquele entre Marsílio Ficino e Lorenzo de Medici. Ver Ficino, 1990, 201-20 e Medici, 1992. Ver, mais recentemente, Hankins, 2004.
60 O debate entre Erasmo e Lutero é bem conhecido, mas o problema foi discutido de modo muito mais amplo do que apenas entre eles; ver Trinkaus, 1970, I: cap. 2.
61 Ver Lines, 2002a. Algumas das obras mais interessantes sobre o assunto em italiano vernáculo são Brucioli, 1526 e A. Piccolomini, 1542.

pensadores (incluindo Lorenzo Valla) que desejavam estudar as afirmações das várias escolas filosóficas e compará-las com o cristianismo. Uma vez que tanto Aristóteles quanto Tomás de Aquino haviam enxergado um papel positivo para o prazer no processo de se tornar virtuoso, uma questão óbvia era como reconciliar isso com a negação de si como uma característica cristã e com as visões dos epicuristas e dos estoicos.[62]

Esses e muitos outros aspectos da ética renascentista necessitam de explorações adicionais.[63] O que é claro, contudo, é que – a despeito de seu lugar específico nas universidades da Europa – a ética foi um assunto de grande interesse, e com conexões com tantos outros campos que foi, de fato, central para a filosofia e a cultura do Renascimento de modo geral. Em um grande número de ocasiões, a ética foi ensinada ou discutida por figuras mais bem conhecidas por suas contribuições à lógica ou à retórica ou por sua habilidade em filosofia natural, metafísica ou medicina. De modo semelhante, advogados e teólogos enxergaram as conexões naturais entre a ética e seus próprios campos. Um estudo sistemático do desenvolvimento da ética no Renascimento, e de sua posição em comparação com tratamentos medievais e modernos do assunto, necessitará de exames adicionais desses contextos mais amplos, bem como das tradições de ética platônica, epicurista e estoica, que até o momento receberam bem menos atenção que a tradição aristotélica.

---

62 Sobre a visão de Valla acerca do prazer, ver Nauta, 2009.
63 Ver Lines (no prelo).

17 O problema do príncipe

Eric Nelson

O Renascimento ocupa um lugar paradoxal na história do pensamento político. Ele é famoso por ter alimentado duas posições teóricas diametralmente opostas, ainda que semelhantemente extremas: o republicanismo e o absolutismo. Contudo, nenhuma dessas posições foi remotamente característica da teoria política renascentista como um todo. O resultado é uma compreensível, mas lamentável, distorção da literatura sobre a filosofia política do Renascimento. Dado que o republicanismo e o absolutismo são considerados como representativos das contribuições teóricas do período, e dado que essas ideologias tendem a ser as de maior interesse para os estudiosos contemporâneos, elas recebem uma quantidade desproporcional de atenção em capítulos como este. Em contraste, a ideologia política enormemente predominante na época, que poderia ser descrita como um humanismo principesco, tende a ser obscurecida por suas rivais mais célebres, mas muito menos ubíquas. Para colocarmos o assunto de maneira um pouco diferente, o leitor da maioria dos levantamentos sobre o pensamento político do Renascimento poderia ser perdoado por concluir que, quando tomados em conjunto, o republicanismo e o absolutismo ocuparam quase noventa por cento dos escritos políticos publicados no Renascimento. A verdade sobre o assunto, no entanto, é basicamente o contrário: tomadas em conjunto, essas duas ideologias provavelmente ocuparam menos de dez por cento da literatura política do período. A análise a seguir visa considerar com seriedade a predominância do humanismo principesco no pensamento político do Renascimento, enquanto explica ao mesmo tempo como as várias tensões em seu interior inspiraram importantes críticas republicanas e absolutistas.

O problema da virtude principesca

Não é um fato de pequena importância que o enunciado definitivo da filosofia política de Francesco Petrarca tenha assumido a forma de uma carta a Francesco da Carrara, o senhor hereditário de Pádua. Nascido na cidade Toscana de Arezzo, educado em Montpellier e Bolonha, e residente de Milão por um longo tempo antes de sua relocação final para a aldeia de Arquà, o mais famoso dos humanistas italianos passou toda sua vida sob o governo de vários *signori* (de fato, seu último patrono, Carrara, passou boa parte de seu reinado em guerra contra a republicana Veneza). A ambição central da teoria política de Petrarca era unificar a aguerrida e fragmentada península italiana sob o governo de um único príncipe virtuoso. Ele depositou sua fé primeiro em Cola di Rienzo, o revolucionário que tomou brevemente o controle de Roma em 1343, depois no sacro imperador romano Carlos IV da Boêmia, e finalmente no próprio Carrara (embora, admitidamente, ele tivesse menos convicção de que seu senhor paduano pudesse realizar essa tarefa épica). Em 1373, o ano anterior à morte de Petrarca, Carrara solicitou as visões de seu famoso cliente sobre a arte de governar cidades, e Petrarca respondeu devidamente. Sua carta assumiu a forma de um *speculum principis*, um "espelho para príncipes", do tipo que havia se tornado o gênero dominante da teoria política italiana no século anterior. Exemplos anteriores haviam incluído o anônimo *Oculus pastoralis* [*Olho do pastor*] (1242), o *De regimine principatum* [*Do regime de principado*] (1263) de Giovanni da Viterbo, o *Livres dou trésor* [*Livros do tesouro*] (1266) de Brunetto Latini, e, sendo talvez o mais influente, o *De regimine principum* [*Do regime do príncipe*] (1277/80) de Giles de Roma. Esses textos inicialmente se dirigiam à figura do *podestà*, o magistrado eleito posto no comando das várias comunas italianas durante o final do século XII e início do século XIII. Mas à medida que esses administradores vieram a ser gradualmente suplantados por *signori* na vasta maioria das cidades-Estado italianas, o gênero se adaptou de modo correspondente. Os *specula* [espelhos] dos séculos XIV e XV tendiam simplesmente a assumir a superioridade do governo principesco, e seu objetivo era ensinar aos príncipes como governar de maneira virtuosa e bem-sucedida.

Petrarca parte da premissa de que os príncipes deveriam "desejar o tesouro da virtude e alcançar a fama da magnífica glória. Essa é uma posse que as traças e a ferrugem não podem corroer, nem os ladrões podem roubar à noite".[1] Nisto ele estava endossando diretamente um dos compromissos ideológicos centrais do pensamento romano antigo, algo que é pouco surpreendente, considerando-se que ele passou a maior parte de sua vida adulta promovendo a revitalização italiana da *romanitas* [romanidade]. Cícero havia insistido de modo semelhante em *De officiis* [*Dos deveres*] que a virtude deveria ser prezada principalmente porque era a fonte da "verdadeira glória",[2] e que o propósito da vida cívica era a obtenção da "mais alta e mais perfeita glória".[3] De início alguém poderia supor que as demandas da glória e as da virtude poderiam ocasionalmente (ou mesmo cronicamente) entrar em conflito umas com as outras, mas Petrarca assegura Carrara, novamente seguindo Cícero, de que "nada pode ser útil que não seja ao mesmo tempo justo e honorável".[4] Consequentemente, o primeiro princípio da governança é que os príncipes deveriam desejar ser amados, em vez de temidos. "Muitos príncipes", explica Petrarca, "tanto na Antiguidade quanto nos tempos modernos, não quiseram nada além de serem temidos, e acreditaram que nada é mais útil que o medo e a crueldade para manter o poder".[5] Contudo, esses governantes estavam iludidos:

> Nada está mais longe da verdade do que essas opiniões. [...] Os governantes em geral desejam reinar por um longo tempo e viver suas vidas em segurança, mas ser temido é contrário a esses dois

---

1 Todas as citações do *Qualis esse debeat qui rem publicam regit* [*Como se devem governar as repúblicas*] de Petrarca são tomadas da tradução de Benjamin Kohl em Kohl e Witt, 1978. Essa passagem aparece na p. 61. Note que Petrarca está fornecendo uma adaptação bastante subversiva de *Mateus* 6:19 ("Não ajunteis para vós tesouros na terra, onde a traça e a ferrugem os destroem, e onde os ladrões arrombam e roubam; mas ajuntai para vós tesouros nos céus, onde nem a traça, nem a ferrugem corroem e onde os ladrões não arrombam nem roubam"). O evangelista, é desnecessário dizer, não teria equiparado a "fama da magnífica glória" e os "tesouros nos céus". Ver também *Lucas*, 12:33.
2 Cícero, *De officiis* [*Dos deveres*] II.12.43. Traduzido em Cícero, 1913, 211.
3 Cícero, *De officiis* [*Dos deveres*] II.9.31. Cícero, 1913, 199.
4 Kohl e Witt, 1978, 63.
5 *Ibid.*, 42.

desejos, e ser amado é consistente com ambos. O medo é oposto tanto à longevidade no cargo quanto à segurança na vida; a boa vontade favorece ambos, e essa afirmação é apoiada por aquela opinião que se pode ouvir de Cícero [em *De officiis*, novamente].

A formulação de Petrarca é clara: os governantes terão sucesso quando forem amados, e só serão amados quando governarem de acordo com a virtude. A crueldade, em contraste, conduz ao medo, e o medo conduz ao fracasso.

Mas quais são exatamente as virtudes às quais os governantes deveriam dirigir sua atenção? Aqui Petrarca fornece novamente as respostas romanas padrão. A primeira virtude dos soberanos é a justiça, "a função muito importante e nobre que é dar a cada pessoa o que lhe é devido, de modo que ninguém seja punido sem uma boa razão".[6] Esse princípio, que aparece precisamente da mesma forma no *Compêndio* da lei romana, tem várias aplicações diferentes. Antes de tudo, como Petrarca indica na passagem que acaba de ser citada, ele deveria ser entendido como um imperativo de dar punições justas a crimes comprovados. A esse respeito, sua virtude acompanhante é a "clemência", segundo a qual os príncipes deveriam "ser misericordiosos para com aqueles que se desviaram um pouco e que cometeram lapsos momentâneos, se isso puder ser feito sem encorajar o exemplo deles".[7] Mas essa forma de justiça não é a única preocupação do príncipe. Ele também deve respeitar a propriedade privada de seus súditos. Petrarca instrui Carrara de que ele "[deveria] evitar qualquer pessoa que queira que seu senhor tome uma propriedade às custas de outros [...]. Deveis enxergar as pessoas que aconselham tal política como inimigos de vossa boa reputação e de vossa alma mortal". A razão é clara: assim como todas as injustiças, a expropriação gera ressentimento e põe o príncipe em perigo. Petrarca explica que os "maus cortesãos" que "roubam e pilham a propriedade de outros [...] trazem ruína tanto para seus senhores quanto para si mesmos". Por razões semelhantes, Petrarca alerta contra impostos excessivos e parece acreditar que mesmo o auxílio aos pobres deveria ser gerado apenas a partir de contribuições voluntárias.[8]

---

6 *Ibid.*, 48.
7 *Ibid.*, 49.
8 Sobre os impostos excessivos, ver *ibid.*, 59; sobre o auxílio aos pobres, ver 68.

O caráter estridente desse compromisso com a propriedade privada é novamente uma herança quintessencialmente romana. Cícero estabelece a defesa clássica dessa posição no primeiro livro de *De officiis* [*Dos deveres*]. "A propriedade torna-se privada", escreve ele, em parte "através de uma longa ocupação", e "cada qual deve conservar a posse daquilo que lhe cabe; e se alguém se apropria de algo para além disso, estará violando as leis da sociedade humana [*ius humanae societatis*]".⁹ No Livro II ele acrescenta que "o homem que ocupe um cargo administrativo deve ter como sua primeira obrigação que todos conservem o que lhes pertence, e que os cidadãos privados não sofram nenhuma invasão de seus direitos de propriedade por ação do Estado".¹⁰ Seu principal exemplo desse tipo de "invasão" é aquela "política ruinosa" chamada de "lei agrária". Essas leis, planejadas para dividir grandes propriedades de terra patrícias e distribuir as parcelas resultantes entre os plebeus, foram periodicamente propostas por vários tribunos desde 486 a. C., e culminaram nas reformas dos Gracos de 133 e 123 a. C. Falando sobre essas leis, Cícero pergunta: "Haveria flagelo pior?", especialmente dado que elas negam o propósito básico em vista do qual as pessoas entram em associação civil – a saber, a preservação de sua propriedade privada (*custodia rerum suarum*). Em *De legibus* [*Das leis*], Cícero acrescenta que o conflito acerca das leis dos Gracos em particular produziu "uma completa revolução no Estado".¹¹ Em suma, Cícero caracteriza o movimento agrário como sedicioso, perigoso e violentamente injusto. Pois o que é uma lei agrária, pergunta ele, senão uma iniciativa "de despojar uns do que lhes pertence para aquinhoar a outros o que não lhes pertence?".¹²

Petrarca, como vimos, reproduz esse conjunto de compromissos com grande exatidão, mas sua explicação das virtudes principescas vai muito além. Ele também insiste, por exemplo, que os governantes devem praticar a "generosidade". Na "esfera da beneficência pública", explica ele, "há a restauração dos templos e dos edifícios públicos pela qual César Augusto, acima de todos os outros, deve ser elogiado" (note a contínua predominância

---

9 Cícero, *De officiis* [*Dos deveres*] I.7.21. Cícero, 1913, 23.
10 Cícero, *De officiis* [*Dos deveres*] II.21.73. Cícero, 1913, 249.
11 Cícero, *De legibus* [*Das leis*] III.9.20. Traduzido em Cícero, 1928, 483.
12 Cícero, *De officiis* [*Dos deveres*] II.23.83. Cícero, 1913, 261.

do exemplo romano).¹³ Se Carrara desejar "alcançar aquele tipo de glória que nenhum de seus predecessores teve", ele deverá consequentemente restaurar a "majestade" de Pádua construindo estradas e muralhas, drenando brejos pantanosos, e limpando a cidade de "rebanhos alvoroçados de porcos".¹⁴ Petrarca reconhece que este último pode ser um "assunto frívolo", mas lembra seu patrono de que "a tarefa de restaurar Pádua à sua nobre majestade anterior consiste não tanto em grandes projetos quanto em pequenos detalhes". Se Carrara combinar a justiça com a generosidade, e acrescentar a estas a humildade, a falta de cobiça, a temperança e a reverência aos homens virtuosos, ele então governará com honra e sucesso. Mas Petrarca conclui com uma nota inquietante. Os príncipes, argumenta ele, "não devem pensar que podem gozar ao mesmo tempo da felicidade e da facilidade em governar; talvez encontrem a felicidade, mas não penso que isso aconteça com muita frequência".¹⁵ A "vida ativa" (*vita activa*) é um fardo aceito a partir de um senso de dever; ela não é a melhor vida para o homem. Dirigindo-se diretamente a Carrara, Petrarca exclama que "preferiria muito que fôsseis um cidadão privado e livre, em vez de um senhor governante, pois então poderíeis viver de vossa riqueza e poderíeis – como um homem importante livre das obrigações do governo – gozar uma maturidade tranquila e proveitosa, e, quando o momento chegasse, uma honorável velhice".¹⁶ Mas esses prazeres são negados aos príncipes. Sua virtude consiste precisamente em permitir a seus súditos desfrutar de tais prazeres em seu lugar.

A teoria política de Petrarca pode, portanto, ser resumida como se segue: as cidades devem ser governadas por príncipes que aceitam seu cargo com relutância, e que buscam a glória por meio de ações virtuosas. Além disso, o mundo foi providencialmente planejado de tal modo que a conduta virtuosa sempre produzirá resultados pragmaticamente benéficos. O bom é idêntico ao útil, e o príncipe justo é, portanto, sempre glorioso. Essa análise petrarcana foi repetida com uma fidelidade notável

---

13 Kohl e Witt, 1978, 49.
14 *Ibid.*, 50-2.
15 *Ibid.*, 64.
16 *Ibid.*, 71.

pelo grande número de autores que compuseram seus próprios "espelhos para príncipes" no decurso do século XV. Em 1468, por exemplo, o humanista Giovanni Pontano dirigiu seu tratado notavelmente semelhante *De principe* a Alfonso II, o duque da Calábria. Ele começa observando que "nada é mais valioso para conquistar as mentes de seus súditos que uma reputação de justiça e piedade", e então acrescenta imediatamente que "os pretendentes a governantes deveriam estabelecer para si mesmos dois objetivos fundamentais: primeiro, serem generosos; segundo, serem misericordiosos".[17] Se os príncipes exibirem essas virtudes juntamente com algumas outras (tais como a humildade e a moderação), eles serão amados por seus súditos. Além disso, o amor dos súditos é o fundamento da segurança e do sucesso; conforme coloca Pontano, dessa vez parafraseando o *De clementia* [*Da clemência*] de Sêneca I.13.5, "uma pessoa que é bem-amada tem menos necessidade de um exército que qualquer outra". Mas ele acrescenta que, não obstante, "ninguém tem um melhor suprimento de tropas".[18] Mais uma vez, o útil e o bom são idênticos.

Apenas três anos depois, Bartolomeo Sacchi (Platina) desenvolveria precisamente os mesmos argumentos em seu próprio tratado intitulado *De principe*, dirigido a Federico Gonzaga, o futuro marquês de Mântua. Diferentemente de Petrarca e Pontano antes dele, Platina faz uma pausa no início de seu discurso para justificar sua preferência por principados em detrimento de repúblicas e aristocracias. Sua afirmação central a esse respeito é que "as coisas vão mal em um Estado onde muitos tentam se aprimorar".[19] "Como pode ocorrer", pergunta ele, "que a população, para quem a imprudência e o desejo são virtualmente aliados e companheiros em seu seio, governe outros e os impulsione à ação com o bom juízo do qual ela própria carece?". Tendo justificado sua busca pelo "melhor príncipe" como uma alternativa, ele então repete a substância do argumento principesco humanista. O príncipe deve honrar os homens virtuosos "de

---

17 As citações do *De principe* de Pontano são tomadas da tradução de Nicholas Webb em Kraye, 1997, vol. II. Essa passagem encontra-se em II: 70.
18 *Ibid.*, II: 76.
19 As citações do *De principe* de Platina são tomadas da tradução de Nicholas Webb em Kraye, 1997, vol. II. Essa passagem encontra-se em II: 89.

acordo com seus merecimentos",[20] preservar a majestade e a "prosperidade florescente" de sua cidade, comportar-se com modéstia e generosidade, e "respeitar a justiça" e a propriedade privada.[21] De modo mais importante, ele nunca deve perder de vista a verdade fundamental de que "assim como nada é mais ruinoso que ser odiado, nada é mais benéfico que ser adorado e amado – algo que é produzido de maneira milagrosa pela gentileza, pela delicadeza e pela prestatividade".[22] Se seguir esse conselho, ele assegurará "a maior fama e glória" para sua família e cidade.[23]

Os textos do gênero *speculum principis* [espelho para príncipes] continuaram a proliferar ao longo dos cinquenta anos seguintes. Francesco Patrizi de Siena compôs seu célebre *De regno* [Do reinado] no final dos anos 1470, Giuniano Maio escreveu *De maiestate* [Da majestade] em 1492, e, no contexto do norte europeu, exemplos importantes foram dados pelo *Institutio principis christiani* [Instrução dos príncipes cristãos] (1516) de Erasmo e pelo *Livre de l'institution du Prince* [Livro da instrução do príncipe] (1547) de Guillaume Budé. Houve, no entanto, uma grande lacuna no argumento inicial de Petrarca, que complicou de modo semelhante cada uma dessa iterações posteriores. Recorde que Petrarca havia insistido que os príncipes deveriam ser julgados com base no grau em que abraçavam a virtude e praticavam a justiça. Mas se esse é o caso, então torna-se óbvia a pergunta: "O que devemos fazer quando nossos príncipes não governam de acordo com a virtude e com a justiça?". Aqui Petrarca busca abrigo por trás de uma linguagem puramente descritiva. "As armas", insiste ele, "não defenderão líderes maus e injustos da ira de seus súditos oprimidos".[24] Em suma, ele claramente acredita que os súditos de fato se rebelam contra os príncipes injustos, mas não adota nenhuma posição explícita sobre se eles deveriam fazer isso (de modo não surpreendente, talvez, uma vez que ele está afinal escrevendo a um príncipe). Posteriormente, ele acrescenta que um príncipe deveria "agir como um guardião cuidadoso do Estado, não

---

20 *Ibid.*, II: 93.
21 *Ibid.*, II: 94, 98.
22 *Ibid.*, II: 94.
23 *Ibid.*, II: 101.
24 Kohl e Witt, 1978, 47.

como seu senhor", e que "os governantes que agem de outro modo devem ser julgados ladrões, em vez de defensores e preservadores do Estado".[25] Mas julgados por quem? Novamente, Petrarca escreve acerca dos perversos imperadores romanos, Calígula, Cômodo e Heliogábalo, que "todos esses imperadores mereceram ser assassinados de imediato e ter seus corpos jogados no Tibre ou nos esgotos",[26] mas ele não nos diz se os súditos podem executar tais punições de modo justo. Aqui está, então, o calcanhar de Aquiles do humanismo principesco de Petrarca: ele acredita que os governantes devem agir com virtude e justiça, e também acredita que os súditos estão em posição de julgar se os governantes estão ou não cumprindo suas obrigações. Ele apresenta, portanto, a promessa da responsabilização, mas não fornece nenhuma explicação sobre o que exatamente os súditos devem fazer quando julgam que seus governantes estão agindo de modo injusto. Esse é um aspecto crucialmente pouco teorizado da tradição na qual Petrarca estava escrevendo, e as várias tensões às quais esse aspecto deu origem fornecem boa parte do ímpeto por trás das críticas republicanas e absolutistas nos séculos XV e XVI.

A alternativa republicana 1: a tradição neorromana

Uma possível maneira de resolver o dilema implícito no humanismo principesco é identificada por Erasmo na *Institutio* de 1516. Uma vez que um príncipe não é nada além de um "homem ordinário", afirma Erasmo, "a monarquia deveria ser preferivelmente limitada e diluída com uma mistura de aristocracia e democracia para impedi-la de alguma vez irromper em tirania; e assim como os elementos se equilibram mutuamente, que o Estado seja também estabilizado com um controle semelhante".[27] Em outras palavras, a participação de muitos no governo assegurará que os governantes se comportem de maneira justa e virtuosa, e que, se eles em vez disso se voltarem para a tirania, a cidade será capaz de "amortecer e

---

25 *Ibid.*, 55.
26 *Ibid.*, 69.
27 Erasmo, 1986, 231. A tradução é de Neil M. Cheshire.

interromper a violência de um homem".²⁸ Nessa passagem, Erasmo está aludindo à tradição de pensamento que viemos a conhecer como "republicanismo". Suas origens remotas podem ser traçadas até o conflito entre o Sacro Império Romano e as comunas italianas autogovernadas do final do século XII, mas ela alcançou sua sofisticação teórica plena no início do *quattrocento*. Nessa época, a vasta maioria das cidades-Estado havia adotado o governo senhorial, mas restavam duas exceções importantes: Florença e Veneza. Conforme essas duas cidades entravam em conflito com suas numerosas rivais principescas, seus partidários começaram a explorar as tensões no interior da tradição do *speculum principis* a fim de defender os regimes populares. Essa crítica republicana se organizou em torno de um traço crucial do pensamento político romano que havia sido notavelmente ignorada por Petrarca e seus seguidores. A maioria dos autores romanos sobreviventes era composta, afinal, por defensores nostálgicos da *respublica* romana (o governo de cônsules, senado e tribunos que regeu Roma até que Augusto instituiu o principado após a Batalha de Actium em 31 a. C.), e consequentemente ansiava por afirmar a existência de uma relação axiomática entre virtude e liberdade. Eles acreditavam firmemente que apenas homens que governavam a si próprios em um Estado livre (*civitas libera*) podiam invocar o nível de agência necessário para a ação virtuosa, e, como resultado, apenas tais homens podiam adquirir glória. Em contraste, os escravos – aqueles desafortunados que viviam em estado de dependência em relação à vontade de seus senhores – tornavam-se passivos, desmoralizados e impotentes em face da tirania.²⁹

Na prática, os autores romanos tiravam duas conclusões importantes dessa linha de raciocínio. A primeira era que só se podia contar com homens livres para insistir que seus governantes se comportassem com justiça e virtude. A liberdade era, em suma, um pré-requisito para a responsabilização. Mas os autores romanos iam muito além disso. Eles não apenas queriam argumentar que a participação popular no governo era necessária

---

28 *Ibid.*
29 Sobre a visão neorromana de liberdade, ver Skinner, 2001. Ver também Skinner, 2002, 10-38.

para proteger contra a possibilidade de que os governantes agissem injustamente; eles também se davam o trabalho de argumentar que a lógica *da própria* monarquia predispõe os governantes à injustiça e a uma gratuita falta de consideração para com a virtude. A formulação clássica dessa visão aparece no *Bellum Catilinae* [*Guerra de Catilina*] de Salústio: "Dado que os reis suspeitam mais dos bons que dos perversos, e que para eles o mérito de outros é sempre carregado de perigo", a cidade de Roma "só foi capaz de ascender de modo tão súbito a seu inacreditável nível de força e grandeza quando obteve sua liberdade, tamanha era a sede de glória que preenchia as mentes dos homens".[30] Dado que os reis temem a competição dos virtuosos, a virtude só pode prosperar em um Estado livre. Consequentemente, uma vez que o povo romano alcançou a liberdade e os direitos políticos, a virtude romana pôde se tornar o motor da glória imperial. Com a ascensão de facções e ditadores, contudo, Roma retornou a um estado de sujeição, e tornou-se "a pior e mais viciosa" das cidades.[31] A liberdade, portanto, tinha duas funções no sistema de pensamento que nos interessa. Ela era, antes de tudo, um bem em si e por si mesma. Como Cícero coloca em *De officiis* [*Dos deveres*], a liberdade é aquele valor "[pelo qual] o homem de alma elevada deve esforçar-se".[32] Mas a liberdade era igualmente importante como um bem instrumental: ela era um pré-requisito para a glória. Ela possibilitava a prática da virtude, que por sua vez promovia tanto a justiça quanto a concórdia (*concordia*) interior. E, quando compreendemos, nas palavras de Salústio, que "a concórdia torna grandes os Estados pequenos, enquanto a discórdia destrói os mais poderosos impérios",[33] o elo final na corrente de valores que liga a *libertas* à *gloria* salta à vista.

Aquela que é talvez a mais famosa recapitulação renascentista desse argumento romano aparece no *Laudatio florentinae urbis* (*Elogio à cidade de Florença*) de Leonardo Bruni, composto em 1403-4. Embora ele próprio não fosse um florentino (ele nascera em uma família de guelfos na cidade de Arezzo em 1370), Bruni ascendeu a uma grande proeminência em

---

30 Salústio, *Bellum Catilinae* [*Guerra de Catilina*] VII.2. Traduzido em Salústio, 1921, 13.
31 Salústio, *Bellum Catilinae* [*Guerra de Catilina*] V.9. Traduzido em Salústio, 1921, 11.
32 Cícero, *De officiis* [*Dos deveres*] I.20.68. Cícero, 1913, 71.
33 Salústio, *Bellum iugurthinum* [*Guerra jugurtina*] X.6. Salústio, 1921, 149.

sua cidade adotiva, e forneceu uma voz crucial na guerra de propaganda travada na época por Florença contra seu *arquirrival*, o ducado de Milão (embora na época em que Bruni escreveu o *Laudatio*, a sorte milanesa já houvesse declinado precipitadamente na esteira da morte de Giangaleazzo Visconti em 1402). Seu objetivo nessa peça estratégica era justificar a forma republicana de governo de Florença, e refutar as ortodoxias principescas humanistas que organizavam a apresentação dos duques Visconti. Após elogiar a situação física da cidade (ao estilo do orador ateniense Aelius Aristides), Bruni passa para uma descrição dos próprios florentinos. A primeira coisa a notar a esse respeito, ele nos diz, é que o "o fundador [de Florença] é o povo romano – senhor e conquistador do mundo inteiro".[34] "O fato de que a raça florentina proveio do povo romano", insiste ele, "é da maior importância. Qual nação no mundo inteiro foi mais distinta, mais poderosa, mais notável em todo tipo de excelência que o povo romano? Seus feitos são tão ilustres que os maiores feitos de outros homens parecem brincadeiras de criança quando comparados aos feitos dos romanos". Como resultado, a riqueza, grandeza e hegemonia global de Roma "pertence por direito hereditário" aos florentinos.[35] Mas isso não é tudo. Bruni se apressa em acrescentar que Florença não foi simplesmente fundada por Roma, mas "foi estabelecida na época em que o domínio do povo romano florescia em sua grandeza [...] os césares, os antoninos, os tibérios, os neros – esses flagelos e destruidores da República romana – ainda não haviam privado o povo de sua liberdade".[36] Florença, em suma, foi fundada por Roma em seu momento de triunfo republicano, quando ela "florescia enormemente em poder, liberdade, gênio, e especialmente com grandes cidadãos", antes de a decadência e corrupção do principado ter sido imposta como consequência da guerra civil.[37] É por causa desse fato, assegura-nos Bruni, que "os homens de Florença desfrutam de uma perfeita liberdade e são os maiores inimigos dos tiranos".

---

34 As citações do *Laudatio* [*Elogio*] de Bruni são tomadas da tradução de Ronald G. Witt em Kohl e Witt, 1978. Essa passagem aparece em 149.
35 *Ibid.*, 150.
36 *Ibid.*, 151.
37 *Ibid.*, 154.

É importante reconhecer o quanto essa passagem representa um desvio significativo. A ortodoxia da historiografia romana ao longo do período medieval considerava que Roma alcançara sua verdadeira grandeza sob os Césares, e que os famosos antagonistas republicanos dos imperadores haviam sido simplesmente rebeldes traidores – uma explicação que também era apoiada pela história da Igreja, que idealizava a *pax romana* [paz romana] como a maior possibilitadora do proselitismo cristão.[38] A formulação mais célebre dessa visão clássica aparece no *Inferno* de Dante, onde os assassinos de César, Brutus e Cássio aparecem nas garras de Lúcifer ao lado de Judas Iscariotes no nível mais baixo do inferno.[39] Aqui, Bruni inverte o raciocínio convencional. Roma, informa-nos ele, alcançou seu zênite como uma república autogovernada, e o fim da liberdade romana trouxe o declínio e a corrupção. O modo como ele apresenta seu argumento deveria soar bastante familiar. "Agora, após a República ter sido sujeita ao poder de uma única cabeça, 'aquelas mentes notáveis desapareceram', como diz Tácito. Assim, é importante saber se uma colônia foi fundada em uma época posterior, uma vez que então toda a virtude e nobreza dos romanos havia sido destruída".[40] Essa é uma simples repetição da afirmação romana comum: a liberdade torna a virtude possível, e sem a virtude não pode haver glória. Bruni retornaria a esse tema em termos ainda mais enfáticos em seu discurso de 1428 em elogio a Nanni Strozzi:

> O elogio à monarquia tem algo de fictício e sombrio, e carece de precisão e solidez. Os reis, diz o historiador [Salústio], suspeitam mais dos homens bons que dos maus, e são sempre temerosos da virtude de outros. Tampouco as coisas são diferentes sob um governo de poucos. Assim, a única constituição legítima que resta para a comunidade é a constituição popular, na qual a liberdade é real, na qual a igualdade legal é a mesma para todos os cidadãos, na qual a busca das virtudes pode florescer sem suspeita.[41]

---

38 Baron, 1955, I: 39.
39 Dante, 1960, 677.
40 Kohl e Witt, 1978, 154.
41 Citado em Hankins, 2000b, 172.

Dificilmente poderíamos encontrar um endosso mais abrangente do argumento que estivemos considerando.

Contudo, nesse ponto do argumento do *Laudatio*, Bruni acrescenta mais uma consideração: as cidades devem ser governadas de acordo com a justiça, se se pretende que se tornem gloriosas, e é a constituição republicana de Florença, ele agora nos informa, que assegura que a *iustitia* [justiça] seja tida como "mais sagrada na cidade".[42] Nenhum magistrado florentino "se encontra acima da lei", e "de muitas maneiras cuidou-se para evitar que aqueles mantenedores da lei a quem foi confiado um grande poder viessem a imaginar que, em vez de lhes ser atribuída a custódia dos cidadãos, um posto tirânico lhes houvesse sido concedido".[43] Há, de acordo com Bruni, "um sistema de separação de poderes" na magistratura principal, de modo que "há nove magistrados em vez de um, e seu período dura dois meses, não um ano. Esse método de governar foi planejado para que o Estado florentino possa ser bem governado, uma vez que uma maioria corrigirá quaisquer erros de julgamento, e os períodos breves dos cargos refrearão qualquer possível insolência". Em seguida, Bruni descreve as outras magistraturas, colégios e assembleias da república, e conclui sua análise em um tom elevado:

> Portanto, sob essas magistraturas, esta cidade tem sido governada com tamanha diligência e competência que não se poderia encontrar disciplina melhor nem mesmo em uma residência governada por um pai solícito. Como resultado, ninguém aqui jamais sofreu qualquer dano, e ninguém jamais teve sua propriedade alienada senão quando assim o quis. Os juízes, os magistrados, estão sempre ativos no dever; as cortes e mesmo o mais alto tribunal são abertas. Todas as classes de homens podem ser levadas a julgamento; as leis são feitas de modo prudente para o bem comum, e são planejadas para ajudar os cidadãos. Não há nenhum lugar na Terra onde haja maior justiça aberta igualmente a todos. Em nenhum outro lugar a liberdade cresce tão vigorosa, e em nenhum outro lugar ricos e pobres são tratados de modo semelhante com tanta igualdade. Nisto

---
42 Kohl e Witt, 1978, 169.
43 *Ibid.*

podemos discernir a grande sabedoria de Florença, talvez maior que a de outras cidades.[44]

Aqui está, em suma, a resposta de Bruni aos humanistas principescos de Milão. A justiça é impossível sem a liberdade; apenas homens livres vivendo sob uma constituição republicana são capazes de assegurar que os direitos do *popolo* [povo] não sejam pisoteados pelos governantes. A grande lacuna de Petrarca havia finalmente sido preenchida.

A alternativa republicana 2: a tradição grega

Essa linhagem explicitamente romana de teoria política republicana, denominada "humanismo cívico" por Hans Baron e exemplificada de modo tão canônico por Bruni, encontraria um grande número de defensores ao longo do início do período moderno. Mas é importante reconhecer que uma abordagem alternativa poderosa começou a ser formulada no início do século XVI: essa ideologia posterior era igualmente republicana, e se dirigia à mesma lacuna na tradição do *speculum principis*, mas derivava seu caráter das fontes centrais da filosofia moral e política grega. Além disso, ela adotava uma postura explicitamente polêmica para com a teoria política neorromana das cidades-Estado italianas. Essa visão rival do ideal republicano emergiu a partir do círculo de estudiosos ingleses que se organizou em torno da figura de Erasmo na primeira década do século XVI: John Colet, William Grocyn, Thomas Linacre, William Lily, Richard Pace, e, mais famosamente, Sir Thomas More. Esses homens se tornaram os primeiros ingleses a aprender grego, e uma de suas prioridades imediatas era dirigir suas novas habilidades filológicas à tarefa de corrigir o Novo Testamento da *Vulgata* – um projeto que culminou no *Novum instrumentum* [*Novo instrumento*] de Erasmo em 1516. Esse empreendimento foi recebido com acusações de heresia, e deflagrou o que só pode ser descrito como uma "guerra cultural" acerca dos estudos de grego. De fato, o sentimento antigrego alcançou um nível tão febril em Oxford que bandos de estudantes chamando a si próprios de "troianos" percorriam enfurecidamente as ruas

---
44 *Ibid.*, 173.

abordando colegas que estavam estudando grego.[45] Os erasmianos responderam a essa onda de hostilidade afirmando a superioridade da Grécia em relação a Roma, do helenismo em relação à latinidade, e, mais notavelmente, da filosofia grega em relação à sua contraparte romana. Richard Pace escrevera em um panfleto polêmico que "a filosofia entre os romanos era tão fraca que nada poderia parecer mais estúpido aos ouvidos instruídos do que comparar os filósofos romanos aos gregos",[46] e o próprio More concordou que, em filosofia, "os romanos não escreveram quase nada".[47]

O próprio Erasmo identificou explicitamente aqueles que seu círculo considerava serem os principais vícios da tradição romana. Na edição de 1517 de seus *Adágios*, ele reclama que "a lei romana permite que os homens rechacem a força com a força; ela permite que cada pessoa busque seu próprio direito [*ius suum*]; ela aprova o comércio; ela permite a usura; ela aprova a guerra como uma coisa gloriosa, contanto que seja travada em benefício do direito".[48] Como resultado, ele explica, a Europa herdou duas patologias romanas: o amor pela glória e o amor pela riqueza. A primeira tem como consequência direta a guerra, enquanto a segunda assegura que, na Europa, "pensa-se que o melhor é aquele que é rico". De fato, Erasmo enxerga uma forte conexão entre esses dois sistemas corruptos de pensamento. "O estado mais feliz de uma república", insiste ele seguindo Platão, "consiste na posse comum de todas as coisas [...] se ao menos fosse possível para os mortais serem persuadidos disso, nesse mesmo instante a guerra, a inveja e a fraude desapareceriam de nosso meio".[49] O contraste com a tradição do humanismo cívico não poderia ser mais saliente. Voltando-nos novamente para a figura de Bruni, encontramos os seguintes comentários postos na boca de Pino della Tosa no sexto livro da *História do povo florentino* (Pino está tentando convencer a senhoria dos benefícios de comprar a cidade de Lucca em 1329 – uma posição que, como sabemos, Bruni endossava plenamente):

---

45 Sobre esse episódio e o conflito mais amplo acerca dos estudos de grego, ver Nelson, 2004, 22-34. Ver também Goldhill, 2002 e Saladin, 2000.
46 Pace, 1967, 128.
47 More, 1986, 220.
48 Erasmo, 1517. A tradução é tomada de Nelson, 2004, 33.
49 Erasmo, 1993, 84, 61.

Pensai quanta glória, fama e majestade o povo florentino terá se uma cidade que por muito tempo foi quase nossa igual em riqueza e poder vos fosse sujeitada? De minha parte, confesso, como alguém que pratica a vida comum e os costumes morais da humanidade, que sou movido pelas coisas que os homens consideram bens: estender as fronteiras, aumentar o império, elevar a glória e o esplendor do Estado, assegurar nossa própria segurança e vantagem. Se dissermos que estas não são coisas desejáveis, então o bem-estar da república, o patriotismo e praticamente toda essa nossa vida será deposta.[50]

Erasmo está de fato clamando para que "toda essa vida" de autoengrandecimento cívico seja deposta.

A expressão mais elaborada e engenhosa desse argumento foi, contudo, a *Utopia* (1516) de More.[51] Nesse texto notoriamente complicado, encontramos uma rejeição abrangente da tradição republicana neorromana, juntamente com uma defesa afirmativa de um conjunto rival de valores políticos derivados da filosofia grega. A dicotomia entre Grécia e Roma é tornada explícita desde o início do texto. More coloca sua descrição de Utopia na boca de Raphael Hythloday, um marinheiro misterioso que, nos é dito, não é ignorante do latim, mas é extremamente instruído no grego. Seu principal interesse era a filosofia, e "ele reconhecia que, naquele assunto, não existe nada muito valioso em latim, exceto certas obras de Sêneca e Cícero".[52] Quando Hytholday posteriormente faz recomendações de livros aos utopianos, sua rejeição da filosofia romana vai ainda além: ecoando o próprio More, Hythloday observa que "exceto pelos historiadores e poetas, não havia nada em latim que teria valor para eles".[53] Consequentemente, Hythloday dá aos utopianos a maioria das obras de Platão e algumas de Aristóteles — nenhuma de Cícero ou Sêneca — e prossegue notando que a linguagem utopiana tem um parentesco com o grego. More amplifica esse compromisso com o grego ao longo do texto com seu uso habilidoso

---

50 Bruni, 2001-4, II: 159 (VI.5).
51 A análise da *Utopia* a seguir é baseada no tratamento mais extenso em Nelson, 2004, 19-48.
52 More, 1995, 45.
53 *Ibid.*, 181.

de uma nomenclatura grega. A própria palavra "utopia" é uma cunhagem grega, significando "nenhum lugar", e todas as cidades, rios e oficiais governantes da ilha recebem nomes gregos.

Todo esse helenismo conspícuo fornece um cenário poderoso para a completa subversão que More faz da tradição republicana romana. Seguindo especialmente Platão, mas também Aristóteles em alguma medida, More recupera e promove um tipo bastante diferente de teoria política. Essa ideologia essencialmente grega não valoriza particularmente a liberdade como "ausência de dominação" – viver sem depender da vontade de outros seres humanos. O tipo de "liberdade" que ela valoriza é a condição de viver em concordância com nossa natureza racional, e ela assume que a maioria dos homens só pode se tornar livre nesse sentido se for governada por seus superiores morais (se alguém que é governado por suas paixões for deixado para governar a si mesmo, esse alguém estará escravizado). A tradição grega também assume que o propósito da vida cívica não é a "glória" (que ela rejeita como sendo a aprovação irrelevante de não especialistas), mas sim a "felicidade" (*eudaimonia*), a satisfação de nossa natureza racional através da contemplação. O que é mais importante é que a explicação grega apresenta uma teoria da justiça que é agudamente contrastante. A justiça, segundo essa visão, não é uma questão de dar a cada pessoa o *ius suum* [seu direito] no sentido romano, mas sim um arranjo de elementos em concordância com a natureza. No caso do Estado, a justiça é instanciada pelo governo da razão nas pessoas dos homens mais excelentes – um arranjo que corresponde ao governo da razão sobre os apetites da alma individual. Essa visão da justiça, por sua vez, conduz a um endossamento completamente antirromano dos regulamentos de propriedade. Se fosse permitido que a propriedade fluísse livremente entre os cidadãos, raciocinam Platão e Aristóteles, então inevitavelmente se desenvolveriam extremos de riqueza e pobreza. Tanto os ricos quanto os pobres resultantes seriam corrompidos por sua condição: os ricos se tornariam efeminados, luxuriosos e preguiçosos, enquanto os pobres se tornariam criminosos e perderiam seu espírito público. Nenhum dos grupos acederia ao governo dos melhores homens, e, como resultado, a justiça seria perdida. Consequentemente, a visão grega recomenda a abolição direta da propriedade privada (como entre os guardiões na *República* de Platão), ou, no mínimo, regulações severas planejadas para impedir a acumulação indevida (como nas *Leis* de Platão e na *Política* de Aristóteles).

More reproduz esse conjunto de compromissos em um grau notável. Nos é dito que os utopianos aboliram a propriedade privada, evitando assim a imensa e pervasiva injustiça das sociedades europeias. Hythloday explica essa decisão da seguinte maneira: "Onde quer que haja propriedade privada e o dinheiro seja a medida de todas as coisas, dificilmente é possível que uma república seja justa ou próspera – a menos que penseis que a justiça possa existir onde as melhores coisas são detidas pelos piores cidadãos".[54] Em tais Estados, os ricos se tornam "predatórios, perversos e inúteis", os pobres "cuidam de si mesmos, em vez de cuidarem do povo", e a justiça é perdida. Os utopianos, por outro lado, aboliram a propriedade privada e acham chocante que "um imbecil que não tem mais inteligência que um poste [...] comande um grande número de homens sábios e bons, simplesmente por possuir uma grande pilha de moedas de ouro".[55] Consequentemente, os utopianos desfrutam do governo dos sábios, e o governo é reservado exclusivamente para aqueles que "desde a infância deram sinais de excelente caráter, de inteligência incomum, e de uma mente inclinada para as artes liberais". Essa elite governa a república sob um regime misto (composto de governadores, senadores e assembleias), e, nos é dito, governa à maneira de pais educando seus filhos – uma imagem que nenhum escritor romano utilizaria para descrever cidadãos, porque as crianças não são consideradas como estando em *sui iuris* [direito próprio] (sob a orientação de sua própria vontade soberana).[56] O objetivo da vida utopiana não é a glória, que os utopianos desdenham, mas sim a "felicidade" (*felicitas*) – e a vida organizada de tal modo que "todos os cidadãos sejam livres para se dedicarem à liberdade e ao cultivo da mente. Pois nisto, pensam eles, encontra-se a felicidade da vida".[57]

---

54 *Ibid.*, 101.
55 *Ibid.*, 155.
56 *Ibid.*, 147.
57 *Ibid.*, 135.

Na base dessa escala de valores, portanto, há uma afirmação rigorosa sobre a relação entre propriedade e justiça. A propriedade privada, nos é dito, deve ser abolida se for pretendido que os sábios governem e o Estado cumpra sua natureza. Essa é, em suma, a solução erasmiana para o problema de Petrarca. More concorda com Bruni que a justiça só pode ser assegurada por uma constituição republicana, mas oferece uma ressalva crucial. O que bane a injustiça não é simplesmente a multiplicidade de magistrados, ou seu período de serviço limitado, mas sim o governo dos melhores homens tornado possível pela ausência de grandes diferenciais de acúmulo de propriedade. Essa visão da política republicana competiria com sua rival neorromana durante os dois séculos subsequentes.

Maquiavel

Como vimos, ambas as tradições republicanas, a grega e a romana, propuseram resolver o dilema petrarcano da mesma maneira básica. Dada uma escolha inevitável entre o governo principesco e o governo justo, cada qual insistia que o segundo deveria ser preferido em detrimento do primeiro. Porém, no desenrolar do século XVI, não faltaram teóricos que desejassem resolver o dilema na direção oposta. Eles afirmariam que o governo principesco deveria ser mantido mesmo no caso de o príncipe ser serialmente injusto. A paz cívica e a glória imperial deveriam ser preferidas em detrimento da justiça, no caso de se constatar que esses objetivos apresentassem demandas conflitantes. É claro que a tradição petrarcana havia negado a possibilidade de tal conflito; ela havia insistido que, quando vistos sob a perspectiva apropriada, o *honestum* era sempre idêntico ao *utile*. Mas os escritores do *cinquecento* passaram a duvidar cada vez mais dessa piedade. O texto mais importante a desafiar a ortodoxia humanista a esse respeito foi uma pequena obra escrita por um ex-oficial, então em desgraça, da defunta república florentina, que escreveu buscando uma patronagem de seus novos senhores Medici em 1513. O nome do oficial era Niccolò Machiavelli [Maquiavel], e ele chamou seu pequeno livro de *O príncipe*.

Como Maquiavel deixaria claro vários anos depois em seu *Discursos sobre Lívio* (escrito entre 1515 e 1519), ele não sustentava a visão de que os regimes principescos eram superiores a todos os outros; de fato, ele declara explicitamente no segundo discurso que as repúblicas deveriam de fato ser preferidas, com base no argumento de que "as cidades nunca se expandiram em domínio nem em riquezas quando não estiveram em liberdade".[58] A razão, insiste Maquiavel, é que "não é o bem particular mas o bem comum que torna as cidades grandiosas. E sem dúvida esse bem comum não é observado senão nas repúblicas".[59] A disposição de fazer o que for necessário para promover o bem comum, e assim adquirir glória para a cidade, é uma virtude (*virtù*), o que para Maquiavel explica por que as monarquias não podem competir com as repúblicas. Depois que a liberdade é substituída pelo governo principesco, argumenta ele, as cidades "regridem" porque um príncipe "não pode honrar nenhum daqueles cidadãos que ele tiraniza que sejam capazes e bons, uma vez que ele não deseja ter suspeita em relação a eles". Essa passagem, como vimos, é uma paráfrase direta da famosa observação de Salústio em *Bellum Catilinae* [*Guerra de Catilina*]. Segundo essa perspectiva, é da natureza do governo principesco reprimir a virtude e atrair a bajulação e a corrupção. A *libertà*, por outro lado, alimenta a *virtù* e conduz à *grandezza*. Como coloca Maquiavel posteriormente na *Istorie fiorentine* [*História florentina*], "da ordem vem a virtude, e desta vem a glória e a boa fortuna".[60]

No entanto, é importante notar que Maquiavel não argumenta em favor da superioridade das repúblicas com base nas razões tradicionais de que elas são mais justas que os principados. De fato, ele se esforça tanto nos *Discursos* quanto no *Príncipe* para insistir que a justiça deveria ser rejeitada como um valor político. A experiência lhe ensinara que o *honestum* nem sempre era *utile*; se um indivíduo está seriamente disposto a fazer o que for necessário a fim de assegurar a glória, ele deve "estar preparado para agir imoralmente quando isto se fizer necessário".[61] Maquiavel reconhece que essa visão foi enfaticamente rejeitada pelas "muitas pessoas que escreveram sobre esse assunto" antes dele (isto é, os muitos autores que haviam escrito

---

58 Maquiavel, 1996, 129.
59 *Ibid.*, 130.
60 Maquiavel, 1963, 773. A tradução é minha.
61 Maquiavel, 1988, 55.

specula [espelhos] no decurso do *quatroccento*), mas ele insiste que esses autores simplesmente "imaginaram repúblicas e principados que nunca foram vistos ou conhecidos como existentes". Seu objetivo, em contraste, é "por de lado as fantasias sobre governantes" e considerar "o modo como as coisas realmente são" (*la verità effetuale*).⁶² No mundo real, nós nem sempre, ou nem mesmo frequentemente, adquirimos *gloria* e *grandezza* pela prática da justiça e das virtudes morais. Os humanistas, por exemplo, haviam pregado a virtude da "generosidade", mas Maquiavel responde que o príncipe conhecido por sua generosidade deve "gastar de modo pródigo e ostentoso", e deve consequentemente aumentar os impostos, atraindo ódio e colocando em perigo seu governo.⁶³ Os humanistas também haviam insistido que era melhor ser amado que temido, e que a crueldade nunca poderia beneficiar um príncipe. Maquiavel responde que o notório Cesare Bórgia "foi considerado cruel", mas que suas "medidas severas restauraram a ordem à Romagna, unificando-a e tornando-a pacífica e leal".⁶⁴ Sua própria conclusão é que "é muito mais seguro ser temido que amado", pois "o amor é sustentado por um laço de gratidão que, porque os homens são excessivamente preocupados com seus próprios interesses, é rompido sempre que veem uma chance de beneficiarem a si próprios. Mas o medo é sustentado por um terror de punição que é sempre eficaz".⁶⁵ De modo talvez ainda mais importante, os humanistas haviam insistido que os príncipes deveriam manter sua palavra e renegar a força e a fraude, repetindo ritualisticamente o dito de Cícero em *De officiis* [*Dos deveres*] que "o mau pode ser feito de duas maneiras, isto é, pela força ou pela fraude; ambas são bestiais: a fraude parece pertencer à astuta raposa, a força ao leão; ambas são inteiramente indignas do homem".⁶⁶ Maquiavel responde que "governantes fizeram grandes coisas apesar de terem tido em pouca conta a fé da palavra dada, sendo antes habilidosos em enganar os homens com astúcia".⁶⁷ Ele conclui

---

62 A tradução dessa última frase é minha; Price traduz como "o que acontece de fato".
63 *Ibid.*, 56.
64 *Ibid.*, 58.
65 *Ibid.*, 59.
66 Cícero, *De officiis* [*Dos deveres*] I.13.41. Cícero, 1913, 45.
67 Maquiavel, 1988, 61.

com uma sátira mordaz que um governante deve, afinal, "saber bem como imitar os animais, [...] [e] imitar a raposa e o leão".

A conclusão de Maquiavel, em suma, é que o imperativo dos governantes, sejam eles príncipes ou magistrados republicanos, é manter a paz da cidade no interior e maximizar sua parcela de glória no exterior. Se esses forem os valores cívicos mais elevados, então a justiça não tem nenhum lugar de importância na teoria política. É prerrogativa do governante decidir quando "imitar os animais", e, não importando seu grau de perversidade ou imoralidade, ele deve ser desculpado, contanto que os objetivos gêmeos da paz e da grandeza estejam sendo alcançados. Com a formulação dessa posição nasceu a doutrina que viemos a conhecer como "absolutismo".

A teoria do absolutismo: Bodin

Contudo, é essencial perceber que os absolutistas não tinham necessariamente de argumentar, junto com Maquiavel, que os príncipes não tinham nenhuma obrigação de agir com justiça. De fato, a defesa mais famosa da ideia absolutista no século XVI, aquela do francês Jean Bodin, é notável por ilustrar como um pensador podia rejeitar a visão de que os príncipes deveriam sentir-se livres para agir injustamente, e ainda assim concluir com Maquiavel que a justiça é, em última análise, irrelevante para a política. Bodin escreveu seu célebre sumário em favor da soberania indivisa, os *Seis livros da república*, em 1576, no auge das guerras religiosas francesas. Embora ele houvesse abraçado uma forma moderada de constitucionalismo anteriormente em sua carreira, notavelmente no *Método para a fácil compreensão da história* em 1566, a revolta huguenote de 1572-4 o havia convencido de que o objetivo crucial do estadismo era "buscar uma ordem conveniente e decente, e não considerar nada como mais feio ou sujo que a confusão e a disputa" (ele havia, afinal, testemunhado pessoalmente o massacre do Dia de São Bartolomeu em 1572).[68] Seu principal alvo nos *Seis livros* é, consequentemente, a teoria huguenote da resistência, conforme esta havia sido apresentada em detalhes pelo príncipe de Condé, Fraçois

---

68 Bodin, 1962, 386.

Hotman, Simon Goulart e outros durante o início dos anos 1570.[69] Bodin escreve enfaticamente nos *Seis livros* que os soberanos devem ser dotados de poder absoluto, e insiste que "a soberania concedida a um príncipe sujeito a obrigações e condições não é propriamente uma soberania".[70] A implicação clara dessa visão, explica ele, é que é contrário à própria noção de autoridade civil permitir aos súditos o direito de se opor ou resistir a seu monarca:

> Se o príncipe é absolutamente soberano, como são os monarcas genuínos da França, Espanha, Inglaterra, Escócia, Etiópia, Turquia, Pérsia e Moscóvia – cujo poder nunca foi posto em questão e cuja soberania nunca foi partilhada com os súditos – então não cabe a qualquer súdito individualmente, nem a todos eles em geral, atentar contra a vida do monarca, seja pela força ou pela lei, mesmo que ele tenha cometido todos os malfeitos, impiedades e crueldades que se possam mencionar. Quanto ao modo da lei, o súdito não tem nenhum direito de jurisdição sobre seu príncipe, de quem depende todo poder e autoridade para comandar.[71]

Bodin oferece, assim, um argumento jurídico para a obediência, mas, como ele deixa claro posteriormente no texto, sua verdadeira preocupação não é legal, mas prudencial. A soberania absoluta deve ser concedida principalmente porque ela é necessária para a preservação da paz cívica. "Nunca é permissível", repete Bodin, "que um súdito tente qualquer coisa contra um príncipe soberano, não importando quão perverso e cruel tirano ele seja [...]. Ó, pois quantos tiranos haveria se fosse legítimo matá-los! Aquele que impõe impostos muito pesados seria um tirano, [...] aquele que mantém guardas por segurança seria um tirano; aquele que pune conspiradores contra seu regime seria um tirano".[72] Permitir que todo súdito atue com base em suas próprias convicções pessoais sobre o que constitui "tirania" e "injustiça" seria lançar o Estado em anarquia.

---

69 A apresentação clássica desse debate é Skinner, 1978, 238-301.
70 Bodin, 1992, 8.
71 *Ibid.*, 115.
72 *Ibid.*, 120.

Contudo, em nenhum momento Bodin nega a inteligibilidade objetiva da justiça, nem abraça a visão maquiavélica de que os soberanos podem ocasionalmente agir de modo injusto em benefício da paz e da glória – ele é, portanto, uma figura profundamente conflitante. Ele declara explicitamente que "quanto às leis divinas e naturais, todo príncipe na terra é sujeito a elas, e não está em seu poder transgredi-las a menos que deseje ser culpado de traição contra Deus. [...] O poder absoluto dos príncipes e outros senhores soberanos, portanto, não se estende de nenhuma maneira às leis de Deus e da natureza".[73] Em particular, Bodin ser esforça para argumentar que um príncipe "não é capaz de tomar a propriedade de outra pessoa sem uma causa justa e razoável".[74] Ele tenta, portanto, deixar um espaço amplo em sua teoria para o princípio da justiça; mas ao negar que a injustiça de um príncipe deva ter qual remediação na esfera política, ele subordina as considerações de justiça às demandas da preservação cívica, de um modo que torna as primeiras essencialmente irrelevantes. Os pecados de um soberano, proclama ele, são um assunto tratado por Deus no dia final; na terra, a preservação da paz exige que renunciemos a nosso direito de emitir um julgamento. Essa é, então, a resposta absolutista à tradição moderada do humanismo principesco. Sua apoteose viria nos escritos do notório "Monstro de Malmesbury", que insistiria um século depois que, em benefício da paz, todos devemos entregar nossos direitos de julgamento a um "deus mortal" chamado Estado. Na jornada de Petrarca a Hobbes, a Europa perdeu o território intermediário.

---

73 *Ibid.*, 13.
74 *Ibid.*, 40.

18 A significância da filosofia do Renascimento

JAMES HANKINS

Desde os anos 1930, quando emergiu pela primeira vez como um campo de pesquisa distinto, a história intelectual sempre foi fascinada pelo Renascimento. Os historiadores intelectuais se ocupam em trazer à tona os padrões de pensamento profundos e frequentemente semiconscientes que governam o modo como os indivíduos compreendem e atuam na natureza e na sociedade. Eles examinam como as tradições de pensamento se situam em ambientes linguísticos e culturais em contínua transformação. Ultimamente eles começaram a se concentrar na história das disciplinas, das rotinas intelectuais e das práticas eruditas. Acima de tudo, eles se preocupam com a questão de por que grandes grupos de seres humanos mudam de crenças ao longo do tempo. Sendo esse o caso, é fácil ver por que o Renascimento atrai o historiador intelectual. Esse foi um período em que ocorreram mudanças fundamentais nas sociedades ocidentais, abrangendo um grande conjunto de crenças religiosas, científicas, políticas, históricas e antropológicas. A cristandade se desintegrou e emergiram Estados soberanos. A Igreja Católica perdeu boa parte de sua autoridade, e apareceram novas igrejas e seitas protestantes. As divisões e guerras religiosas levaram às primeiras tentativas de expressão da necessidade de tolerância e liberdade de expressão. Os ideais e práticas educacionais foram transformados. Os humanistas se ergueram para desafiar a hegemonia da cultura escolástica. A cultura cristã passou por uma grande reorientação de sua atitude em relação à cultura pagã da antiguidade greco-romana. O republicanismo e o absolutismo se cristalizaram como duas tradições distintas de pensamento político. Grandes mudanças ocorreram no modo como os europeus enxergavam e analisavam a natureza humana, o cosmos e os processos naturais. As ciências se tornaram menos interessadas em contemplar a natureza, e mais interessadas em controlá-la. Um Novo Mundo foi descoberto, cheio de sociedades, flora e fauna inteiramente desconhecidas para as tradições eruditas ocidentais. A invenção da imprensa – a revolução da informação do século XV – alterou fundamentalmente as condições sob as quais os trabalhadores do conhecimento operavam, tornando possível a coleção, cotejo e análise da informação de maneiras e em uma escala até então inimagináveis. O puro volume de informação e a variedade de perspectivas em oferta, as disputas religiosas da época, para não mencionar o poder sedutor de pensadores antigos como Cícero e Sexto Empírico, levaram inevitavelmente a um ressurgimento do ceticismo e do fideísmo, e juntamente com isso, a uma nova preocupação com o método e a confiabilidade do conhecimento. Assim, é pouco surpreendente que o historiador intelectual veja o Renascimento como uma oficina extraordinariamente bem provisionada para a prática de seu ofício.

Esse não é o caso para os filósofos e historiadores da filosofia. Para os filósofos, o período do Renascimento pareceu frequentemente uma espécie de vale entre duas colinas. Em uma colina se encontram os grandes filósofos escolásticos – Tomás de Aquino, Escoto, Ockham –, grandes construtores de sistemas e brilhantes analistas da linguagem, da lógica e da metafísica. Na outra colina, se encontram os grandes construtores de sistemas do século XVII, Descartes, Hobbes, Leibniz e Espinosa, homens que podem ser razoavelmente descritos como pertencendo ao mundo do pensamento moderno. Entre esses dois lados jaz um terreno pantanoso habitado pelo que parecem ser meros epígonos dos grandes escolásticos, por moralizadores sentenciosos e *littérateurs* [literatos], por filólogos e compiladores, por mágicos de olhar enlouquecido e *Naturphilosophen* [filósofos da natureza], tão férteis na propagação de novas ideias quanto incapazes de defendê-las. Nicolau de Cusa, Maquiavel, e talvez Valla, são reconhecidos como grandes pensadores, embora de maneiras muito diferentes, mas dificilmente são suficientes para redimir a reputação de desolação filosófica do período. A obra do Cusano parece mais relevante para a teologia que para a filosofia; Maquiavel é mais um cientista político que um filósofo político; a principal obra de filosofia de Valla só está disponível em latim e é situada de qualquer maneira no terreno pouco familiar da filologia clássica. Não é de admirar que os filósofos preocupados com a história de sua disciplina sejam tentados a saltar pelos ares de uma colina a outra, em vez de labutar para atravessar os pântanos embaixo. Também não é surpreendente que os cursos sobre filosofia do Renascimento continuem a ser raros nos departamentos de filosofia.

Uma parte da razão pela qual os historiadores intelectuais e os filósofos diferem tanto no valor que atribuem ao pensamento renascentista se encontra nos usos que cada comunidade acadêmica faz dos pensadores do passado. O que os historiadores intelectuais tipicamente buscam no passado é o que é estranho e pouco familiar, pois essas são as melhores pistas para a compreensão de modos de pensamento alienígenas. O que os filósofos parecem querer do passado são (na expressão de Richard Rorty) "parceiros de conversa". Com posições publicamente definidas já estabelecidas, eles exploram os nomes famosos do passado para ver qual luz esses nomes podem lançar sobre os problemas de seu próprio campo. Eles podem esperar elaborar suas taxonomias de posições disponíveis ou refinar posições existentes, mas estão procurando pensadores cuja *forma mentis* seja semelhante à deles próprios. Os filósofos interessados pelo problema mente-corpo podem conversar (ou assim creem) com Descartes e Hobbes, mas podem fazer pouco de filósofos como Ficino ou Patrizi, que acreditavam que as interações entre mente e corpo eram mediadas por um *spiritus* material sutil – um terceiro elemento descrito com grande confiança por Galeno, mas que não pode ser detectado por instrumentos científicos modernos. O que é pior, por trás da ideia de *spiritus* jaz uma psicologia trinitária derivada de Agostinho, que parece um elemento *a priori* do dogma religioso.[1] A teoria da glândula pineal de Descartes, apesar de insatisfatória tanto filosófica quanto cientificamente, pelo menos parece ter alguma relação com a construção moderna do problema mente-corpo. Em princípio, ela é falseável e não depende da autoridade ou de caricaturas metafísicas cristãs para sua validade. O mesmo não pode ser dito do *spiritus*

---

1 Boenke, 2005.

de Ficino, "aquele nó sutil que nos torna humanos", tão sutil a ponto de ser invisível para a microscopia a laser.

Um historiador intelectual poderia observar que a aparente racionalidade de filósofos como Descartes é apenas aparente, e que estudos mais historicamente informados sobre Descartes revelam uma dependência não reconhecida para com fontes tradicionais – incluindo Agostinho – e toda uma teia de assunções teológicas dando sustentação ao raciocínio filosófico.[2] Um historiador intelectual também poderia observar que os "nomes famosos do passado" são famosos por alguma razão, e que uma grande parte de tal razão tem a ver com a hierarquia de instituições e nações e classes sociais e padrões de discipulado e transmissão.[3] Isso, contudo, não afeta a questão principal de que os filósofos modernos não podem conversar com filósofos do passado a não ser que compartilhem certas assunções sobre o discurso filosófico. O compromisso fundamental da filosofia acadêmica moderna é com uma metodologia, um certo modo de argumentação, e esse modo exclui argumentos que dependam de dogmas religiosos, autoridades não questionadas, assunções metafísicas não examinadas ou uma ciência ultrapassada para sua validade. Por esse teste, Descartes e Hobbes ainda contam como filósofos modernos, e Ficino e Patrizi não.

Pode-se, é claro, sujeitar o próprio modo moderno de argumento filosófico a uma crítica histórica, e mostrar que aquilo que hoje conta como "racional" é em si mesmo historicamente contingente. Filósofos famosos tais como Michel Foucault, Richard Rorty, Alasdair MacIntyre e Stephen Toulmin fizeram arqueologias da razão moderna dessa maneira.[4] Isso nos coloca mais próximos de um argumento em favor da utilidade que o estudo da filosofia do Renascimento pode ter para os filósofos. Poucos filósofos negariam que a filosofia moderna se beneficia de uma consciência das assunções subjacentes a seu empreendimento. Por certo, o fato de que uma forma particular de racionalidade apareça em algum momento histórico

---

2 Menn, 1998a; Ariew, 1999.
3 Collins, 1998. Uma discussão interessante sobre as razões históricas de por que os filósofos renascentistas detêm menos prestígio hoje do que os filósofos do século XVII encontra-se em Copenhaver e Schmitt, 1992, cap. 6.
4 Foucault, 1971; Rorty, 1979; MacIntyre, 1984; Toulmin, 1990.

não mostra por si mesmo que ela seja falsa, assim como a universalidade de uma crença não mostra que ela seja verdadeira. Mas deveria ser óbvio que um modo útil de adquirir uma compreensão sobre as formas modernas de racionalidade é estudá-las (como diria Aristóteles) no processo de seu crescimento. Isso significa (como Ernst Cassirer e Richard Popkin já haviam enxergado) estudar o Renascimento e especialmente suas ideias de racionalidade e método.

O argumento mais amplo é que se pretendemos que o estudo da filosofia do Renascimento beneficie os filósofos modernos, nós devemos nos aproximar dela, como sempre devemos nos aproximar do passado, com uma certa humildade e respeito. A mera busca de parceiros que possam se juntar às conversas modernas, rejeitando de antemão aqueles que falam outras línguas filosóficas, limita inevitavelmente o debate. Isso transforma a filosofia em um monólogo anacrônico; apenas falamos sozinhos. Isso também falsifica o passado; descobrir Wittgenstein em Valla é mudar coisas imutáveis.[5] Mas abordado no espírito correto, com paciência e um senso de história, o Renascimento pode oferecer certas lições. Quando atentamos para a situação histórica da filosofia do Renascimento e para o que os próprios filósofos renascentistas esperavam alcançar, podemos até mesmo estar preparados para admitir certas semelhanças entre aquela época e a nossa. Podemos até mesmo ver os filósofos do Renascimento como pessoas que trilharam caminhos que nós mesmos estamos trilhando agora, e que podem em alguma medida nos servir de guias em um território desconhecido.

Mas o que os filósofos do Renascimento estavam buscando, e como seus objetivos e realizações poderiam ser relevantes para a filosofia contemporânea?

O fato mais óbvio sobre os filósofos do Renascimento é que os melhores deles – tanto humanistas quanto escolásticos e "novos filósofos" – estavam determinados a ultrapassar as fronteiras limitadas do conjunto de livros didáticos aristotélicos aprovados que haviam fornecido a base para a filosofia escolástica dos séculos XIII e XIV. Aguilhoados pelos humanistas, os filósofos universitários tentaram melhorar a qualidade de seu ensino

---

5 Ver Waswo, 1987 e as críticas em Monfasani, 1994.

aprendendo grego, aprimorando a qualidade das traduções e adquirindo um conhecimento muito mais completo das tradições exegéticas antiga, muçulmana, judaica e cristã medieval. Apesar de algumas controvérsias ruidosas, a maioria dos escolásticos era notavelmente livre de preconceitos no que dizia respeito a ler a obra de comentadores aristotélicos de outras tradições de fé. Isso já era verdade na Idade Média, e se tornou ainda mais verdade no Renascimento. Fora das universidades, os humanistas estavam atarefadamente envolvidos na recuperação da herança da filosofia e da teologia pagãs antigas, reconstruindo e promovendo como alternativas filosóficas o platonismo, o ceticismo, o epicurismo e o estoicismo antigos. Novos filósofos como Marsílio Ficino, Pico della Mirandola e Francesco Patrizi tentavam recuperar o que eles pensavam ser a sabedoria teosófica dos antigos Egito, Pérsia, Grécia e Israel. No Novo Mundo e no Oriente distante, missionários católicos treinados nas salas de aula de filosofia da Europa estavam estudando a religião e a filosofia de povos nativos da América Latina, Japão, China e sul da Ásia. Muitos deles aprenderam que converter outros à sua própria fé, mesmo com apoio da espada, exige um tipo de conversão de si próprio. Em toda parte, sentimos uma profunda insatisfação com os recursos existentes da vida intelectual europeia e uma determinação de apropriar-se da sabedoria e do conhecimento de outras culturas e religiões.

O espantoso dilúvio de novos argumentos, novos textos e novas perspectivas, cujo impacto foi vastamente multiplicado através da imprensa, forçou reformulações radicais do cristianismo e do que significava ser cristão. É claro que o cristianismo, tanto como uma tradição vivida quanto como uma tradição textual, havia sido submetido a reinterpretações desde seus primeiros dias, mas o simples volume de novos textos não cristãos, cuja recuperação coincidia com a diminuição da autoridade do magistério católico, colocava ênfases únicas nas estruturas dogmáticas que davam suporte à identidade cristã. Os filósofos assumiram a liderança auxiliando a sociedade cristã a evoluir rumo a novas compreensões sobre si própria. Muitos adotaram posições conservadoras ou conciliadoras, mas também houve muitos que buscaram utilizar a teologia filosófica antiga ou a nova ciência para produzir uma reforma completa, e mesmo uma rebelião contra os dogmas e autoridades tradicionais. Outros, como Nicolau de Cusa, Ficino e Giovanni Pico della Mirandola buscaram civilizar um cristianismo exclusivista abrindo-o para a sabedoria de outras tradições de fé;[6] ainda outros, como Sebastian Castellio e Montaigne, foram pioneiros de novas concepções de tolerância para a diversidade religiosa e cultural.[7] Erasmo desafiou o ideal da cruzada, e outros humanistas adotaram atitudes irênicas e relativistas até mesmo em relação aos turcos, a maior ameaça externa às sociedades ocidentais no Renascimento.[8] O fato de a sociedade ocidental não seguir o mesmo caminho das sociedades islâmicas nesse período deve muito ao compromisso dos filósofos do Renascimento em buscar e defender, às vezes às custas de suas próprias vidas e reputações, a verdade onde quer que pudesse ser encontrada.[9]

Essa é, de fato, outra característica notável dos filósofos do Renascimento: o grau de seu envolvimento com o mundo e seu zelo de reforma. O movimento humanista adquiriu, pela primeira vez, uma autoridade moral quando Petrarca lhe atribuiu o propósito de inculcar a virtude e a eloquência. Os humanistas estavam, em princípio, comprometidos em alimentar o patriotismo, a prudência e a virtude cívica das elites sociais, apresentando-lhes imagens idealizadas de heróis e sábios antigos. Ao fazer isso, eles alteraram mais uma vez as atitudes exclusivistas do mundo cristão em relação a outra cultura, nesse caso, a cultura da Antiguidade greco-romana. Foi por isso que eles situaram a clareza e a persuasão em primeiro plano e desprezaram o debate técnico especializado. Foi um outro pensador humanista, Thomas More, quem iniciou a tradição da literatura utópica que se tornou um veículo poderoso para a crítica e a reforma sociais. Mas os filósofos escolásticos também podiam se envolver com o mundo ao seu redor. Ao longo do Renascimento e além, tanto professores humanistas quanto escolásticos manifestaram uma firme, ainda que talvez mal situada, crença de que cursos públicos de aulas sobre textos como o *Dos deveres* de Cícero e

---

6 Hankins, 2006b. Sobre o estudo cristão do judaísmo, ver Coudert e Shoulson, 2004.
7 Nederman e Laursen, 1996.
8 Musto, 1991; Hankins, 1995; Bisaha, 2004.
9 Para uma comparação com o mundo islâmico, que permaneceu comparativamente exclusivista em termos de religião e indiferente acerca do mundo não muçulmano, ver Lewis, 2003.

a *Ética* de Aristóteles poderiam gerar mudanças positivas nas aldeias e cidades da Europa.[10] Os filósofos escolásticos na tradição hispânica usaram seu alto prestígio para elaborar referenciais morais com o objetivo de restringir o militarismo e a exploração colonial espanhóis. Eles expandiram amplamente a tradição medieval de aplicar a filosofia moral à vida econômica. Novos filósofos como Nicolau de Cusa e Bessarion estiveram ativamente envolvidos em alcançar a reconciliação entre as igrejas do Oriente e do Ocidente, e em organizar a defesa do cristianismo contra a ameaça turca. Ficino agiu como um guia espiritual para várias gerações de patrícios florentinos. Campanella tentou estabelecer uma comunidade utópica no sul da Itália e escreveu da prisão uma corajosa defesa de Galileu e da *libertas philosophandi* [liberdade de filosofar]. A reforma educacional foi um interesse constante de quase todos os filósofos do Renascimento. Seria absurdo considerar que todas as atividades políticas, educacionais e culturais dos pensadores do Renascimento fossem atividades que ainda podem ser admiradas hoje, mas não se pode duvidar do fato de seu envolvimento no mundo e de seu desejo de aplicar sua erudição e acúmen filosóficos aos problemas de seu mundo.

Foi igualmente notável e inovadora a preocupação dos filósofos do Renascimento com a história e o caráter de sua própria disciplina. Era apenas natural que em um período em que tantos novos sistemas e ideias filosóficos estavam sendo introduzidos os filósofos se tornassem interessados em coletar e classificar dados sobre a história da filosofia. A segunda metade do século XVI testemunhou uma explosão notável desse tipo de estudo. Antigas histórias da filosofia foram recuperadas e novas histórias foram escritas; fragmentos de obras filosóficas perdidas foram reunidos e organizados.[11] Os textos foram editados segundo padrões cada vez mais elevados, e uma gama de traduções novas e mais acuradas tornou-se disponível. Entre as "novas filosofias" do final do Renascimento devem-se contar as filosofias recém-recuperadas do mundo antigo, filosofias cuja estrutura sistemática estava apenas começando a ser compreendida. Se for feita, como frequentemente é, a pergunta sobre quem conta como os grandes filósofos produzidos pelo

---

10 Ver o capítulo 16 deste livro e a crítica dessa visão por MacIntyre, 2006.
11 Ver Hankins e Palmer, 2007 para muitos exemplos.

Renascimento, uma resposta completa tem de incluir Aristóteles, Platão, Plotino, Sexto Empírico e Marco Aurélio, entre outros.

Além de recuperar a herança filosófica da Antiguidade, os filósofos do Renascimento também tentaram alcançar uma visão mais ampla do empreendimento filosófico na história humana. Os oponentes do escolasticismo contaram novas estórias sobre a história da filosofia a fim de se contrapor ao modelo aristotélico do desenvolvimento filosófico grego, segundo o qual a filosofia anterior culminara no sistema aristotélico e fora superada por ele. Em contraposição a esse relato interesseiro, Ficino contou uma nova estória sobre como uma profunda sabedoria teológica antiga havia sido ocultada pela ascensão de uma filosofia menos espiritual, a filosofia de Aristóteles, conduzindo inevitavelmente a uma separação entre a piedade e a filosofia. Mas estava chegando uma nova era, previa ele, em que a revitalização do platonismo reuniria a filosofia e a religião.[12] Giovanni Pico della Mirandola tinha outra resposta para os aristotélicos: sua visão mais plotiniana era que havia apenas uma sabedoria divina unitária para todas as épocas e lugares, que estivera disponível em todas as épocas e lugares para o intelecto humano consciente de sua própria divindade. Eventualmente, filósofos como Bruno, Campanella, Bacon e Descartes – de maneiras radicalmente diferentes – apresentariam a deslumbrante perspectiva de um novo progresso jamais sonhado na filosofia, e de uma superação dos antigos.[13]

Os filósofos também dedicaram um pensamento considerável à questão de para que servia a filosofia e qual era sua relação apropriada com a religião. Se Agostinho em *Da verdadeira religião* havia compreendido o cristianismo como sendo um novo tipo de vida filosófica que estava rapidamente substituindo a necessidade das disciplinas espirituais da filosofia pagã, e se Tomás de Aquino e os teólogos medievais haviam geralmente rebaixado a filosofia para servir como criada da teologia, os filósofos a partir da segunda metade do século XIII haviam levantado a possibilidade de que a filosofia pudesse recuperar sua antiga autonomia e oferecer sua própria forma de felicidade mundana.[14] A religião racional dos filósofos, esperavam

---

12 Hankins, 1990a; Blair 2000a.
13 Bottin *et al*. 1993.
14 Bianchi, 2003, cap. 2.

alguns, poderia mesmo enfim substituir a dos dogmáticos. Foi essa visão da filosofia que em última instância levou Giordano Bruno à fogueira em 1600. O desafio do humanismo ao escolasticismo trouxe consigo ainda outra concepção de filosofia, uma concepção ciceroniana ou quintiliana na qual a filosofia era considerada como uma dentre várias ciências civis, orientada para a vida ativa e para as tarefas de governar a *respublica*.[15] O protestantismo, por outro lado, atacou a tradição da teologia filosófica e minou o ideal da filosofia como domínio sobre si ou como um caminho autônomo para a felicidade. Outros filósofos, movidos ao ocultamento por causa das perseguições, nutriram em segredo a ideia da filosofia como uma sabedoria esotérica, uma magia erudita que dava acesso a poderes ocultos na natureza e na alma humana. Finalmente, a divisão da Europa em campos confessionais em guerra acelerou a transformação da filosofia em um mero corpo de doutrinas ou conjunto de posições, eclipsando seu papel antigo como um modo de vida.[16]

Em suma, a filosofia do Renascimento oferece muitos paralelos com a filosofia de nossa própria época. Em nossa era, vimos a fragmentação e a crise de tradições de autoridade, um novo pluralismo de perspectivas filosóficas, uma desconcertante revolução da informação, e aspirações apaixonadas de integrar ao discurso filosófico a literatura de sabedoria de tradições não ocidentais. Nós também temos filósofos hostis à sistematização e à demonstração rigorosa, que duvidam da possibilidade de uma argumentação apodítica, filósofos que prefeririam ver a filosofia se tornar uma forma de terapia psíquica ou uma conversa civil ou uma forma de persuasão e edificação. Nós também temos nossos céticos e fideístas; também temos aqueles que buscam no passado da filosofia visões alternativas da vida filosófica. Também temos filósofos impetuosamente comprometidos com uma ampla gama de posições sobre a relação apropriada entre fé e razão. Também temos filósofos que visam influenciar a deliberação pública e moldar a vida pública. Se a filosofia do Renascimento não promete o benefício imediato de alguns outros períodos da história do pensamento, se ela nem sempre

---

15 Ver Barbaro e Pico della Mirandola, 1998, 23-31.
16 Ver o capítulo 12 deste volume e Condren, Hunter e Gaukroger, 2006.

oferece argumentos prontos e compreensões úteis para os debates acadêmicos atuais, ela ainda assim oferece aquela que pode ser a mais reveladora compreensão de todas – a compreensão que vem de olhar para um espelho.

Apêndice: Breves biografias de filósofos do renascimento

As breves biografias a seguir foram reimpressas, com permissão, a partir das 139 biobibliografias publicadas em *The Cambridge History of Renaissance Philosophy* [*A história de Cambridge da filosofia do Renascimento*], editado por Charles B. Schmitt, Quentin Skinner, Eckhard Kessler e Jill Kraye (1988). Foram feitas algumas pequenas alterações, e a informação bibliográfica incluída naquela obra foi omitida.

ACCIAIUOLLI, DONATO. N. Florença, 1429; m. Milão, 1478. Humanista e filósofo italiano. Educado em Florença; fortemente influenciado por João Argyropoulos. Estadista e embaixador florentino. Escreveu comentários sobre a *Ética*, *Política*, *Física* e *De anima* [*Da alma*] de Aristóteles. Traduziu as vidas de Cipião e Aníbal, de Plutarco.

AGRÍCOLA, RUDOLPH (Rudolphus Frisius; Roelof Huysman). N. Baflo, perto de Gröningen, 1443/4; m. Heidelberg, 1485. Humanista holandês. Estudou nas universidades de Erfurt e Louvain, onde se graduou como Mestre de Artes em 1465. Viajou para a Itália entre 1469-79, com interrupções, estudando em Pávia e Ferrara. Retornando ao norte da Europa em 1479, promoveu o humanismo italiano e ministrou aulas em Heidelberg em 1484-5. Escreveu o influente *De inventione dialectica* [*Da descoberta dialética*] (1479), bem como comentários (Boécio, Sêneca, o Velho), discursos humanistas, poemas, cartas e traduções do grego.

AGRIPPA, HENRICUS CORNELIUS (Agrippa von Nettesheim). N. próximo de Colônia, 1486; m. Grenoble, 1535. Filósofo alemão. Estudou na Universidade de Colônia. Viajou amplamente (França, Espanha, Inglaterra, Alemanha, Itália, Suíça) como soldado, médico e professor. Serviu como médico e astrólogo para a rainha-mãe da França em Lyons, 1524; depois como historiador e bibliotecário para Margarete da Áustria em Antuérpia, 1528-30. Retornou a Colônia, depois à França. Escreveu um tratado influente sobre magia, *De occulta philosophia* [*Da filosofia oculta*] (1510; edição ampliada 1533); também *De incertitudine et vanitate scientiarum atque artium declamatio* [*Da incerteza e vaidade das ciências e declamação sobre as artes*] (1526), rejeitando todo conhecimento humano e defendendo a fé na revelação divina. Influenciado pelo platonismo, lulismo, hermetismo e cabalismo.

ARGYROPOULOS, JOÃO. N. Constantinopla, *c.* 1415; m. Roma, 1487. Filósofo bizantino. Compareceu ao Concílio de Ferrara/Florença, 1438-9. Estudou artes e medicina em Pádua, 1441-4. Ensinou filosofia em Constantinopla, 1448-52. Após a queda de Constantinopla, viajou amplamente pela Europa, 1453-6. Ministrou aulas sobre filosofia grega, especialmente Aristóteles, em Florença, entre 1456-71 e 1477-81; e Roma, 1471-7 e 1481-7. Traduziu várias obras aristotélicas para o latim: *Ética a Nicômaco, De anima* [*Da alma*], *Física, De caelo* [*Do céu*], *Metafísica* (Livros 1-12 apenas), *De interpretatione* [*Da interpretação*], *Analíticos anteriores* e *Analíticos posteriores, Categorias*; traduziu também o pseudoaristotélico *De mundo* e a *Isagoge* de Porfírio.

BARBARO, ERMOLAO (Almorò; Hermolaus Barbarus). N. Veneza, 1454; m. Roma, 1493. Humanista, político e diplomata italiano. Educação inicial em Veneza e Roma. Estudou na Universidade de Pádua: doutorado em artes em 1474 e direito em 1477. Ensinou filosofia moral aristotélica em Pádua, 1474-6. Abriu uma escola privada em Veneza, 1484. Ativo na vida política veneziana; diversas missões diplomáticas. Eleito Patriarca de Aquileia, 1491. Exilado em Roma, 1491-3. Traduziu a *Retórica* de Aristóteles e as *Paraphrases Aristotelis* [*Paráfrases de Aristóteles*] de Temístio. Traduziu e comentou sobre Dioscórides. Escreveu comentários filológicos sobre Plínio e Pompônio Mela. Envolveu-se em uma controvérsia epistolar com Giovanni Pico della Mirandola sobre o *status* relativo da retórica e da filosofia.

BODIN, JEAN. N. Angers, 1530; m. Laon, 1596. Filósofo político francês. Seu *Les six livres de la république* [*Os seis livros da república*] (1576) sobre a definição e os limites da soberania exerceu uma ampla influência; opôs-se à soberania do povo e à doutrina do absolutismo atribuída a Maquiavel. Seu *Colloquium heptaplomeres* [*Colóquio entre sete sábios*] (1587) incorporou um pleito pela religião natural e pela tolerância religiosa. Também escreveu sobre o método histórico: *Methodus ad facilem historiarum cognitionem*

[*Método para a fácil compreensão da história*] (1566); e sobre feitiçaria: *De la démonomanie des sorciers* [*Da demonomania dos feiticeiros*] (1580).

BRUNO, GIORDANO. N. Nola, 1548; m. Roma, 1600. Humanista e filósofo italiano. Entrou para o mosteiro dominicano em Nápoles, estudando teologia e literatura clássica, em 1563. Em 1576, suspeito de heresia; fugiu para Roma e depois para outras cidades italianas. Esteve em Genebra em 1578, mas logo entrou em disputas com os calvinistas. Visitou Toulouse em 1579-87 (diploma de teologia, ministrou aulas sobre Aristóteles) e Paris em 1581-3, publicando *Ars memoriae* [*Arte da memória*], *De umbris idearum* [*Das sombras das ideias*], e *Candelaio* (todos em 1582). Acomodou-se na Inglaterra em 1583-5, fazendo contato com Sidney e Greville, ministrando aulas sobre Copérnico e participando de debates em Oxford. Publicou *La cena de le ceneri* [*A ceia de quarta-feira de cinzas*], *De la causa, principio et uno* [*Da causa, do princípio e do uno*], *De l'infinito universo e mondi* [*Do infinito, do universo e dos mundos*], *Lo spaccio de la bestia triofante* [*Expansão da besta triunfante*] (todos em 1584) e *De gli eroici furori* [*Dos furores heroicos*] (1585). Após retornar a Paris em 1585, visitou Praga e várias cidades alemãs, incluindo Wittenberg, onde converteu-se ao luteranismo e ministrou aulas sobre a lógica de Aristóteles, e Frankfurt, onde publicou seus poemas em latim (1591). Ministrou aulas em Zurique em 1591. Nesse mesmo ano Giovanni Mocenigo convidou-a a Veneza, mas subsequentemente denunciou-o à Inquisição. Levado a Roma em 1593 e submetido a julgamento durante muitos anos, recusando-se, em última instância, a retratar suas opiniões filosóficas. Executado em 1600.

CAETANO, TOMÁS DE VIO, OP (Cajetanus). N. Gaeta, 1468; m. Roma, 1534. Filósofo e teólogo dominicano. Entrou para a ordem em 1484. Estudou em Nápoles, Bolonha e Pádua, 1484-93; em 1494, *magister theologiae* [mestre de teologia]. Professor de metafísica tomista em Pádua, 1495-7. Professor de teologia em Pávia, 1497-9. Leitor em Milão, 1499--1501. Entre 1501-18 deteve várias posições elevadas na ordem, também ensinando filosofia e a Escritura na Universidade de Roma, 1501-18. Presente no Quinto Concílio de Latrão, 1512-17. Elevado ao cardinalato em 1517. Escreveu comentários sobre Aristóteles e Tomás de Aquino; foi um tomista, mas incorporou certas ideias próprias (por exemplo, sobre a doutrina da analogia). Envolveu-se no debate sobre a imortalidade da alma em Pádua, onde havia conhecido Pomponazzi.

CAMPANELLA, TOMMASO, O.P. N. próximo de Reggio Calabria, 1568; m. Paris, 1639. Teólogo, filósofo e poeta italiano. Juntou-se à ordem dominicana em 1582. Publicou *Philosophia sensibus demonstrata* [*A filosofia demonstrada pelos sentidos*] (1591). Censurado duas vezes por visões telesianas, ignorou seus superiores. Torturado pela Inquisição em 1594, aprisionado em Roma, forçado a retratar-se. Aprisionado em 1599 por conspirar para substituir o governo espanhol no sul da Itália por uma república utópica; escreveu *Città del sole* [*Cidade do sol*] (c. 1602). Aprisionado em Nápoles, onde escreveu *De sensu rerum et magia* [*Da sensibilidade das coisas e da magia*]; *Atheismus triumphatus* [*O ateísmo trinfou*]; *Apologia pro Galileo* [*Apologia de Galileu*]; *Theologica*; *Metaphysica*; *Astrologica*; poesia em italiano. Libertado em 1626, mas novamente aprisionado pelo Santo Ofício. Eventualmente libertado por Urbano VIII, para quem ele realizou rituais mágicos de proteção. Fugiu para Paris em 1634, obtendo a patronagem de Richelieu e publicando/republicando várias obras.

CHARRON, PIERRE. N. Paris, 1541; m. Paris, 1063. Filósofo pirrônico francês. Estudou clássicos em Sorbonne e jurisprudência em Orleans/Bourges; doutor em direito em 1571. Estudou teologia e foi ordenado sacerdote em 1576. *Prédicateur ordinaire* [Pregador ordinário] da rainha Marguerite; cânone teológico em várias dioceses; vigário-geral em Agen e Bordeaux. Tornou-se um associado próximo de Montaigne em 1589. Escreveu *Les trois véritez contre les athées, idolâtres, juifs, mahométans, hérétiques et schismatiques* [*As três verdades contra os ateus, idólatras, judeus, maometanos, hereges e cismáticos*] (1593), argumentando que a autoridade da Igreja fornece a única certeza para o homem; e *De la sagesse* [*Da sabedoria*] (publicado em 1601, edição revisada em 1604), enfatizando a verdade da revelação como o único meio de transcender a lei natural.

COLLEGIUM CONIMBRICIENSE (*Commentarii conimbricenses*; Comentários de Coimbra). Um conjunto de textos e comentários sobre as principais obras de Aristóteles, preparado pelos jesuítas da Universidade de

Coimbra entre 1592 e 1598. Iniciado por Pedro da Fonseca, que delegou sua execução a Emmanuel de Goes. O *cursus* inclui exposições sobre a *Física* (1592), *De caelo* [*Do céu*] (1592), *Meteorologia* (1592), *Parva naturalia* [*Pequenos tratados sobre a natureza*] (1592), *Ética a Nicômaco* (1593), *De generatione et corruptione* [*Da geração e da corrupção*] (1597), e *De anima* [*Da alma*] (1598); o *In universam dialecticam* [*Dialética completa*] (1606) não tem a mesma qualidade exaustiva e rigorosa dos volumes dedicados às obras centrais de filosofia natural. Após a primeira edição (em Coimbra e Lisboa), os comentários foram frequentemente reimpressos durante os quarenta anos seguintes (em Veneza, Lyons, Colônia, Mainz) e foram amplamente utilizados em toda a Europa durante a primeira metade do século XVII.

CONTARINI, GASPARO. N. Veneza, 1483; m. Bolonha, 1542. Eclesiástico e teólogo tomista italiano. Foi aluno de Pomponazzi em Pádua antes de embarcar em várias missões diplomáticas, incluindo a negociação da libertação de Clemente VII com o imperador Carlos V em 1527. Tornou-se cardeal em 1535. Foi um dos nove comissários indicados para considerar a reforma da Igreja. Legado papal na Dieta de Ratisbona, 1540. Foi nomeado cardeal-legado de Bolonha, mas morreu alguns meses depois. Escreveu sobre vários assuntos filosóficos e teológicos, por exemplo: *De immortalitate animae* [*Da imortalidade da alma*], *De potestate pontificis* [*Do poder do pontífice*], *De libero arbitrio* [*Do livre-arbítrio*]. Crítico do aristotelismo alexandrista; sustentou a imortalidade pessoal e a autonomia da alma em relação ao corpo.

ERASMUS, DESIDERIUS (Erasmo). N. Roterdã, 1466/9; m. Basileia, 1536. Humanista e teólogo holandês. Educado pelos Irmãos da Vida Comum em Deventer. Em 1487 tornou-se cânone agostiniano em Steyn. Ordenado sacerdote em 1492. Em 1495 estudou no *Collège de Montaigu*, Paris. Em Oxford em 1499; Louvain, 1502-4; Itália, 1506-9; novamente na Inglaterra, entre 1509-14, ensinando em Cambridge e fazendo contato com círculo de More e Colet. Em Louvain entre 1517-21; Basileia e Freiburg, 1529-36. Escreveu obras didáticas e satíricas promovendo a combinação da erudição e da piedade (*philosophia Christi*) e exortando a reforma da Igreja: por exemplo, *Enchiridion militis christiani* [*Manual do soldado cristão*] (publicado em 1503); *Moriae encomium* [*Elogio da loucura*] (1511); *Colloquia familiaria* [*Conversas privadas*] (1518-33). Opôs-se a Lutero, com quem debateu acerca do livre-arbítrio. Editou o Novo Testamento grego com uma tradução latina, obras patrísticas e textos clássicos, por exemplo, Aristóteles, Cícero, Sêneca. Seus escritos foram postumamente incluídos no Índice de Livros Proibidos.

FICINO, MARSÍLIO. N. Figline (Valdarno), 1433; m. Careggi (Florença), 1499. Filósofo neoplatônico italiano. Começou a estudar grego *c.* 1456. Cosimo de Medici contratou-o para traduzir o *Corpus hermeticum* (completado em 1463) e Platão (publicado em 1484). Seus comentários sobre Platão foram publicados separadamente em 1496. Ordenado sacerdote em 1473. Escreveu um comentário influente sobre o *Banquete* (1469), explicando a teoria platônica do amor; *Theologia platonica* (1469-74, publicada em 1482), sobre a imortalidade da alma; *De vita triplici* [*Três livros sobre a vida*] (1489), tratando de magia e astrologia; traduziu e comentou Plotino (1492) e traduziu diversos escritos neoplatônicos posteriores (1497).

FONSECA, PEDRO DA, SJ. N. Cortiçada (hoje Proença-a-Nova), 1528; m. Lisboa, 1599. Filósofo e teólogo jesuíta português. Entrou para a ordem em Coimbra, 1548. Em 1551 juntou-se à recém-fundada Universidade de Évora; entre 1552-5 estudou teologia. De 1555 a 1561 foi professor de filosofia no Colégio das Artes, em Coimbra, onde concebeu a ideia de um *Cursus conimbricensis*, que ele delegou a Emmanuel de Goes; principal série de comentários publicada em Coimbra, 1592-8. Deveres administrativos na ordem, 1561-4. De 1564 a 1566 foi professor de teologia em Évora; em 1570, *doctor theologiae* [doutor de teologia] e chanceler da universidade. Deveres oficiais em Roma, 1572-82, incluindo uma contribuição para a *Ratio studiorum* [*Plano de estudos*] jesuíta. Visitante da província portuguesa dos jesuítas, 1589-92. Em 1592, delegado da Congregação Geral Jesuíta em Roma. Escreveu *Institutionum dialecticarum libri VIII* [*Oito livros sobre o ensino da dialética*] (1564); *Isagoge philosophica* [*Introdução filosófica*] (1591); *In universam dialecticam* [*Dialética completa*] (publicado postumamente em 1606).

JAVELLI, CRISÓSTOMO, OP (Chrysostomus Javellus; Chrysostomus Casalensis). N. Canavese, 1470; m. Bolonha, 1538. Filósofo e teólogo tomista. Ensinou em Bolonha. Escreveu comentários sobre as principais obras de Aristóteles, por exemplo: *Compendium logicae isagogicum* [*Compêndio introdutório de lógica*]. Defendeu a exposição que Tomás de Aquino fez de Aristóteles, em vários volumes, por exemplo: *Quaestiones super VIII libros Physices ad mentem D. Thomae* [*Questões sobre os oito livros da Física segundo o D. Tomás*]. Na ética, favoreceu Platão em detrimento de Aristóteles como mais próximo dos valores cristãos. Refutou o *De immortalitate animae* [*Da imortalidade da alma*] de Pomponazzi em *Solutiones rationum* [*Lista de soluções*], publicado em conjunto com o *Defensorium* de Pomponazzi (1519).

LANDINO, CRISTOFORO (Christophorus Landinus). N. Florença, 1424; m. Florença, 1498. Humanista e platonista italiano. Estudou em Volterra com Angiolo da Todi. A partir de *c.* 1439 esteve em Florença sob patronagem dos Medici. A partir de 1458 foi professor de poesia e oratória no *Studio* florentino, ministrando aulas sobre poetas clássicos, Petrarca e Dante. Em 1467 tornou-se chanceler de *Parte Guelfa*; depois secretário da *Signoria* até aposentar-se. Membro do círculo de Ficino; cultivou estudos platônicos. Escreveu comentários sobre Dante, Horácio, Virgílio; poemas latinos; traduziu Plínio para o italiano. Também escreveu *Disputationes camaldulenses* [*Debates camaldulenses*], um diálogo comparando as vidas contemplativa e ativa, atribuindo maior valor à primeira.

LIPSIUS, JUSTUS (Joest Lips). N. Overyssche (Bruxelas), 1547; m. Louvain, 1606. Humanista flamengo, filósofo neoestoico, filólogo. Estudou com os jesuítas em Louvain. Publicou *Variae lectiones* [*Várias lições*] (1567), dedicado ao cardeal Granvelle, que levou-o para Roma; envolveu-se no estudo da filologia por dois anos. Viajou amplamente, ensinando em Iena, 1572-4; Leiden, 1579-90; e Louvain, a partir de 1592. Alternou sua adesão religiosa conforme a residência, mas confirmou publicamente seu catolicismo em Mainz, 1590. Iniciou o movimento neoestoico com seu *De constantia* [*Da constância*] (1584); posteriormente, escreveu o substancial *Physiologia stoicorum* [*Teoria física dos estoicos*] e o *Manuductio ad stoicam philosophiam* [*Guia à filosofia estoica*] (ambos em 1604). Também escreveu o influente tratado político *Politicorum, sive civilis doctrinae libri sex* [*Política, ou seis livros sobre doutrina civil*] (1589); e obras sobre história romana, por exemplo, *Admiranda, sive de magnitudine romana libri IV* [*Maravilhas, ou quatro livros sobre a magnificência romana*] (1597). Editou textos clássicos, especialmente Sêneca e Tácito.

MACHIAVELLI, NICCOLÒ [Maquiavel, Nicolau]. N. Florença, 1469; m. Florença 1527. Teórico político e historiador italiano. Serviu na chancelaria da República Florentina entre 1498-1512; missões diplomáticas na França, Itália e Alemanha entre 1499-1509; advogou milícias para defender Florença. Quando os Medici retornaram ao poder em 1512, foi deposto do cargo. Torturado como suspeito de uma conspiração anti-Medici em 1513, mas julgado inocente e confinado à Villa San Casciano, onde compôs *Il principe* [*O príncipe*]. Eventualmente foi-lhe permitido entrar novamente em Florença. Participou de encontros nos jardins Orti Oricellari, onde leu seus *Discorsi* sobre Lívio (escritos entre 1514-19). A partir de 1519 serviu aos Medici. Quando os Medici foram novamente expulsos e a república restabelecida em 1527, não obteve nenhum cargo. Morreu pouco tempo depois. Escreveu *Arte della guerra* (1521) e *Istorie fiorentine* [*História florentina*] (1525).

MELANCHTHON, PHILIPP. N. Bretten (Baden), 1497; m. Wittenberg, 1560. Humanista e reformador educacional luterano alemão. Estudou em Heidelberg; Bacharel de Artes, 1511; e em Tübingen, 1512--18; Mestre de Artes, 1514; ministrou aulas sobre os clássicos. Professor de grego em Witteberg, 1518; *baccalaureus biblicus* em 1519; entre 1519-60, professor de grego e teologia. Amigo de Lutero. Após a Reforma, sistematizou as ideias de Lutero, defendeu-as publicamente, e reestruturou a educação religiosa com base em princípios luteranos. Publicou edições de, e comentários sobre, Tucídides, Aristóteles, Cícero, Ovídio, Quintiliano; escreveu gramáticas de grego e latim; obras sobre teologia, filosofia natural e moral, matemática, etc. Responsável pela ampla utilização de Aristóteles nas universidades luteranas.

MOLINA, LUÍS DE, SJ. N. Cuenca, 1535; m. Madri, 1600. Filósofo e teólogo jesuíta. Estudou direito em Salamanca, 1551-2, e filosofia em Alcalá, 1552-3. Juntou-se aos jesuítas em 1553. Estudou filosofia, 1554-8, e teologia, 1558-62, em Coimbra; professor de filosofia entre 1563-7. Professor de teologia em Évora de 1568 a 1583. *Scriptor* [Escritor] em Évora entre 1583-6; e em Cuenca, 1591-1600. Professor de teologia moral no Colégio jesuíta em Madri, 1600. Formulou a doutrina conhecida como molinismo em seu *Concordia* (1558), apresentando uma visão abrangente sobre a graça eficaz e suficiente; isso resultou em uma controvérsia com os dominicanos, resolvida apenas quando Clemente VIII ordenou uma Congregação especial em Roma, 1598-1607. Também escreveu *De iustitia et iure* [*Da justiça e do direito*] (1593-1600); e comentários aristotélicos.

MONTAIGNE, MICHEL DE. N. Montaigne (Périgord), 1533; m. Montaigne, 1592. Ensaísta francês. Educado no *Collège de Guyenne*. Estudou direito em Bordeaux. Comprou um cargo jurídico. Tornou-se conselheiro do Parlamento de Bordeaux. Seguiu a corte em Paris e Rouen; depois retirou-se abruptamente para sua propriedade para estudar e escrever, em 1571. Publicou *Essais* [*Ensaios*], Livros I-II (1580). Atitude neutra em relação às guerras religiosas, mas sustentava a ortodoxia e a autoridade. A partir de 1576, interesse crescente pelo ceticismo. Em 1580 viajou pela França, Suíça, Alemanha e Itália. Em Roma, os *Essais* foram aprovados pela Igreja com pequenas alterações. Prefeito de Bordeaux, 1581-5. Em 1586, aposentou-se permanentemente. Publicou *Essais* Livro III (1588). Inventou o termo *essai* [ensaio] e sua forma como um gênero literário distinto. Inicialmente interessado pelo estoicismo e platonismo, mas posteriormente influenciado principalmente pelo ceticismo pirrônico, argumentando em favor de uma doutrina fideísta de submissão à revelação divina como único meio de certeza.

MORE, THOMAS. N. Londres, 1478; Londres, 1535. Humanista e advogado inglês. Chanceler em 1529. Executado por negar que Henrique VIII era o líder da Igreja inglesa. Produziu traduções do grego, biografias, poemas, escritos políticos e religiosos. Amigo de Erasmo, Colet, Holbein. Seu *Utopia* (1516), fortemente influenciado pela *República* de Platão, deu origem a um gênero literário. Também responsável por popularizar Giovanni Pico na Inglaterra.

NICOLAU DE CUSA (Cusanus; Nikolaus Krebs). N. Cusa, 1401; m. Todi, 1464. Filósofo, teólogo e eclesiástico alemão. Estudou em Heidelberg, 1416; e Pádua, 1417-23, recebendo o doutorado em direito canônico. Estudou direito alemão em Colônia. Ordenado sacerdote *c.* 1430. Em 1432 representou Ulrich von Manderscheid no Concílio de Basileia; escreveu *De concordantia catholica* [*Da concordância católica*] (1433) defendendo a posição conciliarista; mas posteriormente apoiou o partido papal no Concílio. Em 1437 foi como embaixador a Constantinopla; em 1438/9, missões papais à Alemanha. Começou a trabalhar em *De docta ignorantia* [*Da douta ignorância*] (publicado em 1440), elaborando os conceitos de *via negativa* e *coincidentia oppositorum* [coincidência dos opostos]. Cardeal em 1446; em 1450, bispo de Brixen (Bressanone), legado da Alemanha. A queda de Constantinopla em 1453 estimulou a composição de *De pace fidei* [*Da paz da fé*], um apelo à unidade cristã. Em 1458 esteve na corte papal de Pio II. Em 1460 retornou à Alemanha, onde foi brevemente aprisionado em Bruneck. Retornou a Roma, indicado como representante papal. Escreveu várias obras sobre matemática e teologia, e sermões influenciados por Meister Eckhart.

NIFO, AGOSTINO (Suessanus). N. Sessa Aurunca, 1469/70; m. Sessa Aurunca, 1538. Filósofo e médico italiano. Estudou filosofia sob Vernia em Pádua, recebendo o diploma em *c.* 1490. Posteriormente aprendeu grego. Ensinou filosofia em Pádua, 1492-9; em Nápoles e Salerno (também medicina), 1500-13; em Roma, a partir de 1514; em Pisa, 1519-22; em Salerno, 1522-31 e 1532-5; e em Nápoles (também medicina), 1531-2. Em 1520 foi nomeado conde palatino. Escreveu muitos comentários aristotélicos; escreveu tratados sobre Averróis; editou Aristóteles e Averróis (1495--6); substituiu o averroísmo anterior com uma perspectiva filosófica mais ampla, incorporando conceitos platônicos e herméticos. Também escreveu sobre astronomia, dialética, política, filosofia moral e psicologia.

PATRIZI, FRANCESCO DA CHERSO (Franciscus Patritius). N. Cherso, 1529; m. Roma, 1597. Filósofo neoplatônico italiano. Estudou em Veneza, 1542; em Ingolstadt, 1544-5; em Pádua, 1547-54. De 1554 a 1557 serviu como secretário/administrador para vários nobres venezianos. Em 1569-71 e 1574-7 viajou extensamente em países mediterrâneos, incluindo Chipre, onde aperfeiçoou seu conhecimento do grego. De 1577/8 a 1591/2, foi o primeiro professor de filosofia platônica em Ferrara. Polêmica com T. Angelucci acerca de Aristóteles, 1584, e com Jacopo Mazzoni sobre poética, 1587. De 1591/2 a 1597, foi professor de filosofia platônica na Universidade de Roma; ministrou aulas sobre o *Timeu*. Escreveu *Discussiones peripateticae* [*Discussões peripatéricas*] (1581), uma história e crítica da tradição aristotélica; *Nova de universis philosophia* [*Nova filosofia do universo*] (Ferrara, 1591; Veneza, 1593), apresentando sua teoria neoplatônica da metafísica da luz; revisou-a em uma tentativa fracassada de desarmar críticas feitas pela Inquisição. Também escreveu *La città felice* [*A cidade feliz*] (1553); *L'Eridano* [*O Erídano*] (1557); *Della historia* [*Da história*] (1560); tratados sobre poética, retórica, história militar e matemática. Traduziu Filopono e Proclo; produziu edições latinas da *Theologia* pseudoaristotélica, da *Hermetica* e dos *Oráculos caldeus*.

PAULO DE VENEZA, OESA (Paulus Nicolettus Venetus). N. Udine, 1369/72; m. Pádua, 1429. Filósofo e teólogo italiano. A partir de 1390 estudou filosofia, lógica e teologia em Oxford, onde foi influenciado por averroístas, ockhamistas e pelos primeiros agostinianos (particularmente Gregório de Rimini). Posteriormente visitou Paris, onde provavelmente conheceu Pierre d'Ailly. Em 1395 retornou à Itália. Por volta de 1408, listado entre os mestres de Pádua. Embaixador veneziano à Polônia, 1413. A partir de 1416 ministrou aulas em Pádua. Em 1420 foi eleito prior provincial de Siena, repelindo acusações de heresia no mesmo ano. Em 1424, ministrou aulas em Bolonha. Visitou Roma em 1426. Professor em Siena em 1427. Retornou a Pádua em 1428. Expositor de lógica terminista; sua *Lógica* permaneceu influente na Itália até o final do século XVII. Também escreveu *Summa naturalium*, amplamente distribuído em manuscrito e em edições impressas no início da era da imprensa; e comentários sobre os *Analíticos posteriores*, *Física*, *De generatione et corruptione* [*Da geração e da corrupção*] e *De anima* [*Da alma*].

PÉRION, JOACHIM, OSB (Joachimus Perionius). N. Cormery (Touraine), 1498/9; m. Cormery, 1559. Humanista e teólogo francês. Entrou para a ordem beneditina em 1517. A partir de 1527 estudou filosofia e teologia em Paris: 1542, *doctor theologiae* [doutor de teologia]; depois professor de teologia. Traduziu a maior parte de Aristóteles para o latim sub-ciceroniano; provocou críticas e revisões por parte de J. L. d'Estrebay e N. Grouchy. Escreveu *Pro Aristotele in Petrum Ramum orationes II* [*Em favor de Aristóteles, acerca dos discursos II de Petrus Ramus*] (1543), em resposta ao *Aristotelicae animadversiones* [*Observações aristotélicas*] de Ramus; e *Pro Ciceronis Oratore contra Petrum Ramum oratio* [*Em favor do Orador de Cícero, contra o discurso de Petrus Ramus*] (1547). Traduziu parte do *Timeu* de Platão (1540) e vários Padres gregos (1554-9).

PETRARCA, FRANCESCO. N. Arezzo, 1304; m. Arquà (Pádua), 1374. Humanista e poeta italiano. Membro de uma família florentina exilada que posteriormente se mudou para Avignon. Estudou direito em Montpellier e Bolonha. Retornou à corte papal em Avignon em 1326, tomando ordens menores. Visitou a Itália por longos períodos; poeta laureado em Roma, 1341. Em 1353 mudou-se para a Itália; viveu em Milão sob patronagem dos Visconti entre 1353-61; em Veneza, 1361-8; em Pádua, a partir de 1368. Incluídos em sua vasta produção literária estão os tratados latinos *De otio religioso* [*Do ócio religioso*] e *De vita solitaria* [*Da vida solitária*]; a invectiva polêmica *De sui ipsius et multorum ignorantia* [*De sua própria ignorância e da de muitos outros*]; o guia ético e psicológico estoico *De remediis* [*Dos remédios*]; o diálogo *Secretum*; o poema épico latino *Africa*; o ciclo de poesia lírica italiana *Canzoniere* [*Cancioneiro*]; e cartas latinas que ele reuniu e editou.

PICCOLOMINI, FRANCESCO (Franciscus Carolus Piccolomineus). N. Siena, 1523; m. Siena, 1607. Filósofo italiano. Estudou em Siena, obtendo doutorado em artes e medicina, 1546. Ensinou ali até 1549. Professor de filosofia em Macerata, 1549-50; e em Perugia, 1550-60. De 1560 a 1564 foi professor extraordinário de filosofia natural em Pádua; 1564-5, segundo professor ordinário de filosofia natural, sucedendo M. A. Gênova; entre 1565-98, primeiro professor ali. De 1578 a 1594, controvérsia com Jacopo Zabarella acerca da metodologia filosófica, culminando na publicação de *Comes politicus pro recta ordinis ratione propugnator* [*Seguidor político, em defesa da ordenação correta da razão*] (1594). Também escreveu *Peripateticae de anima disputationes* [*Debates peripatéticos sobre a alma*] (1575); e muitas exposições de obras e filosofia aristotélica.

PICO DELLA MIRANDOLA, GIANFRANCESCO. N. Mirandola, 1469; m. Mirandola, 1533. Filósofo italiano; cético cristão. Recebeu uma educação inicial humanista na corte em Ferrara; também influenciado por Savonarola e pelo tio Giovanni Pico. De 1499 a 1502, conflito com os irmãos acerca do título sobre Mirandola, levando ao exílio em várias cidades italianas, 1502-11. Visitou a Alemanha, 1502, 1505. Recuperou Mirandola brevemente em 1511; mas foi novamente exilado entre 1511-14. Polêmica com Pietro Bembo sobre a imitação de autores clássicos, 1511--12; publicou *De imitatione libellus* [*Panfleto sobre a imitação*] (c. 1515). Em 1514 retornou a Mirandola, onde foi assassinado por seu sobrinho em 1533. Escreveu sobre epistemologia, psicologia, astrologia e a providência divina: por exemplo, *De studio divinae et humanae philosophiae* [*Do estudo da filosofia divina e humana*]; *De imaginatione* [*Da imaginação*]; *De falsitate astrologiae* [*Da falsidade da astrologia*]; *De rerum praenotione* [*Da precognição das coisas*]; *De providentia Dei* [*Da providência de Deus*]; e dois tratados sobre física. Sua principal obra filosófica, *Examen vanitatis doctrinae gentium* [*Exame da vaidade dos ensinamentos dos povos*] (1520), contrasta o conhecimento humano falível com a revelação divina pelas Escrituras.

PICO DELLA MIRANDOLA, GIOVANNI. N. Mirandola, 1463; m. Florença, 1494. Filósofo e humanista italiano. Estudou direito canônico em Bolonha a partir de 1477, e filosofia em Ferrara, 1479, e Pádua, 1480--2. Visitou a Universidade de Paris em algum momento antes de 1487, assimilando ideias escolásticas. Chegou a Florença em 1484, mudando-se depois para Arezzo e Perugia. Estudou hebraico com Flavius Mithridates, e árabe; expandiu seu conhecimento do averroísmo; começou a estudar Cabala. Escreveu *900 Teses* (1486), com intenção de debatê-las em Roma; como uma introdução a suas teses, escreveu o *Discurso*, posteriormente chamado *Discurso sobre a dignidade do homem* por editores do século

XVI. Algumas de suas teses foram declaradas heréticas ou duvidosas; ele as defendeu na *Apologia*, provocando assim a condenação da obra como um todo por Inocêncio VIII. Fugiu para a França, mas foi capturado e aprisionado em Vincennes em 1488. Libertado por intervenção de Lorenzo de Medici e outros príncipes italianos; foi-lhe permitido retornar a Florença. Ali escreveu *Heptaplus* [*Sétupla*] (1489), uma interpretação mística do mito de criação do Gênese; *De ente et uno* [*Do ente e do uno*] (1492), tentando harmonizar doutrinas ontológicas platônicas e aristotélicas; *Disputationes adversus astrologiam divinatricem* [*Debates contra a astrologia divinatória*] (publicado em 1496). Em seus anos finais tornou-se um seguidor de Savonarola. Em 1493 Alexandre VI retirou as censuras sobre sua obra.

PLETHO, GEORGIUS GEMISTUS. N. Constantinopla (ou Mistra), *c.* 1360; m. Mistra *c.* 1452. Humanista e filósofo bizantino. Estabeleceu uma escola platônica e deteve um alto cargo por vários anos em Mistra, na Moreia; Bessarion foi um de seus pupilos. Em 1438-9, fez parte da delegação bizantina que compareceu ao Concílio de Ferrara/Florença, ministrando aulas públicas e estimulando o interesse pelos escritos platônicos e neoplatônicos. Seu principal tratado, as *Leis*, é uma exposição sistemática seguindo o modelo da obra de Platão; sobreviveu apenas em fragmentos, porque as autoridades eclesiásticas ordenaram que todas as cópias fossem destruídas como heréticas. Também escreveu uma comparação influente de doutrinas platônicas e aristotélicas. É considerado um neopagão por algumas autoridades modernas.

POLIZIANO, ÂNGELO (Angelus Ambroginus Politianus). N. Montepulciano, 1454; m. Florença, 1494. Humanista, filólogo e poeta italiano. Ativo principalmente em Florença, onde foi protegido de Lorenzo de Medici e tutor na casa dos Medici até 1480. Ensinou no *Studio* florentino entre 1480-94; escreveu *Lamia* (1492-3), uma *praelectio* a seu curso sobre os *Analíticos anteriores* de Aristóteles; também *Praelectio de dialectica* [*Preleção sobre a dialética*]. Traduziu para o latim o *Enchiridion* [*Manual*] de Epiteto e os *Problemas* atribuídos a Alexandre de Afrodísias. Suas pesquisas filológicas sobre textos clássicos e prescrições sobre estilo de prosa foram amplamente influentes e ajudaram a popularizar uma abordagem filológica aos textos filosóficos nas universidades. Escreveu poesia em grego, latim e italiano (*Stanze* e *Orfeo*).

POMPONAZZI, PIETRO (Petrus Pomponatius). N. Mântua, 1462; m. Bolonha, 1525. Filósofo italiano; fortemente influenciado por Alexandre de Afrodísias; rejeitou o averroísmo, defendendo o retorno a um aristotelismo purificado de acréscimos não aristotélicos. Estudou em Pádua; Mestre de Artes em 1487; ensinou filosofia, 1488-96; *doctor medicinae* [doutor de medicina], 1496. De 1496 a 1499 ensinou lógica na corte de Alberto Pio. Professor de filosofia em Pádua, 1499-1509. Ensinou brevemente em Ferrara em 1509 antes de retornar a Mântua em 1510-11. Ensinou filosofia em Bolonha, 1511-25. Publicou *De immortalitate animae* [*Da imortalidade da alma*] (1516), que foi queimado pelas autoridades em Veneza e que provocou contra-ataques de Gasparo Contarino, Agostino Nifo e outros; aos quais ele respondeu em *Apologia* (1518). Também escreveu *De naturalium effectuum causis sive de incantationibus* [*Das causas dos efeitos naturais, ou dos encantamentos*] (escrito em 1520; publicado em 1556), tentando fornecer uma explicação naturalista da taumaturgia; *De fato* [*Do destino*] (publicado em 1567); e muitas exposições de obras aristotélicas. Sobreviveram extensas notas manuscritas de seus cursos de aulas.

RAMUS, PETRUS (Pierre de la Ramée). N. Euth (perto de Soissons), 1515; m. Paris, 1572. Filósofo e humanista francês. Estudou em Paris a partir de 1521; Mestre de Artes, 1536. Nomeado diretor do *Collège de Presles*, 1546-72. Palestrante real, 1551. As *Animadversiones* [*Observações*] de Charpentier (1554) instigaram uma polêmica que continuou durante os anos 1560. A conversão ao calvinismo em 1561 tornou-o vulnerável na condição cada vez mais instável da política francesa a partir de 1567, e assim ele se retirou de Paris. Visitou a Alemanha, Estrasburgo, Basileia, 1568-70. Retornou a Paris em 1570. Assassinado durante o massacre do Dia de São Bartolomeu, 1572. Escreveu comentários sobre Euclides, as *Epístolas* de Platão e várias obras aristotélicas; mas após publicar *Aristotelicae animadversiones* [*Observações aristotélicas*] (1543), obteve uma reputação como um oponente virulento da lógica aristotélica. Seu próprio sistema reformado de lógica, que apesar da crítica às formas tradicionais retinha conceitos peripatéticos chave tais como o silogismo, alcançou uma forma definitiva em *Dialectique* [*Dialética*] (1555) e foi amplamente popular, especialmente na Europa protestante. Também escreveu *De religione christiana* [*Da religião cristã*] (publicado postumamente, 1576).

REISCH, GREGOR, Ord. Cart. N. Balingen, *c.* 1467; m. Freiburg im Breisgau, 1525. Cartuxo e enciclopedista alemão. Matriculou-se na Universidade de Freiburg em 1487; Bacharel de Artes, 1488; Mestre de Artes, 1489. Entrou para a ordem cartusiana *c.* 1496. Tornou-se prior, primeiro em Klein-Basileia, 1500-2; e depois em Freiburg im Breisgau, 1503-25. Ensinou Johannes Eck. Correspondente de Erasmo, que afirmou que sua opinião tinha a autoridade de um oráculo entre os alemães. Sua obra principal, a *Margarita philosophica* [*Pérola filosófica*] (1503), é uma enciclopédia em forma de catequese que foi amplamente utilizada como livro didático; além das matérias do *trivium* e do *quadrivium*, ela abrangia a filosofia natural, psicologia e ética.

SANCHES, FRANCISCO (Sánchez; Sanctius). N. Tuy ou Valença do Minho, 1550/1; m. Toulouse, 1623. Médico e filósofo português. Estudou no *Collège de Guyenne*, Bordeaux, 1562-9. Estudou medicina em Roma, 1569-73. *Baccalaureus* [Bacharel] de medicina em Montpellier, 1573; em 1574, doutor e professor de medicina ali. Mudou-se para Toulouse, 1575. Diretor do Hôtel de Dieu-St. Jacques, Toulouse, 1582-1612. A partir de 1585, professor de artes liberais na universidade ali; e, a partir de 1612, professor de medicina. Escreveu obras médicas; comentários sobre o *De divinatione per somnum* [*Da adivinhação pelo sono*] e o *De longitudine* [*Da longevidade*] de Aristóteles, e o pseudoaristotélico *Physiognomica* [*Fisonômica*]; *Obiectiones et erotemata super geometricas Euclidis demonstrationes* [*Objeções e questões sobre as demonstrações geométricas de Euclides*] (1575); *Carmen de cometa anni 1577* [*Poema do cometa do ano 1577*] (1578). Seu livro mais influente, *Quod nihil scitur* [*Nada se sabe*] (1576), ataca o método escolástico, afirmando que o conhecimento perfeito é inalcançável pelo homem, que deve se contentar com a informação limitada alcançável pela experimentação e observação cautelosa e rigorosa; tornou-se a obra padrão da filosofia cética.

SOTO, DOMINGO DE, OP. N. Segóvia, 1495; m. Salamanca, 1560. Filósofo e teólogo dominicano espanhol. Estudou em Alcalá *c*. 1512--16. A partir de 1516, foi aluno de John Mair em Paris. Ensinou filosofia em Alcalá, 1520-4. *Doctor theologiae* [Doutor de teologia], 1525; juntou-se aos dominicanos em Burgos. Ensinou filosofia e teologia em Salamanca, 1525-49, 1552-60. Em 1540-2, 1544-5, 1550-2, 1556-60 foi prior de Santo Esteban. Esteve no Concílio de Trento, 1545-7. Confessor de Carlos V na Alemanha, 1548-50. Presidente da Junta de Valladolid (acerca das guerras contra os índios), 1550-1. Associado à revitalização escolástica do século XVI. Escreveu comentários sobre as obras lógicas de Aristóteles, a *Física*, o *De anima* [*Da alma*] e o quarto livro das *Sententiae* [*Sentenças*] de Pedro Lombardo; também escreveu *De iustitia et iure libri X* [*Dez livros sobre a justiça e o direito*] (1553-4).

SUÁREZ, FRANCISCO, SJ. N. Granada, 1548; m. Lisboa, 1617. Filósofo, teólogo e jurista jesuíta espanhol. Entrou para a Sociedade de Jesus em 1564. Estudou direito, filosofia e teologia em Salamanca. Ensinou filosofia em Segóvia, 1571-4. Ensinou teologia em Valladolid, 1574-5; esteve em Segóvia e Ávila, 1575-6; em Valladolid, 1576-80; no *Collegio Romano*, 1580-5; em Alcalá, 1585-93; em Salamanca, 1593-7; em Coimbra, 1597-1616. Visitou Roma, 1604-6. Proeminente na revitalização do escolasticismo durante a Contrarreforma. Escreveu *De legibus* [*Das leis*] (1612); e comentários e tratados sobre muitas obras de Aristóteles.

TELÉSIO, BERNARDINO. N. Cosenza, 1509; m. Cosenza, 1588. Filósofo natural italiano. Estudou filosofia e matemática em Pádua, obtendo o doutorado em 1535. Publicou três versões de sua principal obra, *De rerum natura* [*Da natureza das coisas*] (1565, 1570, e bastante aumentada em 1586). Seus anos finais foram principalmente – exceto por longas visitas a Nápoles – passados em Cosenza, onde ele fundou a *Accademia Cosentina* para promover o estudo da filosofia natural de acordo com seus próprios princípios e métodos. Rejeitou as doutrinas aristotélicas e reivindicou autoridade para seu próprio sistema baseado na experiência sensorial e na natureza.

TOLETUS, FRANCISCUS, SJ (Francisco de Toledo). N. Córdoba, 1532; m. Roma, 1596. Filósofo e teólogo jesuíta espanhol. Estudou filosofia em Zaragoza ou Valência, e teologia em Salamanca, enquanto ensinava filosofia ali. Juntou-se aos jesuítas em 1558. Entre 1559-62 foi professor de filosofia no *Collegio Romano*; e professor de teologia, 1562-9. Pregou na corte papal. Enviado em missões diplomáticas a vários países a partir de 1571, incluindo a missão para converter Henrique IV da França em 1596. Cardeal em 1593. Escreveu comentários influentes sobre obras aristotélicas, incluindo a *Física*, *De anima* [Da alma] e *De generatione et corruptione* [Da geração e da corrupção]; também um comentário sobre a *Summa theologiae* [Suma de teologia].

VALLA, LORENZO. N. Roma, 1406; m. Roma, 1457. Humanista italiano. Estudou em Roma. Ensinou *eloquentia* [eloquência] em Pávia, 1429-33. A partir de 1437 foi secretário de Alfonso de Aragão. Em 1448, retornou a Roma, tornando-se secretário papal e professor na universidade. Desenvolveu uma abordagem filológica aos estudos clássicos, literários, escriturais e históricos: por exemplo, *De falso credita et ementita Constantini donatione declamatio* [Declamação sobre a falsa crença e a fraudada doação de Constantino]; *Elegantiae linguae latinae* [Elegância da língua latina]; *Collatio Novi Testament* [Seleção do Novo Testamento]. Seu *Dialecticae disputationes* [Debates dialéticos] ataca a lógica aristotélica e escolástica e reformula os princípios da dialética com base na retórica. Também escreveu *De libero arbitrio* [Do livre-arbítrio]; e *De voluptate* [Do prazer], posteriormente reconstruído como *De vero bono* [Do verdadeiro bem], examinando concepções estoicas, epicuristas e cristãs do verdadeiro bem. Traduziu Heródoto e Tucídides.

VERNIA, NICOLETTO (Nicolettus Vernias Theatinus). N. Chieti, 1420; m. Vicenza, 1499. Filósofo italiano. Estudou em Pávia. Aluno de Paulo de Pérgula em lógica em Veneza e de Gaetano da Thiene em filosofia natural em Pádua. *Doctor artium* [Doutor de artes], Pádua, 1458; em 1465-99 sucedeu Gaetano como professor de filosofia; 1495 *doctor medicinae* [doutor de medicina]; seus pupilos incluíram Agostino Nifo e Giovanni Pico. Editou textos escolásticos. A maioria de suas obras iniciais foi diretamente averroísta: por exemplo, *Quaestiones an dentur universalia realia* [*Questões sobre a realidade dos universais*], que tenta demonstrar a concordância entre Averróis e Alberto Magno acerca da doutrina da *inchoatio formarum* [origem das formas]. Afastou-se gradualmente do averroísmo extremo sob influência de Ermolao Barbaro e em um esforço de reafirmar sua ortodoxia após o *Decretum contra disputantes de unitate intellectus* [*Decreto contra os debatedores da unidade do intelecto*] de Pietro Barozzi (1489).

VETTORI, PIER (Petrus Victorius). N. Florença, 1499; m. Florença, 1585. Humanista florentino. Em 1522-3 visitou Barcelona e Roma. Ativo na defesa de Florença, 1523-30. Estúdio privado em San Casciano, 1530--4. Em 1534 retornou a Florença e trabalhou em uma edição de Cícero. Em 1537 visitou Roma. A partir de 1538 foi professor de latim no *Studio* florentino; a partir de 1543, de língua e literatura grega; a partir de 1548, de filosofia moral. Escreveu principalmente comentários filológicos sobre a *Ética a Nicômaco* (1584), a *Política* (1576), a *Retórica* (1548) e a *Poética* (1560) de Aristóteles.

VIMERCATO, FRANCESCO (Franciscus Vicomercatus). N. Milão, *c.* 1512; m. Turim, *c.* 1571. Filósofo italiano. Estudou filosofia em Bolonha, Pávia, Pádua. A partir de *c.* 1540 ensinou lógica no *Collège du Plessis*, Paris. Leitor real em filosofia grega e latina, 1542-61. Em 1543-4 apoiou a polêmica contra Ramus. Professor de filosofia na Universidade de Mondovi, 1561; conselheiro do duque de Savoia; 1567-70, embaixador ducal a Milão. Escreveu comentários sobre muitas obras aristotélicas; escreveu também *De anima rationali peripatetica* [*Da alma racional peripatética*] (1543); *De principiis naturalium* [*Dos princípios naturais*] (publicado postumamente em 1596). Contribuiu para a revitalização renascentista da *comparatio* entre Platão e Aristóteles com seu *De placitis naturalibus Platonis et Aristotelis* [*Da concordância natural de Platão e Aristóteles*] (manuscrito, *c.* 1540).

VIVES, JUAN LUÍS. N. Valência, 1492; m. Bruges, 1540. Humanista, filósofo, teórico educacional e social espanhol. Estudou em Valência, 1508; e no *Collège de Montaigu*, Paris, 1509-12. Foi tutor e estudou privadamente em Brugres, 1512-16. Ensinou privadamente em Louvain, 1517-23. Esteve em contato com Erasmo. Publicou *De initiis, sectis et laudibus philosophiae* [*Das origens, escolas e méritos da filosofia*] e *In pseudodialecticos* [*Sobre os falsos dialéticos*] (ambos em 1520) e um imenso comentário sobre o *De civitate Dei* [*Da cidade de Deus*] de Agostinho (1522). Ministrou aulas em Oxford, 1523-5. Frequentou a corte inglesa, 1526-8. Voltou a ser tutor e a estudar privadamente em Bruges 1528-36, publicando *De disciplinis* [*Das disciplinas*] (1531). Conselheiro da duquesa de Nassau, 1537-9. Publicou *De anima et vita* [*Da alma e da vida*] (1538). Forte oponente da filosofia escolástica, especialmente da lógica; influenciado por Lorenzo Valla; influência importante no humanismo inglês de sua época.

ZABARELLA, JACOPO (Giacomo; Jacobus). N. Pádua, 1533; m. Pádua, 1589. Filósofo aristotélico paduano. Estudou humanidades, lógica, filosofia natural e matemática em Pádua; *doctor artium* [doutor de artes], 1553; foi professor de lógica e filosofia natural. Membro da *Accademia degli Stabili* [Academia dos Estáveis]. Escreveu obras influentes sobre lógica (particularmente sobre método) e filosofia natural, incluindo *Opera logica* [*Obra lógica*] (1578); *Tabulae logicae* [*Tabelas de lógica*] (1580); *De naturalis scientiae constitutione* [*Da constituição da ciência natural*] (1586); *De rebus naturalibus* [*Dos assuntos naturais*] (1590); também muitos comentários sobre obras aristotélicas.

ZIMARA, MARCANTONIO. N. S. Pietro em Galatina (Lecce), *c.* 1475; m. Pádua, 1532. Filósofo italiano. A partir de 1497, estudou filosofia em Pádua sob Nifo e Pomponazzi; entre 1501-5 ensinou lógica enquanto estudava medicina ali; 1505-9, professor de filosofia natural. Mudou-se para S. Pietro em Galatina, 1509-18. Professor de filosofia natural e medicina teórica em Salerno, 1518/19-22. Ministrou aulas sobre metafísica em Nápoles, 1522-3. Professor de filosofia em Pádua, 1525-8. Editou obras de Jean de Jandun, Alberto Magno e Johannes Baconthorpe. Escreveu comentários e tratados sobre obras e temas aristotélicos e averroístas. Seu *Tabula dilucidationum in dictis Aristotelis et Averrois* [*Tabelas de esclarecimento sobre ditos de Aristóteles e Averróis*] (1537; reimpresso frequentemente) tornou-se um índice padrão sobre Aristóteles e Averróis.

Bibliografia

Fontes manuscritas

ANDRELINUS, Publius Faustus (MS). *De moralibus et intellectualibus virtutibus*. Munique: Universitätsbibliothek, 2° 682, fols. 37r–68v. Século XVI.

BERNARDI, Antonio, Mirandolano (MS). *Lectiones in I librum Ethicorum*. Cidade do Vaticano: Biblioteca Apostolica Vaticana, Urb. lat. 1414. Século XVI.

ERÍGENA, João Escoto (MS). *Periphyseon*, livro I. Propriedade de Nicolau de Cusa. Londres: British Library, Add. 11035.

FERRARI, Ottaviano (MS). *Lectiones in X libros Ethicorum*. Milão: Biblioteca Ambrosiana. D 382 inf., fol. 73r-v. Século XVI.

HONORIUS AUGUSTODUNENSIS (MS). *Clavis physicae*. Usado por Nicolau de Cusa. Paris: Bibliothèque Nationale de France, lat. 6734.

PLATÃO (MS). *Obras*, em grego. Possivelmente propriedade de Petrarca. Paris: Bibliothèque Nationale de France, gr. 1807.

POMPONAZZI, Pietro (MS). *Expositio in librum XII Metaphysicae*. Paris: Bibliothèque Nationale de France, lat. 6537, fols. 131r-76v. Século XVI.

SUÁREZ, Francisco, SJ (MS). *Commentarii in Ethica*. Paris: Bibliothèque Nationale de France, lat. 6775.

_____. *Commentarii in libros Magnorum moralium*. Paris: Bibliothèque Nationale de France, lat. 6775.

SUÁREZ, Francisco, SJ (MS). *Commentarii in libros Morales ad Eudemum*. Paris: Bibliothèque Nationale de France, lat. 6775.

TRAVERSAGNI, Lorenzo Guglielmo, de Savona, OFM (MS). *Oratio prima habita coram multis doctoribus et baccalariis magistrisque artium et scolaribus in universitate Cantabrigiensi* [...] *quando contulit se Cantabrigiam ut legeret rhetoricam novam et libros Ethicorum*. Savona: Biblioteca Civica, IX B 2-15, fols. 38r-41r. Século XV.

VERNIA, Nicoletto (MS). *Quaestio*. Veneza: Biblioteca Marciana, Cod. lat. VI 105 (2656), fols. 156r-60v. Século XV.

VIMERCATO, Francesco (MS). *Commentarii in Ethica sive libros De moribus ad Nicomachum*. Milão: Biblioteca Ambrosiana, R 106 sup., fols. 1r-227r. Século XVI.

Fontes impressas

ACCIAIUOLI, Donato. *Expositio super libros Ethicorum*. Florença: [s.n.t.], 1478.

ACHILLINI, Alessandro. *Opera omnia in unum collecta*. Veneza: [s.n.t.], 1551.

ACOSTA, José de. "Historia natural y moral de las Indias". In: *Biblioteca de autores españoles*, vol. LXXIII. Madri: Ediciones Atlas, 1954.

AGRICOLA, Rudolf. *De inventione dialectica libri tres. Drei Bücher über die Inventio dialectica*. Tübingen: L. Mundt, 1992.

AGRIPPA, Heinrich Cornelius. *Of the Vanitie and Uncertaintie of Artes and Sciences*. Northridge, CA: C. M. Dunn, 1974.

ALBERTI, Leon Battista. *I libri della famiglia*. Turim: R. Romano e A. Tenenti, nova edição por F. Furlan, 1994.

ALBERTUS Magnus. "*De anima*". *Opera omnia*, vol. VII.1. Münster: C. Stroick, 1968.

_____. *Super Dionysium De divinis nominibus*. In: *Opera omnia*, vols. XXXVI e XXXVII. Münster: [s.n.t.], 1972.

ALDROVANDI. *Aldrovandi on Chickens: The Ornithology of Ulisse Aldrovandi (1600)*, vol. II, book XIV. Norman, OK: L. R. Lind, 1963.

ALEXANDRE DE AFRODÍSIAS. *Quaestiones naturales et morales et de fato* [...] *De anima liber primus* [...] *De anima liber secundus*. Veneza: [s.n.t.], 1549.

Al-KINDI. "Al-Kindi: De radiis". In: *Archives d'histoire doctrinale et littéraire du moyen âge* 41: 139-260. M.-T. d'Alverny e F. Hudry: 1975.

ANÔNIMO. *Picatrix: The Latin Version of the Ghayat Al-Hakim*. Londres: D. Pingree, 1986.

_____. *Le livre des XXIV philosophes*. Grenoble: Hudry, 1989.

ANTONIUS FLORENTINUS. *Summa sacrae theologiae, Iuris pontificii, et Caesarei*. Veneza: [s.n.t.], 1571.

AQUINO, Tomás de. *In duodecim libros Metaphysicorum Aristotelis expositio*. Turim/Roma: [s.n.t.], 1950.

_____. *Sententia libri Ethicorum*. In: *Sancti Thomae de Aquino Opera omnia*, vol. XLVII, 1-2. Roma: R.-A. Gauthier (editio Leonina), 1969.

_____. *L'unité de l'intellect contre les averroïstes*. Paris: A. de Libera, 1994.

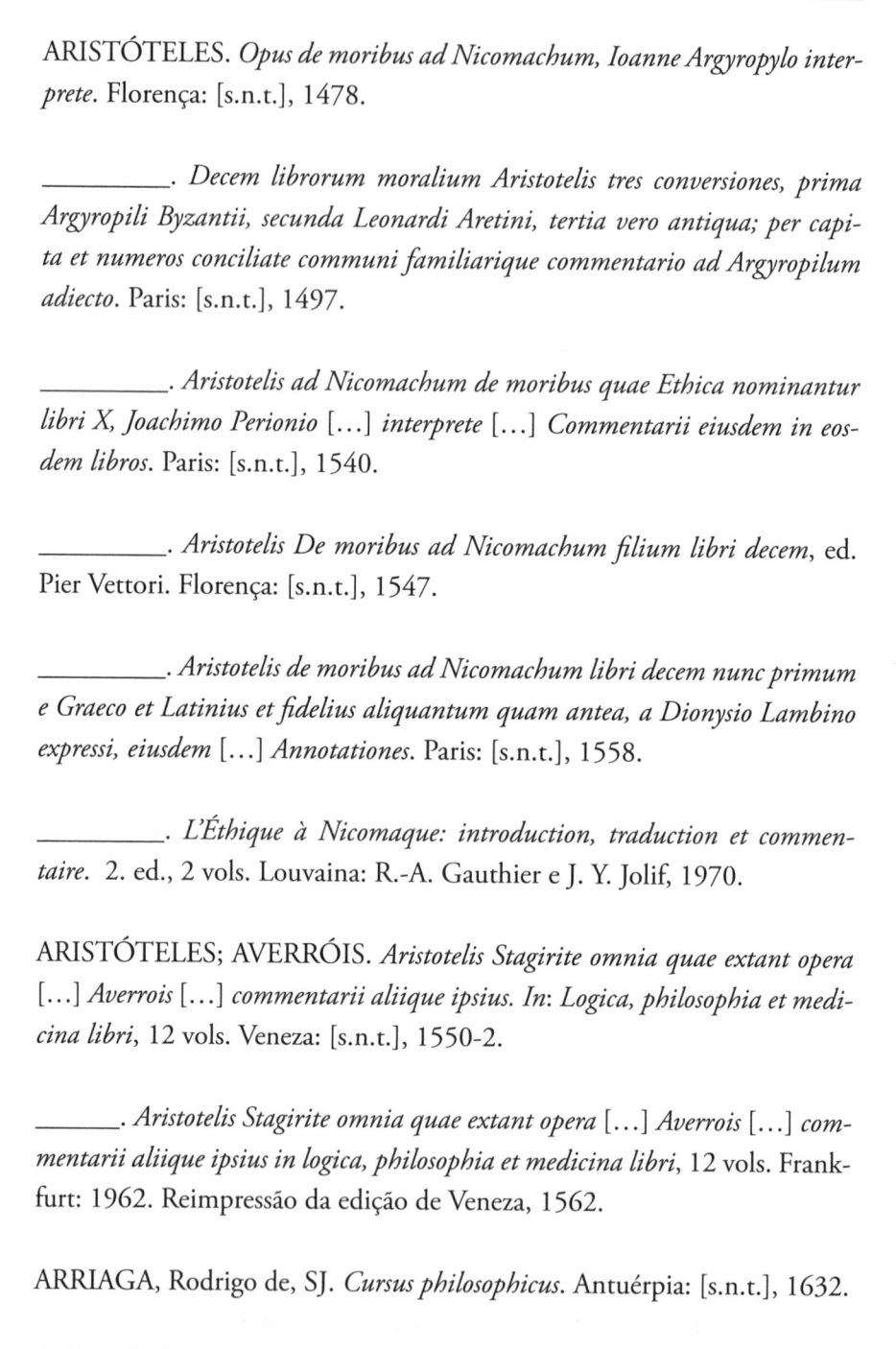

ARISTÓTELES. *Opus de moribus ad Nicomachum, Ioanne Argyropylo interprete*. Florença: [s.n.t.], 1478.

_____. *Decem librorum moralium Aristotelis tres conversiones, prima Argyropili Byzantii, secunda Leonardi Aretini, tertia vero antiqua; per capita et numeros conciliate communi familiarique commentario ad Argyropilum adiecto*. Paris: [s.n.t.], 1497.

_____. *Aristotelis ad Nicomachum de moribus quae Ethica nominantur libri X, Joachimo Perionio* […] *interprete* […] *Commentarii eiusdem in eosdem libros*. Paris: [s.n.t.], 1540.

_____. *Aristotelis De moribus ad Nicomachum filium libri decem*, ed. Pier Vettori. Florença: [s.n.t.], 1547.

_____. *Aristotelis de moribus ad Nicomachum libri decem nunc primum e Graeco et Latinius et fidelius aliquantum quam antea, a Dionysio Lambino expressi, eiusdem* […] *Annotationes*. Paris: [s.n.t.], 1558.

_____. *L'Éthique à Nicomaque: introduction, traduction et commentaire*. 2. ed., 2 vols. Louvaina: R.-A. Gauthier e J. Y. Jolif, 1970.

ARISTÓTELES; AVERRÓIS. *Aristotelis Stagirite omnia quae extant opera* […] *Averrois* […] *commentarii aliique ipsius*. In: *Logica, philosophia et medicina libri*, 12 vols. Veneza: [s.n.t.], 1550-2.

_____. *Aristotelis Stagirite omnia quae extant opera* […] *Averrois* […] *commentarii aliique ipsius in logica, philosophia et medicina libri*, 12 vols. Frankfurt: 1962. Reimpressão da edição de Veneza, 1562.

ARRIAGA, Rodrigo de, SJ. *Cursus philosophicus*. Antuérpia: [s.n.t.], 1632.

AVERROES. *Commentarium magnum in Aristotelis De anima libros*. Cambridge, MA: F. S. Crawford, 1953.

AVICENA. *Liber de anima seu Sextus de naturalibus.* 2 vols. Leuven e Leiden: S. Van Riet, 1968-72.

BACON, Francis. *The Advancement of Learning.* Oxford: A. Johnston, 1974.

BACON, Roger. *De secretis operibus artis et naturae et de nullitate magiae.* Londres: J. S. Brewer, 1859.

BAIRO, Pietro. *Novum ac perutile opusculum de pestilentia.* Turim: [s.n.t.], 1507.

BARBARO, Ermolao. *Epistolae, Orationes et Carmina.* 2 vols. Florença: V. Branca, 1943.

BARBARO, Ermolao; PICO DELLA MIRANDOLA, Giovanni. 1998. *Filosofia o eloquenza?* Nápoles: F. Bausi, 1998.

BAUHIN, Caspar. *Pinax theatri botanici.* Basileia: [s.n.t.], 1623.

BEMBO, Pietro. *Gli Asolani.* Florença: G. Dilemmi, 1991.

BERNARDI, Antonio. (c.). *Eversionis singularis certaminis libri XL.* Basileia: [s.n.t.], 1560.

BEYERLINCK, Laurentius. *Magnum theatrum vitae humanae.* Lion: [s.n.t.], 1666.

BODIN, Jean. *The Six Books of a Commonweal.* Tradução Richard Knolles. Cambridge, MA: K. D. McRae, 1962.

_____. *Colloquium of the Seven about Secrets of the Sublime.* Trad. M. L. D. Kuntz. Princeton, NJ: Princeton University Press, 1975

BODIN, Jean. *On Sovereignty*. Trad. Julian Franklin. Cambridge: Cambridge University Press, 1992.

BRACCIOLINI, Poggio. *Two Renaissance Book Hunters: The Letters of Poggius Bracciolini to Nicolaus de Niccolis*. Trad. P. W. G. Gordan. Nova Iorque: Columbia University Press, 1974.

BRUCIOLI, Antonio. *Dialoghi della moral filosofia*. Veneza: [s.n.t.], 1526.

BRUCKER, Jacob. *Historia critica philosophiae a mundi incunabulis ad nostram usque aetatem*. 2. ed., 6 vols. Leipzig: [s.n.t.], 1767.

BRUNI, Leonardo. *Epistolarum libri VIII*. Edição L. Mehus, 2 vols. Florença: [s.n.t.], 1741. Reimpressão fotográfica com introdução de J. Hankins, Roma: 2006.

_____. *Commentarius rerum suo tempore gestarum*. Bolonha: Di Pierro (*Rerum italicarum scriptores*, nova série, XIX.3), 1926.

_____. *The Humanism of Leonardo Bruni: Selected Texts*. Edição e trad. G. Griffiths, J. Hankins e D. Thompson. Binghamton, NY: 1987.

_____. *Opere letterarie e politiche*. Turim: P. Viti, 1996.

_____. *History of the Florentine People*. Edição e trad. J. Hankins, 2 vols. até o momento. Cambridge, MA: 2001-4.

BRUNO, Giordano. *La cena de le ceneri*, ed. M. Granada. Paris. (no prelo).

CALVINO, João. *Institution de la religion chrestienne*. Genebra: [s.n.t.], 1545.

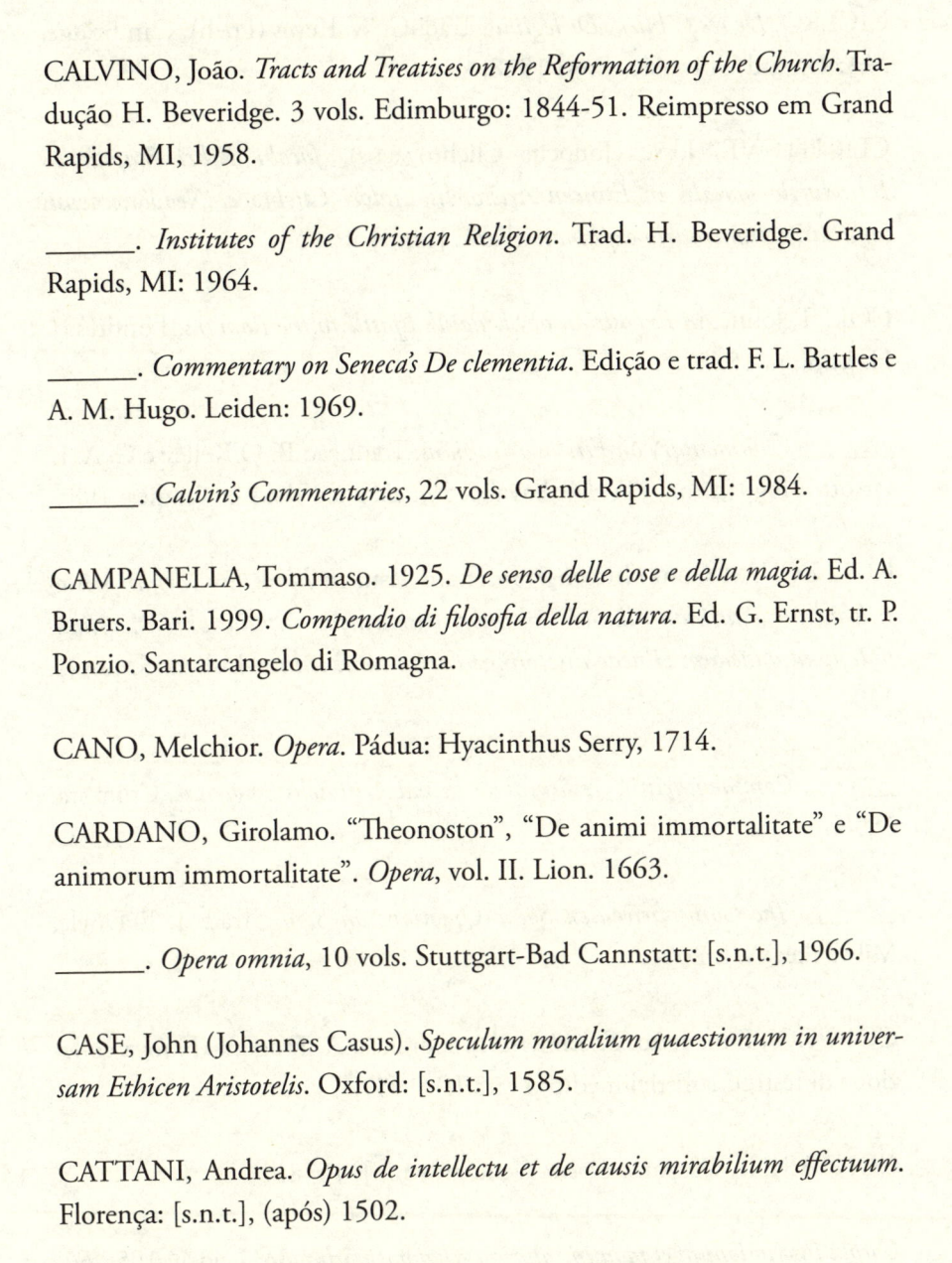

CALVINO, João. *Tracts and Treatises on the Reformation of the Church*. Tradução H. Beveridge. 3 vols. Edimburgo: 1844-51. Reimpresso em Grand Rapids, MI, 1958.

_____. *Institutes of the Christian Religion*. Trad. H. Beveridge. Grand Rapids, MI: 1964.

_____. *Commentary on Seneca's De clementia*. Edição e trad. F. L. Battles e A. M. Hugo. Leiden: 1969.

_____. *Calvin's Commentaries*, 22 vols. Grand Rapids, MI: 1984.

CAMPANELLA, Tommaso. 1925. *De senso delle cose e della magia*. Ed. A. Bruers. Bari. 1999. *Compendio di filosofia della natura*. Ed. G. Ernst, tr. P. Ponzio. Santarcangelo di Romagna.

CANO, Melchior. *Opera*. Pádua: Hyacinthus Serry, 1714.

CARDANO, Girolamo. "Theonoston", "De animi immortalitate" e "De animorum immortalitate". *Opera*, vol. II. Lion. 1663.

_____. *Opera omnia*, 10 vols. Stuttgart-Bad Cannstatt: [s.n.t.], 1966.

CASE, John (Johannes Casus). *Speculum moralium quaestionum in universam Ethicen Aristotelis*. Oxford: [s.n.t.], 1585.

CATTANI, Andrea. *Opus de intellectu et de causis mirabilium effectuum*. Florença: [s.n.t.], (após) 1502.

CÍCERO. *De officiis*. Trad. W. Miller (Loeb). Cambridge, MA: Havard University Press, 1913.

CÍCERO. *De res publica, De legibus.* Trad. C. W. Keyes (Loeb). Cambridge, MA: Havard University Press 1928.

CLICHTOVE, Josse (Jodocus Clichtovaeus). *Jacobi Fabri Stapulensis Introductio moralis in Ethicen Aristotelis, Iudoci Clichtovei Neoportunensis familiari commentario explanata.* Paris: [s.n.t.], 1512.

COLET, John. *An Exposition of St. Paul's Epistle to the Romans.* Londres: J. H. Lupton, 1873.

_____. *Commentary on First Corinthians.* Tradução B. O'Kelley e C. A. L. Jarrott. Binghamton, NY: Mediaval & Renaissance Texts & Studies, 1985.

COLLEGIUM Conimbricense Societatis Iesu. *In libros Ethicorum Aristotelis ad Nicomachum aliquot Conimbricensis cursus disputationes in quibus praecipua quaedam ethicae disciplinae capita continentur.* Lisboa: S. Lopes, 1593.

_____. *Commentarii in tres libros de anima Aristotelis Stagiritae.* Coimbra: 1598.

_____. *The Conimbricenses: Some Questions on Signs.* Trad. J. P. Doyle. Milwaukee, WI: 2001.

COLUCCI, Benedetto. *Scritti inediti.* Florença: A. Frugoni (Nuova collezione di testi umanistici inediti o rari, II), 1939.

CONTARINI, Gasparo. *Opera.* Veneza: [s.n.t.], 1578.

Corpus inscriptionum et monumentorum religionis mithriacae. Leiden: 1956-60.

DANTE ALIGHIERI. *La divina commedia. Inferno.* Milão: D. Mattalia, 1960.

DANTE ALIGHIERI. *The Divine Comedy: Inferno.* Tradução J. D. Sinclair. Londres, 1971.

DEE, John. *The Mathematicall Preface to the Elements of Geometrie of Euclid of Megara (1570).* Nova Iorque: A. G. Debus, 1975.

DEL BENE, Bartolomeo. *Civitas veri sive morum.* Paris: [s.n.t.], 1609.

DE SAVIGNY, Christofle. *Tableaux accomplis de tous les arts libéraux.* Paris: [s.n.t.],1587.

DESCARTES, René. *Œuvres de Descartes.* 11 vols. Paris: C. Adams e P. Tannery, 1971.

_____. *The Philosophical Writings of Descartes,* vol. III: *The Correspondence,* tr. J. Cottingham *et al.* Cambridge: 1991.

DESGABETS, Robert. *Œuvres philosophiques inédites.* Amsterdã: J. Baude, 1985.

DIACCETO, Francesco Cattani da. *I tre libri d'amore di M. Francesco Cattani da Diacceto, filosofo et gentilhuomo fiorentino, con un Panegirico all'Amore, et con la vita del detto autore, fatta da M. Benedetto Varchi.* Veneza: [s.n.t.], 1561.

_____. *De pulchro libri III, accedunt opuscula inedita et dispersa necnon testimonia quaedam ad eumdem pertinentia.* Pisa: S. Matton. (Nuova collezione di testi umanistici inediti o rari, XVIII.), 1986.

DUNS SCOTUS, John. "*Quaestiones quodlibetales*". *Opera omnia, editio minor.* Alberobello: G. Lauriola, 1999. Vol. II.

ERASMUS, Desiderius. *Dulce bellum inexpertis.* Leuven: 1517.

ERASMUS, Desiderius. *The Colloquies*. Trad. C. R. Thompson. Chicago: The University of Chicago, 1965.

_____. *The Praise of Folly*. Trad. C. H. Miller. New Haven, CT: Yale University Press, 1979.

_____. *Collected Works of Erasmus*, vol. XXVII. Toronto: Toronto University Press, 1986.

_____. *Opera omnia*. Vol. II -1. Ed. M. L. van Poll-Van de Lisdonk, M. Mann Phillips, e C. Robinson. Amsterdã: [s.n.t.], 1993.

ERASTUS, Thomas. *Disputationum de medicina nova Philippi Paracelsi pars prima*. Basileia: P. Perna, 1572.

EUCLIDES. *The Elements of Geometrie*. Trad. H. Billingsley. Londres: [s.n.t.], 1570.

FICINO, Marsilio. *Consiglio contra la pestilenza*. Florença: [s.n.t.], 1481.

_____. *Opera omnia*, 2 vols. Turim: 1959. Reimpressão fotográfica da edição de Basileia, 1576. Reimpresso em Turim, 1962; Turim, 1983; Paris, 1999.

_____. *Commentary on Plato's Philebus*. Trad. M. J. B. Allen. Berkeley/Los Angeles, CA: University of California, 1975.

_____. *The Letters of Marsilio Ficino*. Trad. Membros do Departamento de Linguagem da Escola de Ciência Econômica (School of Economic Science). 7 vols. até o presente (Livros I-VIII). Londres: Shepheard-Walwyn, 1975-2003.

_____. *Commentary on Plato's Symposium on Love*. Trad. S. Jayne. Dallas, TX: Spring Publications, 1985.

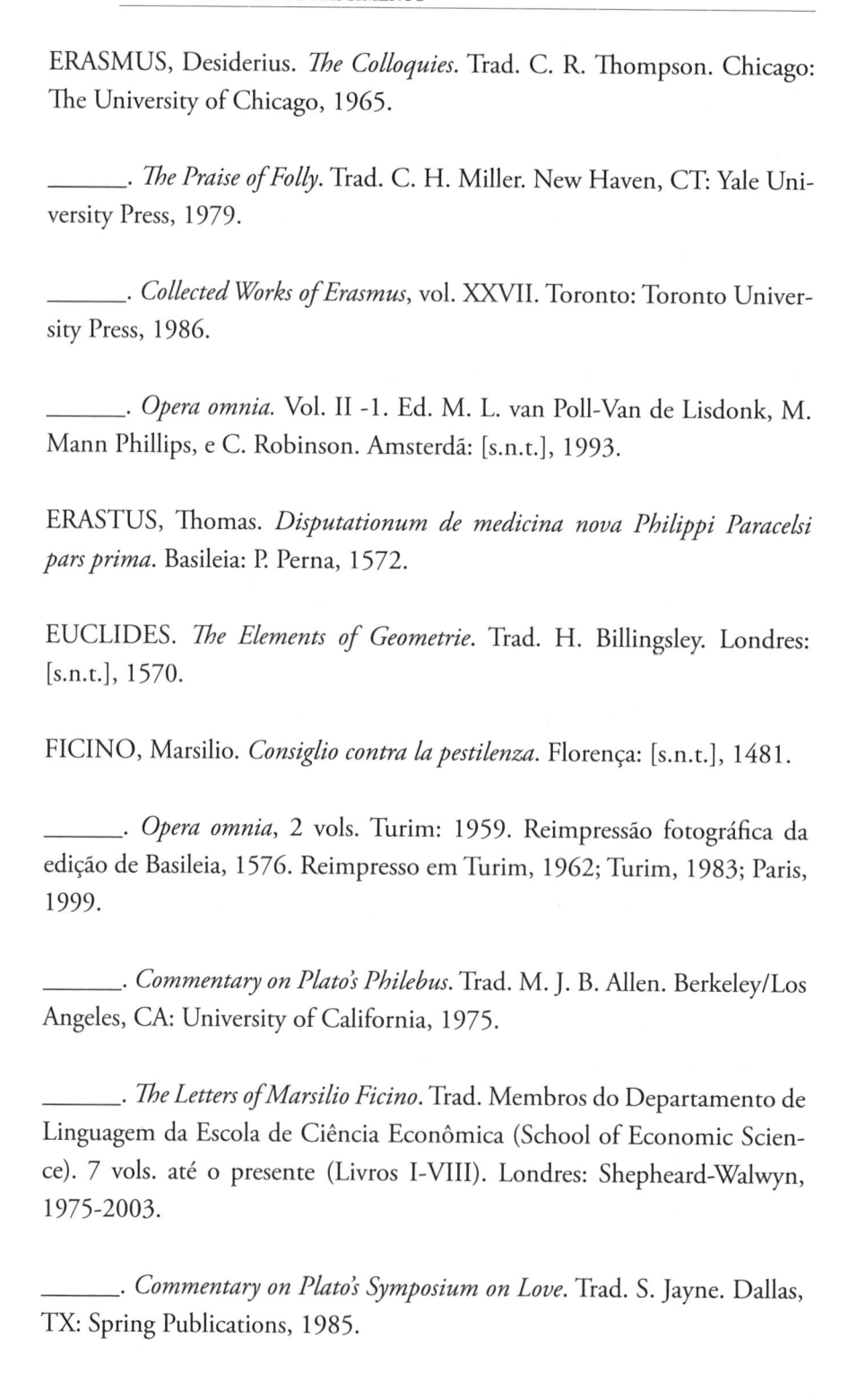

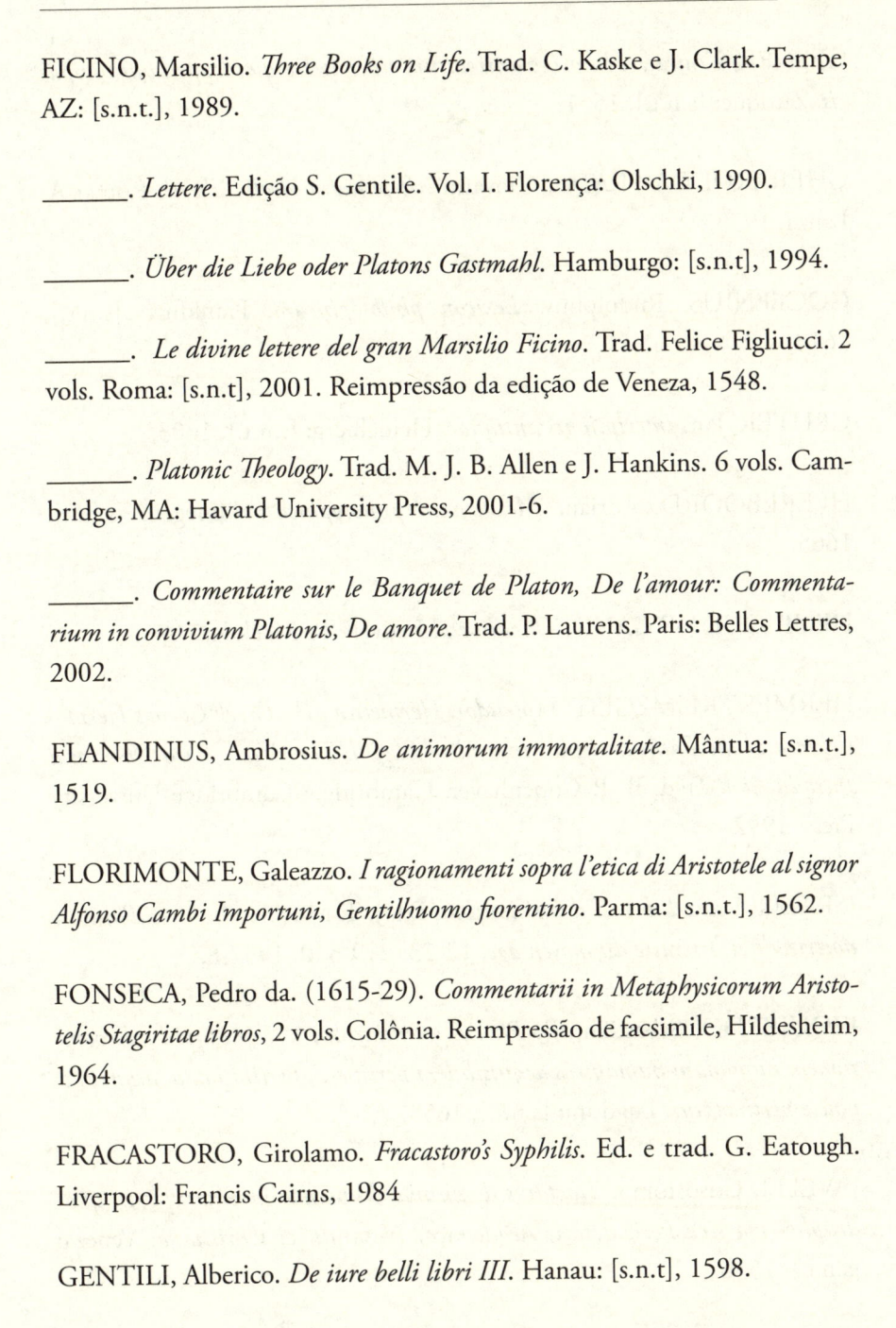

FICINO, Marsilio. *Three Books on Life*. Trad. C. Kaske e J. Clark. Tempe, AZ: [s.n.t.], 1989.

_____. *Lettere*. Edição S. Gentile. Vol. I. Florença: Olschki, 1990.

_____. *Über die Liebe oder Platons Gastmahl*. Hamburgo: [s.n.t], 1994.

_____. *Le divine lettere del gran Marsilio Ficino*. Trad. Felice Figliucci. 2 vols. Roma: [s.n.t], 2001. Reimpressão da edição de Veneza, 1548.

_____. *Platonic Theology*. Trad. M. J. B. Allen e J. Hankins. 6 vols. Cambridge, MA: Havard University Press, 2001-6.

_____. *Commentaire sur le Banquet de Platon, De l'amour: Commentarium in convivium Platonis, De amore*. Trad. P. Laurens. Paris: Belles Lettres, 2002.

FLANDINUS, Ambrosius. *De animorum immortalitate*. Mântua: [s.n.t.], 1519.

FLORIMONTE, Galeazzo. *I ragionamenti sopra l'etica di Aristotele al signor Alfonso Cambi Importuni, Gentilhuomo fiorentino*. Parma: [s.n.t.], 1562.

FONSECA, Pedro da. (1615-29). *Commentarii in Metaphysicorum Aristotelis Stagiritae libros*, 2 vols. Colônia. Reimpressão de facsimile, Hildesheim, 1964.

FRACASTORO, Girolamo. *Fracastoro's Syphilis*. Ed. e trad. G. Eatough. Liverpool: Francis Cairns, 1984

GENTILI, Alberico. *De iure belli libri III*. Hanau: [s.n.t], 1598.

GEORGE DE TREBIZOND. *Comparatio philosophorum Platonis et Aristotelis*. Veneza: [s.n.t.], 1523.

GESNER, Konrad. *Historiae animalium liber I: De quadrupedibus viviparis.* Zurique: [s.n.t.], 1551.

GHERARDI DA PRATO, Giovanni. *Il paradiso degli Alberti.* Roma: A. Lanza, 1975.

GOCLENIUS, Rudolphus. *Lexicon philosophicum.* Frankfurt: [s.n.t,], 1613.

GRUTER, Jan. *Inscriptiones antiquae.* Heidelberg: [s.n.t.], 1603.

HEEREBOORD, Adrian. *Meletemata philosophica.* Nijmegen: [s.n.t.], 1665.

HENRIQUE DE GAND. *Quodlibeta.* Leuven: R. Macken, 1979.

HERMES TRISMEGISTO (*pseudo*). *Hermetica: The Greek Corpus Hermeticum and the Latin Asclepius in a New English Translation with Notes and Introduction.* Trad. B. P. Copenhaver. Cambridge: Cambridge University Press, 1992.

ISRAELI, Isaac. *Liber de definicionibus.* Ed. J. T. Muckle. *Archives d'histoire doctrinale et littéraire du moyen âge*, 12-13: 299-340. 1937-8.

IZQUIERDO, Sebastian, SJ. *Pharus scientiarum, ubi quidquid ad cognitionem humanam humanitus acquisibilem pertinet, ubertim juxta, atque succincte pertractatur.* Lugduni: [s.n.t.], 1659.

JAVELLI, Crisóstomo. *Tractatus de animae humanae indeficientia in quadruplici via sive Peripatetica, Academica, Naturali, et Christiana.* Veneza: [s.n.t.], 1536.

_____. *Tractatus de animae humanae indeficientia.* Veneza: [s.n.t.], 1538.

JAVELLI, Crisóstomo. *Epitome in X libros Ethicorum.* Lyon: [s.n.t], 1568.

KECKERMANN, Bartholomaeus. *"Consilium logicum de adornandis et colligendis locis communibus, rerum et verborum".* Opera omnia, II: 220-40. Genebra: [s.n.t.], 1614.

LA CROIX DU MAINE, François Grudé, Sieur de. *Premier volume de la Bibliothèque.* Paris: [s.n.t.], 1584.

LAMY, François, Jean-François de Saint Laurens. *La Relligion défenduë par la raison sur l'immortalité de l'ame.* Ed. Maria Grazia Zaccone Sina. Florença: L.S. Olschki, 2003.

LANDI, Giulio. *Le attioni morali.* 2 vols. Ferrara e Piacenza: [s.n.t.], 1564-75.

LANDINO, Cristoforo. *Disputationes Camaldulenses.* Florença: P. Lohe, 1980.

_____. *Comento sopra la Comedia.* 4 vols. Roma: P. Procaccioli, 2001.

LEFÈVRE D'ÉTAPLES, Jacques. *Artificialis introductio in X libros Ethicorum.* Paris: [s.n.t.], 1494.

_____. *Commentarii in X libros Ethicorum.* Paris: [s.n.t.], 1497.

_____. *The Prefatory Epistles of Jacques Lefèvre d'Étaples and Related Texts.* Edição E. F. Rice, Jr. Nova Iorque e Londres: 1972.

LEIBNIZ, Gottfried Wilhelm. *Die philosophischen Schriften.* Ed. C. J. Gerhardt, 7 vols. Berlim: [s.n.t.], 1875-90.

LIPSIUS, Justus. *Two Bookes of Constancie.* Tradução J. Stradling; ed. R. Kirk. New Brunswick, NJ: Rutgers University Press, 1939.

LUCRÉCIO. *De rerum natura libri sex*. Ed. Denys Lambin. Paris: [s.n.t.], 1563.

LUTERO, Martinho. *Luther's Works*. Ed. J. Pelikan e H. Lehman, 55 vols. St. Louis-Filadélfia, PA: Concordia-Fortress Press, 1955-75.

_____. *Three Treatises*. Trad. C. M. Jacobs *et al.*, 2. ed. Filadélfia, PA: [s.n.t.], 1970.

_____. *Bondage of the Will*. Trad. J. I. Packer e O. R. Johnston. Grand Rapids, MI: [s.n.t.], 1990.

_____. *Sermons of Martin Luther*. Trad. J. N. Lenker *et al.*, 7 vols. Grand Rapids, MI: 2000.

MAQUIAVEL, Nicolau. *Opere*. Milão: M. Bonfantini, 1963.

_____. *The Prince*. Ed. Q. Skinner e trad. R. Price. Cambridge: 1988.

_____. *Discourses on Livy*. Trad. H. C. Mansfield e N. Tarcov. Chicago: [s.n.t.], 1996.

MAGISTER, Martinus. *Questiones morales magistri Martini Magistri, perspicacissimi theologiae professoris, de fortitudine feliciter incipiunt*. Paris: [s.n.t.], 1489.

_____. (c.) 1510. *Quaestiones morales de temperantia aliisque virtutibus*, ed. D. Cranston. Paris.

MAJOR, John. *In Ethicam*. Paris: [s.n.t.], 1530.

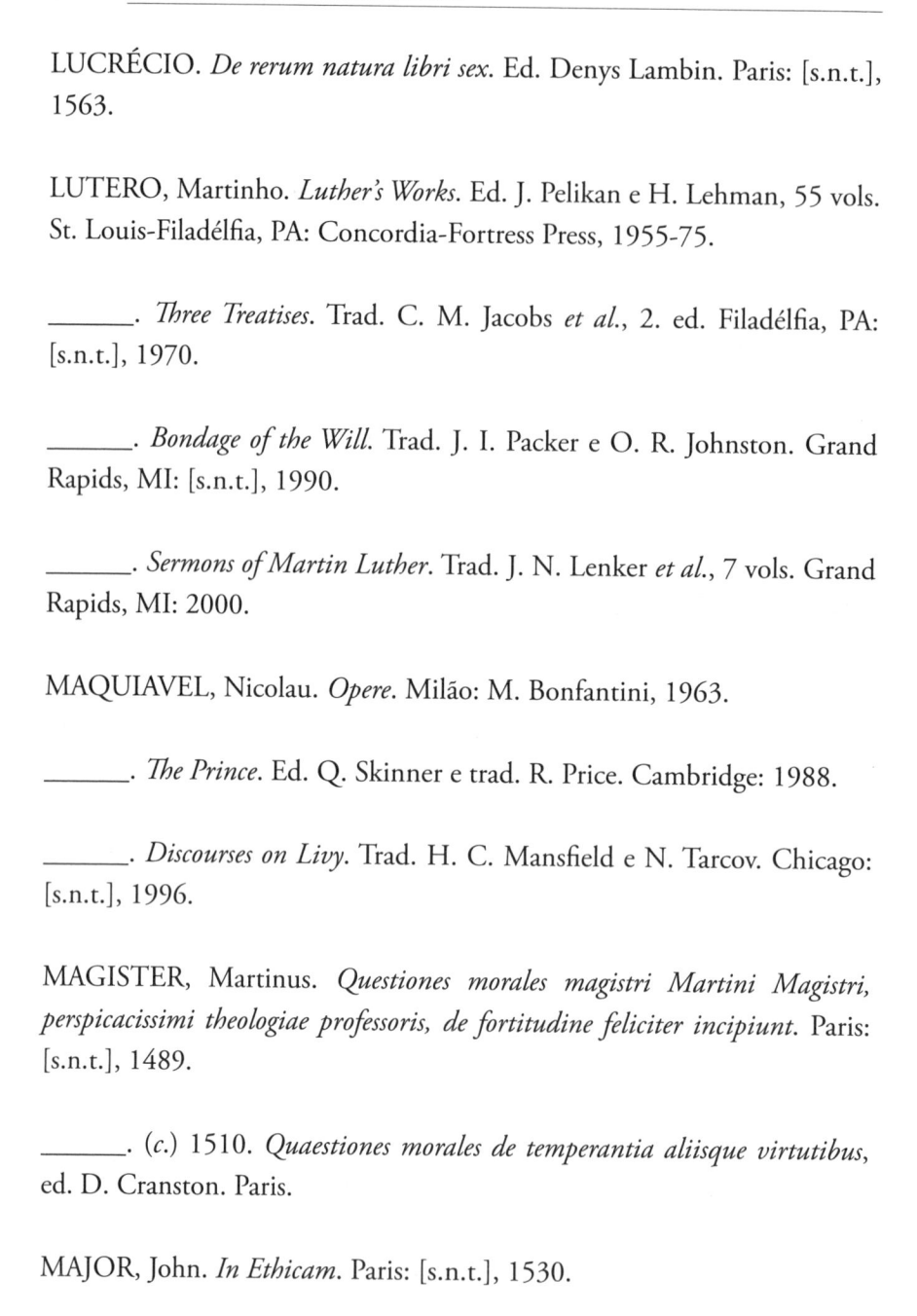

MALEBRANCHE, Nicolas. *Œuvres completes*. 22 vols. Paris: [s.n.t.], 1958–84.

MALFANTE, Genesio. *Civilis philosophiae compendium in quo quidquid in libris Ethicorum, Politicorum, et Oeconomicorum disseruit Aristoteles, dilucide perstringitur*. Gênova: [s.n.t.], 1586.

MANETTI, Giannozzo. *Dialogus consolatorius*. Ed. A. de Petris. Roma: 1983.

_____. *Biographical Writings*. Tradução S. U. Baldessari e R. Bagemihl. Cambridge, MA: [s.n.t.], 2003.

MARTINEZ, Petrus. *In tres libros Aristotelis de anima Commentarii*. Siguença: [s.n.t.], 1575.

MASTRIUS, Bartholomaeus; BELLUTUS, Bonaventura. *Disputationes in Aristotelis Stagiritae Libros de Anima*. Veneza: [s.n.t.], 1643.

MEDICI, Lorenzo de. *De summo bono (L'Altercazione)*. In: *Tutte le opere*. Ed. P. Orvieto. 2 vols. Roma: [s.n.t.], 1992, vol. II, p. 927-975.

MELANCHTHON, Philipp. *Commentarius de anima*. Wittenberg: [s.n.t.], 1540.

MERCADO, Tomás de. *Suma de tratos y contratos*. Salamanca: 1569. 2ª ed. Sevilha, 1571.

MOLINA, Luis de. *Concordia liberi arbitrii cum gratiae donis, divina praescientia, providentia, praedestinatione et reprobatione*. Lisboa: [s.n.t.], 1588.

MONTAIGNE, Michel de. *The Complete Essays*. Tradução D. Frame. Stanford, CA: Stanford university Press, 1965a.

_____. *Les Essais*. Edição de P. Villey. Paris: Presses Universitaires de France, 1965b.

MORE, Henry. *Scriptorum philosophicorum tomus alter*. Londres: [s.n.t], 1679. Reimpresso em Hildesheim, 1966.

MORE, Thomas. *Utopia*. Edição E. Surtz e J. H. Hexter. New Haven, CT: [s.n.t.], 1965.

_____. "Letter to Oxford". In: *The Complete Works of St. Thomas More*. Vol. XV. Ed. D. Kinney. New Haven, CT: [s.n.t], 1986.

_____. *Utopia*. Edição G. M. Logan, R. M. Adams e C. H. Miller. Cambridge: [s.n.t.], 1995.

MURET, Marc-Antoine. *Commentarii in Aristotelis X libros Ethicorum ad Nicomachum, et in Oeconomica*. Ingolstadt: [s.n.t], 1602.

NICOLAU DE CUSA. *Opera omnia*. Leipzig/Hamburg: [s.n.t.], 1932-.

_____. *De docta ignorantia – Die belehrte Unwissenheit*. Edição H. G. Saenger. 3 vols. Hamburgo: [s.n.t.], 1977.

_____. *Nicholas of Cusa's Debate with John Wenck: A Translation and Appraisal of De Ignota Litteratura e Apologia Doctae Ignorantiae*. Tradução J. Hopkins. Minneapolis, MN: [s.n.t.], 1984.

_____. *Nicholas of Cusa on Learned Ignorance: A Translation and Appraisal of De Docta Ignorantia*. J. Hopkins, 2ª ed. Minneapolis, MN: [s.n.t.], 1985.

_____. *Concise Introduction to the Philosophy of Nicholas of Cusa*, tr. J. Hopkins, 3ª ed. Minneapolis, MN: [s.n.t.], 1986.

_____. *The Layman on Wisdom and the Mind*. Tradução M. L Führer. Ottawa: [s.n.t.], 1989.

NICOLAU DE CUSA. *A Miscellany on Nicholas of Cusa*. Tradução J. Hopkins. Minneapolis, MN: [s.n.t.], 1994.

_____. *Nicholas of Cusa: Metaphysical Speculations. Six Latin Texts Translated into English*. Tradução J. Hopkins. Minneapolis, MN: [s.n.t.], 1998.

_____. *On Church and Reform*. Tradução T. M. Izbicki. Cambridge: [s.n.t.], 2007.

NIFO, Agostino. *In librum Destructio destructionum Averroys commentationes*. Veneza: [s.n.t.], 1497.

_____. *Super tres libros de anima*. Veneza: [s.n.t.], 1503.

_____. *De immortalitate anime libellus*. Veneza: [s.n.t.], 1518.

_____. *In via Aristotelis de intellectu libri sex*. Veneza: [s.n.t.], 1554.

_____. *Expositio subtilissima necnon et collectanea commentariaque in tres libros Aristotelis de anima*. Veneza: [s.n.t.], 1559a.

_____. *Expositiones in Aristotelis libros Metaphysices*. Veneza: [s.n.t.], 1559b. Reimpresso em Frankfurt, 1967.

_____. *Metaphysicarum disputationum dilucidarium*. Veneza: [s.n.t.], 1559c. Reimpresso em Frankfurt, 1967.

NOBILI, Flaminio de. *De honore liber*. Lucca: [s.n.t.], 1563.

NUÑEZ, Pedro. *De causis obscuritatis Aristotelis*. In: *P. J. Nunnesii Peripateticae Philosophiae Institutio seu De recte conficiendo curriculo Peripateticae Philosophiae* [...] *Subjungitur eiusdem De caussis obscuritatis Aristotelis earumque remediis Oratio*. Helmstadt: [s.n.t.], 1677.

OCKHAM, William of. *Summa logicae*. Edição P. Boehner *et al.* Nova Iorque: [s.n.t.], 1974.

_____. *Expositio in Librum Praedicamentorum Aristotelis*. Edição G. Gál. Nova Iorque: [s.n.t.], 1978.

OLIVI, Peter John. *De perlegendis philosophorum libris*. Edição F. Delorme. *Antonianum*, 16: 37-44, 1941.

ORPHEUS (pseudo). *The Orphic Poems*. Edição M. L. West. Oxford: [s.n.t.], 1983.

PACE, Richard. *De fructu qui ex doctrina percipitur*. Tradução F. Manley e R. S. Sylvester. Nova Iorque: [s.n.t.], 1967.

PASCAL, Blaise. *Pensées*. Trad. E. Wasmuth. Heidelberg: [s.n.t.], 1946.

PATRIZI, Francesco. *Discussiones peripateticae* (apenas vol. I). Veneza: [s.n.t.], 1571.

_____. *Discussiones peripateticae* (vols. I-IV). Basileia: [s.n.t.], 1581.

_____. *Nova de universis philosophia*. Ferrara: [s.n.t.], 1591.

_____. *Nova de universis philosophia. Materiali per un' edizione emendata*. Edição de A. L. Puliafito Bleuel. Florença: Olschki, Firenzi, 1993.

PAULO DE VENEZA. *Logica*. Veneza: [s.n.t.], 1472. Reimpresso em Hildesheim e Nova Iorque, 1970.

_____. *Commentum de anima*. Veneza: [s.n.t.], 1481

_____. *Summa philosophiae naturalis*. Veneza: [s.n.t.], 1503. Reimpresso em Hildesheim, 1974.

PELACANI, Biagio. *Le quaestiones de anima di Biagio Pelacani da Parma*. Edição G. Federici Vescovini. Florença: Olschki, 1974.

PEREIRA, Benito (Benedictus Pererius). *De communibus omnium rerum naturalium principiis et affectionibus, libri quindecim, qui plurimum conferunt ad eos octos libros Aristotelis, qui de Physico auditu inscribuntur, intelligendos*. Paris: 1585. 2ª ed., Lyon, 1588.

PETER, Lombard. *Sententiae in IV libris distinctae*. 3ª ed. 2 vols. Grottaferrata: [s.n.t.], 1971-81.

PEDRO DE ESPANHA. *Tractatus*, posteriormente chamado *Summule logicales*. Edição L. M. de Rijk. Assen: [s.n.t.], 1972.

PETRARCA, Francesco. *Letters on Familiar Matters*. Tradução A. S. Bernardo, 3 vols. Albany, NY e Baltimore, MD: The Johns Hopkins University Press, 1975-85.

_____. *Remedies for Fortune Fair and Foul*. Tradução e comentários C. H. Rawski, 5 vols. Bloomington, IN: Indiana University Press, 1991.

_____. *Invectives*. Tradução D. Marsh. Cambridge, MA: The I Tatti Renaissance Library, 2003.

PICCART, Michael. *Isagoge in lectionem Aristotelis, hoc est hypotyposis totius philosophiae Aristotelis [...] olim a Michaele Piccarto, professore organico Altdorffino concinnata, nunc iis partibus, quibus deficiebat, aucta et notis plurimis illustrata a M. Johanne Conrado Dürrio, sanctissime theologiae et philosophiae moralis in illustri academia Altdorff professore publico [...]*. Altdorf: [s.n.t.], 1660.

PICCOLOMINI, Alessandro. *De la institutione de la vita de l'huomo nato nobile e in città libera libri X*. Veneza: [s.n.t.], 1542.

PICCOLOMINI, Francesco. *Universa philosophia de moribus*. Veneza: [s.n.t.], 1583.

PICO DELLA MIRANDOLA, Gianfrancesco. *Examen vanitatis doctrinae gentium*. In: Giovanni Pico della Mirandola e Gianfrancesco Pico della Mirandola, *Opera omnia (1557-1573)*, 2 vols. Hildesheim: [s.n.t.], 1969.

_____. *Über die Vorstellung: De imaginatione*. Edição E. Kessler, com introdução de Katherine Park. Munique: [s.n.t.], 1984.

PLATÃO. *Phaedo*. Tradução G. M. A. Grube. Indianapolis, IN: [s.n.t.], 1977.

PLETHO (Georgius Gemistus). *Traité des lois*, ed. C. Alexandre. Paris: [s.n.t.], 1958. Reimpresso em Amsterdã, 1966.

_____. *De differentiis*. *In*: Bernadette Lagarde. "Le De differentiis de Pléthon d'après l'autographe de la Marcienne". *Byzantion*, 43: 312-343, 1973.

POINSOT, Joān, OP. *Tractatus de signis: The Semiotics of John Poinsot*. Ed. J. Deely. Berkeley, CA: [s.n.t.], 1985.

POLIZIANO, Ângelo. *Miscellaneorum centuria prima*. Basileia: [s.n.t.], 1522.

_____. *Opera omnia*. Ed. I. Maier. 3 vols. Turim: [s.n.t.], 1970-1.

_____. *Lamia: Praelectio in Priora Aristotelis Analitica*. Edição A. Wesseling. Leiden: [s.n.t.], 1986.

POMPONAZZI, Pietro. *Tractatus de immortalitate animae*. In: *Tractatus acutissimi, utillimi et mere peripatetici*. Veneza: [s.n.t.], 1525. Reimpresso em Casarano, 1995.

POMPONAZZI, Pietro *De naturalium effectuum causis sive de incantationibus*. Basileia: [s.n.t.], 1567. Reimpresso em Hildesheim, 1970.

_____. *Libri quinque de fato, de libero arbitrio et de praedestinatione*. Edição R. Lemay. Lugano: [s.n.t.], 1957.

_____. *Corsi inediti dell'insegnamento padovano*. Edição A. Poppi, 2 vols. Pádua: [s.n.t.], 1966-70.

_____. *Tractatus de immortalitate animae*. Edição B. Mojsisch. Hamburgo: [s.n.t.], 1990.

PORZIO, Simone. *De humana mente*. Florença: [s.n.t.], 1551.

PRASSICIO, Luca. *Questio de immortalitate anime intellective secundum mentem Aristotelis a nemine verius quam ab Averroi interpretati*. Nápoles: [s.n.t.], 1521.

PROCLO. *In Platonis Parmenidem*. Edição V. Cousin. Paris: [s.n.t.], 1864. Reimpresso em Hildesheim, 1961.

_____. *Parmenides usque ad finem primae hypothesis nec non Procli commentarium in Parmenidem*. Edição R. Klibansky e C. Labowsky. (Plato Latinus, vol. III.) Londres: [s.n.t.], 1953.

_____. *Elements of Theology*. Tradução E. R. Dodds, 2ª ed. Oxford: [s.n.t.], 1963.

_____. *Proclus' Commentary on Plato's Parmenides*. Tradução G. Morrow e J. Dillon. Princeton, NJ: [s.n.t.], 1987.

QUICCHEBERG, S. *Der Anfang der Museumslehre in Deutschland: das Traktat Inscriptiones, vel, Tituli Theatri Amplissimi von Samuel Quiccheberg: lateindeutsch*. Edição H. Roth. Berlim: [s.n.t.], 2000.

RHAZES. *Aphorismorum libri II*. In: *Opera exquisitiora*. Basileia: [s.n.t.], 1544.

RICCI, Paolo. *In apostolorum simbolum Pauli Ricii oratoris philosophi et theologi oculatissimi a priori demonstrativus dialogus*. Augsburgo: [s.n.t.], 1514.

SALÚSTIO. *Works*. Tradução J. C. Rolfe. Cambridge, MA: Loeb Classical Library, 1921.

SALUTATI, Coluccio. *Epistolario*. Edição F. Novati. 4 vols. Roma: Forzani E. C. Topografidel Senato, 1891-1911.

_____. *De laboribus Herculis*. Edição B. L. Ullman. 2 vols. Zurique: Thesaurus Mundi, 1951.

SÁNCHEZ, Francisco. *That Nothing Is Known*. Tradução D. F. S. Thomson. Edição E. Limbrick. Cambridge: Cambridge University Press, 1988.

SANDEO, F. M. *De regibus Siciliae et Apuliae*. Hanover: [s.n.t.], 1611.

SCAINO, Antonio. *L'ethica di Aristotele a Nicomaco, ridutta in modo di parafrasi [...] con varie annotazioni e diversi dubbii*. Roma: [s.n.t.], 1574.

SCALA, Bartolomeo. *Humanistic and Political Writings*. Ed. A. Brown. Tempe, AZ: [s.n.t.], 1997.

SCÈVE, Maurice. *Délie*. Edição I. MacFarlane. Cambridge: Cambridge University Press, 1966.

_____. *Œuvres complètes*. Edição P. Quignard. Paris: Mercure de France, 1974.

SEXTUS Empiricus. *Adversus mathematicos*. Tr. Gentian Hervet. Antuérpia: [s.n.t.], 1569.

SPINA, Bartholomaeus. *Opuscula* [...], *Propugnaculum Aristotelis De immortalitate anime Contra Thomam Caietanum* [...], *Tutela veritatis de immortalitate anime contra Petrum Pomponacium* [...], *Flagellum in tres libros apologie eiusdem Peretti* [...], *Utilis Quaestio de ordine sacro*. Veneza: [s.n.t.], 1519.

SPRAT, Thomas. *The History of the Royal Society of London*. Londres: [s.n.t.], 1667.

STEUCO, Agostino. *De perenni philosophia*. Lyon: [s.n.t.], 1547. Reimpresso em Nova Iorque, 1972.

_____. *De perenni philosophia*. In: *Opera omnia*. 3 vols. Veneza: [s.n.t.], 1591.

STORCHENAU, Sigismund. *Institutiones metaphysicae*. Buda: [s.n.t.], 1795.

SUÁREZ, Francisco, SJ. *De legibus*. Coimbra: [s.n.t.], 1612.

_____. *Defensio fidei catholicae*. Coimbra: [s.n.t.], 1613.

_____. *Opera omnia*. Vol. III. Paris: [s.n.t.], 1856.

_____. *Disputationes metaphysicae*. 2 vols. Paris: [s.n.t.], 1866. Reimpresso em Hildesheim: G. Olms, 1998.

_____. *Comentaria una cum quaestionibus in libros Aristotelis de anima*. Edição Salvador Castellote. Vol. I. Madri: Labor, 1978

TELESIO, Bernardino. *De natura iuxta propria principia liber primus et secundus*. Roma: [s.n.t.], 1565.

_____. *De rerum natura iuxta propria principia liber primus et secundus denuo editi*. Nápoles: *apud* Iosephum Cacchium, 1570. Reimpresso em Nápoles: Istituto Suor Orsola Benincasa, 1989.

_____. *De rerum natura iuxta propria principia libri IX*. Nápoles: *apud* Horatium Salvianum, 1586. Reimpresso em Hildesheim e Nova Iorque: G. Olms, 1971.

_____. *De rerum natura iuxta propria principia libri IX*. Tradução L. de Franco. 3 vols. Cosenza e Florença: Casa del Libro; La Nouva Italia, 1965-76.

_____. *Varii de naturalibus rebus libelli*. Edição L. de Franco. Florença: La Nouva Italia, 1981.

TEMPELLUS, Guillelmus. *Pro defensione de unica methodo commentatio. Huc accessit nonnullarum e physicis et ethicis quaestionum explicatio*. Londres: [s.n.t.], 1581.

THIERRY DE CHARTRES. *Commentaries on Boethius by Thierry of Chartres and His School*. Edição N. M. Häring. Toronto: [s.n.t.], 1971.

TOMÁS DE VIO (Caietanus). *Commentaria in libros Aristotelis de anima*. Veneza: [s.n.t.], 1514.

_____. *Scripta philosophica. Commentaria in De anima Aristotelis*. Vol. I. Edição I. Coquelle, introdução por M. H. Laurent. Roma: [s.n.t.], 1938.

TOLETUS, Franciscus. *Commentaria una cum quaestionibus in tres libros Aristotelis de anima*. Veneza: [s.n.t.], 1606.

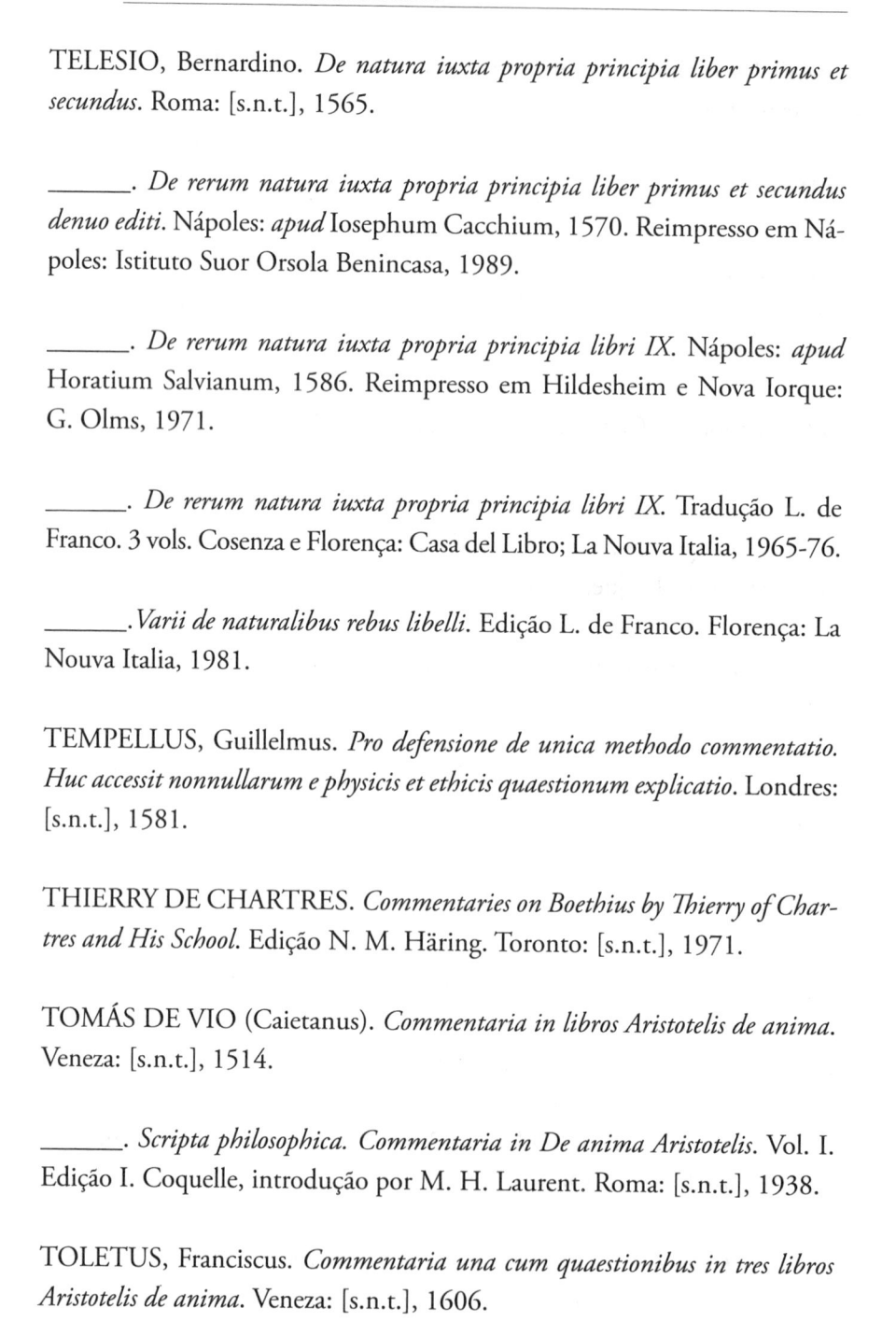

TRICHET, Pierre. *Synopsis rerum variarum tam naturalium quam artificialium*. Bordeaux: [s.n.t.], 1635.

TROMBETTA, Antonio. *Tractatus singularis contra Averroystas de humanarum animarum plurificatione ad catholice fidei obsequium*. Veneza: [s.n.t.], 1498.

_____. *Opus in Metaphysica Aristotelis Padue in thomistas discussum*. Veneza: [s.n.t.], 1504.

TUNSTALL, Cuthbert. *Compendium et synopsis in X Libros Ethicorum*. Paris: [s.n.t.], 1554.

VALLA, Lorenzo. *De falso credita et ementita Constantini donatione*. Edição W. Setz. Weimar: Böhlaus, 1976

_____. *On Pleasure/De voluptate*. Tradução A. K. Hieatt e M. Lorch. Nova Iorque: Abaris Books, 1977.
VALLA, Lorenzo. *Repastinatio dialectice et philosophie*. Edição G. Zippel. 2 vols. Pádua: Antenore, 1982.

_____.*Epistole*. Edição O. Besomi e M. Regoliosi. Pádua: [s.n.t.], 1984.

_____. *The Treatise of Lorenzo Valla on the Donation of Constantine*. Tradução C. B. Coleman. Toronto: [s.n.t.], 1993.

VERMIGLI, Pietro Martire. *In primum, secundum et initium tertii libri Ethicorum ad Nicomachum, clarissimi et doctissimi viri D. Petri Martyris Vermilii florentini, sacrarum litterarum in schola Tigurina professoris, commentarius doctissimus*. Zurique: [s.n.t.]. 1563.

VERNIA, Nicoletto. *Contra perversam Averroys opinionem de unitate intellectus et de anime felicitate Questiones divine*. Veneza: [s.n.t.], 1505.

_____. *Questiones de pluralitate intellectus contra falsam et ab omni veritate remotam opinionem Averrois: et de anime felicitate, in Albertus de Saxonia, Acutissime questiones super libros de Physica auscultatione*. Veneza: [s.n.t.], 1516.

VÉRON, François. *La méthode nouvelle, facile et solide de convaincre de nullité la religion prétendue reformée*. Paris: [s.n.t.], 1615.

VIMERCATO, Francesco. *In tertium librum Aristotelis De anima commentaria. De anima rationali peripatetica disceptatio*. Veneza: [s.n.t.], 1574.

VIÑAS, Miguel, SJ. *Philosophia Scholastica, tribus voluminibus distincta [...] a Reverendo Patre Michaele de Viñas Arulensi Catalono Societatis Jesu, in alma S. Jacobi Regni Chilensis Universitate, Primario quondam Philosophiae, ac Theologiae Professore, et postea ejusdem Academiae atque Collegii Maximi S. Michaelis Archangeli Rectore*. Gênova: [s.n.t.], 1709.

VITORIA, Francisco de, OP. *Relecciones teológicas*. Edição L. G. A. Getino. 3 vols. Madri: [s.n.t.], 1933-6.

VIVES, Juan Luis. *De anima et vita*. Basileia: [s.n.t.], 1538. Reimpresso em Turim: Bottega d'Erasmo, 1959.

_____. *Early Writings*. Edição C. Matheeussen *et al*. Leiden: Brill, 1987.

ZIMARA, Marcantonio. *Contradictiones et solutiones in dictis Aristotelis et Averrois*. Veneza: [s.n.t.], 1508.

_____. *Problemata una cum CCC Aristotelis et Averrois propositionibus*. Veneza: [s.n.t.], 1537a.

_____. *Tabula dilucidationum in dictis Aristotelis et Averrois*. Veneza: [s.n.t.], 1537b.

ZWINGER, Theodor. *Theatrum vitae humanae*. Basileia: [s.n.t.], 1565.

ZWINGER, Theodor. *De moribus ad Nicomachum libri X, scholiis et tabulis illustrati*. Basileia: [s.n.t], 1566.

Literatura secundária

ALGRA, K. *et al* (eds.). *The Cambridge History of Hellenistic Philosophy*. Cambridge: Cambridge University Press, 1999.

ALLEN, M. J. B. *Marsilio Ficino and the Phaedran Charioteer*. Berkeley/Los Angeles, CA: 1981.

_____. "Ficino's Theory of the Five Substances and the Neoplatonists". *In: Journal of Medieval and Renaissance Studies* 12: 19-44. 1982. Reimpresso em Allen 1995.

_____. *The Platonism of Marsilio Ficino: A Study of his "Phaedrus" Commentary, its Sources and its Genesis*. Berkeley/Los Angeles, CA: University of California, 1984.

_____. *Icastes: Marsilio Ficino's Interpretation of Plato's Sophist*. Berkeley/Los Angeles, CA: University of California, 1989.

_____. *Plato's Third Eye: Studies in Marsilio Ficino's Metaphysics and its Sources*. Aldershot: Variorum, 1995.

_____. *Synoptic Art: Marsilio Ficino on the History of Platonic Interpretation*. Florença: L. S. Olschki, 1998.

_____. "Ficino". *In: Encyclopedia of the Renaissance*. Edição P. F. Grendler. Nova Iorque: Charles Scribner's Sons, 1999, vol. II, p. 353-357.

ALLEN, M. J. B.; REES, V. (eds.). *Marsilio Ficino: His Theology, his Philosophy, his Legacy*. Leiden: Brill, 2002.

ALONSO ALONSO, M. "Homenaje a Avicena en su milenario. Las traducciones de Juan González de Burgos y Salomon". *In: Al-Andalus*, 14: 291-319 (Contém uma edição do *De diluviis* de Avicena), 1949.

ANTONACI, A. *Francesco Storella filosofo salentino del Cinquecento*. Galatina: [s.n.t.], 1966.

ARGYROPOULOS, R. D.; CARAS, I. *Inventaire des manuscrits grecs d'Aristote et de ses commentateurs. Contribution à l'histoire du texte d'Aristote*. Paris: [s.n.t.], 1980.

ARIEW, R. "Christopher Clavius and the Classification of Sciences". *Synthèse*, 83: 293-300, 1990.

_____. *Descartes and the Last Scholastics*. Ithaca, NI: [s.n.t.], 1999.

ASHWORTH, E. J. "'Do Words Signify Ideas or Things?' The Scholastic Sources of Locke's Theory of Language". *Journal of the History of Philosophy*, 19: 299-326, 1981. Reimpresso em Ashworth, 1985.

_____. "Locke on Language". *Canadian Journal of Philosophy*, 14: 45-73, 1984. Reimpresso em Ashworth, 1985.

_____. *Studies in Post-Medieval Semantics*. Londres: [s.n.t.], 1985.

ATHANASSIADI, P.; FREDE, M. (eds.). *Pagan Monotheism in Late Antiquity*. Oxford: [s.n.t.], 1999.

AVEZZÙ, G. "Pier Vettori editore di testi greci: la Poetica e altro. Ricognizioni preliminari". *Atti e memorie dell'Accademia patavina di scienze, lettere e arti. Memorie della classe di scienze morali, lettere e arti*, 100: 95-107, 1987-8.

AX, W. "Lorenzo Valla 1407-1457. *Elegantiarum linguae Latinae libri sex*". In: *Von Eleganz und Barbarei. Lateinische Grammatik und Stilistik in Renaissance und Barock*. Edição W. Ax. Wiesbaden: [s.n.t.], 2001, p. 29-57.

AYERS, M. "Popkin's Revised Scepticism". In: *British Journal for the History of Philosophy*, 12: 319-332, 2004.

BALDASSARRI, S. U. *Umanesimo e traduzione da Petrarca a Manetti*. Cassino: Università di Cassino, 2003.

BARON, H. *The Crisis of the Early Italian Renaissance: Civic Humanism and Republican Liberty in an Age of Classicism and Tyranny*. 2 vols. Princeton, NJ: Princeton University Press, 1955.

BARONCINI, G. "L'insegnamento della filosofia naturale nei collegi italiani dei Gesuiti (1610-1670): un esempio di nuovo aristotelismo". In: *La "Ratio Studiorum". Modelli culturali e pratiche educative dei Gesuiti in Italia tra Cinque e Seicento*. Ed. G. Brizzi. Roma: [s.n.t.], 1981, p.163-190.

BARTON, T. *Ancient Astrology*. Londres: [s.n.t.], 1994.

BAXANDALL, M. *Giotto and the Orators. Humanist Observers of Painting in Italy and the Discovery of Pictorial Composition, 1350-1450*. Oxford: [s.n.t.], 1971.

BEIERWALTES, W. *Identität und Differenz*. Frankfurt: [s.n.t.], 1980.

_____. "Eriugena und Cusanus". In: *Eriugena. Grundzüge seines Denkens*. Frankfurt: 1994, p.266-312.

BELLITO, C. M.; CHRISTIANSON, G.; IZBICKI, T. M. (eds.). *Introducing Nicholas of Cusa: A Guide to a Renaissance Man*. Mahwah, NJ: [s.n.t.], 2004.

BENTLEY, J. H. *Humanists and Holy Writ: New Testament Scholarship in the Renaissance*. Princeton, NJ: [s.n.t.], 1983.

_____. *Politics and Culture in Renaissance Naples*. Princeton, NJ: [s.n.t.], 1987

BERGFELD, C. "Die Stellungnahme der spanischen Spätscholastiker zum Versicherungsvertrag". *In*: *La seconda scolastica nella formazione del diritto privato moderno*. Edição P. Grossi. Milão: [s.n.t.], 1973, 457-471.

BEUCHOT, M. *Historia de la filosofía en el México colonial*. Barcelona: [s.n.t.], 1996.

BIANCA, C. "La biblioteca romana di Niccolò Cusano". *In*: *Scrittura, biblioteche e stampa a Roma nel Quattrocento. Atti del 2o seminário*. Edição M. Miglio *et al*. Cidade do Vaticano: 1983, p. 669-708.

_____. "Niccolò Cusano e la sua biblioteca: note, 'notabilia', glosse". *In*: *Bibliothecae selectae. Da Cusano a Leopardi*. Ed. E. Canone. Florença: [s.n.t.], 1993, p. 1-11.

BIANCHI, L. "Un commento 'umanistico' ad Aristotele. L'*Expositio super libros Ethicorum* di Donato Acciaiuoli". *Rinascimento* ser, 2 (30): 25-55, 1990a. Reimpresso em Bianchi, 2003, p. 11-39.

_____. "Interpretes Aristotelis. Una cinquecentesca 'bibliografia aristotelica'". *Rivista di storia della filosofia*, 45: 303-25, 1990b.

_____. *Censure et liberté intellectuelle à l'Université de Paris (XIIIe–XIVe siècles)*. Paris: [s.n.t.], 1999.

_____. "From Jacques Lefèvre d'Étaples to Giulio Landi: Uses of the Dialogue in Renaissance Aristotelianism". *In*: KRAYE; STONE, 2000, p. 41-58.

BIANCHI, L. *Studi sull'aristotelismo del Rinascimento*. Pádua: [s.n.t.], 2003.

_____. "Fra Ermolao Barbaro e Ludovico Boccadiferro: qualche considerazione sulle trasformazioni della 'fisica medievale' nel Rinascimento italiano". *Medioevo*, 29: 341-378, 2004.

BILLANOVICH, G. "Auctorista, humanista, orator". *In*: *Studi in onore di A. Schiaffini*. Volume especial da *Rivista di cultura classica e medoevale*, 7 (1-3): 143-163.

BISAHA, N. 2004. *Creating East and West: Renaissance Humanists and the Ottoman Turks*. Philadelphia, PA: [s.n.t.].

BLACK, D. L. "Psychology: Soul and Intellect". *In*: *The Cambridge Companion to Arabic Philosophy*. Edição P. Adamson e R. C. Taylor. Cambridge: Cambridge University Press, 2005, p.308-326.

BLACK, R. *Humanism and Education in Medieval and Renaissance Italy: Tradition and Innovation in Latin Schools from the Twelfth to the Fifteenth Century*. Cambridge: Cambridge University Press, 2001.

BLACK, R.; POMARO, G. *Boethius's Consolation of Philosophy in Italian Medieval and Renaissance Education: Schoolbooks and their Glosses in Florentine Manuscripts*. Florença: [s.n.t.], 2000.

BLAIR, A. "Humanist Methods in Natural Philosophy: The Commonplace Book". *In*: *Journal of the History of Ideas*, 53: 541-551, 1992.

_____. *The Theater of Nature: Jean Bodin and Renaissance Science*. Princeton, NJ: [s.n.t.], 1997.

_____. "Mosaic Physics and the Search for a Pious Natural Philosophy in the Late Renaissance". *Isis*, 91: 32-58, 2000a.

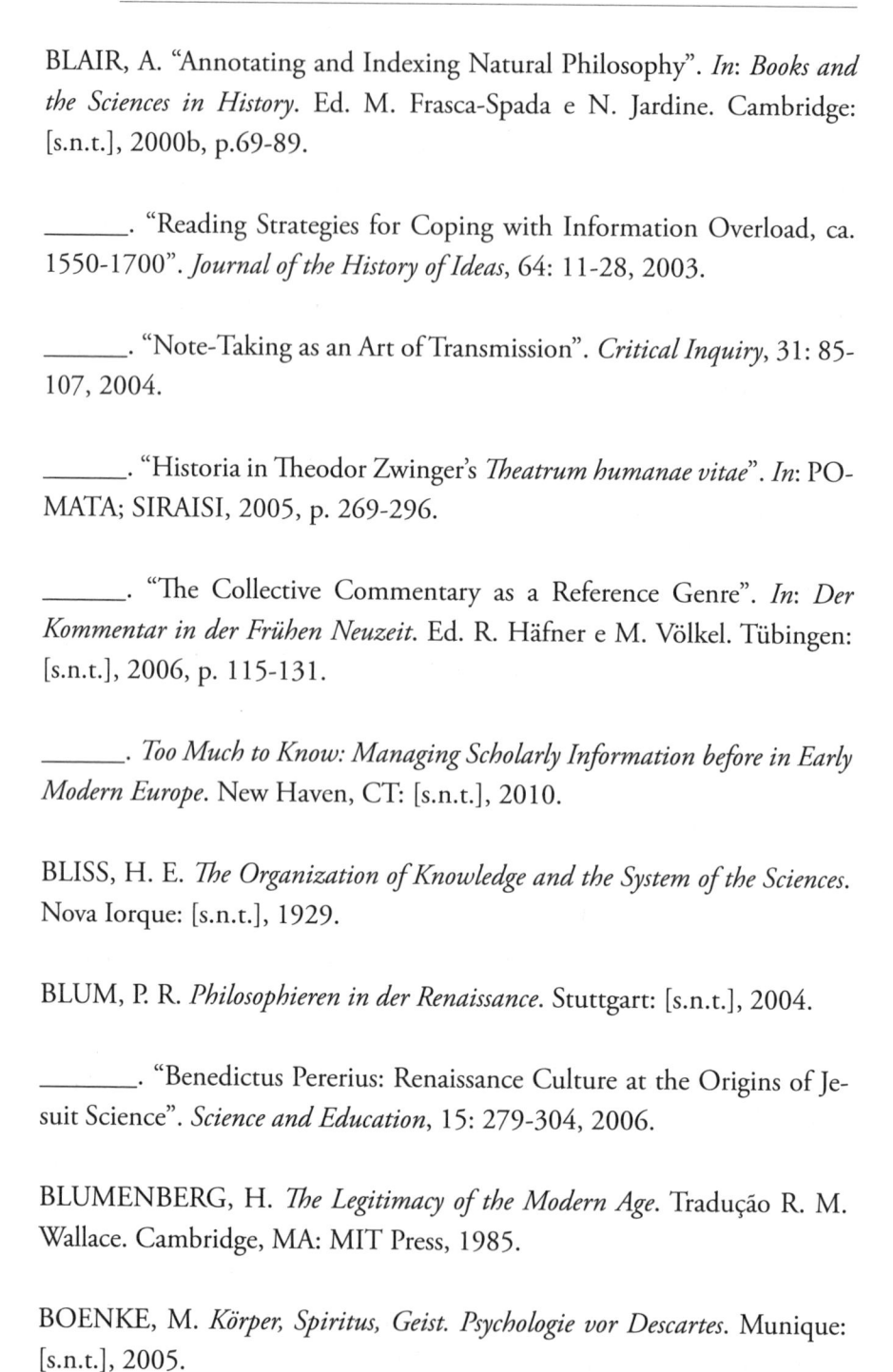

BLAIR, A. "Annotating and Indexing Natural Philosophy". *In*: *Books and the Sciences in History*. Ed. M. Frasca-Spada e N. Jardine. Cambridge: [s.n.t.], 2000b, p.69-89.

_____. "Reading Strategies for Coping with Information Overload, ca. 1550-1700". *Journal of the History of Ideas*, 64: 11-28, 2003.

_____. "Note-Taking as an Art of Transmission". *Critical Inquiry*, 31: 85-107, 2004.

_____. "Historia in Theodor Zwinger's *Theatrum humanae vitae*". *In*: POMATA; SIRAISI, 2005, p. 269-296.

_____. "The Collective Commentary as a Reference Genre". *In*: *Der Kommentar in der Frühen Neuzeit*. Ed. R. Häfner e M. Völkel. Tübingen: [s.n.t.], 2006, p. 115-131.

_____. *Too Much to Know: Managing Scholarly Information before in Early Modern Europe*. New Haven, CT: [s.n.t.], 2010.

BLISS, H. E. *The Organization of Knowledge and the System of the Sciences*. Nova Iorque: [s.n.t.], 1929.

BLUM, P. R. *Philosophieren in der Renaissance*. Stuttgart: [s.n.t.], 2004.

_____. "Benedictus Pererius: Renaissance Culture at the Origins of Jesuit Science". *Science and Education*, 15: 279-304, 2006.

BLUMENBERG, H. *The Legitimacy of the Modern Age*. Tradução R. M. Wallace. Cambridge, MA: MIT Press, 1985.

BOENKE, M. *Körper, Spiritus, Geist. Psychologie vor Descartes*. Munique: [s.n.t.], 2005.

BOLZONI, L. *The Gallery of Memory. Literary and Iconographic Models in the Age of the Printing Press*. Tradução Jeremy Parzen. Toronto: [s.n.t.], 2001.

BONDÌ, R. *Introduzione a Telesio*. Roma/Bari: [s.n.t.], 1997.

BOTLEY, P. *Latin Translation in the Renaissance: The Theory and Practice of Leonardo Bruni, Gianozzo Manetti, and Desiderius Erasmus*. Cambridge: [s.n.t.], 2004.

BOTTIN, F. et al. *Models of the History of Philosophy*. Dordrecht: [s.n.t.], 1993.

BOURG, J. "The Rhetoric of Modal Equivocacy in Cartesian Transubstantiation". In: *Journal of the History of Ideas*, 62: 121-140, 2001.

BOWKER, G. C.; STAR S. L. *Sorting Things Out. Classification and its Consequences*. Cambridge, MA: [s.n.t.], 1999.

BREDEKAMP, H. *The Lure of Antiquity and the Cult of the Machine. The Kunstkammer and the Evolution of Nature, Art and Technology*. Tradução A. Brown. Princeton, NJ: [s.n.t.], 1995.

BRICKMAN, B. "Francesco Patrizi on Physical Space". In: *Journal of the History of Ideas*, 4: 224-245, 1943.

Brient, E. *The Immanence of the Infinite. Hans Blumenberg and the Threshold to Modernity*. Washington, DC: The Catholic University of America Press, 2002.

BRISSON, L. *How Philosophers Saved Myths: Allegorical Interpretation and Classical Mythology*. Chicago: University of Chicago Press, 2004.

BROCKLISS, L. "Classification des sciences dans le monde universitaire et les facultés de médecine 1540-1640". *Nouvelle revue du seizième siècle*, 20: 31-46, 2002.

BRUYÈRE, N. *Méthode et dialectique dans l'œuvre de La Ramée: Renaissance et âge classique*. Paris: Vrin, 1984.

BURKE, P. *A Social History of Knowledge from Gutenberg to Diderot*. Cambridge: Polity Press, 2000.

BURNETT, C. "Al-Kindi in the Renaissance". In: *Sapientiam amemus: Humanismus und Aristotelismus in der Renaissance*. Edição P. R. Blum. Munique: [s.n.t.], 1999a, p. 13-30.

_____. "The Second Revelation of Arabic Philosophy and Science: 1492-1575". In: *Islam and the Italian Renaissance*. Edição C. Burnett e A. Contadini. Londres: [s.n.t.], 1999b, p. 185-198.

_____."Arabic into Latin: The Reception of Arabic Philosophy into Western Europe". In: *The Cambridge Companion to Arabic Philosophy*. Edição P. Adamson e R. C. Taylor. Londres: [s.n.t.], 2005, p. 370-404.

BURTON, R. *The Anatomy of Melancholy*. Edição H. Jackson. Londres: [s.n.t.], 1972.

BYNUM, C. *The Resurrection of the Body in Western Christianity, 200-1336*. Nova Iorque: [s.n.t.], 1995.

CAILLET, M. "Les bibliothécaires". In: *Histoire des bibliothèques françaises*, II. *Les bibliothèques sous l'ancien régime 1530-1789*. Edição Claude Jolly. Paris: [s.n.t.], 1988, p. 373-389.

CAMMELLI, G. *I dotti bizantini e le origini dell' umanesimo*. 3 vols. Florença: [s.n.t.], 1941.

CAMPANA, A. "The Origin of the Word 'Humanist'". *Journal of the Warburg and Courtauld Institutes*, 9: 60-73, 1946.

CAMPOREALE, S. *Lorenzo Valla: umanesimo e teologia*. Florença: [s.n.t.], 1972.

_____. "Lorenzo Valla, 'Repastinatio, liber primus': retorica e linguaggio". *In*: *Lorenzo Valla e l'umanesimo italiano. Atti del convegno internazionale di studi umanistici*. Edição O. Besomi e M. Regoliosi. Pádua: [s.n.t.], 1986, p. 217-239.

CAO, G. M. "The Prehistory of Modern Scepticism: Sextus Empiricus in Fifteenth-Century Italy". *Journal of the Warburg and Courtauld Institutes*, 64: 229-279, 2001.

CASSIRER, E. *Das Erkenntnisproblem in der Philosophie und Wissenschaft der neueren Zeit*. 2 vols. Berlim: [s.n.t.], 1911.

_____. *Individuum und Kosmos in der Philosophie der Renaissance*. Leipzig: [s.n.t.], 1927.

_____. *The Individual and the Cosmos in Renaissance Philosophy*. Trad. M. Domandi. Philadelphia, PA: [s.n.t.], 1972.

CASSIRER, E. et al. *The Renaissance Philosophy of Man*. Chicago: [s.n.t.], 1948.

CELENZA, C. S. "Parallel Lives: Plutarch's Lives, Lapo da Castiglionchio the Younger (1405-38) and the Art of Italian Renaissance Translation". *Illinois Classical Studies*, 22: 121-155, 1997.

_____. *Renaissance Humanism and the Papal Curia: Lapo da Castiglionchio the Younger's De curiae commodis*. Ann Arbor, MI: [s.n.t.], 1999.

CELENZA, C. S. "Late Antiquity and Florentine Platonism: The 'Post--Plotinian' Ficino". *In*: ALLEN; REES, 2002, p. 71-97.

_____. *The Lost Italian Renaissance: Humanists, Historians, and Latin's Legacy*. Baltimore, MD: [s.n.t.], 2004.

_____. "Lorenzo Valla and the Traditions and Transmissions of Philosophy". *Journal of the History of Ideas*, 66: 483-506, 2005.

CHADWICK, H. *Early Christian Thought and the Classical Tradition: Studies in Justin, Clement, and Origen*. Nova Iorque: Oxford University Press, 1966.

CHARON, A; PARINET, E. (eds.) *Les ventes de livres et leurs catalogues XVIIe-XXe siècles*. Paris: Ecole des Chartes, 2000.

CHARON-PARENT, A. "Les grandes collections du XVIe siècle". *In*: *Histoire des bibliothèques françaises, II: Les bibliothèques sous l'ancien régime 1530-1789*. Edição C. Jolly. Paris: [s.n.t.], 1988, p. 85-90.

CLAGETT, M. *The Science of Mechanics in the Middle Ages*. Madison, WI: University of Wisconsin Press, 1959.

CLARK, S. *Thinking with Demons: The Idea of Witchcraft in Early Modern Europe*. Nova Iorque: Oxford University Press, 1997.

COETZEE, J. M. *Elizabeth Costello*. Nova Iorque: Viking, 2003.

COGAN, M. "Rodolphus Agricola and the Semantic Revolutions of the History of Invention". *Rhetorica*, 2: 163-194, 1984.

COLEMAN, D. C. *Maurice Scève, Poet of Love: Tradition and Originality*. Cambridge: Cambridge University Press, 1975.

COLEMAN, D. C. *The Chaste Muse: A Study of Du Bellay's Poetry*. Leiden: Brill, 1980.

COLISH, M. L. *The Stoic Tradition from Antiquity to the Early Middle Ages*. 2 vols. Leiden: Brill, 1985.

COLLINS, R. *The Sociology of Philosophies: A Global Theory of Intellectual Change*. Cambridge, MA: Havard University Press, 1998.

CONDREN, C.; GAUKROGER, S.; HUNTER, I. (eds.). T*he Philosopher in Early Modern Europe: The Nature of a Contested Identity*. Cambridge: Cambridge University Press, 2006.

CONNELL, W. J. "Lorenzo de' Medici". *In*: *Encyclopedia of the Renaissance*. Edição P. F. Grendler. Nova Iorque: Gale/Cengage Learning, 1999, vol. IV, p. 93-96.

CONSTANT, ERIC A. "A reinterpretation of the Fifth Lateran Council Decree 'Apostolici regiminis' (1513)". *Sixteenth Century Journal*, 33: 353-79, 2002.

COOPER, A. "The Museum and the Book: The 'Metallotheca' and the History of an Encyclopaedic Natural History in Early Modern Italy". *Journal of the History of Collections*, 7: 1-23, 1995.

COPENHAVER, B. P. *Symphorien Champier and the Reception of the Occultist Tradition in Renaissance France*. Haia: [s.n.t.], 1978.

_____. "Scholastic Philosophy and Renaissance Magic in the *De vita* of Marsilio Ficino". *Renaissance Quarterly*, 37: 523-554, 1984.

_____. "Renaissance Magic and Neoplatonic Philosophy: Ennead 4.3-5 in Ficino's *De vita coelitus comparanda*". *In*: *Marsilio Ficino e il ritorno di Platone: Studi e documenti*. Ed. G. Garfagnini. Florença: 1986, p. 351-369.

COPENHAVER, B. P. "Iamblichus, Synesius and the Chaldaean Oracles in Marsilio Ficino's *De vita libri tres*: Hermetic Magic or Neoplatonic Magic?". *In*: J. Hankins, J. Monfasani, e F. Purnell. *Supplementum Festivum: Studies in Honor of Paul Oskar Kristeller*. Binghamton, NI: [s.n.t.], 1987, p. 441-455.

_____. "Astrology and Magic". *In*: SCHMITT *et al*, 1988, p. 264-300. 1988a.

_____. "Hermes Trismegistus, Proclus and the Question of a Philosophy of Magic in the Renaissance". *In*: *Hermeticism and the Renaissance: Intellectual History and the Occult in Early Modern Europe*. Ed. I. Merkel e A. Debus. Washington, DC: [s.n.t.], 1988b, p. 79-110.

_____. "Natural Magic, Hermetism and Occultism in Early Modern Science". *In*: *Reappraisals of the Scientific Revolution*. Ed. D. Lindberg e R. Westman. Cambridge: [s.n.t.], 1990, p. 261-301.

_____. "A Tale of Two Fishes: Magical Objects in Natural History from Antiquity through the Scientific Revolution". *Journal of the History of Ideas*, 52: 373-98, 1991.

_____. "Introduction". *In*: Hermes Trismegistus (pseudo), 1992.

_____. "Hermes Theologus: The Sienese Mercury and Ficino's Hermetic Demons". *In*: *Humanity and Divinity in Renaissance and Reformation: Essays in Honor of Charles Trinkaus*. Ed. J. O'Malley *et al*. Leiden: [s.n.t.], 1993, p. 149-182.

_____. "Lorenzo de' Medici, Marsilio Ficino and the Domesticated Hermes". *In*: *Lorenzo il Magnifico e il suo mondo: Atti di Convegni*. Ed. G. Garfagnini. Florença: [s.n.t.], 1994, p. 227-257.

_____. "Magic". *In*: Park e Daston, 2006.

COPENHAVER, B. P.; Schmitt, C. B. *Renaissance Philosophy*. Oxford: Oxfod University Press, 1992.

COPLESTON, F. *History of Philosophy, vol. III: Late Medieval and Renaissance Philosophy*. Nova Iorque: Image, 1953.

CORTESI, M. "Umanesimo greco". *In*: *Lo spazio letterario del medioevo*. Edição G. Cavallo, C. Leonardi, e E. Menestò, *sez. 1: Il medioevo latino*, vol. III: *La ricezione del testo*. Roma: [s.n.t.], 1992, p. 457-507.

COUDERT, A. P.; Shoulson, J. S. (eds.) *Hebraica Veritas? Christian Hebraists and the Study of Judaism in Early Modern Europe*. Philadelphia, PA: [s.n.t.], 2004.

CRANZ, F. E. "Alexander Aphrodisiensis". *In*: Kristeller, Cranz e Brown, 1960-2003, vol I, p. 77-135.

_____. "The Renaissance Reading of the De anima". *In*: *Platon et Aristote à la Renaissance*. Paris: [s.n.t.], 1976a, p. 359-376.

_____. "Editions of the Latin Aristotle Accompanied by the Commentaries of Averroes". *In*: *Philosophy and Humanism. Renaissance Essays in Honor of Paul Oskar Kristeller*. Edição E. P. Mahoney. Nova Iorque: [s.n.t.], 1976b, 116-128.

_____. *Nicholas of Cusa and the Renaissance*. Ed. T. M. Izbicki e G. Christianson. Aldershot: [s.n.t.], 2000a.

_____. "Nicolaus of Cusa and Dionisius Areopagita". *In*: Cranz, 2000a, p. 109-36. 2000b.

CRANZ, F. E.; SCHMITT, C. B. *A Bibliography of Aristotle Editions 1501-1600*. Segunda edição com adendos e revisões por C. B. Schmitt. Baden-Baden: [s.n.t.], 1984.

DAHAN, G. "Les classifications du savoir aux XIIe et XIIIe siècles". *L'enseignement philosophique*, 40: 5-27, 1990.

DALES, R. C. *Medieval Discussions of the Eternity of the World*. Leiden: Brill, 1990.

DASTON, L. J. "Classifications of Knowledge in the Age of Louis XIV". In: *Sun King: The Ascendancy of French Culture during the Reign of Louis XIV*. Edição D. L. Rubin. Washington, DC: Folger Books, 1992.

———. "Perchè i fatti sono brevi?". In: *Fatti: storie dell'evidenza empirica*. Edição S. Cerutti e G. Pomata. Edição especial de *Quaderni storici*, 108: 745-770, 2001.

DAVI DANIELE, M. R. "Bernardino Tomitano e la quaestio de certitudine mathematicarum". In: *Aristotelismo veneto e scienza moderna*. Edição L. Olivieri. Pádua: Antenore, 1983, vol. II, p. 607-621.

DAVIES, J. "Marsilio Ficino: Lecturer at the Studio fiorentino". *Renaissance Quarterly*, 45: 785-790, 1992.

DE BACKER, A.; SOMMERVOGEL, C. *Bibliothèque de la Compagnie de Jésus*, 11 vols. Brussels: Alphonse Picard, 1890-1932.

DE FRANCO, L. *Introduzione a Bernardino Telesio*. Soveria Mannelli: Rubbettino, 1995.

DE GAETANO, A. L. "Gelli's Eclecticism on the Question of Immortality and the Italian Version of Porzio's *De humana mente*". *Philological Quarterly*, 47: 532-546, 1968.

DE JONGE, H. J. *The Auction Catalogue of the Library of J. J. Scaliger.* Utrecht: H&S, 1977.

DE LIBERA, A. *Introduction à la mystique rhénane: d'Albert le Grand à maître Eckhart.* Paris: Ceil, 1984.

DE NOLHAC, P. *Pétrarque et l'humanisme.* Paris: Honnoré Champion, 1907. Reimpresso em Paris: Honnoré Champion, 1965.

DE PACE, A. *Le matematiche e il mondo: Ricerche su un dibattito in Italia nella seconda metà del Cinquecento.* Milão: Franco Angeli, 1993.

DE RIDDER-SYMEONS, H. *A History of the Universities in Europe.* 2 vols. Cambridge: Cambridge University Press, 1992-6.

DEL FANTE, A. "Lo Studio di Pisa in un manoscritto inedito di Francesco Verino Secondo". *Nuova rivista storica*, 64: 396-420, 1980.

DEMONET, M.-L. *Les voix du signe: nature et origine de langage à la Renaissance.* Paris: Champion, 1992.

DEROLEZ, A. *Les catalogues de bibliothèques* (Typologie des sources du moyen âge occidental, fasc. 31). Turnhout: Brepols, 1979.

DI LISCIA, A.; KESSLER, E. e METHUEN, C. (eds.) *Method and Order in Renaissance Philosophy of Nature: The Aristotle Commentary Tradition.* Aldershot: Ashgate, 1997.

DI NAPOLI, G. *L'immortalità dell'anima nel Rinascimento.* Turim: Società editrice internationale, 1963.

DILLON, J. *The Middle Platonists: 80 B.C. to A.D. 220.* Ithaca, NI: Cornell University Press, 1977. Edição revisada, 1996.

DODDS, E. R. *The Greeks and the Irrational.* Berkeley, CA: University California Press, 1968.

DOYLE, J. P. "Suárez on the Analogy of Being". *Modern Schoolman*, 46: 29-40; 219-249, 1969.

_____. "Prolegomena to a Study of Extrinsic Denomination in the Work of Francis Suárez, S. J.". *Vivarium*, 22: 121-160, 1984.

_____. "Suárez on Beings of Reason and Truth". *Vivarium*, 25: 47-75; *ibid.* 26: 51-72, 1987-8.

_____. "'Extrinsic Cognoscibility': A Seventeenth-Century Super-transcendental Notion". *Modern Schoolman*, 68: 57-80, 1990.

_____. "Another God, Chimerae, Goat-Stags, and Man-Lions: A Seventeenth-Century Debate about Impossible Objects". *Review of Metaphysics*, 48: 771-808, 1995.

_____. "Between Transcendental and Transcendental: The Missing Link?". *Review of Metaphysics*, 50: 783-815, 1997.

_____. "Supertranscendental Nothing: A Philosophical Finisterre". *Medioevo*, 24: 1-30, 1998.

_____. "Supertranszendent". *In*: *Historisches Wörterbuch der Philosophie*, X. Basileia: [s.n.t.], 1999, p. 643-649.

_____. "Francisco Suárez, S. J. on Human Rights". *In*: *Menschenrechte: Rechte und Pflichten in Ost und West; Strukturen der Macht: Studien zum politischen Denken Chinas.* Edição K. Wegmann. Münster: [s.n.t.], 2001, p. 105-132.

DOYLE, J. P. "The Borders of Knowability: Thoughts From or Occasioned by Seventeenth-century Jesuits". *In*: *Die Logik des Transzendentalen: Festschrift für Jan A. Aertsen zum 65. Geburtstag*. Edição M. Pickave (Miscellanea Mediaevalia, XXX). Berlim: [s.n.t.], 2003, p. 643-658.

_____. "Wrestling with a Wraith: Andre Semery, S. J. (1630-1717) on Aristotle's Goat-Stag and Knowing the Unknowable". *In*: *The Impact of Aristotelianism on Modern Philosophy*. Ed. R. Pozzo (Studies in Philosophy and the History of Philosophy, XXXIX). Washington, DC: [s.n.t.], 2004, p. 84-112.

EBBERSMEYER, S. *Sinnlichkeit und Vernunft: Studien zur Rezeption und Transformation der Liebestheorie Platons in der Renaissance*. Munique: Wilhelm Fink Verlag, 2002.

EBBESEN, S. "Where Were the Stoics in the Late Middle Ages?". *In*: Strange e Zupko, 2004, p. 108-131.

EBERT, T. "Immortalitas oder Immaterialitas? Zum Untertitel von Descartes' Meditationen". *Archiv für Geschichte der Philosophie*, 74: 180-202, 1992.

EDWARDS, W. F. "Niccolò Leoniceno and the Origins of Humanist Discussion of Method". *In*: *Philosophy and Humanism. Renaissance Essays in Honor of Paul Oskar Kristeller*. Edição E. P. Mahoney. Nova Iorque: [s.n.t.], 1976, p. 283-305.

ERNST, G.; SALVETTI FIRPO L. "Tommaso Campanella e la cometa del 1618". *Bruniana & Campanelliana*, 2: 57-88, 1996.

FARAGO, C. "The Classification of the Visual Arts in the Renaissance". *In*: Kelley e Popkin, 1991, p. 23-48, 1991.

FATIO, O. *Nihil pulchrius ordine. Contribution à l'étude de l'établissement de la discipline ecclésiastique aux Pays-Bas ou Lambert Daneau aux Pays-Bas (1581-83)*. Genebra: Brill, 1971.

FEINGOLD, M.; FREEDMAN, J. S. E ROTHER, W. (eds.). *The Influence of Petrus Ramus: Studies in Sixteenth and Seventeenth Century Philosophy and Sciences*. Basileia: [s.n.t.], 2001.

FERA, V.; FERRAÙ, G. e RIZZO, S. (eds.). *Talking to the Text: Marginalia from Papyri to Print, Proceedings of a Conference held at Erice in 1998 as the 12th Course of the International School for the Study of Written Records*. 2 vols. Messina: [s.n.t.], 2002.

FERRUOLO, S. *The Origins of the University of Oxford*. Stanford, CA: Stanford University Press, 1985.

FESTUGIÈRE, J. *La philosophie de l'amour de Marsile Ficin et son influence sur la littérature française au XVIe siècle*. Paris: J. Vrin, 1941.

FIELD, A. "The Platonic Academy of Florence". *In*: Allen e Rees, 2002, p. 359-397.

FINDLEN, P. *Possessing Nature: Museums, Collecting and Scientific Culture in Early Modern Italy*. Berkeley, CA: [s.n.t.], 1994.

_____. "Building the House of Knowledge: The Structures of Thought in Late Renaissance Europe". *In*: Frängsmyr, 2001, p. 5-51.

FIRPO, L. *Il processo di Giordano Bruno*. Roma: Salerno Editrice, 1993.

FLASCH, K. *Nikolaus von Kues: Geschichte einer Entwicklung*. Frankfurt: Vittorio Klostermann, 1998.

FLINT, R. *Philosophy as Scientia Scientiarum and a History of Classifications of the Sciences*. Nova Iorque: [s.n.t.], 1904. Reimpresso em Nova Iorque: Arno Press, 1975.

FLINT, V. *The Rise of Magic in Early Medieval Europe*. Princeton, NJ: Princeton University Press, 1991.

FLORIDI, L. *Sextus Empiricus: The Transmission and Recovery of Pyrrhonism*. Oxford: Oxford University Press, 2002.

FLÜELER, C. "Ethica in Wien anno 1438: Die Kommentierung der Aristotelischen Ethik an der Wiener Artistenfakultät". *In*: *Schriften im Umkreis mitteleuropäischer Universitäten um 1400. Lateinische und volkssprachige Texte aus Prag, Wien und Heidelberg: Unterschiede, Gemeinsamkeiten, Wechselbeziehungen*. Edição M. Niesner, F. P. Knapp, e J. Miethke. Leiden: Brill, 2004.

FOLGADO, A. *Evolución histórica del concepto del derecho subjetivo: Estudio especial en los teológos-juristas españoles del siglo XVI*. Madri: San Lorenzo de El Escorial, 1960.

FOSTER, M. B. "The Christian Doctrine of Creation and the Rise of Modern Natural Science". *Mind*, 13: 446-468, 1934.

FOUCAULT, M. *The Order of Things: An Archeology of the Human Sciences*. Nova Iorque: Pantheon, 1971.

FRÄNGSMYR, T. *The Structure of Knowledge: Classifications of Science and Learning since the Renaissance*. Berkeley, CA: University of California, 2001.

FRANKLIN, J. *The Science of Conjecture: Evidence and Probability before Pascal*. Baltimore, MD: Johns Hopkins University Press, 2001.

FREEDBERG, D. *The Eye of the Lynx. Galileo, his Friends and the Beginnings of Modern Natural History*. Chicago: University of Chicago Press, 2002.

FREEDMAN, J. "Classifications of Philosophy, the Sciences and the Arts in Sixteenth- and Seventeenth-century Europe". *Modern Schoolman*, 72: 37-65, 1994.

FRENCH, P. A.; WETSTEIN, H. K. (eds.). *Renaissance and Early Modern Philosophy* (Midwest Studies in Philosophy, XXVI). Oxford: Basil Blackwell, 2002.

FÜHRER, M. L. "Cusanus Platonicus. References to the Term 'Platonici' in Nicholas of Cusa". *In*: *The Platonic Tradition in the Middle Ages*. Edição S. Gersh e M. J. F. M. Hoenen. Nova Iorque: [s.n.t.], 2002, p. 345-370.

GADAMER, H.-G. "Nikolaus von Kues in modernen Denken". *In*: *Nicolò Cusano agli inizi del mondo moderno*. Florença: Sansoni, 1970, p. 39-48.

GAGNÉ, J. "Du quadrivium aux scientiae mediae". *In*: *Arts libéraux et philosophie au moyen âge. Actes du Quatrième Colloque International de philosophie médiévale*. Montreal/Paris: [s.n.t.], 1969, p. 975-986.

GARBER, D.; AYERS, M. (eds.). *The Cambridge History of Seventeenth-Century Philosophy*. 2 vols. Cambridge: Cambridge University Press, 1998.

GARIN, E. *Giovanni Pico della Mirandola: vita e dottrina*. Florença: Le Monnier, 1937.

_____. "Le traduzioni umanistiche di Aristotele nel secolo XV". *Atti e Memorie dell'Accademia fiorentina di scienze morali "La colombaria"*, 16: 55-104, 1947-1950.

_____. *Prosatori latini del Quattrocento*. Milão: [s.n.t.], 1952.

GARIN, E. *La cultura filosofica del Rinascimento italiano. Ricerche e documenti*. Florença: [s.n.t.], 1979.

_____. *Astrology in the Renaissance: The Zodiac of Life*. Londres: [s.n.t.], 1983.

_____. "La fortuna dell'etica aristotelica nel Quattrocento". *In*: E. Garin, *La cultura filosofica del Rinascimento italiano. Ricerche e documenti*, 2. ed. Milão: [s.n.t.], 1994, p. 60-71.

GENEQUAND, C. *Ibn Rushd's Metaphysics*. Leiden: Book Lambda, 1986.

GENTILE, S. "Sulle prime traduzioni dal greco di Marsilio Ficino". *Rinascimento*, ser. 2 (30): 57-104, 1990.

GERL, H.-B. *Philosophie und Philologie: Leonardo Brunis Übertragung der Nikomachischen Ethik in ihren philosophischen Prämissen*. Munique: Fink, 1981.

GERMANN, M. *Die reformierte Stiftsbibliothek am Grossmünster Zürich im 16. Jahrhundert*. Wiesbaden: [s.n.t.], 1994.

GERSH, S. *Middle Platonism and Neoplatonism: The Latin Tradition*, 2 vols. Notre Dame, IN: University of Notre Dame Press, 1986.

GERSON, L. *Aristotle and other Platonists*. Ithaca, NI: Cornell University Press, 2005.

GETINO, L., OP, *El maestro fray Francisco de Vitoria. Su vida, su doctrina e influencia*. Madri: Imprenta la Rafa, 1930.

GIACOBBE, G. C. "Il Commentarium de certitudine in Mathematicam disciplinam di Alessandro Piccolomini". *Physis*, 14: 162-93, 1972a.

GIACOBBE, G. C. "Francesco Barozzi e la Quaestio de certitudine mathematicarum". *Physis*, 14: 357-374, 1972b.

_____. "La riflessione matematica di Pietro Catena". *Physis*, 15: 169-196, 1973.

GIACON, C. *La seconda scolastica*. 3 vols. Milão: [s.n.t.], 1944.

GIANNINI, S. *Percorsi metalinguistici: Giuliano di Toledo e la teoria della grammatica*. Milão: Franco Angeli, 1996.

GILBERT, N. *Renaissance Concepts of Method*. Nova Iorque: Columbia University Press, 1960.

_____. "Renaissance Aristotelianism and its Fate: Some Observations and Problems". *In*: *Naturalism and Historical Understanding: Essays on the Philosophy of J. H. Randall, Jr.* Edição J. P. Anton. Nova Iorque: State University of Nova Iorque Press, 1967, p. 42-52.

GILL, J. *The Council of Florence*. Cambridge: Cambridge University Press, 1959.

_____. *Personalities of the Council of Florence*. Oxford: Blackwell, 1964.

GILSON, E. "Autour de Pomponazzi. Problématique de l'immortalité de l'âme em Italie au début du XVIe siècle". *Archives d'histoire doctrinale et littéraire du Moyen Âge*, 36: 163-179, 1961.

_____. "L'affaire de l'immortalité de l'âme à Venise au début du XVIe siècle". *In*: *Umanesimo europeo e umanesimo Veneziano*. Edição V. Branca. Florença: Sansoni, 1963.

GIONTA, D. "Dallo scrittoio di Argiropulo: un nuovo paragrafo sulla fortuna dell'Etica Nicomachea tra Quattro e Cinquecento". *Studi umanistici*, 3: 7-57, 1992.

GIUSTINIANI, V. R. "Homo, Humanus, and the Meanings of 'Humanism'". *Journal of the History of Ideas*, 46 (2): 167-195, 1985.

GLEASON, E. G. *Gasparo Contarini: Venice, Roma, and Reform.* Berkeley, CA: [s.n.t.], 1993. Disponível em: http://ark.cdlib.org/ark:/13030/ft429005s2/.

GLUCKER, J. "Casaubon's Aristotle". *Classica et Mediaevalia*, 25: 274-296, 1964.

GODDARD, C. "Lucretius and Lucretian Science in the Works of Fracastoro". *Res publica litterarum*, 16: 186-192, 1993.

GOLDHILL, S. *Who Needs Greek? Contests in the Cultural History of Hellenism.* Cambridge: [s.n.t.], 2002.

GRAFTON, A. *Joseph Scaliger: A Study in the History of Classical Philology.* 2 vols. Oxford: [s.n.t.], 1983-93.

_____. "Protestant versus Prophet: Isaac Casaubon on Hermes Trismegistus". *In*: A. Grafton, *Defenders of the Text: The Traditions of Scholarship in an Age of Science, 1450-1800.* Cambridge, MA: [s.n.t.], 1991, p. 145-161.

_____. *Cardano's Cosmos: The Worlds and Works of a Renaissance Astrologer.* Cambridge, MA: Havard University Press, 1999.

_____. "Technica curiosa: Technology and Magic in Early Modern Europe". Ministrada em 23 out. 2002. Disponível em: www.princeton.edu/WebMedia/Lectures.

GRAFTON, A.; JARDINE, L. *From Humanism to the Humanities*. Cambridge, MA: Havard University Press, 1986.

GRAFTON, A.; NEWMAN, W. R. (eds.). "Introduction: The Problematic Status of Astrology and Alchemy in Early Modern Europe". *In*: *Secrets of Nature: Astrology and Alchemy in Early Modern Europe*. Cambridge, MA: MIT Press, 2001, p. 1-37.

GRAFTON, A.; SIRAISI, N. *Natural Particulars: Nature and the Disciplines in Renaissance Europe*. Cambridge, MA: MIT Press, 1999.

GRANADA, M. A. "Il rifiuto della distinzione fra potentia absoluta e potentia ordinata di Dio e l'affermazione dell' universo infinito in Giordano Bruno". *Rivista di storia della filosofia*, 49: 495-532, 1994.

_____. "Cálculos cronológicos, novedades cosmológicas y expectativas escatológicas en la Europa del siglo XVI". *Rinascimento*, 37: 357-435, 1997a.

_____. "Giordano Bruno et 'le banquet de Zeus chez les Éthiopiens': la transformation de la doctrine stoïcienne des exhalaisons humides de la terre". *Bruniana & Campanelliana*, 3: 185-207, 1997b.

_____. "'Esser spogliato dall'umana perfezione e giustizia'. Nueva evidencia de la presencia de Averroes en la obra y en el proceso de Giordano Bruno". *Bruniana & Campanelliana*, 5: 305-331, 1999.

_____. "Palingenio, Patrizi, Bruno, Mersenne: el enfrentamiento entre el principio de plenitud y la distinción potentia absoluta/ordinata Dei a propósito de la necesidad e infinitud del universo". *In*: *Potentia Dei. L'onnipotenza divina nel pensiero dei secoli XVI e XVII*. Edição G. Canziani, M. A. Granada, e Y. C. Zarka. Milão: [s.n.t.], 2000, p. 105-134.

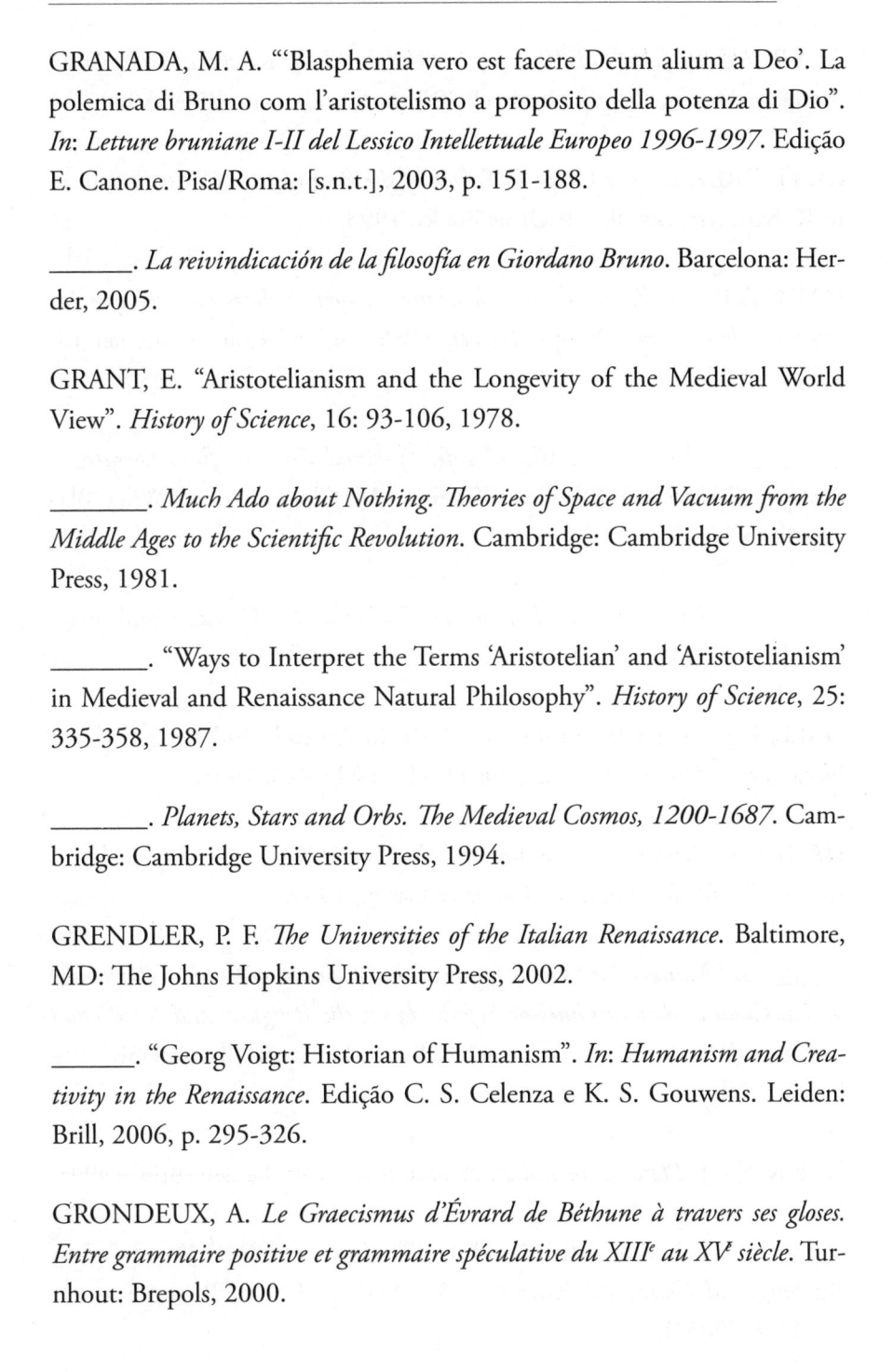

GRANADA, M. A. "'Blasphemia vero est facere Deum alium a Deo'. La polemica di Bruno com l'aristotelismo a proposito della potenza di Dio". *In*: *Letture bruniane I-II del Lessico Intellettuale Europeo 1996-1997*. Edição E. Canone. Pisa/Roma: [s.n.t.], 2003, p. 151-188.

_____. *La reivindicación de la filosofía en Giordano Bruno*. Barcelona: Herder, 2005.

GRANT, E. "Aristotelianism and the Longevity of the Medieval World View". *History of Science*, 16: 93-106, 1978.

_____. *Much Ado about Nothing. Theories of Space and Vacuum from the Middle Ages to the Scientific Revolution*. Cambridge: Cambridge University Press, 1981.

_____. "Ways to Interpret the Terms 'Aristotelian' and 'Aristotelianism' in Medieval and Renaissance Natural Philosophy". *History of Science*, 25: 335-358, 1987.

_____. *Planets, Stars and Orbs. The Medieval Cosmos, 1200-1687*. Cambridge: Cambridge University Press, 1994.

GRENDLER, P. F. *The Universities of the Italian Renaissance*. Baltimore, MD: The Johns Hopkins University Press, 2002.

_____. "Georg Voigt: Historian of Humanism". *In*: *Humanism and Creativity in the Renaissance*. Edição C. S. Celenza e K. S. Gouwens. Leiden: Brill, 2006, p. 295-326.

GRONDEUX, A. *Le Graecismus d'Évrard de Béthune à travers ses gloses. Entre grammaire positive et grammaire spéculative du XIIIe au XVe siècle*. Turnhout: Brepols, 2000.

GUERLAC, R. *Juan Luis Vives against the Pseudodialecticians: A Humanist Attack on Medieval Logic*. Dordrecht/Boston/Londres: D. Ridel, 1979.

GUTIÉRREZ, G. *Las Casas: In Search of the Poor of Jesus Christ*. Tradução R. R. Barr. Maryknoll, NI: Orbis Books, 1993.

HADOT, I. *Simplicius, sa vie, son œuvre, sa survie: Actes du Colloque Internationale de Paris, 28 sept.-1er oct. 1985*. Berlim/Nova Iorque: [s.n.t.], 1987.

_____. *Philosophy as a Way of Life: Spiritual Exercises from Socrates to Foucault*. Edição A. I. Davidson. Tradução M. Chase. Oxford: Wiley-Blackwell, 1995.

_____. *What Is Ancient Philosophy?* Tradução M. Chase. Cambridge, MA: [s.n.t.], 2002.

HALL, J. J. "The Classification of Birds, in Aristotle and Early Modern Naturalists". *History of Science*, 29: 111-151; 224-243, 1991.

HANKE, L. *Aristotle and the American Indians: A Study of Race Prejudice in the Modern World*. Londres: Hollins & Carter, 1959.

_____. *All Mankind is One: A Study of the Disputation between Bartolomé de Las Casas and Juan Gines de Sepúlveda on the Religious and Intellectual Capacity of the American Indians*. DeKalb, IL: Northern Illinois University Press, 1974.

HANKINS, J. *Plato in the Italian Renaissance*. 2 vols. Leiden: Brill, 1990a.

_____. "Cosimo de' Medici and the 'Platonic Academy'". *Journal of the Warburg and Courtauld Institutes*, 53: 144-162, 1990b. Reimpresso em Hankins, 2003-4.

HANKINS, J. "The Myth of the Platonic Academy of Florence". *Renaissance Quarterly*, 44: 429-475, 1991. Reimpresso em Hankins, 2003-4.

_____. "Lorenzo de' Medici as a Patron of Philosophy". *Rinascimento*, ser. 2 (34): 15-53, 1994. Reimpresso em Hankins, 2003-4.

_____. "Renaissance Crusaders: Humanist Crusade Literature in the Age of Mehmed II". *Dumbarton Oaks Papers*, 49: 111-207, 1995. Reimpresso em Hankins, 2003-4.

_____. "Humanism and the Origins of Modern Political Thought". *In*: *The Cambridge Companion to Renaissance Humanism*. Edição J. Kraye. Cambridge: Jill Kraye, 1996, p. 118-141.

_____. *Renaissance Civic Humanism: Reappraisals and Reflections*. Cambridge: Cambridge University Press, 2000a.

_____. "Rhetoric, History, and Ideology: The Civic Panegyrics of Leonardo Bruni". 2000b. *In*: Hankins, 2000a, p. 143-178.

_____. "Traduire l'Éthique d'Aristote: Leonardo Bruni et ses critiques". *In*: *Penser entre les lignes. Philologie et philosophie au Quattrocento*. Edição F. Mariani Zini. Paris: [s.n.t.], 2001, p. 133-159. Reimpresso em Hankins, 2003-4.

_____. "The Invention of the Platonic Academy of Florence". *Rinascimento*, ser. 2 (41): 1-39, 2002a. Reimpresso em Hankins, 2003-4.

_____. "Renaissance Philosophy and Book IV of Il Cortegiano". *In*: *Baldesar Castiglione: The Book of the Courtier*. Ed. D. Javitch. Nova Iorque: [s.n.t.], 2002b, p. 377-388. Versão expandida em Hankins, 2003-4.

_____. *Humanism and Platonism in the Italian Renaissance*. 2 vols. Roma: [s.n.t.], 2003-4.

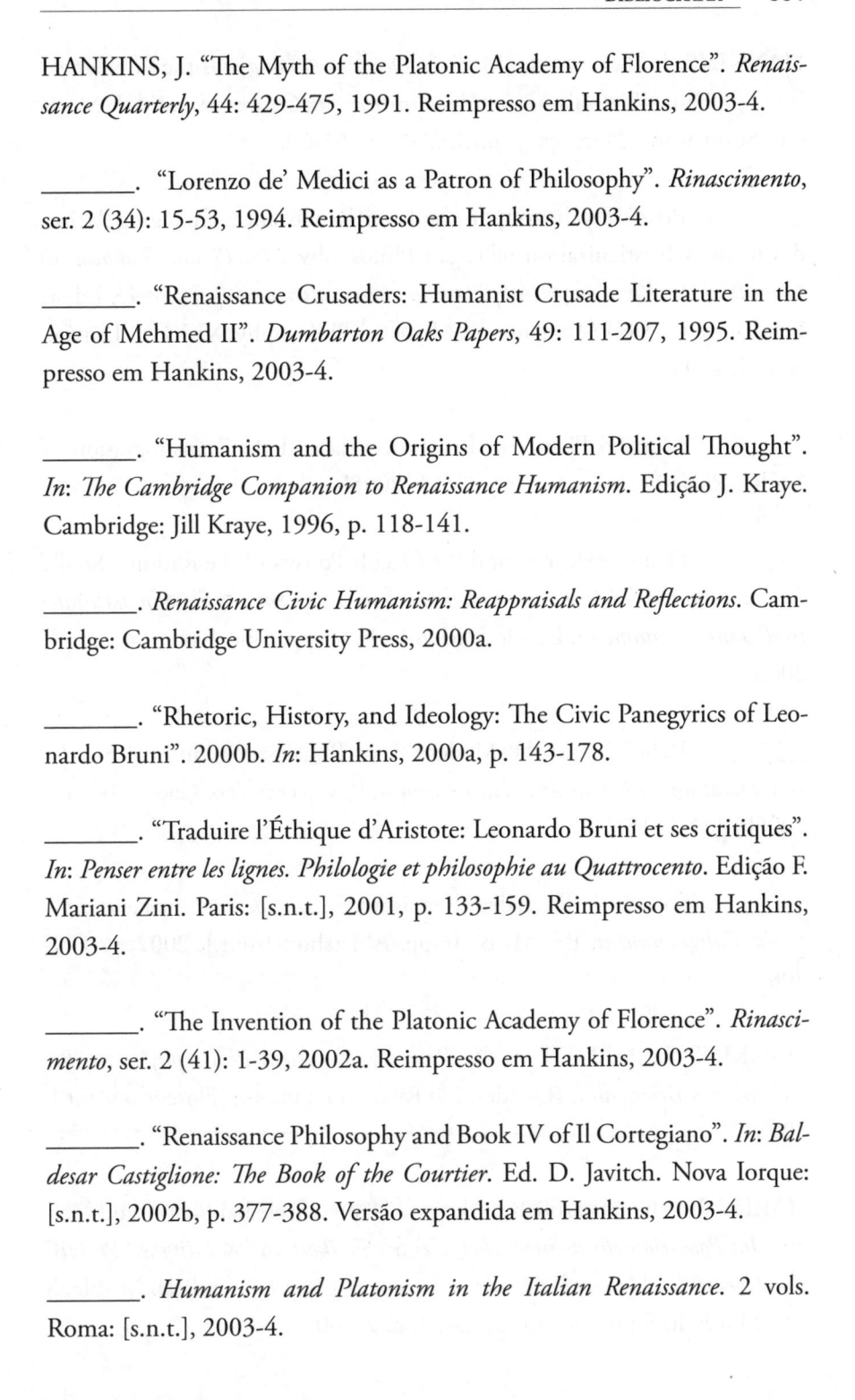

HANKINS, J. "Lorenzo de' Medici's *De summo bono* and the Popularization of Ficinian Platonism". *In*: *Humanistica: Per Cesare Vasoli*. Ed. F. Meroi e E. Scapparone. Florença: [s.n.t.], 2004, p. 61-69.

_____. "Plato's Psychogony in the Later Renaissance: Changing Attitudes to the Christianization of Pagan Philosophy". *In*: *Platons Timaeos als Grundtext der Kosmologie in Spätantike, Mittelalter und Renaissance*. Ed. T. Leinkauf e C. Steel (Ancient and Medieval Philosophy, XXXIV). Leuven: [s.n.t.], 2005a.

_____. "Marsilio Ficino on Reminiscentia and the Transmigration of Souls". *Rinascimento*, ser. 2 (45): 3-17, 2005b.

_____. "Ficino, Avicenna and the Occult Powers of the Rational Soul". *In*: *La magia nell'Europa moderna: tra antica sapienza e filosofia naturale: tradizione e mutamenti*. Edição F. Meroi e E. Scapparone. Florença: [s.n.t.], 2006a.

_____. "Religion and the Modernity of Renaissance Humanism". *In*: *Interpretations of Renaissance Humanism*. Ed. A. Mazzocco. Leiden: [s.n.t.], 2006b, p. 137-153.

_____. "Socrates in the Italian Renaissance". *In*: *Socrates, from Antiquity to the Enlightenment*. Ed. M. B. Trapp. Aldershot: [s.n.t.], 2007, p. 179-208.

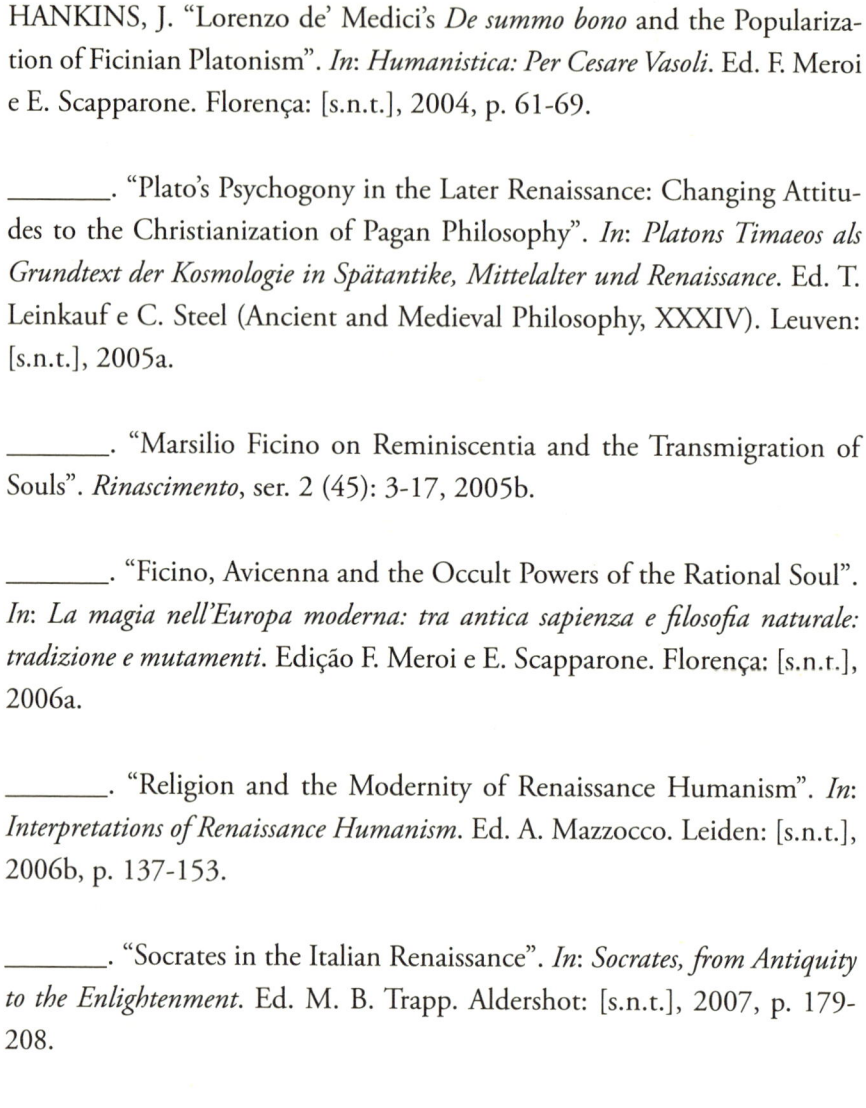

HANKINS, J.; PALMER, A. *The Recovery of Ancient Philosophy in the Renaissance: A Brief Guide* (Quaderni di Rinascimento, 44). Florença: [s.n.t.], 2008.

HARDY, J. "Die unsterbliche, erkenntnisfähige Seele bei Platon und Ficino". *In*: *Potentiale des menschlichen Geistes: Freiheit und Kreativität. Praktische Aspekte der Philosophie Marsilio Ficinos (1433-1499)*. Edição M. Bloch e B. Mojsisch. Stuttgart: [s.n.t.], 2003, p. 25-60.

HARRIES, K. "The Infinite Sphere: Comments on the History of a Metaphor". *Journal of the History of Philosophy*, 13: 5-15, 1975.

_____. "Problems of the Infinite: Cusanus and Descartes". *American Catholic Philosophical Quarterly*, 64: 89-110, 1990.

_____. *Infinity and Perspective*. Cambridge, MA: MIT Press, 2001.

HARRIS, R. *The Language-Makers*. Londres: Duckworth, 1980.

_____. *The Language Myth*. Nova Iorque: Duckworth, 1981.

HARRISON, P. *The Bible, Protestantism and the Rise of Natural Science*. Cambridge: Cambridge University Press, 1998.

_____. "Original Sin and the Problem of Knowledge in Early Modern Europe". *Journal of the History of Ideas*, 63: 239-259, 2002a.

_____. "Voluntarism and Early Modern Science". *History of Science*, 40: 63-89, 2002b.

_____. *The Fall of Man and the Foundations of Science*. Cambridge: Cambridge University Press, 2007.

HARTH, H. "Leonardo Brunis Selbstverständnis als Übersetzer". *Archiv für Kulturgeschichte*, 50: 41-63, 1968.

HARTLE, A. "Montaigne and Skepticism". In: *The Cambridge Companion to Montaigne*. Ed U. Langer. Cambridge: Cambridge University Press, 2005, p. 183-206.

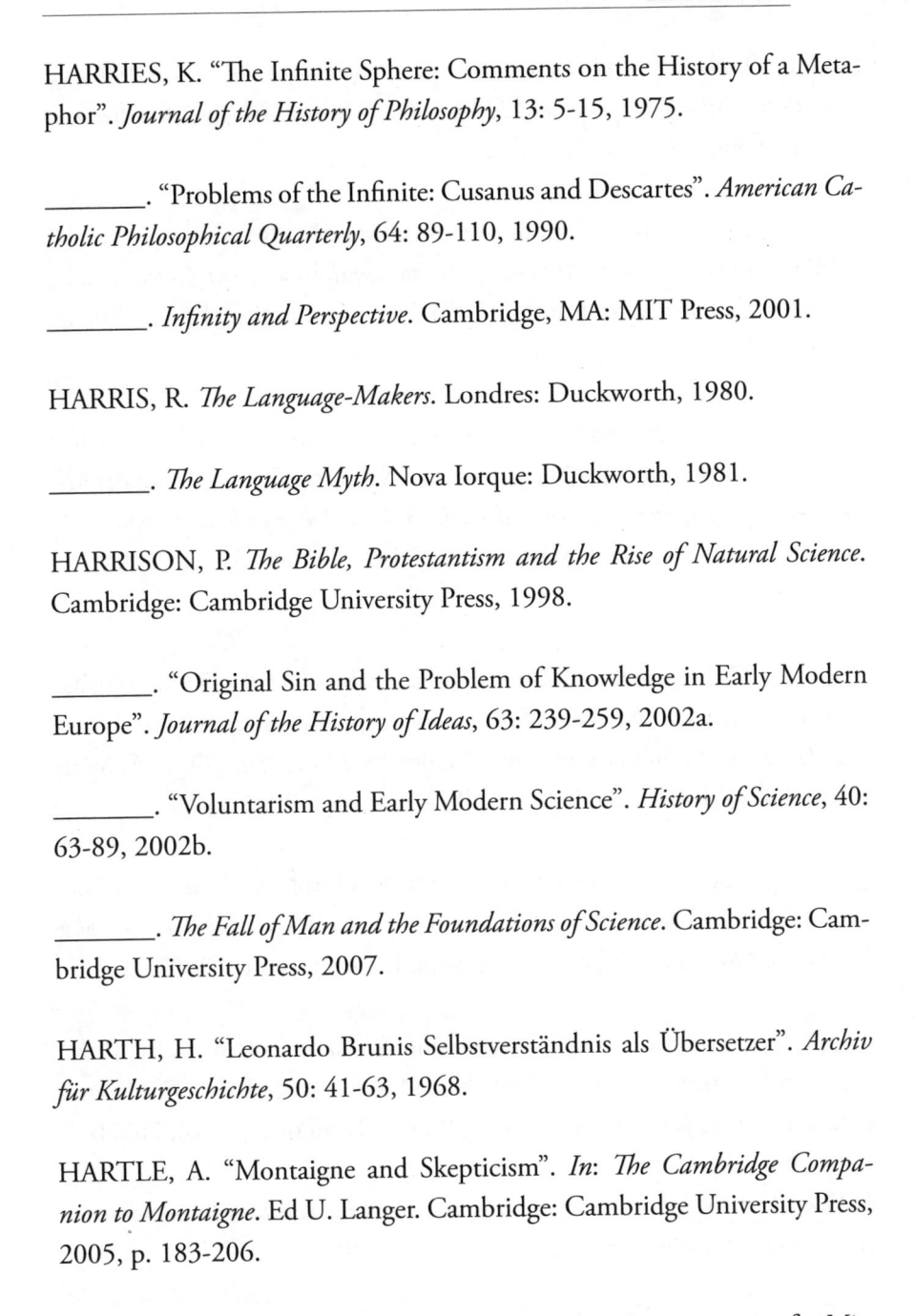

HASSE, D. N. "King Avicenna: The Iconographic Consequences of a Mistranslation". *Journal of the Warburg and Courtauld Institutes*, 60: 230-243, 1997.

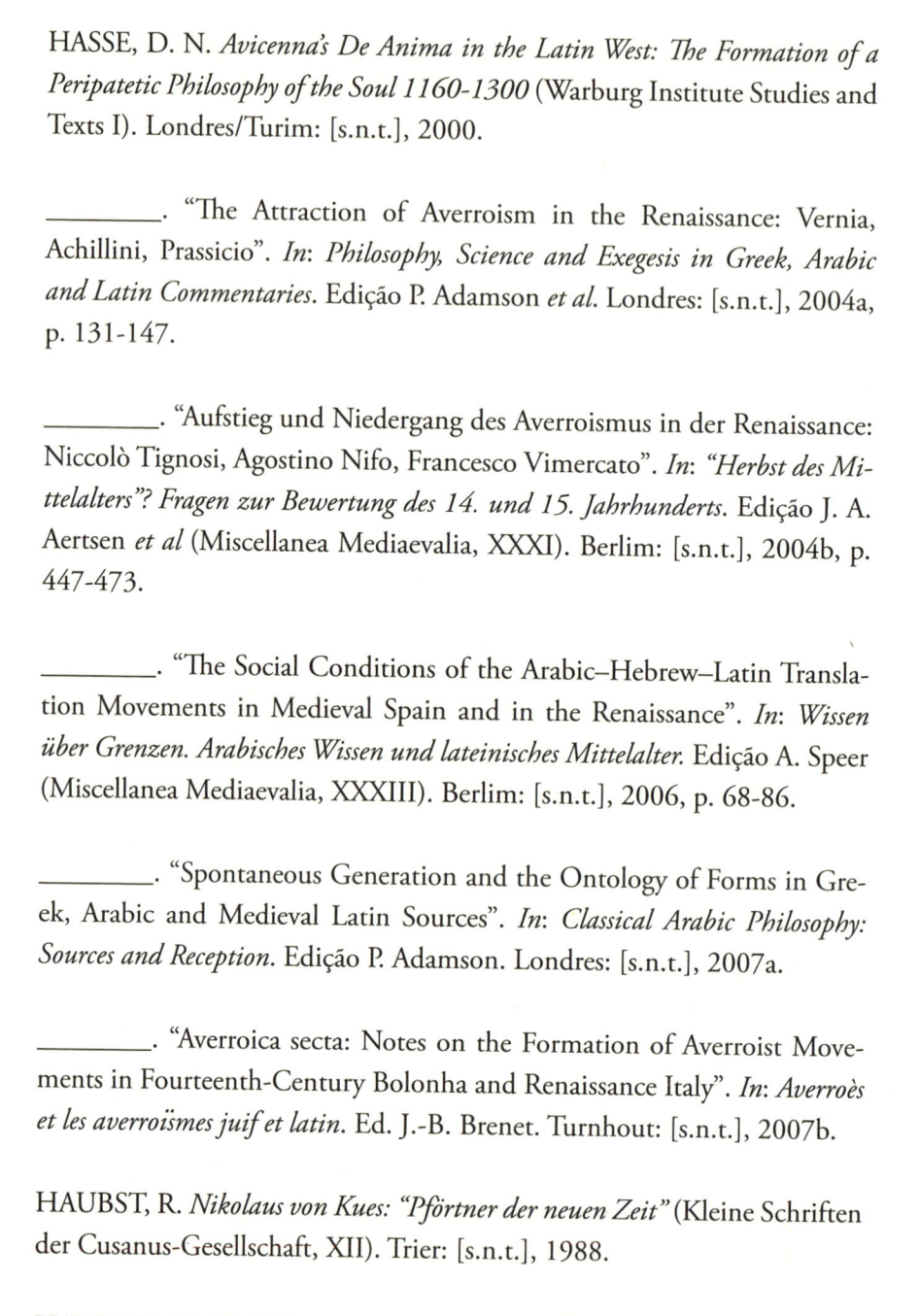

HASSE, D. N. *Avicenna's De Anima in the Latin West: The Formation of a Peripatetic Philosophy of the Soul 1160-1300* (Warburg Institute Studies and Texts I). Londres/Turim: [s.n.t.], 2000.

_____. "The Attraction of Averroism in the Renaissance: Vernia, Achillini, Prassicio". In: *Philosophy, Science and Exegesis in Greek, Arabic and Latin Commentaries*. Edição P. Adamson *et al*. Londres: [s.n.t.], 2004a, p. 131-147.

_____. "Aufstieg und Niedergang des Averroismus in der Renaissance: Niccolò Tignosi, Agostino Nifo, Francesco Vimercato". In: *"Herbst des Mittelalters"? Fragen zur Bewertung des 14. und 15. Jahrhunderts*. Edição J. A. Aertsen *et al* (Miscellanea Mediaevalia, XXXI). Berlim: [s.n.t.], 2004b, p. 447-473.

_____. "The Social Conditions of the Arabic–Hebrew–Latin Translation Movements in Medieval Spain and in the Renaissance". In: *Wissen über Grenzen. Arabisches Wissen und lateinisches Mittelalter*. Edição A. Speer (Miscellanea Mediaevalia, XXXIII). Berlim: [s.n.t.], 2006, p. 68-86.

_____. "Spontaneous Generation and the Ontology of Forms in Greek, Arabic and Medieval Latin Sources". In: *Classical Arabic Philosophy: Sources and Reception*. Edição P. Adamson. Londres: [s.n.t.], 2007a.

_____. "Averroica secta: Notes on the Formation of Averroist Movements in Fourteenth-Century Bolonha and Renaissance Italy". In: *Averroès et les averroïsmes juif et latin*. Ed. J.-B. Brenet. Turnhout: [s.n.t.], 2007b.

HAUBST, R. *Nikolaus von Kues: "Pförtner der neuen Zeit"* (Kleine Schriften der Cusanus-Gesellschaft, XII). Trier: [s.n.t.], 1988.

HAYOUN, M.-R.; LIBERA, A. de. *Averroès et l'averroisme*. Paris: Presses Universitaires de France, 1991.

HEADLEY, J. M. *Tommaso Campanella and the Transformation of the World*. Princeton, NJ: Princeton University Press, 1997.

HELM, P. "John Calvin, the Sensus Divinitatis and the Noetic Effects of Sin". *International Journal for Philosophy of Religion*, 43: 87-107, 1988.

HENRY, J. "Francesco Patrizi da Cherso's Concept of Space and its Later Influence". *Annals of Science*, 36: 549-575, 1979.

HIRAI, H. "Concepts of Seeds and Nature in the Work of Marsilio Ficino". *In*: Allen; Rees, 2002, p. 257-284.

HOBBINS, D. "The Schoolman as Public Intellectual: Jean Gerson and the Late Medieval Tract". *American Historical Review*, 108: 1308-1337, 2003.

HOLFORD-STREVENS, L. *Aulus Gellius. An Antonine Scholar and his Achievement*. Oxford: Oxford University Press, 2003.

HÖLTGEN, K. J. "Synoptische Tabellen in der medizinischen Literatur und die Logik Agricolas und Ramus". *Sudhoffs Archiv*, 49: 371-390, 1965.

HOPKINS, J. "Nicholas of Cusa". *In*: *Dictionary of the Middle Ages*. Edição J. R. Strayer. Nova Iorque: Charles Scribner's Sons, 1987.

_____. "Nicholas of Cusa (1401-1464): First Modern Philosopher?". *Midwest Studies in Philosophy*, 26: 13-29, 2002.

HOTSON, H. *Johann Heinrich Alsted 1588-1638: Between Renaissance, Reformation and Universal Reform*. Oxford: Oxford University Press, 2000.

HÜNEMÖRDER, C. "Aims and Intentions of Botanical and Zoological Classification in the Middle Ages and Renaissance". *History and Philosophy of the Life Science*, 5: 53-67, 1983.

INGEGNO, A. "La riscoperta degli antichi e la polemica antiscolastica". *In*: *Storia della filosofia*, vol. III: *Dal quattrocento al seicento*. Edição P. Rossi e C. A. Viano. Roma/Bari: [s.n.t.], 1995, p. 19-38.

JACOB, A. "Henry More's Psychodia platonica and its Relationship to Marsilio Ficino's Theologica platonica". *Journal of the History of Ideas*, 46: 503-522, 1985.

JACOBS, H. *Divisiones philosophiae: Spanische Klassifikationen der Künste und Wissenschaften im Mittelalter und Siglo de Oro*. Frankfurt am Main: Vervuert Verlag, 1996.

JAEGER, W. *Aristotle: Fundamentals of the History of his Development*. 2. ed. Oxford: Clarendon Press, 1948.

JANOWSKI, Z. *Cartesian Theodicy*. Dordrecht: Kluwer, 2002.

JARDINE, L. "Lorenzo Valla and the Intellectual Origins of Humanist Dialectic". *Journal of the History of Philosophy*, 15: 143-164, 1977.

_____. "Lorenzo Valla: Academic Skepticism and the New Humanist Dialectic". *In*: *The Skeptical Tradition*. Edição M. F Burnyeat. Berkeley, CA: University of California Press, 1983, p. 253-286.

_____. "Humanist Logic". *In*: Schmitt *et al*, 1988ª, p. 173-198.

_____. "Distinctive Discipline: Rudolph Agricola's Influence on Methodical Thinking in the Humanities". *In*: *Rodolphus Agricola Phrisius, 1444-1485*. Edição F. Akkerman e A. J. Vanderjagt. Leiden: Brill, 1988b, p. 38-57.

JAYNE, S. *Library Catalogues of the English Renaissance*. Berkeley, CA: University of California Press, 1956.

JAYNE, S. *John Colet and Marsilio Ficino*. Oxford: Oxford University Press, 1963.

_____. *Plato in Renaissance England*. Dordrecht: Kluwer, 1995.

JENSEN, K. "Humanist Latin Grammars in Germany and their Italian Background". *In*: *Italia ed Europa nella linguistica del Rinascimento: Confronti e relazioni, vol. II: L'Italia e l'Europa non romanza. Le lingue orientali*. Ed. M. Tavoni. Módena: [s.n.t.], 1996, p. 23-41.

JOLIVET, J. "Classification des sciences". *In*: *Histoire des sciences árabes*. Edição R. Rashed. Paris: [s.n.t.], 1977, vol. III, p. 255-270.

JONES, H. *The Epicurean Tradition*. Londres: Routledge, 1989.

KARAMANOLIS, G. "Plethon and Scholarios on Aristotle". *In*: *Byzantine Philosophy and its Ancient Sources*. Edição K. Ierodiakonou. Oxford: 2002, p. 253-282.

KASSEL, R. "Unbeachtete Renaissance-Emendationen zur Aristotelischen Poetik". *Rheinisches Museum für Philologie*, 105: 111-121, 1962.

KELLEY, D. *The Descent of Ideas: The History of Intellectual History*. Aldershot: Ashgate, 2002.

KELLEY, D.; POPKIN, R. (eds.). *The Shapes of Knowledge from the Renaissance to the Enlightenment*. Dordrecht: Kluwe Academic Publishers, 1991.

KERN, I. "Die Vermittlung chinesischer Philosophie in Europa". *In*: *Grundriss der Geschichte der Philosophie. Die Philosophie des 17. Jahrhunderts*. Edição J.-P. Schobinger. Basileia: [s.n.t.], 1998, vol. I, p. 225-295.

KESSLER, E. "The Intellective Soul". *In*: Schmitt *et al*, 1988, p. 485-534.

KIDWELL, C. *Pontano: Poet and Prime Minister*. Londres: Duckworth, 1991.

KIECKHEFFER, R. *Magic in the Middle Ages*. Cambridge: Cambridge University Press, 1990.

KLEIN, W. P. *Am Anfang war das Wort: Theorie- und Wissenschafts-geschichtliche Elemente frühneuzeitlichen Sprachbewußtseins*. Berlim: Akademie Verlag, 1992.

KLIBANSKY, R.; PANOFSKY, E.; SAXL, E. *Saturn and Melancholy: Studies in the History of Natural Philosophy, Religion, and Art*. Londres: Cambridge University Press, 1964.

KNEALE, W.; KNEALE, M. *The Development of Logic*. Oxford: Oxford University Press, 1962.

KNEBEL, S. K. W. *Wille, Würfel und Wahrscheinlichkeit. Das System der moralischen Notwendigkeit in der Jesuitenscholastik 1550-1700*. Hamburgo: Meiner, 2000.

KOHL, B. *Culture and Politics in Early Renaissance Padua*. Aldershot: Meiner, 2001.

KOHL, B. G.; WITT, R. *The Earthly Republic: Italian Humanists on Government and Society*. Filadélfia, PA: University of Pensylvania, 1978.

KOROLEC, J. B. "Le commentaire de Jean Buridan sur l'Éthique à Nicomaque et l'université de Cracovie dans la première moitié du XVe siècle". *Organon*, 10: 87-208, 1973.

KOYRÉ, A. *From the Closed World to the Infinite Universe*. Baltimore, MD: Johns Hopkins Press, 1957.

KRAJEWSKI, M. *Die Geburt der Kartei aus dem Geist der Bibliothek*. Berlim: [s.n.t.], 2002.

KRAYE, J. "The Pseudo-Aristotelian Theology in Sixteenth- and Seventeenth-Century Europe". *In*: *Pseudo-Aristotle in the Middle Ages*. Edição Kraye *et al*. Londres: [s.n.t.], 1986, p. 265-286. Reimpresso em Kraye, 2002a.

_____. "Daniel Heinsius and the Author of 'De Mundo'". *In*: *The Uses of Greek and Latin: Historical Essays*. Ed. A. C. Dionisotti, A. Grafton, e J. Kraye. Londres: [s.n.t.], 1988a, p. 171-197. Reimpresso em Kraye, 2002a.

_____. "Moral Philosophy". *In*: Schmitt *et al*, 1988b, p. 303-86.

_____. "Aristotle's God and the Authenticity of *De Mundo*: An Early Modern Controversy". *Journal of the History of Philosophy*, 28: 339-358, 1990. Reimpresso em Kraye, 2002a.

_____. "Alexander of Aphrodisias, Gianfrancesco Beati and the Problem of Metaphysics". *In*: *Renaissance Society and Culture: Essays in Honor of E. F. Rice, Jr.* Edição J. Monfasani e R. G. Musto. Nova Iorque: [s.n.t.], 1991, p. 137-160. Reimpresso em Kraye, 2002a.

_____. "Like Father, Like Son: Aristotle, Nicomachus, and the Nicomachean Ethics". *In*: *Aristotelica et Lulliana magistro doctissimo Charles H. Lohr* [...] *dedicata*. Ed. F. Domínguez *et al*. Haia: [s.n.t.], 1995a, p. 155-180. Reimpresso em Kraye, 2002a.

_____. "The Printing History of Aristotle in the Fifteenth Century: A Bibliographical Approach to Renaissance Philosophy". *Renaissance Studies*, 9: 189-211, 1995b. Reimpresso em Kraye, 2002a.

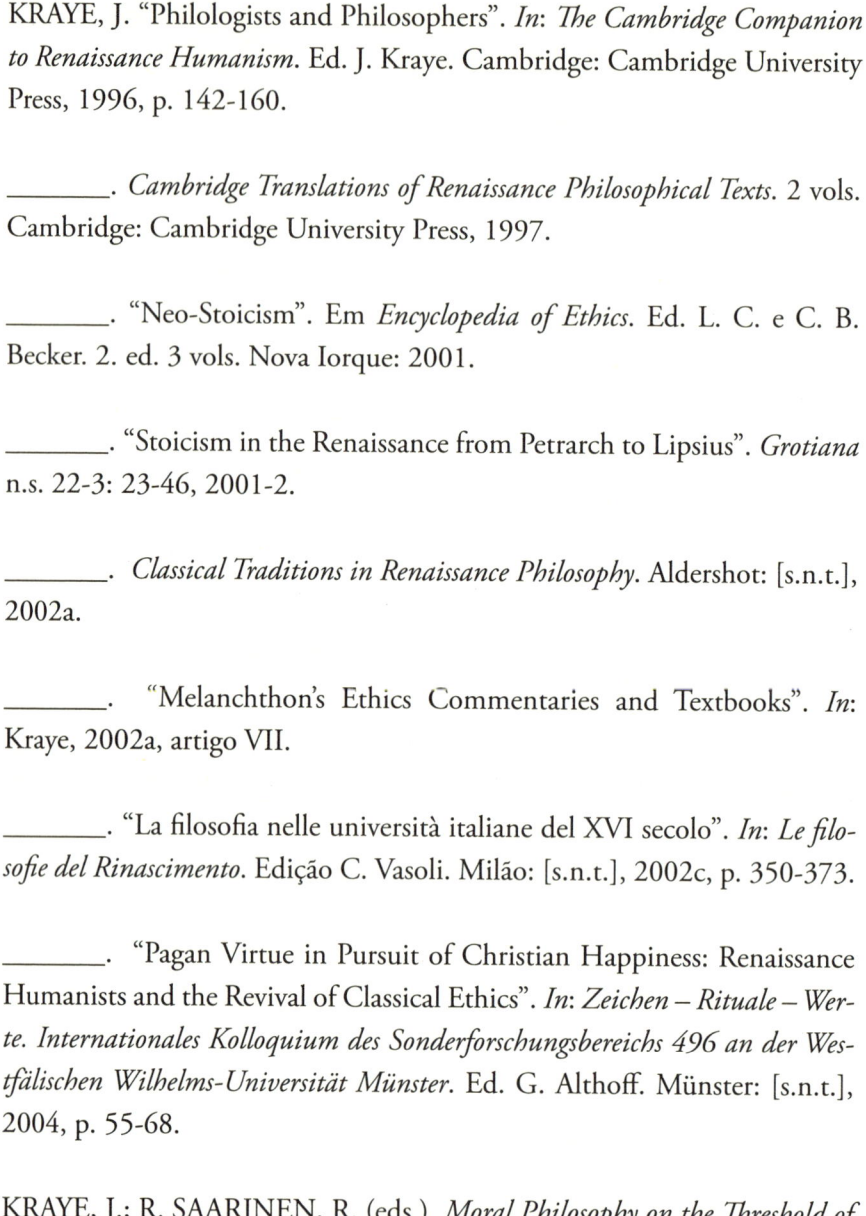

KRAYE, J. "Philologists and Philosophers". *In*: *The Cambridge Companion to Renaissance Humanism*. Ed. J. Kraye. Cambridge: Cambridge University Press, 1996, p. 142-160.

_____. *Cambridge Translations of Renaissance Philosophical Texts*. 2 vols. Cambridge: Cambridge University Press, 1997.

_____. "Neo-Stoicism". Em *Encyclopedia of Ethics*. Ed. L. C. e C. B. Becker. 2. ed. 3 vols. Nova Iorque: 2001.

_____. "Stoicism in the Renaissance from Petrarch to Lipsius". *Grotiana* n.s. 22-3: 23-46, 2001-2.

_____. *Classical Traditions in Renaissance Philosophy*. Aldershot: [s.n.t.], 2002a.

_____. "Melanchthon's Ethics Commentaries and Textbooks". *In*: Kraye, 2002a, artigo VII.

_____. "La filosofia nelle università italiane del XVI secolo". *In*: *Le filosofie del Rinascimento*. Edição C. Vasoli. Milão: [s.n.t.], 2002c, p. 350-373.

_____. "Pagan Virtue in Pursuit of Christian Happiness: Renaissance Humanists and the Revival of Classical Ethics". *In*: *Zeichen – Rituale – Werte. Internationales Kolloquium des Sonderforschungsbereichs 496 an der Westfälischen Wilhelms-Universität Münster*. Ed. G. Althoff. Münster: [s.n.t.], 2004, p. 55-68.

KRAYE, J.; R. SAARINEN, R. (eds.). *Moral Philosophy on the Threshold of Modernity*. Dordrecht: Kluwer Academic, 2005.

KRAYE, J.; STONE, M. W. F. (eds.) *Humanism and Early Modern Philosophy*. Londres: Routledge, 2000.

KRISTELLER, P. O. *Supplementum Ficinianum*. 2 vols. Florença: [s.n.t.], 1938.

_____. *The Philosophy of Marsilio Ficino*. Tradução V. Conant. Nova Iorque: [s.n.t.], 1943. Reimpresso em Gloucester, MA: [s.n.t.], 1964. Ver Kristeller, 1988.

_____. "Humanism and Scholasticism in the Italian Renaissance". *Byzantion*, 17: 346-374, 1945. Reimpresso em Kristeller, 1956-96, vol. I, p. 553-583.

_____. "The Modern System of the Arts". *Journal of the History of Ideas*, 12: 496-527, 1951.

_____. "Petrarch's 'Averroists': A Note on the History of Aristotelianism in Venice, Padua, and Bolonha". *Bibliothèque d'Humanisme et Renaissance*, 14: 59-65, 1952. Reimpresso em Kristeller, 1956-96, vol II, p. 209-216.

_____. "Two Unpublished Questions on the Soul of Pietro Pomponazzi". *Medievalia et Humanistica*, 9: 76-101, 1955. Reimpresso em Kristeller, 1956-96, vol. III, p. 359-392.

_____. "The Moral Thought in Renaissance Humanism". *In*: Kristeller, 1956-96, vol. I, p. 553-583.

_____. *Studies in Renaissance Thought and Letters*. 4 vols. Roma: [s.n.t.], 1956-96.

_____. "Giovanni Pico della Mirandola and his Sources". *In*: *L'Opera e il pensiero di Giovanni Pico della Mirandola nella storia dell'umanesimo: Convegno internazionale*. Florença: [s.n.t.], 1965a, p. 35-142.

_____. "Paduan Averroism and Alexandrism in the Light of Recent Studies". *In*: Kristeller 1956-96, vol. II, p. 111-18. 1965b.

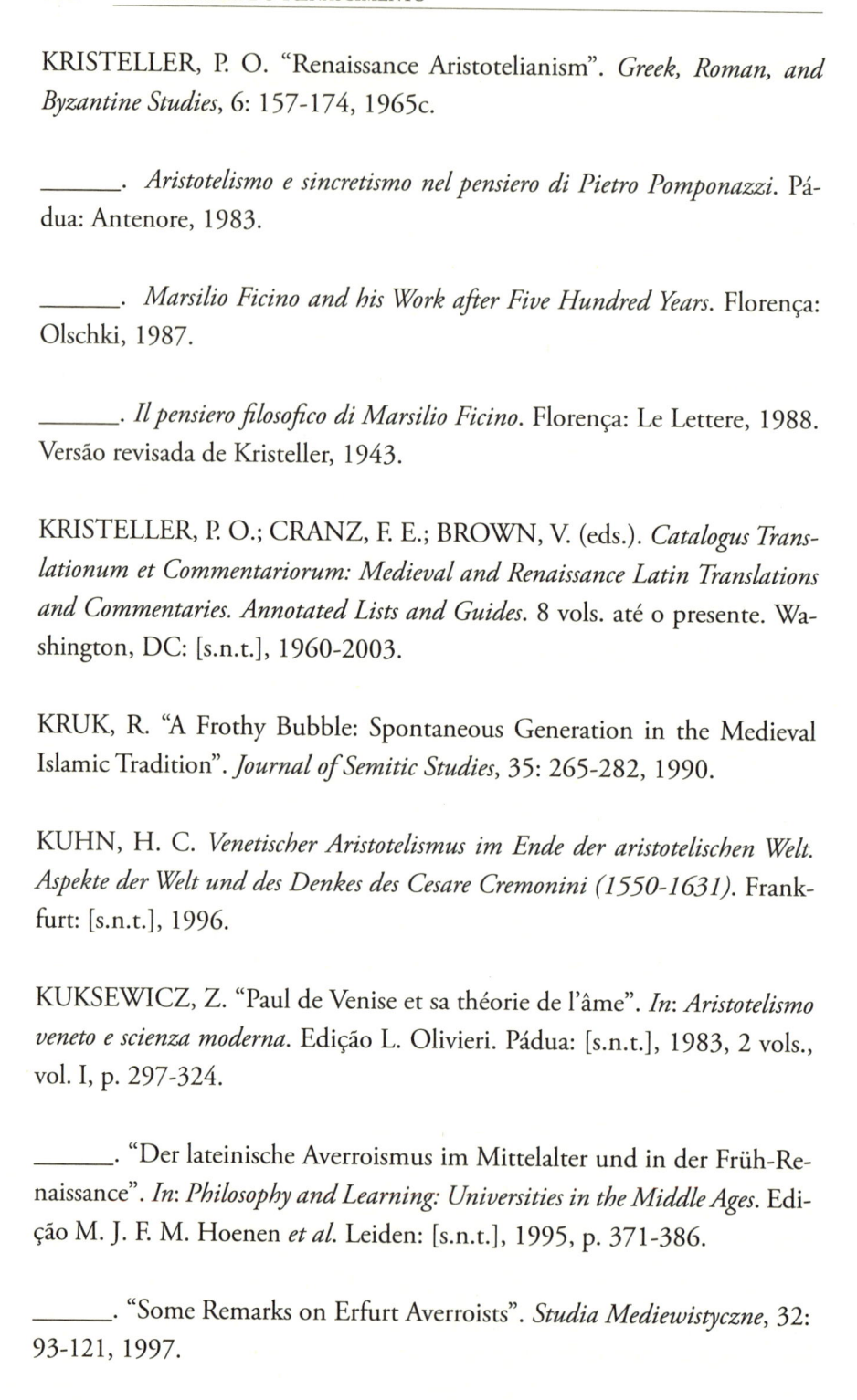

KRISTELLER, P. O. "Renaissance Aristotelianism". *Greek, Roman, and Byzantine Studies*, 6: 157-174, 1965c.

_____. *Aristotelismo e sincretismo nel pensiero di Pietro Pomponazzi*. Pádua: Antenore, 1983.

_____. *Marsilio Ficino and his Work after Five Hundred Years*. Florença: Olschki, 1987.

_____. *Il pensiero filosofico di Marsilio Ficino*. Florença: Le Lettere, 1988. Versão revisada de Kristeller, 1943.

KRISTELLER, P. O.; CRANZ, F. E.; BROWN, V. (eds.). *Catalogus Translationum et Commentariorum: Medieval and Renaissance Latin Translations and Commentaries. Annotated Lists and Guides*. 8 vols. até o presente. Washington, DC: [s.n.t.], 1960-2003.

KRUK, R. "A Frothy Bubble: Spontaneous Generation in the Medieval Islamic Tradition". *Journal of Semitic Studies*, 35: 265-282, 1990.

KUHN, H. C. *Venetischer Aristotelismus im Ende der aristotelischen Welt. Aspekte der Welt und des Denkes des Cesare Cremonini (1550-1631)*. Frankfurt: [s.n.t.], 1996.

KUKSEWICZ, Z. "Paul de Venise et sa théorie de l'âme". *In: Aristotelismo veneto e scienza moderna*. Edição L. Olivieri. Pádua: [s.n.t.], 1983, 2 vols., vol. I, p. 297-324.

_____. "Der lateinische Averroismus im Mittelalter und in der Früh-Renaissance". *In: Philosophy and Learning: Universities in the Middle Ages*. Edição M. J. F. M. Hoenen *et al*. Leiden: [s.n.t.], 1995, p. 371-386.

_____. "Some Remarks on Erfurt Averroists". *Studia Mediewistyczne*, 32: 93-121, 1997.

KUSUKAWA, S. "Bacon's Classification of Knowledge". *In: The Cambridge Companion to Bacon*. Edição M. Peltonen. Cambridge: Cambridge University Press, 1996, p. 47-74.

KUTTNER, S. "Harmoni from Dissonance: An Interpretation of Medieval Canon Law". *In*: S. Kuttner, *History of Ideas and Doctrines of Canon Law in the Middle Ages*, artigo I. Londres: [s.n.t.], 1980.

LAARMANN, M. "Sokrates im Mittelalter". *In: Lexikon des Mittelalters*. Ed. R. Auty *et al.* Munique: [s.n.t.], 1995, vol. VII.

LACKNER, D. "The Camaldolese Academy: Ambrogio Traversari, Marsilio Ficino and the Christian Platonic Tradition". 2002. *In*: Allen; Rees, 2002, p. 15-44.

LAFFRANCHI, M. *Dialettica e filosofia in Lorenzo Valla*. Milão: [s.n.t.], 1999.

LAMBERTON, R. *Homer the Theologian: Neoplatonist Allegorical Readings and the Growth of the Epic Tradition*. Berkeley, CA: University of California Press, 1986.

LANGER, U. *Perfect Friendship: Studies in Literature and Moral Philosophy from Boccaccio to Corneille*. Genebra: Librairie Droz, 1994.

_____. "The Ring of Gyges in Plato, Cicero, and Lorenzo Valla: The Moral Force of Fictional Examples". *In: Res et Verba in der Renaissance*. Edição E. Kessler e I. Maclean. Wiesbaden: Harrassowitz in Komm, 2002, p. 131-145.

LEIJENHORST, C. "'Insignificant Speech': Thomas Hobbes and Late Aristotelianism on Words, Concepts and Things". *In: Res et Verba in der Renaissance*. Edição E. Kessler e I. Maclean. Wiesbaden: Harrassowitz in Komm 2002, 337-367.

LEITGEB, M.-C. *Liebe und Magie: die Geburt des Eros und Ficinos "De amore"*. Viena: Roesner, 2004.

LEITH, J. (ed.). *Creeds of the Churches*. Atlanta, GA: Jonh Knox, 1982.

LEMAY, R. "The Fly against the Elephant: Flandinus against Pomponazzi on Fate". *In*: *Philosophy and Humanism. Renaissance Essays in Honor of Paul Oskar Kristeller*. Ed. E. P. Mahoney. Nova Iorque: Brill, 1976, p. 70-99.

LERNER, M.-P. "Le 'livre vivant' de Dieu: la cosmologie évolutive de Tommaso Campanella". *Baroque*, 12: 111-129, 1987.

_____. "La physique céleste de Telesio: problèmes d'interpretation". *In*: *Atti del Convegno Internazionale di Studi su Bernardino Telesio, Cosenza, 12-13 maggio 1989*. Cosenza: [s.n.t.], 1990, p. 83-114.

_____. "La science galiléenne selon Campanella". *Bruniana & Campanelliana*, 1: 121-156, 1995.

_____. *Le monde des sphères, II: La fin du cosmos classique*. Paris: [s.n.t.], 1997.

_____. "Campanella lecteur de Bruno?". *In*: *La filosofia di Giordano Bruno. Problemi ermeneutici e storiografici*. Edição E. Canone. Florença: [s.n.t.], 2003, p. 387-415.

_____. "Cosmologia". *In*: *Enciclopedia Bruniana e Campanelliana*. Edição E. Canone e G. Ernst. Pisa/Roma: [s.n.t.], 2006, cols. 220-229.

LÉVI-STRAUSS, C. *La pensée sauvage*. Paris: Plon, 1962.

LEWALTER, E. *Spanisch-jesuitische und deutsch-lutherische Metaphysik des 17. Jahrhunderts: Ein Beitrag zur Geschichte der iberisch-deutschen*

Kulturbeziehungen und zur Vorgeschichte des deutschen Idealismus. Hamburgo: [s.n.t.], 1935. Reimpresso em Darmstadt: Wissenschaftl, 1967.

LEWIS, B. *What Went Wrong? The Clash between Islam and Modernity in the Middle East.* Nova Iorque: Harper Perennial, 2003.

LINDBERG, D. C. *Science in the Middle Ages.* Chicago: University of Chicago Press, 1977.

LINES, D. A. "Natural Philosophy in Renaissance Italy: The University of Bolonha and the Beginnings of Specialization". *Early Science and Medicine,* 6: 267-323, 2001.

_____. *Aristotle's Ethics in the Italian Renaissance (ca. 1300-1650): The Universities and the Problem of Moral Education.* Leiden: Brill, 2002a.

_____. "University Natural Philosophy in Renaissance Italy: The Decline of Aristotelianism?". *In: The Dynamics of Aristotelian Natural Philosophy from Antiquity to the Seventeenth Century.* Edição C. Leijenhorst, C. Lüthy, e J. M. M. H. Thijssen. Leiden: Brill, 2002b.

_____. "Moral Philosophy in the Universities of Medieval and Renaissance Europe". *History of Universities,* 20 (1): 38-80, 2005a.

_____. "Sources and Authorities for Moral Philosophy in the Italian Renaissance: Thomas Aquinas and Jean Buridan on Aristotle's Ethics". *In:* Kraye; Saarinen, 2005, p. 7-29. 2005b.

_____. "Humanism and the Italian Universities". *In: Humanism and Creativity in the Renaissance: Essays in Honor of Ronald G. Witt.* Edição C. S. Celenza e K. Gouwens. Leiden/Boston: [s.n.t.], 2006a, p. 327-346.

LINES, D. A. "Einleitung". *In*: Eustratius, Aspasius, Michael Ephesius *et al.*, *Aristotelis Ethicorum moralium Nicomachiorum libri X una cum [...] graecorum explanationibus*. Tradução latina de Johannes Bernardus Felicianus, 2006b. Fac-símile da edição Stuttgart de Paris, 1543.

_____. "Pagan and Christian Ethics: Girolamo Savonarola and Ludovico Valenza on Moral Philosophy". *Documenti e studi sulla tradizione filosofica medievale*, 17: 427-444, 2006c.

_____. "Research and Perspectives in Renaissance Ethics". *Mediaevalia. Textos e estudos* (no prelo).

_____. "Theodor Zwinger's Vision of Ethics: Three Unpublished Works". *In*: *Ethik – Wissenschaft oder Lebenskunst? Modelle der Normenbegründung von der Antike bis zur Frühen Neuzeit*. Edição S. Ebbersmeyer e E. Kessler. Berlim: [s.n.t.], 2007.

LOHR, C. H. "Some Early Aristotelian Bibliographies". *Nouvelles de la Republique des Lettres*, 1: 87-116, 1981.

_____. *Latin Aristotle Commentaries*. Vol. II: *Renaissance Authors*. Florença: [s.n.t.], 1988.

_____. "The Sixteenth-Century Transformation of the Aristotelian Division of the Speculative Sciences". *In*: Kelley; Popkin, 1991, p. 49-58, 1991.

_____. "Renaissance Latin Translations of the Greek Commentaries on Aristotle". *In*: Kraye; Stone, 2000, p. 24-40, 2000.

_____. "The Social Situation of the Study of Aristotelian Natural Philosophy in the Sixteenth and Seventeenth Century". *In*: *The Dynamics of Aristotelian Natural Philosophy from Antiquity to the Seventeenth Century*. Ed. C. Leijenhorst, C. Lüthy, e J. M. M. Thijssen. Leiden: [s.n.t.], 2002a, 343-348.

LONG, A. A.; SEDLEY, D. (eds.). *The Hellenistic Philosophers*. 2 vols. Cambridge: Cambridge University Press, 1987.

LOWRY, M. *The World of Aldus Manutius*. Oxford: [s.n.t.], 1979.

LÜTHY, C. "An Aristotelian Watchdog as Avant-Garde Physicist: Julius Caesar Scaliger". *The Monist*, 84: 542-361, 2001.

LUTZ, C. "Remigius' Ideas on the Classification of the Seven Liberal Arts". *Traditio*, 12: 65-86, 1956.

MACCLINTOCK, S. *Perversity and Error: Studies on the "Averroist" John of Jandun*. Bloomington, IN: [s.n.t.], 1956.

MACINTYRE, A. *After Virtue: A Study in Moral Theory*. 2. ed. Notre Dame, IN: [s.n.t.], 1984.

_____. "Rival Aristotles: Aristotle against some Renaissance Aristotelians". In: *Ethics and Politics: Selected Essays*. 2 vols. Cambridge: [s.n.t.], 2006, vol. II, p. 3-20.

MACK, P. "Rudolph Agricola's Reading of Literature". *Journal of the Warburg and Courtauld Institutes*, 48: 23-41, 1985.

_____. *Renaissance Argument: Valla and Agricola in the Traditions of Rhetoric and Dialectic*. Leiden: Brill, 1993.

MAHNKE, D. *Unendliche Sphäre und Allmittelpunkt*. Halle: [s.n.t.], 1937.

MAHONEY, E. P. "Nicoletto Vernia and Agostino Nifo on Alexander of Aphrodisias: An Unnoticed Dispute". *Rivista critica di storia della filosofia*, 23: 268-296, 1968.

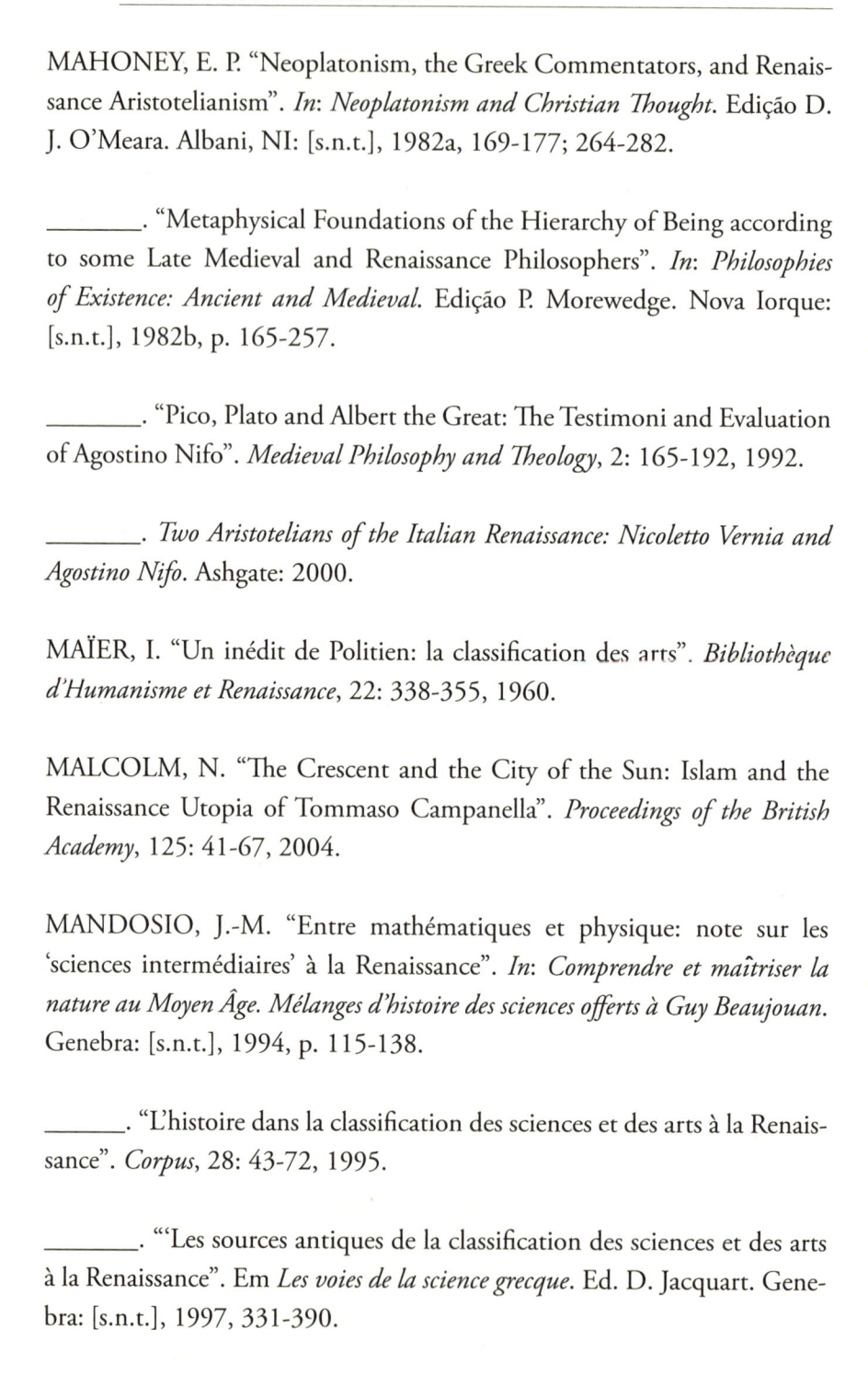

MAHONEY, E. P. "Neoplatonism, the Greek Commentators, and Renaissance Aristotelianism". *In*: *Neoplatonism and Christian Thought*. Edição D. J. O'Meara. Albani, NI: [s.n.t.], 1982a, 169-177; 264-282.

_____. "Metaphysical Foundations of the Hierarchy of Being according to some Late Medieval and Renaissance Philosophers". *In*: *Philosophies of Existence: Ancient and Medieval*. Edição P. Morewedge. Nova Iorque: [s.n.t.], 1982b, p. 165-257.

_____. "Pico, Plato and Albert the Great: The Testimoni and Evaluation of Agostino Nifo". *Medieval Philosophy and Theology*, 2: 165-192, 1992.

_____. *Two Aristotelians of the Italian Renaissance: Nicoletto Vernia and Agostino Nifo*. Ashgate: 2000.

MAÏER, I. "Un inédit de Politien: la classification des arts". *Bibliothèque d'Humanisme et Renaissance*, 22: 338-355, 1960.

MALCOLM, N. "The Crescent and the City of the Sun: Islam and the Renaissance Utopia of Tommaso Campanella". *Proceedings of the British Academy*, 125: 41-67, 2004.

MANDOSIO, J.-M. "Entre mathématiques et physique: note sur les 'sciences intermédiaires' à la Renaissance". *In*: *Comprendre et maîtriser la nature au Moyen Âge. Mélanges d'histoire des sciences offerts à Guy Beaujouan*. Genebra: [s.n.t.], 1994, p. 115-138.

_____. "L'histoire dans la classification des sciences et des arts à la Renaissance". *Corpus*, 28: 43-72, 1995.

_____. "'Les sources antiques de la classification des sciences et des arts à la Renaissance". Em *Les voies de la science grecque*. Ed. D. Jacquart. Genebra: [s.n.t.], 1997, 331-390.

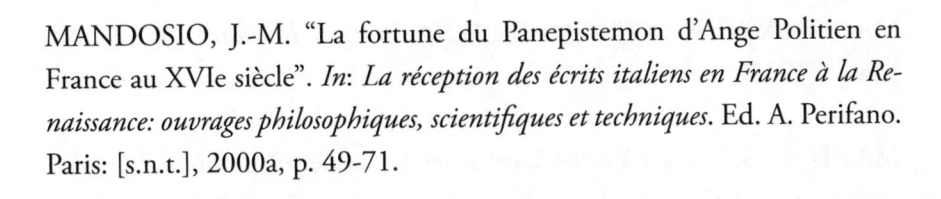

MANDOSIO, J.-M. "La fortune du Panepistemon d'Ange Politien en France au XVIe siècle". *In*: *La réception des écrits italiens en France à la Renaissance: ouvrages philosophiques, scientifiques et techniques*. Ed. A. Perifano. Paris: [s.n.t.], 2000a, p. 49-71.

_____. "La classification des sciences et des arts chez Alberti". *In*: *Leon Battista Alberti: Actes du congrès international de Paris*. Ed. F. Furlan. Paris: [s.n.t.], 2000b, p. 643-704.

_____. "La classification des sciences et des arts XVe–XVIIe siècles". *Nouvelle revue du seizième siècle*, 20 (1): 19-30, 2002.

MARENBON, J. *Aristotelian Logic, Platonism and the Context of Early Medieval Philosophy in the West*. Aldershot: [s.n.t.], 2000.

MARIÉTAN, J. *Problème de la classification des sciences d'Aristote à St-Thomas*. St-Maurice, Valais (Suíça): [s.n.t.], 1901.

MARSH, D. "Grammar, Method and Polemic in Lorenzo Valla's Elegantiae". *Rinascimento*, ser. 2 (19): 91-116, 1979.

_____. *The Quattrocento Dialogue: Classical Tradition and Humanist Innovation*. Cambridge, MA: [s.n.t.], 1980.

MARTIN, C. "Rethinking Renaissance Averroism". *Intellectual History Review*, 17 (1): 3-19, 2007.

MARTÍNEZ TAPIA, R. "Derecho y poder en el pensamiento juridico español del siglo XVI. El problema de los límites del poder". *Pensamiento*, 54 (208): 45-83, 1998.

MATSEN, H. S. *Alessandro Achillini (1463-1512) and his Doctrine of 'Universals' and 'Transcendentals': A Study in Renaissance Ockhamism*. Lewisburgo: [s.n.t.], 1974.

MATTHEWS, G. B. *Thought's Ego in Augustine and Descartes.* Ithaca, NI: [s.n.t.], 1992.

MATTON, S. "Le face à face Charpentier-La Ramée. À propos d'Aristote". *Revue des sciences philosophiques et théologiques*, 70: 67-86, 1986.

_____. "L'éclipse de Ficin au siècle des Lumières". *In*: Marsílio Ficino, *Commentaires sur le Traité de l'amour ou le Festin de Platon, Traduction anonime du XVIIIe siècle éditée et présentée par S. Matton.* Paris/Milão: [s.n.t.], 2001, p. 5-68.

MAYER, R. "Personata Stoa: Neostoicism and Senecan Tragedy". *Journal of the Warburg and Courtauld Institutes*, 57: 151-174, 1994.

MCGRADE, A. S. *The Cambridge Companion to Medieval Philosophy.* Cambridge: Cambridge University Press, 2003.

MCGRATH, A. *Intellectual Origins of the European Reformation.* Oxford: [s.n.t.], 1987.

_____. *Reformation Thought: An Introduction.* 3. ed. Oxford: [s.n.t.], 1999.

MCTIGHE, T. P. "Contingentia and Alteritas in Cusa's Metaphysics". *American Catholic Philosophical Quarterly*, 64 (1): 55-71, 1990.

MEERHOFF, K. "Mélanchthon, lecteur d'Agricola: rhétorique et analyse textuelle". *Réforme, Humanisme, Renaissance*, 16 (30): 5-22, 1990.

_____. "Logique et création chez Philippe Mélanchthon: À la recherche du lieu commun". *In*: *Logique et littérature à la Renaissance.* Ed. M.-L. Demonet e A. Tournon. Paris: [s.n.t.], 1994a, p. 51-68.

MEERHOFF, K. "The Significance of Philip Melanchthon's Rhetoric in the Renaissance". *In*: *Renaissance Rhetoric*. Ed. P. Mack. Londres: [s.n.t.], 1994b, p. 46-62.

MENN, S. *Descartes and Augustine*. Cambridge: [s.n.t.], 1998a.

_____. "The Intellectual Setting". *In*: *The Cambridge History of Seventeenth-Century Philosophy*. Ed. D. Garber e M. Ayers. 2 vols. Cambridge: [s.n.t.], 1998b, vol. I, p. 33-86.

MERCKEN, H. P. F. "The Greek Commentators on Aristotle's Ethics". *In*: *Aristotle Transformed: The Ancient Commentators and their Influence*. Edição R. Sorabji. Ithaca, NI: [s.n.t.], 1990, p. 407-443.

MERLAN, P. *From Platonism to Neo-Platonism*. Haia: [s.n.t.], 1953.

MEUTHEN, E.; Hallauer, H. (eds). *Acta Cusana: Quellen zur Lebensgeschichte des Nikolaus von Kues*. Hamburgo: [s.n.t.], 1976.

MICHEL, P. "Ordnungen des Wissens. Darbietungsweisen des Materials in Enzyklopädien". *In*: *Populäre Enzyklopädien. Von der Auswahl, Ordnung und Vermittlung des Wissens*. Ed. I. Tomkowiak. Zurique: [s.n.t.], 2002, p. 35-83.

MICHEL, P. H. *The Cosmology of Giordano Bruno*. Londres: [s.n.t.], 1973.

MIGNE, J. P. *Patrologiae cursus completus*. Série latina, 221 vols. Paris: [s.n.t.], 1844-91.

MIKKELI, H. "The Foundation of an Autonomous Natural Philosophy: Zabarella on the Classification of Arts and Sciences". *In*: Di Liscia; Kessler; Methuen (eds.). Aldershot: [s.n.t.], 1997, p. 211-228.

MILLER, C. L. *Reading Cusanus. Metaphor and Dialectic in a Conjectural Universe.* Washington, DC: [s.n.t.], 2002.

MILLER, J.; INWOOD, B. (eds.). *Hellenistic and Early Modern Philosophy.* Cambridge: [s.n.t.], 2003.

MINIO-PALUELLO, L. *Opuscula. The Latin Aristotle.* Amsterdã: [s.n.t.], 1972.

MOHLER, L. *Kardinal Bessarion als Theologe, Humanist, und Staatsman: Funde und Forschungen.* 3 vols. Paderborn: [s.n.t.], 1923-42.

MONFASANI, J. *George of Trebizond: A Biography and a Study of his Rhetoric and Logic.* Leiden: [s.n.t.], 1976.

_____. "Bessarion Latinus". *Rinascimento*, 21: 165-209, 1981. Reimpresso em Monfasani, 1995.

_____. "Still more on 'Bessarion Latinus'". *Rinascimento*, 23: 217-235, 1983. Reimpresso em Monfasani, 1995.

_____. *Collectanea Trapezuntiana. Texts, Documents and Bibliographies of George of Trebizond.* Binghamton, NI: [s.n.t.], 1984.

_____. "Lorenzo Valla and Rudolph Agricola". *Journal of the History of Philosophy*, 28: 181-200, 1990. Reimpresso em Monfasani, 1994.

_____. *Language and Learning in Renaissance Italy.* Aldershot: [s.n.t.], 1994.

_____. *Byzantine Scholars in Renaissance Italy: Cardinal Bessarion and Other Émigrés.* Aldershot: [s.n.t.], 1995.

MONFASANI, J. "Marsilio Ficino and the Plato-Aristotle Controversy". *In*: Allen; Rees, 2002, p. 178-202.

_____. *Greeks and Latins in Renaissance Italy*. Aldershot: [s.n.t.], 2004.

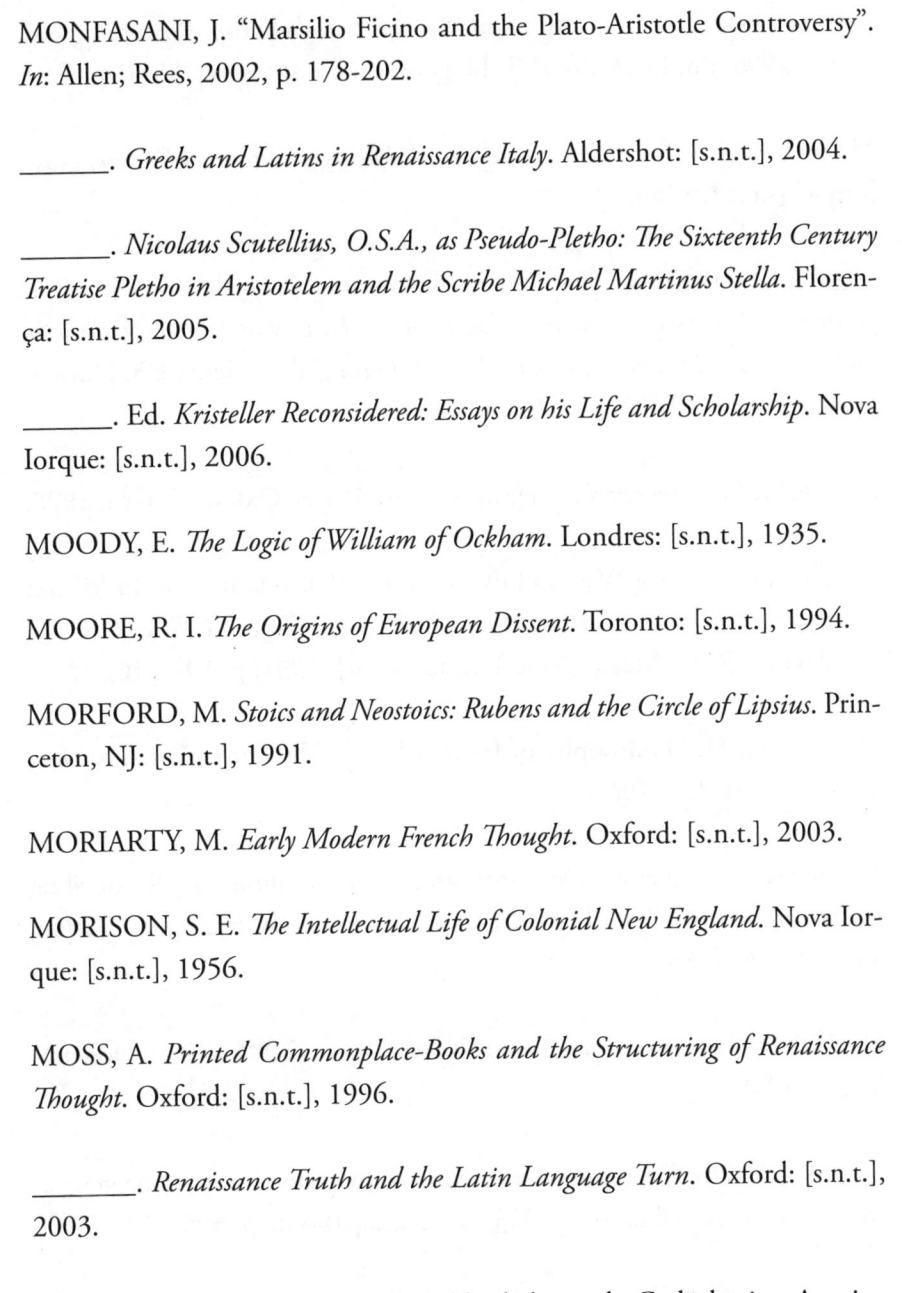

_____. *Nicolaus Scutellius, O.S.A., as Pseudo-Pletho: The Sixteenth Century Treatise Pletho in Aristotelem and the Scribe Michael Martinus Stella*. Florença: [s.n.t.], 2005.

_____. Ed. *Kristeller Reconsidered: Essays on his Life and Scholarship*. Nova Iorque: [s.n.t.], 2006.

MOODY, E. *The Logic of William of Ockham*. Londres: [s.n.t.], 1935.

MOORE, R. I. *The Origins of European Dissent*. Toronto: [s.n.t.], 1994.

MORFORD, M. *Stoics and Neostoics: Rubens and the Circle of Lipsius*. Princeton, NJ: [s.n.t.], 1991.

MORIARTY, M. *Early Modern French Thought*. Oxford: [s.n.t.], 2003.

MORISON, S. E. *The Intellectual Life of Colonial New England*. Nova Iorque: [s.n.t.], 1956.

MOSS, A. *Printed Commonplace-Books and the Structuring of Renaissance Thought*. Oxford: [s.n.t.], 1996.

_____. *Renaissance Truth and the Latin Language Turn*. Oxford: [s.n.t.], 2003.

MUELLER, J.-D. "Universal Bibliothek und Gedächtnis. Aporien frühneuzeitlicher Wissenskodifikation bei Conrad Gesner. Mit einem Ausblick auf Antonio Possevino, Theodor Zwinger und Johann Fischart". *In*:

Erkennen und Erinnern in Kunst und Literatur: Kolloquium Reisensburg, 4-7 Januar 1996. Ed. D. Peil *et al.* Tübingen: [s.n.t.], 1998, p. 285-310.

MURDOCH, J. E. *Antiquity and the Middle Ages: Album of Science*. Nova Iorque: [s.n.t.], 1984.

_____. "From the Medieval to the Renaissance Aristotle". *In: New Perspectives on Renaissance Thought: Essays in the History of Science, Education and Philosophy in Memory of Charles B. Schmitt*. Ed. J. Henry e S. Hutton. Londres: [s.n.t.], 1990, p. 163-176.

MURRAY, A. *Reason and Society in the Middle Ages*. Oxford: [s.n.t.], 1978.

MUSTO, R. G. "Just Wars and Evil Empires: Erasmus and the Turks". *In: Renaissance Society and Culture: Essays in Honor of Eugene F. Rice, Jr.* Ed. J. Monfasani e R. G. Musto. Nova Iorque: [s.n.t.], 1991, p. 197-216.

NADEL, G. H. "Philosophy of History before Historicism". *History and Theory*, 3: 291-315, 1964.

NADLER, S. "Arnauld, Descartes, and Transubstantiation: Reconciling Cartesian Metaphysics and Real Presence". *Journal of the History of Ideas*, 49: 229-246, 1988.

NARDI, B. *Saggi sull'aristotelismo padovano dal secolo XIV al XVI*. Florença: [s.n.t.], 1958.

_____. "Pietro Pomponazzi e la teoria di Avicenna intorno alla generazione spontanea nell'uomo". 1965a. *In*: Nardi, 1965b, p. 305-319.

_____. *Studi su Pietro Pomponazzi*. Florença: [s.n.t.], 1965b.

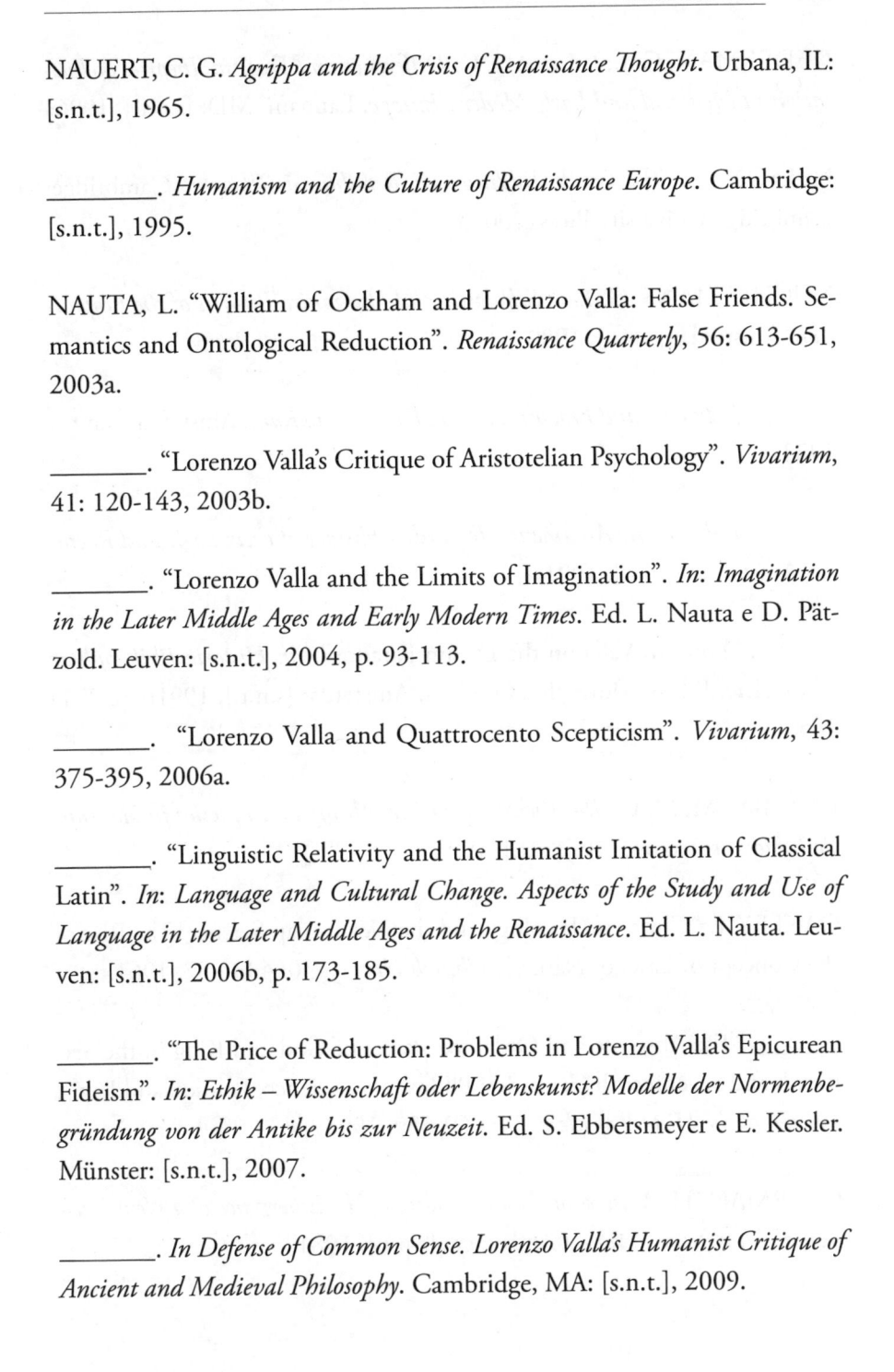

NAUERT, C. G. *Agrippa and the Crisis of Renaissance Thought*. Urbana, IL: [s.n.t.], 1965.

_____. *Humanism and the Culture of Renaissance Europe*. Cambridge: [s.n.t.], 1995.

NAUTA, L. "William of Ockham and Lorenzo Valla: False Friends. Semantics and Ontological Reduction". *Renaissance Quarterly*, 56: 613-651, 2003a.

_____. "Lorenzo Valla's Critique of Aristotelian Psychology". *Vivarium*, 41: 120-143, 2003b.

_____. "Lorenzo Valla and the Limits of Imagination". In: *Imagination in the Later Middle Ages and Early Modern Times*. Ed. L. Nauta e D. Pätzold. Leuven: [s.n.t.], 2004, p. 93-113.

_____. "Lorenzo Valla and Quattrocento Scepticism". *Vivarium*, 43: 375-395, 2006a.

_____. "Linguistic Relativity and the Humanist Imitation of Classical Latin". In: *Language and Cultural Change. Aspects of the Study and Use of Language in the Later Middle Ages and the Renaissance*. Ed. L. Nauta. Leuven: [s.n.t.], 2006b, p. 173-185.

_____. "The Price of Reduction: Problems in Lorenzo Valla's Epicurean Fideism". In: *Ethik – Wissenschaft oder Lebenskunst? Modelle der Normenbegründung von der Antike bis zur Neuzeit*. Ed. S. Ebbersmeyer e E. Kessler. Münster: [s.n.t.], 2007.

_____. *In Defense of Common Sense. Lorenzo Valla's Humanist Critique of Ancient and Medieval Philosophy*. Cambridge, MA: [s.n.t.], 2009.

NEDERMAN, C. J.; Laursen, J. C. *Difference and Dissent: Theories of Toleration in Medieval and Early Modern Europe*. Lanham, MD: [s.n.t.], 1996.

NELSON, E. *The Greek Tradition in Republican Thought*. Cambridge: Cambridge University Press, 2004.

NUCHELMANS, G. *Late-Scholastic and Humanist Theories of the Proposition*. Amsterdã: [s.n.t.], 1980.

_____. *Judgment and Proposition from Descartes to Kant*. Amsterdã: [s.n.t.], 1983.

_____. *Dilemmatic Arguments. Towards a History of their Logic and Rhetoric*. Amsterdã: [s.n.t.], 1991a.

_____. "Lorenzo Valla on the Dream Paradox". In: *Historia Philosophiae Medii Aevi*. Ed. B. Mojsisch e O. Pluta. Amsterdã: [s.n.t.], 1991b, p. 771-785.

NUSSBAUM, M. C. *The Therapy of Desire: Theory and Practice in Hellenistic Ethics*. Princeton, NJ: [s.n.t.], 1994.

OAKLEY, F. "Christian Theology and the Newtonian Science: The Rise of the Concept of Laws of Nature". *Church History*, 30: 433-457, 1961.

_____. "The Absolute and Ordained Power of God and King in the Sixteenth and Seventeenth Centuries: Philosophy, Science, Politics, and Law". *Journal of the History of Ideas*, 59: 669-689, 1998.

OBERMAN, H. *Masters of the Reformation: The Emergence of a New Intellectual Climate in Europe*. Cambridge: [s.n.t.], 1981.

OBERMAN, H. "Headwaters of the Reformation". *In*: H. Oberman, *The Dawn of the Reformation: Essays in Late Medieval and Early Modern Thought*. Edinburgh: [s.n.t.], 1986.

OGILVIE, B. W. "Encyclopaedism in Renaissance Botany: From historia to pinax". *In*: *Pre-modern Encyclopaedic Texts. Proceedings of the Second COMERS Congress, Groningen, 1-4 July 1996*. Ed. P. Binkley. Leiden: [s.n.t.], 1997, p. 89-99.

_____. *The Science of Describing: Natural History in Renaissance Europe*. Chicago: [s.n.t.], 2006.

O'MEARA, D. J. *Plotinus: An Introduction to the Enneads*. Oxford: [s.n.t.], 1993.

ONG, W. J. *Ramus, Method, and the Decay of Dialogue*. Cambridge, MA: [s.n.t.], 1958. Reimpresso em Chicago, 2004.

OSBORNE, T. "Faith, Philosophy, and the Nominalist Background to Luther's Defence of the Real Presence". *Journal of the History of Ideas*, 63: 63-82, 2002.

OSLER, M. J. (ed.). *Atoms, "Pneuma" and Tranquillity: Epicurean and Stoic Themes in European Thought*. Cambridge: [s.n.t.], 1991.

_____. *Divine Will and the Mechanical Philosophy: Gassendi and Descartes on Contingency and Necessity in the Created World*. Cambridge: [s.n.t.], 1994.

OZMENT, S. *The Reformation in the Cities: The Appeal of Protestantism to Sixteenth-Century Germany and Switzerland*. New Haven, CT: [s.n.t.], 1975.

PADE, M. (ed.). *On Renaissance Commentaries* (Noctes Neolatinae: Neo--Latin Texts and Studies, Band IV). Hildesheim: [s.n.t.], 2005.

PAGDEN, A. *The Fall of Natural Man: The American Indian and the Origins of Comparative Ethnology*. Cambridge: [s.n.t.], 1982.

PANIZZA, L. "Lorenzo Valla's De vero falsoque bono, Lactantius and Oratorical Scepticism". *Journal of the Warburg and Courtauld Institutes*, 41: 76-107, 1978.

PAPADOPOULOS, S. G. "Thomas in Byzanz: Thomas-Rezeption und Thomas-Kritik in Byzanz zwischen 1354 und 1435". *Theologie und Philosophie*, 49: 247-304, 1974.

PAPULI, G. "La teoria del regressus come metodo scientifico negli autori della scuola di Padova". Em *Aristotelismo veneto e scienza moderna*, ed. L. Olivieri, I: 221-78. Pádua: 1983.

PAPY, J. "Lipsius' Neo-Stoicism: Constancy between Christian Faith and Stoic Virtue". *Grotiana* n.s. 22-3: 47-71. 2001-2.

_____. "Justus Lipsius". In: *The Stanford Encyclopedia of Philosophy*. Ed. E. Zalta. 2004. Disponível em: http://plato.stanford.edu/entries/justus-lipsius/.

PARK, K. *Doctors and Medicine in Early Renaissance Florença*. Princeton, NJ: [s.n.t.], 1985.

Park, K.; Daston, L. (eds.). *The Cambridge History of Science*. Vol. III: *Early Modern Science*. Cambridge: [s.n.t.], 2006.

PARKINSON, G. H. R. (ed.). *The Routledge History of Philosophy*. Vol. IV: *The Renaissance and Seventeenth-Century Rationalism*. Londres: [s.n.t.], 1993.

PAULMIER-FOUCART, M.; DUCHENNE, M.-C. *Vincent de Beauvais et le grand miroir du monde*. Turnhout: [s.n.t.], 2004.

PELIKAN, J. *The Emergence of the Catholic Tradition 100-600*. Chicago: [s.n.t.], 1971.

PELLEGRIN, E. *La bibliothèque des Visconti et des Sforza, Supplement*. Paris/Florença: [s.n.t.], 1969.

PERCIVAL, W. K. *Studies in Renaissance Grammar*. Aldershot: [s.n.t.], 2004.

PERFETTI, S. "Metamorfosi di una traduzione. Agostino Nifo revisore dei De animalibus gaziani". *Medioevo*, 12: 259-301, 1996.

_____. "'An anima nostra sit mortalis'. Una quaestio inedita discussa da Pietro Pomponazzi nel 1521". *Rinascimento*, ser. 2 (38): 205-226, 1998.

_____. *Aristotle's Zoology and its Renaissance Commentators (1521-1601)*. Leuven: [s.n.t.], 2000.

PERREIAH, A. R. "Humanist Critiques of Scholastic Dialectic". *Sixteenth Century Journal*, 13: 3-22, 1982.

PIAGET, J. "Le système et la classification des sciences". *In*: J. Piaget, *Logique et connaissance scientifique*. Paris: [s.n.t.], 1967.

PICHÉ, D. *La condamnation parisienne de 1277*. Paris: [s.n.t.], 1999.

PINE, M. L. *Pietro Pomponazzi: Radical Philosopher of the Renaissance*. Pádua: [s.n.t.], 1986.

PLUTA, O. *Kritiker der Unsterblichkeitsdoktrin in Mittelalter und Renaissance*. Amsterdá: [s.n.t.], 1986.

PODSKALSKY, G. "Die Rezeption der thomistischen Theologie bei Gennadios II. Scholarios ca. 1403-1472". *Theologie und Philosophie*, 49: 305-323, 1974.

_____. *Theologie und Philosophie in Byzanz*. Munique: [s.n.t.], 1977.

POEL, M. VAN DER. *Cornelius Agrippa, the Humanist Theologian and his Declamations*. Leiden: [s.n.t.], 1997.

POLLARD, G.; Ehrman, A. *The Distribution of Books by Catalogue from the Invention of Printing to A.D. 1800*. Cambridge: [s.n.t.], 1965.

Pomata, G.; Siraisi, N. (eds.). *Historia: Empiricism and Erudition in Early Modern Europe*. Cambridge, MA: [s.n.t.], 2005.

POMIAN, K. *Collectors and Curiosities: Paris and Venice 1500-1800*. Trad. E. Wiles-Portier. Cambridge: [s.n.t.], 1990.

POPKIN, R. H. *The History of Scepticism: From Savonarola to Bayle*. Edição revisada e expandida. Oxford: [s.n.t.], 2003.

POPPI, A. *Saggi sul pensiero inedito di Pietro Pomponazzi*. Pádua: [s.n.t.], 1970.

_____. *La filosofia nello studio francescano del Santo a Padova*. Pádua: [s.n.t.], 1989.

_____. *L'etica del Rinascimento tra Platone e Aristotele*. Nápoles: [s.n.t.], 1997.

PORRO, A. "Pier Vettori editore di testi greci: la 'Poetica' di Aristotele". *Italia medioevale e umanistica*, 26: 307-358, 1983.

PUMFREY, S. "Neo-Aristotelianism and the Magnetic Philosophy". *In*: *New Perspectives on Renaissance Thought: Essays in the History of Science, Education and Philosophy in Memory of Charles B. Schmitt*. Ed. J. Henry e S. Hutton. Londres: [s.n.t.], 1990, 176-189.

PURNELL, Jr., F. "Francesco Patrizi and the Critics of Hermes Trismegistus". *Journal of Medieval and Renaissance Studies*, 6: 155-178, 1976.

QUILLEN, C. E. "Plundering the Egyptians: Petrarch and Augustine's De doctrina christiana". *In*: *Reading and Wisdom: The De doctrina christiana of Augustine in the Middle Ages*. Ed. E. D. English. Notre Dame, IN: [s.n.t.], 1995, p. 153-171.

RAHMAN, F. *Prophecy in Islam*. Chicago: [s.n.t.], 1958.

RAMELOW, T. *Gott, Freiheit, Weltenwahl: Der Ursprung des Begriffes der besten aller möglichen Welten in der Metaphysik der Willensfreiheit zwischen A. Perez S. J. (1599-1649) und G. W. Leibniz (1646-1716)*. Leiden: [s.n.t.], 1997.

RAMÍREZ, S. M. *El derecho de gentes: examen crítico de la filosofía del derecho de gentes desde Aristóteles hasta Francisco Suárez*. Madri: [s.n.t.], 1955.

RANDALL, J. H. *The School of Padua and Emergence of Modern Science*. Pádua: [s.n.t.], 1961.

REGOLIOSI, M. "La concezione del latino di Lorenzo Valla: Radici medioevali e novità umanistiche". *In*: *Mediaeval Antiquity*. Ed. A. Welkenhuysen; H. Braet; W. Verbeke. Leuven: [s.n.t.], 1995, p. 145-157.

REIS, B. "The Circle Simile in the Platonic Curriculum of Albinus". *In*: *The Perennial Tradition of Neoplatonism*. Ed. J. J. Cleary. Leuven: [s.n.t.], 1997, p. 237-268.

REIS, B. *Der Platoniker Albinos und sein sogennanter Prologos: Prolegomena, Überlieferungsgeschichte, kritische Edition und Übersetzung*. Wiesbaden: [s.n.t.], 1999.

RENAN, E. *Averroès et l'averroïsme: essai historique*. Paris: [s.n.t.], 1861.

RICCATI, C. *Processio et explicatio. La doctrine de la création chez Jean Scot et Nicolas de Cues*. Nápoles: [s.n.t.], 1983.

RICCI, S. *Giordano Bruno nell'Europa del Cinquecento*. Roma: [s.n.t.], 2000.

RICHARDSON, B. *Printing, Writers and Readers in Renaissance Italy*. Cambridge: [s.n.t.], 1999.

RICO, F. *Il sogno dell'umanesimo da Petrarca a Erasmo*. Turim: [s.n.t.], 1998.

RISSE, W. *Die Logik der Neuzeit*. Vol. I: *1500-1640*. Stuttgart: [s.n.t.], 1964.

_____. *Bibliographia philosophica vetus. Repertorium generale systematicum operum philosophicorum usque ad annum MDCCC typis impressorum*, 9 partes. Hildesheim: [s.n.t.], 1998.

RIZZO, S. *Lorenzo Valla, Orazione per l'inaugurazione dell'anno accademico 1455-1456: Atti di un seminario di filologia umanistica*. Roma: [s.n.t.], 1994.

ROMANO, A. *La Contre-Réforme mathématique. Constitution et diffusion d'une culture mathématique jésuite à la Renaissance (1540-1640)*. Roma: [s.n.t.], 1999.

RONCONI, G. *Le origini delle dispute umanistiche sulla poesia*. Roma: [s.n.t.], 1976.

RORTY, R. *Philosophy and the Mirror of Nature*. Princeton, NJ: [s.n.t.], 1979.

ROSE, P. L. *The Italian Renaissance of Mathematics*. Genebra: [s.n.t.], 1975.

ROSSI, P. "La celebrazione della retorica e la polemica antimetafisica nel De principiis di Mario Nizolio". *In*: *La crisi dell'uso dogmatico della ragione*. Ed. A. Banfi. Roma/Milão: [s.n.t.], 1953, p. 99-121.

_____. *Philosophy, Technology and the Arts in the Early Modern Era*. Trad. Salvator Attanasio. Ed. Benjamin Nelson. Nova Iorque: [s.n.t.], 1970.

_____. "Sfere celesti e branchi di gru". *In*: P. Rossi, *Immagini della scienza*. Roma: [s.n.t.], 1977, p. 109-147.

ROTONDÒ, A. "Cultura umanistica e difficoltà di censori. Censura ecclesiastica e discussioni cinquecentesche sul Platonismo". *In*: *Le pouvoir et la plume: incitation, contrôle et repression dans l'Italie du XVIe siècle*. Paris: [s.n.t.], 1982, p. 15-50.

ROUSE, M. e R. "Bibliography before Print: The Medieval De Viris Illustribus". *In*: *The Role of the Book in Medieval Culture, Proceedings of the Oxford International Symposium*, 26 set.-1 out. 1982. Ed. Peter Ganz. Turnhout: [s.n.t.], 1986, vol. I, p. 133-153.

_____. *Authentic Witnesses: Approaches to Medieval Texts and Manuscripts*. Notre Dame, IN: [s.n.t.], 1991.

ROZEMOND, M. *Descartes's Dualism*. Cambridge, MA: [s.n.t.], 1998.

RÜDIGER, H. "Die Ausdrücke humanista, studia humanitatis, humanistisch". *In*: *Geschichte der Textüberlieferung der antiken und mittelalterlichen Literatur*. Ed. H. Hunger *et al*. Zurique: [s.n.t.], 1961, vol. I, p. 525-526.

RÜEGG, W.; WUTTKE, D. (eds.). *Ethik im Humanismus*. Boppard: [s.n.t.], 1979.

RUMMEL, E. *The Confessionalization of Humanism in Reformation Germany*. Oxford: [s.n.t.], 2000.

RUOCCO, I. *Il Platone latino. Il Parmenide: Giorgio di Trebisonda e il cardinale Cusano*. Florença: [s.n.t.], 2003.

RUPP, E. G. *The Righteousness of God: Luther Studies*. Londres: [s.n.t.], 1953.

RUPP, E. G.; WATSON, P. S. (eds.). *Luther and Erasmus: Free Will and Salvation*. Philadelphia, PA: [s.n.t.], 1969.

SALADIN, J.-C. *La bataille du grec à la Renaissance*. Paris: [s.n.t.], 2000.

SCHMIDT-BIGGEMANN, W. *Topica universalis: eine Modellgeschichte humanistischer und barocker Wissenschaft*. Hamburgo: [s.n.t.], 1983.

_____. *Philosophia Perennis: Historical Outlines of Western Spirituality in Ancient, Medieval and Early Modern Thought*. Dordrecht: [s.n.t.], 2004.

SCHMIDT-BIGGEMANN, W.; STAMMEN, T. (eds.). *Jacob Brucker (1696-1770): Philosoph und Historiker der europäischen Aufklärung*. Berlim: [s.n.t.], 1998.

SCHMITT, C. B. "Perennial Philosophy: From Agostino Steuco to Leibniz". *Journal of the History of Ideas*, 27: 505-532, 1966.

_____. *Gianfrancesco Pico della Mirandola (1469-1533) and his Critique of Aristotle*. Haia: [s.n.t.], 1967.

SCHMITT, C. B. *A Critical Survey and Bibliography of Studies on Renaissance Aristotelianism, 1958-1969*. Pádua: [s.n.t.], 1971.

_____. *Cicero Scepticus: A Study of the Influence of the Academica in the Renaissance*. Haia: [s.n.t.], 1972.

_____. *Aristotle and the Renaissance*. Cambridge, MA: [s.n.t.], 1983a.

_____. "The Rediscovery of Ancient Skepticism in Modern Times". *In*: *The Skeptical Tradition*. Ed. M. F. Burnyeat. Berkeley, CA: [s.n.t.], 1983b, p. 225-251.

_____. *The Aristotelian Tradition and Renaissance Universities*. Londres: [s.n.t.], 1984a.

_____. "Renaissance Averroism Studied through the Venetian Editions of Aristotle-Averroes with Particular Reference to the Giunta Edition of 1550-2". 1984b. *In*: Schmitt, 1984a, artigo VIII.

_____. *La tradizione aristotelica: fra Italia e Inghilterra*. Nápoles: [s.n.t.], 1985.

_____. "The Rise of the Philosophical Textbook". *In*: Schmitt *et al*, 1988, p. 792-804.

_____. *Reappraisals in Renaissance Thought*. Ed. Charles Webster. Londres: [s.n.t.], 1989.

SCHMITT, C. B.; POPKIN, R. H. (eds.). *Scepticism from the Renaissance to the Enlightenment*. Wiesbaden: [s.n.t.], 1987.

SCHMITT, C. B. *et al* (eds.). *The Cambridge History of Renaissance Philosophy*. Cambridge: [s.n.t.], 1988.

SCHMUTZ, J. "La querelle des possibles: recherches philosophiques et textuelles sur la métaphysique jésuite espagnole, 1540-1767". Tese de doutorado não publicada, Université Libre de Bruxelles, 2003, vol. II, p. 711-766.

SCHNAPPER, A. *Le Géant, la licorne, la tulipe: collections françaises au XVIIe siècle*. Paris: [s.n.t.], 1988.

SCHNEEWIND, J. B. *The Invention of Autonomy: A History of Modern Moral Philosophy*. Cambridge: [s.n.t.], 1998.

_____. "Montaigne on Moral Philosophy and the Good Life". In: *The Cambridge Companion to Montaigne*. Ed. U. Langer. Cambridge: [s.n.t.], 2005, 207-227.

SCHUHMANN, K. "Zur Entstehung des neuzeitlichen Zeitbegriffs: Telesio, Patrizi, Gassendi". *Philosophia Naturalis*, 25: 37-64, 1988.

_____. "Le concept de l'espace chez Telesio". In: *Bernardino Telesio e la cultura napolitana*. Ed. R. Sirri; M. Torrini. Nápoles: [s.n.t.], 1992, p. 141-167.

SELLIN, P. R. "From res to pathos: The Leiden Ordo Aristotelis and the Seventeenth-Century Recovery of the Pathetic in Interpreting Aristotle's Poetics". In: *Ten Studies in Anglo-Dutch Relations*. Ed. J. Van Dorsten. Leiden: [s.n.t.], 1974, p. 72-93.

SHAW, G. *Theurgy and the Soul: The Neoplatonism of Iamblichus*. University Park, PA: [s.n.t.], 1995.

SICHERL, M. *Handschriftliche Vorlagen der Editio princeps des Aristoteles*. Wiesbaden: [s.n.t.], 1976.

SIMONIN, M. *Pierre de Ronsard*. Paris: [s.n.t.], 1990.

SIORVANES, L. *Proclus: Neoplatonic Philosophy and Science*. New Haven, CT: [s.n.t.], 1996.

SIRAISI, N. G. *Avicenna in Renaissance Italy: The Canon and Medical Teaching in Italian Universities after 1500*. Princeton, NJ: [s.n.t.], 1987.

_____. *Medieval and Early Modern Medicine: An Introduction to Knowledge and Practice*. Chicago: [s.n.t.], 1990.

SIRAT, C.; GEOFFROY, M. *L'original arabe du grand commentaire d'Averroès au De anima d'Aristote*. Paris: [s.n.t.], 2005.

SKINNER, Q. *Foundations of Modern Political Thought*. 2 vols. Cambridge: [s.n.t.], 1978.

_____. "A Third Concept of Liberty". *Proceedings of the British Academy*, 117: 237-268, 2001.

_____. *Visions of Politics*. 2 vols. Cambridge: [s.n.t.], 2002.

SMOLLER, L. A. *History, Prophecy and the Stars: The Christian Astrology of Pierre d'Ailly, 1350-1420*. Princeton, NJ: [s.n.t.], 1994.

SORELL, T. *The Rise of Modern Philosophy*. Oxford: Oxford University Press, 1993.

SOUDEK, J. "Leonardo Bruni and his Public: A Statistical and Interpretative Study of his Annotated Latin Version of the Pseudo-Aristotelian Economics". *Studies in Medieval and Renaissance History*, 5: 49-136, 1968.

SOUDEK, J. "A Fifteenth-Century Humanistic Bestseller: The Manuscript Diffusion of Leonardo Bruni's Annotated Latin Version of the Pseudo-Aristotelian Economics". *In*: *Philosophy and Humanism. Renaissance Essays in Honor of Paul Oskar Kristeller*. Edição E. P. Mahoney. Nova Iorque: [s.n.t.], 1976, p. 129-143.

SOUTH, J. "John of Jandun". *In*: *A Companion to Philosophy in the Middle Ages*. Edição J. J. E. Gracia; T. B. Noone. Oxford: Blackwell, 2003, p. 372-376.

SOUTHERN, R. W. "From Schools to Universities". *In*: *The History of the University of Oxford*. Vol. I: *The Early Oxford Schools*. Edição J. I. Catto. Oxford: Claredon Press, 1984, p. 1-36.

_____. *Scholastic Humanism and the Unification of Europe*. 2 vols. Oxford: [s.n.t.], 1995-2001.

SPRUIT, L. *"Species intelligibilis": From Perception to Knowledge*. 2 vols. Leiden: [s.n.t.], 1994-95.

STEGMANN, A. "Les observations sur Aristote du bénédictin J. Périon". *In*: *Platon et Aristote à la Renaissance*. Paris: Urin, 1976, p. 377-389.

STEINMETZ, D. *Luther and Staupitz: An Essay in the Intellectual Origins of the Protestant Reformation*. Durham, NC: Duke University Press, 1980.

STENECK, N. H. "A Late Medieval Arbor Scientiarum". *Speculum*, 50: 245-269, 1975.

STINGER, C. L. *Humanism and the Church Fathers: Ambrogio Traversari 1386-1439 and Christian Antiquity in the Italian Renaissance*. Albany, NI: State University of Nova Iorque Press, 1977.

STRANGE, S. K.; ZUPKO, J. (eds.). *Stoicism: Traditions and Transformations.* Cambridge: Cambridge University Press, 2004.

STRUEVER, N. S. *Theory as Practice: Ethical Inquiry in the Renaissance.* Chicago: University of Chicago Press, 1992.

SWAN, C. "From Blowfish to Flower Still Life Paintings: Classification and its Images circa 1600". *In: Merchants and Marvels: Commerce, Science and Art in Early Modern Europe.* Ed. P. Smith; P. Findlen. Nova Iorque: [s.n.t.], 2002, p. 109-136.

TAMANI, G. "Traduzioni ebraico-latine di opere filosofiche e scientifiche". *In: L'hébreu au temps de la Renaissance: Ouvrage collectif.* Edição I. Zinguer. Leiden: Brill, 1992, p. 105-114.

TAVONI, M. *Latino, grammatica, volgare: Storia di una questione umanistica.* Pádua: Antenore, 1984.

_____. "Lorenzo Valla e il volgare". *In: Lorenzo Valla e l'umanesimo italiano. Atti del convegno internazionale di studi umanistici.* Edição O. Besomi; M. Regoliosi. Pádua: [s.n.t.], 1986, p. 199-216.

THIJSSEN, J. M. M. H. "Some Reflections on Continuity and Transformation of Aristotelianism in Medieval and Renaissance Natural Philosophy". *Documenti e studi sulla tradizione filosofica medievale*, 2: 503-528, 1991.

_____. *Censure and Heresy at the University of Paris, 1200-1400.* Philadelphia, PA: [s.n.t.], 1998.

THORNDIKE, L. *A History of Magic and Experimental Science*, 8 vols. Nova Iorque: [s.n.t.], 1923-58.

TIGERSTEDT, E. N. *The Decline and Fall of the Neoplatonic Interpretation of Plato: An Outline and Some Observations*. Helsinki: Societas Scientarium Fennica, 1974.

TOMLINSON, G. *Music in Renaissance Magic: Toward a Historiography of Others*. Chicago: University of Chicago Press, 1993.

TONELLI, G. "The Problem of the Classification of the Sciences in Kant's Time". *Rivista critica di storia della filosofia*, 30: 243-294, 1975.

TONELLI OLIVIERI, G. "Galen and Francis Bacon: Faculties of the Soul and the Classification of Knowledge". *In*: Kelley; Popkin, 1991, p. 61-81.

TOULMIN, S. *Cosmopolis: The Hidden Agenda of Modernity*. Nova Iorque: The Free Press, 1990.

TRAPP, J. B. "An English Late Medieval Cleric and Italian Thought". *In*: *Medieval English Religious and Ethical Literature*. Edição G. Kratzmann e J. Simpson. Cambridge: Brewer, 1986, p. 233-250. Reimpresso em Trapp, 1990.

_____. *Essays on the Renaissance and the Classical Tradition*. Aldershot: Variorum, 1990.

TRINKAUS, C. *"In Our Image and Likeness": Humanity and Divinity in Humanist Thought*. 2 vols. Chicago: [s.n.t.], 1970.

TUCK, R. "The Institutional Setting". *In*: Garber; Ayers, 1998, vol. I, p. 9-32.

TUCKER, G. H. *The Poet's Odyssey: Joachim du Bellay and the Antiquitez de Rome*. Oxford: Claredon Press, 1990.

ULANSEY, D. *The Origins of the Mithraic Mysteries*. Oxford: Oxford University Press, 1989.

VAN DER EIJK, P. J. *Aristoteles: De insomniis, De divinatione per somnum*. Berlim: Akademia Verlag, 1994.

VAN DER LUGT, M. *Le ver, le démon et la vierge: Les théories médiévales de la génération extraordinaire*. Paris: [s.n.t.], 2004.

VASOLI, C. *La dialettica e la retorica dell'umanesimo*. Milão: Feltrinelli, 1968.

_____. *Francesco Patrizi da Cherso*. Roma: Bulzoni, 1989.

_____. *Quasi sit deus: Studi su Marsilio Ficino*. Lecce: [s.n.t.], 1999.

VERBEKE, G. *The Presence of Stoicism in Medieval Thought*. Washington, DC: Catholic University of America Press, 1983.

VERDE, A. F. *Lo Studio fiorentino. 1473-1503. Ricerche e documenti*. 5 vols. Florença: [s.n.t.], 1973-94.

VERGA, E. "L'immortalità dell'anima nel pensiero del Card. Gaetano". *Rivista di filosofia neo-scolastica, supplemento speciale*, 27: 21-46, 1935.

VERNET, A. *Histoire des bibliothèques françaises, vol. I: Les bibliothèques médiévales, du VIe siècle à 1530*. Paris: Promodis-Editions du Cercledu librairie, 1988.

VICKERS, B. *Arbeit, Musse, Meditation: Betrachtungen zur Vita activa und Vita contemplativa*. Zurique/Stuttgart: Verlag der Fachvereine, 1991.

VIDAL, F. "Brains, Bodies, Selves, and Science: Anthropologies of Identity and the Resurrection of the Body". *Critical Inquiry*, 28: 930-974, 2002.

VILLEY, M. "La promotion de la loi et du droit subjectif dans la seconde scolastique". *In*: *La seconda scolastica nella formazione del diritto privato moderno*. Edição P. Grossi. Milão: Giuffrè, 1973, p. 53-71.

VITI, P. *Firenze e il concilio del 1439*. 2 vols. Florença: [s.n.t.], 1994.

VOSS, A. "*Orpheus redivivus*: The Musical Magic of Marsilio Ficino" (1994). *In*: Allen; Rees. Leiden: Brill, 2002, p. 227-241.

WALKER, D. P. *Spiritual and Demonic Magic from Ficino to Campanella*. Londres: Warburg Institute, 1958. Reimpresso em University Park, PA, 2000.

_____. *The Ancient Theology: Studies in Christian Platonism from the Fifteenth to the Eighteenth Century*. Londres: [s.n.t.], 1972.

WALLACE, W. A. *Galileo and his Sources: The Heritage of the Collegio Romano in Galileo's Science*. Princeton, NJ: Princeton University Press, 1984.

_____. *Galileo, the Jesuits and the Medieval Aristotle*. Aldershot: [s.n.t.], 1991.

_____. *Galileo's Logic of Discovery and Proof: The Background, Content, and Use of his Appropriated Treatises on Aristotle's Posterior Analytics*. Dordrecht/Boston: Kluwer Academic, 1992.

WALLIS, R. T. *Neoplatonism*. Londres: Duckworth, 1972. Reimpresso em 1995.

WASWO, R. *Language and Meaning in the Renaissance*. Princeton, NJ: Princeton UnvUniversity Press,1987.

WEINBERG, B. *A History of Literary Criticism in the Italian Renaissance*. 2 vols. Chicago: University of Chicago Press, 1961.

WEISHEIPL, J. A. "Classification of the Sciences in Medieval Thought". *In*: *Medieval Studies*, 27: 54-90, 1965.

_____. "The Nature, Scope and Classification of the Sciences". *In*: Lindberg, 1977, p. 461-482.

WEIZSÄCKER, C. F. VON. *The Relevance of Science: Creation and Cosmogony*. Nova Iorque: Harper & Row, 1964.

WELS, H. *Die "Disputatio de anima rationali secundum substantiam" des Nicolaus Baldelli*. Amsterdã: [s.n.t.], 2000.

WESSELER, M. *Die Einheit von Wort und Sache. Die Entwurf einer rhetorischen Philosophie bei Marius Nizolius*. Munique: Fink, 1974.

WESTMAN, R. S. "Magical Reform and Astronomical Reform: The Yates Thesis Reconsidered". *In*: *Hermeticism and the Scientific Revolution*. Edição R. S. Westman e J. E. MacGuire. Los Angeles: [s.n.t.], 1977, p. 1-99.

WHITE, M. J. "Stoic Natural Philosophy". *In*: *The Cambridge Companion to the Stoics*. Edição B. Inwood. Cambridge: Cambridge University Press, 2003, p. 124-152.

WHITNEY, E. *Paradise Restored: The Mechanical Arts from Antiquity through the Thirteenth Century*. Philadelphia, PA: Amercian Philosophical Society, 1990.

WITT, R. G. *Hercules at the Crossroads: The Life, Works, and Thought of Coluccio Salutati*. Durham, NC: Duke University Press, 1983.

_____. *"In the Footsteps of the Ancients": The Origins of Humanism from Lovato to Bruni*. Leiden: E. J. Brill, 2000.

WOLFSON, H. A. "The Twice-Revealed Averroes". *Speculum*, 36: 373-392, 1961.

WOODHOUSE, C. M. *George Gemistos Plethon: The Last of the Hellenes*. Oxford: Claredon Press, 1986.

YATES, F. *The French Academies of the Sixteenth Century*. Londres: University of London, 1947.

_____. *Giordano Bruno and the Hermetic Tradition*. Londres: Routledge, 1964.

YEO, R. *Enlightenment Visions: Scientific Dictionaries and Enlightenment Culture*. Cambridge: Cambridge University Press, 2001.

_____. "Classifying the Sciences". In: *The Cambridge History of Science*. Vol. IV: *Eighteenth-Century Science*. Edição R. Porter. Cambridge: Cambridge University Press, 2003, p. 241-266.

ZAMBELLI, P. "I problemi metodologici del necromante Agostino Nifo". *Medioevo*, 1: 129-171, 1975.

_____. "L'immaginazione e il suo potere. Da al-Kindi, al-Farabi e Avicenna al Medioevo latino e al Rinascimento". In: *Orientalische Kultur und europäisches Mittelalter*. Edição A. Zimmermann (Miscellanea Mediaevalia, XVII). Berlim: [s.n.t.], 1985, p. 188-206.

_____. *Una reincarnazione di Pico ai tempi di Pomponazzi: con l'edizione critica di Tiberio Russiliano Sesto Calabrese, Apologeticus adversus cucullatos (1519)*. Milão: [s.n.t.], 1994.

ZARNCKE, F. *Die Statutenbücher der Universität Leipzig*. Leipzig: [s.n.t.], 1861.

ZEDELMAIER, H. *Bibliotheca universalis und bibliotheca selecta: das Problem der Ordnung des gelehrten Wissens in der frühen Neuzeit.* Colônia: [s.n.t.], 1992.

ZIMMERMANN, R. "Der Cardinal Nikolaus Cusanus als Vorläufer Leibnitzens". *Sitzungsberichte der philosophisch-historischen Classe der kaiserlichen Akademie der Wissenschaften*, 8: 306-328, 1852.

Índice Remissivo

Abano, Pietro d', 226
Abelardo, Pedro, 65
absolutismo, 28, 441, 463, 467, 480
abstração, 176, 260, 302, 311, 313, 317, 401, 405
Academia do Palácio, 51
academias, 35, 48, 49, 50, 51, 418
    filosofia nas, 26, 42, 48, 71
Académie de poésie et de musique, 50
Acciaiuoli, Donato, 47, 56, 111, 428, 431
    biografia, 479
Accolti, Benedetto, 131
Achillini, Alessandro, 73, 103, 109, 110, 177, 182
    e a tese da unidade do intelecto, 176, 182
Actium (31 a. C.), Batalha de, 149, 450
Addison, Joseph, 26
administração doméstica, 32
administração no século XII, 65
África
    norte da, 172
    portugueses na, 365
Aglaofemo, 135
Agostinho de Hipona, Santo, 41, 59, 69, 79, 82, 85, 115, 164, 259, 263, 271, 330, 331, 355, 399, 401, 469, 470
    acerca das pedras curadoras, 215
    acerca dos sacramentos, 134
    Cidade de Deus, 134
    Confissões, 80
    Contra academicos, 69, 164
    Da doutrina cristã, 215
    Da verdadeira religião, 475

De immortalitate animae, 303
"douta ignorância", 138, 249, 263
edição de Amerbach das obras de, 341
edição de Erasmo, 341
influência sobre Nicolau de Cusa, 138, 249, 252, 263
platonismo mais próximo do cristianismo, 80, 115, 118, 249, 271

Agrícola, Rudolph, 45, 107, 274, 291-4, 405
biografia, 479
De inventione dialectica, 45, 291

Ailly, Pierre d', 343

Al-Bitruji (Alpetrágio), 379

Alberto o Grande (Albertus Magnus), 30, 70, 72, 104, 107, 172, 180, 185, 250, 260, 303-5, 307, 421
Comentário sobre o *De anima* de Aristóteles, 303
Comentário sobre os nomes divinos, 250
e a imortalidade da alma, 303, 304
sobre a *Ética* de Aristóteles, 422

albertismo, 30

Albinos, 402

Albumasar, 222

Alcalá de Henares, 432

Alcorão, 258

Aldrovandi, Ulisse, *Ornithologiae*, 412

Aldus Manutius, 19, 50, 95, 102
publicação da primeira edição reunida de Aristóteles em grego, 19, 95, 102

Alembert, Jean Le Rond d', 397, 406

Alexandre de Afrodísias, 19, 46, 102, 103, 104, 175, 182, 300, 306, 307, 426, 427
comentários sobre Aristóteles, 102, 103, 307
Problemata, traduzido por Gaza, 102
Questões morais, 426
seguidores de (seita alexandrina), 306

        sobre o intelecto, 175, 182, 306, 307
        sobre a mortalidade da alma, 111, 182, 300
Alexandre o Grande, 149
Alexandre de Villedieu, 43
Alfarabi (Al-Fārābī), 171, 173, 174
        Catálogo das ciências, 172, 400
Alfonso II, duque da Calábria, 447
Algazel (Al-Ghazālī), 69, 171, 174
        Incoerência dos filósofos, 174
Alkindi (al-Kindī), 171
        Dos raios, 185
alma(s)
        Avicena sobre, 173
        como uma subseção da forma, 323
        crenças epicuristas sobre, 158
        "dupla", 319
        estatuto ontológico da, 297, 301, 316
        Ficino sobre, 141, 231, 237, 301, 309
        hierarquia das almas de Israeli, 308
        incorruptibilidade da, 309
        "indeficiência" da, 321
        individuação da, 309
        intelectual, 304, 311, 317, 325
        partição de Galeno, 405
        recompensa e punição após a morte, 68, 118, 122
        "segunda", 381
        transubstanciação da, 300, 302
        ver também imortalidade da alma
Alpago, Andrea, 174
Alpetrágio (Al-Bitruji), 379
Alsted, Johann Heinrich, *Enciclopédia*, 406
alteridade (Nicolau de Cusa), 255, 264, 267, 268, 269
Ambrósio, edição de Erasmo, 341
América, descoberta por Colombo (1492), 19

América Latina, 350, 472
amor
    na ética, 438
    platônico, 58, 144, 430, 26, 90, 310
    teoria de Ficino sobre o, 143-44, 146
    tradição cortês medieval, 143
Associação Humanista Americana, 62
ameríndios, 351, 352, 362
Amônio, 104, 427
amuletos, 215, 216
angelologia, 32
animais
    bestiários medievais, 76
    compêndios de, 412
    identificando, 408
    sistemas de classificação modernos, 397
Anselmo, 259, 263
    Proslogion, 259
antropologia, 388
Apolônio de Tiana, 223
aporia, 288
Apuleio, 69
Áquila, milagre de, 188
árabe
    classificação árabe das ciências, 400
    movimento de tradução árabe-latim, 172
    traduções em, 172, 400
Araújo, Doña Lorenza de, 370
Araújo, Francisco, 365
    Commentaria in universiam Aristotelis metaphysicam, 365
Arcesilau, 164, 167
argumentação, 274
    abordagem holística por Valla, 290
    dialética humanista, 274

dilemática, 289
escolástica, 259
invenção em vez de julgamento, 292
modos modernos de, 470
tópicos ou *loci*, 293, 294
tradição aristotélica, 286
Argyropoulos, João, 47, 73, 90, 92, 305, 422
biografia, 480
sobre o *De anima*, 305
tradução da *Ética*, 422, 425
Aristides, Aelius, 452
Aristipo de Cirene, 152, 160
Aristippus, Henricus, 117, 150
Aristóteles, 27, 59, 222, 257, 285, 292, 471, 475
Analíticos anteriores, 41
Analíticos posteriores, 102, 111
autoridade de, 27, 68, 70, 76, 107, 222, 322, 333, 396, 435
avanços no estudo dos textos de, 425-6
Categorias, 125
comentários sobre, 59, 72, 74, 88, 90, 102-5, 172, 319
comparação entre Platão e, 106, 126
controvérsia sobre a ordem de suas obras, 101
De anima, 45, 72, 176, 312, 318
comentário de Alberto o Grande, 303
comentário de Averróis, 72, 172, 174, 298
comentário de Fonseca, 357
comentário de Nifo, 319
comentário de Pomponazzi, 318
estudo de Rubio, 370
De animalibus, 113, 174
De caelo et mundi, 45, 103, 113
comentário de Averróis, 172
comentário de Fonseca, 357
estudo de Rubio, 370

De generatione et corruptione, 45, 92
    comentário de Fonseca, 357
    estudo de Rubio, 370
Dos sonhos, 185
Dialética, 357
Economia (atribuída falsamente), 88, 422, 432, 433, 434, 436, 438
edição giuntina (1550-2), 103, 173
edição grega das obras completas publicada (1495), 19, 95, 102
edições e crítica textual, 88, 94-7
Ética a Eudemo, 90, 426
Ética a Nicômaco, 47-8, 79, 106, 300, 435, 474
    comentário de Tignosi, 423
    comentário de Tomás de Aquino, 430
    edição de Vettori, 96
    estudos sobre, 422-38
    interpretações protestantes, 331, 429
    tradução de Bruni, 17, 92
    tradução de Grosseteste do comentário bizantino, 102
    traduções da, 93
e o debate sobre a imortalidade da alma, 298-9
filosofia natural, 68, 75-6
Física, 45, 102, 103, 104, 112-3, 378
    Comentário longo de Averróis, 172, 190
    comentário de Fonseca, 357
    comentário de Telésio, 380
    estudo de Rubio, 370
lógica, 20, 68
Magna moralia, 90, 426
Metafísica, 77, 190
    Comentário longo de Averróis sobre, 172, 190, 191, 192
    comentário de Fonseca, 356
    comentário de Leonardo Peñafiel, 370
Meteorologica, 109, 113
Nicolau de Cusa acerca de, 258

Órganon, 65, 100, 273, 294, 369
Poética, 112
    edição de Castelvetro, 96
Política, 35, 422, 432, 436, 459
primeiro motor, 181
Quaestiones mechanicae, 90
redescoberta dos comentadores gregos de, 18
sobre a mediação na causação, 185, 188, 332
sobre o intelecto, 315
traduções árabes de, 171
traduções para o latim humanista, 45, 84, 89-94
aristotelismo, 22, 30, 31, 33, 50, 75, 79, 81, 87, 94, 103, 150, 5, 7, 18, 21, 97
    acerca da tristeza, 154
    apoio papal para, 87
    ataque de Pletho ao aristotelismo latino, 300
    ataque humanista ao aristotelismo escolástico, 75, 107, 11340, 58, 73
    classificação, 398
    competição com outras tradições filosóficas, 105-09
    concordância com o platonismo, 108, 109
    continuidade e mudança no, 87-114
    cosmologia, 375, 378
    desafios ao, 35, 383, 393, 396, 471, 475
    e cristianismo, 68, 70-4, 106, 110-1, 193
    e filosofia árabe, 171
    e protestantismo, 241, 244
    educação no século XVI, 182, 435
    expansão no século XIV, 87
    medieval, 372
    muitos "aristotelismos renascentistas", 94, 108
    nas universidades, 87, 88, 99, 104, 114, 124, 375, 425
    reforma e modernização, 27
    redescoberta do aristotelismo nos séculos XII e XIII, 125

secular, *ver* averroísmo
ver também peripatéticos
Armada Espanhola, ataque contra a Inglaterra (1588), 21
Arovas, Moisés, 197
Arquimedes, 41
arquitetura, 399
Arriaga, Rodrigo de, 323, 367
    Cursus philosophicus, 367
ars historica, 407
arte, 32, 403
artes liberais, 399, 400
artes mecânicas, 400, 403, 406
Asclépio (atribuído a Hermes), 219, 222, 242, 261
Ásia, sul da, 472
astrologia, 32, 34
    árabe, 226
    e amuletos, 209-15
    e medicina, 209, 210, 217-44
    na medicina de Ficino, 206, 241, 243
    padrões planetários, 214
    teoria das grandes conjunções, 194
astronomia, 20, 22, 345, 375, 376, 401
    das esferas homocêntricas, 379
ateísmo, epicurismo e, 162
Atenas, Academia de, 49
atomismo, 90, 106, 109, 163, 306, 325, 333, 339
Augustodunensis, Honorius, *Clavis Physicae*, 250
Aurélio, Marco, 149, 475
    Meditações, 1ª edição, 21
Aurispa, Giovanni, 127
autoridade
    civil, 363, 464
    crença e consciência individual, 328, 335-40

crise da autoridade religiosa, 327-347, 472, 476
   da escritura, 328, 335, 336
   rejeição da autoridade antiga, 27
   respeito humanista pela autoridade antiga, 29
autoridade papal, 66, 328, 338, 350, 363
   e universidades, 66
Avempace, 173
Averróis, 171, 172, 173
   sobre o *De anima* de Aristóteles, 72, 103, 172, 175, 305,
   comentário longo sobre a *Metafísica* de Aristóteles, 172, 190, 191, 192
   comentário sobre a *Ética*, 422
   comentários sobre Aristóteles, 72, 103, 108, 172-3, 175, 190, 191, 298
   edição de Giunta (1550-2), 173
   história das edições no Renascimento, 173
   lógica, 172
   teoria do intelecto, 18-9, 72, 172, 175-83, 304-5, 311
   versões latinas de, 45
   zoologia, 172
averroísmo, 29, 70, 74, 81, 83, 89, 103, 109, 304
   definindo o, 72-3
   e cristianismo, 301
   e geração espontânea, 174, 190-95
   e filosofia árabe, 171-99
   e humanismo, 195-96
   e o debate sobre imortalidade da alma, 309, 315, 316, 323-26
no Renascimento, 176-7, 182-3
averroísta, uso do termo, 176
Avicena, 27, 69, 108, 171, 174, 183, 2, 36, 113, 115, 222, 257
   A cura, 183, 191
   Da alma, 172, 183

e geração espontânea, 192
explicação dos milagres, 173
Filosofia primeira, 172
Metafísica, 190
teoria da profecia, 172

Babbit, Irving, 62
Bacon, Francis, 21, 27, 32, 106, 345, 405, 406, 475
    Avanço do conhecimento, 22, 405
    classificação das disciplinas, 405
    Novum organum, 22
Bacon, Roger, 185
Baconthorpe, João, 176
Bagdá, 171
Bagnolo, Guido da, 75
Bagolinus, Hieronymus, 427
Baïf, Jean-Antoine de, 50
Bairo, Pietro, *Pequeno tratado sobre a peste*, 187, 188
Balbus, Petrus, tradução da *Teologia platônica* de Proclo, 249
balística, 403
Bañez, Domingo, OP, 350, 364, 365
    e Molina, 366
Barbaro, Ermolao, 18, 46, 84, 90, 111, 179
    biografia, 480
    nova versão de Temístio, 19, 102
    sobre Averróis, 180
Barcelona, 173
Baron, Hans, 455
Barozzi, Pietro, bispo de Pádua, 18, 180, 308
Basileia, 95, 429
    Concílio de (1431-49), 17, 256
Bauhin, Caspar, 408, 413
Bayle, Pierre, 367

Becchi, Gentile, 57
Becchi, Guglielmo, 47, 424
Beierwaltes, Werner, 248
"belas artes", 403
Bellay, Joachim du, 146
Bembo, Pietro,62, 146, 316
    Asolani 144
beneditinos, 325
Berlingueri, Francesco, 55
Bernardi, Antonio, 177, 183
Bessarion, cardeal, 17, 18, 49, 90, 106, 123, 124, 128, 130, 165, 256, 319, 474
    Contra o caluniador de Platão, 18, 106, 128
    sobre o dever do filósofo, 123
bestiários medievais, 76
Beyerlinck, Laurentius, *Magnum theatrum*, 409, 411
Biagio Pelacani da Parma, 17, 73, 299, 325
Bianchelli da Faenza, Mengo, 226
Bianchi, Luca, 9, 33, 87-114
Bíblia
    acomodação com Aristóteles, 429
    concordâncias (século XIII), 408
    edições da, 341
    interpretações diferentes, 336
    testemunho para os protestantes, 327, 328, 334, 337, 341, 342
    traduções da, 336
    ver também Novo Testamento
    Vulgata latina, 341
bibliografias, 417, 418
    "aristotélicas", 105
bibliotecas
    catálogos, 415, 419
    institucionais, 415

       privadas, 89-90, 415, 104, 261, 414
       públicas, 89-90, 104, 261
Biblioteca Bodleian (Oxford), primeiro catálogo impresso (1605), 415
Biel, Gabriel, 343
biografias, 479
biologia evolutiva, 62
Black, Robert, 9, 39-60
Blair, Ann, 9, 35, 397-419
Blum, Paul Richard, 10, 34, 297-326
Blumberg, Hans, 248, 254
boa vida, 64, 79, 437
       vida ativa ou contemplativa, 437, 446
Boccaccio, Giovanni, 41
Boccadiferro, Lodovico, 111
Bodin, Jean, 463-65
       biografia, 480
       Colóquio dos sete sobre os segredos do sublime, 162
       Método para a fácil compreensão da história, 407, 463
       Seis livros sobre a república, 463
Boécio, 69, 92, 252, 253, 267, 292, 293, 294
       classificação da filosofia, 400
       comentários latinos, 400
       Consolação da filosofia, 40, 41
       lista de tópicos para argumentação, 292
       sobre a retórica e a dialética, 292
Bolonha
       escola de medicina, 202
       filosofia moral, 306
       Universidade de, 29, 41, 47, 76, 103, 113-4, 176, 310, 316, 319
       século XII, 65
Bórgia, Cesare, 462
botânica, 408, 412
Braccesi, Alessandro, 52, 53, 54, 57

Bracciolini, Poggio, 17, 260
    De avaritia, 59
Brahe, Tycho, *Exercícios para restauração da astronomia*, 393
Brandolini, Aurelio Lippi, *De comparatione reipublicae et regis*, 59
Brucker, Jakob, *História crítica da filosofia*, 147
Bruni, Leonardo, 17, 90, 98, 158, 421-2
    biografia, 347
    Da tradução correta (*De interpretatione recta*), 91
    estudo do grego, 119
    História do povo florentino, 456
    Introdução à filosofia moral, 158
    Laudatio florentinae urbis, 451-5, 456
    sobre Platão, 119
    tradução da *Economia*, 88
    tradução da *Ética* de Aristóteles, 17, 91, 422, 423, 437
    tradução do *Fédon* de Platão, 120-22
Bruno, Giordano, 20, 22, 31, 35, 60, 113, 163, 247, 376, 386, 475-6
    A ceia da quarta-feira de cinzas, 386
    biografia, 481
    cosmologia, 384, 387-90
    Da causa, do princípio e do uno, 386, 390
    Discurso no Colégio de Cambrai, 387
    Do imenso e dos inumeráveis, 387
    Do infinito, 380, 386
    Do mínimo triplo e da medida, 387
    queimado na fogueira (1600), 386, 476
Budé, Guillaume, *Livre de l'institution du Prince*, 448
bula papal
    Apostolici regiminis, 310
    excomungando Lutero, 327
Buratelli, Gabriele, 108
Burgersdijk, Franco, 390
Buridano, João, 104, 421, 430

Burley, Walter, 104, 150, 421
Bussi, Giovanni Andrea de, 248

Cabala, 30, 32
cabeçalhos de tópicos, 417
    subcabeçalhos, 416
Cabeo, Niccolò, *Philosophia magnetica*, 108
Caetano, Tomás de Vio, cardeal, 111, 318
    biografia, 481
Calcídio, tradução do *Timeu* de Platão por, 117
califas abássidas, 171
Calígula, 499
calor e frio, Telésio sobre, 378, 391
calvinismo, 328, 110, 235, 264, 292
    doutrina da eleição, 344
    ética, 429
Calvino, João, 19, 20, 328, 329, 342
    antecedentes humanistas, 236
    comentário sobre o *De clementia* de Sêneca, 155
    Instituição da religião cristã, 20, 336
    sobre Agostinho, 237
    sobre a justificação, 331
    sobre o pecado original, 344
    sobre Platão, 330
    voluntarismo, 343
camaldulenses, 131
Cambridge History of Renaissance Philosophy, 30
Camozzi, Giovanni Battista, 102
    aldina minor, 95
Campanella, Tommaso, 21, 31, 32, 35, 60, 376, 475
    Apologia de Galileu, 391-6, 474
    Artigos proféticos, 393, 395
    biografia, 391, 482

    Cidade do Sol, 22
    cosmologia, 393-6
    Da sensibilidade das coisas e da magia, 391
    Écloga pelo nascimento do delfim da França, 396
    Grande epílogo, 393
    Metafísica, 392
    Philosophia realis, 392
    Questões fisiológicas, 392
canção, uso terapêutico por Ficino, 216, 239, 240
Cardamo, Girolamo, 107, 162, 322
Carleton, Thomas Compton, 368
Carlos IV da Boêmia, imperador, 442
Carlos V, imperador, 327-350
Carlos IX, imperador, 50

Carnéades, 164, 167
Carrara, Francesco da, 442-44, 446
Cartagena, Alfonso da, 423
cartesianismo, 140, 344
    ver também Descartes, René
casamento
    "privilégio paulino", 352
    proibição de miscigenação, 361Casaubon, Isaac, 91, 146
    edição greco-latina de Aristóteles, 95
Case, John, 105, 433
Cassiodoro, 400
Cassiopeia (1572), nova de, 376, 379, 380
Cassirer, Ernst, 85, 247, 471
    Individuum und Kosmos in der Philosophie der Renaissance, 28
Castellani, Pier Nicola, 197
Castellio, Sebastian, 473
    Se os hereges devem ser perseguidos, 21
Castelveltro, Ludovico, edição da *Poética* de Aristóteles, 96

Castiglione, Baldassare, 62, 144, 146
    Cortesão (*Il cortegiano*), 20, 58, 144
catálogos
    de bibliotecas, 415, 416
    de objetos, 413
    de plantas, 411
    de venda de livros, 415, 416
Catão, 155
Cateau-Cambrésis (1559), Tratado de, 21
categorias
    classificação de plantas e animais, 412
    de Aristóteles, 281, 358, 396, 412
    de Ockham, 283
    de *scientifica*, 414
    de Valla, 281, 282
Cattani, Andrea, *Das causas de efeitos milagrosos*, 186, 187, 188, 193
causas
    dos efeitos para as, 359
    verdadeiras, 120
Cavalcanti, Giovanni, 54, 55
Cavalli, Francesco, 95
    Do número e da ordem da [...] *Física* [...] *de Aristóteles*, 101
Celenza, Christopher S., 10, 33, 115-47
César Augusto, 445
Cesarini, cardeal Giuliano, 253, 256, 264
Cesi, Federico, 412
ceticismo, 32, 61, 106, 150, 339, 340
    acadêmico, 26, 69, 149, 153, 164, 167, 168, 338-9
    antigo, 90
    e catolicismo, 340
    e crise da autoridade religiosa, 344
    e protestantismo, 246
    interpretação cristã, 169, 108, 110
    objetivo do, 97

        pirrônico, 149, 150, 164, 168, 339
        revitalização humanista, 7, 107, 246
céus
        como quintessência, 375, 379
        debate sobre a mutabilidade dos, 376, 389
Champier, Symphorien, 108, 146
Chanut, padre, 251
Charpentier, Jacques, 197
Charron, Pierre, 32
        biografia, 482
        De la sagesse, 22
Chile, 350, 370, 371
China, 357, 472
chinesa, língua, 373
        traduções dos comentários de Fonseca, 357
Cícero, 25, 58, 69, 83, 90, 92, 150, 164, 278-9, 289, 292-4, 308, 457, 468, 476
        Academica, 164
        De amicitia, 49
        De legibus, 445
        De officiis, 443, 444, 445, 451, 462
        De senectute, 49
        Do orador, publicado pela primeira vez (1465), 18, 59, 278, 290, 293
        sobre a filosofia estoica, 153, 164
        sobre a retórica, 292
        sobre Sócrates, 152
        Topica, 294
        tradução do *Timeu* de Platão, 117
cidadãos, 58, 461
cidade
        a filosofia deveria servir à, 84
        governo para o bem comum, 461
        governo principesco da, 446

ciência
    epicurista, 163
    geral, 358
    metodologia e epistemologia da ciência moderna, 112, 252
    no século XVII, 345
ciências
    "árvore das", 406
    como controle da natureza, 468
    debates sobre a classificação das, 401
    divisões das, 400
    scientiae mediae, 401, 404
    unidade das, 405
Cipião, o Africano (Scipio Africanus), 56
citações, coleções de, 410
conspiração antiespanhola calabresa (1599), 392, 395
Chrysoloras, Manuel, 17, 119, 127
classificação, 397
    aristotélica, 398
    arranjos em miscelânea, 410, 418
    arranjo sistemático, 410, 411, 412, 419
    das disciplinas, 398, 402, 406, 413
    medieval, 400
    moderna, 411
    ordem alfabética, 408, 411, 418
    renascentista, 402-6
Clavius, Christopher, 404
Clemente de Alexandria, 399
clero, estatuto do, 337
Clichtove, Josse, 429
Coimbra
    jesuítas de, 432
    Universidade de, 87, 105, 357, 366, 432
coincidência dos contraditórios de Nicolau de Cusa, 270-1

Cola di Rienzo, 442
coleções
    de epígrafes, 414
    de espécimes, 407
    de moedas, 414
    de notas manuscritas, 407
    de objetos, 413-17
    sistemas de organização, 408
Colet, John, 145, 455
Collegio Romano jesuíta, 47, 112, 357, 404
Collegium Conimbricense, 432
    Cursus conimbricensis, 357, 432, 433
Colombo, Cristóvão, 19
Colônia, Universidade de, 256, 260
Colucci, Benedetto, 52, 55, 57
    Declamationes, 51-55
cometas
    Bruno acerca de, 388, 389
    Campanella acerca dos, 393
    nos séculos XVI e XVII, 376, 395, 396
    teoria de Brahe sobre, 393
    teoria de Telésio sobre, 379
comentários
    antigos muçulmanos, judaicos e medievais, 472
    árabes sobre Aristóteles, 71, 103, 171
    bizantinos, 94, 102
    como auxílios ao aprendizado após o uso direto do texto, 99, 118
    em italiano, 96
    escolásticos e humanistas, 99
    gregos antigos sobre Aristóteles, 72, 102-105, 318, 427, 428
    ideais, 99
    impressos em latim após 1535, 104
    ingleses sobre Aristóteles, 433

jesuítas sobre Aristóteles, 431
latinos sobre Aristóteles, 90, 102
redefinidos, 99
sobre Aristóteles em outras línguas, 472
sobre filósofos antigos, 46, 59
sobre Platão, 128
tradição italiana, 172, 428
Cômodo, 449
conceitos
    teoria dos conceitos primários, 190
    Trombetta acerca dos, 309
    visão nominalista dos, 313
Condé, príncipe de, 463
"Congregação sobre a Assistência da Graça Divina" (Roma), 364
conhecimento
    autorestrição do conhecimento no método científico, 253
    confiabilidade do, 167, 401, 468
    douta ignorância, 138, 249, 253, 263, 264, 265, 269
    explosão do, 408
    fontes examinadas, 337
    impossibilidade de conhecimento exato, 256, 264, 288
    "intermediário", 364, 373
    limites do conhecimento humano, 114, 177, 272
    organizações do, 397-419
    "poético" ou produtivo, 398
    problema do, 28
    visão cartesiana do, 344
Contrarreforma, 349, 350
conquistas, moralidade das, 30, 350-54, 355
consciência individual, 335-40
Constança, Concílio de (1414-18), 17
Constantinopla, 256
    queda de (1453), 18
constitucionalismo, 463

Contarini, Marcantonio, 310
contrato, 365
conversão, 472
Copenhaver, Brian, 10, 33, 201-44
    *Renaissance Philosophy*33
copernicismo, 333, 378, 388, 389, 393, 394
Copérnico, Nicolau, 247, 345, 387, 395
    Das revoluções das esferas celestes, 20, 375
Copleston, Frederick, 247
Corpus hermético, 128, 134, 135, 146, 222
    tradução de Ficino, 135
corpuscularismo, 35, 109, 9, 64, 238, 246
cortes, 33, 58
    literatura e platonismo, 33
cortesãos, 58, 84
Cosenza, arcebispo de, 381
Cosmas de Lerma, 365, 366
cosmologia, 34, 40, 375-396, 468
    aristotélica, 112, 375, 396
    copernicana, 27, 387, 393
    de Ficino, 226, 229, 232, 301, 305
    hierarquia na, 375, 384
    neoplatônica, 318
    nova, 32, 34
    platônica, 272
    telesiana, 376, 394, 395
Cracóvia, Universidade de, 87, 430
Cranston, David, 431
Cranz, F. Edward, 104
Cremonini, Cesare, 320
criação, 71, 271
cristianismo
    como tradição vivida e como tradição textual, 472
    desafio à imortalidade da alma, 297- 326

       e aristotelismo, 68, 70-4, 106, 110, 193, 428
       e a tese da unidade do intelecto, 180
       e averroísmo, 70-4, 301
       e catolicismo, 328
       e epicurismo, 161, 301, 306, 430, 439
       e escolasticismo, 75-83
       e estoicismo, 153, 430, 439
       e ética pagã, 427-432, 436
       e filosofia helenista, 34, 150, 467
       e literatura pagã, 75
       e magia, 217, 218, 229
       e *pax romana*, 453
       e platonismo, 77, 82, 115, 118, 123-4, 144, 251, 306, 314, 428, 430
       e protestantismo, 340, 473
       humanismo e, 76-83
       interpretação do ceticismo, 166, 168
Cristina, rainha da Suécia, 251
crítica literária e a *Poética* de Aristóteles, 112
crítica textual de Aristóteles, 94-7
cronologia, 17-23
Cruzadas, 473
cura
       níveis planetários de, 238 (Fig. 8.9)
       pedras de, 215, 224, 226
Curione, Celio Secondo, 101
curiosidades, gabinetes de, 413
currículo
       Aristóteles a ser estudado primeiro, 129
       jesuíta, 357, 431, 432
       luterano, 429
       medieval, 399
       Platão considerado inadequado para o currículo elementar, 124
       Renascimento, 407

unitário, 39
universitário, 400, 404
Cusa, Nicolau de, *ver* Nicolau de Cusa
Cusano, *ver* Nicolau de Cusa
Cuvier, barão Georges, 411

Dante Alighieri, 159
    Divina comédia, comentário de Landino sobre a, 159
    Inferno, 453
debates
    entre Erasmo e Lutero, 166, 340
    europeus nos séculos XVI e XVII, 34, 435
    filosofia ética *vs.* retórica, 422-4
    sobre a classificação das ciências, 401, 404
    sobre a autoridade religiosa, 327-347
    sobre a imortalidade da alma, 297- 326
    sobre a mutabilidade dos céus, 376
    sobre a predeterminação e a liberdade da vontade, 364, 366
    sobre "objetos impossíveis", 368
    sobre o método escolástico, 65
dedução e indução, 112, 288
Dee, John, 404
Del Río, Martín, 155
Della Porta, Giambattista, 31, 32, 50
Delminio, Giulio Camillo, 410
Demócrito, 223
demonologia, 32, 240
    leão demônio, 228 (Fig. 8.6)
Demóstenes, 119
De Savigny, Christofle, 405
Descartes, René, 22, 27, 107, 247, 252, 273, 325, 346, 396, 468, 475
    carta (1647) a Chanut, 251
    dependência de fontes tradicionais, 346, 470

Discurso sobre o método, 23
e o debate sobre a imortalidade da alma, 323-26
Meditações, 140, 321, 324
sobre a transubstanciação, 333
teoria da glândula pineal, 469
ver também cartesianismo
descobertas geográficas, 19, 27, 195, 349, 408
Desgabets, Robert, 325
destino, concepção estoica do, 153
D'Estrebay, Jacques Louis, 91, 93
Deus
    "aseidade" de, 367
    concepção de Espinosa, 252
    concepção estoica, 155
    concepção de Ficino, 137, 300
    ou ser enquanto tal, 190
    natureza e atributos de, 110
    onipotência de, 71
    para Nicolau de Cusa, 249, 252, 253, 259, 260, 262-71, 390
    scientia media, 401
    sem conhecimento de homens individuais, 72, 177
    vontade de, 343, 345, 359, 365
deuses
    como demônios, 218
    culto aos, 127
Diacceto, Francesco da, *Sobre o amor*, 143
diagramas ramistas, 405, 411
dialética, 250, 402
    a ascensão da dialética humanista, 273-95
    Agrícola sobre a, 291-295
    comparada com a retórica, 294, 295
    complicatio e *explicatio*, 266
    livros didáticos sobre, 294
    reforma de Valla para a, 277, 280, 286-7, 291

diálogos
    e ética, 435
    filosóficos, 59, 108
    socráticos, 59, 116, 121, 131
dicionários, 418
Dietrich de Freiburg, 260
Digges, Thomas, 375
Diógenes Laércio
    biografia de Epicuro, 159
    testemunhos, 94
    tradução por Traversari, 17, 151, 159, 164
    Vida de Sócrates, 152
    Vidas e opiniões de filósofos eminentes, 150
Dionísio, o Areopagita (pseudo), 30, 69, 117, 138, 249, 261
    Hierarquia celeste, 250, 330
    influência sobre Nicolau de Cusa, 250, 257, 262, 263, 264, 270
    Nomes divinos, 138, 263, 271
    Teologia mística, 250, 262
Dioscórides, 196, 408, 412
direito internacional, 30, 351, 361
direito, 67, 400
    agrário, 445
    base linguística do, 276
    definido como uma "ordenança da razão", 355
    estudo escolástico do, 64
    filosofia do, 356, 358
    humanista, 29
    romano, 444, 451, 456
        Compêndio, 444
    século XII, 65
direitos
    dos ameríndios, 352, 362
    dos cidadãos de resistir à tirania, 363
    dos cristãos na guerra, 361

dos espanhóis no Novo Mundo, 353
dos protestantes na França, 22
no *ius gentium*, 351
disciplinas acadêmicas
classificação das, 35, 397-406, 416
unificação por um só método, 405
Doação de Constantino, Valla ataca a autenticidade da, 18, 290
dogmatismo, 27, 472, 473
dominicanos, 71, 317-8, 320, 350, 365, 386, 391
ibéricos, 365-6, 369
vs. jesuítas, 364, 431
donatismo, 134
Donato, Girolamo, 102, 307
Donatus, 277
"douta ignorância" de Nicolau de Cusa, *ver* Nicolau de Cusa
Doyle, John P., 10, 34, 349-74
Dullaert, Johannes, 113
Duns Escoto, João, 193, 313, 315, 342, 360, 468
Duval, Guillaume, 96

Eclesiástico, 78
Eckhart, Meister, 138
influência em Nicolau de Cusa, 249, 250, 266, 270, 271
economia, 368, 399, 365
ética, 368, 370, 474
ética e política, 422, 436
educação
ambientes históricos, 35
cívica, 424
crescimento da educação superior, 398, 418
da elite na "academia" de Ficino, 51-7, 84, 130-2
escolástica, 75-83
grega, 52

humanista, 35, 61, 62
humanista *vs.* escolástica, 35
instituições especializadas de educação superior, 39, 44, 126
jesuíta, 22, 357, 404
moral, 438
no norte da Europa, 43
professores especialistas, 40
reformas, 467, 474
romana, 399
tradições aristotélica *vs.* platônica, 124
Éfeso, Miguel de, 126
Egito, 201, 219, 222, 382, 472
eleição, doutrina calvinista da, 343
elementos
    celestiais, 231
    dos corpos, 385
eloquência, 81, 403, 425, 473
Emblica officinalis, 203
emoções, estoicos acerca das, 153-5
empirismo médico, 168
enciclopédias, 406
    arranjo alfabético nas, 406
    medievais, 408
    ordenação sistemática, 411
Encyclopédie (1751), 397, 406
entimema, 287
epicurismo, 34, 149, 153, 338, 472
    e a mortalidade da alma, 302
    e cristianismo, 161, 301, 306, 430, 439
    objetivo do, 149
    revitalização humanista, 34, 157-63
    teoria da matéria, 306, 339
    ver também ateísmo

Epicuro, 23, 150, 158, 160, 161, 306
    biografia por Diógenes Laércio, 159
epígrafes, coleções de, 414
epiquerema, 282
epistemologia, 121
    e o debate da imortalidade da alma, 297, 298, 321
    virada epistemológica moderna, 254, 344, 372
Epiteto, 149, 422
Erasmo, Desidério, 18, 274, 291, 319, 421
    Adágios, 456
    Anotações sobre o Novo Testamento, 341
    biografia, 483-84
    ceticismo acadêmico, 339
    desafio ao ideal das Cruzadas, 473
    edição grega de Aristóteles, 95
    edição grega do Novo Testamento (1516), 19, 341, 455
    edições dos Padres da Igreja, 341
    Elogio à loucura, 166
    Institutio principis christiani, 448, 449
    Novum instrumentum, 455
    "O epicurista", 161
    sobre o livre-arbítrio, 342
    suspensão da crença, 340
Erastus, Thomas, *Debates*, 189
Erfurt, Universidade de, 343
Erígena, João Escoto, 249, 262, 265, 266, 267, 270
    Periphyseon, 249, 265
escatologia cristã, 395
escola de Chartres, 39
escolas
    de ábaco, 40
    elementares, 40
    filosofia como disciplina nas, 39-42
    francesas, 42

humanistas, 35, 48, 89, 409
italianas, 41
jesuítas, 20, 22
papel do aristotelismo em escolas teológicas, 87
retóricas romanas, 52
escolasticismo, 28-29, 34, 116, 475
    classificação das disciplinas, 398
    como uma forma de educação, 65, 340, 474
    crítica humanista do, 75-83, 467, 476
    Contrarreforma espanhola, 350
    distinção entre *simpliciter* e *secundum quid*, 311
    e filosofia árabe, 172, 183, 192
    e filosofia pagã, 342
    e humanismo, 34, 35, 273-76
    e medicina, 202
    e platonismo, 69, 338
    e protestantismo, 340-4, 345, 404
    ética no, 421-39
    hispânico, 34, 323-26, 367, 372-74
    ibérico fora da Ibéria, 368-69
    método da questão-comentário, 98, 99, 116
    ver também, escotismo; tomismo
escotismo, 30, 46, 50, 72, 192, 323, 342, 371
Escoto, João Duns, *ver* Duns Escoto, João
escravidão, moralidade da, 30, 355, 365, 450
escultura, 403
espaço
    Bruno acerca do, 390
    Patrizi acerca do, 385
    Telésio acerca do, 380, 391
Espanha
    conquistas no Novo Mundo, 30, 34
    expulsão dos judeus (1492), 19

filosofia escolástica, 34, 323-6, 349-74
movimento de tradução árabe-latim, 172
espécies, 229, 236
identificação de novas espécies de plantas e animais, 408
inteligíveis, *ver* species intelligibilis
espécimes naturais, coleções de, 413, 414
Espinosa, Baruch, 252, 390, 468
espírito, *spiritus* de Ficino, 141, 204, 232, 237, 244, 305-6, 469
essência e existência, 190
Estado
e Igreja, 363
e o soberano, 467
estabilidade do, 449
livre, 450-455
polis, 362
estados alemães
academias, 51
protestantes, 46, 318, 327
reforma educacional, 249, 474
estátuas, culto às, 216, 219, 222
estereometria, 401
Estienne, Henri, tradução de Sexto Empírico, 168
estoicismo, 22, 149, 153-57, 338, 472
cosmologia, 375
e cristianismo, 153, 430, 439
objetivo do, 149
revitalização do, 21, 34, 153-57, 375
estoicos, 29, 69, 106, 151, 152, 161, 164
esquema de classificação dos, 399
sobre as emoções, 153-5
Estrabão, 94
Estrasburgo, Academia de, 429

ética, 33, 34, 399, 400
    aristotélica, 421-7
    casuística moral e probabilismo, 373
    controvérsia entre filosofia e retórica, 423
    e imortalidade da alma, 321
    e retórica, 422, 423
    e teologia, 431
    economia política, 422, 436
    ensino da, 35, 47-8, 421-25, 432-436
    epicurista, 159
    estoica, 153, 157
    humanista e escolástica, 34, 421-39
    invenção atribuída a Sócrates, 152
    objetivo da, 436
    pagã e cristã, 427-32, 436
    protestante, 429
    questões da ética renascentista, 436-39
    ver também filosofia moral

Euatlo, 289

Eucaristia, 332, 333

Euclides
    comentários sobre, 403
    primeira tradução para o inglês (1570), 404

Europa, norte da, 96
    educação, 43

Eusébio de Cesareia, 323

Eustrácio de Niceia, 426, 428

Évora, Universidade de, 364, 432

Everardo de Béthune, 43
    Graecismus, 44

experimentalismo, 35, 345, 346

Faba, Agostino, 93
fantasia, 302, 305, 312-3, 312
farmacologia, 418
    de Ficino, 207, 208, 209, 214, 230
Faseolo, Giovanni, 179
Favaroni, Agostino, 47
fé
    concórdia com a filosofia, 300
    doutrina da fé "implícita", 336
    e razão, 70, 71, 114, 315, 343
Feliciano, Giovanni Bernardo, 426
felicidade, 155, 157, 160, 430, 437
    e a vida ativa, 446
    e a vontade, 438
    eudaimonia, 437, 458
    felicitas, 437, 459
Ferrara, 48, 310, 383
Ferrara-Florença, Concílio de (1437-9), 17, 127
Ferrari, Ottaviano, 101, 431, 436
Feuerbach, Ludwig, 62
Fiandino, Ambrogio, livro de diálogos, 318
Ficino, Marsílio, 17, 28, 32, 62, 72, 118, 129, 159, 179, 185, 201, 301, 375, 382, 427
    "academia", 84, 131, 132, 477
    analogia microcosmo/macrocosmo, 211, 227
    biografia, 484
    Comentário sobre o Banquete de Platão sobre o amor, 141, 143, 146
    Concílio contra a peste, 209
    De triplici vita, 133, 137-65
    De vita, 18
    legado, 143-147, 469, 473
    magia, 18, 34, 142, 201-244
    medicina, 201, 205

platonismo de, 129-143, 145, 147, 382
rede de correspondências, 129, 130
sobre a imortalidade da alma, 300-306
sobre a filosofia, 136
sobre Averróis, 180, 305
sobre os céticos acadêmicos, 164
Teologia platônica, 18, 136, 137, 160, 300-306, 321, 382, 475
teoria do amor, 140, 141, 147
tradução do *Corpus hermético*, 135
tradução latina de Plotino, 19, 135
traduções latinas de Platão, 18, 130
figuras de Ficino, 203, 220, 225, 228, 229, 235
Filelfo, Francesco, 90, 127, 158, 165
Filolau, 135
filologia, 94, 97, 468
clássica, 32, 40, 41, 48, 50, 94, 469
e ética, 424
e filosofia, 47, 406
e língua grega, 426
humanista, 96, 299
Filopono, João, 19, 46
comentários sobre Aristóteles, 102, 103, 380, 427
Corollarium de loco, 380
filosofia
autonomia da, 27, 74
base linguística da, 278
classificações da, 400
como ciência civil, 476
como ciência mestra, 32
como conhecimento em geral, 32, 39
como corpo de doutrinas, 35, 347, 476
como disciplina acadêmica, 39-42
como magia, 32
como modo de vida, 122, 347, 476

como serva da teologia, 71, 475
como terapia psíquica, 32, 34, 476
concepção humanista de, 83-5
concepção socrática de, 152
concordância da fé com a, 300
continuidade da, 27, 34
definindo, 31-32
e a crise da religião, 327-47
e a reforma da doutrina, 329-35
e o ensino de gramática, 42-44
estudo em diferentes níveis do currículo, 34
fisiologia e medicina, 201-09
igualada à teologia, 70, 110
impacto da Reforma sobre a, 35, 334, 346, 476
institucionalização da, 116
no século XV, 29, 30
no século XVI, 29
no século XVII, 35
pluralismo de perspectivas, 476
propósito debatido, 116
ramos especulativo e prático, 398, 436
relação com a crença religiosa, 30, 70, 475, 476; *ver também* fé e razão
relação com a teologia, 30, 71, 126, 314, 335, 468, 469
renascentista, 367- 477
taxonomia de Hume da filosofia contemporânea, 27
transmissão do pensamento, 58-60
variedades de novas, 339
visão averroísta, 71, 72

ver também filosofia antiga; filosofia árabe; filosofia helenista; filosofia moderna; filosofia moral; filosofia natural; filosofia pagã

filosofia árabe, 34, 71

e averroísmo, 171-199
e escolasticismo, 172, 192

e humanismo, 195-196
história, 171
período clássico, 171
traduções latinas de, 171, 195, 197 (Apêndice)
filosofia antiga, revitalização da, 33, 7, 45, 343
filosofia helenista, 76, 118, 149
    e cristianismo, 33, 151
    revitalização da, 149-169
    ver também, ceticismo; epicurismo; estoicismo
filosofia hispânica
    escolástica, 349-374, 435
    no Novo Mundo, 369-372
filosofia mecânica, 27, 333, 346
filosofia moderna, 28, 34, 373
    assunções da, 470
    cosmologia e, 396
    e filosofia hispânica, 373
    inicial, 372-374
    lições do passado, 344-347
    Nicolau de Cusa e, 247-272
filosofia moral, 25, 35, 40
    aplicada à vida econômica, 368, 370, 422, 436, 474
    aristotelismo, 47, 342, 421-439
    crítica protestante da filosofia moral pagã, 347
    e a magia de Ficino, 224
    e teologia, 47, 430, 431
    ensino universitário da, 426
    escolástica, 422
    estatuto da, 431, 436
    estoica, 153
    hispânica, 349
    humanista, 26, 35, 81, 83, 84, 85, 421-4
    ver também ética

"filosofia mosaica", 339
filosofia natural, 29, 32, 34, 45, 46, 345, 467, 468
    aristotélica, 68, 76, 103, 202, 355, 356
    ciência natural posterior, 46, 147
    de Patrizi, 382
    e a imortalidade da alma, 308
    e a magia de Ficino, 221
    e a unidade do intelecto, 181
    e matemática, 112
    e medicina, 205
    e teologia, 64
    ensino da, 44, 48
    escolástica, 29
    estatuto da, 436
    experiência na, 358
    experimental, 346
    influência da filosofia árabe, 33
    medieval tardia, 113
    sistema telesiano, 376, 391
filosofia pagã, 475
    estudo escolástico da, 67, 330
    relação com o cristianismo, 151, 467
filosofia política
    inglesa, 455-60
    petrarcana, 441-449
    renascentista, 441-465
    romana, 442
    utópica, 457-60
filosofias esotéricas, 30, 118, 147, 476
filosofias não aristotélicas, *ver* "novos filósofos"
filósofos
    dever, com relação a Platão, 124
    "parceiros de conversa" com o passado, 28, 469

física, 40, 399, 400
    aristotélica, 22, 113, 349
    atomista, 163
    Campanella, 392
    concepções modernas de espaço e tempo na, 381
    e conhecimento seguro (*scientia*), 399
    e medicina, 205
    estatuto da, 403
    experiência na, 358
    nova, 30, 60
fisiologia
    humoral, 205, 206, 208
    filosofia e medicina, 201-09
    princípio do equilíbrio, 205, 206
Florença, 17, 19, 21, 41, 475
    academias, 49, 50, 99
    Concílio de (1439), 300-306
    controvérsias éticas, 423
    corte papal, 129
    exílio dos Médici de (1494-1513), 19
    Igreja Camaldulense de Santa Maria degli Angeli, 131
    peste (1478), 209
    República de, 450, 451-5, 461
    Universidade de, 119, 130, 143, 202, 403, 424
florilégios medievais, 408, 409, 410, 418
Florimonte, Galeazzo, 428
Fonseca, Pedro da, 193, 356, 357, 358, 364, 373
    biografia, 484
    Commentaria in libros Metaphysicorum Aristotelis, 356
    Cursus conimbricensis, 357
    Institutionum dialecticarum libri VIII, 356
    Ratio studiorum, 357
formas

ontologia das, e geração espontânea, 190-95
platônicas, 122, 137, 191, 258-9
razões seminais de Ficino, 229
Vernia acerca das, 307
Foucault, Michel, 479
Fracastoro, Girolamo, *Syphilis*, 163
França
　academias, 50
　direitos civis e liberdade religiosa para protestantes, 22
　educação, 43, 44
　medieval, 40
　platonismo no século XVI, 146
franciscanos, 68, 70, 80
Frankfurt, 95
Frederico II Hohenstaufen, 172
Frederico, o Sábio, eleitor da Saxônia, 329
Furtado, Francisco, 357

Gadamer, Hans-Georg, 248
Galeno, 168, 196, 405, 469
Galileu Galilei, 21, 28, 60, 103, 107, 272, 320, 358, 392, 393, 394, 395, 396, 474
　Diálogo dos dois principais sistemas de mundo, 22, 113-114
　O mensageiro das estrelas, 22
　telescópio, 393, 396
Gallus, Thomas, 250
Garin, Eugenio, 87
Gassendi, Pierre, 23, 27, 31, 107, 385
　Syntagma philosophiae epicuri, 23
Gaunilo de Marmoutiers, 259
Gaza, Teodoro de, 90
　tradução dos *Problemata* de Alexandre de Afrodísias, 102
Gelli, Giambattista, 322
Gellius, Aulus, *Noites da Ática*, 289, 410

Geminus de Rhodes, 402
Gemistus, Georgius, *ver* Pletho
Genebra, 20, 95
gênero, 116
Genova, Marcantonio, 101
Gentili, Alberico, 162, 350
geocentrismo, 378, 384
    esferas concêntricas, 229 (Fig. 8.7)
    e heliocentrismo, 395
geodo, 224-225 (Fig. 8.4)
geração espontânea, e a ontologia das formas, 174, 190-95
geriatria, 209-17
Gesner, Conrad
    Bibliotheca universalis, 417
    Historiae animalium, 412
    Pandectae, 417
gestão da informação, 409
Gherardo da Prato, Giovanni, *Il Paradiso degli Alberti*, 300
Giacon, Carlo, 358
Gilbert, William, 108
Giles de Roma, 104, 421
    De regimine principum, 442
ginásios gregos, 52
Giorgi, Francesco, 30
glosas, 90, 93
    filológicas, 97
Goclenius, Rudolph, 369
Gonzaga, Ercole, 196
Gonzaga, Federico, 447
Goulart, Simon, 464
governo
    conceito medieval de, 35
    principesco, 441-465
    republicano, 449-463

senhorial, 442, 450
utópico, 457-60
graça divina, debate sobre a, 363
gramática
    a filosofia e o ensino da, 42-44
    Agrícola sobre a, 292
    latina, 281
    modística ou especulativa, 43
gramáticas em verso, 43
gramáticos alexandrinos, 99, 277, 284-5
grammaticus, 403
Gramsci, Antonio, 62
Granada, Miguel A., 11, 375-96
grega, língua
    e latina, 92, 399
    e filologia, 426
    edição do Novo Testamento, 19, 455
    escrita manual, 94, 96
    influência bizantina, 127, 128, 472
    revitalização, 60, 90, 94, 150, 425-6
    uso em universidades, 119, 455-6, 471-2
Gregório de Rimini, 343
Grimani, Domenico, 196
Grocyn, William, 455
Grosseteste, Robert, 92
    tradução da *Teologia mística* e *Hierarquia celeste* de Dionísio, 250
    tradução do comentário bizantino sobre a *Ética a Nicômaco*, 102, 421, 426
Grotius, Hugo, 21, 350
Gruter, Jan, coleção de epígrafes, 415
Guarino, Veronese, 48
Guerra dos Camponeses (1524-6), 336

guerra justa, 350-54, 356, 361, 373
    ius ad bellum, 353
    ius in bello, 353
guerras de religião, 21, 329, 463
    francesas (1562-98), 21, 463
Guilherme de Conches, 39, 41
    Dragmaticon philosophiae, 58
Gutenberg, Johannes Gensfleisch, 248

Hankins, James, 11, 467-77
Harries, Karsten, 248
Harrison, Peter, 11, 35, 327-47
Harvard *College* (Faculdade), 369
Hasse, Dag Nikolaus, x, 34, 171-99
haste crinoide, 224 (Fig. 8.5)
Haubst, Rudolf, 247
hebraico, traduções árabes via, 173, 174, 196
hedonismo, 152
Heereboord, Adrian, *Meletemata philosophica*, 369
Hegel, G. W. F., 61
Heidelberg, Universidade de, 255, 258, 260
heliocentrismo, 375, 395
Heliogábalo, 449
Henri II Estienne, fragmentos pré-socráticos, 21
Henrique III, 50, 363
heresia, 17, 22, 60
    como produto da filosofia grega, 330
    em faculdades de artes nas universidades, 67, 71
    protestante, 327, 455
    perseguição no século XII, 66
hermenêutica
    bíblica, 32
    "nova", 34, 98-101, 295

Hermes Trismegisto, 134, 217, 219, 222, 223, 257
    Asclépio (atribuído), 219, 222, 242, 261
    Poimandres (atribuído), 222
hermetismo, 29, 261, 273
Herrera, Agustín de, *Tratado sobre a vontade de Deus*, 365
Hervet, Gentian, tradução de Sexto Empírico, 168
hilomorfismo, 109
hinduísmo, 29
Hinos órficos, 141
hipóstases, teoria de Ficino das, 301
história, 32, 398, 402, 406, 411, 471-7
    exemplos, 407, 411
    organização dos fatos na, 407-13
história da filosofia, 474
história intelectual e filosofia do Renascimento, 469-71
história natural, 352, 356, 359
    harmonia com a lei divina, 67
Hobbes, Thomas, 21, 107, 273, 465, 468, 469, 470
Homero, 119
Hopkins, Jasper, 270
Horácio, 78
Hotman, François, 463-464
Hugo de São Vítor, *Didascalikon*, 249, 400
humanidades, 63, 64
humanismo, 10, 28, 416, 472
    aristotelismo, 90
    antiguidade como modelo de excelência, 62, 414
    ataque contra a lógica, 44
    ciceroniano/petrarcano, 59
    cívico, 76, 438, 455
    classificação das disciplinas, 402
    como educação clássica, 62, 63, 422
    como uma forma de cultura, 61-64, 81

        como visão filosófica, 62
        concepção de filosofia, 48, 83-5
        e exemplos históricos, 407
        e filosofia árabe, 195-6
        e protestantismo, 340-4
        ética, 62, 421-439
        existencialista, 62
        marxista, 62
        nova hermenêutica, 294
        Petrarca como pai do, 72, 76
        platonismo, 76
        principesco, 441-449, 465
        renascentista, 62, 310
        uso do termo, 63
        vs. escolasticismo, 33, 34-5, 75-83, 273-6, 467, 476
Hume, David, *Investigação sobre o entendimento humano*, 25-26, 61
Hungria, 130
Hurtado de Mendoza, Pedro, S.J., 366, 367, 370
Hutcheson, Francis, 370

Iâmblico, 124, 128, 134, 135, 147, 218, 222, 242
Ibn Bājja, *ver* Avempace
Ibn Rushd, *ver* Averróis
Ibn Sīnā, *ver* Avicena
Ibn Tufayl, 173
iconoclasmo protestante, 346
Idade Média, 31, 164
        filosofia árabe na, 171
        escolástica e filosofia pagã, 330
idealismo alemão, 247
Ideias de Ficino, 136
ideologias reificantes, 62
idolatria, 243, 268, 352

Igreja
    e Estado, 363
    participação leiga, 336
    tentativa de unificação da Igreja do Ocidente e do Oriente, 127
    uso do latim, 63
Igreja Católica, 17, 65
        ceticismo e a, 166, 168, 340
        crise da autoridade, 327-47, 467, 473
        corrupção na, 356
        e averroísmo, 183
        e demônios, 240
        e ética pagã, 430
        e imortalidade da alma, 19
        e justificação, 333
        Grande Cisma da, 17, 329-44, 467
        reformas, 328
Igreja Ortodoxa do Oriente, 17, 127, 256, 474
Igreja Reformada, 328
Inácio de Loyola, 20
imagens astrológicas, 215, 219, 226
imaginação, 406
        (*phantasmata*), 175, 179, 180, 182
        e fantasia, 302, 305
        profecia por força de vontade e, 183-90
imortalidade da alma, 19, 34, 68, 71, 72, 77, 105, 110, 111, 118, 121, 297-326
        averroísmo e, 180, 182, 307-310
        como *neutrum problema*, 314
        debate e escolasticismo hispânico, 323-26
        debate no Renascimento, 180, 297-300, 326
        definida pelo Concílio de Latrão (1513), 19
        Descartes e, 323-326
        e escolasticismo medieval, 298

Ficino e a, 300-06
ideia de anamnese, 120
negação epicurista da, 157, 160, 163
Pomponazzi e, 310-316
Telésio sobre, 382, 392
Vernia e, 307-10
imperador Augusto, 450
império bizantino, 18, 90, 94, 124, 126
império, moralidade do, 30, 449
Império Romano, 149, 279, 290
queda do, 64
Império Romano do Oriente, *ver* império bizantino
imprensa aldina (fundada em 1494), 19
imprensa
efeitos da, 59, 95, 105, 398, 418, 468, 472
de materiais históricos, 408
introdução à Itália, 248
invenção da (*c.* 1440), 18, 27, 35, 90
Índice dos livros proibidos, 21, 31, 333, 381, 385
índices
alfabéticos, 408, 410, 411, 415
por assunto, 416
por autor, 416
indução e dedução, 112, 288
infinitude do divino de Nicolau de Cusa, 262-70
infinitude do universo, 163, 394
Inglaterra, 368
academias, 51
ataques da Armada Espanhola (1588), 21
baconianos, 346
ensino de ética, 432
filosofia política, 455-60
inglês, primeira tradução de Euclides para o (1570), 404

Inquisição, 18, 21, 22, 31, 60, 66, 321, 386, 392
    debate sobre predeterminação, 364
    ver também Índice de livros proibidos
intelecto
    Aristóteles acerca do, 312
    Ficino acerca do, 312, 316, 317
    graus platônicos do, 317
    ideia de Biagio sobre, 299
    intellectus agens vs. intellectus possibilis, 313
    limitações do intelecto humano, 346
    ou vontade, 79
    pluralidade do intelecto em Vernia, 307
    unidade do, 19, 174, 175-183, 305, 308, 475
    uso do termo, 315
interpretação alegórica, 336, 346, 406
inventários escritos ou impressos, 414, 415
Isidoro de Sevilha, 400
    Etimologias, 361
Islã, 29
    e sociedade ocidental, 473
    sharia, 67
Israeli, Isaac, 308
    Livro das definições, 303-304
Itália
    cidades-Estado, 442, 450, 455
    comunas, 449
    ensino de ética, 433
    escolasticismo em universidades, 29-30
    literatura latina, 62
    Luís XII da França invade a (1494), 19
    movimento de tradução árabe-latim, 171
    movimento humanista no norte da, 28, 44-5, 273
    professores das humanidades nas universidades, 63

publicação do primeiro livro na (1465), 18
sistema educacional, 40
universidades cívicas, 72
ius gentium (direito das nações), 351, 355, 356, 360, 361, 373
Izquierdo, Sebastian, 367
Pharus scientiarum, 367

Jack, Gilbert, 369
Jaeger, Werner, 426
James, William, 62
Jandum, João de, 17, 70, 71, 82, 83, 104, 176
comentários sobre Aristóteles, 104
Japão, 357, 472
Jaspers, Karl, 247
Javelli, Crisóstomo, 105, 320, 422, 427
biografia, 485
Jerônimo, Santo, edição de Erasmo, 341
jesuítas, 350
aristotelismo, 395
currículo ético, 432, 434-5
filosofia inicial, 356
filosofia do Renascimento tardio, 364, 366-8
no Novo Mundo, 370, 371
vs. dominicanos, 364, 431
Jesus Cristo, 153
judeus, expulsão da Espanha (1492), 19
Jó, 153
João de São Tomás, *ver* Poinsot, João
João XXII, papa, 71
judaísmo, 29
juízo
responsabilização por falhas de, 298
suspensão do, 164, 288-89, 339

Junta de Valladolid, 335
Júpiter (Jean [de Clacy]), 43
jurisprudência, 65, 350
justiça, 438
    cívica, 460
    e governo da razão, 458
    e propriedade, 459
    principesca, 444, 447, 449, 460, 461, 463, 465
justificação
    doutrina de, 331, 333, 343,
    termos bíblicos para, 341
Justiniano, 49

Kant, Immanuel, 247, 254
    doutrinas do *Gegenstand überhaupt* e *Nichts*, 372
Keckermann, Bartholomew, 369
Kepler, Johannes, 247, 345
Kircher, Athanasius, 357
Knebel, Sven, 365
Koyré, Alexandre, 247, 251, 269
Kraye, Jill, 12, 34, 149-69
Krebs, Niklas, *ver* Nicolau de Cusa
Kristeller, Paul Oskar, 62, 84, 87
Kues (Cusa), 248, 255, 261
Kunstkammer, 414

La Bruyère, Jean de, 25
La Croix du Maine, 417
Lachmann, Karl, 97
Lambin, Denis, 91, 93, 163, 425
Landino, Cristóforo, 52, 53, 54, 56, 57, 130
    biografia, 485
    comentário sobre a *Divina comédia*, 159
Las Casas, Bartolomé de, O. P., 112, 355

latim
> ciceroniano, 132
> clássico humanista, 45, 61, 63, 64, 84, 88, 275, 276, 279
> como uma metalinguagem, 275, 279
> e grego, 92, 400
> medieval, 62, 275
> nas escolas elementares, 40
> ordem das palavras, 42
> sintaxe, 42
> traduções de Aristóteles, 88
> traduções de filosofia árabe, 171, 195, 197 (Apêndice)

Latini, Brunetto, *Livres dou trésor*, 442
Latomus, 274, 291
Latrão, Concílio de
> Quarto (1215), uso do termo "transubstanciação", 332
> Quinto (1513), 19, 310, 315

Leão X, papa, 316
Lefèvres d'Étaples, Jacques, 91, 98, 111, 274, 405
> sobre a *Ética* e a Bíblia, 428, 435

Leibniz, Gottfried Wilhelm, 27, 145, 252, 325, 365, 367, 368, 468
Leipzig, Universidade de, 98
Lessius, Leonard, 368
> *De iustitia et iure ceterisque virtutibus cardinalibus*, 268

Lévi-Strauss, Claude, 397
Leys, Leonard, *ver* Lessius, Leonard
Liber XXIV philosophorum, 270
Li Chih Tsao, 357
liberdade, 110, 362
> de consciência, 335
> de expressão, 367
> de pensamento, 21, 66
> e necessidade, 38
> e virtude, 450, 451, 453

Lily, William, 455

Linacre, Thomas, 95, 455
Lines, David A., 12, 35, 421-39
linguagem
    estudo escolástico da, 273, 274
    estudo humanista de textos no original, 29, 90, 273, 341
    filosofia da, 31, 33, 34, 42
    naturalmente ou convencionalmente significativa, 273, 275
    pureza da moral e pureza da, 422
linguística, missionários hispânicos e, 373
Linnaeus, Carolus, 295
Lipsius, Justus, 20
    biografia, 485
    Da constância em tempos de calamidade pública, 21, 485
    Manuductio ad stoicam philosophiam, 22, 485-6
    Physiologia stoicorum, 22, 485
    Sobre a constância em épocas de calamidade pública, 21, 156
    Teoria física dos estoicos, 156
literatura, 32, 33, 62
    das cortes e platonismo, 33
    estudo da literatura não cristã, 74, 82, 472
    humanista, 62, 77
    platonismo na, 33, 144
    romana, 29, 42
Lívio, 20
livre-arbítrio, 364, 367
    astrologia e, 243
    debate entre Erasmo e Lutero, 166, 342
    debate renascentista, 438
livros
    catálogos de vendas de, 416
    compilações de, 416
    esquemas organizacionais nos, 409
    leilões de, 416

listados em bibliografias, 416
organização de coleções de, 413, 414
queima de livros heréticos, 19, 316
livros didáticos
gênero dos livros didáticos filosóficos, 372
jesuítas, 356, 357, 366, 435
sobre ética, 435
Locke, John, 26, 273
lógica, 33, 63, 399, 400
aristotélica, 20, 45, 68, 107, 356, 367
e filosofia árabe, 173, 174
ensino da, 44, 48
escolástica, 30
informal, 275
medieval, 274
mexicana, 369
nova, 30
reforma do currículo de lógica proposta por Ramus, 89, 403
retórica e dialética, 93
retórica humanista, 29, 49, 83, 374-5
Lohr, Charles H., 87
Lombardo, Pedro, 42
Sentenças, 298, 431
Louvain, colégios trilíngues, 417
Luís XII da França, 19
Lucrécio, 77, 159, 423
Da natureza das coisas, 159, 162
publicação da 1ª edição completa (1473), 18
redescoberta de Lucrécio por Bracciolini, 17
teoria epicurista da mortalidade da alma, 302
Lugo, Juan de, 365, 367
Lúlio, Raimundo, 368
luteranismo, 111, 328, 337-8, 368
currículo, 309

Lutero, Martinho, 18, 20, 166, 167, 294, 318, 327, 328, 329, 330, 331, 332
    95 Teses, 19, 327
        antecedentes escolásticos, 340, 345
        debates com Erasmo, 166, 340, 341, 342
        sobre a "fé implícita", 336
        sobre a transubstanciação, 333, 343
        sobre Aristóteles e os escolásticos, 429 330
        sobre o pecado original, 334, 238, 309
        sobre Tomás de Aquino, 330
        sobre Valla, 342
        voluntarismo, 343
Lyons, 370, 55, 265

Maquiavel, Nicolau, 18, 77, 460-63, 468
    biografia, 486
    Discursos sobre Lívio, 19, 20, 460
    Istorie fiorentine, 461
    O príncipe, 19, 20, 60, 461
MacIntyre, Alasdair, 470
Macróbio, 40, 308
Maestlin, Michael, 375
Magalhães, Fernão de, 19
Magi, 136, 163
magia, 18, 31, 32, 201-446, 21, 339, 344
        astrologia e medicina, 210, 217-244
        avaliação da, 220 (Fig. 8.3), 224, 242
        e cristianismo, 148, 149, 156
        e religião, 8, 164
        natural ou demoníaco, 149, 158
        talismânica e musical, 146
        teoria filosófica de Ficino sobre, 34, 201
magistrados, 454, 460, 463
magnetismo e aristotelismo, 108
Maimônides, Moisés, 262

Maio, Giuniano, *De maiestate*, 448
Mair, John, 113, 422
Manderscheid, Ulrich von, 256
Manetti, Giannozo, 90, 154, 165
    diálogo (1438), 154
    Vida de Sócrates e Sêneca, 152
Mantino, Jacopo, traduções de Averróis, 173, 174, 196
Mântua, 48, 319, 447
manuais para instrução de monges, 400
manuscritos
    cabeçalhos em coleções, 409
    coleções de notas, 407
    cópia de, 59, 94
    escolásticos, 408
    investigação da tradição dos, 95
    variantes de, 95, 427
Mariana, Juan de, *De rege et regis institutione*, 363
Mariano da Pistoia, 54
Marliani, Giovanni, 226
Marsílio de Pádua, 17
Marsuppini, Carlo, 131, 424
Martim de Dácia, 43
Martin le Maître, 431
Martini, Jacob, 368
Mas, Diego, 365
    Metaphysica disputatio de ente et eius proprietatibus, 365
massacre do Dia de São Bartolomeu (1572), 21, 405, 463
materialismo, 17, 38
matemática, 28, 389, 401, 416
    certeza da, 112
    de Nicolau de Cusa, 248, 252, 253, 255, 257
    estatuto da, 400, 403
    pitagórica, 305

"sensível", 402
textos gregos, 403
matéria, teoria de Telésio sobre a, 378
Matthias "Corvinus" Hunyadi, rei da Hungria, 130
Mauro, Sylvester, 368
Mazzoni, Jacopo, 108
mecânica, 113
Medici, 55, 60, 130, 202
    expulsos de Florença (1494), 19
    patronagem, 130, 460
    retorno a Florença (1513), 19
Medici, Cosimo de, o Velho, 128, 130, 151, 210, 301
Medici, Giuliano de, o Magnífico, 51, 54
Medici, Lorenzo de, 19, 54, 130, 209
medicina, 399, 400, 416
    e astrologia, 209, 217-244
    e magia, 217-244
    e platonismo, 33
    estudo de Aristóteles como prerrequisito, 68
    estudo escolástico da, 64, 65, 75, 202
    faculdade separada estabelecida na Itália, 68
    filosofia e fisiologia, 201-09
    galênica, 168
    humanista, 26
    traduções árabes, 171
Mehmed II, 18
melancolia, 204, 207, 208
    quatro tipos de, 206
Melanchthon, Phillip, 183, 274, 291, 294, 322, 338
    biografia, 486
    sobre a *Ética*, 429
memória, 405, 406, 410
Mercado, Tomás de, 369
    Suma de tratos y contratos, 369

"Mercúrio", *ver* Hermes
Mersenne, Marin, 324
Merton *College* (Faculdade), Oxford (século XIV), 402
Merton, escola de, 404
 calculatores, 113
Mesue, 196
metafísica, 26, 29, 33, 34, 39, 40, 349, 356, 399, 400
 árabe, 190
 aristotélica, 46
 de Ficino, 140, 229
 debates, 190, 297
 e teologia, 382
 ensino da, 46
 estatuto da, 377, 399, 401, 432
 hispânica, 369
 neoplatônica, 230, 308
 reforma de Valla da tradição aristotélica-escolástica, 277, 281
 transcendentais e supratranscendentais, 371
metempsicose, 300
Metochites, Theodore, 102
método, 468, 339, 340
 científico, 253
 concepção aristotélica de, 405
 de classificação de "fatos", 408
 debates do século XVI sobre, 435
 dialético, 404
 didático, 47
 indutivo e dedutivo, 112, 383
 escolástico da questão-comentário, 98-100, 116
 unificação das disciplinas por um único, 405
México, 369
 conquista espanhola do, 19
 Universidade do, 353
Michel de Marbais, 43

Michelangelo, 143
Michelozzi, Niccolò, 53, 54, 55, 57
Milão, 452
    Collegio Canobiano, 431
milagres, 110, 188
    ceticismo protestante sobre, 346, 376
    explicação de Avicena sobre, 174, 189
    fenômenos celestes como, 376
Mirabelli, Domenico Nanni, *Polyanthea*, 409
Mirandolano, Antonio Bernardi, 436, 438
mirobálanos, 203 (Fig. 8.1), 209, 210, 214, 224
miscelâneas, 410
missionários católicos, 472
    escolásticos hispânicos, 373
misticismo, 32, 118, 138, 253
Mithridates, Flavius, tradução de cabalistas, 18
mobilidade social, 398
modernidade, 34
moedas, coleções de, 414
Moerbeke, Guilherme de, 92, 117, 423
    traduções de Proclo, 249
Moisés, 134, 222, 339, 406
Molina, Luís de, SJ, 20, 364-65, 366, 367, 373
    biografia, 487
    Concordia liberi arbitrii [...], 364
    De iustitia et iure, 365
    e Bañez, 365
moralidade
    aristotélica e cristianismo, 106
    das conquistas, 30, 112, 350-54
    da escravidão, 30, 362, 365, 450
Moran, Dermot, 12, 30, 34, 247-72
Morawski, John, 368

Morcillo, Sebastian Fox, 108
More, Henry, 385
More, Thomas, 18, 456, 457, 473
    biografia, 487-488
    Utopia, 19, 162, 457-459
mônada e henadas, 231
monarquia, 362, 449, 451, 461
monismo ontológico, 390
monoteísmo helenístico, 127
Montaigne, Michel de, 20, 21, 32, 169, 189, 339, 473
    biografia, 487
    Ensaios, 21
    sobre o ceticismo, 340
    sobre o estoicismo, 155
    sobre o pirronismo, 169
Montpellier, 173
movimento
    ciência moderna do, 396
    de corpos celestes, 375, 379
mundo
    Alma do Mundo transcendente (Campanella), 392
    circunavegação do, 19
    como eterno, 70, 171, 177
    como eterno e não criado (ref. Aristóteles), 68, 71
    criação por Deus, 71
    fim do, 395
    não é o melhor de todos os mundos possíveis, 367
Muret, Marc-Antoine, 47, 425, 426, 427
música, 32, 33, 51
    uso terapêutico por Ficino, 141, 214, 216, 233, 238, 239

Naldi, Naldo, 52, 53, 54
Nantes, Édito de (1598), 22

Nápoles
    Academia Secretorum Naturae, 50
    Academia, 49, 50
Nauta, Lodi, 12, 34, 273-95
navegação, 403
necessidade e liberdade, 28
Nelson, Eric, 13, 441-465
neokantismo, 28
neoplatonismo, 30, 69, 105,109, 124, 222, 255, 258, 321
    cristão, 261, 428
    cosmologia, 318
    magia, 202, 217, 230, 240
Newton, Isaac, 385
Niccoli, Niccolò, 120, 260
Nicolau de Cusa, 17, 28, 30, 34, 138, 247-72, 319, 468, 473, 474
    Apologia doctae ignorantiae, 248, 250, 260, 262, 263, 270
    Arithmeticum complementum, 257
    biografia, 255-58, 488
    coincidência dos contraditórios, 259, 270-71
    De aequalitate, 258, 263
    De apice theoriae, 258
    De beryllo, 249, 250, 257, 259, 260, 264, 272
    De concordantia catholica, 248
    De coniecturis, 253, 255, 256, 263, 266, 270, 271
    De correctione calendarii, 248
    De cribatione Alchorani, 258
    De Deo abscondito, 256
    De docta ignorantia, 18, 248, 249, 253, 256, 260, 270
    De Genesi, 263
    De li non aliud, 249, 258, 262
    De ludo globi, 258
    De mathematicis complementis, 257
    De pace fidei, 257
    De possest, 252, 253, 258, 262, 266, 268, 271

De principio, 258
De sapientia, 275
De staticis experimentis, 257
De venatione sapientiae, 258, 263
De visione dei, 257, 262
"douta ignorância", 249, 250, 253, 263, 264, 265, 269
e a infinitude do divino, 262-70
Idiota de mente, 257, 260, 266, 267, 268
In principio erat verbum, 256
Quadratura circuli, 257
Reformatio generalis, 257
sobre a perspectiva, 252, 255, 261
sobre Dionísio, 249, 250
Transmutationes geometricae, 257
Trialogus de possest, 258
Nifo, Agostino, 18, 73, 89, 102, 172, 174, 177, 180, 193, 319
    biografia, 488
    comentários sobre o *De anima*, 319
    comentário sobre os comentários de Averróis, 172, 173
    De intelecto, 180
    sobre a geração espontânea, 193
    sobre Averróis, 177, 180
    tratado sobre a imortalidade (1518), 182
Nizolio, Mario, 107
nominalismo, 30, 260, 283, 313, 323, 370
Nono, 277
Nores, Giason de, 424
notas, tomada de, 407, 409
Nova Espanha, 20
"novos filósofos" (*novatores*), 30, 32, 396, 471, 472, 474
Novo Mundo, 350, 353, 468, 472
    filosofia hispânica no, 369-72
    jesuítas no, 369, 370

Novo Testamento
    edição grega de Erasmo, 19, 341, 455
    tradução errônea do grego, 331
    notas de Valla sobre o, 341
numerologia, 32
números, Nicolau de Cusa acerca dos, 257, 260, 268
Nuñez, Pedro, 93, 97, 99, 107
Nuremberg, 429
Nuzzi, Bernardo, 57

objetividade, 372
objetos, organização dos, 413-17
"objetos impossíveis", 359, 368, 371, 372
observação empírica, 114, 345, 377
Ockham, Guilherme de, 27, 283, 343, 360, 468
    sobre fé e razão, 343
ockhamismo, 46, 73, 109, 283
Oculus pastoralis (Anôn.), 442
Oeconomica (pseudoaristotélica), 88, 422, 431, 438
olho mau, 184, 239
Olivi, Pedro João de, 68
O'Meara, Dominic J., 140
ontologia, 358
    baseada em formas, 121, 190-95
    hierarquia de Ficino, 137
    primeira cunhagem do termo, 369
Oráculos caldeus, 136, 382
oratória, 277, 286, 290, 422
    exemplos na, 423
ordem
    via educação escolástica, 65, 67
ordem agostiniana, 144, 343, 353
    "*scola Augustiniana moderna*", 343

ordem alfabética, 410, 412, 417
    arranjo em enciclopédias, 406
    cabeçalhos de tópicos, 408, 411
    para listar plantas e animais em compêndios, 412
ordem jesuíta, 104-5, 366
    educação, 89, 357, 404
    fundada, 20
    Ratio studiorum, 22
    supressão (1773), 374
ordens mendicantes, 66
Oriente Próximo, 172
Orígenes, *Vox spiritualis*, 250
Orfeu, 29, 135, 141, 382
ornitologia, 412
ótica, 401
Ovídio, 41
Oviedo, Francisco de, 367
    Integer cursus philosophicus, 367
Oxford, Universidade de
    ensino de ética, 433
    século XII, 65
    sentimento antigrego, 455

Pace, Giulio, 91, 93, 95
Pace, Richard, 455
Pádua, 41, 112, 442, 446
    escola médica, 202
Pádua, Universidade de, 19, 29, 46-47, 73, 87, 99, 103, 110, 114, 196, 255, 308, 381, 424, 427, 435
    averroísmo na, 172, 177, 308
    centro de filosofia escolástica, 308
    escotismo na, 192
    humanismo, 260
    reações ao averroísmo, 307-310

Países Baixos, 416
palavras
    origem divina das, 273 (n. 1)
    uso correto ref. Valla, 276
    significando coisas ou conceitos, 273
paleografia, 96
Pannartz, Arnold, 18
pansofia, 410
paradoxo do sonho, 289
Paracelso, 345
Parenti, Marco, 56
Paris, 95
Paris, Universidade de, 43, 44, 100, 163, 176
    Collège de Montaigu, 113
    ética e teologia, 431
    reforma proposta por Ramus para o currículo de lógica, 89
    século XII, 65
Pascal, Blaise, 189, 346
Pasqual, Bartolomé, 99
Patrizi, Francesco, 20, 22, 31, 35, 106, 381-86, 469, 472
    biografia, 488-489
    De regno, 448
    Discussiones peripateticae, 382
    Nova de universis philosophia, 22, 382, 383, 386
    Obiectiones, 379
patronagem, 56, 60, 91, 94, 129, 130, 196, 398, 403, 418
    real às universidades, 67
Paulo, São, 138, 145, 153, 261, 330
    correspondência forjada com Sêneca, 153, 154
Paulo III, papa, 20, 145
Paulo V, papa, 395
Paulo de Veneza, 73, 111
    averroísmo, 177
    biografia, 489

Compêndio de filosofia natural, 177
   e a tese da unidade do intelecto, 177
Logica, 44
Logica parva, 273
Pávia, 17
Pazzi, conspiração de, 210
pecado original, 334
pedras de cura, 215, 224, 226
Pedro de Espanha, *Summulae logicales*, 44, 369
Pelacani da Parma, Biagio, *ver* Biagio Pelacani da Parma
pelagianismo, 343, 347
Peñafiel, Alonso de, 370
Peñafiel, Ildefonso, 370
   Cursus integri philosophici, 370
Peñafiel, Leonardo, 370
   comentário sobre a *Metafísica* de Aristóteles, 370
Pendasio, Federico, 101
pensadores ocidentais e tradições bizantinas, 127
Pereira, Benito, 323, 357, 436
   De communibus omnium rerum naturalium principiis et affectionibus, 358
Pererius (Perera), Benedictus, *ver* Pereira, Benito
Perez, Antonio, 365
Périon, Joachim, 91, 101, 425
   biografia, 490
   De optimo genere interpretandi, 92
peripatéticos, 160, 168, 183, 188, 305, 378, 396
   aristotelismo, 382
   astronomia, 379
   "biblioteca", 104
   Nicolau de Cusa sobre os, 258
Pérsia, 201, 472
Persio, Antonio, *Dos fenômenos naturais*, 377
perspectiva, 252, 255, 261, 403
Peru, 370

peste negra, 17, 209
peste, tratados sobre a (1347), 209
Petrarca, Francesco, 17, 28, 29, 35, 41, 62, 68, 90, 421
    Assuntos memoráveis, 158
    biografia, 490
    como pai do humanismo, 72, 75
    crítica do escolasticismo, 68, 75-83
    De sua própria ignorância e da de muitos outros, 17, 75-83, 115, 164
    filosofia política, 441, 442-9
    Remédios para a boa e para a má fortuna, 153
    Secretum, 59
    sobre a virtude e a eloquência, 78, 473
    sobre Agostinho, 82, 85
    sobre Averróis, 179
    sobre o epicurismo, 158
    sobre o latim, 279
    sobre Platão e Aristóteles, 106, 107, 382
Petrus Helias, 43
Picatrix, 226, 243
Piccolomini, Francesco, 426, 427, 435
    900 Teses, 18, 60
    biografia, 490-91
    Discurso sobre a dignidade do homem, 18, 261
    Debates contra a astrologia adivinhatória, 166
    sobre a unicidade do intelecto, 475
Pico della Mirandola, Giovanni, 18, 30, 60, 84, 103, 130, 196, 257, 322, 375
piedade, visão estoica da, 155
Pietro da Muglio, 41
Pio, Alberto, príncipe de Carpi, 102
Pio V, papa, 21
pintura, 403
Pirro de Elis, 164
Pisa, Universidade de, 202, 424
    regimento sobre Aristóteles (1499), 98

Pitágoras, 135, 223, 252, 308
pitagóricos, 107, 260, 305
plagiarismo, 196
planetas
    aspectos dos, 230
    canção astral, 240
    e prazeres, 212 (Fig. 8.2)
    synodi ex mundis, 388
    taxonomia de cura, 238 (Fig. 8.9)
plantas
    catálogos de, 408
    compêndios de, 413
    identificação humanista das, 408
    sistemas de classificação moderna de, 412
Platina, *De principe*, 447
Platão, 41, 49, 77, 222, 250, 475
    Academia de, 127, 164
    Banquete, 58
    comparação entre Aristóteles e, 106, 126, 127
    controvérsia sobre Aristóteles e, 115, 123, 127, 307
    Crátilo, 273 (n. 1)
    Críton, 249
    diálogos de, 59, 89, 117, 124, 132, 134, 144
        comentários de Ficino sobre os, 129
    Fédon, 117, 249
        tradução por Bruni, 120-22
    Fedro, 249, 324
    Leis, 249, 459
    Mênon, 117
    obras de, 119-23, 422
    Parmênides, 249, 250, 267
        comentário de Proclo sobre o, 117, 250
    República, 249, 430, 459
        alegoria da caverna, 138

república, 457
Sétima epístola, 249
Teeteto, 131
Timeu, 40, 77, 117
tradução latina de Ficino, 18
platonismo, 30, 34, 50, 249, 250, 330, 338, 472
    Agostinho e o, 73
    apoio bizantino para o, 128
    cristão, 22, 249, 261, 306
    concordância com o aristotelismo, 108, 126, 428
    de Proclo, 30, 137
    desafio à tradição aristotélica, 87, 88, 105
    dionisíaco, 30
    e cristianismo, 70, 73, 118, 145, 251, 314, 428, 430
    escolástico, 125, 323
    explicações latinas do, 69
    florentino, 57
    intermediário, 69
    medieval, 117, 329, 428
    revitalização, 33, 60, 115-147, 375, 475
Pletho (nome usual de Georgius Gemistus), 106, 127, 319
    ataque contra o aristotelismo latino, 300
    biografia, 492
    sobre as diferenças entre Platão e Aristóteles, 127
Plotino, 124, 128, 132-135, 201, 218, 222, 474
    Enéadas, 134, 137, 140
    tradução latina por Ficino, 18, 218, 243
    sobre a magia, 227, 230
Plutarco, 94, 150
podestà (magistrado), 442, 454
poesia, 32
    e ética, 435
    vernácula, 130, 435

Poggio, Bracciolini, 159
Poinsot, João (João de São Tomás), 365, 366
    Cursus philosophicus thomisticus, 366
    Cursus theologicus, 366
política, 32-35, 395, 467
    e a Reforma, 329-344
    ética e economia, 423, 438
    nova, 31, 32, 35, 60
    poder em, 362, 363, 374
Poliziano, Ângelo, 19, 47, 53, 54, 55, 57, 100, 104, 130
    biografia, 492-493
    filosofia moral, 424
    Introdução à lógica (*Praelectio de dialectica*), 100
    investigação da tradição manuscrita, 96
    Lamia, 100
    Panepistemon, 402
    sobre filosofia, 136
    sobre Sexto Empírico, 165
Pomponazzi, Pietro, 18, 19, 28, 29, 59, 73, 103, 105, 107, 108, 109, 110, 111, 424
    biografia, 493
    coleção de tratados (1525), 321
    comentário sobre o *De anima* de Aristóteles, 319
    comentário sobre o comentário de Averróis sobre a *Metafísica*, 171
    Das causas dos efeitos naturais, 124
    Da imortalidade da alma, 19, 105, 160, 182, 310-16
    Defensorium contra Nifo, 321
    e a tese da unidade do intelecto, 178, 180, 181, 318
    reações a suas visões sobre a imortalidade da alma, 316-322, 323
    sobre a geração espontânea, 195
Pomponio Leto, 50
Pontano, Giovanni Giovano, 50
    De principe, 447
Popkin, Richard, 471

Porfírio, 102, 124, 128, 134, 147, 218
    "Árvore de", 281
    Vida de Plotino, 202
Portugal, 46, 432
    tradição escolástica, 30
Porzio, Simone, 322
positivismo científico, 62
pós-vida, 321
praecognita, 406
Praga, Universidade de, 367, 430
pragmática, 275
pragmatismo
    americano, 62
    humanista, 62
Prassicio, Luca, 177, 182
prazer
    através dos sentidos, 212
    e autonegação cristã, 439
    e virtude, 438
    doutrina epicurista do, 159, 160, 161, 162, 438
    planetas e, 213
predestinação e liberdade da vontade, 364, 366
Prenninger, Martin (Martinus Uranius), 261
pré-socráticos, 21, 69, 382
príncipe, problema do, 441-465
Prisciano, 40, 277
probabilidade, teoria da, 373
problema mente-corpo, 140, 204, 459
Problemata (pseudoaristotélico), 88
Proclo, 124, 134, 137, 144, 301
    comentário sobre Euclides, 403
    comentário sobre o *Parmênides* de Platão, 117, 249, 250
    Elementos de teologia, 69, 249
    influência sobre Nicolau de Cusa, 249, 250, 257, 262, 267

Teologia platônica, 134, 249, 256
    tradução por Balbus, 249
    tratado sobre magia, 217, 238
profecia
    Avicena acerca da, 172, 182-190
    por imaginação e força de vontade, 182-190
    testemunho da, 70
projeção estelar, 227, 239
propriedade
    abolição da propriedade privada, 459
    e justiça, 460
    privada, 444, 445
Protágoras, 257, 289
protestantes
    direitos civis e liberdade religiosa na França, 22
    e a questão da transubstanciação, 333
    primeiro uso do termo, 20
protestantismo, 35, 383
    e ceticismo, 346
    e filosofia, 476
    e justificação, 331
    humanismo e escolasticismo, 340-344, 402
    igrejas e seitas, 467
    interpretação individual da escritura, 336
    Reforma, 329-347
providência divina, negação epicurista da, 157, 160, 162
Psellos, Michael, 102, 126
pseudoaristotélicas, obras, 88
psicologia, 29, 31, 33, 73, 76, 322, 356
    escolástica, 29
    influência da filosofia árabe no Renascimento, 32
    trinitária, 469
Ptolomeu, 215, 226
problema sujeito-objeto, 28

quadrivium, 253, 399
questão-comentário, método escolástico da, 99, 100, 116
Quintiliano, 90, 92, 278, 279, 288, 290, 292
    Institutio oratoria, 288
    lista de tópicos, 293
Quiroz, Antônio Bernaldo de, 367
    Opus philosophicum, 367

raciocínio
    condições de verdade e inferência, 275, 287
    sorites, paradoxos e dilemas, 288
racionalismo iluminista, 62, 114, 325
racionalidade, formas historicamente contingentes de, 470
Radulfo Brito, 44
Raimondi, Cosma, 163
    Defesa de Epicuro, 160
raios, 231
Ramelow, Tilman, 365
ramismo, 405
Ramus, Petrus, 19, 20, 21, 45, 107, 274, 291
    Aristotelicae animadversiones, 20
    biografia, 493-494
    diagramas, 405, 411
    Dialectique, 45
    proposta reforma para o currículo de lógica, 89, 494
Randall, John Herman, 87, 112
Ratio studiorum, 22
razão
    arqueologização da razão moderna, 470
    definição de Agostinho, 303
    e fé, 71, 72, 114, 316, 343, 476
    e justiça, 461
    e pecado original, 334
    e pluralidade de crenças, 338

e verdade eterna, 322
entes da, 357, 369, 370
limitações da, 340, 346
Nicolau de Cusa acerca da, 260, 163, 264, 272
superioridade da, 406
vs. imaginação, 186
realismo
filosófico, 283
humanista, 62
reconstrução textual, 97
subjetividade da, 97
Reforma, 19
católica, 27
impacto sobre a filosofia, 35, 344-347, 433
protestante, 27, 327-347
radical, 328, 336
ver também Contrarreforma
Reisch, Gregor
biografia, 494
Margarita philosophica, 39, 406
religião, 34
crises de autoridade, 327-348, 383
e filosofia árabe, 34
e magia, 34, 243
e platonismo, 33
falsa melhor que nenhuma, 162
naturalidade da, 321
relação com a filosofia, 32, 73, 327-347, 475
Remígio de Auxerre, 40
Renascimento
Alto, 34
cultura e o filósofo no, 39-60
filosofia política, 441-465
do século XII, 44
reprodução social, 116

república, 354, 361, 363, 461
    uso da filosofia na *respublica*, 476
republicanismo, 35, 441, 467
    origens, 450
    tradição grega, 455-460
    tradição neorromana, 449-455
ressurreição do corpo, 71, 141
retórica, 32, 45, 62, 399
    Agrícola acerca da, 291, 292
    antistrephon (conversio), 289
    comparada com a dialética, 293, 294
    ética e, 423, 424
    e filosofia, 84
    humanista e lógica, 83
    invenção na, 287, 288
    livros didáticos sobre, 291, 294
    tradição medieval, 62
Reuchlin, Johannes, 319
revelação, 70
revolta huguenote (1572-4), 463
revolução da informação
    moderna, 476
    no século XV, 412, 468
Rhazes, 209, 224
Ricasoli, Bindaccio dei, 55, 131
Ricci, Matteo, SJ, 358
Ricci, Paolo, 194, 195
Riccobono, Antonio, 93
Rinuccini, Alamanno, 56
Robortello, Francesco, 424
Roma
    Academia de, 49, 50
    Accademia dei Lincei, 50
    Colégio jesuíta, 47, 112, 357, 404, 495, 496

La Sapienza, 386
respublica, 450, 451
Universidade de, 47, 425
Ronsard, Pierre de, 146
Rorty, Richard, 469, 470
Rosselli, Tiberio, *ver* Russiliano, Tiberio
Routledge History of Philosophy, 33
Royal Society, 345
Rubio, Antonio, 370
    estudos das obras de Aristóteles, 370
    Logica mexicana, 370
Rucellai, Gardens, 143
Rússia, academias na, 51
Russiliano, Tiberio, 194

Sacchi, Bartolomeo, *ver* Platina
sacramentos, 134
    redução do número de, 346
    uso de termos bíblicos, 341
Sacro Império Romano, 327, 414, 450
"Sagrada Academia dos Medici", 143
Salamanca, 20, 355, 369, 432
    Cátedra de Prima de teologia, 350, 351, 365
Salústio, *Bellum catilinae*, 451, 453, 461
Salutati, Coluccio, 41, 119, 300
    carta (1403), 164
    Os trabalhos de Hércules, 158
    sobre Averróis, 179
Sanches, Francisco, 32, 107
    biografia, 494
    Quod nihil scitur, 21, 168
Santiago, 350, 370
Sartre, Jean-Paul, 62
Savonarola, Girolamo, 166, 431

Scaino, Antonio, 428
Scala, Bartolomeo, 56, 155, 165
    carta (1458), 151
Scaliger, Julius Caesar, sobre a *Meteorologica* de Aristóteles, 109
Scève, Maurice
    Délie, objeto da mais alta virtude, 146
    Microcosme, 146
Scheibler, Christoph, *Opus metaphysicum*, 368
Schiller, F. C. S., 62
Schleiermacher, Friedrich, 124
Schmitt, Charles, 87, 94, 95, 110
    Renaissance Philosophy, 33
Schmutz, Jacob, 365
Scholarios, George, 128
scientifica (instrumentos de observação científica), 414
Scoto, Ottaviano e Gerolamo, 102
Secretum secretorum (pseudoaristotélico), 88
Semery, André, 368
semiótica, 373
Sêneca, 69, 84, 85, 98, 149, 150, 153, 154, 457
    correspondência forjada com São Paulo, 153, 154
    De clementia, comentário de Calvino sobre, 155
    edição de Lipsius, 156
    sobre a filosofia estoica, 153
    sobre Epicuro, 158
sentidos
    e o intelecto, 167, 313
    experiência em filosofia natural, 377, 391
    prazeres através dos, 212
Sepúlveda, Juan Ginés de, 112, 355
seres humanos
    adequados por natureza a governar ou por natureza a serem escravos, 362
    concepção humanista dos, 62, 312
    dignidade dos, 18, 139, 261, 300, 312, 320

e pecado original, 334
  falibilidade dos, 76, 340, 345
  melhoria por meio do estudo das humanidades, 62, 421
  mudanças sobre a visão dos, 467
Servetus, Michael, 20
Sérvio, 277
Sexto Empírico, 150, 399, 468, 475
  Contra os professores, 165, 168
  Hipotiposes pirrônicas, 21, 165, 168
Siger de Brabant, 107, 176
Sigismundo, duque da Áustria, 257
signos, 358, 366
silogismos, 45, 287
Silvestre, papa, 290
simbolismo, 346
Sinésio, 218
Smith, Adam, 370
Simoni, Simone, 91, 93, 111
Simplício, 19, 46, 102, 103, 427
soberania, 354, 463-65
Sociedade de Jesus, *ver* ordem jesuíta
sociedade ocidental e sociedades islâmicas, 473
Sócrates, 69, 116, 165, 167, 262
  biografia por Diógenes Laércio, 152
  como fundador da filosofia, 152
  "conversa investigativa", *ver* diálogos, socrático
  morte de, 120
Soderini, Paolantonio, 55
Sofianos, Michael, 93
sofística, 71, 96, 383
Sommervogel, Carlos, SJ, 357
Soto, Domingo de, OP, 355, 366, 373
  biografia, 495
  comentário sobre a *Física* de Aristóteles, 113
  De iustitia et iure, 355, 370

species intelligibilis, 309, 313
speculum principis ("espelho para príncipes")
    tradição, 442, 448, 450, 455
Speyer, Dieta de (1529), 20
Spina, Bartolomeo, 317
Sprat, Thomas, 345
Stahl, Daniel, 368
Steuco, Agostino, 30, 322
    Da filosofia perene, 145
Stier, Johann, 368
Storchenau, Sigismund, 320
Storella, Francesco, 101
Strozzi, Ciriaco, 424
Strozzi, Nanni, 453
studia generalia, *ver* universidades
Sturm, Johannes, 274
Suárez, Francisco, SJ, 20, 183, 323, 324, 356, 358-364, 366, 370, 371
    biografia, 495
    De legibus, 359, 373
    Defensio fidei catholicae, 363
    Disputationes metaphysicae, 46, 190, 358, 363, 373
    sobre ética e política, 422
sublimação, 231
suicídio, concepção estoica do, 153
superstição, 26
"supratranscendentais", doutrina dos, 369, 371
Sweynheim, Konrad, 18
Sylburg, Friedrich, 95

"tabacologia", 406
tabula rasa, 307
Tácito, 453
talismãs, 215, 226, 230, 232, 234, 239, 242

escorpião, 235 (Fig. 8.8)
taxis (ou série)
 neoplatônica, 230, 235
 solar, 231
Tignosi, Niccolò, 47, 177
 comentário sobre a *Ética*, 423
Timpler, Clemens, *Metaphysicae systema methodicum*, 368
tirania, 352, 363, 449, 464
tiranicídio, legitimação do, 363
teleologia, 253
telescópio, 22, 393, 396
Telésio, Bernardino, 19, 35, 113, 376-381
 biografia, 495
 carta ao arcebispo de Cosenza (1570), 381
 De cometis et lacteo circulo, 379
 De rerum natura iuxta própria principia, 21, 22, 377, 381, 391
Temístio, 18, 46, 102, 183
 paráfrases de obras de Aristóteles por, 102, 108, 191
 primeira edição grega de, 20
 sobre o intelecto, 176, 313
 traduções latinas de, 20
Tempier, Étienne, 176
Temple, William, 433
teocracia, ataque à, 21
Theoderic, conde de Manderscheid, 255
Teofrasto, 104, 412
teologia, 31, 40, 66, 323
 base linguística da, 276
 comparada com a filosofia, 70, 110
 debate escolástico sobre a vontade e o intelecto, 79
 e ética, 431
 e filosofia moral, 47, 298, 429, 430
 e filosofia na Reforma, 327-347
 e o debate da imortalidade da alma, 297, 298

e metafísica, 382
estudo escolástico da, 64
hierarquias da teologia neoplatônica, 240
humanista, 29
igualada à filosofia, 429
relação com a filosofia, 27, 71, 126, 315, 335, 343, 468, 469
"teologia antiga" (*prisca theologia*), 115-147, 134, 145, 217, 222, 316, 339, 382, 387
"teologia negativa", 118, 138, 250, 262, 268
"teorema da velocidade média", 113
teoria da anamnese, 120
teoria da emissão exterior de Alkindi, 185, 186
teoria da *media via*, 193
teosofia, 32
Terminalia bellerica, 203
Terminalia chebula, 203
Tertuliano, 330
textos
    edição de textos antigos, 474
    engajamento direto com, 100, 118
    não cristãos, 73, 77, 473
    organização dos, 408
    ver também livros; manuscritos
textos cabalísticos
    tradução de Mithridates para Pico della Mirandola, 18
    estudo de, 406
Thiene, Gaetano da, 73, 177
Thierry de Chartres, 249, 266
Toledo, Francisco de, *ver* Toletus, Franciscus
tolerância, 467, 473
Toletus, Franciscus, 323, 356, 373
    biografia, 496
    comentário sobre a *Summa* de Tomás de Aquino, 356

Tomás de Aquino, Santo, 117, 222, 330, 334, 359, 421, 468
       acerca da magia e das imagens, 234, 235
       acerca do intelecto, 311, 312, 318
       comentários sobre Aristóteles, 59, 104, 108, 111, 430
       crítica a Aristóteles, 69, 72, 430
       filosofia como serva da teologia, 71, 475
       geração espontânea, 193
       interpretações dominicanas de, 366
       Summa contra gentiles, 137
       Summa theologiae, 234, 349, 430
              comentário de Toletus, 356
              comentário de Vásquez, 367
       teoria aristotélica da mediação, 185, 330
       Tratado da unidade do intelecto contra os averroístas, 176, 299
       ver também tomismo
Tomeo, Niccolò Leonico, 99
tomismo, 30, 46, 50, 315, 323, 342
       revitalização do, 349, 366
       sobre a predeterminação de Deus, 364
       ver também, Tomás de Aquino, Santo
Tortelli, Giovanni, 277
Toscanelli, Paolo, 256
Toulmin, Stephen, 470
tradição do amor cortês, 143
tradições bizantinas e pensadores ocidentais, 127, 428
tradições exegéticas, 46, 115, 118, 336, 341
traduções
       árabes, 87, 171, 172, 400, 401
       árabes via hebraico, 173, 174, 196
       chinesas, 357
       da Bíblia, 336, 341
       de Aristóteles (no século XVI), 88, 89-94, 99
       disponibilidade de traduções mais acuradas, 91, 474

ênfase protestante em, 341
gregas e árabes de Aristóteles, (*c.* 1125), 87, 400
humanistas, 29, 45, 58, 74, 91
latinas da filosofia árabe, 171, 196, 197 (Apêndice)
latinas de Aristóteles, 427
latinas de comentários gregos de Aristóteles, 102, 400, 426
latinas de Platão, 120, 144
medievais, 91, 426
método *ad sensum*, 91, 120
palavra por palavra, 91, 92
uso de traduções por filósofos, 471-472
variantes em, 437
vernáculas de Aristóteles, 425
transmigração das almas, 300, 302
transubstanciação, doutrina da, 71, 331, 343
tratados, 58
tratados escolásticos, 116
Traversari, Ambrogio, tradução de Diógenes Laércio por, 17, 151, 159, 164
Travesio, Giovanni, 41
Trebizond, George de, 45, 90, 104, 106
    Comparatio philosophorum Platonis et Aristotelis, 128
    sobre Platão, 123-128
Trento, Concílio de (1545-63), 20, 333, 336, 343, 349
    colégios trilingues, 417
trivium, reforma humanista do, 34, 274
    ver também gramática; lógica; retórica
Trombetta, Antonio, 72, 192, 308
Tunstall, Cuthbert, 433

universidades, 29, 40, 46, 59, 116, 126
    aristotelismo nas, 87, 88, 117, 150, 167, 375, 417
    cívicas na Itália, 71
    conservadorismo, 116
    cultura escolástica de elite nas universidades europeias, 64

ensino de filosofia moral nas, 424, 432-436
faculdades de artes, 44, 67, 70, 71, 89, 125, 399
filosofia como disciplina nas, 39-42
introdução de Platão nas, 89
primeiras, 40, 63
protestantes, 45, 46, 338, 368
reformadas, 89
regimentos medievais, 417
uso do grego, 471-472
uso do latim, 63

Uranius, Martinus, *ver* Martin Prenninger, 261
Urbino, corte de, 58
utilitarismo, 62
utopismo, 162, 457-459, 473

Valagusa, Giorgio, 48
Valência, Universidade de, 99
Valenza da Ferrara, Ludovico, 431
Valla, Giorgio, 90
Valla, Lorenzo, 17, 18, 34, 106, 274, 276-291, 382, 439, 468, 471
    abordagem gramatical, 277, 283, 284
    ataca a autenticidade da Doação de Constantino, 18
    biografia, 496
    De vero bono, 59, 290
    Dialecticae disputationes, 106, 496
    dialética humanista, 273-295
    Do prazer, 154, 161
    Elegantiae linguae latinae, 106, 276, 277, 280, 291
    notas sobre o Novo Testamento, 341
    Reformulação da dialética e da filosofia, 18, 277, 280, 281, 286, 288, 291
    Refutações sofísticas, 285
    sobre Averróis, 180
    sobre Dionísio, 249
Valori, Niccolò, 131

Varro, Marcus Terentius, *Disciplinarum libri IX*, 399
Vásquez, Gabriel, 366
    Commentarium et disputationum in Summam sancti Thomae, 367
Vatables, François, 91
verdade, 77, 473
    teoria da verdade dupla, 315, 316
Veneza, 19, 95, 102, 256, 386, 426
    Academia, 50
    queima de livros, 316
    República de, 450
Vera Cruz, Alonso de, 353, 369
    De dominio, 353
Verino Secondo, Francesco, 427
Vermigli, Pietro Martire, 429
vernáculo, uso do, 130, 144, 428, 435
Vernia, Nicoletto, 17, 73, 102, 103, 177, 310
    biografia, 496-497
    Contra Averróis, 179, 180, 307-310
    edições de Averróis, 173
    Quaestio (1480), 178
    sobre a pluralidade dos intelectos, 307
Vesalius, *De fabrica humani corporis*, 20
Vespucci, Giorgio Antonio, 131
Vettori, Francesco, 60
Vettori, Pier, 47, 97, 424
    biografia, 497
    edição grega da *Ética* de Aristóteles, 96, 425
"via moderna", 343
Vicente de Beauvais
    Speculum doctrinale, 401
    Speculum maius, 409
Vieira, Antonio, 365, 369
Viena, 430

Vieri, Francesco de, o Jovem, 21, 108
Vimercato, Francesco, 91, 93, 177, 426
    biografia, 497
    sobre Averróis, 183, 196
Viñas, Miguel, SJ, 350, 369, 370
    Philosophia scholastica, 371
Vio, Tomás de, *ver* Caetano, cardeal
Virgílio, 41
    Eneida, 292
virtude, 48, 158, 422, 438
    Aristóteles acerca da, 331
    e eloquência, 78, 473
    e liberdade, 450- 453, 461
    e prazer, 438
    estoica, 154, 155, 161
    humanista, 422
    noções aristotélica e cristã de, 429
    problema da virtude principesca, 441-449
Visconti, Giangaleazzo, 452
Viterbo, Giovanni da, *De regimine principatum*, 442
Vitoria, Francisco de, OP, 20, 112, 349
    Relectio de Indis recenter inventis, 351
    Relectio de iure belli, 351, 353
    sobre a moralidade da conquista e da guerra justa, 350-354, 362, 373
Vittorino da Feltre, 48
Vives, Juan Luís, 19, 106, 107, 152, 274, 291
    biografia, 497-498
    Das causas da corrupção das artes, 152
    Das origens, escolas e méritos da filosofia, 152
    sobre a imortalidade da alma, 322
vocação religiosa, 347
Voigt, Georg, *Die Wiederbelebung* [...], 61-62
voluntarismo, 27, 35, 343, 344

vontade
> divina, 343, 344, 359
> e felicidade, 438
> liberdade da, 240, 343, 364, 367, 438
> ou intelecto, 79
> profecia por imaginação e, 183-190

Wallace, William, 112
Weizsäcker, Carl Friedrich von, 248
Wenck von Herrenberg, Johannes, 258
Wietrowski, Maximilian, 368
Wilton, Thomas, 176
Wittgenstein, Ludwig, 471
Wolff, Christian von, 358
Worms, Dieta de (1521), 327, 338

Xenofonte, 308

Zabarella, Jacopo, 20, 111, 114, 183, 404, 435
> biografia, 498

Zenão de Cítio, 152
Zimara, Marcantonio, 73, 103
> biografia, 498
> edições de Averróis, 173

zoologia, 172
Zoroastro, 136, 217, 222
zoroastrismo, 29
Zwinger, Theodor, 430, 435, 436, 309, 313, 314
> *Theatrum humanae vitae*, 411

Zwingli, Huldreich, 342